Jörg Schlömerkemper

Lernen in wahldifferenziertem Unterricht

Fischer Athenäum Taschenbücher
Erziehungswissenschaft

Jörg Schlömerkemper

Lernen in wahldifferenziertem Unterricht

Untersuchungen zur Struktur der Lernsituation

Athenäum Fischer Taschenbuch Verlag

Diese Arbeit wurde von der Philosophischen Fakultät
der Georg-August-Universität Göttingen unter dem Titel
„Lernen in wahldifferenziertem Unterricht –
Eine empirische Untersuchung am Beispiel des ‚Buxtehuder Modells'"
als Dissertation angenommen.

Athenäum Fischer Taschenbuch Verlag GmbH & Co., Frankfurt am Main

Umschlagentwurf: Endrikat + Wenn
Satzherstellung Reiner Harbering, Raunheim
Druck und Bindearbeit Clausen & Bosse, Leck (Schleswig)
Printed in Germany
ISBN 3-8072-3015-7

Inhaltsverzeichnis

Vorwort

Die vorliegende Untersuchung ist in einer Zeit entstanden, in der sich die Vorstellungen über Funktion und Methoden der wissenschaftlichen Begleitung von Schulversuchen wesentlich verändert haben. Als im Winter 1968/69 die Kollegen der „Halepaghenschule“ in Buxtehude nach einer wissenschaftlichen Begleitung ihres „Buxtehuder Modells“ suchten, erwarteten sie – damals mit Recht – von der Wissenschaft den Versuch einer distanzierten und neutralen Aussage darüber, ob Leistung und Leistungsmotivation ihrer Schüler besser geworden seien. Und nur unter der Voraussetzung einer solchen distanzierten Beobachtung konnte es sinnvoll sein, daß eine Projektgruppe in der damaligen „Arbeitsgruppe für Unterrichtsforschung“ am Pädagogischen Seminar in Göttingen die wissenschaftliche Begleitung eines Schulversuchs in einer 270 km entfernten Schule übernahm.

Schon bald zeigte sich aber, daß die beabsichtigte und nach den Standards strenger empirischer Forschung erforderliche Distanzierung nicht aufrechterhalten werden konnte. Die Betroffenen (vor allem die Schüler) verlangten Aufklärung über die Intentionen und die Instrumente der Untersuchungen und waren nicht bereit, die ihnen zugedachte Rolle des Forschungsobjekts zu übernehmen.

Gleichzeitig wurde in der wissenschaftstheoretischen Diskussion jener Jahre deutlich, wie fragwürdig eindimensionale Ansätze „neutraler“ Kontrollforschung in methodischer, vor allem aber in bildungspolitischer Hinsicht sind (vgl. dazu Kapitel 1 der vorliegenden Arbeit). Das in dieser Diskussion entwickelte Konzept der „Handlungsforschung“ konnte bei der Datenerhebung nicht mehr realisiert werden, ich habe aber versucht, bei der Analyse jene Daten in den Mittelpunkt zu stellen, die am ehesten zur Klärung der konkreten Probleme der Lehrer und Schüler beitragen können. Jene Daten, die für die Zwecke einer Vergleichsuntersuchung (mit anderen Gymnasien) oder für die Klärung z. B. allgemeiner motivationspsychologischer Fragestellungen erhoben worden waren, spielen dagegen nur am Rande eine Rolle (obgleich sie für die differenzierenden Analysen im Kapitel 7 sehr wichtig waren).

Da sich die Untersuchung nicht auf eine enge Fragestellung beschränkt, sondern versucht, die „Komplexität der veränderten Lernsituation“ möglichst detailliert und unter verschiedenen Aspekten zu erfassen, wird im Verlauf der Untersuchung eine Fülle verschiedenartiger Themen behandelt. Ich hoffe, daß das ausführliche Inhaltsverzeichnis und das kurze Sachregister am Ende des Bandes den Leser schnell auf jene Ausführungen aufmerksam machen, die ihn besonders interessieren. Die zahlreichen Zusammenfassungen sollen den Gang der Untersuchung und ihre Darstellung strukturieren. Eine kurze Übersicht über den Ablauf der gesamten Untersuchung und ihre wichtigsten Ergebnisse findet sich im Abschnitt 8.1 auf den Seiten 332 bis 339. Sie bezieht sich allerdings nur auf die Analyse der Daten und noch nicht auf die nachfolgende Diskussion der Ergebnisse.

Folgende „Wegweiser" könnten zur Orientierung im Text nützlich sein:

— *Wissenschaftstheoretische Probleme* praxisbegleitender Schulforschung werden vor allem im Kapitel 1, die daraus abgeleiteten Folgerungen im Abschnitt 3.1 behandelt. Der Abschnitt 3.2 zeigt, wie in diesem konkreten Fall die von den Lehrern und Schülern benannten Probleme in die eigens konstruierten Fragebogen eingegangen sind. Für andere Untersuchungen können diese nur teilweise verwandt werden.

— Im einzelnen waren die *Methoden der statistischen Analysen* auf die jeweils anstehenden Fragestellungen hin zu entwickeln oder zu modifizieren. Diese Diskussionen finden sich am Anfang der entsprechenden Abschnitte (vgl. vor allem die Abschnitte 4.2 und 5.2.1). Besonders hinweisen möchte ich auf die im Kapitel 7 entwickelte *„Typenanalyse"*, mit der differenzierende Aussagen über die Auswirkungen der Reformmaßnahmen auf verschiedene Gruppen („Typen") von Schülern gefunden werden konnten.

— Wer mit den *üblichen statistischen Methoden* (vom Mittelwert bis zur Faktorenanalyse) vertraut ist, mag auf den Abschnitt 3.3 verzichten. Ich habe hier versucht, die in der Untersuchung verwandten Methoden so darzustellen, daß der mit ihnen noch nicht vertraute und mathematisch weniger geübte Leser sie verstehen kann. Der Abschnitt über die Faktorenanalyse (3.3.4) enthält darüber hinaus Hinweise auf die bei ihrer Durchführung getroffenen Entscheidungen (Faktorenzahl etc.).

— Wer zunächst an *Problemen der Wahldifferenzierung* interessiert ist, lese in den Kapiteln 4 und 5, auf welchen Dimensionen die Schüler ein Wahlangebot einschätzen und nach welchen Gesichtspunkten sie ihre Wahlentscheidung treffen.

— Was diese Untersuchung zur Analyse der *„Struktur der Lernsitua-*

tion" beiträgt, findet sich vor allem im Abschnitt 6.2, aber auch im Abschnitt 4.2.

– Welche *bildungspolitischen Folgerungen* aus den Ergebnissen gezogen werden sollten, wird im Abschnitt 8.3 zusammengefaßt, nachdem im Abschnitt 8.2 die Ergebnisse der Untersuchung unter verschiedenen Aspekten ausführlich diskutiert worden sind.

Diese Arbeit wäre nicht entstanden ohne die Mitwirkung und Hilfe vieler anderer, die ich an dieser Stelle nicht alle nennen kann.

Ohne die Initiative der Buxtehuder Lehrer und Schüler, die ihre Lehr- und Lernbedingungen so weit als möglich geändert haben, hätte es diese Untersuchung überhaupt nicht geben können. Und ohne das Engagement von Hanna Wilde, der damaligen stellvertretenden Schulleiterin, wäre die Zusammenarbeit zwischen der Schule und der Arbeitsgruppe weder zustandegekommen noch so intensiv gewesen. Den Lehrern und Schülern der Halepaghenschule danke ich für ihre Mitarbeit bei den Datenerhebungen und ihre Beteiligung an der Diskussion erster Ergebnisse. Ich hoffe, durch die vorliegende Untersuchung ein wenig zur Klärung oder gar Lösung ihrer konkreten Probleme beitragen zu können.

Ohne die finanzielle Unterstützung durch die Arbeitsgruppe für Unterrichtsforschung (und damit durch die Stiftung Volkswagenwerk) hätte ich diese Untersuchung nicht so umfangreich und detailliert durchführen können. Den Mitarbeitern dieser Gruppe – insbesondere Hans Tütken, Günter Schreiner und Heinz Walter – verdanke ich viele Hinweise und Hilfen bei der Planung und Durchführung der Untersuchungen in Buxtehude.

Meinen akademischen Lehrern Heinrich Roth und Hans-Georg Herrlitz verdanke ich wiederholte Anregung und Kritik, Herausforderung und Ermutigung. Gerade ihre unterschiedlichen Forschungsansätze haben mich immer wieder gezwungen, meine eigenen wissenschaftstheoretischen Überlegungen und methodischen Ansätze sowie die Interpretation meiner Ergebnisse neu zu überdenken und mir ihre Vielschichtigkeit bewußt zu machen.

Ohne die Mitwirkung mehrerer Studenten des Pädagogischen Seminars und Mitarbeiter in der Projektgruppe wäre die Untersuchung wahrscheinlich immer noch nicht abgeschlossen. Besondere Hilfe verdanke ich Helga Schulz für die mühsame Auswertung der Leistungsmotivations-Tests, Eick Dreher für die Hilfe bei der elektronischen Datenverarbeitung und bei der Aufbereitung der Daten und Hans Werner für die Suche nach relevanter Literatur.

Allen, mit denen ich über verschiedene Aspekte der Arbeit sprechen konnte, danke ich für die dabei gewonnenen Anregungen. Ich hoffe, daß die Veröffentlichung der Arbeit weitere Gespräche und Diskussionen anregt und zur Veränderung der Schule beiträgt.

Göttingen, im Januar 1974 Jörg Schlömerkemper

Teil I
Ziel, Gegenstand und Methoden der Untersuchung

1. Theoretische Überlegungen zur wissenschaftlichen Begleitung von Schulversuchen

In der bildungspolitischen Diskussion fand seit 1966 ein Reformversuch in der Oberstufe eines niedersächsischen Gymnasiums lebhaftes öffentliches Interesse, der sich als „Versuch einer radikalen, aber ‚systemimmanenten' Erneuerung" verstand und der statt von der Schulverwaltung von denen ausging, „die direkt am Bildungsprozeß mitwirken, von Schülern und Lehrern" (Wilde 1968, S. 276). Dieses sogenannte „Buxtehuder Modell" erweckte viele Hoffnungen, aber auch Befürchtungen. So erwarteten vor allem die beteiligten Lehrer, das Modell weise den Weg, wie die „mangelnde Effizienz der höheren Schulen" (a. a. O., S. 275) behoben werden könnte, auf die u. a. G. Picht (1964) mit seinem Kassandraruf von der „deutschen Bildungskatastrophe" aufmerksam gemacht hatte. Sie hofften das Gymnasium von irrationalen Systemzwängen befreien und einen Freiraum schaffen zu können, in dem die Schüler „zu selbständig denkenden und verantwortungsbewußt handelnden Bürgern eines demokratischen und sozialen Rechtsstaates" gebildet und erzogen werden können, wie es das Niedersächsische Schulgesetz von 1954 (§ 3) fordert (vgl. Güthling 1966, S. 9). Mit der veränderten Organisation des Unterrichts und der Ausweitung der Mitbestimmungsmöglichkeiten der Schüler sollten die Voraussetzungen für die „verantwortliche Mitwirkung der Schüler an Leben und Arbeit der Schule" (§ 22,3 des Niedersächsischen Schulverwaltungsgesetzes) geschaffen werden. Für den Unterricht erwartete man, daß die Schüler stärkeres Interesse an den Inhalten und höhere Leistungsbereitschaft entwikkeln würden.

Von Kritikern wurde dagegen die Befürchtung geäußert, daß das Modell eine Nivellierung des Leistungsniveaus nach sich ziehen könnte, während insbesondere kritische Schüler auf die Gefahr aufmerksam machten, in der „formierten Prima" (Güthling 1966) könne – durch den Hinweis auf die gewährten Freiheiten verschleiert – ein stärkerer Leistungsdruck ausgeübt werden. Außerdem könne der systemimmanente Reformeifer die Notwendigkeit weiterreichender Reformen vergessen machen (vgl. dazu vor allem Leonhard 1968).

Während das Modell bereits an vielen anderen Schulen nachgeahmt oder modifiziert eingeführt wurde, verstärkte sich bei den Lehrern und Schülern der „Halepaghenschule" in Buxtehude das Bedürfnis, die Wirkungen des eigenen Reformversuchs systematisch zu analysieren. Zu diesem Zweck führten zwei Lehrer und ein Schüler (vgl. Viets 1968) interne Befragungen durch, die jedoch nicht viel mehr als ein allgemeines Meinungsbild ergaben. Zudem war nicht sicher, ob die Schüler und die Lehrer die von Angehörigen ihrer Schule gestellten Fragen mit der erforderlichen Offenheit beantwortet hatten. Deshalb begab man sich auf die Suche „nach einer Institution . . ., bei der die Schüler (und die Lehrer – J. Schl.) ohne Angst vor möglichen negativen Folgen ihrer Kritik und ohne Spekulation auf mögliche positive Folgen ihrer Zustimmung ihre Meinung äußern können“ (Wilde 1967a, S. 92). Auf die Frage eines Primaners, ob sie eine Auswertung der Ergebnisse des Buxtehuder Modells durch eine außenstehende Stelle für erforderlich halten, antworteten 73% der befragten Lehrer (N = 30) positiv (vgl. Viets 1968).

Der Grund dafür, daß die Mehrzahl der Lehrer von der wissenschaftlichen Begleitung ihres Schulversuchs offensichtlich eine praktische Hilfe für die Beurteilung und Weiterführung ihrer Reform erwartet, scheint mir darin zu liegen, daß in der Erziehungswissenschaft der Bundesrepublik inzwischen weitgehend Konsens darüber besteht, daß die Pädagogik als die Theorie eines bestimmten Praxisfeldes eben dieser Praxis nicht mehr allein dadurch helfen kann, daß sie mehr oder weniger spekulativ und im Kontext eines abstrakten Theorien- und Begriffsgefüges befangen Aussagen über die Realität des Erziehungsgeschehens macht, ohne die Gültigkeit dieser Aussagen systematisch an der Erfahrung zu überprüfen. Die von H. Roth 1962 aufgestellte These, „daß es keinen Fortschritt in der Theorie und in der Praxis der Erziehung, nicht im Erziehungsdenken und nicht im Erziehungshandeln geben kann, wenn nicht eine bewußt in die Wege geleitete Rückmeldung des jeweils Erreichten zu den immer wieder neuen Anfängen stattfindet, die eine laufende Selbstkorrektur ermöglicht“ (Roth 1962, S. 114 f.), dürfte heute weitgehend unwidersprochen bleiben. „ ‚Realistische Erziehungswissenschaft‘ “, so stellten die Herausgeber der Festschrift zu Heinrich Roths 65. Geburtstag fest, „ist . . . keine Frage mehr, sondern eine Tatsache“ (Hoffmann/Tütken 1972, S. 9).

Die Erwartungen der Lehrer an eine wissenschaftliche Begleitung dürften also darin bestehen, daß ihre subjektiven Erfahrungen und Evidenzerlebnisse durch objektivierte Analysen ergänzt oder korrigiert werden, die eine bewußte, aber auch erfolgversprechende „Selbstkorrektur“ ermöglichen.

Im Winter 1969 wurden die ersten Kontakte zwischen der Halepaghenschule in Buxtehude und der Arbeitsgruppe für Unterrichtsforschung im Pädagogischen Seminar der Universität Göttingen aufgenommen. Die Bitte um die wissenschaftliche Begleitung des Schulversuchs „Buxtehuder

Modell" bezog sich vor allem auf zwei Fragenkomplexe:

- Hat sich durch diese Änderung der Unterrichtsorganisation und die Erweiterung der Mitbestimmungsmöglichkeiten der Schüler das „Klima" an der Schule verändert? Sind die Beziehungen zwischen Lehrern und Schülern, aber auch unter den Lehrern und unter den Schülern „besser" geworden?
- Konnte durch die Auflösung der Jahrgangsklassen und durch die Wahl von Arbeitsgruppen erreicht werden, daß sich die Lernmotivation der Schüler erhöht und qualitativ zugunsten einer stärkeren Akzentuierung thematischer Aspekte verändert?

Der ersten Frage widmete sich ein Projekt, über das G. Schreiner (1973) unter dem Titel „Schulklima – Methodologische Überlegungen und empirische Untersuchungen zur Schule als sozialem Erfahrungsraum" bereits berichtet hat. Die zweite Frage war Ausgangspunkt der vorliegenden Untersuchung.

Mit welchem Ziel und mit welchen Methoden kann die wissenschaftliche Begleitung eines bereits in der Praxis realisierten Schulversuchs geleistet werden? Da in der Bundesrepublik – wie der Deutsche Bildungsrat 1969 festgestellt hat – die Voraussetzungen für eine „wissenschaftlich kontrollierte Entwicklung" von (Gesamt-) Schulversuchen fehlen (Deutscher Bildungsrat 1969a, S. 144), kann diese Untersuchung nicht mehr sein als ein wissenschaftlicher Begleitversuch, in dem Ziele und Methoden solcher Forschung entwickelt und erprobt werden.

Der Deutsche Bildungsrat hat in seinen Empfehlungen vom 30./31. Januar 1969 zur „Einrichtung von Schulversuchen mit Gesamtschulen" für die „wissenschaftliche Kontrolle" der Schulversuche (vgl. Deutscher Bildungsrat 1969a, S. 141–157) drei „Dimensionen des Vergleichs" vorgeschlagen:

a) den „Vergleich (des neuen Schulsystems) mit dem traditionellen dreigliedrigen Schulsystem" (S. 144–151)
b) den „Vergleich der Strukturen des neuen Systems mit seinen Intentionen" (S. 152 f.)
c) den „Vergleich von Varianten" im Rahmen des neuen Schulsystems (S. 153).

Welcher dieser Vorschläge ist bei der Analyse des Buxtehuder Modells realisierbar und sinnvoll?

Zu a) Faßt man einen Schulversuch als ein pädagogisches Experiment auf, so kann man die dem Experiment zugrunde liegende Hypothese einer strengen methodischen Prüfung am besten dadurch unterziehen, daß man eine Versuchsschule, in der bestimmte Veränderungen durchgeführt wurden, mit einer „Kontrollschule" vergleicht, in der keine Veränderungen vorgenommen worden sind. Wenn man nachweisen kann, daß beide Schulen in allen nicht veränderten relevanten Merkmalen vor Beginn der Untersuchung identisch waren, so kann ein in der Versuchsschule – nicht aber in der Kontrollschule – beobachteter Effekt mit hoher Wahrscheinlichkeit als durch die spezifischen Veränderungen in der Versuchsschule bedingt interpretiert werden. Die Wirksamkeit der eingeleiteten Maßnahmen könnte als bewiesen gelten.

Der Deutsche Bildungsrat hat selbst auf die Probleme dieses Vorgehens hingewiesen (a. a. O., S. 141 f.): Dieser Ansatz kann nur dann sinnvoll realisiert werden, wenn die Variablen, die den Vergleich ausmachen sollen, in beiden Systemen relevant sind, wenn also beide Systeme um die bessere Realisierung des gleichen Zieles konkurrieren. Wenn jedoch die Leistungen beider Systeme nur partiell vergleichbar oder gänzlich unvergleichbar sind, muß sich eine Vergleichsuntersuchung auf jene Merkmale konzentrieren, die trotz unterschiedlicher genereller Zielsetzungen beiden Systemen gemeinsam sind. Und das bedeutet, daß das neue System zu einem Wettbewerb mit dem herkömmlichen System gezwungen und an dessen Leistungen gemessen wird. Da vom Ausgang solcher Vergleiche politische Entscheidungen über die Zukunft von Reformmodellen abhängen, muß es zunächst das wichtigste Ziel des neuen Systems sein, in diesem Wettbewerb mit dem alten System erfolgreich zu sein. Es muß ein großer – und vielleicht ein zu großer Teil – der Anstrengungen darauf verwandt werden, zunächst jene Ergebnisse zu schaffen, die für das politische Überleben des Reformversuchs notwendig sind. Für die Realisierung der Ziele, die nicht dem Vergleichszwang unterliegen, bleibt dann nur noch wenig Energie frei.

Neben diesen politischen Bedenken bestehen erhebliche methodische Schwierigkeiten: Es dürfte schwierig sein, Schulen zu finden, die in allen relevanten Variablen so identisch oder auch nur ähnlich sind, daß man von gleichen Ausgangsbedingungen sprechen könnte. Dabei geht es nicht nur um so äußerliche Merkmale wie Schulgröße, Ausstattung, Standort, sondern auch um Variablen, die schwieriger zu erfassen sind, wie z. B. die Qualifikationen und Einstellungen der Lehrer, die Mentalität der Schüler, die Art der Beziehungen zwischen Lehrern und Schülern usw. Es dürfte schwierig sein, Unterschiede zwischen Schülern verschiedener Systeme schlüssig auf die Reformversuche des einen Systems – sowohl bei positivem als auch bei negativem Ausgang des Vergleichs – zurückzuführen.

Zu b) Auch der Vorschlag, ein versuchsweise eingeführtes Schulmodell an seinen eigenen Intentionen zu messen, ist nicht unproblematisch. Gewiß ist es erforderlich, sich darüber zu versichern, ob das, was man erreichen wollte, auch tatsächlich erreicht worden ist. Diese Überprüfung ist vor allem für die an einem Reformversuch Beteiligten wichtig, damit „eine bewußt in die Wege geleitete Rückmeldung des jeweils Erreichten . . . eine laufende Selbstkorrektur ermöglicht" (Roth 1962, S. 114 f.). Problematisch scheint es mir jedoch, wenn die politische Entscheidung über das weitere Schicksal eines Schulmodells von dem Ergebnis einer solchen systemimmanenten Untersuchung, d. h. von der „empirisch überprüften Realisierbarkeit" der Intentionen (vgl. Eigler 1971, S. 13 f.) abhängig gemacht werden soll. Abgesehen davon, daß der Versuch unter einen zumeist kurzzeitigen Erfolgszwang gerät, ist darauf hinzuweisen, daß die Ergebnisse nicht immer eindeutig ausfallen und daß die Bewertung dieser Ergebnisse durchaus kontrovers bleiben kann. Der Erfolg eines Reformversuchs kann also beliebig bestritten werden, indem z. B. die Zulässigkeit der Methoden, die Verbindlichkeit der Interpretation und die Generalisierbarkeit der Aussagen bezweifelt werden.

Außerdem ist zu bedenken, daß zwar die wissenschaftliche Kontrolle eines Schulversuchs sich einem Vergleich zwischen dem traditionellen und dem reformierten Schulsystem verweigern kann, daß aber damit der Schulversuch selbst nicht aus dem Zwang entlassen ist, seine Effektivität auch oder vor allem unter den Kriterien zu beweisen, nach denen die Gesellschaft unverändert das alte wie das neue System politisch bewertet, ohne daß diese Kontinuität der Erwartungen bewußt oder legitimiert ist.

Zu c) Bei einem Vergleich von Varianten innerhalb eines Schulmodells ergeben sich wenigstens zwei der bereits genannten Schwierigkeiten in ähnlicher Form: Es dürfte schwierig sein, die unterschiedlichen Ergebnisse von Varianten zwingend auf die unterschiedlichen Strukturmerkmale zurückzuführen. Zudem werden die Ergebnisse kaum hinreichend eindeutig ausfallen, um Entscheidungen für oder gegen die eine oder die andere Variante hinreichend begründen zu können.

An dieser Stelle ist eine *erste Vorentscheidung* zu treffen: An welchen Kriterien soll der Erfolg des Buxtehuder Modells gemessen werden? – Der Vergleich mit dem traditionellen Schulsystem ist nicht akzeptabel, weil das Buxtehuder Modell dabei allein an den Maßstäben dieses Systems gemessen werden könnte. Und der Vergleich von Varianten ist schon aus Kapazitätsgründen nicht realisierbar. Von den drei Dimensionen des Vergleichs, die der Deutsche Bildungsrat vorgeschlagen hat, scheint also allein der Vergleich der Realität des Buxtehuder Modells mit seinen eigenen Intentionen sinnvoll realisierbar zu sein.

Mit dieser Entscheidung sind jedoch die allgemeinen methodologischen Probleme noch nicht gelöst. Kontrolluntersuchungen sind –

auch wenn sie sich an den spezifischen Intentionen des Versuchs orientieren – dann problematisch, wenn sie lediglich eine vordergründig verstandene Effektivität des Schulversuchs überprüfen wollen und sich deshalb auf die Untersuchung weniger – wenn auch gut operationalisierter – Variablen beschränken. Dieses Vorgehen entspricht zwar häufig den Erwartungen derjenigen, die für bildungspolitische Entscheidungen von einer Kontrolluntersuchung möglichst eindeutige Ergebnisse erhoffen, es ist aber fraglich, ob mit solchen eindimensionalen Analysen die komplexe Realität der Lernsituation angemessen erfaßt werden kann. So wird nicht durchsichtig, von welchen spezifischen Merkmalen und besonderen Bedingungen der Erfolg oder Mißerfolg eines Schulversuchs begleitet wird und welche Nebenergebnisse eingetreten sind, die möglicherweise nicht angestrebt worden sind oder gar der Intention zuwiderlaufen.

Dies kann zu voreiligen Schlußfolgerungen führen: Wenn ein Versuch vordergründig gesehen – z. B. nach den von den Schülern erreichten Testleistungen – „erfolgreich" war, so ist die Bewertung dieses Ergebnisses nur möglich, wenn z. B. bekannt ist, mit welcher Art von Lernmotivation diese Leistungen erreicht und welche Einstellungen und affektiven Lernziele gleichzeitig vermittelt worden sind. Unter dieser Rücksicht muß unter Umständen ein kognitiver Lernfortschritt der Schüler jeweils anders interpretiert und pädagogisch bewertet werden.

Umgekehrt kann es möglich sein, daß ein Reformversuch den von der Kontrolluntersuchung zu beobachtenden Effekt nicht (oder noch nicht) erzielt hat, aber andere, nämlich positiv zu bewertende Ergebnisse aufweisen kann, die bei einer eindimensionalen Versuchskontrolle nicht wahrgenommen werden. Deshalb ist es richtig, wenn der Deutsche Bildungsrat feststellt: „Einzelergebnisse bleiben bruchstückhafte Teilinformationen, deren Verallgemeinerung zu gefährlichen Fehlschlüssen und falschen Entscheidungen führen kann." (Deutscher Bildungsrat 1969a, S. 142)

Es ist also davon auszugehen, daß die Veränderung *eines* Systemmerkmals nicht nur die Änderung *eines* anderen Merkmals nach sich zieht, sondern daß mehrere Variablen in vielfältigen Wechselbeziehungen untereinander stehen und ebenso vielfältige und verschiedenartige Effekte auslösen können, die sich gegenseitig verstärken, aber auch in der Wirkung einschränken können.

Hieraus ergibt sich die *zweite Vorentscheidung* für die wissenschaftliche Begleitung des Buxtehuder Modells: Der Erfolg des Schulversuchs soll nicht nur an den Merkmalen gemessen werden, die ausdrücklich als Ziele des Versuchs definiert worden sind, sondern die Komplexität der veränderten Lernsituation soll mit ihren Wechselbeziehungen und Widersprüchen so weit als möglich in die Untersuchung eingehen und bei der Analyse transparent werden.

Wie kann die Rolle und die Funktion der Wissenschaft in einer Begleituntersuchung eines Schulversuchs definiert werden? Kann man von dieser Wissenschaft fordern, sie solle die Ergebnisse des Versuchs „unvoreingenommen", „objektiv" und „neutral" feststellen und sich dabei jeder Wertung enthalten? Diese Forderung müßte von der Annahme ausgehen, man könne einen Bereich wissenschaftlich-rationalen Denkens von einem Bereich politisch-intentionalen Handelns schon dadurch trennen, daß man für den Bereich der „objektiven Wissenschaft" strenge Verfahren und methodologische Regeln vorschlägt und festsetzt, die jeder einzuhalten hat, der den Anspruch auf Wissenschaftlichkeit erhebt. Man müßte jedoch fragen, ob ein solches Wissenschaftsverständnis nicht „die historisch-gesellschaftlichen und unmittelbar politischen Implikationen aller wissenschaftlichen Tätigkeit ignoriert" und ob dieser Begriff von Wissenschaft nicht „deshalb um so leichter manipulativ benutzt werden kann" (Nagel/Preuss–Lausitz 1971, S. 456).

Popper, auf dessen Wissenschaftstheorie sich die Vertreter einer strengen Trennung von Entscheidung und Erkenntnis berufen (vgl. Albert 1968, Brezinka 1971), mahnt zur intellektuellen Bescheidenheit: „Unsere Wissenschaft ist kein System von gesicherten Sätzen, auch kein System, das in stetem Fortschritt einem Zustand der Endgültigkeit zustrebt. Unsere Wissenschaft ist kein Wissen (episteme): weder Wahrheit noch Wahrscheinlichkeit kann sie erreichen." (Popper 1969, S. 223) „Wir wissen nicht, sondern wir raten." (a. a. O.) Wir müssen deshalb jedoch nicht resignieren, denn die „oft phantastisch kühnen Antizipationen der Wissenschaft werden klar und nüchtern kontrolliert durch methodische Nachprüfungen. Einmal aufgestellt, wird keine Antizipation dogmatisch festgehalten; die Forschung sucht nicht, sie zu verteidigen, sie will nicht recht behalten" (a. a. O.).

Deshalb muß jeder „empirisch-wissenschaftliche Satz durch Angabe der Versuchsanordnung u. dgl. in einer Form vorgelegt werden, daß jeder, der die Technik des betreffenden Gebietes beherrscht, imstande ist, ihn nachzuprüfen" (Popper 1969, S. 65). Sätze, die nicht falsifizierbar sind, betrachtet Popper als „metaphysisch" und schließt sie damit aus der Wissenschaft aus (vgl. Popper 1969, S. 39). Sichere, endgültige Aussagen sind jedoch nicht möglich. Popper betont seine „Auffassung, daß Beobachtungen und erst recht Sätze über Beobachtungen und über Versuchsergebnisse immer Interpretationen der beobachteten Tatsachen sind und daß sie Interpretationen im Lichte von Theorien sind" (Popper 1969, S. 72 – Fußnote). Eine „Annäherung an die

Wahrheit ist (dennoch) möglich" (Popper 1969, S. XXV), denn in der „kritischen Diskussion der konkurrierenden Theorien unter dem Gesichtspunkt ihrer Wahrheitsnähe" (Popper 1969, S. 226) werden sich diese Theorien unterschiedlich gut bewähren, so daß man schließlich entscheiden kann, welche Theorie wahrscheinlich die „richtigere" ist. Ein zwingender Beweis oder Gegenbeweis für eine Theorie kann zwar nie erbracht werden, durch den Prozeß der kritischen deduktiv-empirischen Überprüfung ist jedoch das Höchstmaß an kritischer Rationalität erreicht.

Die sich im Anschluß an Popper als „kritisch rational" verstehende, aber in den Verfahren auf die deduktiv-empirische Überprüfung von Theorien beschränkende Forschung (vgl. Albert 1968) ist spätestens seit dem sogenannten „Positivismusstreit in der deutschen Soziologie" (vgl. Adorno u. a. 1969) fragwürdig geworden. Klafki hat das Ergebnis dieser Auseinandersetzung folgendermaßen zusammengefaßt: „Positivistisch-empirische Forschung, die nicht nach ihren eigenen Voraussetzungen, nach den Voraussetzungen der von ihr untersuchten Phänomene und Beziehungen und nach den Interessen derer, die sich ihrer Ergebnisse möglicherweise bedienen, fragt, bleibt auf halbem Wege der rationalen Aufklärung der Wirklichkeit und des Bewußtseins der Menschen über die Wirklichkeit stehen, sie verfestigt die bestehenden Verhältnisse, sofern sie zuläßt, daß ihre Ergebnisse fälschlich als Aussagen über Unabänderliches mißverstanden werden." (Klafki 1971, S. 381).

Wenn also die „Trennung zwischen pädagogischen bzw. erziehungswissenschaftlichen Fragestellungen und Argumentationen einerseits und gesellschaftlich-politischen Fragestellungen und Argumentationen andererseits . . . nicht haltbar (ist)" (Klafki 1971, S. 384), wenn vielmehr – wie es H. Roth 1962 formulierte – auch „die empirische Forschung . . . unter dem Normenhorizont und der Daseinsauslegung der eigenen Gesellschaft und Kultur und ihrer Überlieferung (steht)" (Roth 1962, S. 124), dann sind aus dieser Einsicht in die „historisch-gesellschaftlichen und unmittelbar politischen Implikationen aller wissenschaftlichen Tätigkeit" (Nagel/Preuss-Lausitz 1971, S. 456) für die wissenschaftliche Begleitung von Schulversuchen Konsequenzen zu ziehen: Sowohl die erzieherische Praxis als auch die sie begleitende erziehungswissenschaftliche Forschung sind im Kontext ihrer gesellschaftlichen Bedingungen zu sehen. D. h.: Der zu untersuchende Bereich von Praxis darf nicht als isolierter, autonomer Bereich gesehen werden, in dem Intentionen und „subjektive" Interessen sich frei entfalten. Es ist zu fragen nach den objektiven, in der Gesellschaft herrschenden Interessen und nach der konkreten, aktuellen Ausformung dieser Interessen in der Realität der Institution Schule und im Bewußtsein ihrer Mitglieder.

Die Erziehungswissenschaft darf sich nicht als eine autonome Instanz verstehen, die in der Lage wäre, die Realität distanziert zu betrachten und zu beschreiben. Sie muß sich vielmehr ihrer „erkenntnisleitenden Interessen" (vgl. Habermas 1965) bewußt werden und ihr Tun „mit der Wertentscheidung beginnen, was für Interessen (ihre) wissenschaftlichen Anstrengungen leiten sollen" (Roth 1970, S. 25).

Die Analyse der gegenwärtigen Situation der Schule darf die vorgefundene Erscheinung dieser gesellschaftlichen Institution und die scheinbaren Einschränkungen ihrer Reformmöglichkeit nicht als überzeitlich gegeben betrachten, wenn diese Verhältnisse als Ergebnis eines bestimmten, historischen Prozesses und damit als Produkt menschlichen Handelns verstanden werden können oder müssen. Die vorgefundene Situation als historisch hergestellte zu betrachten, bedeutet gleichzeitig, sie als zukünftig veränderbare aufzufassen. Daraus ergibt sich für die Wissenschaft (und gerade auch für die empirische Forschung) die Aufgabe, „die angeblichen Fakten, das scheinbar unabänderlich Gegebene, unter der pädagogischen Fragestellung, die die pädagogische Idee entwickelt, auf die noch verborgenen pädagogischen Möglichkeiten hin herauszufordern" (Roth 1962, S. 119). Oder: „Erziehungswissenschaft ist ebenso auf Fakten wie auf Theorie, ebenso auf Erziehungswirklichkeit wie auf Erziehungsmöglichkeit bezogen." (Roth 1970, S. 23) Dabei darf der Begriff des „Erziehungsmöglichen" sich keine Beschränkungen durch den Hinweis auf angeblich unveränderbare Systembedingungen oder sogenannte Sachzwänge auferlegen lassen, denn: „Unterrichtsforschung und Erziehungswissenschaft haben es nicht nur mit der Beschreibung von Gegebenheiten zu tun. Für sie ist es ebenso wichtig, die Realisationsmöglichkeiten neu gesetzter Ziele, für die noch keine Vorbilder existieren, wissenschaftlich zu erforschen." (Heipcke 1970, Sp. 261) Insofern liegen Ziel und Maßstab ihrer Erkenntnis in der „Antizipation des gelungenen Lebens" (Habermas 1965, S. 164)[1].

Die *dritte Vorentscheidung* für die wissenschaftliche Begleitung des Buxtehuder Modells kann angesichts der oben referierten wissenschaftstheoretischen Diskussion nur lauten: Die Untersuchung soll von einem emanzipatorischen Erkenntnisinteresse geleitet sein, wie es

[1] Zur „Programmatik einer kritischen Erziehungswissenschaft", die als „konstruktivistische Wissenschaft" sich der Aufgabe verschreibt, „gegenüber der ‚Widerständigkeit' der Realität Möglichkeiten emanzipatorischer Praxis auszuweisen" vergleiche Moser 1972b.

z. B. Lempert im Anschluß an Habermas definiert hat: als „das Interesse des Menschen an der Erweiterung und Erhaltung der Verfügung über sich selbst. Es zielt auf die Aufhebung und Abwehr irrationaler Herrschaft, auf die Befreiung von Zwängen aller Art. Zwingend wirkt nicht nur materielle Gewalt, sondern auch die Befangenheit in Vorurteilen und Ideologien." – „Emanzipierende Selbstreflexion . . . erhellt die Unterdrückung vergessener und die Verdrängung stets unbewußt gehaltener Strebungen, um sie freizulegen als Antriebskräfte für künftige Strategien." (Lempert 1969, S. 352)

Lempert hat allerdings mit Recht vor dem Mißverständnis gewarnt, „als brächten emanzipatorische Einsichten befreiende Handlungen zwangsläufig hervor". Vielmehr „können Kritik und Selbstreflexion praktisch folgenlos bleiben. Sie sind darum keine hinreichenden, wohl aber notwendige Bedingungen der Emanzipation." (Lempert 1969, S. 353) Damit emanzipatorische Erkenntnis in emanzipatorisches Handeln übergehen kann, bedürfen Kritik und Selbstreflexion gerade der Ergänzung durch Forschung unter technischem und praktischem Interesse. Empirisch-analytische und historisch-hermeneutische Forschung müssen „als mögliche Momente des emanzipatorischen Interesses" und als „Potentiale kritischer Wissenschaft" gesehen werden. „Sie sind nicht notwendig blind gegenüber den Erfordernissen der Emanzipation, sondern nur soweit, wie sie voneinander isoliert, je für sich absolut gesetzt und positivistisch mißverstanden werden." (Lempert 1969, S. 354) Emanzipatorisches Interesse ist keine Alternative zu technischem und praktischem Interesse, sondern denselben übergeordnet, sofern und insoweit die gesellschaftliche Situation des Forschungsfeldes und das gesellschaftliche Interesse des Forschenden reflektiert werden.

Die Kritik an einem „positivistisch halbierten Rationalismus" (Habermas 1964) war und ist berechtigt und notwendig. Es besteht aber die Gefahr, daß diese Kritik sich ihrerseits in verbalen Analysen und Absichtserklärungen erschöpft und den Praktiker der Ratlosigkeit überläßt (vgl. Moser 1972b, S. 651). Wie die verschiedenen Interessen aufeinander bezogen sein müssen, damit Wissenschaft praktisch (und das muß doch wohl auch heißen politisch) wirksam werden kann, hat H. Roth deutlich gemacht: „Zur Veränderung von Welt und Gesellschaft reicht . . . Selbstreflexion nicht aus. Technologische und emanzipatorische Interessen müssen sich finden, wenn die Welt nicht zugrunde gehen soll; wissenschaftsorientiertes technologisches Können und kritisches Bewußtsein, d. h. trainierte kritische Reflexion müssen zusammengehen, mindestens muß ihr Gegeneinander erhalten werden. Eine Hälfte allein langt nicht, die Welt sinnvoll zu verändern." (Roth 1970, S. 23)

Das Buxtehuder Modell wird also sowohl an seinen eigenen Intentionen (vgl. Kapitel 2) als auch daran zu messen sein, ob das, was durch diese Reform der Unterrichtsorganisation bewirkt wird, als Beitrag zur Emanzipation der Schüler verstanden werden kann. Bei der Bewertung eines Schulversuchs ist also zu unterscheiden zwischen Zielen, die langfristig angestrebt werden sollen, die aber kaum mit einzelnen Reformmaßnahmen an einzelnen Schulen – und schon gar nicht in wenigen Klassenstufen – erreicht werden können, die aber dennoch Leitgedanke aller detaillierten Reformbemühungen sein müssen, und andererseits Zielen, die kurzfristig realisiert werden können, um das Bildungswesen in Richtung auf die langfristigen Ziele auf den Weg zu bringen. Damit solche kurzfristigen und begrenzten Maßnahmen nicht in einem rein technologischen und politisch unreflektierten Rahmen befangen bleiben, müssen auch konkrete und im Anspruch begrenzte Reformen an den langfristigen Zielen gemessen werden. Es ist zu fragen, ob sie einen Schritt auf dem Weg zur Emanzipation darstellen können, oder ob sie lediglich eine Alibifunktion erfüllen, das Bedürfnis nach Emanzipation mit kurzfristigen, in den Auswirkungen aber begrenzten Detailreformen befriedigen und damit letztlich zur Stabilisierung bestehender „irrationaler Herrschaft" beitragen.

In dieser Unterscheidung zwischen langfristigen und kurzfristigen Reformzielen spiegelt sich der oben angedeutete notwendige Zusammenhang zwischen emanzipatorischem und technologischem Erkenntnisinteresse inhaltlich wider: Beide Bereiche dürfen nicht isoliert, sondern nur in ihrer gegenseitigen Abhängigkeit betrachtet werden. Wie das technologische Interesse der Empirie durch die Reflexion ihrer erkenntnisleitenden Interessen auf das Ziel der Emanzipation ausgerichtet werden muß, so müssen kurzfristige Ziele und Maßnahmen an den langfristigen Zielen überprüft werden. Und so wie umgekehrt ein emanzipatorisches Interesse ohne technologische Forschung, die diesem Interesse verpflichtet ist, nicht wirklich werden kann, so werden langfristige Ziele nur dann zu realisieren sein, wenn die Voraussetzungen ihrer Realisierung im Detail erkannt und bereitgestellt werden. Die vor allem langfristigen Ziele des emanzipatorischen Interesses und die eher kurzfristigen Ziele des technologischen Interesses müssen in wechselseitiger Abhängigkeit aufeinander bezogen werden.

Dabei ist im Auge zu behalten, daß eine Detailreform in einem begrenzten gesellschaftlichen Bereich allenfalls als *ein* Beitrag zur Emanzipation verstanden werden kann und daß dieser Beitrag in seiner Auswirkung wahrscheinlich begrenzt bleiben wird, solange in anderen, möglicherweise einflußreicheren gesellschaftlichen Bereichen die Voraussetzungen für die Emanzipation nicht gegeben sind. Da diese verschiedenen gesellschaftlichen Bereiche miteinander zusammenhängen und sich gegenseitig beeinflussen, ist es möglich, daß eine Detailreform, die im Ansatz emanzipatorisches Potential enthält, ihre Möglichkeiten unter den gegebenen Rahmenbedingungen nicht realisieren kann. Hier würde eine allein technologisch orientierte Untersuchung zu voreiligen (negativen) Ergebnissen führen, solange die wechselseitige Abhängigkeit verschiedener Maßnahmen und Bedingungen nicht bedacht wird.

Nach den vorangegangenen theoretischen Vorentscheidungen zur wissenschaftlichen Begleitung des Buxtehuder Modells kann das Ziel der Untersuchung folgendermaßen zusammengefaßt werden: Ausgehend von den eigenen Intentionen des Schulversuchs soll das konkrete Geschehen in der veränderten Lernsituation so detailliert analysiert werden, daß die Vielfalt der Zusammenhänge von Veränderungen und Effekten erkennbar wird. Aufgrund dieser detaillierten Analyse soll schließlich beurteilt werden, ob die in diesem Versuch durchgeführten Veränderungen zu einer emanzipatorischen Reform des Bildungswesens beitragen können.

Um dieses Untersuchungsziel erreichen zu können, ist es zunächst notwendig, die spezifischen Ziele und die konkreten Veränderungen des Schulversuchs selbst zu identifizieren. Hieraus werden sich erste Anhaltspunkte für konkrete Fragestellungen der Untersuchung ergeben, insbesondere wenn hier bereits immanente Widersprüche in der Zielsetzung oder zwischen den Zielen und den Reformmaßnahmen auftreten. Zu diesem Zweck müssen die von Lehrern und Schülern der Halepaghenschule veröffentlichten und sonst zugänglichen schriftlichen Verlautbarungen zum Buxtehuder Modell durchgesehen werden (Kapitel 2). Bei dieser Durchsicht werden vor allem die Intentionen des Schulversuchs deutlich werden. Diese können – verkürzt – darin gesehen werden, daß durch die Organisation des Unterrichts nach dem Prinzip der freien Wahl von Thema und Lehrer (innerhalb eines Faches) die Schüler von überflüssigen Zwängen institutioneller (z. B. Klassenverband) und personeller (z. B. der Zuweisung der Fachlehrer) Art befreit werden, so daß sich eine stärker an den Lerninhalten orientierte Lernmotivation der Schüler entwickeln kann.

Damit die Untersuchung der durch diese Veränderungen eingetretenen Effekte der Komplexität des Geschehens gerecht wird, und damit *die* Probleme untersucht werden, die zur Beurteilung der emanzipatorischen Potenz *dieses* Schulversuchs geklärt werden müssen, genügt es jedoch nicht, die Untersuchungen nur auf diesen mehr oder weniger offiziellen Aussagen aufzubauen. Welche Aspekte die Komplexität der veränderten Lernsituation ausmachen und welche Probleme bei der Realisierung der Reformideen auftreten, kann niemand besser beurteilen als diejenigen, die an dem Schulversuch direkt beteiligt sind, nämlich die Schüler und die Lehrer selbst.

Deshalb müssen die detaillierten Fragestellungen der Untersuchung und ihre Methoden aus Vorstudien abgeleitet werden, in denen Schüler und Lehrer nach ihrer persönlichen Meinung zum Buxtehuder Modell, nach positiven und negativen Effekten, besonderen Problemen und Schwierigkeiten des Versuchs, aber auch nach den Möglichkeiten seiner Weiterentwicklung zu befragen sind (vgl. Abschnitt 3.1). Aus diesen Vorstudien werden sich die Detailfragen der Untersuchung ergeben, nach deren Beantwortung die Komplexität dieses Schulversuchs und seine emanzipatorische Potenz erkennbar sein werden. Die zur Beantwortung dieser Fragen erforderlichen Erhebungsinstrumente und die zur Analyse der erhobenen Daten geeigneten Auswertungsmethoden werden in den Abschnitten 3.2 und 3.3 entwickelt bzw. ausgewählt.

Nach den Ergebnissen der Vorstudien werden im wesentlichen die folgenden Fragenkomplexe zu untersuchen sein (vgl. Abschnitt 3.2.1):

a) Erleben die Schüler das von der Schule unterbreitete Wahlangebot als hinreichend differenziert, so daß ihnen eine begründete Wahlentscheidung möglich ist, und unter welchen Gesichtspunkten bewerten sie die zur Wahl angebotenen Arbeitsgruppen (Kapitel 4)?
b) Nach welchen Kriterien treffen die Schüler ihre Wahlentscheidung? Welche Aspekte der von ihnen antizipierten Lernsituation geben den Ausschlag, bzw. in welcher Rangfolge wird die Wahlentscheidung durch verschiedene Gesichtspunkte (wie z. B. die Beziehung zum Lehrer oder das Interesse am Thema) beeinflußt (Kapitel 5)?
c) Zeichnet sich das Lernen in den wahldifferenzierten Arbeitsgruppen durch eine besondere Qualität aus, die im herkömmlichen Klassenverband nicht möglich ist, und werden die Erwartungen, die die Schüler mit der Wahl „ihres" Lehrers und „ihres" Themas verbinden, im Verlauf des Schuljahres erfüllt (Kapitel 6)?
d) Wirkt sich die veränderte Unterrichtsorganisation für alle Schüler in gleicher Weise aus, oder können bestimmte Schüler von den Möglichkeiten der Wahldifferenzierung in besonders positiver Weise Gebrauch machen, während andere Schüler eher benachteiligt sind (Kapitel 7)?

Erst wenn diese Fragen detailliert beantwortet worden sind, kann in einer zusammenfassenden Bewertung der Detailergebnisse die Frage beantwortet werden, ob und in welcher Weise die Wahldifferenzierung des Unterrichts zu einer emanzipatorischen Reform des Unterrichts beitragen kann, indem bestimmte mit der herkömmlichen Organisation des Unterrichts verbundene Zwänge abgebaut werden (Kapitel 8).

Zusammenfassung: Theoretische Überlegungen zur wissenschaftlichen Begleitung von Schulversuchen

Die vorliegende Untersuchung geht auf eine Initiative von Lehrern der „Halepaghenschule" in Buxtehude zurück. An dieser Schule wurde seit 1966 ein Schulversuch durchgeführt, der als „Buxtehuder Modell" in der bildungspolitischen Diskussion großes Interesse fand. Um die Auswirkungen der im Rahmen dieses Versuchs eingeleiteten Veränderungen systematisch erfassen und verläßlich beurteilen zu können, schien den meisten der beteiligten Lehrer und Schüler eine wissenschaftliche Begleituntersuchung des Schulversuchs notwendig. Diese Aufgabe übernahm im Winter 1969 eine Projektgruppe in der Arbeitsgruppe für Unterrichtsforschung am Pädagogischen Seminar der Universität Göttingen (vgl. auch Schreiner 1973).

Im ersten Kapitel der vorliegenden Untersuchung wurden theoretische Überlegungen zu der Frage angestellt, mit welchem Ziel und mit welchen Methoden eine solche wissenschaftliche Begleituntersuchung geleistet werden kann. Aus diesen Überlegungen ergaben sich drei Vorentscheidungen für die Untersuchung des „Buxtehuder Modells":

1. Um den besonderen Zielsetzungen dieses Schulversuchs gerecht werden zu können, soll das Buxtehuder Modell nicht unter irgendwelchen Kriterien mit dem herkömmlichen Schulsystem verglichen, sondern an seinen eigenen Intentionen gemessen werden.
2. Da durch die Veränderung eines oder weniger Merkmale der schulischen Situation eine Fülle von u. U. widersprüchlichen Effekten ausgelöst werden kann, soll sich die wissenschaftliche Begleitung nicht an wenigen, auf die expliziten Ziele des Versuchs bezogenen Kriterien orientieren, sondern die Komplexität der veränderten Lernsituation soll mit ihren Wechselbeziehungen und Widersprüchen so weit als möglich in die Untersuchung eingehen und bei der Analyse transparent werden.
3. Damit die Forschung nicht „auf halbem Wege der rationalen Aufklärung der Wirklichkeit und des Bewußtseins der Menschen über die Wirklichkeit (stehen bleibt)" (Klafki 1971, S. 381), darf sich eine wissenschaftliche Begleituntersuchung nicht darauf beschränken, den Schulversuch distanziert zu beobachten, sondern sie muß ihre Analysen unter ein emanzipatorisches Erkenntnisinteresse stellen und erkennbar werden lassen, ob und auf welche Weise die eingeleiteten Reformen zur „Aufhebung und Abwehr irrationaler Herrschaft" und zur „Befreiung von Zwängen aller Art" (Lempert 1969, S. 352) beitragen oder beitragen könnten.

Aus diesen drei Vorentscheidungen ergibt sich, daß die detaillierten Fragestellungen der Untersuchung aus Voruntersuchungen abzuleiten sind, bei denen die beteiligten Lehrer und Schüler über die Intentionen des Schulversuchs, vor allem aber über die problematischen Punkte, die bei seiner Realisierung aufgetreten sind, befragt werden. Dabei werden vor allem kontrovers beschriebene und bewertete Effekte der Veränderungen auf jene Fragen hinweisen, deren Beantwortung schließlich eine Einschätzung der emanzipatorischen Potenz der eingeleiteten Veränderungen erlauben wird.

2. Der Gegenstand der Untersuchung: Das „Buxtehuder Modell“

Nachdem im ersten Kapitel theoretische Vorentscheidungen zur wissenschaftlichen Begleitung des Buxtehuder Modells getroffen wurden, soll in diesem Kapitel der Gegenstand dieser wissenschaftlichen Begleituntersuchung genauer vorgestellt werden. Dabei soll insbesondere herausgearbeitet werden, mit welchen Zielen das Buxtehuder Modell entwickelt wurde (Abschnitt 2.1) und mit welchen konkreten Maßnahmen diese Ziele erreicht werden sollen (Abschnitt 2.2). Schließlich ist auf einige Probleme aufmerksam zu machen, die sich aus z. T. widersprüchlichen Ausführungen zu den Intentionen des Modells ergeben (Abschnitt 2.3). – Die folgenden Ausführungen beruhen im wesentlichen auf veröffentlichten oder schulinternen schriftlichen Ausführungen von Lehrern und Schülern der Halepaghenschule.[2]

Zunächst einige Hinweise auf die Vorgeschichte des Buxtehuder Modells und auf die äußeren Bedingungen, unter denen der Schulversuch begonnen wurde.

Die *Anregung zum Buxtehuder Modell* ging vom „Nenndorfer Arbeitskreis“ aus, einer Arbeitsgemeinschaft von Schulverwaltungsbeamten, Studienräten, Direktoren und älteren Schülern, die sich in besonderem Maße für die Arbeit der „Schülermitverantwortung“ (SMV) engagierten. Die etwa jährlichen Arbeitstreffen des Arbeitskreises wurden von der Landeszentrale für politische Bildung finanziert. Auf einer Tagung im Herbst 1965 kamen die Teilnehmer zu der Erkenntnis, daß die Schülermitverantwortung in ihrer damaligen Form gescheitert sei. In der Absicht, der „SMV“ neue Impulse zu geben und bessere Voraussetzungen für ihre Arbeit zu schaffen, wurden die *Nenndorfer Empfehlungen* beschlossen:

„Der Paragraph 22, Abs. 3 des Niedersächsischen Schulverwaltungsgesetzes lautet: ‚Die verantwortliche Mitwirkung der Schüler an Leben und Arbeit der Schule ist allgemein zu entwickeln.‘ – Dieser gesetzlichen Vorschrift kann nur entsprochen werden, wenn die überholten Formen des schulischen Lebens

[2] Es handelt sich dabei um die folgenden Unterlagen: Böhnke (Lehrer) 1970; Güthling (bis 1969 Schulleiter der Halepaghenschule) 1966, 1967, 1968a, 1968b, 1968c, 1968d, 1969a, 1969b; Hinrichs (Lehrer) 1967, 1968a, 1968b, 1969; Kachholz (Schüler) 1969; Leonhard (Schüler) 1968; Rohkamm (Schüler) 1966; Steinke (Lehrer) 1966; Wegel (Lehrer) 1967; Wilde (Lehrerin, Stellvertreter des Schulleiters) 1967a, 1967b, 1968, 1970 und Niederschrift über den Lehrerfortbildungskurs 20/69 in Braunlage.

geändert werden. Insbesondere werden Gestalt und Durchführung des Unterrichts in den Jahrgängen 12 und 13 überprüft und neu geordnet werden. Dazu wird vorgeschlagen:

1. Die Klassenverbände 12 und 13 sind durch Arbeitsgruppen zu ersetzen.
2. Die Funktionen des Klassenleiters sind aufzuteilen:
   a) auf weitgehende Selbstverwaltung dieser Jahrgänge unter persönlicher Verantwortung des Direktors,
   b) auf den von dem einzelnen Schüler aus der Gesamtheit des Kollegiums selbst zu wählenden Tutor.
3. Was bisher Unterricht genannt wurde, sollte sich in neuen Formen abspielen. Solche Formen sind:
   a) die herkömmliche Unterrichtsform in der Arbeitsgruppe
   b) die Vorlesung für mehrere oder alle Gruppen,
   c) der einzelne Vortrag vor mehreren oder allen Gruppen (Gruppenverband)
   d) zusammenfassende Berichte über Arbeitsergebnisse von Gruppen oder Arbeitsgemeinschaften
   e) Arbeitsgemeinschaften mit besonderen Aufgaben
4. Die Institutionen dieser neuen Oberstufe sind:
   a) Die Vollversammlung aller Schüler der 12. und 13. Jahrgänge und der hier unterrichtenden Lehrer,
   b) die Tutorenkonferenz,
   c) der Gruppensprecherkonvent,
   d) die Fachkonferenz,
   e) die Zeugniskonferenz.
5. Die Formen der Notengebung sollten überprüft werden mit dem Ziele einer Entschärfung des durch sie belasteten Schüler-Lehrer-Verhältnisses. Klausuren unter Verwendung von Testbögen zur Nachprüfung des Grundwissens sollten aber einbezogen werden. Die mündliche Mitarbeit sollte nicht der notenmäßigen Einzelbewertung unterworfen bleiben.
6. Anzustreben ist, daß jeder Schüler im Laufe der zwei Jahre eine Jahresarbeit anfertigt, ihre Grundgedanken in Thesen ausdrückt und sich über diese einem Kolloquium unterzieht.
7. Vorstehende Vorschläge sollten in Versuchen erprobt werden, wobei zugrunde zu legen sind:
   a) die Stundentafeln und Richtlinien,
   b) die Reifeprüfungsordnung in geltender Form,
   c) der bestehende Lehrermangel.“

(zitiert nach Kresse 1965; vgl. auch Hinrichs 1969, S. 23).

Die Halepaghenschule in Buxtehude begann unter der Leitung ihres Oberstudiendirektors Dr. Güthling zu Beginn des Kurzschuljahres 1966 mit der Erprobung dieser Empfehlungen.

Die *Stadt Buxtehude* liegt im Norden des Landes Niedersachsen (Regierungsbezirk Stade) unmittelbar an der Grenze zur Hansestadt Hamburg, in deren Großraum sie durch gute Verkehrsverbindungen einbezogen ist. 1969 wohnten in Buxtehude etwa 23 000 Einwohner, jährlich ziehen z. Zt. etwa 1 000 Menschen zu. Die Bevölkerung kann als kleinstädtisch, kleinbürgerlich bezeichnet werden: Mittlere Beamte, Angestellte und mittelständisches Gewerbe machen einen großen Teil der Bevölkerung aus.

Der Anteil der Arbeiter nimmt ständig zu. Die *Halepaghenschule* – benannt nach dem Magister Gerhard Halepaghen, einem der bedeutendsten Söhne der Stadt Buxtehude (gestorben 1485) – ist das einzige Gymnasium am Ort. Sie ist strukturiert wie die meisten Gymnasien in Niedersachsen: Sie umfaßt die Klassen 5 bis 13, Englisch wird als erste Fremdsprache ab Klasse 5 gelehrt, die Schüler wählen am Beginn der 7. Klasse als zweite Fremdsprache Latein oder Französisch, die Oberstufe gliedert sich in den mathematisch-naturwissenschaftlichen und den neusprachlichen Zweig.

Im Schuljahr 1968/69 besuchten etwa 900 Schüler die Halepaghenschule, darunter etwa 360 Mädchen. Die Klassen 12 und 13 (Prima) besuchten 110 Schüler. Etwa die Hälfte der Schüler wohnte in der Stadt Buxtehude, die anderen Schüler kamen aus dem im Radius etwa 10–15 km großen ländlichen Einzugsgebiet. Die Zahl der Schüler hat in den letzten Jahren jährlich um etwa 15% zugenommen. Das 1962 für 600 Schüler fertiggestellte Schulgebäude ist viel zu klein. Im Schuljahr 1968/69 bestand das Kollegium aus 50 Lehrkräften, von denen jedoch nur 36 mit voller Stundenzahl unterrichteten. Das Durchschnittsalter der Lehrer wurde mit etwa 45 Jahren angegeben. Seit 1969 hat sich der Lehrermangel an der Halepaghenschule eklatant verschärft.

2.1 Die Ziele des Buxtehuder Modells

Die Impulse zu diesem Schulversuch sind nach den Selbstdarstellungen der Initiatoren des Buxtehuder Modells auf die damals folgendermaßen eingeschätzte Situation des Gymnasiums zurückzuführen (besonders nach Güthling 1969b):

1. Das Gymnasium erfüllt die ihm (besonders von der Universität) gestellten Aufgaben unzureichend. Die Leistungen gehen ständig zurück. Die Abiturienten sind eigentlich nicht „hochschulreif“.
2. Es bestehen „Widersprüche zwischen der Leistungsfähigkeit des Primaners und seiner Leistungseffizienz in der Schule, zwischen der geistigen Selbständigkeit des Jugendlichen in der Adoleszenz und seiner Abhängigkeit von Institutionen und Personen in der Schule, zwischen dem Selbstverständnis des Primaners als mündiger Person und seiner Schülerrolle im Gymnasium“ (Wilde 1968, S. 275).
3. Die politische Erziehung ist gescheitert, was sich vor allem in der Interessenlosigkeit der Schüler an der Schülermitverantwortung äußert.

Dieser Zustand wird als Folge der aus dem Obrigkeitsstaat des vorigen Jahrhunderts überkommenen Formen und Inhalte des Gymnasiums interpretiert. Die Chance eines Neuansatzes nach 1945 sei im wesentlichen vertan worden, da man lediglich an die Traditionen der Weimarer Zeit angeknüpft habe, ohne zu einer wesentlichen Änderung der Inhalte und Formen zu gelangen. In der gegenwärtigen Situation sei eine allgemeine Leistungsteigerung erforderlich, denn eine „moderne Wirtschaft hängt von der Maximierung der Ausbildung jedes einzelnen Bürgers ab" (Steinke 1966, S. 6) und: „Auf den Schulen und Universitäten wird der Konkurrenzkampf zwischen Ost und West entschieden." (a. a. O.)

Den Kern der *Intentionen* des Buxtehuder Modells sieht Güthling (1966, S. 12) bereits bei Kant formuliert in dem Satz: „Man wird zur Freiheit nicht reifen, wenn man nicht zuvor in Freiheit gesetzt ist." Es ist demgemäß das Ziel des Versuchs, „durch einfache schulorganisatorische Maßnahmen die Schüler in Freiheit zu setzen für eine weitgehende Selbstbestimmung ihrer Ausbildung und eine mitverantwortliche Gestaltung des Schullebens, und zwar nicht nur während der Pause, sondern auch im Unterricht" (Hinrichs 1967, S. 1). Es geht um den „Abbau sinnentleerter Zwänge des Systems, die lediglich dazu benutzt werden konnten, die Schüler künstlich unmündig zu halten, sie zu unterdrücken und ihnen die Möglichkeit zu nehmen, sich individuell zu entfalten" (Kachholz 1969, S. 13). Dem Primaner soll „ein Ausmaß an Freiheiten (verliehen werden), das fast hochschulmäßig genannt werden kann" (Güthling 1967).

Man hofft, auf diese Weise das als „Pennalismus" (Djuren 1966, S. 19) bezeichnete Verhalten des „Durchschnittsprimaners" (Güthling 1966, S. 11) abbauen zu können, dessen Bestreben dahin geht, „mit einem Minimum von eigenem Engagement, mit einem Minimum von Konzentrationsbereitschaft und Bildungswillen überhaupt ein Maximum brauchbarer, das heißt im Leben verwendbarer, am besten schnell in Münze umsetzbarer Noten zu erhalten" (a. a. O.). Diese „Abwehrhaltung des Primaners gegenüber den schulischen Forderungen" (a. a. O., S. 10 f.) soll durch „eine neue innere Haltung des Schülers gegenüber dem Schulziel" (Güthling 1967) ersetzt werden. Ein Schüler hat diese „Haltung" so formuliert: „Wurde der Schüler früher wesentlich durch den Druck der Zensur zur Mitarbeit ‚gezwungen', so treibt ihn nun das Interesse am selbständig gewählten Stoff an, lebhaft und gründlich mitzuarbeiten." (zitiert bei Hinrichs 1969, S. 32/33).

Die größere Freiheit, die dem Schüler eingeräumt werden soll, soll jedoch verknüpft sein mit einer „Klarheit und Härte der unterrichtlichen Anforderungen, die manchem reaktionär anmuten mag" (Güthling 1967).

Es ist ausdrücklich „Aufgabe" der Reform, „auf dem Wege über die ermöglichte Spontaneität des Schülers bei gleichem Zeitaufwand bedeutend erhöhte Leistungen zu erreichen" (Güthling 1966, S. 14). Es sollen alle Schüler gefördert werden, die Entwicklung der Hochbegabten soll besonders vorangetrieben werden, es soll aber auch Aufgabe der Reform sein, „die Bildungsunwilligen und zu geistiger Arbeit nicht Bereiten oder nicht Veranlagten von Hochschule und wissenschaftlichen Berufen fernzuhalten und sie dafür einer ihnen gemäßen Ausbildung zuzuführen" (a. a. O.). Damit komme der Prima „vielleicht sogar ein neuer verfeinerter Auslesecharakter" zu (a. a. O.). Es ist notwendig, „den einzelnen ihren Leistungsstand klarzumachen", und „Leistungsmängel werden klar und unmißverständlich herausgestellt" (Wegel 1967, S. 3).

Der Schüler der Oberstufe soll „als mündiger ‚Sozial'-Partner akzeptiert (werden)" (Güthling 1968c, S. 1). Die überkommene „verschwommene Schulgemeinschaftsideologie" (Güthling 1969a, S. 55) soll abgelöst werden. Denn: „Die Schule hat . . . eine soziologisch zu verstehende Struktur, in der sich die beiden sozialen Gruppen Lehrer und Schüler gegenüberstehen. In ihr entstehen permanent Konfliktsituationen, wie sie der pluralistischen Gesellschaft grundsätzlich eigentümlich sind." (Güthling 1968a, S. 3) Diese „dem Gymnasium eigentümlichen Konfliktsituationen im Lehrer/Schüler-Verhältnis" (a. a. O.) werden grundsätzlich bejaht. Um ihre Interessen tatsächlich vertreten zu können, sollen den Schülern „Mitbestimmungsrechte im Sinne einer modernen Betriebsverfassung" (a. a. O.) eingeräumt werden.

Die Struktur des Gymnasiums soll (wenigstens in den letzten beiden Klassen) an die moderne Gesellschaft angepaßt werden. Das Buxtehuder Modell will „keinen Umsturz unserer demokratischen Grundordnung vorbereiten oder auch nur vorbereiten helfen. Wohl aber will es junge Menschen mündig machen für diese Lebensform, die durch ein sich autoritär verfestigendes Establishment in Erstickungsgefahr zu geraten droht" (Hinrichs 1968a). Ausdrücklich orientiert sich das Buxtehuder Modell „nach den Intentionen des Nenndorfer Arbeitskreises an der gesellschaftlichen Wirklichkeit von heute, nicht an der von morgen, schon gar nicht an Utopien" (Güthling 1968a, S. 19). Das soll jedoch nicht ausschließen, daß Lehrern und Schülern „aus schulischer Leistung, aus Nachdenken und kritischem Dialog (Dutschke) . . . vielleicht einmal Modellvorstellungen zuwachsen, die wirkliche Veränderungen der Gesellschaft zur Voraussetzung, möglicherweise sogar zur Folge haben werden" (a. a. O. – Klammer im Original).

Das Buxtehuder Modell wird jedoch – vor allem von Güthling – gerade als ein Versuch verstanden, unter den seinerzeit gegebenen Bedingungen alle Veränderungen einzuführen, die im Rahmen der gültigen Gesetze und Richtlinien in Richtung auf das Ziel des mündigen Primaners möglich sind. Das bedeutet, daß insbesondere die Stundentafel, der Fächerkanon, die Leistungsbeurteilung nach schriftlichen Klassenarbeiten und die Reifeprüfungsordnung auch für die Buxtehuder Primaner verbindlich bleiben. Ebenso sollte die Reform keinen höheren Bedarf an Lehrkräften erfordern, sondern gerade auch bei dem bestehenden Lehrermangel realisierbar sein (vgl. die Nenndorfer Empfehlungen). Daß eine organisatorische Reform „vorerst nur die (äußeren) Formen einer höheren Schule ändert" (Güthling 1967 – Klammer im Original), ist den Initiatoren bewußt. Aber: „Es kommt einer einzelnen öffentlichen Schule nicht zu, die Inhalte ihrer Unterrichtsziele ändern zu wollen." (a. a. O.)[3]

2.2 Die Organisation des Unterrichts nach dem Buxtehuder Modell

Mit welchen organisatorischen Veränderungen sollen diese Ziele erreicht werden? – Eine der wesentlichsten Veränderungen des Buxtehuder Modells gegenüber der seinerzeit üblichen Organisation der gymnasialen Oberstufe ist die *Aufhebung der Jahrgangsklassen 12 und 13.* Die Primaner werden zwar formal in die 12. und dann in die 13. Klasse versetzt, sie werden aber nicht mehr im herkömmlichen Klassenverband unterrichtet. Auch die Trennung der Schulzweige ist organisatorisch nur noch dort relevant, wo sich diese Aufteilung in verschiedenen Lerninhalten (Physik, Englisch) und verschiedenen Abschlüssen (Mathematik) auswirkt. – Statt im Klassenverband, in dem alle Schüler von denselben Lehrern unterrichtet wurden, findet der Unterricht in Arbeitsgruppen statt, die die Schüler für jedes ihrer Fächer gewählt haben.

Noch vor Ende des laufenden Schuljahres werden durch die Fachteamkonferenz (s. u.) jene Lehrer benannt, die im kommenden Schuljahr in der Prima (Klassenstufe 12 und 13) unterrichten werden. Die Zahl der Arbeitsgruppen ist von der Zahl der Schüler abhängig: Ein Lehrer soll im Durchschnitt etwa 20 Schüler unterrichten. Diese Lehrer formulieren in Absprache mit ihren Kollegen und auch mit den Schülern die Themen

[3] Dennoch machten es gerade die veränderten organisatorischen Bedingungen einzelnen Lehrern möglich, im Unterricht ihrer Arbeitsgruppe neue Themen zu erproben (vgl. z. B. das Wahlangebot im Fach Gemeinschaftskunde; Abschnitt 4.1).

ihrer Arbeitsgruppen. Das Lehrangebot aller Fächer wird den Schülern in einem „Themenverzeichnis“ als Umdruck mitgeteilt. Die Schüler können sich von den Fachlehrern zusätzlich informieren und von ihren Tutoren (s. u.) beraten lassen. Die Arbeitsgruppen können in der Regel von allen Schülern gewählt werden, soweit Stundentafel und Prüfungsordnung nicht die Wahl bestimmter Fächer vorschreiben (z. B. Wahlpflichtfächer). In den Fremdsprachen werden seit dem Schuljahr 1967/68 Leistungsgruppen auf zwei Niveaustufen angeboten.

Die *Wahl der Arbeitsgruppen* erfolgt noch vor den Ferien zum Schuljahreswechsel. Die Schüler benennen auf einem besonderen Wahlzettel die Arbeitsgruppen, an denen sie teilnehmen möchten. In der Regel gilt diese Wahl für das ganze Schuljahr, in Einzelfällen – seit dem Schuljahr 1968/69 im Fach Gemeinschaftskunde auch im Normalfall – ist ein Wechsel zum Halbjahr möglich. Um die Größe der Arbeitsgruppen in etwa ausgleichen zu können, sollen die Schüler Arbeitsgruppen ihrer zweiten und (wenn möglich) dritten Wahl angeben. In den ersten Jahren des Versuchs hatte ein Fachlehrer, der von überdurchschnittlich vielen Schülern gewählt worden war, das Recht, sich die Schüler, mit denen er zusammenarbeiten wollte, auszusuchen und die abgelehnten Schüler an die Arbeitsgruppe ihrer zweiten und dritten Wahl zu verweisen. Später wurde die endgültige Einteilung der Gruppen von den Fachlehrern gemeinsam und in Absprache mit Schülervertretern in der Fachteamkonferenz (s. u.) vorgenommen. Im Schuljahr 1969/70 wurde versucht, jeden Schüler in die Arbeitsgruppe seiner ersten Wahl einzuweisen, auch wenn dadurch einige Gruppen bis zu 50% überbesetzt sind.

Alle Arbeitsgruppen eines Faches haben zur gleichen Zeit Unterricht, so daß die Schüler freie Wahlmöglichkeiten innerhalb eines Faches haben. Es ist ihnen allerdings nicht möglich, an zwei Arbeitsgruppen zu verschiedenen Themen eines Faches teilzunehmen. Unterrichtseinheit ist die Blockstunde von 90 Minuten.

Zu Anfang des Versuchs galt die *Freiheit des Unterrichtsbesuchs* als wesentliches Moment des Buxtehuder Modells: „Die Schüler der Primen werden nicht gezwungen, am Unterricht teilzunehmen.“ (Wegel 1967, S. 2) Das Fehlen eines Schülers wurde lediglich im Gruppenbuch (s. u.) vermerkt, der Schüler entschuldigte sich mündlich. Teilweise wurde diese Abschaffung des schriftlichen Entschuldigungszwanges so dargestellt, als sei es den Schülern völlig freigestellt gewesen, ob sie am Unterricht ihrer Gruppe teilnehmen, den Stoff selbständig erarbeiten oder sich mit etwas ganz anderem beschäftigen wollten. Nachdem zunächst viele Schüler von dieser neuen Freiheit Gebrauch gemacht hatten, wurde von den meisten Lehrern unter Hinweis auf die bestehenden Gesetze betont, die Schüler seien selbstverständlich nach wie vor zur regelmäßigen Teilnahme am Unterricht verpflichtet. Trotz langer und intensiver Gespräche der Lehrer untereinander, mit den Schülern und den Eltern konnte zu dieser Frage keine einheitliche und verbindliche Einstellung gefunden werden.

Zur regelmäßigen *Leistungskontrolle* werden neben den von den Richtlinien vorgeschriebenen Klassenarbeiten in unregelmäßigen Abständen von ein bis zwei Monaten in fast allen Fächern (außer Religion und Sport) Klausuren geschrieben. Hiermit soll vor allem das Faktenwissen der Schüler überprüft werden. Die Klausuren haben die Form umgedruckter Aufgabenbogen, die die Schüler in etwa 20 Minuten bearbeiten müssen. Die Auswertung und Bewertung erfolgt nur nach Punkten. Versäumte Klausuren müssen die Schüler nachschreiben.

Klassenarbeiten müssen, wenn sie länger als eine Blockstunde dauern sollen, wegen der sonst unvermeidlichen zu häufigen Störungen des Unterrichts in den anderen Fächern in allen Gruppen eines Faches gleichzeitig geschrieben werden. Die Termine der Klassenarbeiten werden deshalb schon zu Beginn des Schuljahres festgelegt. Die Arbeiten werden in der großen Pausenhalle geschrieben und streng beaufsichtigt.

Hausaufgaben werden teils von einigen Lehrern detailliert und von Stunde zu Stunde gestellt, von anderen wird eine generelle Arbeitsangabe für den nächsten Unterrichtsabschnitt ausgegeben.

Anstelle der sonst üblichen Klassenbücher werden in den Arbeitsgruppen *Gruppenbücher* geführt. Es sind dies je Fach verschiedenfarbige Schnellhefter, in denen neben einer Übersicht über die Zusammensetzung der Gruppe die Ergebnisse der Klassenarbeiten und die von den Schülern verfaßten Protokolle der einzelnen Stunden festgehalten werden. Diese Protokolle sind zum Teil knappe Wiedergaben des Themas und des Stundenverlaufs oder aber ausführlichere Abhandlungen, die oft vervielfältigt an die Schüler ausgegeben werden. Anhand dieser Unterlagen sollen die Schüler versäumte Stunden selbständig aufarbeiten oder den Stoff des Unterrichts wiederholen können.

Die nach wie vor notwendigen Funktionen des Klassenleiters werden von einem *Tutor* übernommen, den die Primaner aus der Gesamtheit des Kollegiums für beide Schuljahre – ein Wechsel ist jedoch nicht ausgeschlossen – wählen. Im allgemeinen soll ein Tutor nicht mehr als fünf Tutandi betreuen. Deshalb sind bei der Wahl fünf Lehrer in einer Rangfolge anzugeben. Die Zuordnung der Schüler zu den Lehrern wird anhand der Wahlzettel von einem Vertrauenslehrer vorgenommen, der die Daten der Wahl vertraulich behandelt. – Der Tutor vertritt die Schüler in der Konferenz, erfüllt die erforderlichen Verwaltungsaufgaben (Zeugnisse schreiben; Reifeprüfung) und soll die Schüler bei schulischen und ggfs. auch bei privaten Problemen beraten.

Die *Mitbestimmung* der Schüler wurde in folgenden Gremien institutionalisiert:

a) Die Entscheidungen über das Themenangebot des kommenden Schuljahres, die Aufteilung der Schüler in die Arbeitsgruppen und über gemeinsame Programme der Arbeitsgruppen werden von der *Fachteamkonferenz* der Lehrer und Schüler getroffen. Diese Konferenzen setzen sich aus den Fachlehrern und der gleichen Zahl von Schülern zusammen, die von der Vollversammlung bestimmt werden.

b) Die schulpolitischen Interessen der Schüler werden von der *Vollversammlung* aller Primaner bzw. von deren „Organisationsausschuß" vertreten. Diese Vollversammlung ist wöchentlich im Stundenplan vorgesehen. Die Teilnahme ist für die Schüler verbindlich, wird aber nicht kontrolliert. Eine wichtige Aufgabe der Vollversammlung ist die Wahl und Kontrolle der Schülervertreter in den gemeinsamen Kommissionen. Darüber hinaus berät und beschließt die Vollversammlung über bildungs- und schulpolitische Probleme. Inzwischen nehmen auch die Schüler der 11. Klassen an der Vollversammlung der Oberstufe teil. Die Klassen 7 bis 10 und die Eingangsstufe haben eine eigene Vollversammlung.

c) Der in den Nenndorfer Empfehlungen vorgesehene „Gruppensprecherkonvent" wurde in Buxtehude zunächst mit je zwei Vertretern der Gemeinschaftskundearbeitsgruppen und dem Direktor als ständigem Mitglied realisiert. Dieser Konvent war zunehmend dem Mißtrauen und der Kritik der Primaner ausgesetzt, weil die Verhandlungen nicht öffentlich stattfanden und die Schülervertreter nicht der Vollversammlung verantwortlich waren. Vor allem hatte der Konvent bei lediglich beratender Funktion kaum eine Chance, die Schülerinteressen effektiv zu vertreten. Im Schuljahr 1968/69 wurde der Konvent durch einen halbparitätisch besetzten *Gemeinsamen Ausschuß* abgelöst, der mit wesentlich weiterreichenden Kompetenzen ausgestattet ist: Die Konferenz der Lehrer und die Vollversammlung der Oberstufen-Schüler wählen je sechs Vertreter. Der Direktor nimmt nur mit beratender Stimme teil. Der Ausschuß berät über alle Probleme, die von mindestens drei Mitgliedern, der Vollversammlung, der Konferenz oder dem Direktor auf die Tagesordnung gesetzt werden. Ein Antrag gilt bei Zweidrittelmehrheit (= acht Stimmen) als angenommen. Die Vollversammlung oder die Konferenz kann einen Beschluß des Ausschusses mit absoluter Mehrheit aufheben. Der Direktor führt die Beschlüsse des Ausschusses aus und ist verpflichtet, über seine Tätigkeit Bericht zu erstatten. Der Ausschuß tagt schulöffentlich. (Vgl. Hinrichs 1969, S. 29)

d) Bei Konflikten zwischen Lehrern und Schülern soll der paritätisch (zwei Lehrer, zwei Schüler) besetzte *Schlichtungsausschuß* eine Empfehlung zur Schlichtung des Konflikts erarbeiten: Dieser Ausschuß berät auf Antrag eines Schülers oder Lehrers, beide Betroffenen müssen der „Verhandlung“ zustimmen. Der Ausschuß tagt unter Ausschluß der Öffentlichkeit, die Mitglieder sind zur Verschwiegenheit verpflichtet. (Vgl. Hinrichs 1969, S. 30 f.)

e) Seit dem Schuljahr 1968/69 werden in Zensurendiskussionen die Zeugniszensuren der Schüler in institutionalisierter Form zwischen den Lehrern und den Schülern diskutiert. Meist unter der Diskussionsleitung eines Schülers kann sich jeder Schüler über die nach seiner Meinung für ihn selbst oder seine Mitschüler angemessene Zensur äußern. Die nur zur Anwesenheit verpflichteten Lehrer können sich an dieser Diskussion beteiligen, sie müssen aber die Zensuren letztlich in eigener Verantwortung festlegen.

2.3 Die Problematik des Buxtehuder Modells

Nachdem ich in den vorangegangenen beiden Abschnitten die Intentionen und die Organisation des Buxtehuder Modells eingehend und weitgehend kommentarlos dargestellt habe, möchte ich in diesem Abschnitt auf einige Probleme aufmerksam machen, die sich aus Widersprüchen zwischen verschiedenen Aussagen der Beteiligten und zwischen den Intentionen und den konkreten Veränderungen ergeben. Hieraus können sich bereits erste Hinweise auf die in der Untersuchung zu beantwortenden Fragen ergeben.

Generell erhebt sich die Frage, ob in den programmatischen Erklärungen zum Buxtehuder Modell nicht Erwartungen geweckt werden, die mit den begrenzten, sich auf den bestehenden Bedingungsrahmen einstellenden konkreten Veränderungen nicht erreicht werden können. Können Schüler „in Freiheit gesetzt“ werden, solange sie auf die überkommenen Richtlinien verwiesen werden und sich den gültigen Reifeprüfungsbestimmungen unterwerfen müssen? Besteht unter diesen Voraussetzungen nicht die Gefahr, daß eine Reform nach dem Buxtehuder Modell, indem sie Reformbereitschaft im Detail erkennen läßt, den weiterreichenden und auf grundlegende Veränderungen zielenden Reformwillen beschwichtigt und auf diese Weise objektiv dazu beiträgt, die gegebenen Strukturen zu verfestigen? – Dies muß nicht notwendig der Effekt von Detailreformen sein, aber an einen Reformversuch, dessen erklärtes Ziel es ist, (zunächst) nur solche

Veränderungen vorzunehmen, die im Rahmen der bestehenden Richtlinien möglich sind, muß die Frage gestellt werden, mit welchem Ziel solche Veränderungen vorgenommen werden. Geht es darum, Formen „irrationaler Herrschaft“ (Lempert 1969, S. 352) aufzuheben, oder sollen lediglich die überkommenen Strukturen der Schule an die veränderten Anforderungen der „Leistungsgesellschaft“ angepaßt, disfunktionale Organisationsformen beseitigt und die Schule effektiver gemacht werden?

Die für den Durchschnittsprimaner als typisch bezeichnete „Abwehrhaltung . . . gegenüber den schulischen Forderungen“ (Güthling 1966, S. 10 f.) muß in einer „Leistungsgesellschaft“ beängstigend wirken. Wenn die Leistungsziele den Schülern fragwürdig geworden sind und keine sachlich motivierende Wirkung mehr ausüben, dann müssen Formen gefunden werden, in denen die Schüler die alten Ziele wieder akzeptieren können, Formen, in denen die Schule ihre alten Leistungsansprüche wieder mit gewohnter Härte erheben kann. „Der pure Zwang durch Drohung mit Strafe ist anachronistisch“ (Wegel 1967, S. 2) geworden, aber auch wenn die deutlichsten Formen solchen Zwanges aufgehoben worden sind, steht den „für einen herkömmlichen Schulbetrieb ungewohnten Primanerfreiheiten . . . ein hoher Leistungsanspruch der Schule gegenüber“ (Hinrichs 1969, S. 31). Zwar werden einige Zwänge abgebaut, aber gerade deshalb „muß der Zwang zur Leistung für den Schüler um so stärker sein und ihm ständig vor Augen stehen“ (Wegel 1967, S. 2). Konnten die Primaner sich vorher „ihrer sogenannten Klassengemeinschaft als reine Schutzgemeinschaft“ (Güthling 1966, S. 11) bedienen, so sind sie jetzt den Anforderungen eines Lehrers ausgesetzt, der größeres Interesse am Thema und intensivere Mitarbeit verlangen zu können glaubt, weil die Schüler sich Thema und Lehrer selbst ausgesucht haben.

Ob das Thema dabei in dem erhofften Umfang in das Zentrum des Unterrichtgeschehens und des Schülerinteresses rücken kann, muß bezweifelt werden, solange der Zwang, eine möglichst gute Zensur zu erhalten, weiter besteht und für viele Schüler durch Verschärfung der Zulassungsbedingungen an den Hochschulen in den letzten Jahren nur noch bedrückender geworden ist. Da die Schüler häufiger als bisher Entscheidungen über ihren eigenen Ausbildungsgang treffen müssen, ergibt sich aus der neuen Organisationsform „ein ausgeprägtes Bewußtwerden der Verantwortung für das persönliche Fortkommen“ (Hinrichs 1967, S. 10), und „die Notwendigkeit eines regelmäßigen Schulbesuchs zur Erreichung des Leistungszieles muß vom Schüler eingesehen und akzeptiert werden“ (Wegel 1967, S. 2). Ein Schüler zog daraus bereits 1966 das Fazit: „Die Furcht zu versagen, war immer noch die gleiche. Noch immer hing gleich viel vom Versagen oder Bestehen ab. Die Lähmung durch Angst war nicht aufgehoben." (Rohkamm 1966, S. 31) Aber die Schule will hier durchaus keinen Zwang ausüben: Wenn die Schüler aus mangelndem Verantwortungsbewußtsein von ihren Freiheiten „falschen Gebrauch" (Wegel 1967, S. 3) machen, so „ist (dagegen) nichts einzuwenden. Sie bleiben dann eben sitzen oder bestehen das Abitur nicht" (a. a. O.). Die Freiheit des Primaners beschränkt sich also auf die Entscheidung, ob er sich dem „Zwang zur Leistung" (a. a. O., S. 2) unterwerfen oder sich ihm – mit allen Konsequenzen „für das persönliche Fortkommen" (Hinrichs 1967, S. 10) – entziehen will.

Wenn dies den Kern der Intentionen des Buxtehuder Modells ausmacht, dann sollen also nicht die Lern- und Leistungsziele selbst in die Entscheidungsfreiheit des Schülers gestellt werden, sondern die „Primanerfreiheiten" (Hinrichs 1969, S. 31) sollen die Schüler veranlassen, diese Ziele wieder zu akzeptieren. Dies wird sogar deutlich ausgesprochen. (Vgl. Wegel 1967, S. 3): Zwar soll „Freiheit zur Mitwirkung . . . bedingungsloses Grundprinzip der Schule sein" und nicht „nur (! – J. Sch.) zu einer besonders raffinierten Methode (werden), die vorherbestimmten Erziehungsziele zu erreichen", aber: „Der Gebrauch und die Übung dieser Freiheit in verantwortlicher Mitwirkung führt allerdings dazu, daß die genannten gesetzlich festgelegten Erziehungsziele erreicht werden." (a. a. O.)

Ich bin nicht der Meinung, daß mit dieser Feststellung das Urteil über das Buxtehuder Modell oder gar über wahldifferenzierten Unterricht überhaupt gefällt sein kann. Die Gefahr, daß dieses Differenzierungsmodell lediglich der Stabilisierung überkommener Strukturen dient, ist deutlich geworden, damit ist aber noch nicht geklärt, ob dieser Effekt notwendig eintreten muß. Die Beschränkung einer Reform auf organisatorische Veränderungen ist gewiß problematisch, aber möglicherweise eröffnen diese gerade durch ihren formalen und vorläufigen Charakter Lehrern und Schülern Chancen für eine freiere Gestaltung des Unterrichts. Die äußeren Bedingungen des Lernens bleiben zwar (wenigstens vorläufig) unverändert bestehen, aber wenn z. B. durch die Wahl des Lehrers engere persönliche Beziehungen zwischen den Schülern und dem Lehrer entstehen, könnten die Voraussetzungen für die Förderung der Schüler besser sein als bei einem zugewiesenen Fachlehrer, der „seiner" Klasse eher distanziert gegenübertritt und alle Schüler gleich behandeln muß. Zwar können Lehrer und Schüler nicht beliebige Themen wählen, aber sie können vielleicht Themen auswählen, die ihnen unter bestimmten Intentionen besonders wichtig erscheinen und sich intensiver damit beschäftigen, als es im Klassenunterricht möglich ist, wo auf ein breiteres Spektrum von Interessen und die Vielfalt des

Lehrplans Rücksicht genommen werden muß. Lehrer und Schüler können den Unterricht wahrscheinlich eher als einen Prozeß kooperativer Arbeit gestalten, wenn ein gemeinsames Interesse an einem Thema besteht.

Nach diesen Überlegungen bzw. Vermutungen scheint mir die Hoffnung berechtigt, daß durch eine detaillierte Analyse des Buxtehuder Modells aufgewiesen werden kann, ob durch die Organisation des Unterrichts nach der Wahlentscheidung der Schüler unnötige Zwänge der herkömmlichen Unterrichtsorganisation aufgehoben werden können und ob dadurch zur Emanzipation der Schüler beigetragen wird.

Erst eine detaillierte Untersuchung wird jedoch erweisen können, ob diese angedeuteten Chancen wahldifferenzierten Unterrichts unter den gegebenen Bedingungen realisierbar sind, oder ob lediglich erreicht wird, daß die Schüler sich den überkommenen Zwängen „freiwilliger“ unterwerfen. Es ist also zu prüfen, ob – wie es H. Becker in einem Gespräch mit Adorno formulierte – „in einer Welt wie der heutigen der Appell zur Mündigkeit fast so etwas wie eine Tarnung des allgemeinen Unmündig-gehalten-Werdens sein kann“ oder ob es gelungen ist, „die Möglichkeit zur Mündigkeit in die konkreten Ausbildungsverhältnisse zu übersetzen“ (Becker 1969, S. 150).

Zusammenfassung: Der Gegenstand der Untersuchung:
Das Buxtehuder Modell

Das Buxtehuder Modell ist ein Versuch, durch organisatorische Veränderungen sinnentleerte Zwänge des herkömmlichen Schulsystems abzubauen. Der Unterricht findet nicht mehr im Klassenverband statt, sondern in thematisch definierten Arbeitsgruppen, die von allen Schülern (der Klassenstufen 12 und 13) frei gewählt werden. Dabei bleiben die geltenden Richtlinien, die Stundentafeln und vor allem die Reifeprüfungsordnung in Kraft. Ziel dieser Maßnahmen ist es, den Schülern größere Selbstbestimmungsmöglichkeiten einzuräumen und ihre Lernmotivation durch das Interesse am selbstgewählten Unterrichtsstoff anzuregen und zu steigern. Dadurch sollen zugleich die Leistungen der Schüler erhöht werden.

Bei einer näheren Betrachtung der Zielsetzung dieses Schulversuchs erhebt sich die Frage, ob durch diese Veränderungen der Unterrichtsorganisation lediglich die Schule an die veränderten Anforderungen der „Leistungsgesellschaft“ angepaßt werden soll, so daß die fragwürdig gewordenen Leistungsansprüche der Schule wieder verbindlichen

Charakter erhalten. Demgegenüber ist jedoch zu untersuchen, ob durch Wahldifferenzierung des Unterrichts unnötige Zwänge der herkömmlichen Unterrichtsorganisation abgebaut werden und zur Emanzipation der Schüler beigetragen wird bzw. beigetragen werden könnte.

3. Fragestellung und Methoden der Untersuchung

Das allgemeine Ziel der Untersuchung wurde bereits im ersten Kapitel formuliert: Die nach dem Buxtehuder Modell veränderte Unterrichtsorganisation soll unter einem emanzipatorischen Erkenntnisinteresse möglichst detailliert analysiert werden. Da der Kern des Buxtehuder Modells in der Wahldifferenzierung des Unterrichts besteht, ist es also das Ziel der Untersuchung, das Lernen in wahldifferenziertem Unterricht auf seine spezifischen Merkmale hin zu untersuchen, um am Ergebnis dieser Analysen einschätzen zu können, ob durch diese Form der Unterrichtsorganisation unnötige Zwänge der herkömmlichen Unterrichtsorganisation abgebaut werden können. In diesem Kapitel sollen zu diesem allgemeinen Untersuchungsziel detailliertere Fragestellungen hergeleitet und die zur Beantwortung dieser Fragen erforderlichen Erhebungsinstrumente (Abschnitt 3.2) und statistischen Auswertungsmethoden (Abschnitt 3.3) entwickelt bzw. ausgewählt werden. Dabei erscheinen einige methodologischen Prinzipien unverzichtbar, die zunächst im folgenden Abschnitt dargelegt werden sollen.

3.1 Methodologische Prinzipien der Untersuchung

Wenn in einer wissenschaftlichen Begleituntersuchung eines Schulversuchs die Frage nach der emanzipatorischen Potenz der veränderten Lernbedingungen gestellt wird, dann kann nicht abstrakt definiert werden, worin diese befreiende Wirkung bestehen könnte und woran der „emanzipatorische Gehalt" gemessen werden kann. Ein entsprechender Versuch würde daran scheitern, daß er den konkreten Bedingungen der zu untersuchenden Situation nur unzureichend entspricht und nur bestimmte Aspekte erfassen kann, aber nicht berücksichtigt, daß eine Veränderung der Lernbedingungen vielfältige Effekte haben kann, die unter verschiedenen Bedingungen verschieden zu bewerten sein können. Zudem kann jeder Reformversuch auf eine besondere Weise zur Emanzipation beitragen, spezifische neue Zwänge schaffen oder bestehende Zwänge verstärken und verfestigen. Es ist also erforderlich, in jeder Situation die ihr immanenten Handlungszwänge sowie die Möglichkeiten, solche Zwänge abzubauen, neu zu bestimmen. Deshalb muß diese Untersuchung zunächst versuchen, das Geschehen in wahldifferenziertem Unterricht so konkret zu analysieren, daß die Komplexität dieses Geschehens transparent wird. Erst dann wird es möglich sein, einzuschätzen, ob Wahldifferenzierung eine emanzipatorische Bildungsreform vorantreiben kann. Es müssen also Daten erhoben werden, an denen die konkrete und komplexe Lernsituation in wahldifferenziertem Unterricht nach dem Buxtehuder Modell so analysiert werden kann, daß sowohl die bestehenden Zwänge als auch die emanzipatorische Potenz dieser Form des Lernens erkennbar werden.

Welche Gesichtspunkte die Komplexität der zu untersuchenden Situation ausmachen, kann kaum jemand besser einschätzen als diejenigen, die konkret von dieser Situation betroffen sind und in ihr konkrete, wenn auch subjektive Erfahrungen gesammelt haben: nämlich die Lehrer und Schüler der Primarklassen der Halepaghenschule selbst. Um das Spezifische und Eigenartige der veränderten Lernsituation zu erfassen, soll deshalb die Untersuchung bei jenen Merkmalen der Unterrichtssituation ansetzen, die Lehrer und/oder Schüler als von der herkömmlichen Lernsituation in positivem oder negativem Sinne abweichend bezeichnen.

Dieser Ansatz erfüllt einen doppelten Zweck: Zunächst besteht die Hoffnung, daß auf der Grundlage dieser Vorstudien eher die für die Beurteilung des tatsächlichen Geschehens relevanten Daten erhoben werden können, als wenn die Untersuchung sich allein auf standardisierte Erhebungsinstrumente stützen würde, die kaum auf die besonderen Merkmale der hier zu untersuchenden Situation bezogen sein können. Zwar wird die meßtheoretische Qualität der so erhobenen Daten geringer sein, aber dieser Nachteil wird durch die größere sachliche Relevanz der Daten mindestens aufgehoben werden. Zum anderen soll die Befragung der Schüler und der Lehrer diese nicht – oder möglichst wenig – in eine entfremdete Leistungssituation versetzen, in der sie den Sinn ihres Tuns nicht einsehen können. Die Mitarbeit der „Versuchspersonen" wird um so intensiver, die erhaltenen Daten werden um so gültiger sein, je mehr Schüler und Lehrer in den ihnen vorgelegten Erhebungsinstrumenten ihre konkreten und spezifischen Probleme wiedererkennen können. Im Mittelpunkt der in der Halepaghenschule für die vorliegende Untersuchung durchgeführten Erhebungen werden deshalb zwei eigens entwickelte Fragebogen stehen, die versuchen, die in diesem Sinne für eine konkrete Analyse und Bewertung der veränderten Lernsituation relevanten Daten zu erfassen (vgl. Abschnitt 3.2).

Nun haben zwar Lehrer und Schüler die meisten konkreten Erfahrungen und am ehesten Einsicht in die Vielfalt der Probleme und die Zusammenhänge der verschiedenen Merkmale der Lernsituation, aber es ist fraglich, ob die Aussagen, die sie über ihre Situation treffen, den tatsächlichen, objektiven Verhältnissen entsprechen oder ob die Wahrnehmung ihrer Umwelt und ihres eigenen Verhaltens durch Wünsche, Enttäuschungen und unbewußte soziokulturell bedingte Voreinstellungen beeinflußt oder gar verzerrt ist. Die subjektiven Aussagen der Befragten können Ausdruck eines Bewußtseins sein, daß den herrschenden Vorurteilen erlegen ist und nur jene Meinungen zuläßt, die diesem normativen Rahmen entsprechen.

Wenn die Untersuchung des Buxtehuder Modells die dort bestehenden Verhältnisse jedoch möglichst konkret – und das heißt möglichst nahe an der objektiven Realität – analysieren will, dann darf sie sich nicht auf die subjektiven *Aussagen* der Lehrer und Schüler allein verlassen, sondern sie muß das tatsächliche *Verhalten* der Beteiligten in ihrer Lernsituation analysieren, soweit es der systematischen Beobachtung und Interpretation zugänglich ist. In diesem Sinne können z. B. Aussagen der Schüler über ihre Wahlentscheidung mit ihrem tatsächlichen Wahlverhalten verglichen werden (vgl. Abschnitt 5.2.3). Auf diese Weise werden etliche subjektive Aussagen auf ihren Gehalt an „falschem Bewußtsein" überprüft werden können.

Aber auch dort, wo eine derartige Überprüfung der subjektiven Aussagen nicht möglich ist, wird die Analyse des „bloßen Bewußtseins" m. E. nicht irrelevant. Denn gerade in einem Kontext, der in besonderem Maße von erklärten und z. T. bis dahin ungewohnten Zielsetzungen (vgl. Kapitel 2) gekennzeichnet ist, werden Einstellungen und Erwartungen, Hoffnungen und Enttäuschungen einen starken Einfluß auf das konkrete Verhalten der Beteiligten haben. Deshalb muß das Bewußtsein der Schüler und Lehrer mit in die Analyse der Situation einbezogen werden, auch wenn man nicht davon ausgehen kann, daß die subjektiv geäußerten Erwartungen und Wünsche unbedingt die eigentlichen, objektiven Bedürfnisse widerspiegeln.

Wenn eine konkrete Analyse dem besonderen Charakter einer Lernsituation angemessen sein soll, dann darf sie sich nicht auf eine einmalige Analyse (Momentaufnahme) des Geschehens beschränken, sondern sie muß dem Prozeßcharakter des Lernens entsprechen. Dies gilt insbesondere für Formen der Unterrichtsorganisation, die durch häufig wechselnde Gruppierungen gekennzeichnet sind, denn hier werden mit veränderten Lernbedingungen immer wieder neue Erwartungen geweckt, aber auch immer wieder neue Erfahrungen gemacht. Gerade wahldifferenzierter Unterricht kann deshalb nicht allein nach den Erwartungen und Hoffnungen beurteilt werden, die durch die Wahl der Themen und Lehrer möglicherweise ausgelöst werden, sondern der erhoffte oder antizipierte Verlauf des Unterrichts muß mit dessen tatsächlichem Verlauf verglichen werden. So ist z. B. zu prüfen, ob und wie sich die Einstellungen der Schüler zum Unterricht in ihren Arbeitsgruppen im Verlauf des Schuljahres verändern. Eine einmalige Befragung zu irgendeinem Zeitpunkt würde wahrscheinlich zu falschen Schlüssen führen, denn vermutlich werden die Schüler den Unterricht zu Beginn des Schuljahres anders einschätzen als gegen Ende. Deshalb werden wiederholte Erhebungen erforderlich sein.

Zusammenfassung: Methodologische Prinzipien der Untersuchung

Der methodologische Ansatz der vorliegenden wissenschaftlichen Begleituntersuchung ist dadurch gekennzeichnet, daß der Schulversuch „Buxtehuder Modell" unter einem emanzipatorischen Erkenntnisinteresse an seinen eigenen Intentionen gemessen werden soll. Dabei soll jedoch der Erfolg nicht anhand eines oder weniger ausgewählter Merkmale bestimmt werden, sondern es soll zunächst in einer eingehenden Analyse die Vielfalt der möglicherweise durch die veränderte Unterrichtsorganisation ausgelösten Effekte berücksichtigt und in der Analyse transparent gemacht werden (vgl. Kapitel 1). Am Ergebnis dieser detaillierten Analysen soll die emanzipatorische Potenz der wahldifferenzierten Organisation des Unterrichts eingeschätzt werden.

Bei der Entwicklung des konkreten Untersuchungsansatzes sollen die folgenden Prinzipien Beachtung finden:

1. Um der Komplexität des tatsächlichen Geschehens gerecht zu werden, soll die Untersuchung bei den konkreten Erfahrungen und Problemen der am Schulversuch selbst Beteiligten ansetzen.
2. Soweit irgend möglich, sollen die von den Lehrern und Schülern zu erhebenden subjektiven Aussagen an deren tatsächlichem Verhalten überprüft werden.
3. Um dem Prozeßcharakter des Lernens gerecht zu werden, soll in der Untersuchung deutlich werden, ob sich Einstellungen und Verhaltensweisen im Laufe des Schuljahres verändern. Dazu sind wiederholte Datenerhebungen erforderlich.

3.2 Gegenstand und Methoden der Datenerhebung

Auch eine Analyse, die die Komplexität der zu untersuchenden Situation in allen Wechselbeziehungen zwischen Bedingungen und Effekten erkennen und verstehen möchte, kann detaillierte Untersuchungen nur in einem begrenzten Ausschnitt der Realität vornehmen, wenn sie über oberflächliche und allgemeine Feststellungen hinausgelangen will. Allerdings darf deshalb der Gesamtzusammenhang nicht als aufgehoben gedacht, der zu untersuchende Ausschnitt nicht isoliert betrachtet werden.

Die vorliegende Untersuchung des Buxtehuder Modells ist durch die folgenden beiden Beschränkungen gekennzeichnet: Zum einen beschränkt sie sich auf eine Analyse des *Unterrichts.* Es werden nur die formellen Lernprozesse in den Arbeitsgruppen betrachtet, nicht jedoch z. B. die Mitbestimmungsmöglichkeiten der Schüler in der Leitung und Verwaltung der Schule (Gemeinsamer Ausschuß, Vollversammlung, Fachkonferenz). Ebensowenig stehen die informellen Beziehungen zwischen Lehrern und Schülern, unter den Lehrern oder unter den Schülern im Zentrum dieser Analysen. Diese Beschränkung ist m. E. deshalb zulässig, weil vermutlich das Unterrichtsgeschehen für die meisten Schüler der wichtigste schulische Bereich ist und weil hier die Aufhebung überkommener Zwänge am dringlichsten ist. Zudem ist der außerunterrichtliche Bereich explizit Gegenstand einer anderen Analyse des Buxtehuder Modells (vgl. Schreiner 1973).

Die zweite Beschränkung der vorliegenden Untersuchung besteht darin, daß lediglich der Unterricht im *Fach Gemeinschaftskunde* eingehend analysiert wird. Diese Beschränkung war zunächst nicht vorgesehen und war auch bei den Erhebungen in Buxtehude noch nicht wirksam. Die Notwendigkeit dieser Beschränkung ergab sich erst im Laufe der Auswertungen, weil das angesammelte Datenmaterial zu umfangreich und die Auswertungsmethoden zu aufwendig sind, um das Unterrichtsgeschehen in mehreren Fächern analysieren zu können. Vor der Alternative, mehrere Fächer nur allgemein oder nur ein Fach differenziert zu betrachten, schien es für den Zweck der Untersuchung sinnvoller, zunächst nur für ein Fach eine eingehende Analyse vorzulegen. Auf dem Hintergrund der hier gewonnenen Ergebnisse mag es dann möglich sein, auch das Geschehen in den anderen Fächern zu beurteilen, d. h. die Übertragbarkeit der Ergebnisse abzuschätzen. Dies kann allerdings im Rahmen dieser Arbeit nicht mehr geleistet werden. Die Auswahl des Faches Gemeinschaftskunde ergab sich dadurch, daß nach Auskunft von Lehrern und Schülern das Buxtehuder Modell in diesem Fach am konsequentesten realisiert worden war und weil der Kontakt zwischen der Schule und dem Pädagogischen Seminar von einer Fachlehrerin dieses Faches hergestellt und aufrechterhalten wurde. Meine eigenen subjektiven Neigungen werden die Entscheidung wahrscheinlich mit beeinflußt haben. Anhaltspunkte dafür, daß diese Entscheidung einen systematischen Einfluß auf die Beurteilung des Buxtehuder Modells haben könnte, sind mir nicht bewußt.

Weitere Beschränkungen ergeben sich daraus, daß wegen der großen räumlichen Distanz (270 km) und der mit ihrer Überwindung verbundenen Kosten eine permanente oder auch nur häufige teilnehmende Beobachtung des Unterrichtsgeschehens nicht möglich war. Deshalb mußten die erforderlichen Daten vor allem durch schriftliche Befragungen gesammelt werden.

3.2.1 Vorstudien

Der Entwicklung bzw. Auswahl von Untersuchungsinstrumenten gingen ausführliche Vorstudien voraus, bei denen Gesichtspunkte gesammelt wurden, die für die Untersuchung und Beurteilung des Buxtehuder Modells wichtig sein konnten. Neben der systematischen Aufarbeitung der von Lehrern und Schülern der Halepaghenschule zahlreich publizierten Berichte (vor allem in der in Buxtehude redigierten Zeitschrift für Schülermitverantwortung „wir machen mit" – jetzt „Zeitschrift für Schülervertretung" – und in der jährlich erscheinenden Hauszeitschrift der Halepaghenschule) war vor allem die Teilnahme an einem dem Buxtehuder Modell gewidmeten Lehrerfortbildungskurs über die „Zeitgemäße Gestaltung der gymnasialen Oberstufe" im Lehrerfortbildungsheim Braunlage (vom 17. bis 22. Februar 1969) wichtig, um Ziele und Probleme des zu untersuchenden Schulversuchs kennenzulernen. Kurz darauf (vom 17. bis 22. März 1969) konnten die Mitglieder der Projektgruppe[4] in der Halepaghenschule selbst die Realität des Buxtehuder Modells kennenlernen und Befragungen durchführen, die die bis dahin aus der Literatur und bei der Teilnahme am Lehrerfortbildungskurs gesammelten Gesichtspunkte ergänzen sollten.

Dabei wurden neben zahlreichen informellen Gesprächen mit Lehrern und Schülern die folgenden schriftlichen Befragungen durchgeführt, deren Themen bewußt allgemein formuliert wurden, um möglichst viele verschiedene und spontane Antworten zu erhalten:

Die Schüler der Klassenstufe 12 (des Schuljahres 1968/69) wurden gebeten, zu den folgenden Fragen stichwortartig Stellung zu nehmen und ihre Meinung mitzuteilen:

(1) „Beschreiben Sie bitte, wie Sie den Übergang vom System der Jahrgangsklasse in das der Wahlgruppen (von der 11. Klasse in die Prima) erlebt haben. Was scheint Ihnen, im positiven wie im negativen Sinn, erwähnenswert?"

[4] Bis zum März 1970 war Dr. Heinz Walter an der Planung und Durchführung der wissenschaftlichen Begleitung des Buxtehuder Modells maßgeblich beteiligt.

(2) „Stellen Sie sich vor, Sie wären in der Position, die Veränderungen an Ihrer Schule durchzusetzen, die Sie für richtig halten. Was würden Sie an Ihrer Schule verändern?"

Die Schüler der Klassenstufe 13 (Diese Schüler nehmen an den Hauptuntersuchungen nicht mehr teil.) wurden gebeten, zu folgenden Themen Stellung zu nehmen:

(3) „Die *Möglichkeit der freien Wahl der Arbeitsgruppen* zwang Sie vor jedem der letzten beiden Schuljahre zu Entscheidungen, die für Sie nicht immer ganz leicht waren. Teilen Sie uns bitte Ihre Überlegungen mit, die Sie in diesem Zusammenhang anstellten. Bitte lassen Sie auch die Gedanken nicht weg, die Sie Ihren Lehrern vielleicht nicht so gerne mitteilen würden. Alle Ihre Angaben werden selbstverständlich vertraulich behandelt. Uns ist es aber nur mit Ihrer Hilfe möglich, angemessene Änderungsvorschläge zum Buxtehuder Modell zu entwickeln."

(4) „Seit der Einführung des Buxtehuder Modells scheint das *Fernbleiben vom Unterricht* ein umstrittenes Problem. Uns würde Ihre Meinung dazu interessieren sowie die Gründe, die Sie bisher vom Unterricht fernbleiben ließen. Zögern Sie bitte nicht, ganz offen zu antworten. Ihre Mitteilungen werden nur den wissenschaftlichen Mitarbeitern der Arbeitsgruppe für Unterrichtsforschung (Göttingen) zugänglich gemacht und sollen diese in die Lage versetzen, zu objektiven Aussagen über das Problem zu kommen."

Diese Fragen wurden als Umdruck verteilt. Die Schüler wurden um die Angabe des Namens oder eines selbstgewählten Codes gebeten. Die Teilnahme war freiwillig, der Unterricht fiel während dieser Zeit aus. Lehrer waren bei dieser – wie bei allen anderen Erhebungen – nicht anwesend. Etwa 70% der Schüler gaben ihre Aufzeichnungen ab.

Zum gleichen Zeitpunkt wurden auch die Lehrer der Halepaghenschule gebeten, uns ihre Erfahrungen mit dem Buxtehuder Modell mitzuteilen. Ihnen wurden die folgenden Fragen vorgelegt:

(1) „Was scheint Ihnen Ihrer Erfahrung nach, im positiven wie im negativen Sinn, am Buxtehuder Modell erwähnenswert?"

(2) „Stellen Sie sich vor, Sie wären in der Position, die Veränderungen an Ihrer Schule durchzusetzen, die Sie für richtig halten. Was würden Sie an Ihrer Schule ändern?"

Die Lehrer wurden gebeten, ihre Antworten in irgendeiner Form – und sei es auch nur stichwortartig – innerhalb von drei Wochen der Arbeitsgruppe in Göttingen brieflich mitzuteilen. Die Vertraulichkeit der Bearbeitung wurde zugesichert. Ein entsprechendes umgedrucktes Schreiben wurde jedem Lehrer zusammen mit einem Freiumschlag in sein Postfach im Lehrerzimmer gelegt. Leider haben nur 13 Lehrer die Fragebogen beantwortet (das entspricht einer Rücklaufquote von etwa 23%).

Aus diesen Vorstudien ergaben sich zahlreiche Hinweise auf Gesichtspunkte, die für die Beurteilung des Buxtehuder Modells wichtig sind und die deshalb die Entwicklung und Auswahl der Erhebungsinstrumente wesentlich beeinflußt haben.

Das Buxtehuder Modell wird von Lehrern und Schülern sehr verschieden beurteilt, wobei die Kontroversen nicht nur zwischen diesen beiden Gruppen, sondern auch unter den Schülern und unter den Lehrern bestehen. Die Ergebnisse dieser Befragungen erlauben jedoch noch keine detaillierten und schlüssigen Aussagen über das Buxtehuder Modell. Es ist deshalb m. E. nicht notwendig, die Inhaltsanalysen dieser „Essays" hier auszubreiten. Es ist an dieser Stelle weniger wichtig, *welche* inhaltlichen *Aussagen* die Schüler und Lehrer zu einzelnen Problemen machen, da im Laufe der Untersuchung hierzu Daten gesammelt und genauer analysiert werden sollen. Für den weiteren Gang der Untersuchung ist es dagegen wichtiger, herauszuarbeiten, *welche Probleme* von den Beteiligten angesprochen worden sind. Denn nach den methodologischen Prinzipien dieser Untersuchung (vgl. Abschnitt 3.1) sind hieraus Gegenstand und Methoden der Datenerhebung abzuleiten.

Von Schülern und Lehrern wurden die folgenden Problembereiche angesprochen, aus denen sich die Hauptfragen der vorliegenden Untersuchung ergeben. Die Reihenfolge, in der die Punkte hier aufgeführt werden, entspricht der Reihenfolge, in der sie im Verlauf eines Schuljahres relevant sind.[5]

1. Ist das Unterrichtsangebot der Schule wirklich ein *Wahlangebot?* – Können die Schüler wirklich zwischen Alternativen entscheiden oder bleibt ihnen nur die Wahl des kleineren Übels? Unter welchen Aspekten sehen die Schüler größere, wo sehen sie geringere Wahlmöglichkeiten?

2. Nach welchen Kriterien treffen die Schüler ihre *Wahlentscheidung?* – Steht das Thema im Mittelpunkt oder ist der Lehrer wichtiger? Welche besonderen Merkmale des Themas und/oder des Lehrers geben den Ausschlag? Sind bestimmte Themen besonders attraktiv, werden bestimmte Lehrer (wenn ja, aus welchen Gründen) bevorzugt gewählt? Steht die Wahlentscheidung der Schüler im Zusammenhang mit der ihrer Freunde oder früheren Mitschüler?

3. Zeichnet sich das *Lernen in den Arbeitsgruppen* durch eine besondere Qualität aus, die im herkömmlichen Klassenunterricht nicht möglich ist? Arbeiten die Schüler interessierter mit? Sind sie stärker

[5] Ich verzichte an dieser Stelle auf eine vollständige Aufzählung aller vorgetragenen Detailprobleme. Sie sind zumeist in einzelnen Items der beiden Fragebogen (s. u.) wiederzufinden.

durch das Interesse an den Themen und weniger durch sachfremde Zwänge (z. B. Noten und Prüfungen) motiviert? Entspricht der Unterricht ihren Lernbedürfnissen besser? Gelingt es den Lehrern, das Interesse der Schüler an den Unterrichtsinhalten zu wecken? Hat sich der Unterrichtsstil der Lehrer geändert, sind sie zu intensiverer Kooperation mit den Schülern bereit oder herrscht der „alte Trott" des Frontalunterrichts vor? Sind die Schüler nach elf Jahren Unterricht im Klassenverband in der Lage, in neuen Formen zu lernen? Hat sich das Verhältnis zwischen Lehrern und Schülern verbessert?

4. Werden die *Erwartungen,* die die Schüler (und die Lehrer) mit der freien Wahl der Arbeitsgruppen verbinden, erfüllt? – Oder besteht eine Diskrepanz zwischen diesen Erwartungen und der Realität des Unterrichts? Unter welchen Gesichtspunkten ist diese Diskrepanz ggfs. besonders groß, wo ist sie geringer?

5. Hat die veränderte Form der Unterrichtsorganisation für *verschiedene Schüler* verschiedene Konsequenzen? – Haben z. B. Schüler mit besseren Schulleistungen und stärkerem Interesse am Fach mehr Vorteile von der Wahldifferenzierung als Schüler mit unterdurchschnittlichen Leistungen? Spricht der Unterricht Schüler mit starker eigener Leistungsbereitschaft mehr an als Schüler, die bisher vielleicht nur unter dem Druck des Klassenunterrichts mitgearbeitet haben? Werden die Lernbedürfnisse bestimmter (und welcher) Schüler besser erfüllt als die anderer Schüler?

Mit diesen Fragen sind m. E. die wichtigsten Aspekte angesprochen, an denen die Komplexität des Lernens in wahldifferenziertem Unterricht auszumachen ist. Aus den Antworten auf diese Fragen werden sich viele Hinweise auf die emanzipatorische Potenz wahldifferenzierten Unterrichts ergeben. Dabei sind insbesondere Fragen relevant, die sich auf den Abbau überkommener und unnötiger Zwänge beziehen. Um einschätzen zu können, ob Wahldifferenzierung im Sinne kurzfristiger, jedoch auf langfristige Ziele gerichteter Maßnahmen (vgl. Kapitel 1) zum Abbau solcher Zwänge beitragen kann, erscheinen mir insbesondere die folgenden Fragen wichtig:

1. Gibt das Wahlangebot den Schülern die Möglichkeit, sich für Themen zu entscheiden, die ihnen subjektiv und objektiv relevanter erscheinen als die vielfältigen Themen des Klassenunterrichts?

2. Ist es den Schülern unter den gegebenen Bedingungen möglich, sich bei der Wahlentscheidung vor allem nach ihrem Interesse an den Themen bzw. an der Sachkompetenz der Lehrer zu orientieren, oder drängen sich andere Gesichtspunkte als gewichtiger auf?

3. Entsteht durch die Wahl der Arbeitsgruppe – und damit eines bestimmten Themas und Lehrers – zwischen den Schülern und dem Lehrer eine bessere Beziehung, als wenn einer Schulklasse ein beliebiger Lehrer zugewiesen wird?

4. Steht in einer Lerngruppe, die sich um ein (gemeinsam interessierendes?) Thema gebildet hat, die Auseinandersetzung mit dem Thema im Vordergrund, und werden der formale Leistungsdruck und der Leistungswettbewerb um die guten Schulnoten abgebaut?

5. Haben die Schüler mehr Einfluß auf die Gestaltung des Unterrichts und die Behandlung des Themas, haben sie mehr Mitbestimmungsmöglichkeiten als im Klassenunterricht?

3.2.2 Entwicklung und Auswahl von Untersuchungsinstrumenten

Welche Daten müssen erhoben werden, um die aus den Vorstudien abgeleiteten Fragen beantworten zu können? – Da die Untersuchung so weit als möglich von den konkreten Erfahrungen und Problemen der an dem zu untersuchenden Schulversuch Beteiligten ausgehen soll (vgl. Abschnitt 3.1), werden im Mittelpunkt der Untersuchung zwei Fragebogen stehen, die aus den Ergebnissen dieser Vorstudien eigens für die vorliegende Untersuchung entwickelt worden sind: Der Fragebogen zur Wahl der Arbeitsgruppen (Abschnitt 3.2.2.1) und der Fragebogen zum Unterricht in den Arbeitsgruppen (Abschnitt 3.2.2.2). Um die Frage nach den gruppenspezifischen Auswirkungen der Wahldifferenzierung beantworten zu können, wird es notwendig sein, Kriterien für die Identifizierung solcher Schülergruppen zu definieren. Dazu werden auch standardisierte psychologische Tests einzusetzen sein (Abschnitt 3.2.2.3).

3.2.2.1 Der Fragebogen zur Wahl der Arbeitsgruppen („Wahlfragebogen")

Das erste Ziel der Untersuchung besteht also darin, das Wahlangebot der Schule und das Wahlverhalten der Schüler zu analysieren: Wie beurteilen die Schüler das Wahlangebot, und nach welchen Kriterien treffen sie ihre Wahlentscheidung? Um diese Frage beantworten zu können, wurde aus den Ergebnissen der Voruntersuchungen der „Fragebogen zur Wahl der Arbeitsgruppen" (im folgenden auch kurz als *Wahlfragebogen* bezeichnet) entwickelt.

Um analysieren zu können, wie differenziert die Schüler das Wahlangebot einschätzen, werden sie gebeten, alle für das Fach Gemeinschaftskunde angebotenen Arbeitsgruppen „unter verschiedenen Gesichtspunkten nach Ihrem ganz persönlichen Empfinden zu beurteilen" (S. 2 der Instruktion). Der Fragebogen enthält 41 Aussagen (Items), die die Schüler über die Arbeitsgruppen treffen könnten. Sie werden gebeten anzugeben, „in welchem Maße die einzelnen Aussagen für jede einzelne Arbeitsgruppe Ihrer Meinung nach zutreffen" (a. a. O.). Den Grad ihrer Zustimmung zu einer Aussage sollen sie durch eine der Ziffern („Schätzwerte") von 0 bis 4 ausdrücken, wobei

0 bedeuten soll, daß die Aussage *überhaupt nicht* zutrifft,
1 bedeuten soll, daß sie *kaum* zutrifft,
2 bedeuten soll, daß sie *etwas* zutrifft,
3 bedeuten soll, daß sie *ziemlich* zutrifft und
4 bedeuten soll, daß sie *uneingeschränkt* zutrifft.

Die Schüler werden gebeten, bei den einzelnen Items jeweils alle sechs Arbeitsgruppen einzuschätzen. Dadurch soll das Vergleichen der Arbeitsgruppen unterstützt, das Vergleichen der Items dagegen vermindert werden.

Der Wahlfragebogen enthält 41 Items, die in ihrer Formulierung weitgehend den Essays der Schüler aus den Vorstudien entnommen worden sind. Inhaltlich werden vor allem zwei Komplexe angesprochen: Wie wird das Thema beurteilt (16 Items), und wie wird der Lehrer eingeschätzt (21 Items). Zwei Items beziehen sich auf das Wahlverhalten von Freunden und Mitschülern (Items 7 und 25), die Items 18 und 36 beziehen sich auf das Thema und den Lehrer. Die Reihenfolge der Items ist willkürlich. Es wurde versucht, ähnliche Items voneinander zu trennen, um eine gegenseitige Beeinflussung der Antworten („Halo-Effekt") zu vermeiden. Es handelt sich um folgende Items:

1. Das Thema interessiert mich.
2. Ich kenne den Lehrer aus früherem Unterricht.
3. Ich muß für das Thema viel arbeiten.
4. Der Lehrer ist mir sympathisch.
5. Der Lehrer hat Einfluß im Kollegium.
6. Das Thema ist wichtig für meine Studien- und Berufspläne.
7. Meine Freunde würden in dieser Arbeitsgruppe gern mitarbeiten.
8. Für das Thema besitze ich die nötigen Vorkenntnisse.
9. Ich kenne den Lehrer privat.
10. Das Thema liegt mir.
11. Der Lehrer zensiert streng.
12. Das Thema gehört zur Allgemeinbildung.
13. Der Lehrer ist in seinem Fach ein Fachmann.
14. Ein ähnliches Thema wurde bereits einmal behandelt.

15. Der Lehrer überfordert meine Fähigkeiten.
16. Das Thema ist aktuell.
17. Der Lehrer macht sein Fach interessant.
18. Die Arbeitsgruppe ist für schwache Schüler besonders günstig.
19. Der Lehrer imponiert mir.
20. Das Thema überfordert meine Fähigkeiten.
21. Die Unterrichtsmethoden des Lehrers sagen mir zu.
22. Der Lehrer ist bei den Schülern allgemein beliebt.
23. Mit dem Thema habe ich mich bereits privat beschäftigt.
24. Der Lehrer ist gerecht.
25. Die Schüler, die mit mir zusammen in der 11. Klasse waren, werden diese Arbeitsgruppe vor allem wählen.
26. Ich komme mit dem Lehrer gut aus.
27. Das Thema ist originell.
28. Der Lehrer ist mir ein Vorbild.
29. Der Lehrer verlangt regelmäßige Teilnahme am Unterricht.
30. Diesen Lehrer möchte ich abwählen[6].
31. Über das Thema möchte ich im Abitur geprüft werden.
32. Ich bin dem Lehrer sympathisch.
33. Der Lehrer verlangt hohen Arbeitsaufwand.
34. Der Lehrer wäre mir als Prüfer im Abitur angenehm.
35. Das Thema regt mich zur Diskussion an.
36. Der Lehrer regt mich zur zusätzlichen Beschäftigung mit dem Thema an.
37. Zu dem Thema möchte ich ein Referat verfassen.
38. Der Lehrer regt mich zur Mitarbeit an.
39. Das Thema ist bei den Schülern allgemein beliebt.
40. Der Lehrer erklärt gut.
41. Unter dem Thema kann ich mir nicht allzuviel vorstellen.

Um die Kriterien identifizieren zu können, nach denen die Schüler ihre Wahlentscheidung zwischen den verschiedenen Arbeitsgruppen treffen (vgl. den zweiten aus den Vorstudien abgeleiteten Fragenkomplex), werden die Schüler anschließend gebeten, anzugeben, „welche(r) der aufgeführten Gesichtspunkte für Sie bei der in diesem Fach getroffenen Wahl der Arbeitsgruppe in erster Linie entscheidend war(en)". Die betreffenden Aussagen sollen unterstrichen werden, die Anzahl der zu kennzeichnenden Items wird nicht vorgegeben.

Um diese Selbsteinschätzung der Wahlkriterien am tatsächlichen Wahlverhalten der Schüler überprüfen zu können, wurden die Angaben erbeten, in welcher Reihenfolge die Schüler die Arbeitsgruppen auf ihren (bereits abgegebenen) offiziellen Wahlzetteln eingetragen haben. Die offiziellen Wahlzettel aller Schüler wurden uns später zur Verfügung gestellt. Um überprüfen zu können, ob die Schüler bevorzugt jene Lehrer wählen, die ihnen aus früherem Unterricht bekannt sind,

[6] „Abwählen" ist in Buxtehude eine stehende Redewendung und bedeutet, daß man einen Lehrer bewußt nicht an einer der ersten Stellen des Wahlzettels einträgt, weil man auf keinen Fall bei ihm Unterricht haben möchte.

oder ob sie sich davon unabhängig entscheiden, wurden die Namen der Fachlehrer aus dem vergangenen Schuljahr erfragt.[7]

3.2.2.2 Der Fragebogen zum Unterricht in den Arbeitsgruppen („Unterrichtsfragebogen")

Mit einer Analyse des Wahlangebots und des Wahlverhaltens der Schüler kann jedoch wahldifferenzierter Unterricht noch nicht schlüssig beurteilt werden. Hier wird erst erkennbar werden, ob die Schüler mit der freien Wahl ihrer Arbeitsgruppe bestimmte Erwartungen verbinden, es ist aber noch zu prüfen, ob diese Erwartungen in der Realität des Unterrichts erfüllt werden. In den Vorstudien haben Schüler und Lehrer den Unterricht in den Arbeitsgruppen verschieden beurteilt und eine Reihe von Problemen aufgeworfen, die in der Untersuchung aufgegriffen werden müssen. Da zudem Unterricht als ein Prozeß verstanden werden soll, in dem sich verschiedene Merkmale verändern und sich wechselseitig beeinflussen (vgl. Abschnitt 3.1), darf sich eine konkrete Analyse nicht mit einer einmaligen Betrachtung begnügen. Die Befragungen zur Wahl der Arbeitsgruppen müssen durch Befragungen zum Unterricht in den Arbeitsgruppen ergänzt werden. Dazu wurde der „Fragebogen zum Unterricht in den Arbeitsgruppen" (im folgenden auch kurz als *Unterrichtsfragebogen* bezeichnet) entwickelt. Auch dieser Fragebogen bezieht sich auf die Probleme, die in den Vorstudien von Lehrern und/oder Schülern hinsichtlich des Unterrichts in den Arbeitsgruppen angesprochen und unterschiedlich beurteilt wurden.

Es wurden 120 Items formuliert, die folgenden Komplexen zugeordnet werden können:[8]

1. Wie bewerten die Schüler die behandelten Themen?
2. Werden die Schüler zur Auseinandersetzung mit den Themen angeregt?
3. Besitzen die Schüler die zur Behandlung der Themen erforderliche Sachkompetenz?
4. Wie engagiert arbeiten die Schüler mit?
5. In welcher emotionalen Beziehung stehen die Schüler zu ihren Lehrern?

[7] Dieser Wahlfragebogen umfaßte neben dem Fach Gemeinschaftskunde noch die Fächer Deutsch, Mathematik (mathematisch-naturwissenschaftlicher und sprachlicher Zweig) und Latein. Wie bereits erwähnt, beschränkt sich die spätere Auswertung auf das Fach Gemeinschaftskunde.

[8] Die folgenden Leitfragen sollen lediglich die Strukturierung des Fragebogens erleichtern. Sie lagen weder der Konstruktion des Fragebogens zugrunde, noch spielen sie bei der Analyse der Daten in dieser Form eine Rolle. Dort soll von empirisch zu findenden Kategorien ausgegangen werden.

6. Wie beurteilen die Schüler die fachliche und didaktische Kompetenz ihrer Lehrer?
7. Wie intensiv ist die Zusammenarbeit von Lehrer und Schülern?
8. Herrscht in den Arbeitsgruppen ein positives Gruppenklima?
9. Steht das Lernen in den Arbeitsgruppen unter einem formalen Leistungsdruck?
10. Erleben die Schüler den Unterricht als befriedigend?

Die Schüler werden um ihre persönliche Einschätzung gebeten, „in welchem Maße diese Aussagen Ihrer Meinung nach auf Ihre Arbeitsgruppe (zutreffen)". Der Grad der Zustimmung ist – wie beim Wahlfragebogen – durch einen der Schätzwerte von 0 bis 4 auszudrücken, die bedeuten sollen, daß die Aussage „überhaupt nicht" / „kaum" / „etwas" / „ziemlich" / „uneingeschränkt" zutrifft. Im Unterschied zum Wahlfragebogen können die Schüler nur die Arbeitsgruppe einschätzen, an der sie tatsächlich teilnehmen, die Einschätzung der anderen Arbeitsgruppen wäre hier sinnlos.

Um die im Wahlfragebogen geäußerten Erwartungen der Schüler mit der Realität des Unterrichts vergleichen zu können, sind die ersten 40 Items beider Fragebogen – bis auf geringfügige Abweichungen, die sich aus der veränderten Zeitperspektive ergeben[9] – identisch. Der Unterrichtsfragebogen enthält darüber hinaus (in willkürlicher Reihenfolge) die folgenden Items:

41. Der Unterricht wird vom Lehrer und von den Schülern gemeinsam geplant.
42. Es wird oft heftig und leidenschaftlich diskutiert.
43. Ich arbeite im Unterricht regelmäßig mit.
44. Der Lehrer läßt häufig selbständige Arbeiten anfertigen.
45. Im Unterricht verhalten sich die Schüler diszipliniert.
46. Wenn man eine selbständige Arbeit anfertigt, wird man von dem Lehrer gut beraten.
47. Der Lehrer fordert die Schüler zu Kritik am Unterricht auf.
48. Die Schüler sprechen im Unterricht immer nur dann, wenn sie aufgerufen werden.
49. Dem Lehrer kommt es vor allem auf die Vermittlung von Tatsachen an.
50. Der Stoff ist gut gegliedert, so daß eine Stunde auf der anderen aufbaut.
51. Von den Schülern werden nur selten unterschiedliche Meinungen vertreten.

[9] Folgende Items sind anders formuliert und lauten jetzt:
Item 7: Meine Freunde arbeiten in dieser Arbeitsgruppe mit.
Item 23: Mit dem Thema habe ich mich bereits vor der Arbeit in dieser Arbeitsgruppe beschäftigt.
Item 25: Die Schüler, die mit mir zusammen in der 11. Klasse waren, sind vor allem in dieser Arbeitsgruppe.
Item 30: In diesem Fach hätte ich gern einen anderen Lehrer.
Item 37: Zu diesem Thema verfasse ich gern ein Referat.

52. Der Lehrer hat häufig Kontakt mit meinen Eltern.
53. Es wird oft über aktuelle politische Probleme gesprochen, auch wenn sie nicht unbedingt zum Thema gehören.
54. Nur wenige Schüler arbeiten aktiv mit.
55. Schwächere Schüler werden von den Mitschülern verächtlich behandelt.
56. Es wird zu viel Stoff behandelt.
57. Der Lehrer ist Wünschen der Schüler gegenüber aufgeschlossen.
58. Der Lehrer beschäftigt sich vor allem mit den interessierten Schülern.
59. Dem Lehrer ist es wichtig, daß die Schüler lernen, sich eine eigene Meinung zu bilden und diese zu vertreten.
60. Ich bin meistens gut auf den Unterricht vorbereitet.
61. Die Schüler motzen nur versteckt und lachen heimlich über den Lehrer.
62. Man muß regelmäßig mitarbeiten, wenn man den Anschluß an die anderen Schüler nicht verlieren will.
63. Der Lehrer hat Humor.
64. Einige Schüler der Gruppe drängen sich ständig in den Vordergrund.
65. Der Unterrichtsstoff wird unter vielen verschiedenen, interessanten Gesichtspunkten behandelt.
66. Der Lehrer will die Fähigkeit zu selbständiger Arbeit entwickeln.
67. Die Schüler machen häufig eigene Vorschläge zur Gestaltung des Unterrichts.
68. Im Unterricht herrscht eine gelöste Atmosphäre.
69. Der Lehrer setzt sich mit abweichenden Meinungen der Schüler auseinander.
70. Die Schüler sind nur auf eine gute Zensur aus.
71. Der Unterricht ist eintönig.
72. Der Lehrer kann sich gut auf seine Schüler einstellen.
73. Gute Leistungen werden vom Lehrer besonders hervorgehoben.
74. Der Lehrer ist launisch und unberechenbar.
75. Der Unterricht bewegt sich oft in geistigen Höhen, statt sich mit Tatsachen und mit der Wirklichkeit zu beschäftigen.
76. Der Lehrer klebt stur am Stoff.
77. Die Klausuren und Klassenarbeiten sind ziemlich schwer.
78. Man weiß bei dem Lehrer immer, wie er die Leistungen seiner Schüler beurteilt.
79. Der Lehrer ist regelmäßig gut auf den Unterricht vorbereitet.
80. Der Lehrer will politisches Engagement und gesellschaftliches Verantwortungsbewußtsein entwickeln.
81. Wirkliches Interesse am Unterrichtsstoff haben nur wenige Schüler.
82. Voraussichtlich kann ich in diesem Schuljahr meine Zensur für dieses Fach verbessern.
83. Bei dem Lehrer muß man ständig damit rechnen, aufgerufen zu werden.
84. Meine Leistungen sind besser als die der anderen Schüler.
85. Ich kann mich gut auf die Art des Lehrers einstellen.
86. Der Lehrer vertritt seine politische Meinung auch im Unterricht.
87. Wer mehr als erforderlich arbeitet, macht sich bei den anderen Schülern unbeliebt.
88. Ich versäume den Unterricht nur, wenn ich tatsächlich verhindert bin.
89. Dem Lehrer scheint es Spaß zu machen, den Unterricht möglichst schwierig zu gestalten.
90. Unter den Schülern herrscht guter Gemeinschaftsgeist.
91. Was im Unterricht behandelt wird, ist für mich neu.
92. Vor Klassenarbeiten und Prüfungen weiß man genau, was verlangt wird.

93. Dieser Lehrer kann sich nur durchsetzen, wenn er mit harten Strafen droht.
94. Ich sitze meine Unterrichtszeit nur ab und bin froh, wenn die Stunde zu Ende ist.
95. Meine Ansichten und Meinungen stimmen oft mit denen des Lehrers überein.
96. Ich trage mehr zum Unterricht bei als die meisten anderen Schüler.
97. Im Unterricht wird etwas gelernt und nicht nur unverbindlich dahergeredet.
98. Der Lehrer geht auf manche Fragen der Schüler nicht ein.
99. Ich würde es begrüßen, wenn einmal ein ganz anderes Thema behandelt würde.
100. Der Lehrer glaubt anscheinend, es gäbe nichts Wichtigeres als sein Fach.
101. Es ist den Schülern bekannt, nach welchen Gesichtspunkten der Lehrer die Leistungen der Schüler beurteilt.
102. Viele Schüler arbeiten nur, wenn eine Klausur oder Klassenarbeit bevorsteht.
103. Der Lehrer verlangt von den Schülern den vollen Einsatz ihrer Leistungsfähigkeit.
104. Der Lehrer versucht, sich durch gute Noten und geringere Anforderungen bei den Schülern beliebt zu machen.
105. Der Lehrer hat eine hohe Meinung von meinen Fähigkeiten.
106. Der Lehrer stellt die Ziele, die er mit dem Unterricht verfolgt, klar dar.
107. Der Stoff wird auf einem ziemlich anspruchsvollen Niveau behandelt.
108. In diesem Fach ist mir eine gute Zensur besonders wichtig.
109. Ein Mitschüler, der einmal eine abweichende Meinung vertritt, wird von anderen Schülern ausgelacht oder als Außenseiter betrachtet.
110. Bei Abwesenheit des Lehrers arbeitet die Gruppe selbständig weiter.
111. Innerhalb der Gruppe gibt es Cliquen.
112. Ich kann in der Gruppe zeigen, was ich kann.
113. Für diese Arbeitsgruppe arbeite ich auf Kosten der anderen Fächer mehr, als es der Unterricht erfordert.
114. Der Lehrer will die Schüler auf die Universität vorbereiten.
115. In dieser Gruppe brauche ich mich nicht sonderlich anzustrengen.
116. Ich fühle mich in dieser Arbeitsgruppe wohl.
117. Ich würde zum Thema meiner Arbeitsgruppe gern regelmäßig Meinungen anderer Lehrer hören.
118. Ich arbeite für diese Arbeitsgruppe nur so viel wie nötig ist, um eine schlechtere Zensur zu vermeiden.
119. In dieser Gruppe sind die Schüler der P 13 mit der Arbeitsweise in Arbeitsgruppen besser vertraut als die Schüler der P 12.
120. Ich glaube, ich habe die richtige Gruppe gewählt.

3.2.2.3 Kriterien und Instrumente für die Identifizierung spezifischer Schülergruppen

Bereits in den Voruntersuchungen hat sich gezeigt, daß das Wahlangebot und der Unterricht in den Arbeitsgruppen von verschiedenen Schülern verschieden bewertet wird. Dies wird sich auch in den Daten widerspiegeln, die die Schüler bei der Beantwortung der beiden Fragebogen eintragen. Sie werden die Skala der Antwortmöglichkeiten mehr oder weniger weit ausschöpfen. Zum Teil wird diese Streuung zufällig sein, jeder Schüler wird die Items semantisch etwas anders verstehen, und auch die Antwortkategorien (die Ziffern 0 bis 4 ebenso wie ihre Verbalisierung als „kaum", „etwas" usw.) können von den einzelnen Schülern verschieden gewichtet werden. Dieser Meßfehler darf nicht unterschätzt werden, aber er kann nicht das gesamte Ausmaß der Streuung erklären. Ein erheblicher Teil dieser Varianz kann wahrscheinlich auf besondere Eigenschaften, Einstellungen oder Bedürfnisse bestimmter Schüler oder Schülergruppen zurückgeführt werden. Inhaltlich bedeutet dies, daß verschiedene Schüler das gleiche Wahlangebot unterschiedlich beurteilen, nach verschiedenen Kriterien wählen und vom Unterricht in den Arbeitsgruppen in verschiedener Weise befriedigt werden. Die wahldifferenzierte Organisation des Unterrichts wirkt sich wahrscheinlich für verschiedene Schüler unterschiedlich aus. Die Analyse muß deshalb versuchen, solche Schüler bzw. Gruppen von Schülern zu identifizieren und Zusammenhänge zwischen ihren spezifischen Eigenschaften (Einstellungen, Motivationen usw.), ihrem Verhalten sowie ihrer Einschätzung des wahldifferenzierten Unterrichts aufzuweisen. Am Ergebnis dieser gruppenspezifischen Analysen soll erkennbar sein, ob sich die Wahldifferenzierung des Unterrichts für Schüler mit bestimmten Merkmalen unterschiedlich auswirkt und ob bestimmte Schüler dadurch in besonderer Weise von unnötigen Zwängen befreit werden, während andere Schüler den alten Zwängen unverändert oder gar neuen Zwängen unterworfen werden. – Welche Kriterien könnten für die Identifizierung solcher Schülergruppen relevant sein, und wie können die erforderlichen Daten gewonnen werden?

1) Klassenstufe der Schüler

Es wurde in den Voruntersuchungen immer wieder als spezifisches Problem des Buxtehuder Modells angesprochen, daß Schüler zweier früher getrennter Klassenstufen an den gleichen Arbeitsgruppen teilnehmen, ohne die gleichen Voraussetzungen (insbesondere an Vorkenntnissen) mitzubringen. Außerdem sind die Schüler der 12. bzw. 13. Klassenstufe der Reifeprüfung und damit der abschließenden Bewertung ihrer Schulleistung unterschiedlich nahe. Nur in Ausnahmefällen können Schüler der Klassenstufe 12 am Ende des Schuljahres die Reifeprüfung ablegen, während sich die Oberprimaner in jedem Fall dieser Prüfung unterziehen müssen. Ein weiterer Unterschied besteht darin, daß die Schüler der Klassenstufe 13 bereits ein Jahr lang an wahldifferenziertem Unterricht teilgenommen haben, während die Schüler der Klassenstufe 12 im vorangegangenen Schuljahr im Fach Gemeinschaftskunde zwar einen Lehrer, aber kein spezifisches Thema wählen konnten.

Wirken sich diese Unterschiede zwischen den beiden Schülergruppen in einer unterschiedlichen Einschätzung des Wahlangebots, in einer unterschiedlichen Gewichtung der Wahlkriterien oder auf das Lernen in den Arbeitsgruppen aus? Können sich die Schüler eher von formalen Leistungszwängen befreien, wenn die Zensur am Ende des Schuljahres noch nicht so wichtig ist? Ist bei den Oberprimanern eine stärkere Orientierung an den Erfordernissen der Reifeprüfung zu beobachten? Müssen die neuen Arbeitsmethoden der stärker an den Themen orientierten Arbeitsgruppen von den Schülern erst erworben werden? Werden die Schüler durch die veränderten Lernbedingungen (und die Auflösung des Klassenverbandes) verunsichert? – Diese Fragen können relativ leicht beantwortet werden, denn die erforderlichen Daten können den Namenlisten der Schüler entnommen werden.

2) Schulleistungen

Vor allem von Lehrern wurde es als Erfahrung formuliert, daß das Buxtehuder Modell für Schüler mit unterschiedlichen Leistungen, unterschiedlicher Leistungsfähigkeit und mit unterschiedlicher Leistungsbereitschaft besondere Auswirkungen hat. Am deutlichsten ist dies hinsichtlich der in den Noten bewerteten Schulleistungen der Schüler. Schüler, deren Leistungen als unterdurchschnittlich beurteilt worden sind, werden von den Möglichkeiten des wahldifferenzierten Unterrichts vermutlich in anderer Weise Gebrauch machen als Schüler mit überdurchschnittlichen Leistungen. Schüler mit „ausreichenden“ Leistungen werden eher darauf bedacht sein müssen, ihre Note zumindest zu halten oder zu verbessern, während Schüler mit guten Leistungen diesen Aspekt weniger beachten müssen und z. B. bei der Wahlentscheidung andere Prioritäten setzen können. Die Fachzensur, mit der ein Schüler in eine Arbeitsgruppe eintritt, hat zudem für den Lehrer eine Signalfunktion, die seine Erwartungen und Anforderungen an den Schüler von vornherein beeinflußt (vgl. Rosenthal/Jacobson 1971) und die auch das Verhältnis zwischen Lehrer und Schüler mit bestimmen kann. Schüler mit besseren Schulleistungen könnten aus diesen Gründen in den Arbeitsgruppen eher eine Befriedigung ihrer Bedürfnisse finden als ihre Mitschüler mit schlechteren Schulleistungen. Wahldifferenzierung könnte eine emanzipatorische Wirkung also nur bei einigen Schülern entfalten.

Als Kriterium für die Schulleistungen der Schüler bietet sich zunächst die Zeugniszensur an. Gewiß ist dieses Kriterium problematisch (der

Leistungsbegriff ist nicht eindeutig bestimmt, die Meßgenauigkeit ist gering), aber entscheidend ist, daß die konkrete Lernsituation, die hier analysiert werden soll, von eben diesen Zensuren entscheidend bestimmt wird: Sie definieren die Position der Schüler in der Leistungshierarchie und müssen von daher u. a. das Selbstwertgefühl der Schüler und ihre Einstellung zum Lernen beeinflussen. Die Frage lautet also nicht, ob Schüler mit „ausreichenden" Leistungen sich anders verhalten als Schüler mit „guten" Leistungen, sondern ob Schüler, deren Leistungen vom Lehrer als „ausreichend" eingeschätzt worden sind, sich anders verhalten als Schüler, deren Leistungen die Lehrer als „gut" bezeichnet haben. – Für die Zwecke der vorliegenden Analyse wurden den offiziellen Unterlagen der Schule die Gemeinschaftskunde-Zensuren der Schüler vom Ende des Schuljahres 1968/69 entnommen, also jene Zensuren, mit denen die Schüler den Unterricht in dem hier zu analysierenden Schuljahr beginnen.

Dennoch ist der Einwand gegen die Zensuren berechtigt – allerdings unter einem anderen Gesichtspunkt. Unabhängig von der Beurteilung durch den Lehrer kann der tatsächliche „sachstrukturelle Entwicklungsstand" (vgl. Heckhausen 1969, S. 199 ff.), nämlich das Ausmaß, in dem der Schüler über die zur Behandlung eines Themas erforderlichen Kenntnisse und Fertigkeiten verfügt, sein Verhalten und seine Befriedigung in der Lernsituation bestimmen. Darüber geben Schulnoten allerdings selten exakte Auskunft, da sie neben der Einschätzung von Kenntnissen und Fertigkeiten – für die zudem ein absoluter Maßstab fehlt – u. a. auch noch „pädagogische" Funktionen (Ermunterung, Mahnung usw.) erfüllen sollen und deshalb einen weit größeren Bereich von Persönlichkeitsmerkmalen betreffen. – Es könnte deshalb sinnvoll sein, den jeweiligen sachstrukturellen Entwicklungsstand durch einen eigenen Maßstab zu bestimmen. Einen solchen gibt es jedoch nicht, und seine Entwicklung wäre äußerst mühsam und aufwendig: Es müßte praktisch für jede Arbeitsgruppe ein Eingangstest erstellt und erprobt werden. Das einzig verfügbare Instrument, von dem man Hinweise und Vergleichsmaßstäbe für den sachstrukturellen Entwicklungsstand in schulisch relevanten Sachbereichen erwarten könnte, ist der „Differentielle Kenntnis-Test" (DKT) von Todt (1965). Dieser Test bezieht sich auf 13 Sachbereiche.[10] Problematisch ist allerdings, daß die Test-Aufgaben allein die Reproduktion von Kenntnissen erfordern und komplexere kognitive Fertigkeiten (vgl. Bloom 1956), die für die Zwecke dieser Untersuchung wichtig wären, nicht angesprochen werden. Zum anderen ist der Test – notwendigerweise – sehr allgemein und kann die spezifischen, für die

[10] Bedeutende Männer (Allgemeinbildung), Politik, Geschichte, Erdkunde, Literatur, Kunst, Musik, Biologie, Physik, Chemie, Technik, Wirtschaft, Sport.

Behandlung einzelner Themen erforderlichen Kenntnisse nicht erfassen.[11]

3) Allgemeine intellektuelle Leistungsfähigkeit

Schulnoten (und Kenntnistestdaten) geben jedoch nur Auskunft darüber, mit welchem relativen Erfolg die einzelnen Schüler an vergangenem Unterricht teilgenommen haben. Ein Schluß auf den voraussichtlichen Erfolg im folgenden Schuljahr ist nur mit Einschränkungen möglich. Dies gilt wahrscheinlich für wahldifferenzierten Unterricht um so mehr, weil hier durch den Wechsel des Lehrers und des Themas veränderte Lernbedingungen geschaffen werden, die die Leistungsfähigkeit und -bereitschaft der Schüler in immer wieder neuer Weise herausfordern. Gerade der Wechsel der Themen stellt höhere Anforderungen an die Fähigkeit der Schüler, sich auf neue Aufgaben einzustellen und sich Lerninhalte anzueignen, die nicht sofort und völlig in bestehende kognitive Strukturen eingeordnet werden können. Wenn sich Schüler in diesen Fähigkeiten unterscheiden, so kann man erwarten, daß sich diesen Schülern z. B. das Wahlangebot unterschiedlich darstellt, daß sie den Unterricht in den Arbeitsgruppen unterschiedlich erleben und daß für sie andere Bedürfnisse wichtig sind und befriedigt werden.

Als Indikator für die Fähigkeit, sich rasch auf neue Aufgaben einzustellen und sie zu lösen, kann ein herkömmliches Intelligenzmaß dienen, das die allgemeine intellektuelle Leistungsfähigkeit der Schüler bestimmt. Für diese Untersuchung wurde das „Leistungsprüfsystem" (LPS) von Horn (1962) gewählt, da es relativ leicht in vergleichsweise kurzer Zeit und als Gruppentest handhabbar ist. Mit Hilfe der Intelligenzquotienten der Schüler kann die Frage beantwortet werden, ob Schüler mit hoher allgemeiner intellektueller Leistungsfähigkeit (d. h. der Fähigkeit, sich rasch auf neue Aufgaben einzustellen) sich schneller auf die veränderten Lernbedingungen einstellen können, so daß der Wechsel des Lehrers und des Themas ihnen weniger Schwierigkeiten bereitet. Sie könnten von den Wahlmöglichkeiten evtl. besser Gebrauch machen als Schüler, die sich einer veränderten Lernsituation mit mehr Mühe anpassen müssen und die deshalb vielleicht bestrebt sind, ihre Lernsituation möglichst konstant zu halten.

[11] Dennoch wurde der DKT zu den Methoden der Datenerhebung hinzugenommen, weil die Ergebnisse zur Klärung der Frage beitragen könnten, ob Schüler mit bestimmten Kenntnisprofilen bzw. Kenntnisschwerpunkten in bestimmten Fächern oder Fachbereichen auch im entsprechenden Unterrichtsfach einen Arbeitsschwerpunkt setzen wollen oder setzen können. – Infolge der Beschränkung dieser Arbeit auf das Fach Gemeinschaftskunde (s. o.) und wegen der notwendigerweise geringen unterrichtsspezifischen Gültigkeit des Tests wurde jedoch auf eine detaillierte Analyse dieser Daten verzichtet.

4) Leistungsmotivation

Das konkrete Lernverhalten eines Schülers ist jedoch nur zu einem geringen Teil durch seine intellektuelle Leistungsfähigkeit erklärbar. Die tatsächliche intellektuelle Leistung des Lernenden ist außer von seinem sachstrukturellen Entwicklungsstand (seinen Kenntnissen und Fertigkeiten zum Thema – s. o.) und seiner allgemeinen intellektuellen Leistungsfähigkeit davon abhängig, in welchem Grad er bereit ist, diese Fähigkeiten unter den Bedingungen der aktuellen Lernsituation einzusetzen, d. h. wie stark seine Lernmotivation ausgeprägt ist. Diese Motivation muß als ein vielfältiges Gefüge verschiedener Antriebe, Bedürfnisse und Einstellungen verstanden werden, die in einer bestimmten Lernsituation in unterschiedlicher Weise angesprochen sein können und in ihrer Gesamtheit bewirken, daß der Lernende seine ihm möglichen Verhaltensweisen in bestimmter Weise koordiniert, auf ein Ziel richtet und mit einem bestimmten Maß an Dynamik ausstattet.

Nach Heckhausen (1969) nimmt unter den Motivationen „die Leistungsmotivation (LM) den zentralen Platz ein" (a. a. O., S. 194). Sie wird definiert „als das Bestreben, die eigene Tüchtigkeit in allen jenen Tätigkeiten zu steigern oder möglichst hoch zu halten, in denen man einen Gütemaßstab für verbindlich hält und deren Ausführung deshalb gelingen oder mißlingen kann. Die Leistungsmotivation ist zunächst in zweierlei Hinsicht näher zu bestimmen: nach dem Grad ihrer Ausprägung und nach ihrer vorwiegenden Gerichtetheit auf zwei verschiedene Klassen künftiger Ereignisse, nämlich Hoffnung auf Erfolg oder Furcht vor Mißerfolg." (a. a. O., S. 194 f.) In welchem Grad diese, zu den „überdauernden Persönlichkeitsvariablen" (a. a. O.) gerechnete Motivation (nach Heckhausen hat sich „bis zum gegenwärtigen Einschulungsalter . . . die Leistungsmotivation des Kindes bereits verfestigt"; a. a. O., S. 204) jeweils aktualisiert wird, hängt vom Anregungsgehalt der konkreten Situation ab. Zu diesen „situationsabhängigen Anregungsvariablen", die für die Aktivierung der Leistungsmotivation bedeutsam sind, gehören vor allem der „Erreichbarkeitsgrad . . . des in der Lernsituation gestellten Leistungszieles für den individuellen Schüler" und der „Anreiz von Aufgaben" (a. a. O., S. 195; vgl. auch Heckhausen 1965 und 1968).

Wahldifferenzierter Unterricht kann als ein Versuch verstanden werden, die situativen Anregungsvariablen für diese Art des Leistungsstrebens so zu gestalten, daß die Lernmotivation der Schüler gesteigert wird (vgl. die Beschreibung des Buxtehuder Modells in Kapitel 2). Der Erfolg dieser Bemühungen ist jedoch nicht allein von der Qualität der Anregungsbedingungen abhängig, sondern er setzt voraus, daß das allgemeine Tüchtigkeitsstreben – wie es Heckhausen definiert hat – bei den Schülern überhaupt als überdauernde Disposition in ausreichendem Maße vorhanden ist und zur Anregung bereit steht. Dies wird bei den Schülern in unterschiedlichem Ausprägungsgrad und mit unterschiedlicher Gerichtetheit (eher erfolgsmotiviert oder eher mißerfolgsmotiviert) der Fall sein. Eine Fülle von Fragen drängt sich auf: Haben diese Unterschiede einen Einfluß auf das Lernen der Schüler? Werden z. B. hoch erfolgsmotivierte Schüler von den Themenangeboten eher angesprochen als mißerfolgsängstliche Schüler? Oder können auch diese Schüler eine stärkere Befriedigung ihrer Interessen und Bedürfnisse finden? Wie verhalten sich leistungsmotivierte Schüler bei der Wahl, und welche Gesichtspunkte sind ihnen bei der Beurteilung der Arbeitsgruppen wichtig? Bei der Einschätzung der emanzipatorischen Wirkung des Buxtehuder Modells ist in diesem Zusammenhang die Frage zu stellen, ob es „einen emanzipatorischen Anteil in der Leistungsmotivation (gibt), der nicht auf Unterordnung und nicht auf Überordnung zielt, sondern auf Unabhängigkeit und Autonomie" (Roth 1971, S. 311).

Zur Erfassung der überdauernden Leistungsmotivation in seinen Komponenten „Hoffnung auf Erfolg" und „Furcht vor Mißerfolg" hat Heckhausen (1963) in Anlehnung an McClelland/Atkinson/Lowell (1953) und Atkinson (1958) einen Thematischen Auffassungs-Test (TAT) entwickelt. Dieser Test erbittet zu sechs Standardbildern mit leistungsthematischer Relevanz von den Probanden spontane Niederschriften, die nach einem festgelegten Schlüssel inhaltsanalytisch auf ihren leistungsthematischen Gehalt hin interpretiert werden. Dabei werden die Motive „Hoffnung auf Erfolg" (HE) und „Furcht vor Mißerfolg" (FM) getrennt identifiziert. Aus der Differenz dieser beiden Werte ergibt sich die „Netto-Hoffnung" (NH), an der die vorwiegende Gerichtetheit der Leistungsmotivation ablesbar ist, während die Summe der beiden Werte das Ausmaß der „Gesamtmotivation" (Gm) bezeichnet. Der TAT wurde, obgleich er eine mühsame Auswertung erfordert, durch die erst die testtheoretische Zuverlässigkeit und Gültigkeit der Erhebung gesichert werden kann, im Rahmen der Untersuchung des Buxtehuder Modells eingesetzt.

5) Interesse am Fach Gemeinschaftskunde

Wie weit ein Schüler in einer konkreten Lernsituation bereit ist, seine Tüchtigkeit zu steigern und einen Gütemaßstab zu erfüllen, wird nicht nur von seinem allgemeinen Leistungsbedürfnis und dessen situativer Aktualisierung abhängig sein, sondern auch davon, wie weit es ihm ein

Bedürfnis ist, sich mit den Inhalten, die jeweils Gegenstand des Lernens sind oder sein sollen, auseinanderzusetzen und die spezifischen Tätigkeiten, die damit verbunden sind, auszuführen. Kurz: Leistungsmotivation kann sich nur dort entfalten, wo das Interesse einen adäquaten Gegenstand findet. Wahldifferenzierung ist auch der Versuch, zwischen den inhaltlichen Lernbedürfnissen der Schüler und den Inhalten des Unterrichts eine bessere Übereinstimmung herzustellen. Allerdings kann diese „Passung" wohl noch nicht allein dadurch erreicht werden, daß die Schüler nur innerhalb eines Sachbereichs wählen können, denn es ist möglich, daß der gesamte Sachbereich – das Schulfach überhaupt – nicht ihr Interesse findet.

Es genügt also nicht zu erheben, wie stark die Schüler an den einzelnen Themen der Arbeitsgruppen interessiert sind (wie es in den beiden Fragebogen zur Wahl und zum Unterricht geschieht), sondern es muß auch erfragt oder gemessen werden, wie stark das Interesse an den Fächern allgemein ist. – Ein ausdrücklich auf die herkömmlichen Schulfächer bezogenes psychometrisches Instrument zur Diagnose von Interessen gibt es m. W. nicht. Für die Zwecke der Untersuchung des Buxtehuder Modells erscheint jedoch der „Differentielle Interessen-Test" (DIT) von Todt (1967) am ehesten geeignet, weil er speziell für Absolventen von Realschulen und Gymnasien konstruiert worden ist. Die Probanden haben ihre Zu- bzw. Abneigung gegenüber ausgewählten Tätigkeiten und Berufen sowie die Wahrscheinlichkeit ihres regelmäßigen Bezugs bestimmter Zeitschriften auf einer fünfstufigen Schätzskala einzuschätzen. Das Ergebnis des Tests sagt aus, wie intensiv der Schüler im Vergleich mit der Eichstichprobe an den vom Test angesprochenen Sachbereichen[12] interessiert ist.

Die ausgewählten Tätigkeiten sind jedoch im wesentlichen als Berufstätigkeiten zu verstehen und sagen über das Interesse an den entsprechenden Schulfächern nur bedingt etwas aus. Deshalb werden Schüler im Unterrichtsfragebogen (s. o.) um eine Einschätzung ihres eigenen Interesses am Fach Gemeinschaftskunde gebeten. Bevor sie den Unterricht in den Arbeitsgruppen anhand der 120 Items des Fragebogens beschreiben, werden sie um die Angabe gebeten, „in welchem Maße Sie das Fach Gemeinschaftskunde allgemein interessiert". Es ist eine der folgenden Antwortmöglichkeiten zu kennzeichnen: „Das Fach Gemeinschaftskunde interessiert mich . . .

(0) überhaupt nicht
(1) kaum

[12] Sozialpflege und Erziehung, Politik und Wirtschaft, Verwaltung und Wirtschaft, Unterhaltung, Technik und Naturwissenschaften, Biologie, Mathematik, Musik, Kunst, Literatur und Sprache, Sport.

(2) etwas
(3) ziemlich
(4) sehr stark."

Obgleich es sich um eine völlig subjektive Einschätzung handelt, werden diese Daten bei den späteren Analysen hilfreicher sein als die „objektiven" Daten des standardisierten differentiellen Interessen-Tests.

6) Geschlecht der Schüler

In diesem Zusammenhang kann die Frage überprüft werden, ob dieses Interesse am Fach geschlechtsspezifisch unterschiedlich ausgeprägt ist und ob sich aus diesem (oder einem anderen Grund) die Wahldifferenzierung des Unterrichts für Schüler und Schülerinnen unterschiedlich auswirkt. Das Geschlecht der Schüler kann ohne weiteres den Namenlisten entnommen werden.

3.2.3 Die Durchführung der Datenerhebung

Diese Fragebogen und Tests wurden vor Beginn und im Verlauf des Schuljahres 1969/70 in der Halepaghenschule eingesetzt. Dabei ergab sich die folgende *Reihenfolge der Erhebungen:* Den Wahlfragebogen bearbeiteten die Schüler am 24. Juni 1969 unmittelbar nach der Abgabe ihrer offiziellen Wahlzettel für die Wahl der Arbeitsgruppen. Diese Terminwahl sollte verhindern, daß das Wahlverhalten der Schüler direkt durch die Befragung und dabei möglicherweise ausgelöste Reflexionsprozesse beeinflußt wird. Der Unterrichtsfragebogen wurde nach acht Monaten Unterricht in den Arbeitsgruppen, nämlich am 24. April 1970 angewiesen. Dieser Termin ist bereits sehr nahe an das Ende des Schuljahres und damit in die Nähe der Reifeprüfung gerückt. Da ein Wechsel der Arbeitsgruppe zum Halbjahr (1. Februar) möglich sein sollte, durfte der Termin aber auch nicht zu früh liegen, damit die Schüler ggfs. genügend Erfahrungen in der neuen Lernumgebung sammeln konnten. Die umfangreichen psychometrischen Erhebungen (LPS, TAT, DIT und DKT) wurden in etwa gleichem zeitlichem Abstand zwischen den bereits genannten Befragungen durchgeführt, und zwar in der Zeit vom 21. Oktober bis 8. November (LPS) und vom 24. November bis 6. Dezember (TAT, DIT, DKT). Die Erhebungen wurden von Dipl.-Psych. Günter Schreiner, Dr. Heinz Walter, cand. phil. Lore Schultz-Hamster und mir selbst durchgeführt.

Zusammenfassung: Gegenstand und Methoden der Datenerhebung

Um möglichst detaillierte Analysen durchführen zu können, die der Komplexität der Situation gerecht werden, wird in der vorliegenden Untersuchung nur der Unterricht in den Arbeitsgruppen des Faches Gemeinschaftskunde eingehend betrachtet. Die konkreten Fragestellungen dieser Untersuchung wurden aus umfangreichen Vorstudien abgeleitet, in denen deutlich werden sollte, welche Gesichtspunkte für die Beurteilung des wahldifferenzierten Unterrichts nach dem Urteil derer wichtig sind, die mit dieser Form der Unterrichtsorganisation konkrete Erfahrungen gesammelt haben. Bei der Aufarbeitung von Publikationen zum Buxtehuder Modell, in informellen Gesprächen und bei schriftlichen, unstrukturierten Befragungen von Schülern und Lehrern der Halepaghenschule wurden die folgenden *Problembereiche* als untersuchungsbedürftig identifiziert:

1. Wie differenziert ist das Wahlangebot der Schule?
2. Nach welchen Kriterien treffen die Schüler ihre Wahlentscheidungen?
3. Zeichnet sich das Lernen in den gewählten Arbeitsgruppen durch eine besondere Qualität aus, die im herkömmlichen Klassenunterricht nicht möglich ist?
4. Werden die Erwartungen, die die Schüler (und die Lehrer) mit der Wahldifferenzierung verbinden, erfüllt?
5. Wirkt sich diese Form der Unterrichtsorganisation für Schüler mit verschiedenen Voraussetzungen unterschiedlich aus?

Zu diesen Problembereichen wurden von Schülern und Lehrern zahlreiche Detailfragen angesprochen, deren Beantwortung es möglich machen wird, die emanzipatorische Potenz des Lernens in wahldifferenziertem Unterricht abzuschätzen.

Für die Untersuchung der angedeuteten Problembereiche wurden die folgenden *Erhebungsinstrumente* entwickelt bzw. ausgewählt:

1. Im „Fragebogen zur Wahl der Arbeitsgruppen" kurz als *Wahlfragebogen* bezeichnet) werden die Schüler gebeten, anhand 41 deskriptiver Aussagen (Items) alle sechs für das Fach Gemeinschaftskunde angebotenen Arbeitsgruppen einzuschätzen, indem sie durch eine der Ziffern („Schätzwerte") von 0 bis 4 angeben, ob die einzelnen Aussagen ihrer Meinung nach „überhaupt nicht", „kaum", „etwas", „ziemlich" oder „uneingeschränkt" zutreffen. An diesen Daten wird erkennbar sein, unter welchen Gesichtspunkten die Schüler das Wahlangebot der Schule

als so differenziert ansehen, daß sie eine begründete Wahlentscheidung treffen können. Zusätzlich sollen die Schüler die Items kennzeichnen, in denen sie ihre wahlentscheidenden Gesichtspunkte wiedererkennen können. Wie die Schüler sich tatsächlich entschieden haben, kann an den offiziellen Wahlzetteln der Schule abgelesen werden, die für die Untersuchung zur Verfügung gestellt wurden.

2. Der „Fragebogen zum Unterricht in den Arbeitsgruppen" (kurz als *Unterrichtsfragebogen* bezeichnet) soll die Frage beantworten helfen, ob sich der Unterricht in den Arbeitsgruppen durch eine veränderte Qualität auszeichnet. Hier werden im wesentlichen Gesichtspunkte angesprochen, die von Schülern oder Lehrern unterschiedlich beurteilt worden sind. Da die ersten 40 (von insgesamt 120) Items dieses Fragebogens mit den Items des Wahlfragebogens identisch sind, können die Erwartungen der Schüler von Beginn des Schuljahres mit der Realität des Unterrichts verglichen werden. Auch hier werden die Schüler um eine quantifizierte Antwort durch einen der Schätzwerte von 0 bis 4 gebeten.

3. Für die Beantwortung der Frage, ob sich Wahldifferenzierung für verschiedene Schüler unterschiedlich auswirkt, wurden die folgenden Kriterien für die Identifizierung spezifischer Schülergruppen ausgewählt (in Klammern ggfs. das entsprechende Erhebungsinstrument):

a) Klassenstufe 12 vs. Klassenstufe 13
b) Schulleistungen (Zeugnisnoten vom Ende des vorangegangenen Schuljahres)
c) Allgemeine intellektuelle Leistungsfähigkeit (Leistungsprüfsystem nach Horn 1962)
d) Leistungsmotivation (nach Heckhausen 1963)
e) Interesse am Fach Gemeinschaftskunde (Selbsteinschätzung durch die Schüler)
f) Geschlecht der Schüler.

Diese Erhebungen wurden in der Zeit vom Juni 1969 bis April 1970, d. h. vor Beginn und im Verlauf des Schuljahres 1969/70 durchgeführt.

3.3 Methoden der Datenauswertung

Mit Hilfe der im vorangegangenen Abschnitt vorgestellten Erhebungsinstrumente wurde eine Fülle von Daten gesammelt, die sich auf eine fast ebensogroße Fülle von Detailproblemen, Fragen und Vermutungen beziehen. Wie können diese Daten so aufbereitet werden, daß – wie es das Ziel der Untersuchung ist – Zusammenhänge und Wechselbeziehungen zwischen verschiedenen Merkmalen, Bedingungen und Effekten der hier untersuchten Lernsituation erkennbar werden, so daß schließlich beurteilt werden kann, ob Wahldifferenzierung zur emanzipatorischen Reform von Schule und Unterricht beitragen kann?

Die eigens entwickelten Fragebogen und die ausgewählten Tests dürfen also nicht als eine direkte Operationalisierung von „Emanzipation" mißverstanden werden. Vielmehr soll eine möglichst detaillierte Analyse zunächst deutlich machen, durch welche spezifischen Merkmale das Lernen in wahldifferenziertem Unterricht gekennzeichnet ist, um daran anschließend und auf den Ergebnissen dieser Analysen aufbauend Wahldifferenzierung im Zusammenhang mit den anstehenden Aufgaben der Bildungsreform zu bewerten.

Hieraus ergibt sich eine Zweiteilung der Untersuchung: Zunächst kommt es darauf an, das Geschehen in wahldifferenziertem Unterricht möglicht detailliert zu untersuchen, ohne daß bereits bei jedem Detailergebnis die Frage nach einer emanzipatorischen Bedeutung ausdrücklich gestellt werden kann. Es ist vielmehr abzuwarten, ob solche Detailergebnisse bei weiteren Analysen bestätigt werden und wie sie im Zusammenhang mit anderen Resultaten zu bewerten sind. Diese Bewertung der Ergebnisse ist also aufzuschieben, bis in einer Reihe von Detailanalysen die Komplexität der veränderten Lernsituation erkennbar geworden ist.

Mit welchen empirisch-statistischen Methoden können die vorliegenden Daten analysiert werden?[13]

3.3.1 Bestimmung der zentralen Tendenz (Mittelwert)

Für die Analyse einer sozialen Situation sind Aussagen bzw. Daten einzelner Personen in der Regel wenig aussagekräftig. Sie können zufällig und durch nicht bekannte individuelle Faktoren beeinflußt sein, so daß

[13] Ich kann diese Methoden hier nur andeuten, werde aber dort näher auf sie eingehen, wo spezifische Erläuterungen für ihre spätere Anwendung notwendig sind. Dieser Abschnitt hat also mehrere Funktionen zu erfüllen: Zunächst soll begründet werden, warum bestimmte statistische Methoden zur Auswertung herangezogen werden, und es soll dargelegt werden, in welcher Form (vor allem bei der Faktorenanalyse) diese Methoden eingesetzt werden. Schließlich soll dieser Abschnitt aber auch dem statistischen Laien und dem nicht mit allen Methoden der Statistik vertrauten Leser einen Überblick über die Möglichkeiten und Beschränkungen der einzelnen Auswertungsmethoden geben. – Eine umfassende Einführung in der Methoden der Statistik bietet Haseloff/Hoffmann 1968, eine ausführliche Darstellung findet sich bei Guilford 1965 bzw. Siegel 1956.

ihre Verallgemeinerung ein falsches Bild ergeben würde. Solche individuellen Faktoren wirken sich weniger aus, wenn die Daten mehrerer Personen herangezogen und zu einem „Maß der zentralen Tendenz", wie z. B. dem arithmetischen Mittelwert, verrechnet werden. Diese Mittelwerte (abgekürzt als M) können als weitgehend adäquate Schätzung des tatsächlichen Wertes verstanden werden.[14] Bei der Interpretation von Mittelwerten geht man demzufolge meistens von der Annahme aus, daß die Abweichungen der einzelnen Personen von diesen Mittelwerten mehr oder weniger zufällig sind. In Wirklichkeit können diese Abweichungen durch spezifische Eigenschaften, wie z. B. Einstellungen und subjektive Wahrnehmungstendenzen, bedingt sein, die als solche wichtige Daten darstellen können.

3.3.2 Bestimmung der abweichenden Tendenz (Standardabweichung und Standardwert)

In welchem Maße die Daten einer einzelnen Person von den durchschnittlichen Daten der gesamten Stichprobe abweichen, kann durch die Berechnung der Standardabweichung und des Standardwertes bestimmt werden. Die Standard*abweichung* (abgekürzt als s) ist ein Maß für die Streuung der Daten, sie deutet an, um wieviel Einheiten der jeweiligen Meßskala (bei den Fragebogen dieser Untersuchung also Schätzwerte) *alle* an der Erhebung beteiligten Schüler im Durchschnitt vom Mittelwert ihrer aller Daten abweichen. Dabei wird die Richtung (d. h. das Vorzeichen) dieser Abweichung dadurch nivelliert, daß die Abweichungswerte zunächst quadriert werden und die durchschnittliche quadrierte Abweichung (auch als Varianz bezeichnet) anschließend wieder radiziert wird.
Der Standard*wert* (z) *einer* Person drückt aus, um wieviele Einheiten der so berechneten Standardabweichung der jeweilige Schätzwert dieser Person vom Mittelwert aller Personen abweicht. Der Schätzwert einer Person wird also transformiert in eine Zahl, die ausdrückt, in

[14] Das bedeutet nicht, daß der Mittelwert z. B. von individuellen Schätzwerten schon allein deshalb, weil er die möglichen individuellen Verzerrungen in den Daten einzelner Personen ausgleicht, als objektive Aussage über einen Sachverhalt verstanden werden kann. Ggf. kann auch ein Mittelwert nicht mehr sein als die Summe subjektiver Fehlurteile, die auf einem allen Personen gemeinsamen „falschen Bewußtsein" beruhen. Hier könnte u. U. das abweichende Urteil einer einzelnen Person den objektiven Sachverhalt besser treffen, wenn nämlich dieser Person die ideologische Bedingtheit des „durchschnittlichen" Urteils bewußt geworden ist. Es ist deshalb erforderlich, die Gültigkeit eines Mittelwertes – so weit als möglich – an den objektiven Verhältnissen oder dem tatsächlichen Verhalten der Personen zu überprüfen.

welcher Richtung (positiv bzw. negativ) und mit welcher Intensität (mehr oder weniger als alle Schüler im Durchschnitt) dieser Schätzwert einer Person vom Mittelwert der Schätzwerte aller Personen abweicht. Die Berechnung von Standardwerten erlaubt es abzuschätzen, ob einzelne Personen oder Gruppen von Personen in erheblicher oder unerheblicher Weise vom durchschnittlichen Wert einer größeren Gruppe abweichen.

3.3.3 Bestimmung des Zusammenhangs zweier Merkmale (Korrelationskoeffizienten)

Wenn die Daten einer Stichprobe eine beträchtliche Streuung aufweisen, erhebt sich die Frage, ob diese Streuung bestimmte Ursachen hat oder ob einige Personen nur zufällig vom durchschnittlichen Wert ihrer Gruppe abweichen. Diese Frage kann beantwortet werden, indem für alle Personen einer Stichprobe die Daten mehrerer Merkmale (oder Items o. ä.) miteinander verglichen werden. Ob zwischen den Daten je zweier Merkmale ein Zusammenhang besteht, kann durch die Berechnung eines Korrelationskoeffizienten bestimmt werden. Je nach Art der Daten ist der Korrelationskoeffizient nach einer anderen Methode zu berechnen. (Eine kurze Übersicht gibt Haseloff/Hoffmann 1968, S. 91–121.)
Am häufigsten werden die Produkt-Moment-Korrelation (r) nach Pearson (vgl. Guilford 1965, S. 95) und die Rangkorrelation (rho) nach Spearman (vgl. Siegel 1956, S. 202) angewendet. Bei der Produkt-Moment-Korrelation werden zunächst Mittelwerte und Standardabweichungen der beiden miteinander zu vergleichenden Merkmale berechnet. Als Korrelation wird das Ausmaß bezeichnet, in dem beide Merkmale mit einer gemeinsamen, durchgehenden Tendenz gegenüber den Mittelwerten variieren.

Rechnerisch wird dieses Ausmaß bestimmt, indem man die Summe der Produkte der *individuellen* Abweichungen von den Mittelwerten und die Summe der Produkte der *durchschnittlichen* Abweichungen (genauer der Standardabweichungen) von den Mittelwerten berechnet und beide Werte miteinander vergleicht. Da das *Produkt* der Abweichungen summiert wird, wird der erste Wert positiv, wenn beide individuellen Werte in der gleichen Richtung (positiv oder negativ) von den Mittelwerten abweichen, er wird dagegen negativ, wenn die Abweichungen von den Mittelwerten entgegengesetzte Vorzeichen haben. Der zweite Wert ist in jedem Fall positiv, weil bei der Berechnung der Standardabweichungen die Richtungen der Abweichungen nivelliert worden sind. Vereinfacht kann man sagen, daß der letztgenannte Wert das Ausmaß der gesamten Varianz bei beiden Merkmalen repräsentiert, während der erste Wert bestimmt, in welchem Ausmaß beide Merkmale systematisch (in gleicher oder in entgegengesetzter Weise) variieren. Der Korrelationskoeffizient ist das Verhältnis (d. h. der Quotient) der beiden Werte, also das Verhältnis der systematischen Varianz zweier Variablen zu ihrer gesamten Varianz.

Aufgrund dieser Berechnung können die Korrelationskoeffizienten nur Werte zwischen −1,00 und +1,00 annehmen, denn die systematische Varianz kann nie größer sein als die gesamte Varianz. Eine positive Korrelation (genauer ein positiver Korrelationskoeffizient) bedeutet also, daß bei vielen Personen der Stichprobe die Meßwerte beider Merkmale (Items o. ä.) in der *gleichen* Richtung (positiv oder negativ) von den Mittelwerten aller Personen abweichen. Eine negative Korrelation bedeutet dagegen, daß die beiden Meßwerte bei vielen Personen in entgegengesetzter Richtung von den Mittelwerten abweichen. Dabei ist zu bedenken, daß ein negativer Korrelationskoeffizient einen positiven Zusammenhang andeutet, wenn die Maßskalen der beiden Merkmale in entgegengesetzter Richtung angelegt sind, wie z. B. bei Intelligenz (hohe Werte sind positiver) und Zeugnisnoten (hohe Werte sind negativer). Bei einer Korrelation um 0,00 kann von der Ausprägung des einen Merkmals nicht auf die Ausprägung des anderen geschlossen werden, beide variieren unabhängig voneinander.[15]

Bei der Interpretation von Korrelationskoeffizienten ist zu bedenken, daß es sich nicht um eine direkte Messung des Zusammenhangs zwischen zwei Merkmalen handelt. Der Korrelationskoeffizient ist lediglich ein Index, der es möglich macht, den durch eine bestimmte Berechnungsregel definierten statistischen Zusammenhang bei verschiedenen Merkmalspaaren miteinander zu vergleichen. Eine Korrelation von r = .50[16] bedeutet z. B. nicht, daß ein 50-prozentiger Zusammen-

[15] Bei der Berechnung von Produkt-Moment-Korrelationen liegen einige Annahmen über die Beschaffenheit der Daten zugrunde, die bei der vorliegenden Untersuchung nicht unbedingt erfüllt sind. Insbesondere wurde die Linearität der Regression nicht überprüft. Nach Guilford (1965, S. 308) sind jedoch bei Testpunktwerten lineare Beziehungen fast allgemein gegeben. Eine Normalverteilung der Daten wird von Guilford (1965, S. 108) nicht für erforderlich gehalten, solange die Verteilung symmetrisch und unimodal ist. Die mit den Fragebogen erhobenen Schätzwerte können als Daten auf Intervallskalenniveau verstanden werden, da die Schätzurteile vor allem durch Ziffern definiert worden sind. Bedenken gegen die Zulässigkeit der Produkt-Moment-Korrelation (vor allem bei den Faktorenanalysen) wurden letztlich dadurch ausgeräumt, daß eine probeweise Berechnung von Rangkorrelationskoeffizienten nach Spearman und r-Koeffizienten nach Pearson für den gleichen Datensatz nahezu identische Werte ergab.

[16] Diese aus der amerikanischen Fachliteratur (vgl. z. B. Guilford 1965) über-

hang besteht. Ebenso ist bei einer Korrelation von r = .60 der Zusammenhang nicht doppelt so groß wie bei einer Korrelation von r = .30. Der Zusammenhang zweier Merkmale wird also nicht „gemessen", es wird lediglich ein Vergleichsindex berechnet.

Wenn für die Meßwerte zweier Merkmale ein hoher Korrelationskoeffizient errechnet wird, kann dieses Ergebnis zufällig zustande gekommen sein. Diese Zufallswahrscheinlichkeit nimmt jedoch ab, je größer die Zahl der Meßwerte wird. Allerdings ist eine Korrelation noch nicht allein dadurch bedeutsam, daß ihre Zufallswahrscheinlichkeit sehr gering bzw. die statistische Signifikanz (s. u.) sehr hoch ist. Wenn die Zahl der Messungen hinreichend groß (z. B. N = 100) ist, sind bereits niedrige Korrelationskoeffizienten (r = .195) statistisch signifikant, ohne daß schon deshalb auf einen inhaltlich bedeutsamen Zusammenhang geschlossen werden darf. Andererseits ist eine geringe Zufallswahrscheinlichkeit in der Regel Voraussetzung dafür, daß ein Korrelationskoeffizient überhaupt interpretiert wird.

Ob ein statistisch signifikanter Zusammenhang inhaltlich bedeutsam ist, hängt davon ab, ob dieser Zusammenhang erklärt werden kann. An der Korrelation selbst ist nicht abzulesen, ob zwischen den beiden Merkmalen ein kausaler Zusammenhang besteht und wo ggf. Ursache und Wirkung zu suchen sind. Möglicherweise besteht zwischen den beiden beobachteten Merkmalen gar kein direkter Zusammenhang, die gemeinsame Variation kann durch ein drittes Merkmal oder ein Bündel von Ursachen bedingt sein. Ein Korrelationskoeffizient deutet lediglich an, in welchem Umfang die Meßwerte mit gleichgerichteter oder in entgegengesetzter Tendenz variieren. Worauf diese Variation zurückzuführen ist, muß durch Interpretation erschlossen werden.

3.3.4 *Bestimmung umfassenderer Zusammenhänge (Faktorenanalyse)*

Durch die Berechnung von Korrelationskoeffizienten kann lediglich der statistische Zusammenhang zwischen jeweils zwei Merkmalen (Items, Testpunktwerten usw.) bestimmt werden. Diese Methode der Datenauswertung ist also vor allem dann angemessen, wenn zuvor formulierte Vermutungen über eine Kausalbeziehung zwischen einer bedingenden und einer abhängigen Variablen überprüft werden sollen. Es ist jedoch

nommene Schreibweise ist heute allgemein üblich: Die Null vor dem Komma wird – da sie bei allen Koeffizienten gleich ist – weggelassen, das Komma wird wie bei Computern als Punkt geschrieben.

nicht möglich, komplexere Zusammenhänge zu identifizieren. Zu diesem Zweck wurden, auf der Korrelationsstatistik aufbauend, Methoden multivariater Analysen entwickelt. Mit ihrer Hilfe ist es möglich, z. B. den gemeinsamen Einfluß mehrerer bedingender Variablen auf eine abhängige Variable zu schätzen. Allerdings bedarf es hier zumeist begründeter Annahmen über die Richtung des Kausalzusammenhangs. Wenn solche Annahmen nicht vorhanden sind, bzw. wenn die wechselseitige Abhängigkeit mehrerer Variablen vermutet wird und die Komplexität dieser Zusammenhänge deutlich werden soll, empfiehlt sich eine Analyse der Daten, die zunächst nur statistische Zusammenhänge zwischen den Meßwerten einer größeren Zahl von Merkmalen aufweist und einer nachfolgenden Interpretation zugänglich macht.

Zu diesem Zweck ist m. E. die Faktorenanalyse am besten geeignet.[17] Sie macht „eine differenzierte Hypothese über die Struktur des Zueinanders der Variablen und Faktoren möglich . . ., ohne daß man vorher eine bestimmte Struktur annehmen oder bereits kennen muß" (Überla 1968, S. 4). Der Faktorenanalyse liegt die Annahme zugrunde, daß mehrere miteinander korrelierende Variablen einen Merkmalskomplex bilden, d. h., daß sie entweder weitgehend dasselbe bedeuten, also lediglich verschiedene Erscheinungsweisen desselben Phänomens sind, daß sie in wechselseitigen Beziehungen zueinander stehen oder daß sich in ihnen einen dritte, nicht direkt gemessene Größe ausdrückt. Ein solcher Merkmalskomplex wird als Faktor bezeichnet und mit Hilfe umfangreicher mathematischer Operationen identifiziert.

Es ist das Ziel der Faktorenanalyse, aus einer größeren Menge von beobachteten Variablen eine kleinere Zahl von hypothetischen Größen oder Faktoren abzuleiten, die die Zusammenhänge zwischen den Variablen einfacher, aber hinreichend genau beschreiben und erklären können. „Die Faktorenanalyse ist also eine ordnende und hypothesenbildende Methode. Die durch sie ermittelten Größen oder Faktoren sollen hinsichtlich ihrer Zahl möglichst klein und hinsichtlich ihres Aufbaus und Zusammenhangs möglichst einfach sein." (Überla 1968, S. 3) Wenn es mit Hilfe der Faktorenanalyse gelingt, die Variablen (Items) der für diese Untersuchung entwickelten Fragebogen (vgl. Abschnitt 3.2) zu ordnen und ihre Zusammenhänge aufzuweisen, dann kann dadurch die Bewertung wahldifferenzierten Unterrichts wesentlich erleichtert, wenn nicht überhaupt erst ermöglicht werden.

[17] Eine ausführliche systematische Einführung in die Faktorenanalyse gibt Überla 1968. Dort werden auch Detailprobleme ausgiebig erörtert. Über die mathematischen Grundlagen und die Ergebnisse faktorenanalytischer Forschung in der Psychologie berichtet Pawlik 1968. Die folgende Darstellung orientiert sich vor allem an den Ausführungen von Überla.

Ausgangspunkt einer Faktorenanalyse sind die Korrelationen zwischen allen Variablen, die in einer Untersuchung beobachtet worden sind und die auf statistische Zusammenhänge untersucht werden sollen. Diese Korrelationskoeffizienten werden in einer Korrelationsmatrix zusammengestellt und mathematisch so verrechnet, daß jeweils mehrere Variablen zu hypothetischen Komplexen, den sog. Faktoren zusammengefaßt werden können. Alle Variablen stehen zu diesen identifizierten Faktoren in einer Beziehung, die sich in der Höhe der Korrelation zwischen den Variablen und den Faktoren ausdrückt. – In der methodologischen Fachsprache wird die Korrelation einer Variable mit einem Faktor auch als „Ladung" dieser Variable auf dem Faktor bezeichnet. Sie wird üblicherweise mit dem Buchstaben „a" abgekürzt.

Zwar ist der Ablauf einer Faktorenanalyse weitgehend durch exakte Rechenvorschriften bestimmt, aber ihre Ergebnisse werden dennoch von vielen notwendigen Entscheidungsprozessen beeinflußt: Dies beginnt bereits bei der Auswahl der Variablen, zu denen in einer Untersuchung Daten erhoben und die in die Analyse einbezogen werden. Welche Faktoren bei der Faktorenanalyse ermittelt werden, durch welche umfassenden Komplexe der Untersuchungsgegenstand also später beschrieben wird, hängt davon ab, ob die Gesamtheit der Variablen die Komplexität des Untersuchungsgegenstandes hinreichend abdeckt. Dennoch haben, da die Kapazität jeder Untersuchung und auch die technische Durchführbarkeit einer Faktorenanalyse begrenzt sind, die analysierten Faktoren keine ausschließende Gültigkeit. Ob der Untersuchungsgegenstand in Wirklichkeit durch weitere Faktoren gekennzeichnet ist, kann an den Ergebnissen einer Faktorenanalyse nicht abgelesen werden. Die Faktorenanalyse weist lediglich auf, in welchem Zusammenhang die in einer Untersuchung beobachteten Variablen stehen, sie sagt nichts darüber aus, ob die richtigen Variablen beobachtet worden sind.

Für den Ablauf der Analyse sind einige weitere Entscheidungen zu treffen, die ich hier im Detail nicht aufführen kann, ohne sie ausführlich zu erläutern.[18] Diese Entscheidungen haben weniger Einfluß auf das Ergebnis und verändern den Rechengang unwesentlich. Bei den meisten Faktorenanalysen wird zunächst eine relativ große Anzahl von Faktoren identifiziert (in der Fachsprache werden Faktoren „extrahiert"), aber

[18] Ausführlich sind diese Entscheidungspunkte bei Überla 1968 erörtert. Bei den später zu referierenden Faktorenanalysen habe ich mich weitgehend den Entscheidungen angeschlossen, die die Autoren des EDV-Programms „PAFA" des Deutschen Rechenzentrums getroffen haben: Die Kommunalitäten werden zunächst durch die Quadrate der multiplen Korrelationen geschätzt und durch sechs zusätzliche Iterationen angenähert. Die Zahl der zu extrahierenden Faktoren wird nicht vorgegeben, sondern nach der Formel $0{,}4 \cdot \sqrt[3]{n}$ von der Anzahl der Variablen (n) abhängig gemacht.

diese können nicht alle interpretiert werden. Zunächst besteht die Schwierigkeit, daß die Faktoren in einer Form extrahiert werden, in der sie die Faktorenstruktur der Variablen noch nicht optimal wiedergeben. Dies ist – verkürzt gesprochen – darauf zurückzuführen, daß der erste Faktor bei der sog. „Hauptachsenmethode" so ausgelegt wird, daß er die meiste Varianz vieler Variablen repräsentiert, während die weiteren Faktoren vergleichsweise wenig Variablen zusammenfassen.[19]

Die auf diese Weise entstehende Struktur der Faktoren gibt zunächst nur eine mehr oder weniger zufällige Struktur der Variablen wieder. Durch eine weitere Verrechnung dieser Faktoren, der sog. Rotation auf Einfachstruktur nach dem Varimax-Kriterium (vgl. Überla 1968, S. 208 ff.) wird erreicht, daß möglichst viele Variablen mit den Faktoren entweder möglichst hoch oder nahe 0 korrelieren, so daß die einzelnen Variablen bestimmten Faktoren deutlich zugeordnet und zu ihrer Interpretation herangezogen werden können.

Es ist allerdings wenig sinnvoll, alle extrahierten Faktoren auf Einfachstruktur zu rotieren. Andererseits sollten bei der Entscheidung über die Zahl der zu interpretierenden Faktoren die Ergebnisse verschiedener Rotationslösungen (d. h. der Rotation verschieden vieler Faktoren) berücksichtigt werden. Es empfiehlt sich deshalb folgendes Vorgehen: Zunächst werden so viele Faktoren extrahiert, wie nach dem oben (vgl. Anmerkung 18) definierten Kriterium zulässig sind. Dann werden fortlaufend – mit zwei Faktoren beginnend und jeweils um einen Faktor vermehrt – verschieden viele Faktoren rotiert, bis alle extrahierten oder eine zuvor festgesetzte Höchstzahl von Faktoren rotiert worden sind. Interpretiert werden nur solche Faktoren, die bei verschiedenen Rotationslösungen konstant auftreten, d. h. die Variablen, die einen Faktor definieren sollen, müssen bei allen Rotationslösungen gemeinsam mit einem Faktor hoch, sie dürfen nicht mit verschiedenen Faktoren korrelieren.

Außerdem müssen die Faktoren durch hinreichend viele Variablen deutlich gekennzeichnet werden: Jedem Faktor sollten wenigstens zwei Variablen zugeordnet werden können, die auf diesem Faktor hoch laden. Als untere Grenze kann dafür eine Korrelation von a = .50 angesetzt werden. Die Eindeutigkeit, mit der eine Variable einem bestimmten Faktor zugeordnet ist, kann weiterhin dadurch bestimmt werden, daß die Ladung der Variable auf dem zu interpretierenden Faktor um eine Differenz von mindestens .20 höher sein soll als ihre Ladungen auf allen anderen Faktoren.

[19] **Die Summe der Quadrate der Faktorladungen des ersten Faktors soll einen maximalen Anteil der Gesamtvarianz erreichen, beim zweiten Faktor der restlichen Varianz usw.**

Diese Grenzen sind willkürlich gesetzt, aber sie erscheinen insofern sinnvoll, als eine Korrelation von r = .50 in der Regel als Hinweis auf einen deutlichen, wenn auch nicht sehr starken Zusammenhang verstanden werden kann. Ein Kriterium für die Eindeutigkeit der Zuordnung von Variablen liegt deshalb nahe, weil verschiedene Faktoren inhaltlich deutlich voneinander zu unterscheiden und möglichst nicht durch Variablen verbunden sein sollen, die mit mehreren Faktoren hoch korrelieren.[20]

Die genannten Kriterien können nur als formale Voraussetzungen für die Interpretation eines Faktors verstanden werden. Es ist darüber hinaus in jedem Fall zu entscheiden, ob ein Faktor anhand der mit ihm eindeutig korrelierenden Variablen inhaltlich sinnvoll gedeutet werden kann.[21]

Wie können die extrahierten und rotierten Faktoren interpretiert werden? – Zunächst ist zu bedenken, daß jeder Faktor einer Faktorenanalyse bipolar angelegt ist, d. h., daß in der Regel jeder Faktor sowohl durch positiv als auch durch negativ mit ihm korrelierende Variablen gekennzeichnet wird. Es ist dann von der Art der Variablen abhängig, ob der Faktor nach seinen beiden Polen bezeichnet (z. B. „Stärke-/ Schwäche") oder ob er als eine Dimension (z. B. „Dynamik") aufgefaßt werden soll. Die Bezeichnung mit einem Begriff liegt vor allem dann nahe, wenn der eine Pol deutlich von mehr Variablen repräsentiert wird als der entgegengesetzte Pol. Das Vorzeichen des Pols (d. h. das Vorzeichen der Ladungen der Variablen) spielt für die Interpretation des Faktors keine Rolle, es ist jedoch zu beachten, ob die Variablen in gleicher oder in entgegengesetzter Richtung auf dem Faktor laden. Innerhalb eines Faktors dürfen alle Vorzeichen umgekehrt werden, ohne daß dadurch die Interpretation des Faktors beeinflußt wird.[22]

[20] Diese Kriterien sind strenger als bei vielen Untersuchungen, die zur Interpretation eines Faktors auch Variablen mit geringeren Ladungen (a = .30) heranziehen. Das von Fürntratt 1969 vorgeschlagene Kriterium, nach dem nur solche Variablen einem Faktor zugeordnet werden sollen, deren quadrierte Ladung auf diesem Faktor wenigstens ebenso groß ist wie die Summe der quadrierten Ladungen dieser Variable auf allen anderen Faktoren, erscheint mir bedenklich, da die absolute Höhe der Ladung nicht bedacht wird. Auf diese Weise können, wenn die Ladungen bei allen Faktoren relativ niedrig sind, Variablen zur Kennzeichnung eines Faktors herangezogen werden, die mit diesem nur niedrig korrelieren.

[21] Es wird sich zeigen, daß nach den von mir definierten Kriterien die Grenze zwischen interpretierbaren und nicht interpretierbaren Faktoren ziemlich gut getroffen wird.

[22] Die Aussage, eine Variable lade auf einem Faktor negativ, ist nur dann sinnvoll, wenn der positive Pol des Faktors bereits definiert worden ist. Verständlicher erscheint mir in einem solchen Fall die Aussage, eine Variable lade auf dem Faktor in der (zum interpretierten Pol) entgegengesetzten Richtung.

Für die Interpretation eines Faktors sind zunächst jene Variablen relevant, die mit einem der Pole des Faktors in enger Beziehung stehen und mit ihm hoch korrelieren. Dabei können hohe Ladungen mit entgegengesetzten Vorzeichen besonders aufschlußreich sein, wenn am Kontrast der entsprechenden Variablen die inhaltliche Dimension des Faktors erkennbar wird. Es kann aber in Zweifelsfällen auch sehr hilfreich sein, zu wissen, mit welchen Variablen der Untersuchung der jeweilige Faktor in keinem oder in einem nicht nennenswerten Zusammenhang steht. Solche Variablen korrelieren mit dem Faktor um Null und können nach Art eines Figur-Grund-Bildes das Spezifische eines Faktors deutlicher hervortreten lassen (vgl. Pawlik 1968, S. 266).

Die Faktoren einer Faktorenanalyse sind nach dem zugrunde liegenden mathematischen Modell voneinander völlig unabhängig. Da jedoch die Faktoren nicht direkt, sondern nur mittels der mit ihnen korrelierenden Variablen identifiziert werden können, und da die meisten Variablen mit mehreren Faktoren mehr oder weniger hoch korrelieren, können zwischen verschiedenen Faktoren inhaltliche Ähnlichkeiten auftreten. Solche Überschneidungen weisen darauf hin, daß die Ausprägung eines Merkmals auf mehrere Faktoren zurückzuführen ist. So sehr es einerseits das Ziel der Faktorenanalyse ist, voneinander unabhängige Dimensionen zu identifizieren, so sehr müssen diese doch wieder in einem wechselseitigen Zusammenhang gesehen werden, in dem sich die Komplexität des Untersuchungsgegenstandes widerspiegelt.

Je komplexer dieser Untersuchungsgegenstand ist und je vielfältiger die erhobenen Daten sind, desto weniger ist es möglich, mittels einer Faktorenanalyse diese Komplexität völlig auf wenige Dimensionen zu reduzieren und ohne Informationsverlust zu beschreiben. Statistisch drückt sich dies darin aus, daß die bei den Variablen auftretende Streuung (Varianz) der Daten nur zum Teil auf die extrahierten Faktoren zurückgeführt und durch diese „erklärt" werden kann. Bei jeder Faktorenanalyse, deren Variablen nicht völlig homogen sind, bleibt eine mehr oder weniger große Anzahl von sog. „Einzelrestfaktoren" übrig: Dies sind Variablen, die keinem der Faktoren sinnvoll zugeordnet werden können und als eigene, von den Faktoren unabhängige Dimensionen verstanden werden müssen. Um abschätzen zu können, in welchem Umfang eine Faktorenanalyse die Ausgangsdaten repräsentiert, ist die Angabe erforderlich, wie groß der Anteil der von den Faktoren repräsentierten „gemeinsamen Varianz" an der „gesamten Varianz" aller Variablen ist. Dieser von allen Faktoren gemeinsam aufgeklärte Varianzanteil verteilt sich wiederum zu unterschiedlichen Anteilen auf die einzelnen Faktoren. Dies bedeutet jedoch nicht, daß diese Faktoren in der Wirklichkeit des Untersuchungsgegenstandes ein unterschiedliches Gewicht haben, das ihrem jeweiligen Anteil an der gemeinsamen Varianz entspräche. Der hohe Varianzanteil eines Faktors bedeutet zunächst nicht mehr, als daß diese Dimension bei der Datenerhebung auf vielfältige Weise und durch ähnliche Variablen angesprochen worden ist. Welche Bedeutung die einzelnen Faktoren haben, muß durch andere Auswertungen der Daten analysiert werden. Die entsprechenden Methoden können an dieser Stelle nicht allgemein beschrieben werden, sie sind später anhand konkreter Fragestellungen abzuleiten.

3.3.5 Statistische Prüfung von Unterschieden zwischen verschiedenen Schülergruppen (U-Test)

Alle bis hierher ausgewählten Methoden der Datenauswertung liefern Aussagen über die Gesamtheit der jeweils untersuchten Personengruppe. Mittelwerte, Standardabweichungen, Korrelationskoeffizienten und auch die Faktorenstruktur nach der Faktorenanalyse gelten zunächst nur für die jeweils untersuchte Personengruppe. Ob diese Ergebnisse verallgemeinert werden können, kann letztlich nur in weiteren Untersuchungen geklärt werden. Es wird aber Aufgabe der Interpretation sein, die Generalisierbarkeit der Ergebnisse wenigstens vorläufig abzuschätzen.

So wie diese Ergebnisse zunächst nur für die untersuchte Personengruppe gelten, so gelten sie andererseits auch für die Gesamtheit dieser Gruppe. Unterschiede, die zwischen den Personen bestehen, werden durch diese Methoden der Datenauswertung nivelliert. In den Voruntersuchungen der vorliegenden Begleituntersuchung hat sich aber immer wieder gezeigt, daß wahrscheinlich zwischen Schülern verschiedener Gruppen, die durch eine unterschiedlich starke Ausprägung bestimmter Merkmale gekennzeichnet werden können, mehr oder weniger deutliche Unterschiede z. B. im Wahlverhalten bestehen. Im Abschnitt 3.2.2.3 wurden solche Merkmale zusammengestellt. Wie können diese Vermutungen überprüft werden?

Wenn man aus einer größeren Gruppe von Personen zwei kleinere Gruppen bildet, die sich in einem bestimmten Merkmal deutlich unterscheiden (z. B. Schüler mit „sehr guten" oder „guten" sowie „ausreichenden" oder „mangelhaften" Schulleistungen), dann werden auch die Meßwerte bei allen anderen beobachteten Variablen zwischen diesen beiden Gruppen mehr oder weniger große Unterschiede aufweisen. Dies ist zumeist auf zufällige Abweichungen oder auf Ungenauigkeiten der Meßmethoden zurückzuführen. Der Unterschied kann aber auch systematisch, nämlich durch die unterschiedliche Ausprägung des differenzierenden Merkmals (wie z. B. der Schulleistungen) bedingt sein. Ob ein solcher Unterschied bedeutsam ist, kann statistisch zunächst dadurch bestimmt werden, daß man berechnet, mit welcher Wahrscheinlichkeit (p) die beobachtete Differenz zwischen den Meßwerten der beiden Gruppen zufällig entstanden sein kann.

Wenn diese Differenz mit weniger als 5% Wahrscheinlichkeit ($p < 0{,}05$) zufällig entstanden ist, spricht man in der Regel von einem „signifikanten" Unterschied. Wenn man ein solches Ergebnis interpretiert und daraus Schlußfolgerungen zieht, nimmt man das Risiko in Kauf, sich mit 5% Wahrscheinlichkeit geirrt zu haben und aus einem zufälligen Ergebnis ungerechtfertigte Schlüsse gezogen zu haben. Wenn man 20 solcher Ergebnisse interpretiert, beträgt die Wahrscheinlichkeit, sich in wenigstens einem Fall (nämlich 5% der Fälle) geirrt zu haben, bereits 100%. Dieses Risiko wird vermindert, wenn die Irrtumswahrscheinlichkeit nur 1% ($p = 0{,}01$) oder 0,1% ($p = 0{,}001$) beträgt. In diesen Fällen spricht man von „sehr signifikanten" bzw. „sehr hoch signifikanten" Ergebnissen. Üblicherweise wird das „Signifikanzniveau" durch Sternchen oder Kreuze gekennzeichnet, wobei ein Sternchen * für die Irrtumswahrscheinlichkeit von 5%, zwei Sternchen ** für 1% und drei Sternchen *** für 0,1% stehen.[23]

Auch hier gilt – wie bei den Korrelationskoeffizienten –, daß ein „sehr signifikantes" Ergebnis noch nichts darüber aussagt, ob das Ergebnis auch inhaltlich sehr bedeutsam ist. Die Höhe des Signifikanzniveaus ist auch hier wesentlich von der Größe der Stichprobe abhängig. Bei großen Stichproben können schon sehr geringe Unterschiede statistisch signifikant sein. Allerdings ist es sehr viel schwieriger, ein Maß dafür zu finden, ob ein Unterschied zwischen zwei Personengruppen inhaltlich bedeutsam ist. Infolgedessen wird die statistische Signifikanz, also die Aussage, daß sich die beiden Gruppen mit hoher Wahrscheinlichkeit nicht nur zufällig unterscheiden, als erster (und häufig als einziger) Anhaltspunkt herangezogen.

Zur Berechnung der statistischen Signifikanz von Unterschieden zwischen den Meßwerten zweier Schülergruppen benutze ich den U-Test nach Mann/Whitney (vgl. Siegel 1956, S. 116–127). Dieser Test stellt relativ geringe Anforderungen an die Qualität der Daten (keine

[23] In Einzelfällen wird man auch bei einer höheren Irrtumswahrscheinlichkeit die Ergebnisse interpretieren können, nämlich wenn eine deutliche, wiederholt auftretende Tendenz besteht. Eine Irrtumswahrscheinlichkeit von mehr als 5, aber weniger als 10% kennzeichne ich durch ein eingeklammertes Sternchen: (*).

Normalverteilung, Rangskalenniveau) und ist auch für sehr kleine Stichproben anwendbar. Dieser Test beruht auf der Überlegung, daß sich die vergleichsweise hohen und die vergleichsweise niedrigen Meßwerte der gesamten Personengruppe gleichmäßig auf beide Teilgruppen verteilen müssen, wenn sich die Gruppen nicht voneinander unterscheiden. Je häufiger dagegen die hohen Meßwerte bei der einen und die niedrigen Meßwerte bei der anderen Gruppe auftreten, desto wahrscheinlicher ist die Annahme, daß zwischen den Gruppen ein bedeutsamer Unterschied besteht.

3.3.6 Statistische Prüfung von Unterschieden zwischen verschiedenen Daten der gleichen Schüler (Wilcoxon-Test)

Neben dem Vergleich verschiedener Schülergruppen wird es z. B. bei der Frage, wie die Schüler die verschiedenen Arbeitsgruppen des Wahlangebots vergleichend einschätzen oder wie sich die Einschätzung vom Beginn des Unterrichts zu der Beurteilung des laufenden Unterrichts verhält, notwendig sein, verschiedene Daten der gleichen Schüler zu analysieren. Um zu prüfen, ob sich diese Daten statistisch signifikant unterscheiden, kann nicht der U-Test verwandt werden, da er voraussetzt, daß es sich um Daten verschiedener Personen handelt. Die Unterschiede zwischen Daten derselben Personen können mit Hilfe des „Wilcoxon matched-pairs signed-ranks tests" (vgl. Siegel 1956, S. 75/83) auf statistische Signifikanz geprüft werden. Auch dieser Test stellt geringe Anforderungen an die Qualität der Daten und ist für kleine Stichproben anwendbar. Der Test beruht auf der Überlegung, daß zwischen den jeweils zwei Meßwerten aller Personen gleich viele positive wie negative Differenzen errechnet werden können, wenn kein systematischer Unterschied besteht. Der Test beobachtet nun, wie oft und wie stark die Meßwerte von dieser Annahme abweichen, und es wird bestimmt, mit welcher Wahrscheinlichkeit diese Abweichungen auftreten.[24]

[24] Die entsprechenden statistischen Prüfverfahren, die eine Normalverteilung und das Intervallniveau der Daten voraussetzen (z-Test; t-Test bzw. z-Test für korrelierte Daten; vgl. Guilford 1965, S. 173 ff.) wurden ebenfalls durchgeführt. Es ergibt sich zumeist ein höheres Signifikanzniveau, aber die Zulässigkeit dieser Tests kann nicht gesichert und auch wegen der oft niedrigen Zahl der Personen nicht angenommen werden.

3.3.7 Die Durchführung der Datenauswertung

Die Auswertung der standardisierten Tests (DIT, DKT, LPS, TAT) erfolgte in der von den Testautoren vorgeschriebenen Form. Sie wurden zum großen Teil von Mitarbeitern der Arbeitsgruppe für Unterrichtsforschung vorgenommen. Insbesondere Franz Deese, Doris Keßler und Lore Schultz-Hamster waren daran beteiligt. Für die Auswertung des Leistungsmotivations-TAT unterzog sich Helga Schulz zunächst einem Auswertungstraining nach Heckhausen 1963 und einem zusätzlichen Intensivtraining im Psychologischen Institut der Ruhr-Universität Bochum. Sie erreichte dort eine hohe Übereinstimmung mit einem TAT-Experten, die sich in einer „Inter-Rater-Reliabilität" von r = .82 ausdrückte.

Die Fülle der erhobenen Daten und der Umfang der statistischen Berechnungen ist nur mit Hilfe elektronischer Datenverarbeitungsanlagen (EDV) zu bewältigen. Die Daten wurden (z. T. von studentischen Hilfskräften) auf Lochkarten übertragen und zunächst auf den Rechenanlagen des Deutschen Rechenzentrums in Darmstadt (IBM 7094) und der Aerodynamischen Versuchsanstalt der Max-Planck-Gesellschaft in Göttingen (IBM 7040), seit 1971 vor allem auf der Großrechenanlage der Gesellschaft für Wissenschaftliche Datenverarbeitung in Göttingen (UNIVAC 1108) verrechnet. Für die Faktorenanalysen wurde das Programm PAFA des Deutschen Rechenzentrums zunächst in Darmstadt verwendet und später für die Großrechenanlage in Göttingen adaptiert. Alle weiteren Rechenprogramme wurden von mir selbst, unter weitgehender Mithilfe von Eick Dreher, erstellt. Bei der rechnerischen Überprüfung dieser EDV-Programme war teilweise Günter Schreiner behilflich. Bei der Aufbereitung der Rechenergebnisse wurde ich von Eick Dreher und Hans Werner unterstützt.

Zusammenfassung: Methoden der Datenauswertung

Die zu Beginn und während des Schuljahres 1969/70 erhobenen Daten sollen auf Zusammenhänge und Wechselbeziehungen zwischen den verschiedenen Variablen untersucht werden. Dabei können die folgenden statistischen Methoden hilfreich sein:

– Der Mittelwert (M) gibt einen Anhaltspunkt für die durchschnittliche Ausprägung eines Merkmals, wobei individuelle Abweichungen als zufällig verstanden werden.

- Standardabweichungen (s) und Standardwert (z) sind Maße für die durchschnittliche Streuung der Daten bzw. für die Richtung und die Intensität einer individuellen Abweichung vom Mittelwert der gesamten Gruppe.
- Ein Korrelationskoeffizient (r bzw. rho) ist ein Index (kein Maß) für die Art und die Stärke eines Zusammenhangs zwischen je zwei Variablen. Eine positive Korrelation bedeutet, daß bei vielen Personen die Meßwerte beider Variablen in gleicher Richtung (positiv oder negativ) vom Mittelwert aller Personen abweichen, eine negative Korrelation bedeutet, daß sie in entgegengesetzter Richtung abweichen. Eine Korrelation besagt noch nichts über die Ursachen des Zusammenhangs.
- Mit Hilfe der Faktorenanalyse können Zusammenhänge zwischen mehreren Variablen aufgewiesen werden. Ausgehend von der Korrelationsmatrix wird eine hypothetische Faktorenstruktur entworfen, zu der alle Variablen der Untersuchung in einer bestimmten Beziehung stehen. Variablen, die mit den Faktoren in enger Beziehung stehen (mit ihnen hoch korrelieren), können zu umfassenderen Dimensionen zusammengefaßt werden.
- Der U-Test bestimmt, mit welcher Wahrscheinlichkeit sich zwei nach einem bestimmten Merkmal (z. B. Schulnoten; vgl. Abschnitt 3.2) voneinander verschiedene Schülergruppen bei anderen Variablen (z. B. der Beurteilung des Unterrichts) nur zufällig unterscheiden.
- Der Wilcoxon-Test bestimmt, mit welcher Wahrscheinlichkeit verschiedene Daten derselben Personen (z. B. die Einschätzung verschiedener Arbeitsgruppen) nur zufällig voneinander abweichen.

Auf die begrenzten Aussagemöglichkeiten dieser statistischen Methoden wurde hingewiesen. Insbesondere ist zu beachten, daß die statistische Signifikanz eines Ergebnisses in der Regel zwar eine notwendige Voraussetzung für dessen Interpretation ist, aber noch nicht bedeutet, daß das Ergebnis auch inhaltlich bedeutsam ist. Allerdings ist es schwierig, für die Bewertung ein ähnlich verläßliches Kriterium wie das statistische Signifikanzniveau zu finden.

Bei dem Umfang der vorliegenden Daten können die z. T. aufwendigen statistischen Berechnungen nur mit Hilfe elektronischer Datenverarbeitungsunterlagen durchgeführt werden. Für die Faktorenanalysen wurde ein Programm des Deutschen Rechenzentrums benutzt, alle anderen Programme wurden eigens entwickelt.

Teil II
Analyse der Daten

4. Das Wahlangebot der Schule

Von wahldifferenziertem Unterricht kann man nur dann in sinnvoller Weise reden, wenn den Lernenden tatsächlich Alternativen zur Wahl gestellt werden, die eine begründete Wahlentscheidung möglich machen. Ob die Schüler in den Arbeitsgruppen bessere Lernmöglichkeiten finden, wird bereits weitgehend von der Art des Wahlangebots bestimmt. Deshalb muß eine Analyse des Lernens in wahldifferenziertem Unterricht bei einer Analyse des Wahlangebots beginnen. Dies werde ich in einem ersten Schritt durch eine eingehende Beschreibung der angebotenen Themen versuchen, die jedoch über eine allgemeine Einschätzung nicht hinausgelangen kann. Auch eine detailliertere Interpretation der vorgeschlagenen Unterrichtsinhalte würde dem Sachverhalt nicht gerecht werden, daß das Wahlangebot nicht allein durch die Themen definiert wird, sondern daß diese Themen von bestimmten Lehrern angeboten und von ihnen im Unterricht behandelt werden. Die Einschätzung des Wahlangebots muß also mehreren Aspekten gerecht werden und kann nur von denen angemessen geleistet werden, die diesem Wahlangebot in der schulischen Situation als Wählende gegenüberstehen – also von den Schülern selbst.

Mit dem Fragebogen zur Wahl der Arbeitsgruppen (vgl. Abschnitt 3.2) wurden die für die Beurteilung des Wahlangebots relevanten Daten gesammelt: Die Schüler haben alle angebotenen Arbeitsgruppen anhand von 41 deskriptiven Gesichtspunkten (Items) eingeschätzt. Nicht jedes dieser Items wird in gleicher Weise für die Einschätzung relevant sein, und zwischen allen Gesichtspunkten werden mehr oder weniger starke Zusammenhänge bestehen. Es ist deshalb sinnvoll – und zudem für die übersichtliche Darstellung der Ergebnisse nützlich – nach übergeordneten Gesichtspunkten (Dimensionen) zu suchen, unter denen die Schüler das Wahlangebot beurteilen. Dabei sollen Zusammenhänge erkennbar werden, die für das Verständnis und die Bewertung der konkreten Lern- und Wahlbedingungen wichtig sind.

Wenn die Dimensionen der Einschätzung deutlich sind, muß im nächsten Schritt gefragt werden, wie die Schüler das Wahlangebot konkret einschätzen, d. h. in welchem Maße sie bei den verschiedenen Arbeitsgruppen die zuvor formal definierten Merkmale ausgeprägt sehen. Worin bestehen nach dem Urteil der Schüler Unterschiede zwischen den Arbeitsgruppen, und worin besteht das Besondere einzelner Arbeitsgruppen? Aufgrund dieser Ergebnisse kann eine erneute Beurteilung des Wahlangebots – und zwar aus der Sicht der Wählenden – versucht werden.

Damit ist bereits der Aufbau dieses Kapitels angedeutet: Ich werde zunächst die angebotenen Themen beschreiben und eine erste eigene Einschätzung versuchen (Abschnitt 4.1). Anschließend werde ich analysieren, auf welchen übergeordneten Dimensionen die Schüler die angebotenen Arbeitsgruppen einschätzen (4.2) und wie sich ihnen die einzelnen Arbeitsgruppen im Vergleich miteinander und in ihren Besonderheiten darstellen (4.3).

4.1 Die Themen der Arbeitsgruppen

Gegenstand der eingehenden Analysen soll der Unterricht des Faches Gemeinschaftskunde im Schuljahr 1969/70 sein. (Zur Begründung dieser Beschränkung vgl. Abschnitt 3.2.) Dabei sind die Ausgangsbedingungen insofern gegenüber dem allgemeinen Organisationsplan des Buxtehuder Modells (vgl. Kapitel 2) verändert, als im vorausgegangenen Schuljahr 1968/69 in diesem Fach eine teilweise andere Form der Unterrichtsorganisation erprobt worden ist: Alle Schüler der Oberstufe (Klassen 11 bis 13) haben eine von drei „Vorlesungen", die Schüler der Klassenstufen 12 und 13 zusätzlich zu diesen „Großveranstaltungen" eine von jeweils zwei „Übungsgruppen" gewählt. Dadurch haben auch die Schüler, die im Schuljahr 1969/70 zum ersten Mal an einer thematisch definierten Arbeitsgruppe teilnehmen, erste Erfahrungen mit wahldifferenziertem Unterricht gewinnen können.

Diese Organisationsform hatte sich nach Meinung der beteiligten Lehrer und der Schüler nicht bewährt: Von den Lehrern wurde vor allem die erhebliche Mehrbelastung der vorlesenden Lehrer, von den Schülern die rezeptive Art des Lernens im Frontalunterricht und die nicht immer gelungene Verknüpfung von Vorlesung und Übung beklagt.

Für das Schuljahr 1969/70 wurden deshalb den voraussichtlich 118 Schülern der Klassenstufen 12 und 13 (7 Schüler wurden nicht von der 11. in die 12. Klasse versetzt) für das Fach Gemeinschaftskunde sechs Arbeitsgruppen angeboten. Die Wahl sollte zunächst nur für das erste Halbjahr verbindlich und ein Wechsel zu Beginn des zweiten Halbjahres möglich sein. Nach Absprache der Fachlehrer und der Schüler sollten die Arbeitsgruppen 2 und 6 sowie die Arbeitsgruppen 3 und 5 bei gegebenem Anlaß zu Großgruppen zusammengefaßt werden.

Im „Themenverzeichnis" wurden für das Fach Gemeinschaftskunde die folgenden Arbeitsgruppen angeboten:

Arbeitsgruppe 1:

1. Halbjahr

Das Problem des Militarismus
Der Einfluß militärischer Konzeption auf Staat und Gesellschaft

2. Halbjahr

Reformer oder Revolutionär?
Umstrittene Gestalten in Selbstdarstellung und Kritik

Studienrat . . .

Arbeitsgruppe 2:

1. Halbjahr

Die Sowjetunion
Das Zarenreich im 19. Jahrhundert bis 1917
Die Revolution von 1917
Die innere Entwicklung der Sowjetunion
Die Außenpolitik der Sowjetunion
Die sowjetische Weltmacht der Gegenwart

2. Halbjahr

Kulturelle, politische und wirtschaftliche Probleme Ostmitteleuropas unter besonderer Berücksichtigung Polens und der Tschechoslowakei.
Der ostmitteleuropäische Raum im 19. Jahrhundert bis zum 1. Weltkrieg
Das Problem der Grenzziehung
Die ostmitteleuropäischen Staaten zwischen den Weltkriegen
Das Vordringen der kommunistischen Herrschaft seit dem 2. Weltkrieg

Nach Wunsch der Gruppenmitglieder ist die Behandlung eines Sonderthemas möglich:
Der dialektische Materialismus.

Studienassessor . . .

Arbeitsgruppe 3:

1. Halbjahr

Die politischen Parteien in Deutschland seit 1848
1. Allgemeines über das Parteiwesen
2. Die konservativen Parteien
3. Die Liberalen
4. Die konfessionell gebundenen Parteien
5. Die Sozialdemokraten
6. Die Kommunisten
7. Der Nationalsozialismus
8. Die politischen Parteien seit 1945:
   a) in der BRD
   b) in der DDR

In der Vorlesungsstunde sprechen wir mit Vertretern aller politischen Parteien.

2. Halbjahr

Deutschland nach 1945

1. Deutschland als politische und geographische Einheit
2. Die Spaltung Deutschlands
3. Die Bundesrepublik als demokratischer und sozialer Rechtsstaat
4. Mitteldeutschland und seine besondere Entwicklung nach dem Kriege
5. Der Großraum Berlin und die Zonengrenze
6. Die unter fremder Verwaltung stehenden Ostgebiete
7. Die Wiedervereinigung als deutsche und weltpolitische Aufgabe

Studienrat . . .

Arbeitsgruppe 4:

1. Halbjahr

Die Vereinigten Staaten von Amerika

1. Die geographischen Gegebenheiten Nordamerikas
2. Die politische, wirtschaftliche und gesellschaftliche Entwicklung der USA bis zum Ende des 1. Weltkrieges
3. Von 1917 bis zur Gegenwart

2. Halbjahr

Die Sowjetunion

1. Das Zarenreich im 19. Jahrhundert (bis 1917)
2. Die Revolution von 1917 und der Bürgerkrieg
3. Die innere Entwicklung der Sowjetunion
4. Die Außenpolitik der Sowjetunion
5. Die sowjetische Weltmacht der Gegenwart

Oberstudienrat . . .

Arbeitsgruppe 5:

Die politischen Parteien in Deutschland seit 1848

1. Allgemeines über das Parteiwesen
2. Die konservativen Parteien
3. Die Liberalen
4. Die konfessionell gebundenen Parteien
5. Die Sozialdemokraten
6. Die Kommunisten
7. Der Nationalsozialismus
8. Die politischen Parteien seit 1945
   a) in der BRD
   b) in der DDR

Die dritte Gewalt

Rechts- und Gerichtswesen in der Bundesrepublik.

Oberstudienrat . . .

Arbeitsgruppe 6:

1. Halbjahr

1. *Lektüre und Bearbeitung ausgewählter Texte zur Staats- und Gesellschaftstheorie.*
   a) Texte zur ständisch-konservativen Theorie – Parteiprogramm der CDU
   b) Texte zur liberalen Theorie – Parteiprogramm der FDP
   c) Texte zur sozialistischen Theorie – Parteiprogramm der SPD 1959
   d) Texte zur kommunistischen Theorie – Parteiprogramm der KPDSU 1961
   e) Texte zur anarchistischen Theorie – Stellungnahme des SDS

2. *Arbeitsweise*
   a) Gruppen- und Einzelarbeit an Texten und Programmen.
   Auswahl nach Absprache mit der Arbeitsgruppe.
   b) Referate über Texte zu den obigen Themen, die nicht von der gesamten Gruppe bearbeitet werden. (Vorträge eventuell vor der Großgruppe).
   c) Facharbeiten zur Klärung der historischen Situation der Staats- und Gesellschaftsordnung in der Entstehungszeit der Texte.
   d) Schüler- und Lehrervorträge vor der Großgruppe – Diskussionen.

2. Halbjahr

Wirtschaftsordnungen

1. *Soziale Marktwirtschaft*
   a) Wettbewerb, Preisstabilität, Sozialprodukt, Konjunktur
   b) Der Betrieb – Gewerkschaften
   c) Konzentration – EWG – Weltmarkt

2. *Zentralverwaltungswirtschaft*
   a) Kollektivierung
   b) Organisation – politische Zielsetzung
   c) Neues ökonomisches System der Planung und Lenkung
   d) Verflechtung, COMECON

3. *Arbeitsweise*
   Gruppen- und Einzelarbeit an Quellentexten, Statistiken,
   Karten, Filmen, Darstellungen – Diskussionen.
   Vorträge von Fachleuten aus der Umgebung.
   Lehrer- und Schülervorträge.
   Zusammenarbeit mit der Arbeitsgruppe Nr. III.

Oberstudienrätin . . .

Die Themenverzeichnisse für das Schuljahr 1969/70 wurden am Mittwoch, dem 18. 6. 1969, an die Schüler verteilt. Am Samstag derselben Woche stellten die Fachlehrer ihre Themenangebote in einer Vollversammlung der Schüler vor. Ich konnte an dieser Veranstaltung teilnehmen. Es waren etwa 80 bis 100 Schüler anwesend:

Zunächst wird bekanntgegeben, daß die ausgefüllten Wahlzettel am folgenden Dienstag abgegeben werden sollen und daß am gleichen Tage die Arbeitsgruppe für Unterrichtsforschung aus Göttingen eine Untersuchung durchführen wird. Am Montag bestehe noch die Möglichkeit, die Wahl mit dem Tutor zu besprechen.

Nach den Arbeitsgruppen für das Fach Deutsch werden die Themen des Faches Gemeinschaftskunde vorgestellt:

Arbeitsgruppe 1: Der Lehrer erklärt, Militarismus sei ein typisches Problem deutscher Geschichte, deshalb solle das Thema hauptsächlich historisch aufgearbeitet werden. Er will versuchen, den Grafen Baudissin für eine Diskussion zu gewinnen. Im zweiten Halbjahr soll anhand einzelner historischer Persönlichkeiten erarbeitet werden, was ein Reformer und was ein Revolutionär ist.

Arbeitsgruppe 2: Es sollen zunächst historische Grundlagen erarbeitet werden, um dann zur gegenwärtigen Lage vorzudringen. Es werde erforderlich sein, daß viele Schüler Referate übernehmen. Mit der Arbeitsgruppe 6 sollen gemeinsame Themen vorlesungsartig in der Großgruppe, jedoch mit mehr Engagement der Schüler behandelt werden. Wie intensiv im zweiten Halbjahr über osteuropäische Fragen gesprochen werde, sei vom Interesse der Schüler abhängig. Die von ihm angebotene, vom Fachunterricht unabhängige Unterrichtsreihe über Dialektischen Materialismus könne nur zustande kommen, wenn die beteiligten Schüler auch bereit seien, Leistungen zu erbringen.

Arbeitsgruppe 3: Die Rolle der politischen Parteien soll betrachtet werden, wobei – auf Wunsch der Schüler, die weniger Interesse an historischen Problemen haben – die heutigen Parteien im Vordergrund stehen sollen. Dazu soll vierzehntäglich ein Vertreter einer politischen Partei eingeladen werden.

Arbeitsgruppe 4: Insbesondere sollen die wirtschaftsgeographischen und gesellschaftlichen Verhältnisse der USA sowie die Außenpolitik seit 1940 betrachtet werden. Im zweiten Halbjahr soll neben der Wirtschaftsgeographie vor allem die Außenpolitik der Sowjetunion gegenüber Deutschland seit 1917 behandelt werden.

Arbeitsgruppe 5: Diese Arbeitsgruppe wird bis zum Herbst mit der Arbeitsgruppe 3 gemeinsam stattfinden, da der Lehrer der Arbeitsgruppe 5 bis dahin nicht anwesend sein wird. Im zweiten Halbjahr wolle er das Rechts- und Gerichtswesen in der BRD zunächst systematisch erarbeiten und dann das Verständnis anhand von Einzelfällen vertiefen. Dazu wolle er auch Fachjuristen einladen.

Arbeitsgruppe 6: Die Lehrerin kündigt vor allem neue Formen des Unterrichts an. Es soll flexibel differenziert werden: Großgruppen (zusammen mit der Arbeitsgruppe 2), Arbeitsgruppe und Kleingruppen, die insbesondere der Interessendifferenzierung dienen sollen. Nicht jeder Schüler müsse alle Theorien erarbeiten.

Die Lehrer betonen durchaus unterschiedliche Gesichtspunkte: Die Arbeitsgruppe 1 soll vor allem historisch orientiert sein, in der Arbeitsgruppe 2 wird intensiver Arbeitsaufwand verlangt werden, die Arbeitsgruppe 3 wird sich vor allem mit aktuellen Problemen auseinandersetzen, in der Arbeitsgruppe 4 werden wirtschaftsgeographische Themen im Mittelpunkt stehen, die Arbeitsgruppe 5 wird juristische Fragen behandeln, und in der Arbeitsgruppe 6 werden sich die Schüler mit einzelnen Gesellschafts- oder Wirtschaftstheorien intensiver beschäftigen können. Nach meiner Einschätzung kann dieses Angebot durchaus als vielfältig und differenziert bezeichnet werden. Es ist wohl keinem Lehrer im herkömmlichen Klassenverband möglich, auf die verschiedenen hier angesprochenen Interessen überhaupt einzugehen oder gar die spezifischen Interessen einzelner Schüler zu befriedigen.

Diese Wertung beruht jedoch weitgehend auf meiner subjektiven Einschätzung. Es ist zu prüfen, ob auch die Schüler das Wahlangebot in dieser Weise als strukturiert erleben, oder nach welchen Gesichtspunkten sie die Arbeitsgruppen einschätzen. Dies ist Gegenstand der beiden folgenden Abschnitte.

4.2 Dimensionen der Beurteilung des Wahlangebots durch die Schüler

Das Lernangebot der Schule kann nicht – wie ich es im vorigen Abschnitt versucht habe – allein von den angebotenen Themen her beurteilt werden. Schon in den Vorstudien (vgl. Abschnitt 3.2.1) war deutlich, daß die Schüler das Lernangebot nicht allein unter thematischen Gesichtspunkten bewerten, sondern daß sie eine Reihe weiterer Aspekte berücksichtigen. Auch ihre Bewertung des Themas selbst ist wahrscheinlich vielschichtiger und differenzierter als bei einem außenstehenden Betrachter.

In den Publikationen zum Buxtehuder Modell und bei den ersten Befragungen der Schüler und der Lehrer (vgl. Abschnitt 3.2.1) wurde auf eine Fülle von Gesichtspunkten hingewiesen, unter denen die Schüler das Wahlangebot beurteilen. Diese Gesichtspunkte sind weitgehend in den Fragebogen zur Wahl der Arbeitsgruppen (vgl. Abschnitt 3.2.2.1) eingegangen. – Mit welchem Ziel und mit welchen Methoden können diese Daten analysiert werden?

In diesem Stadium der Analyse scheinen mir zwei Ziele wichtig, und zwar sowohl ein formales und zugleich ein inhaltliches: In formaler Hinsicht ist es notwendig, die Fülle der Gesichtspunkte, unter denen das Wahlangebot betrachtet werden kann, auf eine überschaubare Anzahl umfassenderer Gesichtspunkte zu reduzieren. Es wäre äußerst mühsam und dennoch unergiebig, die Analyse anhand der einzelnen Items voranzutreiben. Bei der Menge der detaillierten Fakten, Beziehungen und Interpretationsversuche würden die wesentlichen und grundlegenden Dimensionen nicht erkennbar werden, die für die Bewertung wahldifferenzierten Unterrichts wichtig sind.

Bei der Suche nach solchen umfassenderen Dimensionen sollte jedoch möglichst wenig von der Vielfalt der Aspekte verloren gehen. Damit ist auf das inhaltliche Ziel der folgenden Analysen verwiesen: Die einzelnen detaillierten Gesichtspunkte sollen nicht isoliert, sondern in ihren wechselseitigen Beziehungen und Zusammenhängen betrachtet werden. Es ist zu fragen, wie die in den Items angesprochenen Aspekte miteinander zusammenhängen und wie sie unter einem übergeordneten Gesichtspunkt zusammengefaßt werden können.

Zusammenhänge zwischen je zwei Gesichtspunkten bzw. Items können durch die Berechnung der Korrelation (vgl. Abschnitt 3.3.3) zwischen den Schätzwerten der Items identifiziert werden. Komplexere Zusammenhänge mehrerer Merkmale und die umfassenderen Dimensionen, die der Gesamtheit der Variablen zugrunde liegen, können dagegen erst mit Hilfe der Faktorenanalyse (vgl. Abschnitt 3.3.4) transparent werden. Sie ermöglicht die Realisierung sowohl des formalen als auch des inhaltlichen Ziels der Analyse: Wenn die statistisch bestimmten Faktoren inhaltlich definiert und auf einen Begriff gebracht werden können, kann sich die weitere Analyse auf diese allgemeineren Begriffe stützen, und zum anderen können anhand der Faktorladungen (vgl. Abschnitt 3.3.4) komplexere Zusammenhänge zwischen mehreren einzelnen Merkmalen erkannt werden. Solche Komplexe miteinander zusammenhängender Merkmale und die durch sie definierten umfassenderen Gesichtspunkte bezeichne ich im folgenden als „*Dimensionen der Beurteilung*" *der Arbeitsgruppen.* Statistisch werden diese Dimensionen durch die Faktoren der Faktorenanalyse definiert.

Solche Zusammenhänge zwischen verschiedenen Gesichtspunkten sind natürlich abhängig vom jeweiligen Gegenstand der Einschätzung, hier also von den Themen, Lehrern und sonstigen Merkmalen der einzelnen Arbeitsgruppen. Prinzipiell könnten bei jeder Arbeitsgruppe andere Gesichtspunkte miteinander zusammenhängen und als Dimensionen (Faktoren) identifiziert werden. Andererseits sind Zusammenhänge zwischen Merkmalen bei der Analyse nur dann erkennbar, wenn die Schüler diese bei ihrer Einschätzung – bewußt oder unbewußt – zum Ausdruck gebracht haben. Die Identifikation von Dimensionen ist also davon abhängig, wie die Schüler die Arbeitsgruppen wahrnehmen, wie diese Wahrnehmung strukturiert und von welchen subjektiven Tendenzen und auch Verzerrungen sie gekennzeichnet ist. Diese Wahrnehmungstendenzen der Schüler werden zwar durch den Gegenstand der Wahrnehmung modifiziert, aber nicht völlig determiniert. Deshalb werden die Dimensionen der Einschätzung und die Faktorenstrukturen der Items bei den einzelnen Arbeitsgruppen eine gewisse Ähnlichkeit aufweisen und miteinander vergleichbar sein.

Dieser doppelten Abhängigkeit der Dimensionen der Einschätzung – sowohl von den objektiven Unterschieden der Wahrnehmungsgegenstände, nämlich der Arbeitsgruppen, als auch von den subjektiven Wahrnehmungstendenzen und -strukturen der Schüler – soll die Analyse gerecht werden: Es wird zunächst für jede Arbeitsgruppe eine eigene Faktorenanalyse durchgeführt, bei der die Besonderheiten dieser Arbeitsgruppe und spezifische Zusammenhänge erkennbar werden können. Beim anschließenden Vergleich der Ergebnisse dieser Analysen soll deutlich werden, welche übergeordneten Gesichtspunkte für die Einschätzung aller Arbeitsgruppen relevant sind.[25]

Für den weiteren Verlauf der Analyse sind jedoch die Ergebnisse der Faktorenanalysen für die einzelnen Arbeitsgruppen weniger interessant, denn das Ziel dieser Untersuchungen ist es nicht, die einzelnen Arbeitsgruppen für sich zu betrachten, sondern sie sollen miteinander verglichen werden, um Unterschiede und Besonderheiten zu erkennen, die den Schülern eine begründete Wahlentscheidung möglich machen. Dies entspricht der zu analysierenden Situation, denn die Schüler betrachten wahrscheinlich die einzelne zur Wahl stehende Arbeitsgruppe weniger als isolierte Einheit, sondern sehen sie im Vergleich mit den anderen angebotenen Alternativen. Bei ihrer Einschätzung im Wahlfragebogen werden sie zu diesem Verhalten zudem ausdrücklich aufgefordert.

Aus diesen Gründen kann ich die Darstellung der Ergebnisse vereinfachen. Statt alle sechs Faktorenanalysen einzeln zu referieren, werde ich die Ergebnisse zusammenfassend und strukturiert vorlegen. Dieses

[25] Dabei wird noch nicht die Frage gestellt, welche Bedeutung diese Dimensionen später bei der Wahlentscheidung der Schüler haben. Deshalb können an dieser Stelle in die Faktorenanalysen die Schätzwerte aller Schüler einbezogen werden, ohne Rücksicht darauf, an welche Stelle ihrer Wahlzettel (vgl. Abschnitt 2.2) die Schüler die jeweilige Arbeitsgruppe gewählt haben.

Vorgehen bietet sich auch an, weil die Faktoren der verschiedenen Arbeitsgruppen mehr oder weniger ähnlich sind und z. T. als identisch interpretiert werden können. Anhand solcher Faktoren werde ich die Ergebnisse darstellen.

Ich bin folgendermaßen vorgegangen: Zunächst wurde jede der sechs Faktorenanalysen nach den im Abschnitt 3.3.4 dargelegten Regeln für sich ausgewertet. Aus der folgenden Tabelle geht für jede Arbeitsgruppe die Anzahl der rotierten Faktoren und der durch sie gemeinsam aufgeklärte Anteil an der gesamten Varianz aller Variablen hervor:

Tabelle 4.2–1:[26] Anzahl der rotierten Faktoren und Prozentanteile ihrer gemeinsamen Varianz bei den Faktorenanalysen für sechs Arbeitsgruppen

Arbeitsgruppe	1	2	3	4	5	6
Anzahl der rotierten Faktoren	6	6	7	6	7	6
Prozentanteil ihrer gemeinsamen Varianz an der gesamten Varianz	64,02	60,08	63,90	60,59	62,79	64,25

Diese Faktoren wurden zunächst einzeln betrachtet und vorläufig interpretiert. Dabei stellte sich heraus, daß Faktoren verschiedener Arbeitsgruppen miteinander verglichen und anhand der mit diesen Faktoren korrelierenden Items als inhaltlich ähnlich bezeichnet werden konnten.[27] – Es können zehn Faktoren voneinander unterschieden werden, die ich mit den Buchstaben A bis J bezeichne.

Die Reihenfolge, in der die Faktoren dargestellt und interpretiert werden, ergibt sich aus der Summe ihrer Prozentanteile an der gemeinsamen Varianz aller Faktoren. Der Faktor, der bei allen Arbeitsgruppen zusammen den größten Teil der durch die Faktorenanalysen insgesamt aufgeklärten Varianz (vgl. Tabelle 4.2–1) repräsentiert, soll an erster Stelle stehen und wird mit dem Buchstaben A bezeichnet.[28] An der folgenden

[26] Die Numerierung der Tabellen besteht aus den ersten beiden Dezimalziffern der Gliederung und einer innerhalb des jeweiligen Abschnitts fortlaufenden Nummer. Die Tabelle 4.2–1 ist also die erste Tabelle innerhalb des Abschnitts 4.2.

[27] Auf eine Ähnlichkeitsrotation dieser Faktorenanalysen z. B. nach dem EDV-Programm AERO des Deutschen Rechenzentrums (vgl. Deutsches Rechenzentrum 1969, S. 4–7) habe ich verzichtet, weil dieses Vorgehen die Auswahl einer Faktorenanalyse erfordert hätte, der die anderen hätten angepaßt werden müssen. Für diese Auswahl hätten kaum Kriterien gefunden werden können. Zudem konnten die vorliegenden Ergebnisse bereits als für eine vergleichende Interpretation hinreichend ähnlich bezeichnet werden.

[28] Bei der Bestimmung des Prozentanteils eines Faktors an der von allen Faktoren

Tabelle sind die Prozentanteile der interpretierten Faktoren an der gemeinsamen Varianz der rotierten Faktoren ablesbar.

Tabelle 4.2–2: Prozentanteile der Faktoren an der gemeinsamen Varianz der rotierten Faktoren der einzelnen Faktorenanalysen

Faktor	Faktorenanalyse der Arbeitsgruppe						Summe
	1	2	3	4	5	6	
A	33,26	31,97	24,04	25,68	22,94	–	137,89
B	21,71	16,05	21,51	20,11	21,45	30,86	131,69
C	–	13,59	13,41	18,72	11,41	14,93+	72,06
D	10,66	11,50	11,72	12,32	9,93	11,43	67,56
E	12,41	13,40	–	13,38	–	–	39,19
F	–	–	–	–	13,41	22,82	36,23
G	11,14	–	9,97	–	–	–	21,11
H	–	–	–	–	–	19,96	19,96
I	–	13,49	–	–	–	–	13,49
J	–	–	10,06	–	–	–	10,06
„–"++	10,82	–	9,29	9,79	20,86+++	–	50,76
							600,00

\+ Summe der Faktoren V und VI (vgl. die Darstellung des Faktors C)
++ „–" = nicht interpretierbare Faktoren
+++ Summe der Faktoren IV und VII

Bei der Darstellung und Interpretation der einzelnen Faktoren muß erkennbar werden, daß die als ähnlich interpretierten Faktoren durch die gleichen Items gekennzeichnet sind und daß voneinander unterschiedene Faktoren nicht durch gleiche Items miteinander verbunden sind. Die den Interpretationen zugrunde liegenden Tabellen 4.2–3 bis 4.2–12 enthalten deshalb die folgenden Daten:

1) Es werden alle Items aufgeführt, die bei irgendeiner Arbeitsgruppe mit dem gerade betrachteten Faktor deutlich (a > .50) korrelieren (laden). Für diese Items werden auch die entsprechenden Korrelationskoeffizienten (Ladungen) der anderen Arbeitsgruppen aufgeführt,

gemeinsam aufgeklärten Varianz wird der durch eine Faktorenanalyse insgesamt aufgeklärte Anteil an der gesamten Varianz (hier zwischen 60,08 und 64,25%) gleich 100% gesetzt. Die Summe der Prozentanteile der einzelnen Faktoren einer Faktorenanalyse beträgt also 100%, bei den vorliegenden sechs Faktorenanalysen repräsentieren die insgesamt 38 rotierten Faktoren demnach 600% Varianz.

soweit der Faktor als ähnlich betrachtet werden soll.[29] Die in einer Tabelle in der Spalte einer Arbeitsgruppe eingetragenen Daten beziehen sich also alle auf einen Faktor der rotierten Faktormatrix dieser Arbeitsgruppe.

2) Wenn bei einer Interpretation für eine oder mehrere Arbeitsgruppen kein geeigneter, nämlich ähnlicher Faktor gefunden werden kann, so wird angegeben, mit welchem der anderen interpretierten Faktoren das jeweilige Item am höchsten korreliert. In diesen Fällen müssen die in einer Spalte aufgeführten Items mit verschiedenen Faktoren korrelieren, weil sonst ein ähnlicher Faktor vorliegen würde.

3) Bei einem Item, das auf keinem Faktor höher als a = .30 lädt, wird ein Minuszeichen eingetragen, ebenso, wenn ein Item auf einem Faktor am höchsten lädt, der nicht interpretiert werden kann.

4) Die Tabellen enthalten zusätzlich Informationen darüber, wie deutlich die Items mit den jeweiligen Faktoren korrelieren: Ein Sternchen (*) hinter der Ladung bzw. dem Buchstaben des Faktors bedeutet, daß das Item mit dem Faktor der jeweiligen Arbeitsgruppe eindeutig korreliert, d. h. daß die Ladung auf diesem Faktor um mindestens 0.20 höher ist als alle Ladungen des Items auf den anderen Faktoren der Arbeitsgruppe (vgl. Abschnitt 3.3.4). Wo das Sternchen fehlt, besteht dieser Abstand nicht, d. h. das Item korreliert mit mindestens einem weiteren Faktor ähnlich hoch, jedoch nicht höher als hier. Eine eingeklammerte Ladung bedeutet, daß das Item auf einem anderen Faktor höher lädt als auf dem gerade betrachteten Faktor. Welcher Faktor dies ist, ist in den Tabellen der anderen interpretierten Faktoren (A bis J) auffindbar.

5) Die Reihenfolge der Items innerhalb der Tabellen ergibt sich aus dem Absolutbetrag der mittleren Höhe der Ladungen (ā).

Faktor A:

Der Faktor, der den größten Prozentanteil an der gemeinsamen Varianz aller Faktoren aller Arbeitsgruppen repräsentiert, konnte bei fünf Arbeitsgruppen identifiziert werden. Die mit ihm deutlich korrelierenden Items sind in der folgenden Tabelle aufgeführt.[30]

[29] Zur besseren Übersicht werden die Ladungen aller Items, die in ihrer Mehrzahl in einer Richtung mit dem Faktor korrelieren, als positiv dargestellt, während die Ladungen der anderen, in entgegengesetzter Richtung korrelierenden Items, mit einem Minuszeichen versehen werden (vgl. Abschnitt 3.3.4). Der Dezimalpunkt sowie die Null vor diesem werden weggelassen.

[30] Nicht alle in dieser Tabelle aufgeführten Items korrelieren eindeutig nur mit dem Faktor A, zum Teil laden sie auf anderen Faktoren höher und verbinden sich dort mit anderen Items zu anderen Dimensionen der Einschätzung. Daß die Faktoren prinzipiell statistisch voneinander unabhängig sind (vgl. Abschnitt 3.3.4), bedeutet nicht, daß die einzelnen Items nur einem Faktor zugeordnet

Tabelle 4.2–3: Ladungen der relevanten Items auf dem Faktor A
(Erläuterungen im Text)

Item	Arbeitsgruppe 1	2	3	4	5	6	ā
21 Die Unterrichtsmethoden des Lehrers sagen mir zu	79*	79*	67*	72*	68*	H	73
4 Der Lehrer ist mir sympatisch	71*	65*	86*	81*	53*	F*	71
34 Der Lehrer wäre mir als Prüfer im Abitur angenehm	75*	61	68*	56*	76*	F*	67
30 Diesen Lehrer möchte ich abwählen	−69*	−72*	−57	−50	−71	−H	−64
26 Ich komme mit dem Lehrer gut aus	62*	78*	83*	58	(19)	F	60
19 Der Lehrer imponiert mir	63*	59*	56	73*	(42)	D	59
38 Der Lehrer regt mich zur Mitarbeit an	69*	53	(35)	56	69*	B	56
17 Der Lehrer macht sein Fach interessant	82*	65*	(35)	(27)	72*	H*	56
40 Der Lehrer erklärt gut	73*	70*	(25)	(36)	64*	H*	54
24 Der Lehrer ist gerecht	59	73*	55*	(06)	64*	H*	51
28 Der Lehrer ist mir ein Vorbild	59*	52	(47)	59*	(19)	D	48
22 Der Lehrer ist bei den Schülern allgemein beliebt	57*	42	(36)	58*	(44)	F	48
32 Ich bin dem Lehrer sympathisch	(35)	61*	58*	54*	(09)	F*	43
13 Der Lehrer ist in seinem Fach ein Fachmann	(49)	50	50*	(04)	(35)	H	38
5 Der Lehrer hat Einfluß im Kollegium	61*	51*	(26)	(29)	(17)	–	37
7 Meine Freunde würden in dieser Arbeitsgruppe gern mitarbeiten	53	(28)	(16)	46	(31)	F*	35
1 Das Thema interessiert mich	(17)	(36)	(19)	(25)	53	B*	30
25 Die Schüler, die mit mir zusammen in der 11. Klasse waren, werden diese Arbeitsgruppe vor allem wählen	52*	(21)	(09)	(39)	(13)	F	27

Von den siebzehn Items dieser Tabelle enthalten fünfzehn Items Aussagen über den Lehrer. Es handelt sich also um einen Lehrer-Faktor. Im Vordergrund steht jedoch nicht eine distanzierte Einschätzung der Persönlichkeit des Lehrers, sondern eine subjektive Bewertung seiner Eigen-

und zu dessen Interpretation verwendet werden dürfen. Vielmehr können gerade durch die Korrelationen der Items mit mehreren Faktoren inhaltliche Zusammenhänge zwischen den Dimensionen der Einschätzung bzw. zwischen einzelnen Aspekten dieser Dimensionen erkennbar werden.

schaften. Bei den sieben Items mit den höchsten Ladungen wird gefragt, in welchem Grad die Eigenschaften und Verhaltensweisen des Lehrers mit den persönlichen Bedürfnissen des Schülers übereinstimmen oder diesen entgegenkommen. Die Unterrichtsmethoden des Lehrers (Item 21) werden nicht nach abstrakten, didaktischen Kriterien beurteilt, sondern danach, ob der einzelne Schüler durch das Unterrichtsverhalten des Lehrers angesprochen und zur Mitarbeit angeregt wird (vgl. Item 38). Die allgemeine Einschätzung der didaktischen Fähigkeiten des Lehrers (Item 17: Der Lehrer macht sein Fach interessant, Item 40: Der Lehrer erklärt gut), die bei drei Arbeitsgruppen ebenfalls mit dem Faktor A deutlich zusammenhängt, ist vermutlich durch subjektive Bewertung der Unterrichtsmethoden stark beeinflußt. Diese Bewertung hängt andererseits offenbar weitgehend mit einer ebenso subjektiven Einschätzung der allgemeinen Persönlichkeit des Lehrers zusammen, nämlich wie stark der Schüler sich emotional-affektiv vom Lehrer angezogen fühlt (vgl. Item 4).

Dieses Verhältnis wird jedoch nicht als einseitig beurteilt. Die Beziehung zum Lehrer wird als wechselseitig angesehen, wenn die Schüler auch danach fragen, wie sympathisch sie selbst dem Lehrer sind (Item 32) und wie gut sie mit ihm auskommen werden (Item 36). Je stärker die Schüler ihr Verhältnis zum Lehrer in dieser Hinsicht negativ einschätzen, desto mehr neigen sie dazu, diesen Lehrer „abwählen" zu wollen, um zu vermeiden, an seinem Unterricht teilnehmen zu müssen (vgl. Item 30). – Diese Dimension der Einschätzung der Arbeitsgruppen bezeichne ich als

Faktor A: Emotionale Beziehung zum Lehrer.

Wie sind die Zusammenhänge zwischen den Gesichtspunkten dieser Dimension im Detail zu verstehen und zu bewerten? – Im einzelnen lassen sich folgende Zusammenhänge bei der Einschätzung der emotionalen Beziehung zum Lehrer aufweisen:

1) Wenn die Schüler die Unterrichtsmethoden eines Lehrers positiv beurteilen, dann ist der Lehrer ihnen auch persönlich sympathisch.[31] Allerdings ist in diesem Punkt das Kausalverhältnis nicht zu klären. Solange der Unterricht in der Regel für den Schüler das wesentliche Feld seiner sozialen Beziehungen zum Lehrer darstellt, liegt es nahe, daß dessen Unterrichtsverhalten die Grundlage für Sympathie oder Antipathie

[31] Dieser Zusammenhang ist nicht nur mit der hohen Ladung der Items 4 und 21 auf dem Faktor A, sondern auch durch die hohen Korrelationen zwischen beiden Items zu belegen:

	1	2	3	4	5	6
$r_{4/21}$	.54	.56	.60	.59	.54	.52

bildet. Andererseits ist es aber auch möglich, daß der Schüler sich bereits vor konkreter und intensiver Erfahrung im Unterricht zu dem Lehrer eine spezifische emotionale Einstellung gebildet hat, die ihn die Unterrichtsmethoden des Lehrers mit bestimmten Erwartungen wahrnehmen läßt. Anlaß, solche Einstellungen zu bilden, könnten z. B. Begegnungen außerhalb des Unterrichts gewesen sein, in denen der Lehrer dem Schüler vielleicht als strenge Aufsichtsperson gegenübergetreten ist. Ebenso könnten solche Erwartungen in der Kommunikation mit anderen Schülern entstanden sein, die ihre Erfahrungen mitgeteilt haben. Aber auch ohne derartige Erfahrungen oder Beeinflussungen können die Schüler zum Lehrer unmittelbar bestimmte Einstellungen entwickelt haben, die von subjektiven emotional-affektiven Bedürfnissen und daraus resultierenden Wahrnehmungs- und Bewertungsmodi der Schüler abhängig sind. Solche „vorläufige" Bewertung der Person des Lehrers kann die Bewertung seiner Unterrichtsmethoden determinieren, wie natürlich auch umgekehrt durch Unterrichtserfahrung das Urteil über die Person des Lehrers modifiziert werden kann.

Wenn eine solche wechselseitige Abhängigkeit der beiden Variablen (Beurteilung der Person des Lehrers und seiner Unterrichtsmethoden) besteht, bedeutet das für die Praxis, daß wahrscheinlich eine innovative Strategie, die hofft, die Schüler durch veränderte Unterrichtsverfahren zu motivieren, nicht ausreicht, wenn der Lehrer sein Verhalten nur im Sinne einer neuen Lehrtechnik verändert. Seine Unterrichtsmethoden werden von den Schülern wahrscheinlich so lange unverändert bewertet werden, wie er nicht auch jene Züge seiner Persönlichkeit korrigiert, die eine eher ablehnende Beurteilung in emotionaler Hinsicht bedingen. Wenn man davon ausgeht, daß das Unterrichtsverhalten der Schüler und der Grad ihres Sich-wohl-fühlens auch von ihrer persönlichen Beziehung zum Lehrer abhängig ist, wird man diesem Gesichtspunkt größere Aufmerksamkeit schenken und prüfen müssen, ob mit Verfahren der Gruppendynamik, wie z. B. „Selbsterfahrungsgruppen" und „Sensitivity-Training" (vgl. Lutz/Ronellenfitsch 1971) Lehrer für diesen Aspekt ihrer Tätigkeit sensibilisiert werden können.

Wahldifferenzierter Unterricht kann den emotionalen Bedürfnissen der Schüler in dieser Hinsicht insofern entgegenkommen, als die Schüler diesen Aspekt bei ihrer Wahlentscheidung berücksichtigen und jenen Lehrer bevorzugen können, dem sie nach ihren subjektiven Maßstäben hohe emotionale Valenz zusprechen und von dem sie am ehesten eine Befriedigung ihrer emotionalen Bedürfnisse erwarten zu können glauben. Zumindest können sie jenen oder jene Lehrer „abwählen", die ihnen besonders unsympathisch sind und deren Unterrichtsmethoden ihnen am wenigsten zusagen. Es wird sich später zeigen, daß dieser Aspekt bei der Wahl der Schüler tatsächlich eine entscheidende Rolle spielt (vgl. Abschnitt 5.2).

2) Wenn die Schüler einen Lehrer sympathisch finden, glauben sie auch, daß er ihnen als Prüfer in der Reifeprüfung angenehm wäre.[32] Der Kausalzusammenhang besteht wahrscheinlich darin, daß die Schüler von einem Lehrer, zu dem sie in einer guten emotionalen Beziehung stehen, eher eine verständnisvolle, die Prüfungsangst mildernde Gestaltung der Reifeprüfung erwarten. Dem kann entgegengehalten werden, daß fast alle Schüler zwar noch keine Reifeprüfungserfahrung haben, aber die verschiedenen Lehrer bereits in Prüfungssituationen kennengelernt haben und daß dadurch ihre emotionale Beurteilung der Lehrer mit bestimmt sein dürfte. Die Reifeprüfung stellt aber diesen Prüfungserfahrungen gegenüber eine qualitativ veränderte Situation dar: Sie ist in der Regel einmalig und ihre Ergebnisse können kaum korrigiert werden. Man kann deshalb annehmen, daß die Schüler aufgrund guter emotionaler Beziehungen dazu neigen, einen Lehrer als angenehmen Prüfer einzuschätzen.

In diesem Zusammenhang ist darauf hinzuweisen, daß die Schüler nicht jene Lehrer als angenehme Prüfer für die Reifeprüfung ansehen, von denen sie erwarten, daß sie geringe Anforderungen stellen: Die Items 11 (Der Lehrer zensiert streng) und 33 (Der Lehrer verlangt hohen Arbeitsaufwand) korrelieren mit dem Faktor A nur gering und zum Teil negativ.[33] Dieses Ergebnis bedeutet, daß die Schüler ihr emotionales Verhältnis zum Lehrer generell unabhängig davon bestimmen, welche Anforderungen der Lehrer stellt bzw. wie milde er zensiert. Gute Prüfungsleistungen glauben die Schüler offenbar eher bei einem ihnen sympathischen als bei einem Lehrer erzielen zu können, der nach ihrer Einschätzung geringe Anforderungen stellt.

3) Die Schüler wollen einen Lehrer um so mehr „abwählen" (Item 30), je schlechter ihre emotionale Beziehung zu ihm ist. Für die Analyse der Wahlkriterien ist deshalb zu erwarten, daß die Schüler bei ihrer Wahlentscheidung vor allem jene Lehrer an letzter Stelle wählen, die ihren emotionalen Bedürfnissen am wenigsten entsprechen, ihnen persönlich wenig sympathisch sind und im Unterricht durch ihr didaktisches Verhalten wenig zur Mitarbeit anregen. Demgegenüber ist es den Schülern bei der „Abwahl" von Lehrern weniger wichtig, jenen Lehrern auszuwei-

[32] Die für diese Behauptung relevanten Items 4 und 34 korrelieren bei den sechs Arbeitsgruppen in folgender Weise:

Arbeitsgruppe	1	2	3	4	5	6
$r_{4/34}$	.63	.45	.56	.47	.57	.48

[33] Die Ladungen betragen im einzelnen:

Arbeitsgruppe	1	2	3	4	5
Item 11	−06	−21	01	−15	20
Item 33	26	10	13	02	09

chen, die nach ihrer Einschätzung hohe Anforderungen stellen. Dieses Ergebnis wird jedoch noch eingehend zu diskutieren sein (vgl. Abschnitt 5.2.3).

4) Bei einer guten emotionalen Beziehung zwischen Lehrer und Schüler neigen die Schüler dazu, sich mit dem Lehrer zu identifizieren: Der Lehrer imponiert ihnen stärker (Item 19) und ist ihnen eher ein Vorbild (Item 28). Die Lehrer können wahrscheinlich mit einer größeren Bereitschaft dieser Schüler rechnen, sich den Zielvorstellungen der Lehrer anzupassen und ihren inhaltlichen und normativen Leitvorstellungen zu folgen. Andererseits könnten diese stärkere Identifizierung der Schüler mit dem Lehrer und das bessere emotionale Verhältnis beider zueinander gerade Voraussetzungen dafür sein, daß Kritik aneinander weniger durch persönliche emotionale Animosität geprägt ist, sondern sich Formen rationaler, gleichberechtigter Kommunikation nähert. Dieser Zusammenhang sollte jedoch erst weiter erörtert werden, wenn erkennbar ist, wie sich die emotionale Beziehung im Unterricht konkret auswirkt oder verändert (vgl. Abschnitt 6.2).

Faktor B:

Bei allen sechs Arbeitsgruppen konnte ein Faktor identifiziert werden, dessen Anteil an der gemeinsamen Varianz aller Faktoren fast ebenso groß wie der des Faktors A ist (vgl. Tabelle 4.2–2). Dieser Faktor B wird durch die Items in Tabelle 4.2–4 gekennzeichnet.
Alle mit diesem Faktor deutlich korrelierenden Items (außer Item 21 und 9) betreffen das angebotene Thema. Es handelt sich also um einen Thema-Faktor. Die Schüler beurteilen die Themen danach, ob sie ihren persönlichen Neigungen entsprechen (Item 10) und ihr Interesse finden (Item 1). Dies scheint vor allem dann der Fall zu sein, wenn sie sich mit den Themen bereits einmal privat beschäftigt haben (Item 23).

Die Einschätzung der Themen ist jedoch offenbar nicht allein von der persönlichen, subjektiven Zuwendungsbereitschaft abhängig, sondern sie bezieht die Bedingungen, unter denen die Themen in der Schule behandelt werden, mit ein. So wird gefragt, ob das Thema sich für die Reifeprüfung eignet (Items 31), ob der Schüler die für die Mitarbeit im Unterricht erforderlichen Vorkenntnisse besitzt (Item 8) und geneigt ist, zu dem Thema ein Referat anzufertigen (Item 37), bzw. ob er vom Lehrer, der das Thema behandelt, erwartet, zu einer intensiveren Beschäftigung mit dem Thema angeregt zu werden (Item 36). Diesen Gesichtspunkten ist die Frage gemeinsam, ob das Thema den Schüler dazu anregt, die Leistungserwartungen der Schule bzw. der Lehrer zu

Tabelle 4.2–4: Ladungen der relevanten Items auf dem Faktor B

Item	Arbeitsgruppe 1	2	3	4	5	6	ā
10 Das Thema liegt mir	67*	53	73*	78*	81*	76*	71
23 Mit dem Thema habe ich mich bereits privat beschäftigt	79*	62*	(54)	69*	72*	75*	69
31 Über das Thema möchte ich im Abitur geprüft werden	72*	47	53	78*	62*	76*	65
35 Das Thema regt mich zur Diskussion an	57	(34)	75*	61	71*	85*	64
8 Für das Thema besitze ich die nötigen Vorkenntnisse	68*	71*	(50)	57	69*	64*	63
1 Das Thema interessiert mich	(51)	(29)	78*	60*	53	84*	60
37 Zu dem Thema möchte ich ein Referat verfassen	64*	(−01)	71*	58	69*	79*	57
12 Das Thema gehört zur Allgemeinbildung	(42)	(34)	56*	(27)	52	(48)	43
36 Der Lehrer regt mich zur zusätzlichen Beschäftigung mit dem Thema an	(44)	(20)	40	(33)	50	70*	43
16 Das Thema ist aktuell	(24)	(06)	61*	(09)	51	48	33
39 Das Thema ist bei den Schülern allgemein beliebt	(14)	(10)	(44)	(25)	45	(37)	29
41 Unter dem Thema kann ich mir nicht allzuviel vorstellen	−43	(−27)	(−05)	(−27)	(−22)	−49*	−29
14 Ein ähnliches Thema wurde bereits einmal behandelt	67*	59*	(−04)	(13)	(−03)	(19)	−25
6 Das Thema ist wichtig für meine Studien- und Berufspläne	(25)	(−05)	(18)	60*	(15)	38	25
21 Die Unterrichtsmethoden des Lehrers sagen mir zu	(17)	(13)	(31)	(18)	(13)	(51)	24
9 Ich kenne den Lehrer privat	(03)	57*	(03)	(02)	(16)	(−00)	14

erfüllen. Die Themen werden also nicht allein nach persönlichen Maßstäben eingeschätzt, sondern die Zuwendungsbereitschaft zu den Themen wird unter den Bedingungen des Lernens in der Schule gesehen. Die Themen erhalten dadurch eine stark instrumentelle Funktion: Die Beschäftigung mit ihnen findet ihren Zweck nicht vornehmlich in sich selbst, sondern sie hat zugleich, wenn nicht vor allem, eine Funktion im Leistungswettbewerb der Schule – und in einigen Fällen sogar darüber hinaus (vgl. Item 6) – zu erfüllen. Das Thema soll einerseits den subjektiven Neigungen und Interessen der Schüler entgegenkommen (Passung), aber zugleich die angedeuteten instrumentellen Funktionen erfüllen. Ich bezeichne deshalb diesen Faktor als

Faktor B: Instrumentelle Passung des Themas.

Diese Dimension ist bei zwei Arbeitsgruppen (3 und 5) deutlich und bei einer Arbeitsgruppe (6) tendenziell mit einer anderen Dimension, die später zu betrachten ist (Faktor E), verbunden: Die als instrumentell passend eingeschätzten Themen werden zugleich als aktuell (Item 16) und zur Allgemeinbildung gehörend (Item 12) bezeichnet. Dieser Zusammenhang ist bei den anderen Arbeitsgruppen nicht so deutlich ausgeprägt; hier bilden die genannten Items einen eigenen Faktor (E).

Insgesamt neigen die Schüler jedoch dazu, die Themen, mit denen sie sich in der Schule beschäftigen möchten, als objektiv relevant und wichtig einzuschätzen. Bei den Themen der Arbeitsgruppen 3 und 5 (Die politischen Parteien in Deutschland seit 1848) und der Arbeitsgruppe 6 (Texte zur Staats- und Gesellschaftstheorie) sehen sie diese Übereinstimmung recht deutlich. Diese Einschätzungstendenz deutet darauf hin, daß die Schüler sich mehr oder weniger verpflichtet fühlen, solche Themen interessant zu finden, die auch objektiv wichtig sind. Denn der korrelative Zusammenhang zwischen den beiden Gesichtspunkten bedeutet nicht nur, daß subjektiv interessierende Themen zugleich für objektiv wichtig gehalten werden, sondern auch, daß Schüler, die ein Thema als weniger instrumentell passend einschätzen, zugleich die objektive Bedeutung des Themas gering bewerten. Dieser Wahrnehmungstendenz kann die Einstellung zugrunde liegen, daß die Wahl der Themen sich nicht an subjektiven Lernbedürfnissen orientieren dürfe, bzw. daß diese Orientierung nur dann zulässig sei, wenn die Lernbedürfnisse objektiven Erfordernissen entsprechen. Bei der Analyse der Wahlkriterien (vgl. Abschnitt 5.2.3) werde ich diesen Zusammenhang ausführlich erörtern.

Faktor C.

Alle folgenden Faktoren klären einen wesentlich geringeren Anteil an der gemeinsamen Varianz aller Faktoren auf (vgl. Tabelle 4.2–2).

Der dritte zu interpretierende Faktor tritt nur bei vier Arbeitsgruppen eindeutig auf. Bei der Arbeitsgruppe 6 korrelieren die relevanten Items mit zwei verschiedenen Faktoren. Diese sind für sich nicht interpretierbar, aber sie sind durch das Item 11 miteinander verbunden, das auf beiden Faktoren in gleicher Höhe ($a = .49$) lädt. Mit Vorbehalt dürfen deshalb diese Faktoren in die Interpretation des Faktors C einbezogen werden. In der folgenden Tabelle sind die Ladungen beider Faktoren aufgeführt. Bei der Berechnung von $\bar{a}$ wurde die jeweils höhere Ladung berücksichtigt.

Tabelle 4.2–5: Ladungen der relevanten Items auf dem Faktor C

Item	Arbeitsgruppe 1	2	3	4	5	6	ā
18 Die Arbeitsgruppe ist für schwache Schüler besonders günstig	–	–67*	–63*	–76*	–69*	–69* (12)	–69
33 Der Lehrer verlangt hohen Arbeitsaufwand	D	59	73*	69*	74*	(06) 61*	67
11 Der Lehrer zensiert streng	E	68*	68*	58*	48	49 49	58
29 Der Lehrer verlangt regelmäßige Teilnahme am Unterricht	–	58*	42	55*	70*	(03) 43*	54
3 Ich muß für das Thema viel arbeiten	D*	(46)	(23)	66*	(33)	44 (09)	42
38 Der Lehrer regt mich zur Mitarbeit an	A*	(00)	54	(46)	(24)	(31) (20)	31
40 Der Lehrer erklärt gut	A*	(10)	52	55*	(30)	(–04) (03)	29
17 Der Lehrer macht sein Fach interessant	A*	(04)	44	58*	(11)	(07) (06)	25
27 Das Thema ist originell	E*	–50	(–00)	(19)	(10)	(14) (–13)	–03

Den ersten vier in der Tabelle aufgeführten Items ist gemeinsam, daß nicht von subjektiven Maßstäben der Schüler gesprochen wird. Nur bei den Items 3 und 38 ist die Einschätzung ausdrücklich auf den einzelnen Schüler bezogen. Unter dieser Dimension werden die Lehrer also eher distanziert danach eingeschätzt, welchen Arbeitsaufwand sie in der Regel verlangen (Item 33), wie streng sie zensieren (Item 11) und wie energisch sie auf der regelmäßigen Teilnahme am Unterricht bestehen bzw. wie sie das Versäumen des Unterrichts bewerten (Item 29). Nach der Höhe der Ladungen wird diese Dimension am deutlichsten negativ charakterisiert: Die Schüler schätzen ab, welche der Arbeitsgruppen für schwächere Schüler eher zu empfehlen sind und welche nicht (Item 18). Inhaltlich ist diese Dimension jedoch besser durch die Mehrzahl der in gleicher (positiver) Richtung ladenden Items zu bestimmen. Die Lehrer werden miteinander verglichen unter der Frage, wie hohe Anforderungen sie an die Schüler stellen. Diese Dimension bezeichne ich deshalb als

Faktor C: Anforderungsniveau des Lehrers.

Auch wenn subjektive Maßstäbe in den relevanten Items nicht ausdrücklich hervorgehoben wurden, kann man nicht annehmen, daß die Schüler hier objektivierte Aussagen getroffen haben. Schon die Tatsache, daß überhaupt ein Faktor statistisch errechnet werden konnte, weist darauf hin, daß die Schüler sich in der Einschätzung des Anforderungsniveaus der einzelnen Lehrer voneinander unterscheiden. Subjektive Unterschiede in der Fähigkeit, dem Anforderungsniveau eines Lehrers zu entsprechen, dürften bei der scheinbar objektiven Einschätzung eine Rolle gespielt haben.

Deutlich ist hier ein Zusammenhang erkennbar, der mir problematisch erscheint. Die Schüler halten eine Arbeitsgruppe um so eher als für schwache Schüler besonders geeignet (Item 18), je niedriger sie das Anforderungsniveau des Lehrers einschätzen. Dieser Zusammenhang ist einsichtig, aber er macht zugleich ein prinzipielles, strukturelles Merkmal des Unterrichts deutlich, nämlich, daß Schüler mit vergleichsweise schlechten Leistungen in diesem Schulsystem ihre Chance fast allein und vor allem darin finden können, daß sie an einen Lehrer geraten, der vergleichsweise geringe Anforderungen stellt und gute Noten gibt. Ihre Chance besteht also im Ausweichen vor den Anforderungen der Schule und darin, daß sie versuchen, in der Rangordnung, die der Auslese (s. Numerus clausus) zugrunde liegt, eine gute Position zu erhalten. Auf eine besondere Förderung durch ein anregendes Thema oder einen didaktisch geschickten Lehrer können diese Schüler offenbar auch in wahldifferenziertem Unterricht nicht hoffen. – Verhalten und Schicksal dieser Schüler sollen an späterer Stelle noch eingehend analysiert werden (vgl. Abschnitt 7.5.3).

Faktor D:

Obgleich er bei allen sechs Arbeitsgruppen identifiziert werden konnte, ist der Prozentanteil des vierten zu interpretierenden Faktors an der gemeinsamen Varianz aller Faktoren relativ gering (vgl. Tabelle 4.2–2).

Dieser Faktor ist (außer bei der Arbeitsgruppe 5) durch zwei Items deutlich gekennzeichnet: Die Schüler schätzen die Arbeitsgruppen danach ein, in welchem Maße sie sich selbst in ihren eigenen Fähigkeiten von den angebotenen Themen (Item 20) und/oder von den Lehrern (Item 15), die diese Themen behandeln werden, überfordert fühlen.[34] An-

[34] Bei der Arbeitsgruppe 5 laden auf dem Faktor D eindeutig nur Thema-Items. Das Item 15 (Der Lehrer überfordert meine Fähigkeiten) lädt zusammen mit anderen Items (5, 13, 19 und 9) am höchsten auf einem Faktor dieser Arbeitsgruppe, der nicht interpretiert werden kann.

Tabelle 4.2.–6: Ladungen der relevanten Items auf dem Faktor D

Item	Arbeitsgruppen 1	2	3	4	5	6	ā
20 Das Thema überfordert meine Fähigkeiten	65*	69*	77*	64*	56*	69*	67
15 Der Lehrer überfordert meine Fähigkeiten	63*	72*	64*	68*	(25)	69*	60
3 Ich muß für das Thema viel arbeiten	59*	50	(27)	(27)	58*	(11)	39
41 Unter dem Thema kann ich mir nicht allzuviel vorstellen	(31)	36	35	58*	53*	(–06)	35
19 Der Lehrer imponiert mir	(13)	(27)	(49)	(31)	(08)	52	30
28 Der Lehrer ist mir ein Vorbild	(04)	(33)	53	(26)	(13)	42	29
27 Das Thema ist originell	(–14)	(22)	51	(19)	(14)	49*	24
33 Der Lehrer verlangt hohen Arbeitsaufwand	51	(25)	(–08)	(35)	(12)	(18)	22
12 Das Thema gehört zur Allgemeinbildung	(22)	(–02)	(15)	(–04)	(41)	53	21
26 Ich komme mit dem Lehrer gut aus	(–08)	(–13)	(–07)	(–50)	(–28)	(05)	–17
2 Ich kenne den Lehrer aus früherem Unterricht	(02)	(12)	(10)	56*	(07)	(–19)	11

hand dieser beiden Items kann dieser Faktor bezeichnet werden als

Faktor D: Subjektive Überforderung.

Der Zusammenhang zwischen diesen beiden Gesichtspunkten[35] kann so verstanden werden, daß die Schwierigkeit eines Themas nach Meinung der Schüler weitgehend davon abhängig ist, mit welchem Anspruch der Lehrer dieses Thema behandelt. Zwar könnte auch die Erwartung, vom Lehrer überfordert zu werden, von der antizipierten Schwierigkeit des Themas abhängig sein. Die Schüler wissen aber wahrscheinlich genauer, welche Anforderungen ein Lehrer im Unterricht zu stellen pflegt und wie weit sie selbst diesen Anforderungen gewachsen sind, als daß sie sicher abschätzen können, welche Schwierigkeiten ihnen die Beschäftigung mit einem bestimmten Thema bereiten wird. Zwar kann auch das Anforderungsniveau eines Lehrers mit dem jeweils zu behandeln-

[35] Der Zusammenhang ist auch an den Korrelationen der Items 20 und 15 ablesbar, die alle mindestens auf dem 1%-Niveau signifikant sind:

Arbeitsgruppe	1	2	3	4	5	6
$r_{20/15}$	.42	.52	.54	.40	.35	.75

den Thema variieren, man kann aber wohl trotzdem davon ausgehen, daß dasselbe Thema von verschiedenen Lehrern unterschiedlich anspruchsvoll behandelt wird und daß die Schüler folglich die Schwierigkeit eines angebotenen Themas eher nach dem Anforderungsniveau des jeweiligen Lehrers einschätzen.

Allerdings werden diese Anforderungen nach subjektiven Maßstäben eingeschätzt, nämlich inwieweit die eigenen, persönlichen Fähigkeiten überfordert werden. Hierin besteht gerade der Unterschied zum Faktor C: Wurde dort der Lehrer danach beurteilt, welchen Umfang an Arbeitsaufwand er generell von allen Schülern verlangt, wie streng er in der Regel zensiert und wie wichtig ihm die regelmäßige Unterrichtsteilsnahme aller Schüler ist, so schätzt der Schüler auf der Dimension des Faktors D ein, inwieweit der Lehrer und/oder das Thema seine eigenen, spezifischen Fähigkeiten überfordern.

Mit dem Faktor D korrelieren zwei Items positiv, die auch bei der Einschätzung der emotionalen Beziehung zum Lehrer (Faktor A) eine Rolle spielen: Bei guter emotionaler Beziehung zum Lehrer neigen die Schüler dazu, sich mit dem Lehrer zu identifizieren. Eine ähnliche Tendenz besteht beim Faktor D: Schüler, die sich vom Lehrer und/oder vom Thema stärker überfordert fühlen, empfinden diesen Lehrer auch stärker als Vorbild (Item 28) und sind von ihm stärker beeindruckt (Item 19). Der Tendenz nach richtet sich also eine Identifikation mit dem Lehrer auf dessen Überlegenheit im Leistungsbereich. Der Lehrer wird unter dieser Dimension in starkem Maße als jemand angesehen, der dem Schüler gegenüber einen starken Leistungsvorsprung hat, den der Schüler einholen muß.

Faktor E:

Der folgende Faktor konnte nur bei drei Arbeitsgruppen beobachtet werden.

Tabelle 4.2–7: Ladungen der relevanten Items auf dem Faktor E

Item	Arbeitsgruppe 1	2	3	4	5	6	ā
16 Das Thema ist aktuell	69*	72*	B*	56*	B	B	66
39 Das Thema ist bei den Schülern allgemein beliebt	75*	55*	J	59*	B	H	63
12 Das Thema gehört zur Allgemeinbildung	55	63*	B*	70*	B	D	63
1 Das Thema interessiert mich	52	(07)	B*	(18)	A+B	B*	26
11 Der Lehrer zensiert streng	−53	(06)	C*	(08)	C	C	−12

Dieser Faktor wird nur durch drei Items deutlich gekennzeichnet und tritt nur bei den Arbeitsgruppen 1, 2 und 4 auf. Bei den anderen Arbeitsgruppen laden die Items 16, 39 und 12 vor allem auf dem Faktor B (Instrumentelle Passung des Themas), allerdings nicht sehr deutlich und vor allem in Verbindung mit einer Reihe weiterer Items (vgl. Tabelle 4.2–4). Von einer besonderen Dimension muß hier jedoch vor allem deshalb gesprochen werden, weil bei den Arbeitsgruppen 1, 2 und 4 sowohl der Faktor B als auch der hier zu interpretierende Faktor E gemeinsam auftreten.

Es handelt sich wiederum um einen Thema-Faktor, aber ähnlich wie beim Faktor C (Anforderungsniveau des Lehrers) wird in den relevanten Items nicht von subjektiven Maßstäben gesprochen. Das Thema wird nach allgemeinen, außerhalb des einzelnen Schülers liegenden Kriterien eingeschätzt. Der Stellenwert des Themas in der aktuellen Diskussion (Item 16), der Zuspruch, den das Thema bei den Mitschülern findet, (Item 39) und die Bedeutung des Themas im Kanon der „Allgemeinbildung" (Item 12) werden bestimmt. Nicht das subjektive Interesse des Schülers am Thema, sondern die Relevanz, die das Thema objektiv, d. h. auch ohne die aktuelle Zuwendungsbereitschaft des Schülers, hat, wird eingeschätzt. Diese Dimension kann bezeichnet werden als

Faktor E: Objektive Relevanz des Themas.

Die Einschätzung dessen, was hier als objektive Relevanz bezeichnet wird, kann zwei verschiedenen Einflüssen unterliegen. Auf der einen Seite werden die Schüler einem Thema um so mehr objektive Relevanz zusprechen, je größer ihre subjektive Wertschätzung des Themas ist. Auf der anderen Seite wird die Einschätzung sozialpsychologisch beeinflußt sein durch die Gespräche und Diskussionen, die die Schüler mit anderen über die Themen geführt haben. Auf diesen Zusammenhang weist insbesondere das Item 39 (Das Thema ist bei den Schülern allgemein beliebt) hin, das auf dem Faktor E ebenfalls hoch lädt.

Faktor F:

Dieser Faktor tritt nur bei zwei Arbeitsgruppen auf.[36]

[36] Dieser Faktor ist dem Faktor A (Emotionale Beziehung zum Lehrer) sehr ähnlich. Eine Reihe von Items korreliert bei den anderen Arbeitsgruppen deutlich mit jenem Faktor. Dennoch muß es sich hier um eine eigenständige Dimension handeln, denn der Faktor A tritt bei der Arbeitsgruppe 5 neben dem – hier zu interpretierenden – Faktor F auf, und bei der Arbeitsgruppe 6 teilen sich die Items, die sonst den Faktor A kennzeichnen, auf die Faktoren F und H auf, wobei keiner dieser beiden Faktoren allein als Faktor A bestimmt werden könnte.

Tabelle 4.2–8: Ladungen der relevanten Items auf dem Faktor F

Item		Arbeitsgruppe 1	2	3	4	5	6	ā
32	Ich bin dem Lehrer sympathisch	–	A*	A*	A*	63*	65*	64
2	Ich kenne den Lehrer aus früherem Unterricht	G*	–E	G*	–D*	47*	75*	61
26	Ich komme mit dem Lehrer gut aus	A*	A*	A*	A	60*	60	60
14	Ein ähnliches Thema wurde bereits einmal behandelt	B*	B*	–	–	(40)	72*	56
25	Die Schüler, die mit mir in der 11. Klasse waren, werden diese Arbeitsgruppe vor allem wählen	A*	E	J	–	62*	46	54
7	Meine Freunde würden in dieser Arbeitsgruppe gern mitarbeiten	A	B	J*	A	39	61*	50
22	Der Lehrer ist bei den Schülern allgemein beliebt	A*	A	J*	A*	54	45	50
4	Der Lehrer ist mir sympathisch	A*	A*	A*	A*	(24)	56*	40
9	Ich kenne den Lehrer privat	G*	B*	G*	A*	(16)	64*	40
8	Für das Thema besitze ich die nötigen Vorkenntnisse	B*	B*	(B)	B	(11)	(54)	33
34	Der Lehrer wäre mir als Prüfer im Abitur angenehm	A*	A	A*	A*	(00)	63*	32

Bei diesem Faktor wird in den Items 32 (Ich bin dem Lehrer sympathisch) und 26 (Ich komme mit dem Lehrer gut aus) das emotionale Verhältnis des Schülers zum Lehrer angesprochen. Anders jedoch als beim Faktor A, bei dem der Schüler den Lehrer und sein Unterrichtsverhalten unter emotional-affektiven Gesichtspunkten einschätzt, richtet der Schüler beim Faktor F sein Augenmerk vor allem darauf, wie er selbst unter diesen Gesichtspunkten vom Lehrer eingeschätzt wird (Item 32) und welchen Einfluß diese Einschätzung auf das Verhältnis zwischen dem Lehrer und ihm selbst haben wird (Item 26). Wie gut er mit dem Lehrer „auskommen“ wird, kann ein Schüler um so sicherer antizipieren, je besser er den Lehrer aus früherem Unterricht kennt (Item 2) und je häufiger er mit ihm auch außerhalb des Unterrichts Kontakt hat (Item 9). Ebenso erwartet er von einem Lehrer, den er als bei seinen Mitschülern allgemein beliebt einschätzt (Item 22), daß auch er selbst zu ihm gute Beziehungen haben könnte.

Die Einschätzung der Arbeitsgruppe zielt unter dieser Dimension jedoch nicht allein auf den Lehrer. Die Schüler fragen auch danach, ob ihre Freunde (Item 7) und ihre Mitschüler aus der 11. Klasse (Item 25) in der gleichen Arbeitsgruppe sein werden, ob sie also mit Schülern zusammenkommen werden, die sie besser kennen als die Mehrzahl der

Primaner. Außerdem spielt es eine Rolle, wie gut die Schüler mit dem Thema der Arbeitsgruppe vertraut sind, ob sie mit dem Thema bereits einmal im Unterricht konfrontiert worden sind (Item 14) und die erforderlichen Vorkenntnisse zu besitzen glauben (Item 8). Das Gemeinsame dieser Gesichtspunkte besteht darin, daß die Schüler abschätzen, wie gut die zukünftige Lernsituation hinsichtlich der Beziehungen zum Lehrer, zu den Mitschülern und zum Thema bereits durch frühere Unterrichtserfahrungen vorstrukturiert ist.

Diese Dimension weist darauf hin, daß Wahldifferenzierung den Schülern einerseits immer wieder die Chance gibt, sich an anderen Lehrern und neuen Themen zu orientieren, daß damit aber zugleich immer ein Risiko verbunden ist: Der Schüler weiß nicht, wie er mit dem neuen Lehrer „auskommen" wird, ob er das Thema bewältigen kann und mit welchen Schülern er zusammen lernen muß. Die gewohnte Lernsituation wird sich in jedem Fall verändern, und der Schüler weiß nicht, ob diese Veränderung zu seinem eigenen Vorteil ausfallen wird. Diese Unsicherheit reduziert sich, wenn das Verhältnis des Schülers zum Lehrer gut, das Thema ihm vertraut und die voraussichtliche Zusammensetzung der Arbeitsgruppe ihm bekannt ist. In dieser Dimension drückt sich ein Bedürfnis aus, die genannten Unsicherheitsfaktoren dadurch zu reduzieren, daß sich die Lernsituation in Hinsicht auf den Lehrer, das Thema und die Mitschüler möglichst wenig wandelt. Diese Dimension kann deshalb bezeichnet werden als

Faktor F: Kontinuität der Lernsituation.

Faktor G:

Dieser Faktor wird allein, aber eindeutig von zwei Items gekennzeichnet. Er tritt als unabhängige Dimension jedoch nur bei zwei Arbeitsgruppen auf.

Tabelle 4.2–9: Ladungen der relevanten Items auf dem Faktor G

Item	Arbeitsgruppe 1	2	3	4	5	6	ā
2 Ich kenne den Lehrer aus früherem Unterricht	77*	–E	75*	–D*	F*	F*	76
9 Ich kenne den Lehrer privat	69*	B*	66*	A*	–	F*	68

Die Ladungen aller anderen Items auf diesem Faktor sind kleiner als a = .40.

Die Interpretation dieses Faktors ist relativ einfach: Die Schüler schätzen ein, wie gut sie die einzelnen Lehrer aus früherem Unterricht (Item 2) und/oder aus außerschulischen, privaten Kontakten (Item 9) kennen. Der Faktor kann bezeichnet werden als

Faktor G: Bekanntheit des Lehrers.

Gemeint ist nicht, wie bekannt der Lehrer allgemein oder gar in der Öffentlichkeit ist, sondern wie gut der einzelne Schüler den Lehrer kennt. Die Bekanntheit aus früherem Unterricht ist dabei wahrscheinlich von Zufällen der Unterrichtsorganisation in den bereits durchlaufenen Schuljahren und davon abhängig, wie lange ein Lehrer bereits an der Halepaghenschule unterrichtet. Private Kontakte haben die Schüler – wenn überhaupt (vgl. Abschnitt 4.3) – vor allem zu Lehrern, an deren Unterricht sie teilnehmen bzw. teilgenommen haben.[37]

Faktor H:

Dieser und die beiden folgenden Faktoren (I und J) treten nur noch bei einer Arbeitsgruppe auf. Sie werden jedoch durch Items mit hohen und eindeutigen Ladungen gekennzeichnet (vgl. Tabelle 4.2–10).

Es handelt sich bei diesem Faktor um einen Teilaspekt des Faktors A (Emotionale Beziehung zum Lehrer). Der emotionale Gesichtspunkt ist hier jedoch weitgehend ausgespart und lädt auf dem Faktor F (Kontinuität der Lernsituation).

Hier ist die Beurteilung des Lehrers auf seine Unterrichtsgestaltung beschränkt. Es wird gefragt, wie gut er den Unterrichtsstoff strukturieren und vermitteln kann (Item 40) und ob er dabei das Interesse der Schüler am Fach weckt (Item 17). Die Schüler, die dem Lehrer diese Fähigkeiten zusprechen, führen diese vor allem auf die spezifischen Unterrichtsmethoden des Lehrers zurück (Item 21). Die in diesem Faktor angesprochene

[37] Dieser Zusammenhang besteht bei allen Arbeitsgruppen, ist aber unterschiedlich stark. Die Items 2 und 9 korrelieren bei den einzelnen Arbeitsgruppen in folgender Höhe:

Arbeitsgruppe	1	2	3	4	5	6
$r_{2/9}$	.62	.40	.44	.32	.23	.53

Eine geringe Korrelation kann entweder dadurch bedingt sein, daß der Lehrer zu allen Schülern geringen privaten Kontakt hat oder daß er seine außerschulischen Kontakte nicht auf die Schüler beschränkt, die an seinem Unterricht teilnehmen. Eine hohe Korrelation hingegen (wie bei den Arbeitsgruppen 1 und 6) läßt darauf schließen, daß die Lehrer mit vielen Schülern ihrer Klasse bzw. Arbeitsgruppen auch außerhalb des Unterrichts zusammenkommen.

Tabelle 4.2–10: Ladungen der relevanten Items auf dem Faktor H

Item	Arbeitsgruppe 1	2	3	4	5	6
40 Der Lehrer erklärt gut	A*	A*	C	C	A*	84*
17 Der Lehrer macht sein Fach interessant	A*	A*	C	C*	A*	73*
24 Der Lehrer ist gerecht	A	A*	A*	–	A*	62*
21 Die Unterrichtsmethoden des Lehrers sagen mir zu	A*	A*	A*	A*	A*	57
30 Diesen Lehrer möchte ich abwählen	–A*	–A*	–A	–A	–A*	–53
26 Ich komme mit dem Lehrer gut aus	A*	A*	A*	A	F*	(49)
13 Der Lehrer ist in seinem Fach ein Fachmann	–	A	A*	–	–	47
39 Das Thema ist bei den Schülern allgemein beliebt	E*	E*	J	E*	E*	46
22 Der Lehrer ist bei den Schülern allgemein beliebt	A*	A	J*	A*	F	(42)

Dimension der Einschätzung kann bezeichnet werden als

Faktor H: Didaktische Kompetenz des Lehrers.

Faktor I:

Mit diesem Faktor korrelieren die folgenden Items:

Tabelle 4.2–11: Ladungen der relevanten Items auf dem Faktor I

Item	Arbeitsgruppe 1	2	3	4	5	6
37 Zu dem Thema möchte ich ein Referat verfassen	B*	71*	B*	B	B*	B*
35 Das Thema regt mich zur Diskussion an	B	60*	B*	B	B*	B*
6 Das Thema ist wichtig für meine Studien- und Berufspläne	A	47*	–	B*	–	B
1 Das Thema interessiert mich	–E	44	B*	B*	A+B	B*

Dieser Faktor umfaßt einen Teilaspekt des Faktors B (Instrumentelle Passung des Themas), tritt aber nur bei der Arbeitsgruppe 2 auf.

Für die Interpretation des Faktors I empfiehlt es sich deshalb, den Faktor B bei der Arbeitsgruppe 2 noch einmal gesondert zu betrachten. Er wird durch die folgenden Items eindeutig gekennzeichnet (vgl. auch Tabelle 4.2–4):

Item		a
8	Für das Thema besitze ich die nötigen Vorkenntnisse	71*
23	Mit dem Thema habe ich mich bereits privat beschäftigt	62*
14	Ein ähnliches Thema wurde bereits einmal behandelt	59*
9	Ich kenne den Lehrer privat	57*

Diese Items korrelieren mit dem Faktor I sehr niedrig. Zwischen den Faktoren B und I besteht also kein bedeutender Zusammenhang. Worin besteht der Unterschied zwischen beiden Faktoren? – Beim Faktor B der Arbeitgruppe 2 schätzen die Schüler ein, wie weit sie selbst eine hinreichende Kompetenz zum Thema mitbringen und mit diesem bereits – aus privater Beschäftigung oder früherem Unterricht – vertraut sind.[38] Unabhängig davon – nämlich auf einem anderen Faktor – schätzen die Schüler das Thema dieser Arbeitsgruppe auch danach ein, wie sehr sie bereit sind, sich mit dem Thema persönlich intensiv zu beschäftigen (Item 37) und in der Gruppe darüber zu diskutieren (Item 35). Diese Bereitschaft zum Engagement ist weitgehend dadurch motiviert, daß das Thema als wichtig für die eigenen Studien- und Berufsabsichten angesehen wird (Item 6).

Wenn man bedenkt, daß das Thema der Arbeitsgruppe 2 ,,Die Sowjetunion'' sein soll (vgl. Abschnitt 4.1), wobei die Entwicklung vom Zarenreich über die Oktoberrevolution von 1917 bis zur Gegenwart verfolgt werden soll, dann darf man angesichts des starken Interesses vieler Schüler an der ideologischen Auseinandersetzung mit dem Kommunismus annehmen, daß sich in dieser Dimension ein Interesse artikuliert, das sich mit dem genannten Thema auch ohne schulische Leistungszwänge auseinandersetzen möchte. Das Thema selbst motiviert zu intensiver Mitarbeit, auch wenn das Thema dem Schüler bisher noch nicht vertraut ist und ihm die erforderlichen Vorkenntnisse noch fehlen. – Diese Dimension kann bezeichnet werden als

Faktor I: Interesse am Thema.

[38] Daß auch Item 9 mit diesem Faktor korreliert, darf als zufällig verstanden werden, weil bei allen anderen Arbeitsgruppen die Ladungen dieses Items auf dem Faktor B minimal sind (vgl. Tabelle 4.2–4; $\bar{a}$ = .14).

Die instrumentelle Funktion des Themas fehlt jedoch auch hier nicht völlig. Die folgenden Items korrelieren nämlich ebenfalls hoch – wenngleich mit anderen Faktoren meist noch höher – mit dem Faktor I:

Item	a
31 Über das Thema möchte ich im Abitur geprüft werden	(46)
34 Der Lehrer wäre mir als Prüfer im Abitur angenehm	(43)
38 Der Lehrer regt mich zur Mitarbeit an	(42)
10 Das Thema liegt mir	(41)
36 Der Lehrer regt mich zur zusätzlichen Beschäftigung mit dem Thema an	39

Auch hier kann das Interesse am Thema sich nicht ohne Rücksicht auf die formalen Leistungsanforderungen der Lernsituation – insbesondere den Zwang, eine Reifeprüfung abzulegen – entfalten.

Faktor J:

Dieser Faktor ist der letzte der interpretierbaren zehn Faktoren.

Tabelle 4.2–12: Ladungen der relevanten Items auf dem Faktor J

Item	Arbeitsgruppe 1	2	3	4	5	6
7 Meine Freunde würden in dieser Arbeitsgruppe gern mitarbeiten	A	B	70*	A	F	F*
22 Der Lehrer ist bei den Schülern allgemein beliebt	A*	A	66*	A*	F	F
25 Die Schüler, die mit mir zusammen in der 11. Klasse waren, werden diese Arbeitsgruppe vor allem wählen	A*	E	52	–	F*	F
39 Das Thema ist bei den Schülern allgemein beliebt	E*	E*	50	E*	B	H

Die Ladungen aller anderen Items sind kleiner als a = .39.

Welche Bedeutung hat dieser Faktor? – Es handelt sich wieder – wie bei den Faktoren C (Anforderungsniveau des Lehrers) und E (Objektive Relevanz des Themas) – um eine Einschätzung, in die subjektive Maßstäbe nicht ausdrücklich einbezogen werden. Die Arbeitsgruppe wird danach eingeschätzt, wie Thema und Lehrer von den Mitschülern allgemein (Item 22 und 39) bzw. von den eigenen Freunden (Item 7) und den früheren Mitschülern in der 11. Klasse beurteilt werden und deren Wahlverhalten beeinflussen.

Auf den ersten Blick drängt sich die Vermutung auf, daß die Schüler versuchen, die Zusammensetzung der Gruppe zu antizipieren, um ihre eigene Wahlentscheidung vielleicht so zu treffen, daß sie mit ihren Freunden in einer Gruppe zusammen sein können. Ehe weitere Überlegungen hierzu angestellt werden, möchte ich ein späteres Ergebnis (vgl. Abschnitt 5.1.1) vorwegnehmen, das die Bedeutung dieses Faktors verständlich machen kann. Die Arbeitsgruppe 3, bei der dieser Faktor allein als eigene Dimension auftritt, ist nämlich von verhältnismäßig vielen Schülern (26 von 110) an erster Stelle gewählt worden. Nach Gesprächen über die Wahl der Arbeitsgruppen dürfte dieses Ergebnis vielen Schülern bereits vor der Auszählung der Wahlzettel deutlich erkennbar gewesen sein, was sich in einer tendenziell gleichen Einschätzung der vier relevanten Items ausgewirkt hat.[39]

Kann mit Rücksicht auf diese Überlegungen der Faktor J als eine Dimension der Einschätzung des Wahlangebots verstanden werden? Oder handelt es sich eher um ein sozialpsychologisch bedingtes Artefakt, das aus der Kommunikation zwischen den Schülern resultiert? – Andererseits kann das Wahlverhalten der Schüler durch das Wissen um das voraussichtliche Wahlverhalten ihrer Mitschüler beeinflußt werden, wenn z. B. ein Schüler mehr oder weniger bewußt Wert darauf legt, in einer kleinen Gruppe intensiv zu arbeiten oder ein anderer in einer größeren Gruppe auf eine breitere Verteilung der notwendigen Arbeit (Referate, Protokolle etc.) hofft. Das voraussichtliche Wahlverhalten der Mitschüler und damit die voraussichtliche Zusammensetzung der Arbeitsgruppen sowohl nach der Zahl (Item 22 und 39) als auch nach der persönlichen Bekanntheit (Item 7 und 25) der Schüler kann deshalb durchaus eine relevante Dimension der Einschätzung des Wahlangebots sein. Ich bezeichne diese Dimension als

Faktor J: Zusammensetzung der Gruppe.

Fünf von insgesamt 38 rotierten Faktoren können nicht interpretiert werden, da sie entweder den im Abschnitt 3.3.4 definierten formalen Kriterien

[39] Die Varianz in diesen Daten – ohne die kein Faktor hätte errechnet werden können – kann damit erklärt werden, daß die Schüler unterschiedlich intensiv mit ihren Mitschülern über die Wahl allgemein oder im Fach Gemeinschaftskunde besonders gesprochen haben und über die Einschätzung der Arbeitsgruppen bzw. die Wahlabsichten der anderen Schüler unterschiedlich gut informiert waren.

nicht genügen oder weil die mit einem Faktor hoch korrelierenden Items inhaltlich widersprüchlich sind. Es handelt sich um folgende Faktoren:[40]

Faktor 1/V:

Item	a
13 Der Lehrer ist in seinem Fach ein Fachmann	60
18 Die Arbeitsgruppe ist für schwache Schüler besonders günstig	−55*
32 Ich bin dem Lehrer sympathisch	43
29 Der Lehrer verlangt regelmäßige Teilnahme am Unterricht	38

Nach den Items 18 und 29 könnte dieser Faktor evtl. als Faktor C (Anforderungsniveau des Lehrers) verstanden werden.

Faktor 3/VI:

Item	a
14 Ein ähnliches Thema wurde bereits einmal behandelt	63*
23 Mit dem Thema habe ich mich bereits privat beschäftigt	55
3 Ich muß für das Thema viel arbeiten	−53
8 Für das Thema besitze ich die nötigen Vorkenntnisse	53

Hier wird die eigene Kompetenz für die Behandlung des Themas eingeschätzt, ein Gesichtspunkt, der auch beim Faktor B (Instrumentelle Passung des Themas) eine Rolle spielt.

Faktor 4/V:

Item	a
14 Ein ähnliches Thema wurde bereits einmal behandelt	72*
13 Der Lehrer ist in seinem Fach ein Fachmann	58*
24 Der Lehrer ist gerecht	50*
25 Die Schüler, die mit mir zusammen in der 11. Klasse waren, werden diese Arbeitsgruppe vor allem wählen	45

[40] Die Ziffer vor dem Schrägstrich bezeichnet die Arbeitsgruppe, die römische Ziffer entspricht der Nummer des Faktors nach der Rotation. Es werden alle Items aufgeführt, die mit dem jeweiligen Faktor am höchsten korrelieren.

Formal betrachtet dürfte dieser Faktor interpretiert werden, denn drei Items korrelieren eindeutig mit ihm. Die Items 13 und 24 verweisen auf den Faktor H (Didaktische Kompetenz des Lehrers), aber der Zusammenhang dieses Gesichtspunktes mit der Frage, ob das Thema bereits einmal im Unterricht behandelt worden ist (Item 14), bleibt m. E. unverständlich.

Faktor 5/IV:

Item		a
28	Der Lehrer ist mir ein Vorbild	69*
27	Das Thema ist originell	58*
6	Das Thema ist wichtig für meine Studien- und Berufspläne	50*
14	Ein ähnliches Thema wurde bereits einmal behandelt	43

Auch dieser Faktor dürfte nach formalen Kriterien interpretiert werden. Die einzelnen Gesichtspunkte erscheinen mir jedoch als zu verschiedenartig, um sie bündig als eine übergeordnete Dimension verstehen zu können.

Faktor 5/VII;

Item		a
5	Der Lehrer hat Einfluß im Kollegium	58*
13	Der Lehrer ist in seinem Fach ein Fachmann	55
19	Der Lehrer imponiert mir	52
15	Der Lenrer überfordert meine Fähigkeiten	45
9	Ich kenne den Lehrer privat	38

Dieser Faktor könnte inhaltlich interpretiert werden. Es handelt sich um eine Einschätzung des Lehrers, dessen fachliche Kompetenz (Item 13) und Stellung in der formellen oder informellen Hierarchie der Lehrerschaft (Item 5) Gegenstand der Identifikation des Schülers sind.

Zusammenfassung: Dimensionen der Beurteilung des Wahlangebots durch die Schüler

Ziel dieses Abschnitts war es, jene umfassenderen Gesichtspunkte

(Dimensionen) zu analysieren, unter denen die Schüler das Wahlangebot des Faches Gemeinschaftskunde einschätzen. Diese Analyse beruht auf den Daten des Fragebogens zur Wahl der Arbeitsgruppen (Wahlfragebogen – vgl. Abschnitt 3.2), in dem die Schüler (N = 73) anhand von 41 Items alle sechs angebotenen Arbeitsgruppen eingeschätzt haben. Mit Hilfe von Faktorenanalysen wurde versucht, diese 41 Gesichtspunkte zu umfassenderen Komplexen zusammenzufassen, wobei zugleich Zusammenhänge zwischen mehreren Kriterien erkennbar werden sollten.

Es wurde zunächst für jede Arbeitsgruppe eine eigene Faktorenanalyse durchgeführt, wobei die Rotation von sechs bzw. sieben Faktoren als sinnvoll erschien, die zwischen 60 und 64% der gesamten Varianz aller Variablen aufklären können. Von Interesse für den weiteren Gang der Arbeit waren jedoch nicht die Faktorenstrukturen für die einzelnen Arbeitsgruppen. Vielmehr sollten jene Dimensionen sichtbar werden, unter denen die Schüler das ganze Wahlangebot – also alle sechs Arbeitsgruppen – einschätzen. Deshalb wurden alle Faktoren zusammengefaßt und gemeinsam interpretiert, die anhand der mit ihnen hoch korrelierenden Items als ähnlich angesehen werden konnten, obgleich sie bei verschiedenen Arbeitsgruppen auftreten.

Auf diese Weise konnten insgesamt zehn verschiedene Faktoren identifiziert und als Dimensionen interpretiert werden, unter denen die Schüler das Wahlangebot einschätzen. Diese Dimensionen umfassen unterschiedlich viele einzelne Gesichtspunkte (Items), und ihr Anteil an der gemeinsamen Varianz aller Faktoren ist verschieden groß. Diese Faktoren wurden in der Reihenfolge interpretiert, in der dieser Anteil an der gemeinsamen Varianz abnimmt. Als Grundlage für die weiteren Analysen der Daten stelle ich im folgenden die Items zusammen, die für die einzelnen Faktoren in besonderer Weise kennzeichnend sind. Diese Items werden als „Markieritems“ bezeichnet.[41] Es wurden die folgenden Faktoren identifiziert:

Faktor A: Emotionale Beziehung zum Lehrer

21 Die Unterrichtsmethoden des Lehrers sagen mir zu
4 Der Lehrer ist mir sympathisch
34 Der Lehrer wäre mir als Prüfer im Abitur angenehm

[41] Es handelt sich dabei in der Regel um die Items mit den höchsten Ladungen, wobei Items, die mit dem Faktor entgegen der in der Interpretation ausgedrückten Richtung korrelieren, nicht berücksichtigt werden. Die Anzahl der Markieritems ist zum Teil durch die Anzahl der eindeutig mit einem Faktor korrelierenden Items begrenzt (Faktoren D und E) und wird sonst so groß sein, daß der gesamte Bedeutungsumfang eines Faktors und die Komplexität seiner Aspekte erfaßt werden (vgl. besonders Faktor F).

Faktor B: Instrumentelle Passung des Themas

10 Das Thema liegt mir
23 Mit dem Thema habe ich mich bereits privat beschäftigt
31 Über das Thema möchte ich im Abitur geprüft werden

Faktor C: Anforderungsniveau des Lehrers

33 Der Lehrer verlangt hohen Arbeitsaufwand
11 Der Lehrer zensiert streng
29 Der Lehrer verlangt regelmäßige Teilnahme am Unterricht

Faktor D: Subjektive Überforderung

20 Das Thema überfordert meine Fähigkeiten
15 Der Lehrer überfordert meine Fähigkeiten

Faktor E: Objektive Relevanz des Themas

16 Das Thema ist aktuell
39 Das Thema ist bei den Schülern allgemein beliebt
12 Das Thema gehört zur Allgemeinbildung

Faktor F: Kontinuität der Lernsituation

32 Ich bin dem Lehrer sympathisch
2 Ich kenne den Lehrer aus früherem Unterricht
26 Ich komme mit dem Lehrer gut aus
14 Ein ähnliches Thema wurde bereits einmal behandelt
25 Die Schüler, die mit mir zusammen in der 11. Klasse waren, werden diese Arbeitsgruppe vor allem wählen

Faktor G: Bekanntheit des Lehrers

2 Ich kenne den Lehrer aus früherem Unterricht
9 Ich kenne den Lehrer privat

Faktor H: Didaktische Kompetenz des Lehrers

40 Der Lehrer erklärt gut
17 Der Lehrer macht sein Fach interessant
24 Der Lehrer ist gerecht

Faktor I: Interesse am Thema

37 Zu dem Thema möchte ich ein Referat verfassen
35 Das Thema regt mich zur Diskussion an
6 Das Thema ist wichtig für meine Studien- und Berufspläne

Faktor J: Zusammensetzung der Gruppe

7 Meine Freunde würden in dieser Arbeitsgruppe gern mitarbeiten
22 Der Lehrer ist bei den Schülern allgemein beliebt
25 Die Schüler, die mit mir zusammen in der 11. Klasse waren, werden diese Arbeitsgruppe vor allem wählen
39 Das Thema ist bei den Schülern allgemein beliebt.

Die Ergebnisse dieser Faktorenanalysen erlauben noch keine weitreichenden Schlüsse. Vor allem muß vor einer voreiligen Bewertung der Ergebnisse gewarnt werden. So ist es nicht zulässig, aus der Tatsache, daß z. B. der Faktor A (Emotionale Beziehung zum Lehrer) einen verhältnismäßig großen Anteil an der gemeinsamen Varianz aller Faktoren (und damit auch an der gesamten Varianz aller Variablen) aufklärt, darauf zu schließen, daß diese Dimension auch im Bewußtsein der Schüler einen entsprechend großen Raum einnimmt. Denn der statistische Effekt kann weitgehend dadurch entstanden sein, daß der Fragebogen verhältnismäßig viele Items enthält, die den gleichen Komplex mit ähnlichen Formulierungen ansprechen. Die Faktorenanalyse deckt aber gerade solche Überschneidungen auf und weist auf das zugrunde liegende Gemeinsame mehrerer Merkmale hin.

Solche Zusammenhänge und Gemeinsamkeiten bestehen jedoch nicht absolut, sondern sie spiegeln die Strukturen wider, durch die die Wahrnehmung der Schüler in dieser konkreten Situation geprägt ist. Deshalb war es wichtig, diese Dimensionen der Einschätzung zu analysieren: Welche einzelnen Gesichtspunkte zu einer übergeordneten Dimension zusammengefaßt werden können und wie die Items dabei gewichtet sind, kann darauf hinweisen, mit welchen Erwartungen und Bedürfnissen die Schüler das Wahlangebot betrachten, aber auch welche Unsicherheiten für sie mit der Wahldifferenzierung verbunden sind. Solche Gesichtspunkte wurden im Verlauf dieses Abschnitts an mehreren Stellen erkennbar. Sie müssen durch weitere Analysen überprüft und ergänzt werden.

4.3 Vergleichende Beurteilung der angebotenen Arbeitsgruppen

Im vorigen Abschnitt wurden die Dimensionen identifiziert, unter denen die Schüler die zur Wahl stehenden Arbeitsgruppen einschätzen. Damit wurde vor allem die Absicht verfolgt, die Vielzahl der im Wahlfragebogen angesprochenen Gesichtspunkte auf eine überschaubare Anzahl umfassenderer Kategorien zu reduzieren. Das Ergebnis kann im weiteren Verlauf der Analyse die Darstellung der Daten und ihre Interpretation vereinfachen. Aber die Beurteilung des Wahlangebots ist damit noch nicht geleistet, denn bisher wurden die Arbeitsgruppen isoliert und nicht im Vergleich miteinander betrachtet. Der Schüler steht jedoch vor der Wahl zwischen mehreren Arbeitsgruppen. Er muß diese vergleichend einschätzen und deren Vor- und Nachteile gegeneinander abwägen.

Bei den folgenden Analysen soll deutlich werden, auf welchen Dimensionen die Schüler das Wahlangebot als vielfältig wahrnehmen, worin sie also zwischen den Arbeitsgruppen Unterschiede sehen, die ihnen eine begründete Wahlentscheidung möglich machen. Diese Frage soll in zwei Ansätzen zu beantworten versucht werden: Zunächst soll erkennbar werden, ob zwischen den Arbeitsgruppen auf bestimmten Dimensionen „objektive" Unterschiede bestehen, die von allen (oder fast allen) Schülern in gleicher Weise gesehen werden (Abschnitt 4.3.1). Daneben ist aber auch die Frage zu stellen, ob die Schüler auf bestimmten Dimensionen Unterschiede zwischen den Arbeitsgruppen nur nach allein subjektiv verbindlichen Kriterien erkennen können (Abschnitt 4.3.2).

4.3.1 „Objektive" Unterschiede zwischen den Arbeitsgruppen

In diesem Abschnitt geht es zunächst um eine allgemeine Einschätzung des Wahlangebots. Sie beruht auf dem Urteil aller Schüler, ohne zu berücksichtigen, an welcher Stelle des Wahlzettels diese die einzelnen Arbeitsgruppen gewählt haben. Dieses Vorgehen beruht auf der Annahme, daß die möglicherweise von der Wahlentscheidung beeinflußten subjektiven Einschätzungen der Schüler dadurch ausgeglichen und „objektiviert" werden können, daß die Schätzwerte aller Schüler herangezogen werden. Auf diese Weise sollen sich ggf. positive und negative Verzerrungen des Urteils gegenseitig aufheben.[42]

[42] Natürlich können die so gewonnenen Daten nicht den Anspruch objektiver Aussagen erheben. Dies auch schon deshalb nicht, weil die Arbeitsgruppen von

Die folgenden Analysen gehen von den Schätzwerten aller Schüler (N = 73) aus dem Wahlfragebogen aus. Dort wurden alle sechs für das Fach Gemeinschaftskunde angebotenen Arbeitsgruppen anhand von 41 Items und mit Hilfe der Ziffern 0 bis 4 (trifft „überhaupt nicht" / „kaum" / „etwas" / „ziemlich" / „uneingeschränkt" zu) eingeschätzt. Von diesen Daten werden pro Arbeitsgruppe und Item die arithmetischen Mittelwerte berechnet, an denen die Arbeitsgruppen miteinander verglichen werden können. Die Wahrscheinlichkeit, mit der die Differenzen zwischen den Mittelwerten je zweier Arbeitsgruppen nur zufällig auftreten, kann mit Hilfe des Matched-pairs signed-ranks test von Wilcoxon (vgl. Abschnitt 3.3.6) bestimmt werden.

Die Ergebnisse sollen jedoch nicht anhand der einzelnen Items, sondern unter Verwendung der im vorigen Abschnitt identifizierten Dimensionen dargestellt werden, unter denen die Schüler die Arbeitsgruppen beurteilen. In welchem Grad diese Dimensionen bei den einzelnen Arbeitsgruppen ausgeprägt sind, kann folgendermaßen festgestellt werden: Von allen Items, die die einzelnen Faktoren kennzeichnen („Markieritems"), werden pro Arbeitsgruppe zunächst die Mittelwerte der Schätzwerte aller Schüler (M) berechnet. Der Mittelwert dieser Mittelwerte ($\overline{M}$) drückt in einem Wert aus, wie stark die jeweilige Dimension bei den einzelnen Arbeitsgruppen ausgeprägt ist.[43] Diese Mittelwerte bezeichne ich als *Faktorschätzwerte.* Ein Vergleich dieser Werte macht erkennbar, auf welchen Dimensionen die Schüler die Arbeitsgruppen als voneinander verschieden einschätzen. Die Tabelle 4.3–1 gibt lediglich die Faktorschätzwerte aller Faktoren und aller Arbeitsgruppen wieder. Die Mittelwerte der einzelnen Items sind in der Tabelle A des Anhangs zusammengestellt.

An dieser Tabelle sind die folgenden Unterschiede zwischen den Arbeitsgruppen erkennbar.

1) Nach dem Urteil aller Schüler sind hinsichtlich der emotionalen Beziehung der Schüler zum Lehrer (Faktor A) von den sechs angebotenen Arbeitsgruppen je drei Gruppen untereinander ähnlich, aber von den anderen zu unterscheiden. Bei den Arbeitsgruppen 1, 2 und 4 schätzen die Schüler ihre emotionale Beziehung zum Lehrer eher gering

verschieden vielen Schülern z. B. an erster oder an letzter Stelle gewählt worden sind (vgl. Abschnitt 5.1.1) und das behauptete Gleichgewicht also gar nicht besteht. Andererseits kann man davon ausgehen, daß die Einschätzung der Arbeitsgruppen zwar die Wahlentscheidung der Schüler widerspiegelt (vgl. Abschnitt 5.2), aber nicht völlig von dieser determiniert wird, so daß ein Rest an objektiver Aussage bestehen bleibt. Die Ergebnisse sind jedoch entsprechend vorsichtig zu interpretieren.

[43] Dabei ist ggf. zu berücksichtigen, daß bei einigen Items nicht die Daten aller Schüler vorliegen. In diesen Fällen ist ein „gewogener Mittelwert" zu berechnen (vgl. Haseloff/Hoffmann 1968, S. 49 f.).

Tabelle 4.3–1: Faktorschätzwerte für die Dimensionen der Beurteilung des Wahlangebots (Erläuterungen im Text)

Faktor		Arbeitsgruppe 1	2	3	4	5	6
A	Emotionale Beziehung zum Lehrer	1,36	1,60	2,25	1,62	2,35	2,32
B	Instrumentelle Passung des Themas	1,35	1,89	1,89	1,93	1,89	1,53
C	Anforderungsniveau des Lehrers	2,18	3,13	2,14	1,84	1,68	3,52
D	Subjektive Überforderung	0,91	1,23	0,81	0,62	0,71	2,15
E	Objektive Relevanz des Themas	2,39	2,71	2,58	2,49	2,57	2,85
F	Kontinuität der Lernsituation	1,32	1,76	2,07	2,09	2,20	1,99
G	Bekanntheit des Lehrers	0,88	1,02	1,39	1,52	1,33	1,39
H	Didaktische Kompetenz des Lehrers	1,72	2,33	2,37	1,62	2,19	3,21
I	Interesse am Thema	1,60	1,78	1,65	1,81	1,63	1,87
J	Zusammensetzung der Gruppe	1,63	1,55	2,42	1,69	2,34	2,23

($\overline{M}$ = 1,36/1,60/1,62), bei den Arbeitsgruppen 3, 5 und 6 eher hoch ($\overline{M}$ = 2,25/2,35/2,32) ein. Die Unterschiede zwischen den genannten Arbeitsgruppen sind bei den drei Markieritems dieses Faktors nach dem Wilcoxon-Test mindestens auf dem 1%-Niveau signifikant. Auf dieser Dimension bestehen also nach dem Urteil aller Schüler deutliche Unterschiede innerhalb des Wahlangebots.

2) Die instrumentelle Passung der Themen (Faktor B) schätzen die Schüler bei allen Arbeitsgruppen recht ähnlich ein. Vier Themen erscheinen den Schülern im Durchschnitt als „etwas" geeignet ($\overline{M}$ = 1,89/1,89/1,93 und 1,89), zwei Themen werden als weniger geeignet eingeschätzt ($\overline{M}$ = 1,35 bzw. 1,53).

3) Das Anforderungsniveau der sechs Lehrer (Faktor C) schätzen die Schüler als sehr unterschiedlich ein. Bei den Arbeitsgruppen 2 und 6 halten die Schüler die Aussage, das Anforderungsniveau des Lehrers sei hoch, für mehr als „ziemlich" zutreffend ($\overline{M}$ = 3,13 bzw. 3,52). Bei den Arbeitsgruppen 1 und 3 wird das Anforderungsniveau als „etwas" hoch eingeschätzt ($\overline{M}$ = 2,18 bzw. 2,14), während die Lehrer der Arbeitsgruppen 4 und 5 nach dem Urteil aller Schüler die geringsten Anforderungen stellen ($\overline{M}$ = 1,84 bzw. 1,68).

Die Schüler schätzen die Arbeitsgruppen jener Lehrer, die vergleichsweise geringe Anforderungen stellen, als für schwache Schüler besonders geeignet ein, während sie diesen Schülern die Arbeitsgruppen 2 und 6 (mit hohem Anforderungsniveau der Lehrer) nicht empfehlen wollen (vgl. Item 18 in der Tabelle A des Anhangs). Diese Ergebnisse legen die Frage nahe, ob Wahldifferenzierung als eine Art der Leistungsdifferenzierung zu verstehen ist, bei der die Schüler vom Anforderungsniveau des Lehrers auf das Leistungsniveau des Unterrichts schließen (vgl. dazu Abschnitt 5.2.3).

4) Die Schüler fühlen sich von Thema und Lehrer der Arbeitsgruppe 6 wesentlich stärker überfordert (Faktor D) als von den anderen Arbeitsgruppen. Während sie sich von den Arbeitsgruppen 1, 3, 4 und 5 weniger als „kaum" überfordert fühlen, trifft diese Aussage auf die Arbeitsgruppe 6 mehr als „etwas" zu ($\overline{M}$ = 2,15).

5) Ähnlich wie beim Faktor B (Instrumentelle Passung des Themas) sehen die Schüler auch hinsichtlich der objektiven Relevanz der angebotenen Themen (Faktor E) nur geringe Unterschiede. Alle Themen werden als „etwas" bis „ziemlich" wichtig eingeschätzt, wobei die Themen der Arbeitsgruppen 2 und 6 („Die Sowjetunion" bzw. „Texte zur Staats- und Gesellschaftstheorie") tendenziell als die aktuellsten und das Thema der Arbeitsgruppen 3 und 5 („Die politischen Parteien in Deutschland seit 1848") als am ehesten zur Allgemeinbildung gehörig eingeschätzt werden.

6) Für den Durchschnitt der Schüler ist die Kontinuität der Lernsituation (Faktor F) bei allen Arbeitsgruppen ähnlich groß. Lehrer und Themen der Arbeitsgruppen 1 und 2 sind den Schülern etwas weniger vertraut.

7) Die Schüler kennen die Lehrer unterschiedlich gut aus früherem Unterricht, der private Kontakt zwischen Lehrern und Schülern ist bei allen Lehrern gleich gering (vgl. Item 9: M variiert zwischen 0,45 und 0,96).

8) Die Schüler schätzen die didaktische Kompetenz des Lehrers der Arbeitsgruppe 6 als weit über dem Durchschnitt liegend ein ($\overline{M}$ = 3,21). Die didaktische Kompetenz der Lehrer der Arbeitsgruppen 2, 3 und 5 schätzen die Schüler auf einem mittleren Niveau ein ($\overline{M}$ = 2,33 / 2,37 bzw. 2,19), während sie bei den Lehrern der Arbeitsgruppen 1 und 4 als geringer eingeschätzt wird ($\overline{M}$ = 1,72 bzw. 1,62).

9) Das Interesse an den Themen (Faktor I) ist bei allen Arbeitsgruppen für den Durchschnitt der Schüler relativ gering und bei allen Themen ziemlich gleich groß.

10) Hinsichtlich der Zusammensetzung der Arbeitsgruppen (Faktor J) erwarten die Schüler, daß die Arbeitsgruppen 3, 5 und 6 von verhältnismäßig vielen Schülern gewählt werden. Diese Erwartung bestätigt sich nur zum Teil: Die Arbeitsgruppe 6 wird von verhältnismäßig wenigen Schülern gewählt, während die Arbeitsgruppe 4 mehr Wähler findet, als die Schüler im Durchschnitt erwarten (vgl. Abschnitt 5.1.1).

Die stärkste Zustimmung finden im Durchschnitt (bei allen Schülern und allen Arbeitsgruppen) Aussagen über die objektive Relevanz der Themen (Faktor E: Die Faktorschätzwerte der Arbeitsgruppen variieren zwischen $\overline{M}$ = 2,39 und 2,85). Viele Schüler halten die angebotenen Themen für „ziemlich" aktuell und zur Allgemeinbildung gehörig. Die Themen unterscheiden sich in dieser Hinsicht nur geringfügig voneinander. Dieser allgemeinen Bedeutung, die die Schüler den Themen zusprechen, scheint jedoch ihr subjektives Interesse an den Themen (Faktor J) nicht zu entsprechen: Die Schätzwerte sind bei dieser Dimension fast einen ganzen Skalenpunkt niedriger (Die Faktorschätzwerte variieren zwischen $\overline{M}$ = 1,60 und 1,87). Ebenso erwarten die Schüler im allgemeinen nur in geringem Maße, daß die Themen ihren eigenen Neigungen entsprechen und daß sie durch diese zur Erfüllung der schulischen Leistungserwartungen angeregt werden (vgl. Faktor B). Bei dieser allgemeinen Analyse zeigt sich also eine deutliche Diskrepanz zwischen der objektiven Relevanz, die die Schüler den Themen zusprechen, und ihrer subjektiven Zuwendungsbereitschaft zu diesen Themen.

Zusammenfassung: „Objektive" Unterschiede zwischen den Arbeitsgruppen

Nach dem Urteil aller Schüler bestehen die deutlichsten Unterschiede im Wahlangebot hinsichtlich des Anforderungsniveaus der Lehrer (Faktor C), der didaktischen Kompetenz der Lehrer (Faktor H) und der subjektiven Überforderung (Faktor D). Auch die emotionalen Beziehungen zu den Lehrern sind unterschiedlich intensiv (Faktor A).

Geringe Unterschiede sehen die Schüler dagegen bei den angebotenen Themen: Alle Themen finden etwa das gleiche Interesse der Schüler (Faktor J), werden als gleichermaßen objektiv relevant eingeschätzt (Faktor E) und als instrumentell passend erlebt (Faktor B).

Bei dieser allgemeinen Betrachtung zeigt sich also, daß das Wahlangebot, das nach den Intentionen des Buxtehuder Modells ein thematisch differenziertes Angebot sein soll, von den Schülern vor allem als ein nach dem Anforderungsniveau der Lehrer unterschiedliches Wahlangebot erlebt wird. Damit ist jedoch noch nicht gesagt, daß diese Unterschiede im Anforderungsniveau der Arbeitsgruppen das Wahlverhalten der Schüler wesentlich bestimmen, daß also Wahldifferenzierung auf eine Leistungsdifferenzierung hinausläuft, bei der die Schüler ihre eigene Leistungsfähigkeit und das Anforderungsniveau der Lerngruppe selbst einzuschätzen haben. Bevor solche Schlußfolgerungen gezogen werden können, ist zu prüfen, unter welchen Gesichtspunkten die einzelnen Schüler das Wahlangebot als differenziert erleben. Dies ist Gegenstand des folgenden Abschnitts.

4.3.2 Subjektiv erlebte Unterschiede zwischen den Arbeitsgruppen

Nach den soeben referierten Ergebnissen scheinen die Schüler kaum Unterschiede zwischen den angebotenen Themen erkennen zu können. Sowohl ihr subjektives Interesse an den Themen als auch die objektive Relevanz und die instrumentelle Passung derselben schätzen sie bei allen Arbeitsgruppen fast gleich ein. Es scheint mir aber fraglich, ob dieses Ergebnis bereits den Schluß zuläßt, daß die Schüler das Wahlangebot fast ausschließlich als durch Persönlichkeitsmerkmale des Lehrers strukturiert erleben.

Insbesondere drängen sich Zweifel auf, ob die bisher gewählte Methode der vergleichenden Einschätzung der Arbeitsgruppen der konkreten Situation und den Intentionen wahldifferenzierten Unterrichts angemessen ist. Denn zur Charakterisierung der einzelnen Arbeitsgruppen wurden die Schätzwerte aller Schüler aus dem Wahlfragebogen zu Mittelwerten ohne Rücksicht darauf verrechnet, an welcher Stelle des Wahlzettels die Schüler die jeweilige Arbeitsgruppe gewählt hatten. Dies erschien zulässig und notwendig, damit evtl. durch die Wahlentscheidung bedingte Verfälschungen der Schätzurteile sich gegenseitig aufheben und der Mittelwert aller Schüler eine annähernd gültige, „objektive" Beurteilung der einzelnen Arbeitsgruppen ergibt.

Diese Annahme bleibt auch weiterhin berechtigt. Aber für die Beurteilung der Arbeitsgruppen als *Wahl*angebot sind diese Analysen weniger gut geeignet. Denn wahldifferenzierter Unterricht unterscheidet sich der Intention nach gerade dadurch von anderen Formen der Unterrichtsorganisation, daß die Schüler sich für eine Unterrichtsgruppe entscheiden können, deren konkrete Bedingungen (Themen, Lehrer etc.) ihren persönlichen Bedürfnissen nach subjektiven Kriterien am besten entsprechen. Diesem Konzept muß die Annahme zugrunde liegen, daß ein aus mehreren Alternativen bestehendes Lernangebot den Lernbedürfnissen verschiedener Schüler in unterschiedlicher Weise entspricht, d. h., daß verschiedene Schüler das gleiche Lernangebot unterschiedlich bewerten und sich bei der Wahl entsprechend verhalten.[44]

[44] Ohne diese Annahme müßte man befürchten, daß alle Schüler dieselbe Arbeitsgruppe als die „beste" einschätzen und an ihr teilnehmen wollen. Eine Differenzierung wäre dann nicht möglich.

Andererseits kann man nicht von vornherein ausschließen, daß alle Schüler das Wahlangebot als in sehr ähnlicher Weise strukturiert wahrnehmen, daß sie sich aber bei der Wahlentscheidung von unterschiedlich strukturierten Bedürfnissen leiten lassen und die einzelnen Gesichtspunkte als Wahlkriterien unterschiedlich gewichten. Nach dieser Vorstellung würde jeder Schüler die Arbeitsgruppe wählen, die seinen spezifischen, persönlichen Bedürfnissen „objektiv" am besten entspricht.

Schüler mit starkem Bedürfnis nach guten emotionalen Beziehungen zum Lehrer würden z. B. vor allem den Lehrer wählen, der – auch nach dem Urteil der Mitschüler – zu seinen Schülern den intensivsten Kontakt hat, während Schüler mit besonders starkem Interesse am Fach in die Arbeitsgruppe gehen müßten, deren Thema am interessantesten ist. Subjektive Einschätzungstendenzen der Schüler müßten in diesem Fall als mehr oder weniger zufällige Abweichungen vom „wahren" Schätzwert, der durch den Mittelwert der Schätzwerte aller Schüler definiert werden könnte, aufgefaßt werden.

Dieser Vorstellung würden die im vorigen Abschnitt durchgeführten Analysen des Wahlangebots in etwa entsprechen. Danach würde Wahldifferenzierung vor allem als Differenzierung nach der Person des Lehrers, insbesondere nach dessen Anforderungsniveau zu verstehen sein. Durch die Wahl der Arbeitsgruppen könnten die Schüler eine bessere Passung zwischen ihrem eigenen Anspruchs- und Leistungsniveau und dem Schwierigkeitsgrad ihrer Lerngruppe herstellen. Es muß aber überprüft werden, in welcher Weise die Schüler das Wahlangebot anhand subjektiver Kriterien einschätzen und wie weit sie dabei vom Urteil aller Schüler abweichen. Wurde bisher gefragt, unter welchen Gesichtspunkten alle Schüler im Durchschnitt das Wahlangebot als differenziert wahrnehmen, lautet die Frage jetzt: Unter welchen Gesichtspunkten sieht der einzelne Schüler nach subjektiven Maßstäben zwischen den angebotenen Arbeitsgruppen Unterschiede, die ihm persönlich eine begründete Wahlentscheidung möglich machen? In welcher Weise diese Gesichtspunkte die Wahl tatsächlich beeinflussen, soll erst später gefragt werden. Hier geht es zunächst nur um die subjektiv erlebten Wahlmöglichkeiten.

Wie kann diese Frage beantwortet werden? – Im Wahlfragebogen haben die Schüler alle sechs zur Wahl stehenden Arbeitsgruppen anhand von 41 Items eingeschätzt. Die bei jedem Item eingetragenen sechs Schätzwerte umfassen die vorgegebenen Antwortmöglichkeiten (nämlich die Ziffern 0 bis 4) unterschiedlich weit. Bei einigen Items haben die Schüler für alle Arbeitsgruppen denselben Schätzwert, bei anderen Items alle möglichen Werte eingetragen. Diese *Variationsbreite* (vgl. Haseloff/Hoffmann 1968, S. 55) der Schätzwerte bei einem Item kann als Maß für die Breite der Wahlmöglichkeiten verstanden werden, die der einzelne Schüler hinsichtlich eines Gesichtspunktes wahrgenommen hat. Die Variationsbreite (D) wird bestimmt durch die Differenz zwischen dem höchsten und dem niedrigsten der sechs Schätzwerte. Eine Null-Differenz bedeutet, daß der Schüler bei diesem Item keine Wahlmöglichkeiten gesehen hat, bei einer Differenz von 4 war ihm die Wahl zwischen mindestens zwei Arbeitsgruppen möglich, auf die die Aussage des Items nach seiner Meinung „überhaupt nicht" bzw. „uneingeschränkt" zutrifft.

In der folgenden Tabelle sind die Ergebnisse dieser Berechnungen wiedergegeben. Hier werden jedoch nur für die Markieritems der Faktoren A bis J (vgl. Abschnitt 4.2) die Mittelwerte der Variationsbreiten ($\overline{D}$) aller Schüler mitgeteilt. Die entsprechenden Daten der restlichen, keinen Faktor kennzeichnenden Items sind in der Tabelle B des Anhangs aufgeführt.

Tabelle 4.3–2: Mittelwerte der Variationsbreiten ($\overline{D}$) bei den Markieritems der Faktoren A bis J

	$\overline{D}$
Faktor A: Emotionale Beziehung zum Lehrer	
21 Die Unterrichtsmethoden des Lehrers sagen mir zu	2,67
4 Der Lehrer ist mir sympathisch	2,93
34 Der Lehrer wäre mir als Prüfer im Abitur angenehm	2,82
Faktor B: Instrumentelle Passung des Themas	
10 Das Thema liegt mir	2,64
23 Mit dem Thema habe ich mich bereits privat beschäftigt	2,18
31 Über das Thema möchte ich im Abitur geprüft werden	2,75
Faktor C: Anforderungsniveau des Lehrers	
33 Der Lehrer verlangt hohen Arbeitsaufwand	2,45
11 Der Lehrer zensiert streng	2,52
29 Der Lehrer verlangt regelmäßige Teilnahme am Unterricht	1,95
Faktor D: Subjektive Überforderung	
20 Das Thema überfordert meine Fähigkeiten	1,58
15 Der Lehrer überfordert meine Fähigkeiten	1,93
Faktor E: Objektive Relevanz des Themas	
16 Das Thema ist aktuell	1,92
39 Das Thema ist bei den Schülern allgemein beliebt	1,76

		$\bar{D}$
12	Das Thema gehört zur Allgemeinbildung	1,61

Faktor F: Kontinuität der Lernsituation

32	Ich bin dem Lehrer sympathisch	1,82
2	Ich kenne den Lehrer aus früherem Unterricht	3,34
26	Ich komme mit dem Lehrer gut aus	2,12
14	Ein ähnliches Thema wurde bereits einmal behandelt	2,73
25	Die Schüler, die mit mir zusammen in der 11. Klasse waren, werden diese Arbeitsgruppe vor allem wählen	2,11

Faktor G: Bekanntheit des Lehrers

2	Ich kenne den Lehrer aus früherem Unterricht	3,34
9	Ich kenne den Lehrer privat	1,83

Faktor H: Didaktische Kompetenz des Lehrers

40	Der Lehrer erklärt gut	2,39
17	Der Lehrer macht sein Fach interessant	2,69
24	Der Lehrer ist gerecht	2,01

Faktor I: Interesse am Thema

37	Zu dem Thema möchte ich ein Referat verfassen	2,47
35	Das Thema regt mich zur Diskussion an	2,19
6	Das Thema ist wichtig für meine Studien- und Berufspläne	1,23

Faktor J: Zusammensetzung der Gruppe

7	Meine Freunde würden in dieser Arbeitsgruppe gern mitarbeiten	2,18
22	Der Lehrer ist bei den Schülern allgemein beliebt	2,74
25	Die Schüler, die mit mir zusammen in der 11. Klasse waren, werden diese Arbeitsgruppe vor allem wählen	2,11
39	Das Thema ist bei den Schülern allgemein beliebt	1,76

Bei den meisten Faktoren sind die Mittelwerte der Variationsbreiten bei den Items sehr ähnlich. Auf einige Unterschiede möchte ich hinweisen:

1) Beim Faktor C (Anforderungsniveau des Lehrers) sehen die Schüler geringere Unterschiede hinsichtlich der Forderung der Lehrer, daß die Schüler regelmäßig am Unterricht teilnehmen (Item 29). Unterschiede im Anforderungsniveau der Lehrer äußern sich nach dem Urteil der Schüler kaum darin, daß die Lehrer unterschiedlich stark auf regelmäßiger Unterrichtsteilnahme der Schüler bestehen.

2) Größere Unterschiede bestehen bei den Markieritems des Faktors F (Kontinuität der Lernsituation). Während die Schüler die Lehrer sehr deutlich unterschiedlich gut aus früherem Unterricht

kennen (Item 2; $\overline{D}$ = 3,34; für dieses Item wurde die größte mittlere Variationsbreite errechnet!), kommen sie bei den Fragen, ob sie selbst den Lehrern sympathisch sind (Item 32; $\overline{D}$ = 1,82) und ob sie mit den Lehrern gut auskommen (Item 26; $\overline{D}$ = 2,12) zu weniger stark abweichenden Urteilen. Daraus kann man schließen, daß viele Schüler ihrem Selbstbild nach mit allen Lehrern entweder gut oder weniger gut auskommen, vermutlich weil sie den Verhaltenserwartungen der Lehrer und dem Rollenschema des Schülers in unterschiedlicher Weise entsprechen.

3) Bei der Bekanntheit des Lehrers (Faktor G) unterscheiden die Schüler ihre Lehrer vor allem nach der gemeinsamen bisherigen Unterrichtserfahrung (Item 2; $\overline{D}$ = 3,34), während für die meisten Schüler nur geringe Unterschiede in der Intensität privater Kontakte zum Lehrer bestehen (Item 9; $\overline{D}$ = 1,83).

4) Das subjektive Interesse der Schüler an den angebotenen Themen (Faktor J) unterscheidet sich vor allem hinsichtlich der schulischen Beschäftigung mit diesen, während die Bedeutung der Themen für die eigenen Studien- und Berufspläne bei den meisten Schülern nur gering variiert (Item G; $\overline{D}$ = 1,23). Dieses Ergebnis ist verständlich: Für das Studium werden weniger einzelne Themen eines Faches wichtig sein, sondern eher wird die Bedeutung der einzelnen Fächer insgesamt unterschiedlich sein.

Welche Bedeutung haben die ermittelten Ergebnisse für die Beurteilung des Wahlangebots und welche Wahlmöglichkeiten erleben die Schüler subjektiv? Zur Übersicht fasse ich die Daten der Tabelle 4.3–2 zusammen, indem ich für die einzelnen Faktoren von den Mittelwerten der Variationsbreiten erneut Mittelwerte berechne, die ich als *Faktorvariationsbreite* ($M_{\overline{D}}$) bezeichne. Die folgende Tabelle enthält diese Werte in abfallender Reihenfolge.

Tabelle 4.3–3: Faktorvariationsbreite ($M_{\overline{D}}$) bei den Faktoren A bis J (in abfallender Reihenfolge; Erläuterung im Text)[45]

Faktor		$M_{\overline{D}}$
A	Emotionale Beziehung zum Lehrer	2,81
G	Bekanntheit des Lehrers	2,59
B	Instrumentelle Passung des Themas	2,52
F	Kontinuität der Lernsituation	2,42
H	Didaktische Kompetenz des Lehrers	2,36
C	Anforderungsniveau des Lehrers	2,31
J	Zusammensetzung der Gruppe	2,20
I	Interesse am Thema	1,96
E	Objektive Relevanz des Themas	1,76
D	Subjektive Überforderung	1,76

Die größte Wahlmöglichkeit sehen die Schüler bei der Bekanntheit des Lehrers aus früherem Unterricht (Item 2; $\overline{D} = 3{,}34$) : 61 von 73 Schülern kennen mindestens je einen der sechs Lehrer „überhaupt nicht" (Schätzwert = 0) und einen Lehrer „uneingeschränkt" (Schätzwert = 4) aus früherem Unterricht.[46]

Fast alle Schüler könnten also einen ihnen gut bekannten Lehrer wählen und in dieser Hinsicht die Kontinuität der Lernsituation wahren. Sie könnten aber auch einen Lehrer wählen, bei dem sie bisher noch keinen Unterricht gehabt haben, und sich auf diese Weise in eine hinsichtlich des Lehrers noch nicht vorstrukturierte Lernsituation versetzen.

Erhebliche Wahlmöglichkeiten sehen die Schüler auch unter den beiden Dimensionen, die bei der Beurteilung des Wahlangebots eine große Rolle spielen (vgl. Abschnitt 4.2): Die Schüler können zwischen Lehrern wählen, zu denen sie unterschiedlich gute emotionale Beziehungen haben (Faktor A), und zwischen Themen, die mehr oder weniger gut ihren persönlichen Neigungen entsprechen und für die erfolgreiche Mitarbeit im Unterricht geeignet sind (Faktor B). Auch die didaktische Kompetenz (Faktor H) und das Anforderungsniveau (Faktor C), der Lehrer schätzen die Schüler so verschieden ein, daß auch unter diesem Aspekt deutliche Wahlmöglichkeiten bestehen. Wenn man das Item 6 nicht berücksichtigt, bestehen auch unter der Dimension Interesse am Thema (Faktor J) für die einzelnen Schüler deutliche Wahlmöglichkeiten. Auch Item 1 (Das Thema interessiert mich; $\overline{D} = 2{,}56$) stützt diese Interpretation.

Stärkere Ähnlichkeiten und damit geringere Wahlmöglichkeiten sehen die Schüler bei der Frage nach der objektiven Relevanz der Themen (Faktor E; $M_{\overline{D}} = 1{,}76$) und bei der Schwierigkeit, die ihnen persönlich die Themen und Lehrer der Arbeitsgruppen bereiten werden (Faktor D; $M_{\overline{D}} = 1{,}76$). Doch auch hier sieht ein Teil der Schüler noch deutliche Wahlmöglichkeiten.

[45] Bei der Interpretation dieser Tabelle ist zu berücksichtigen, daß (a) beim Faktor G das Item 2 (Ich kenne den Lehrer aus früherem Unterricht) einen besonders hohen Mittelwert der Variationsbreite aufweist ($\overline{D} = 3{,}34$) und (b) beim Faktor J der Wert für die Faktorvariationsbreite durch das Item 6 (Das Thema ist wichtig für meine Studien- und Berufspläne $\overline{D} = 1{,}23$) so niedrig ausfällt. Ohne Berücksichtigung dieses Items würde für den Faktor J eine Faktorvariationsbreite von $M_{\overline{D}} = 2{,}33$ errechnet werden.

[46] Bei neun Schülern beträgt die Variationsbreite D = 3, bei zwei Schülern D = 2, und nur ein Schüler glaubt alle Lehrer gleich gut zu kennen: D = O.

Zusammenfassung: Subjektiv erlebte Unterschiede zwischen den Arbeitsgruppen

Anhand der Variationsbreiten der Schätzwerte, die die Schüler im Wahlfragebogen zu den sechs angebotenen Arbeitsgruppen eingetragen haben, wurde ermittelt, auf welchen Dimensionen der Beurteilung des Wahlangebots (vgl. Abschnitt 4.2) die Schüler das Wahlangebot nach subjektiven Kriterien als differenziert erleben.

Anders als bei der Frage nach den „objektiven" Unterschieden zwischen den Arbeitsgruppen (vgl. Abschnitt 4.3.1) zeigt sich hier, daß die meisten Schüler das Wahlangebot auf allen Dimensionen, auf denen sie das Wahlangebot beurteilen, als differenziert erleben. Sie haben fast immer die Wahl zwischen mindestens zwei Arbeitsgruppen, die sich nach ihrer persönlichen Einschätzung mehr oder weniger deutlich voneinander unterscheiden.

Besonders groß sind diese Unterschiede hinsichtlich der Bekanntheit der Lehrer aus früherem Unterricht. Die meisten Schüler haben bei mindestens einem der sechs Lehrer noch keinen Unterricht gehabt, sie kennen aber auch mindestens einen Lehrer recht gut. Dies kann wohl nur formal als eine breite Wahlmöglichkeit verstanden werden, denn tatsächlich wird die Wahl der Schüler durch die unterschiedliche Bekanntheit der Lehrer wahrscheinlich eingeengt, weil die Schüler einen ihnen unbekannten Lehrer nicht sicher beurteilen können und in seiner Wahl ein vermeidbares Risiko erblicken.

Während nach dem durchschnittlichen Urteil aller Schüler die emotionalen Beziehungen zu allen Lehrern fast gleich gut sind, zeigt sich jetzt, daß die Einschätzung der Lehrer auf dieser Dimension subjektiven Kriterien unterliegt: Verschiedene Schüler haben zu denselben Lehrern unterschiedlich gute emotionale Beziehungen, und sie erleben in dieser Hinsicht für sich persönlich deutliche Wahlmöglichkeiten.

Das gleiche gilt für die instrumentelle Passung der Themen und das Interesse an den Themen. Im Durchschnitt schätzen die Schüler die Themen kaum als unterschiedlich interessant ein, aber die einzelnen Schüler erkennen deutliche Unterschiede, so daß sie ihre Wahl auch aufgrund einer unterschiedlichen Bewertung der Themen treffen können.

Daß die Schüler die angebotenen Arbeitsgruppen als unterschiedlich anspruchsvoll erleben, entspricht weitgehend der „objektiven" Struktur des Wahlangebots, wie sie von allen Schülern nach den Mittelwerten ihrer Schätzwerte beschrieben wird (vgl. Abschnitt 4.3.1).

Zusammenfassung: Das Wahlangebot der Schule

Als Ergebnis dieses Kapitels kann – sehr verkürzt – festgehalten werden, daß die Schüler das Wahlangebot im Fach Gemeinschaftskunde als differenziertes Angebot erleben. Es ermöglicht ihnen insbesondere die Wahl zwischen Lehrern, die ihnen aus früherem Unterricht unterschiedlich gut bekannt sind und zu denen sie unterschiedlich gute emotionale Beziehungen haben. Ebenso besteht hinsichtlich der angebotenen Themen die Wahl zwischen Themen, die den Neigungen und Interessen der Schüler in verschiedener Weise entsprechen und die für die einzelnen Schüler unterschiedlich gut dazu geeignet sein werden, die Leistungserwartungen der Schule zu erfüllen. Schließlich unterscheiden sich die Arbeitsgruppen nach der Höhe und Schwierigkeit der Anforderungen.

Wahldifferenzierter Unterricht bietet den Schülern also die Chance, eine Lernsituation zu wählen, die nach subjektiven Kriterien voraussichtlich ihren individuellen Bedürfnissen besser entspricht als bei einer willkürlichen Zuordnung der Schüler zu einem beliebigen Fach- oder Klassenlehrer, zu dem nur ein Teil der Schüler gute emotionale Beziehungen hat und der Themen behandelt, die nur bei einem Teil der Schüler auf Interesse stoßen.

Diese Bewertung kann jedoch nur vorläufig gelten. Zwar bestehen offensichtlich auf verschiedenen Dimensionen deutliche Wahlmöglichkeiten, aber es muß noch geprüft werden, in welchem Umfang die Schüler auch tatsächlich von diesen Möglichkeiten Gebrauch machen können bzw. welches Gewicht sie den verschiedenen, sich möglicherweise gegenseitig ausschließenden Möglichkeiten bei der Wahlentscheidung konkret einräumen. Diese Fragen sind Gegenstand des folgenden Kapitels.

5. Die Wahlentscheidung der Schüler

Wahldifferenzierter Unterricht kann die Schüler nicht allein dadurch von überkommenen und irrationalen Zwängen befreien, daß ihnen Arbeitsgruppen angeboten werden, die sie subjektiv als ein differenziertes Wahlangebot erleben, das ihnen die Wahl zwischen deutlich verschieden bewerteten Alternativen ermöglicht. Im vorigen Kapitel hat sich gezeigt, daß die meisten Schüler auf allen Dimensionen der Einschätzung beträchtliche Wahlmöglichkeiten sehen.

Es ist jedoch zu prüfen, ob die Schüler von diesen Möglichkeiten auch tatsächlich Gebrauch machen. Wählen sie ihre Arbeitsgruppen wirklich nach den Gesichtspunkten, nach denen sie wählen zu können glauben? Welche Rolle spielen die verschiedenartigen subjektiv erlebten Wahlmöglichkeiten bei der Wahlentscheidung, und wie gewichten die Schüler diese Kriterien, wenn ihnen mehrere Arbeitsgruppen unter verschiedenen Gesichtspunkten zusagen, sie sich aber für eine Arbeitsgruppe entscheiden müssen?

Erst wenn diese Fragen beantwortet sind, kann beurteilt werden, welche Wahlmöglichkeiten die Schüler tatsächlich haben und ob ihnen durch Wahldifferenzierung mehr Freiheiten ermöglicht werden. Bisher wurde lediglich deutlich, wie differenziert sie das Wahlangebot einschätzen. Die Schüler müssen bei ihrer Wahlentscheidung aber die konkreten Bedingungen der Lernsituation ebenso berücksichtigen wie ihre subjektiven Bedürfnisse und Möglichkeiten. Die Frage dieses Kapitels lautet also: Wie verhalten sich die Schüler gegenüber einem als differenziert erlebten Wahlangebot unter den Bedingungen ihrer konkreten Lernsituation?

Wie kann diese Frage beantwortet werden? – Zunächst kann das Wahlverhalten der Schüler direkt beobachtet werden (Abschnitt 5.1). Wie verteilen sich die Wahlen auf die angebotenen Arbeitsgruppen? Unter der Hypothese, daß die Schüler im Durchschnitt alle Arbeitsgruppen als annähernd gleichwertig einschätzen, müßten sich die Wahlen etwa gleichmäßig auf alle Arbeitsgruppen verteilen. Werden tatsächlich alle Arbeitsgruppen von etwa gleich vielen Schülern an erster Stelle gewählt, oder werden bestimmte Arbeitsgruppen bevorzugt? Und wie sind diese Präferenzen ggf. zu bewerten (Abschnitt 5.1.1)?

Bei der Einschätzung der Arbeitsgruppen (Abschnitt 4.3.2) hatte sich gezeigt, daß die Schüler die Lehrer unterschiedlich gut aus früherem Unterricht kennen. Daraus ergibt sich die Frage, wie sich die

Schüler bei der Wahl jenen Lehrern gegenüber verhalten, die sie besonders gut – nämlich aus dem vorangegangenen Schuljahr – kennen (Abschnitt 5.1.2). Wählen die Schüler diese Lehrer wieder, oder wollen sie lieber am Unterricht eines anderen Lehrers teilnehmen? In welcher Weise ist das Wahlverhalten durch die unterschiedliche Bekanntheit der Lehrer beeinflußt, und wieweit werden die Wahlmöglichkeiten dadurch faktisch eingeschränkt?

In diesem Zusammenhang kann ebenfalls eine Frage geklärt werden, die für das Verständnis der Lernsituation des Schülers wichtig ist: In welchem Umfang werden die Wünsche der Schüler, an einer bestimmten Arbeitsgruppe teilzunehmen, bei der Einteilung der Arbeitsgruppen erfüllt? Wieviele Schüler können an der Arbeitsgruppe ihrer ersten Wahl teilnehmen? Eine Einweisung in die nicht an erster Stelle gewählte Gruppe könnte die Zufriedenheit der Schüler mit ihrer Lernsituation wesentlich beeinträchtigen (Abschnitt 5.1.3).

Im Abschnitt 5.2 soll das Wahlverhalten der Schüler eingehend analysiert werden. Nach welchen Kriterien entscheiden sie sich für eine bestimmte Arbeitsgruppe? Worin unterscheiden sich diese Arbeitsgruppen von jenen, an denen die Schüler gar nicht oder weniger gern teilnehmen möchten? Welche der Chancen, die ihnen das Wahlangebot bietet (vgl. Abschnitt 4.3), können die Schüler realisieren?

5.1 Das Wahlverhalten der Schüler

5.1.1 Die Verteilung der Wahlen auf die Arbeitsgruppen

Wenn die einzelnen Schüler das Wahlangebot unter den verschiedenen Dimensionen nach subjektiven Maßstäben bewerten und jeweils andere Arbeitsgruppen als besonders positiv einschätzen (vgl. Abschnitt 4.3.2), dann müssen sich ihre Wahlen auf alle Arbeitsgruppen in etwa gleichmäßig verteilen. Andernfalls muß eine Häufung von Wahlen bei einzelnen Arbeitsgruppen erklärt werden. – Die erste Frage lautet also: Wie verteilen sich die Wahlen auf die verschiedenen Arbeitsgruppen?

Für die Beantwortung dieser Frage stehen die Daten fast aller Schüler zur Verfügung: Von 110 Schülern (von insgesamt 111) liegen die Wahlzettel vor, auf denen die Schüler für die Zwecke dieser Untersuchung nicht nur – wie sonst üblich – drei Arbeitsgruppen, sondern ausnahmsweise alle sechs angebotenen Arbeitsgruppen in einer Rangfolge eingetragen haben. An dieser vollständigen Aufzählung ist auch erkennbar, welche Arbeitsgruppen die Schüler eher „abwählen" wollen. An erster Stelle werden die sechs Arbeitsgruppen mit folgender Häufigkeit (f) gewählt:

Arbeitsgruppe	1	2	3	4	5	6	N
f	11	12	26	21	24	16	110

Schon auf den ersten Blick fällt auf, daß die Schüler die Arbeitsgruppen 3, 4 und 5 häufiger wählen als die Arbeitsgruppen 1, 2 und 6. Eine statistische Prüfung dieser Verteilung mit dem Chi-Quadrat-Test (vgl. Haseloff/Hoffmann 1968, S. 170) ergibt, daß die Nullhypothese (Die Wahlen der Schüler verteilen sich gleichmäßig auf alle Arbeitsgruppen) nur mit hoher Irrtumswahrscheinlichkeit beibehalten werden kann ($Chi^2 = 10{,}73$; $p < .10$). Man kann also davon ausgehen, daß sich die Schüler nicht zufällig auf die Arbeitsgruppen verteilen, sondern daß bestimmte Arbeitsgruppen systematisch häufiger gewählt werden als andere.

Für die Interpretation dieser Wahlverteilung können die weiteren Wahlpositionen herangezogen werden, d. h. es soll mit bedacht werden, wie oft die Arbeitsgruppen an zweiter, dritter und besonders an letzter Stelle gewählt werden. Daran ist erkennbar, wie die Schüler das gesamte Wahlangebot bei der Wahlentscheidung bewerten. Die folgende Tabelle gibt wieder, wie oft die Schüler die einzelnen Arbeitsgruppen an den verschiedenen Wahlpositionen eingetragen haben.[47]

Tabelle 5.1–1: Häufigkeit der Wahlpositionen bei allen Arbeitsgruppen

Arbeitsgruppe Wahlposition	1	2	3	4	5	6	N
1. Stelle	10	11	21	17	23	16	98
2. Stelle	5	12	26	14	31	10	98
3. Stelle	19	12	19	22	19	7	98
4. Stelle	25	19	21	11	11	11	98
5. Stelle	17	29	9	12	10	21	98
6. Stelle	22	15	2	22	4	33	98

An dieser Aufstellung wird deutlich, daß auch die „Abwahl" von Arbeitsgruppen (vgl. die letzte Zeile der Tabelle) nicht gleichmäßig verteilt ist.[48]

[47] Da nicht von allen Schülern die Wahlzettel vollständig ausgefüllt worden sind, umfaßt die folgende Tabelle nur die Daten von 98 Schülern.

[48] Nach dem Chi-Quadrat-Test kann die Gleichverteilungshypothese mit hoher Sicherheit zurückgewiesen werden ($Chi^2 = 42{,}90$; $p < .001$).
Die Verteilung der „Abwahlen" ist jedoch nicht komplementär zur Verteilung der Erstwahlen: Die Arbeitsgruppe 4 wird sowohl häufig an erster als auch häufig an letzter Stelle gewählt. Hier scheinen sich die Schüler zu polarisieren in eine Gruppe,

Die Häufigkeiten der verschiedenen Wahlpositionen können zusammengefaßt werden, indem die mittlere Wahlposition bestimmt wird. Dazu ist für jede Arbeitsgruppe der *Median der Wahlposition* zu berechnen. Dieser Median (vgl. Haseloff/Hoffmann 1968, S. 51 f) bezeichnet die Wahlposition, oberhalb bzw. unterhalb derer jeweils 50 Prozent der Schüler die Arbeitsgruppen auf ihren Wahlzetteln eingetragen haben. An diesen Werten ist abzulesen, wie stark die Schüler die einzelnen Arbeitsgruppen bevorzugt wählen oder „abwählen".

Tabelle 5.1–2: Mediane der Wahlpositionen aller Arbeitsgruppen

Arbeitsgruppe	1	2	3	4	5	6
Median	4,1	4,2	2,6	3,3	2,3	4,7

Eine deutliche Bevorzugung zeigen die Schüler für die Arbeitsgruppen 5 und 3. Nach der Einschätzung durch alle Schüler (vgl. Abschnitt 4.3.1) stellt der Lehrer der Arbeitsgruppe 5 vergleichsweise geringe, der Lehrer der Arbeitsgruppe 3 durchschnittlich hohe Anforderungen. Zu beiden Lehrern haben die Schüler gute emotionale Beziehungen. Die Schüler haben richtig vorausgesehen, daß diese Arbeitsgruppen von vielen Schülern gewählt werden.

Starken Zuspruch findet auch die Arbeitsgruppe 4. Der Lehrer dieser Arbeitsgruppe ist den meisten Schülern aus früherem Unterricht bekannt. Sie erwarten von ihm einen vergleichsweise geringe Anforderungen stellenden Unterricht, der ihre Leistungsfähigkeit am wenigsten überfordern wird. Die Schüler halten diese Arbeitsgruppe für schwache Schüler ebenso gut geeignet wie die Arbeitsgruppe 5.

An vierter Stelle in der Wahlrangfolge steht die Arbeitsgruppe 1, zu deren Lehrer nur wenige Schüler gute emotionale Beziehungen haben. Seine didaktische Kompetenz gilt bei den Schülern eher als gering. Dieser Lehrer ist allerdings den wenigsten Schülern aus früherem Unterricht bekannt. Sein Thema erscheint nur wenigen Schülern wichtig.

Die beiden Lehrer, die in der Wahlrangfolge die letzten Plätze einnehmen, stellen nach dem Urteil aller Schüler hohe Anforderungen. Der Lehrer der Arbeitsgruppe 6 stellt die höchsten Anforderungen,

die an der Arbeitsgruppe 4 teilnehmen möchte und eine andere, die dies auf keinen Fall will. Die Arbeitsgruppen 3 und 5 werden dagegen von etwa der Hälfte der Schüler an erster oder zweiter Stelle und nur von wenigen Schülern an letzter Stelle gewählt. Viele Schüler wünschen sich also oder halten es für den Fall, daß sie an die Arbeitsgruppe ihrer zweiten Wahl verwiesen werden, für möglich, an diesen Arbeitsgruppen teilzunehmen. Von vielen Schülern abgewählt werden dagegen die Arbeitsgruppen 6 und 1. Die Arbeitsgruppe 2 wird häufig an fünfter Stelle gewählt, also ebenfalls von vielen Schülern „abgewählt".

und viele Schüler glauben, von ihm überfordert zu werden. Unterschiedlich wird die emotionale Beziehung zu diesen Lehrern eingeschätzt. Der Lehrer der Arbeitsgruppe 2 ist den Schülern weniger bekannt und die emotionalen Beziehungen sind weniger intensiv als beim Lehrer der Arbeitsgruppe 6, der zu vielen Schülern gute emotionale Beziehungen hat. Die Schüler haben sich offenbar getäuscht in der Erwartung, diese Arbeitsgruppe würde von vielen Schülern gewählt werden. Im Gegenteil, diese Gruppe wird am häufigsten an letzter Stelle gewählt.

Den stärksten Zuspruch findet also jene Arbeitsgruppe, deren Lehrer geringe Anforderungen stellt und zu dem die Schüler zugleich gute emotionale Beziehungen haben. Den geringsten Zuspruch findet dagegen – trotz guter emotionaler Beziehungen – der Lehrer, der die höchsten Anforderungen stellt und viele Schüler tendenziell überfordert (Arbeitsgruppe 6). Nach dieser Analyse erweist sich also, daß die Mehrzahl der Schüler von den Wahlmöglichkeiten, die das Wahlangebot ihnen bietet, vor allem jene realisiert, die ihnen die Wahl eines weniger hohen Anforderungs- und Leistungsniveaus ermöglicht. In zweiter Linie werden vor allem Lehrer gewählt, zu denen viele Schüler gute emotionale Beziehungen haben. An der Wahlposition der Arbeitsgruppe 6 ist jedoch erkennbar, daß die Wahl eines niedrigen Anforderungsniveaus den meisten Schülern vorrangig vor der emotionalen Beziehung zum Lehrer ist.[49]

Dieses Ergebnis bezieht sich jedoch nur auf jene Unterschiede zwischen den Arbeitsgruppen, die nach dem weitgehend übereinstimmenden Urteil aller Schüler die „objektiven" Wahlmöglichkeiten ausmachen. Es ist noch zu prüfen, unter welchen Gesichtspunkten die Schüler die an erster Stelle gewählten Arbeitsgruppen subjektiv als bevorzugt erleben (vgl. Abschnitt 5.2). Ebenso wie die Wahl offensichtlich durch die objektiven Unterschiede im Anforderungsniveau der Arbeitsgruppen bestimmt ist, können die nur subjektiv erlebten Vorzüge bzw. Nachteile der einzelnen Arbeitsgruppen den Ausschlag gegeben haben. Erst wenn auch das wahlentscheidende Gewicht dieser Kriterien analysiert ist, kann das Wahlverhalten der Schüler bewertet werden.

[49] Daß die emotionale Beziehung zu den häufiger gewählten Lehrern relativ gut ist, kann dadurch bedingt sein, daß die vielen Schüler, die diese Lehrer wählen, bei den entsprechenden Items des Wahlfragebogens hohe Schätzwerte eingetragen und dadurch den Mittelwert dieser Lehrer in die Höhe getrieben haben. Dem widerspricht jedoch die Einschätzung des Lehrers der Arbeitsgruppe 6, der auf der Dimension emotionale Beziehung zum Lehrer (Faktor A) ebenfalls eher hohe Schätzwerte erhalten hat, obgleich er von vielen Schülern „abgewählt" wird.

5.1.2 Kontinuität des Wahlverhaltens

Wenn die Schüler die angebotenen Arbeitsgruppen miteinander vergleichen, dann sehen sie besonders deutliche Unterschiede in der Bekanntheit des Lehrers aus früherem Unterricht (Item 2; vgl. Abschnitt 4.3.2). Sie kennen in der Regel wenigstens einen Lehrer gar nicht und einen anderen Lehrer gut aus früherem Unterricht. Formal betrachtet könnte dieser Sachverhalt als bedeutende Wahlmöglichkeit verstanden werden. In Wirklichkeit wird die freie Wahl jedoch wahrscheinlich dadurch eher eingeschränkt, daß die Schüler einen ihnen weniger gut bekannten Lehrer nicht so gut einschätzen können und nicht sicher voraussehen können, wie der Unterricht bei diesem Lehrer ablaufen wird. Es drängt sich deshalb die Vermutung auf, daß Schüler, die ihren Lehrer aus dem vorangegangenen Schuljahr wiederwählen können, von dieser Möglichkeit Gebrauch machen und mit dieser Kontinuität im Wahlverhalten u. U. auf andere Wahlmöglichkeiten verzichten, mit denen sie sich vielleicht in eine noch „bessere" Lernsituation versetzen könnten.

50 von 73 Schülern, die den Wahlfragebogen bearbeitet haben, haben die Möglichkeit, ihren Lehrer aus dem vergangenen Schuljahr (1968/69) wiederzuwählen. 22 Schüler haben bei einem Lehrer Unterricht gehabt, der im Schuljahr 1969/70 nicht in einer Arbeitsgruppe der Prima unterrichtet. Von einem Schüler fehlen die entsprechenden Angaben. In der folgenden Tabelle ist zusammengetragen, an welchen Positionen des Wahlzettels jene 50 Schüler ihre Lehrer aus dem vergangenen Schuljahr gewählt haben.

Tabelle 5.1–3: Häufigkeit der Wahlpositionen der Lehrer, bei denen Schüler im Schuljahr 1968/69 Unterricht gehabt haben.

		Fachlehrer im Schuljahr 1968/69							
		1	2	3	4	5	6	Summe	%
Wahlposition desselben Lehrers für das Schuljahr 1969/70	1.	7	2	4	1	5	5	24	48
	2.	3	1	–	2	–	3	9	18
	3.	3	–	–	1	–	1	5	10
	4.	2	1	–	–	–	–	3	6
	5.	2	4	–	1	–	1	8	16
	6.	–	–	–	–	–	1	1	2
Summe		17	8	4	5	5	11	50	100

Fast die Hälfte der Schüler (48%), die die Möglichkeit haben, ihren Fachlehrer aus dem vergangenen Schuljahr wiederzuwählen, machen davon

Gebrauch. Zweidrittel dieser Schüler wählen den Fachlehrer an erster oder zweiter Stelle wieder.[50] Die Schüler zeigen also eine stark ausgeprägte Tendenz, sich an einen bestimmten Lehrer auf Dauer anzulehnen und am Unterricht des einmal, nämlich am Anfang der 11. oder 12. Klassenstufe gewählten Lehrers möglichst für die Dauer der Oberstufe teilzunehmen.

Diese Tendenz nimmt auch nach Ablauf eines Schuljahres nicht ab, wie die folgende Gegenüberstellung zeigt:

Tabelle 5.1–4: Häufigkeit der Wahlpositionen der Lehrer aus dem vergangenen Schuljahr: Klassenstufe 12 vs. 13

Wahlposition	1.	2.	3.	4.	5.	6.	N
Klassenstufe 12	13	2	3	2	5	1	26
Klassenstufe 13	11	7	2	1	3	–	24
							50

Die Schüler der Klassenstufe 13 wählen eher noch häufiger als die Schüler der Klassenstufe 12 ihre Lehrer aus dem vergangenen Schuljahr an erster oder zweiter Stelle wieder, während einige Schüler der Klassenstufe 12 ihre Lehrer auch an fünfter oder letzter Stelle wählen. In diesen Fällen wird offenbar die eigene Zuordnung zu einem Lehrer aufgrund negativer Erfahrungen noch einmal korrigiert. Beim Eintritt in das letzte Schuljahr möchten viele Schüler offenbar gerne bei dem Lehrer bleiben, den sie bereits gut kennen. Diese Tendenz ist jedoch statistisch nicht abzusichern.

Es wird also die Vermutung bestätigt, daß für viele Schüler die Wahlmöglichkeiten von vornherein dadurch begrenzt sind, daß sie nur wenige Lehrer aus früherem Unterricht kennen und nicht die erforderliche Risikobereitschaft aufbringen, in die Arbeitsgruppe eines Lehrers zu gehen, bei dem sie noch keinen oder nur wenig Unterricht gehabt haben. Dieses Ergebnis wird im letzten Teil dieser Untersuchung im Zusammenhang mit anderen Ergebnissen eingehend zu diskutieren sein.

5.1.3 Die Zuweisung der Schüler in die Arbeitsgruppen

In den ersten Jahren nach der Einführung des Buxtehuder Modells wurde eine möglichst gleichmäßige Verteilung der Schüler auf die

[50] Daß diese Verteilung signifikant von einer Gleichverteilung abweicht, bedarf eigentlich keiner statistischen Prüfung. Dennoch sei angemerkt, daß die Nullhypothese (Die Schüler wählen unabhängig vom Fachlehrer des vergangenen Schuljahres) nach dem Chi-Quadrat-Test bei einem Chi^2 -Wert von 40,70 mit äußerst geringer Irrtumswahrscheinlichkeit ($p < .001$) zurückgewiesen werden kann.

Arbeitsgruppen angestrebt. Deshalb konnten nicht alle Schüler an den Arbeitsgruppen teilnehmen, die sie an erster Stelle gewählt hatten. Jene Schüler, die an die Arbeitsgruppe ihrer zweiten oder gar dritten Wahl verwiesen wurden, waren daraufhin oft enttäuscht und nahmen am Unterricht mit geringerem Interesse teil.[51] Im Zusammenhang dieser Untersuchung ist deshalb die Frage zu klären, in welchem Umfang im Schuljahr 1969/70 und im Fach Gemeinschaftskunde Schüler nicht in die Arbeitsgruppe ihrer ersten Wahl aufgenommen worden sind. Dies müßte ggf. bei der Interpretation der Daten aus dem Unterrichtsfragebogen (vgl. Abschnitt 3.2.2.2) berücksichtigt werden.

Nach den Namenlisten der Arbeitsgruppen haben zu Beginn des Schuljahres 1969/70 am Unterricht in den sechs Gemeinschaftskundearbeitsgruppen insgesamt 111 Schüler teilgenommen. Von diesen nahmen 105 Schüler (= 95%) an der von ihnen an erster Stelle, fünf Schüler an der an zweiter Stelle gewählten Arbeitsgruppe teil.[52]

Obgleich vier dieser Schüler an den Erhebungen zum Unterricht in den Arbeitsgruppen teilgenommen haben, glaube ich, den möglicherweise verzerrenden Einfluß der nicht erfüllten ersten Wahl vernachlässigen zu dürfen. Inzwischen sind immerhin 8 Monate vergangen, so daß die Schüler sich vielleicht gar nicht mehr an diese „Zurückweisung" erinnern.

Nach der endgültigen Zuweisung haben die Arbeitsgruppen die folgenden Schülerzahlen:

Arbeitsgruppe	1	2	3	4	5	6	Summe
Anzahl der Mitglieder	15	13	22	20	25	16	111

Wahrscheinlich wirkt sich die prinzipielle Zuweisung in die Arbeitsgruppe der ersten Wahl günstig aus. Bei der Analyse der Wahlkriterien (vgl. Abschnitt 5.2.2.2) wird sich zeigen, daß die Schüler die an zweiter Stelle gewählte Arbeitsgruppe gegenüber der an erster Stelle gewählten in vieler Hinsicht deutlich negativer einschätzen. Deshalb

[51] Entsprechende Klagen wurden bei den Vorstudien zu dieser Untersuchung (vgl. Abschnitt 3.2.1) von einigen Schülern vorgetragen.

[52] Von einem Schüler ist mir nicht bekannt, welche Arbeitsgruppe er gewählt hat. Von den fünf nicht in die Arbeitsgruppe ihrer ersten Wahl aufgenommenen Schülern gehörten zwei der Klassenstufe 12 an. Vier Schüler waren männlich. Nach den Zensuren vom Ende des vergangenen Schuljahres sind die Leistungen dieser Schüler eher durchschnittlich: Es findet sich dreimal die Note 3, einmal die Note 4. Der fünfte Schüler hatte im Verlauf des Schuljahres 1969/70 die Halepaghenschule verlassen, so daß seine Zensuren zum Erhebungszeitpunkt nicht mehr vorlagen. Drei Schüler wurden von der Arbeitsgruppe 3 an die Arbeitsgruppe 1 verwiesen, je ein Schüler von 3 nach 5 und von 4 nach 2.

sollten die positiven Erwartungen der Schüler nicht von vornherein enttäuscht werden, indem sie „nur“ in die Arbeitsgruppe ihrer zweiten Wahl eingewiesen werden.

Zusammenfassung: Das Wahlverhalten der Schüler

1) Bei der Wahl bevorzugen viele Schüler jene Arbeitsgruppen, deren Lehrer nach dem Urteil aller Schüler relativ geringe Anforderungen stellen. In zweiter Linie werden die Lehrer bevorzugt, zu denen viele Schüler gute emotionale Beziehungen haben. Die beiden Lehrer mit dem höchsten Anforderungsniveau werden – in einem Fall trotz guter emotionaler Beziehungen – von wenigen Schülern an erster, häufig an letzter Stelle gewählt.

2) Etwa die Hälfte der Schüler, die ihren Lehrer aus dem vorangegangenen Schuljahr wiederwählen können, macht von dieser Möglichkeit Gebrauch. Vermutlich ist diese Tendenz auf die Notwendigkeit zurückzuführen, angesichts der schulischen Leistungszwänge die Art der Lernbedingungen im folgenden Schuljahr möglichst sicher antizipieren zu können. Dazu trägt die Bekanntheit des Lehrers erheblich bei. Andererseits kann dieses Verhalten darauf hinweisen, daß die Schüler unter den Lehrern nach subjektiven Kriterien nur wenige (oder gar nur einen) Lehrer finden, die ihrem persönlichen Bedürfnis nach emotionalen Beziehungen am besten entsprechen. Es ist deshalb legitim und für das Lehrer-Schüler-Verhältnis wahrscheinlich förderlich, wenn die Schüler sich für die Dauer der Oberstufe diesem Lehrer zuordnen.

3) 95% der Schüler werden im Fach Gemeinschaftskunde in die Arbeitsgruppe ihrer ersten Wahl aufgenommen, obgleich dadurch die Schüler ungleichmäßig auf die Arbeitsgruppen verteilt sind. Wahrscheinlich wird jedoch dadurch vermieden, daß einige Schüler von vornherein in ihren positiven Erwartungen enttäuscht werden, die sie mit der Wahl einer bestimmten Arbeitsgruppe verbinden.

5.2 Die Wahlkriterien der Schüler

In diesem Abschnitt sollen die Kriterien eingehend analysiert werden, nach denen die Schüler ihre Arbeitsgruppen wählen. Unter der Annahme, daß im Wahlfragebogen (vgl. Abschnitt 3.2.2.1) alle möglicherweise für die Wahlentscheidung relevanten Gesichtspunkte angesprochen werden, ist zu fragen, wie die Schüler die verschiedenen Kriterien, unter denen ihnen eine Wahl möglich ist, gewichten. In welcher Hinsicht unterscheiden sich die schließlich gewählten Arbeitsgruppen von den nicht an erster Stelle gewählten Arbeitsgruppen? Nachdem im Abschnitt 4.3.2 deutlich geworden ist, daß die Schüler subjektiv bei allen Dimensionen, unter denen sie das Wahlangebot einschätzen, beträchtliche Wahlmöglichkeiten erkennen können, muß jetzt analysiert werden, welche dieser Wahlmöglichkeiten die Schüler schließlich konkret realisieren.

Wie kann das wahlentscheidende Gewicht der verschiedenen Gesichtspunkte eingeschätzt werden? – Erprobte Methoden gibt es m. W. für solche Analysen nicht. Sie müssen im Verlauf der Analyse selbst entwikkelt werden. Zunächst kann jedoch mit einfachen Methoden untersucht werden, wie die Schüler selbst das wahlentscheidende Gewicht der ihnen im Wahlfragebogen vorgelegten Gesichtspunkte einschätzen (Abschnitt 5.2.1). Es ist jedoch zu überprüfen, ob diese Selbsteinschätzung den tatsächlichen Wahlkriterien entspricht (Abschnitt 5.2.2).

Diese Analysen stützen sich vor allem auf statistische Zusammenhänge zwischen der Einschätzung des Wahlangebots durch die Schüler und der Reihenfolge, in der sie die Arbeitsgruppen auf ihren Wahlzetteln eintragen. Schließlich müssen die Ergebnisse der verschiedenen Ansätze zur Analyse der Wahlkriterien miteinander verglichen werden, um zu einer abschließenden Bewertung zu kommen (Abschnitt 5.2.3).

5.2.1 Die Wahlkriterien nach der Selbsteinschätzung durch die Schüler

Nach welchen Gesichtspunkten glauben die Schüler selbst ihre Wahlentscheidung zu treffen, und welches Gewicht haben die verschiedenen Gesichtspunkte? – Im Anschluß an die Einschätzung des Wahlangebotes wurden die Schüler im Fragebogen zur Wahl der Arbeitsgruppen (Wahlfragebogen) gebeten, den oder die für sie bei der getroffenen Wahl der Arbeitsgruppen *in erster Linie* entscheidenden Gesichtspunkt (e) durch An- oder Unterstreichen zu kennzeichnen. Ihre bereits eingetragenen Schätzwerte lagen den Schülern beim Kennzeichnen der wahlentscheidenden Gesichtspunkte vor Augen. Die Anzahl der zu kennzeichnenden Items wurde nicht vorgegeben.

Die einzelnen Schüler kennzeichnen sehr unterschiedlich viele Items als wahlentscheidend. Im Mittel werden 6,8 (nach dem Mittelwert) bzw. 6,25 (nach dem Median) Items gekennzeichnet. Allerdings ist die Streuung sehr groß (Standardabweichung $s = 3{,}96$) : Ein Schüler hat 19, zwei

Schüler haben 18, ein weiterer Schüler hat 15 Items angekreuzt. Im Durchschnitt wird jedes Item von etwa zwölf Schülern (bei N = 73) als wahlentscheidend gekennzeichnet.[53]

Wie viele Schüler die im Wahlfragebogen aufgeführten Gesichtspunkte als wahlentscheidend gekennzeichnet haben, geht aus der Tabelle 5.2–1 hervor, Die Items sind nach der Häufigkeit ihrer Kennzeichnung (f) bzw. dem Prozentanteil (P) der Schüler, die das Item gekennzeichnet haben (N = 73), geordnet. Die in der letzten Spalte aufgeführten Rangplatzziffern (R_f) sind erst bei der späteren vergleichenden Analyse der Wahlkriterien (Abschnitt 5.2.3) von Bedeutung. Sie geben an, welches wahlentscheidende Gewicht die Items relativ, nämlich im Vergleich mit den anderen Items, haben.

Die meisten Schüler bezeichnen es als entscheidend, ein Thema zu wählen, das sie interessiert (Item 1) und das zu ihren Neigungen paßt (Item 10). Daß das erste Item so deutlich häufiger als alle anderen Items gekennzeichnet wird, muß m. E. zu einem gewissen Maß darauf zurückgeführt werden, daß dieser Gesichtspunkt im Fragebogen an erster Stelle steht und sich in dieser Position den Schülern als besonders bedeutungsvoll aufdrängt. Die Frage, ob die Schüler ihre Wahl mehr nach dem Thema oder nach dem Lehrer ausrichten, wird in Buxtehude oft gestellt, und es gilt nach den Intentionen des Buxtehuder Modells als erwünscht, dem Interesse am Thema bei der Wahlentscheidung die Priorität einzuräumen. Es scheint mir deshalb angebracht, den großen Vorsprung dieses Items vor allen anderen nicht besonders zu berücksichtigen, sondern nur davon auszugehen, daß die Schüler die Passung zwischen dem Thema und ihren Interessen und Neigungen als wichtigstes Wahlkriterium einschätzen.

Hinsichtlich des Themas ist es den Schülern an zweiter Stelle wichtig, daß das Thema aktuell ist (Item 16) und zur Allgemeinbildung gehört (Item 12). Beide Items kennzeichnen bei der Beurteilung des Wahlangebots den Faktor E: Objektive Relevanz des Themas. Viele Schüler glauben also, bei der Auswahl der Themen die objektive Bedeutung derselben beachtet zu haben.

[53] Wegen der unterschiedlich großen Anzahl der von den einzelnen Schülern gekennzeichneten Items ist es problematisch, den vielleicht einzigen wahlentscheidenden Gesichtspunkt eines Schülers mit den vielen gekennzeichneten Gesichtspunkten eines anderen Schülers als gleichwertig zu betrachten. Eine Gewichtung der Gesichtspunkte scheint mir jedoch nicht möglich, denn das wirklich wahlentscheidende Gewicht eines Gesichtspunkts nimmt nicht unbedingt mit der Anzahl der insgesamt gekennzeichneten Items linear ab. Ich habe mich deshalb entschlossen, alle gekennzeichneten Items als gleichwertig zu betrachten.

Tabelle 5.2.–1: Anzahl (f) und Prozentanteil (P) der Schüler, die die Items als wahlentscheidend gekennzeichnet haben (R_f = Rangplatzziffer)

Item	f	P	R_f
1 Das Thema interessiert mich	48	65,7	1
10 Das Thema liegt mir	35	47,9	2
4 Der Lehrer ist mir sympathisch	30	41,1	2
2 Ich kenne den Lehrer aus früherem Unterricht	27	36,9	4
17 Der Lehrer macht sein Fach interessant	26	35,6	5
12 Das Thema gehört zur Allgemeinbildung	24	32,8	6,5
16 Das Thema ist aktuell	24	32,8	6,5
26 Ich komme mit dem Lehrer gut aus	22	30,1	8
13 Der Lehrer ist in seinem Fach ein Fachmann	20	27,4	9,5
35 Das Thema regt mich zur Diskussion an	20	27,4	9,5
8 Für das Thema besitze ich die nötigen Vorkenntnisse	19	26,0	11,5
40 Der Lehrer erklärt gut	19	26,0	11,5
38 Der Lehrer regt mich zur Mitarbeit an	18	24,6	13
21 Die Unterrichtsmethoden des Lehrers sagen mir zu	17	23,3	15
23 Mit dem Thema habe ich mich bereits privat beschäftigt	17	23,3	15
24 Der Lehrer ist gerecht	17	23,3	15
31 Über das Thema möchte ich im Abitur geprüft werden	16	21,9	17
36 Der Lehrer regt mich zur zusätzlichen Beschäftigung mit dem Thema an	12	16,4	18,5
34 Der Lehrer wäre mir als Prüfer im Abitur angenehm	12	16,4	18,5
6 Das Thema ist wichtig für meine Studien- und Berufspläne	9	12,3	20
3 Ich muß für das Thema viel arbeiten	8	10,9	21,5
32 Ich bin dem Lehrer sympathisch	8	10,9	21,5
18 Die Arbeitsgruppe ist für schwache Schüler besonders günstig	6	8,2	23
5 Der Lehrer hat Einfluß im Kollegium	5	6,8	25
14 Ein ähnliches Thema wurde bereits einmal behandelt	5	6,8	25
37 Zu diesem Thema möchte ich ein Referat verfassen	5	6,8	25
27 Das Thema ist originell	4	5,5	27,5
33 Der Lehrer verlangt hohen Arbeitsaufwand	4	5,5	27,5
11 Der Lehrer zensiert streng	3	4,1	30
15 Der Lehrer überfordert meine Fähigkeiten	3	4,1	30
29 Der Lehrer verlangt regelmäßige Teilnahme am Unterricht	3	4,1	30
7 Meine Freunde würden in dieser Arbeitsgruppe gern mitarbeiten	2	2,7	34
9 Ich kenne den Lehrer privat	2	2,7	34
20 Das Thema überfordert meine Fähigkeiten	2	2,7	34
22 Der Lehrer ist bei den Schülern allgemein beliebt	2	2,7	34
28 Der Lehrer ist mir ein Vorbild	2	2,7	34
19 Der Lehrer imponiert mir	1	1,4	38
30 Diesen Lehrer möchte ich abwählen	1	1,4	38
41 Unter dem Thema kann ich mir nicht allzuviel vorstellen	1	1,4	38
25 Die Schüler, die mit mir zusammen in der 11. Klasse waren, werden diese Arbeitsgruppe vor allem wählen	–	–	40,5
39 Das Thema ist bei den Schülern allgemein beliebt	–	–	40,5

Etwas geringer ist die Bedeutung der folgenden Items: Das gewählte Thema soll zur Diskussion anregen (Item 35), die Schüler möchten die erforderlichen Vorkenntnisse besitzen (Item 8) und sich mit dem Thema auch schon privat beschäftigt haben (Item 23), schließlich soll das Thema als möglicher Prüfungsgegenstand geeignet sein (Item 31). Alle vier Items korrelieren bei der Einschätzung des Wahlangebots deutlich mit dem Faktor B: Instrumentelle Passung des Themas. Auch die bereits genannten Items 1 und 10 korrelieren mit diesem Faktor (vgl. Tabelle 4.2–4). Nach dem Interesse am Thema (Item 1) und dessen objektiver Relevanz ist den Schülern also an dritter Stelle die Frage als wahlentscheidend bewußt, ob das Thema sie dazu anregt und ob sie selbst die Voraussetzungen dazu mitbringen, im Unterricht der Arbeitsgruppe erfolgreich mitzuarbeiten und die gestellten Anforderungen zu erfüllen.

Wichtigster Gesichtspunkt bei der Beurteilung der Lehrer ist nach Meinung der Schüler die affektive Valenz des Lehrers (Item 4). Fast ebenso häufig wird es als wichtig bezeichnet, den Lehrer aus früherem Unterricht zu kennen (Item 2), während nur zwei Schüler auch die Frage bedenken wollen, ob sie den Lehrer privat kennen (Item 9).

Weiterhin ist wichtig: Der Lehrer soll sein Fach interessant machen (Item 17) und fachliche Kompetenz besitzen (Item 13). Die Schüler möchten sicher sein, mit dem Lehrer gut auskommen zu können (Item 26). Der Lehrer soll gut erklären (Item 40), zur Mitarbeit anregen (Item 38) und den Unterricht methodisch ansprechend gestalten (Item 21). Diese Items verweisen auf die Faktoren H (Didaktische Kompetenz des Lehrers) und A (Emotionale Beziehung zum Lehrer).

Überhaupt nicht wichtig ist den Schülern dagegen die Zusammensetzung der Gruppe: Kein Schüler scheint besonderen Wert darauf zu legen, daß seine Mitschüler aus der 11. Klassenstufe dieselbe Arbeitsgruppe wählen wie er (Item 25). Nur zwei Schüler halten es für wichtig, daß ihre Freunde dieselbe Arbeitsgruppe wählen (Item 7). Demnach scheinen die Schüler die Arbeitsgruppen kaum als Ort der möglichen Befriedigung sozialer Bedürfnisse zu erleben.

Von den auf den Lehrer bezogenen Items wurde am seltensten das Item 30 als wahlentscheidend markiert: Nur ein Schüler bezeichnet es als wichtig, einen bestimmten Lehrer „abzuwählen". – Dieses Ergebnis muß überraschen. Denn von Lehrern und Schülern wird es immer wieder als ein besonderer Vorteil des Buxtehuder Modells dargestellt, daß die Schüler den Lehrern, bei denen sie auf keinen Fall am Unterricht teilnehmen möchten, dadurch sicher ausweichen können, daß sie die von diesen Lehrern angebotenen Arbeitsgruppen an die letzte Stelle des Wahlzettels setzen und damit „abwählen". Von dieser Möglichkeit werden die

Schüler auch bei dieser Wahl Gebrauch gemacht haben . Nur ist bei der eigentlichen Wahlentscheidung vermutlich weniger die Frage wichtig, welchen Lehrer die Schüler „abwählen“ will, sondern, von welchem Lehrer er am liebsten im nächsten Schuljahr unterrichtet werden möchte.

Nach Meinung der Schüler haben jene Eigenschaften des Lehrers kaum wahlentscheidenden Einfluß, die nicht ausdrücklich mit der antizipierten Art seiner Unterrichtsgestaltung und der emotionalen Beziehung zu ihm verbunden sind. So bezeichnet es nur ein Schüler als entscheidendes Kriterium, ob der Lehrer ihm imponiert (Item 19), zwei Schüler fragen, ob der Lehrer ihnen ein Vorbild ist (Item 28). Ein Bedürfnis nach Identifikation bzw. die Neigung, sich mit dem emotional positiv bewerteten Lehrer zu identifizieren, scheint den Schülern nicht bewußt zu sein.

Das Anforderungsniveau des Lehrers (Faktor C) schätzen nur wenige Schüler als für ihre Wahlentscheidung wichtig ein. Die meisten Schüler glauben, bei der Wahl nicht zu berücksichtigen, wie streng die Lehrer zensieren (Item 11), wie hoch der ihnen abverlangte Arbeitsaufwand sein wird (Item 33) und bei welchem Lehrer sie mehr oder weniger regelmäßig am Unterricht teilnehmen müssen (Item 29). An der Verteilung der Wahlen auf die Arbeitsgruppen (vgl. Abschnitt 5.1.1) hat sich jedoch bereits gezeigt, daß relativ viele Schüler jene Arbeitsgruppen wählen, deren Lehrer nach dem Urteil aller Schüler vergleichsweise geringe Anforderungen stellen. Dieser Widerspruch wird später im Zusammenhang mit weiteren Ergebnissen ausführlich zu diskutieren sein (vgl. Abschnitt 5.2.3).

Zusammenfassung: Die Wahlkriterien nach der Selbsteinschätzung durch die Schüler

Die Schüler haben im Wahlfragebogen die dort in den Items vorgegebenen Gesichtspunkte mit unterschiedlicher Häufigkeit als wahlentscheidend gekennzeichnet (vgl. Tabelle 5.2.–1). Zur Übersicht ist in der folgenden Tabelle zusammengestellt, wie oft die Schüler im Durchschnitt jene Items als wahlentscheidend gekennzeichnet haben, die die Dimensionen der Beurteilung des Wahlangebots (vgl. Abschnitt 4.2) kennzeichnen. Die Reihenfolge der Faktoren spiegelt die Rangfolge ihrer wahlentscheidenden Bedeutung wider.

Tabelle 5.2–2: Mittlere Häufigkeit ($\bar{f}$), mit der die Markieritems der Faktoren A bis J von den Schülern als wahlentscheidend gekennzeichnet werden

Faktor		$\bar{f}$[54]
B	Instrumentelle Passung des Themas	22,7
H	Didaktische Kompetenz des Lehrers	20,7
A	Emotionale Beziehung zum Lehrer	19,7
E	Objektive Relevanz des Themas	16,0
G	Bekanntheit des Lehrers	14,5
F	Kontinuität der Lernsituation	12,4
I	Interesse am Thema	11,3
C	Anforderungsniveau des Lehrers	3,3
D	Subjektive Überforderung	2,5
J	Zusammensetzung der Gruppe	1,0

Die folgenden Punkte können zusammenfassend festgehalten werden:

1) Nach der Selbsteinschätzung durch die Schüler ist das Thema am häufigsten wahlentscheidend. Es soll den eigenen Interessen und Neigungen entsprechen, objektiv wichtig sein und dem Schüler eine erfolgreiche Mitarbeit im Unterricht möglich machen.

2) Wichtigste Gesichtspunkte hinsichtlich der Lehrer sind die emotionale Beziehung (vor allem Item 4: Der Lehrer ist mir sympathisch) und die Bekanntheit des Lehrers aus früherem Unterricht.

3) Die Zusammensetzung der Gruppe schätzen die Schüler als nicht wichtig ein.

4) Das Anforderungsniveau des Lehrers bezeichnen nur sehr wenige Schüler als Wahlkriterium, ebenso die Vermeidung subjektiver Überforderung.

5.2.2 Die tatsächlichen Wahlkriterien

Waren die Schüler sich bei der Selbsteinschätzung der Wahlkriterien (Abschnitt 5.2.1) des tatsächlich wahlentscheidenden Gewichts der ihnen vorgelegten Gesichtspunkte hinreichend bewußt? Oder finden in den Angaben der Schüler mehr oder weniger jene Maßstäbe Ausdruck, die nach Meinung der Schüler in der Schule oder bei den ihr Wahlverhalten

[54] Bei den Faktoren E und G ist der Wert für die mittlere Häufigkeit ($\bar{f}$) nicht repräsentativ. Berücksichtigt man beim Faktor E nur die Items 16 und 12, so beträgt $\bar{f}$ = 24,0, betrachtet man beim Faktor G nur die Bekanntheit aus früherem Unterricht, so steht dieser Gesichtspunkt mit f = 27 an der ersten Stelle.

untersuchenden Forschern als erwünscht gelten? Diese Vermutung drängte sich bereits im vorigen Abschnitt auf, als bezweifelt werden müßte, daß das Interesse am Thema (Item 1) jenen herausragend starken Einfluß auf die Wahlentscheidung hat, den die Schüler diesem Aspekt zusprechen, und daß das Anforderungsniveau der Lehrer nur bei wenigen Schülern bei der Wahlentscheidung ausschlaggebend ist. Weisen diese Ergebnisse eher auf die in der Halepaghenschule erwünschten als auf die wirklichen Wahlkriterien der Schüler hin?

Wie kann diese Vermutung überprüft werden? Wie kann das tatsächlich wahlentscheidende Gewicht der verschiedenen Gesichtspunkte ermittelt werden? – Die folgenden methodischen Überlegungen gehen von der Annahme aus, daß die Schüler – anders als bei der Kennzeichnung der wahlentscheidenden Kriterien – bei der Einschätzung der zur Wahl stehenden Arbeitsgruppen weniger bedenken, in welchem Maße die einzelnen Gesichtspunkte als Wahlkriterien erwünscht sind, sondern daß sie lediglich die Arbeitsgruppen vergleichend beschreiben, ohne die einzelnen Gesichtspunkte zu werten.

Im Abschnitt 4.3 (Vergleichende Beurteilung des Wahlangebots) ist bereits deutlich geworden, daß die meisten Schüler nach ihren persönlichen Kriterien zwischen den angebotenen Arbeitsgruppen bei den meisten Items deutliche Unterschiede erkennen können. Nicht bei jedem Gesichtspunkt werden sie jedoch die Arbeitsgruppe wählen oder wählen können, auf die nach ihrer persönlichen Meinung die Aussage des Items am stärksten (bzw. am wenigsten) zutrifft. Denn nicht alle in dieser Weise positiven Einschätzungen werden auf dieselbe Arbeitsgruppe entfallen. Deshalb müssen die Schüler die Vor- und Nachteile der verschiedenen Arbeitsgruppen gegeneinander abwägen, bis sich diejenige herauskristallisiert, die ihren subjektiven Bedürfnissen unter den Bedingungen der Lernsituation voraussichtlich am besten entspricht. Diese Arbeitsgruppe wird der einzelne Schüler bei jenen Gesichtspunkten besonders positiv einschätzen, die ihm bei der Wahlentscheidung besonders wichtig sind, während er bei weniger wichtigen Gesichtspunkten auch eine Arbeitsgruppe wählt, die seinen subjektiven Bewertungskriterien weniger entspricht.

Je positiver also ein Schüler die von ihm an erster Stelle gewählte Arbeitsgruppe unter einem bestimmten Gesichtspunkt einschätzt, desto größer ist aller Wahrscheinlichkeit nach das wahlentscheidende Gewicht dieses Gesichtspunktes. Wenn dagegen ein Schüler „seine" Arbeitsgruppe unter einem Gesichtspunkt nicht als besonders profiliert erlebt, dann sieht er entweder in dieser Hinsicht keine Wahlmöglichkeit, oder er bedenkt die an sich bestehenden und vielleicht auch von ihm erkannten Unterschiede bei der Wahlentscheidung nicht, so daß eine nicht an erster oder eine gar an letzter Stelle gewählte Arbeitsgruppe einen höheren Schätzwert erhält als die von ihm bevorzugt gewählte Arbeitsgruppe.[55]

Die vorgeschlagenen Analysen sagen jedoch kaum etwas darüber aus, wie wünschenswert den Schülern die verschiedenen Wahlkriterien sind. So kann z. B. ein subjektiv als wichtig bewertetes Kriterium deshalb nicht zum Tragen kommen, weil das Wahlangebot in dieser Hinsicht keine Wahlmöglichkeiten bietet. – Die folgenden Analysen sollen jedoch nicht die Frage beantworten, nach welchen Kriterien die Schüler wählen *möchten*, sondern nach welchen Kriterien sie in ihrer konkreten Situation die Wahlentscheidung *tatsächlich* treffen. Nur diese Frage kann dazu beitragen, den Grad an Emanzipation zu bestimmen, der durch wahldifferenzierten Unterricht, wie er im Buxtehuder Modell praktiziert wird, bereits erreicht wird.

Gegenstand der folgenden Analysen ist also konkret die Frage: Bei welchen Gesichtspunkten und in welchem Grad beurteilen die Schüler die von ihnen an erster Stelle gewählten Arbeitsgruppen tendenziell positiver als die *nicht* an erster oder gar als die an letzter Stelle gewählten Arbeitsgruppen?

Diese Frage kann beantwortet werden, indem geprüft wird, bei welchen Gesichtspunkten die Schüler zwischen den von ihnen an erster und den von

[55] Dieser Gedankengang ist allerdings nicht in jedem Fall zwingend. Es ist durchaus möglich, daß ein Schüler die von ihm gewählte Arbeitsgruppe unter einem bestimmten Gesichtspunkt als besonders positiv einschätzt, ohne daß dieser Gesichtspunkt seine Wahlentscheidung beeinflußt. Diese Übereinstimmung zwischen positiver Bewertung und der Wahl ein und derselben Arbeitsgruppe kann aber bei den einzelnen Schülern als zufällig verstanden werden und wird sich nicht als Fehler auswirken, wenn die Daten aller oder mehrerer Schüler herangezogen werden. Wenn dagegen solche Übereinstimmungen häufiger auftreten, scheint mir die Annahme berechtigt, daß der Gesichtspunkt die Wahlentscheidung beeinflußt, daß also die genannten Übereinstimmungen nicht zufällig zustandekommen. – Es ist andererseits auch möglich, daß ein wichtiges Wahlkriterium sich nicht in einem herausragenden Schätzwert für die gewählte Arbeitsgruppe ausdrückt: Ein Schüler kann eine Arbeitsgruppe unter einem bestimmten Gesichtspunkt als nur gering von allen anderen Arbeitsgruppen verschieden erleben, diesen quantitativ geringen Vorteil aber hoch bewerten und stark auf seine Wahlentscheidung einwirken lassen. Dieser Zusammenhang würde bei der vorgeschlagenen Methode der Analyse nicht erkennbar sein. Nun ist aber zu bedenken, daß die hier zu interpretierenden Daten Schätzurteile und keine „objektiven" Angaben sind. Sie spiegeln wider, in welchem Ausmaß die Schüler gewisse Merkmale bei den von ihnen gewählten oder nicht gewählten Arbeitsgruppen ausgeprägt sehen. In dieser subjektiven Komponente liegt aber gerade eine Chance für die beabsichtigte Interpretation: Die Schüler werden gerade bei jenen Gesichtspunkten, die ihnen bei der Wahlentscheidung besonders wichtig sind, die Schätzurteile tendenziell zugunsten der an erster Stelle und zum Nachteil der an letzter Stelle gewählten Arbeitsgruppe abgeben. Sie können auf diese Weise ihrer Wahlentscheidung angesichts der ihnen subjektiv wichtigen Kriterien Profil verleihen und ihre Wahlentscheidung als begründet und richtig verstehen.

ihnen nicht an erster Stelle (insbesondere an letzter Stelle) gewählten Arbeitsgruppen besonders große und statistisch bedeutsame Unterschiede sehen. Dieses Vorgehen entspricht der oben formulierten Annahme, daß die Schüler bei der Einschätzung der Arbeitsgruppen um so stärker differierende Schätzurteile abgeben, je wichtiger ihnen ein Gesichtspunkt bei der Wahlentscheidung ist.

Allerdings interessieren hier weniger die Wahlkriterien für die einzelnen Arbeitsgruppen, sondern es sollen die Gesichtspunkte deutlich werden, nach denen alle Schüler ihre Arbeitsgruppen wählen. Deshalb müssen bei den einzelnen Items die Schätzwerte aller Schüler für die von ihnen an erster Stelle gewählten Arbeitsgruppen mit den Schätzwerten für die an letzter Stelle gewählten Arbeitsgruppen verglichen werden.

Problematisch ist an diesem Vorgehen, daß Schätzwerte miteinander verrechnet werden müssen, die sich auf verschiedene Beurteilungsobjekte (nämlich Arbeitsgruppen) beziehen. Es ist dabei nicht zu kontrollieren, welchen Einfluß die zwischen den Arbeitsgruppen bestehenden Unterschiede auf die Berechnung haben. Daß solche Unterschiede nach dem Urteil aller Schüler bestehen, wurde ja gerade im Abschnitt 4.3 deutlich. Deshalb dürfen gleiche Schätzwerte zweier Schüler, die sich auf verschiedene Arbeitsgruppen beziehen, nicht ohne weiteres als gleichwertig behandelt werden.[56]

Diese Unvergleichbarkeit der Schätzwerte für verschiedene Arbeitsgruppen kann durch die Transformierung der Schätzwerte in Standardwerte (vgl. Abschnitt 3.3.2) aufgehoben werden. Die Differenzen zwischen den Mittelwerten dieser zu Standardwerten transformierten Schätzwerte können unter den oben dargelegten Annahmen als Hinweis auf das

[56] Das Beispiel eines Items, bei dem nach dem Urteil aller Schüler große Unterschiede zwischen den Arbeitsgruppen bestehen, macht dies deutlich: Bei Item 5 (Der Lehrer hat Einfluß im Kollegium) tragen die „Erstwähler" der einzelnen Arbeitsgruppen die Schätzwerte mit folgender Häufigkeit ein:

Arbeitsgruppe	Schätzwert 0	1	2	3	4	M	s
1	1	4	4	–	–	0,79	0,76
2	–	3	6	1	1	1,54	0,82
3	–	2	4	7	1	2,21	0,76
4	–	3	4	2	–	1,36	0,84
5	–	3	3	11	1	2,26	0,85
6	–	–	–	2	9	3,81	0,43

Deutlich ist erkennbar, daß der Schätzwert 2, den Schüler für die Arbeitsgruppen 1, 4 und 2 eintragen, nicht mit dem gleichen Schätzwert bei den Arbeitsgruppen 3 und 5 gleichgesetzt werden kann: Im ersten Fall sprechen die Schüler den Lehrern stärkeren Einfluß im Kollegium zu als die meisten anderen „Erstwähler", im zweiten Fall ist das Schätzurteil vergleichsweise negativ.

wahlentscheidende Gewicht der verschiedenen Gesichtspunkte verstanden werden.[57]

Eine statistische Prüfung dieser Mittelwertdifferenzen ist mit dem „Wilcoxon matched-pairs signed-ranks test" (vgl. Abschnitt 3.3.6) möglich. Bei der Interpretation der Ergebnisse ist es jedoch allein interessant, bei welchen Items die Schüler vergleichsweise große bzw. geringe Unterschiede zwischen den von ihnen gewählten und den nicht gewählten Arbeitsgruppen sehen. Die Größe der Zufallswahrscheinlichkeit dieser Differenzen ist weniger bedeutsam, sie sollte jedoch berechnet werden, damit nicht Unterschiede interpretiert werden, die nur zufällig aufgetreten sein können.[58]

[57] Ein Vergleich der Auswertung auf der Grundlage der originalen Schätzwerte mit der Auswertung nach der Transformierung in Standardwerte ergibt: Die Rangfolge der Items ändert sich nur geringfügig. Kein Item verschiebt sich in der Hierarchie aller Items um mehr als acht, nur zehn Items verschieben sich um mehr als vier Rangplätze. Allerdings zeigt sich bei Item 5, an dem ich oben die Notwendigkeit, die Schätzwerte in Standardwerte zu transformieren, demonstriert habe, daß die Zweifel zu Recht bestehen: Der Rangplatz dieses Items hat sich zwar nur gering, aber im Vergleich zu den anderen Items doch stark – nämlich um 6 Rangplätze – verschoben. Insgesamt dürfen aber die Ergebnisse beider Berechnungen als nahezu identisch betrachtet werden. Zwischen den Mittelwertdifferenzen der Ratingwerte und den Mittelwertdifferenzen der Standardwerte besteht eine Rangkorrelation von rho = .95.

[58] Neben dieser Auswertungsmöglichkeit bieten sich auch die folgenden Vorgehensweisen an:

1) Es kann geprüft werden, bei welchen Gesichtspunkten ein Zusammenhang besteht zwischen der Einschätzung einer Arbeitsgruppe und dem Platz, den diese Arbeitsgruppe auf den Wahlzetteln der Schüler erhält. Die Intensität dieses Zusammenhangs kann durch den Rangkorrelationskoeffizienten (rho) nach Spearman (vgl. Guilford 1965, S. 305) dargestellt werden. Für jede Arbeitsgruppe und jedes Item ist die Rangkorrelation zwischen den Schätzwerten aller Schüler und den Wahlplatzziffern, die die Arbeitsgruppe von denselben Schülern erhält, zu berechnen. Dabei ist die große Zahl rangplatzgleicher Werte („ties"), die sich dadurch ergibt, daß die Schätzurteile nur fünf, die Wahlplatzziffern nur sechs verschiedene Werte annehmen können, in der von Siegel vorgeschlagenen Weise (vgl. Siegel 1956, S. 206 f.) zu berücksichtigen. Die Ergebnisse werden zumeist negativ sein: Zustimmende (hohe) Schätzurteile werden mit niedrigen Rangplatzziffern einhergehen, was bedeutet, daß die positiv eingeschätzte Arbeitsgruppe an vorderer Stelle gewählt wird. Um die Interpretation zu erleichtern, kann das Vorzeichen umgekehrt werden, so daß eine positive Korrelation auch einen positiven Zusammenhang ausdrückt: Wird eine Arbeitsgruppe bei einem Gesichtspunkt relativ günstig beurteilt, so wird sie auch an vorderer Stelle gewählt.

Die Ergebnisse der einzelnen Arbeitsgruppen interessieren hier jedoch weniger; gefragt ist nach den Wahlkriterien aller Schüler bei der Beurteilung aller Arbeitsgruppen. Die Ergebnisse aller sechs Arbeitsgruppen können zusammengefaßt werden zum Mittelwert der absoluten Beträge der Rangkorrelationskoeffizienten ($\overline{\text{rho}}$). Diese mittlere Rangkorrelation kann als Indikator für den Zusammenhang verstanden werden, der zwischen der Einschätzung der Arbeitsgruppen und der Wahlentscheidung besteht. Die 41 Items des Fragebogens können nach der absoluten Höhe von $\overline{\text{rho}}$ in eine Rangfolge gebracht werden, bei der jene Gesichtspunkte voranstehen, die bei der Aufstellung der Wahlfolge aller Arbeitsgruppen das größte Gewicht haben.

Im folgenden soll zunächst analysiert werden, nach welchen Kriterien die Schüler sich gegen bestimmte Arbeitsgruppen entscheiden und diese „abwählen", d. h. an die letzte Stelle ihres Wahlzettels setzen (Abschnitt 5.2.2.1). Anschließend sollen die Kriterien identifiziert werden, nach

2) Es kann geprüft werden, bei welchen Gesichtspunkten jene Schüler, die eine Arbeitsgruppe an erster Stelle wählen, diese Arbeitsgruppe im Vergleich zu ihren Mitschülern mit extremen Schätzwerten beurteilen. Auch dieser Berechnung liegt die Annahme zugrunde, daß die Wähler einer Arbeitsgruppe sich in der Beurteilung dieser Arbeitsgruppe um so deutlicher von ihren Mitschülern unterscheiden, je wichtiger ihnen ein Gesichtspunkt bei der Wahlentscheidung ist. Sie wählen diese Arbeitsgruppe, weil sie ein als wünschenswert erlebtes Merkmal bei dieser Arbeitsgruppe stärker ausgeprägt sehen als ihre Mitschüler.
In welchem Grad sich einzelne Versuchspersonen in bestimmten Merkmalen von einer größeren Population oder Stichprobe unterscheiden, kann durch die Berechnung des Standardwertes (z-Wertes) dieser Personen (vgl. Abschnitt 3.3.2) bestimmt werden.
Diese Berechnung von z-Werten bietet den Vorteil, daß die Daten aller Schüler (N = 73) für die verschiedenen an erster Stelle gewählten Arbeitsgruppen zum Mittelwert ($\bar{z}$) verrechnet werden dürfen. Durch die Transformierung in Standardwerte können sich Fehler, die sich aus den unterschiedlich hohen Mittelwerten aller Schüler und der bei den Arbeitsgruppen unterschiedlich starken Varianz der Daten ergeben könnten, nicht auswirken.
Je stärker die Erstwähler in diesem Sinne in positiver oder negativer Weise von den Schätzurteilen der anderen Schüler abweichen, desto stärker wirkt sich wahrscheinlich der entsprechende Gesichtspunkt auf die Wahlentscheidung der Schüler aus. Die Items des Fragebogens können deshalb nach der Höhe der absoluten Beträge der Mittelwerte der z-Werte aller Erstwähler in eine Rangfolge gebracht werden, die als eine Annäherung an die tatsächliche Hierarchie der Wahlkriterien verstanden werden kann.
Ich habe im Laufe der Auswertung der Daten diese drei Auswertungsmöglichkeiten durchgeführt: Die Ergebnisse unterscheiden sich kaum voneinander.
Wenn man die Reihenfolge betrachtet, in der die verschiedenen Gesichtspunkte des Wahlfragebogens sich als wahlentscheidend erweisen, ergeben sich zwischen den drei verschiedenen Auswertungen

- Differenz zwischen den Mittelwerten der transformierten Schätzwerte für die an erster und die an letzter Stelle gewählten Arbeitsgruppen ($M_1 - M_6$)
- mittlere Rangkorrelation zwischen den Schätzwerten und den Wahlpositionsziffern der Arbeitsgruppen ($\overline{rho}$)
- mittlerer Standardwert der Erstwähler im Vergleich mit den Schätzwerten aller Schüler ($\bar{z}$)

die folgenden Rangkorrelationen:

	$M_1 - M_6$	$\overline{rho}$
$\overline{rho}$	.96	
$\bar{z}$	.95	.94

Angesichts der hohen Übereinstimmung erübrigt sich eine vergleichende Betrachtung der Ergebnisse. Eine spezifische Tendenz ist an keiner der Datenreihen zu erkennen. Die Abweichungen erscheinen als zufällig. Es genügt also die Analyse der Wahlkriterien nach einer Methode. Ich gebe der zunächst (im Haupttext) vorgeschlagenen Methode den Vorzug, insbesondere aus folgendem Grund: Der Vorteil dieser Methode besteht darin, daß sie variiert werden kann. Ebenso wie die an erster Stelle gewählten Arbeitsgruppen mit den an letzter Stelle gewählten verglichen werden, können sie auch mit den an jeder anderen Stelle der Wahlzettel eingetragenen Arbeitsgruppen verglichen werden. Diese Variation ermöglicht differenziertere Analysen als die beiden anderen Methoden.

denen die Schüler schließlich ihre „engere" Wahlentscheidung, nämlich zwischen der an erster und der an zweiter Stelle zu wählenden Arbeitsgruppe treffen (Abschnitt 5.2.2.2).

5.2.2.1 Kriterien bei der „Abwahl" von Arbeitsgruppen

Nach welchen Kriterien wählen die Schüler aus dem gesamten Wahlangebot jene Arbeitsgruppen aus, an denen sie auf keinen Fall oder am wenigsten gern teilnehmen möchten und die sie deshalb auf ihrem Wahlzettel an letzter Stelle eintragen?

Diese Fragen können beantwortet werden, indem die zu Standardwerten transformierten Schätzwerte der Schüler für die an erster Stelle gewählten Arbeitsgruppen mit den Schätzwerten derselben Schüler für die an letzter Stelle gewählten Arbeitsgruppen verglichen werden. (Vgl. dazu die vorangegangenen Überlegungen.) Die erforderlichen Daten liegen bei fast allen Items von N = 72 Schülern vor. Bei keinem Item ist N kleiner als 67. – Die Ergebnisse der entsprechenden Berechnungen sind in der folgenden Tabelle wiedergegeben:

Tabelle 5.2–3: Rangfolge der Wahlkriterien bei der „Abwahl" von Arbeitsgruppen

M_1 = Mittelwert der zu Standardwerten transformierten Schätzwerte für die an erster Stelle gewählten Arbeitsgruppen

$D_{1/6}$ = Differenz zwischen den Mittelwerten für die an erster Stelle (M_1) und die von den gleichen Schülern an letzter Stelle (M_6) gewählten Arbeitsgruppen. (Nach dem absoluten Betrag dieser Differenzen sind die Items in der Tabelle angeordnet.)

M_6 = (der Mittelwert für die an letzter Stelle gewählten Arbeitsgruppen) wird in der Tabelle nicht aufgeführt. Er kann ggf. leicht berechnet werden, indem von M_1 die Differenz ($D_{1/6}$) subtrahiert wird. Zwischen den Datenreihen M_1 und M_6 besteht ein negativer korrelativer Zusammenhang von rho = –.86.

$R_{1/6}$ = Rangplatz des Kriteriums bei der Abwahl von Arbeitsgruppen

Item	M_1	$D_{1/6}$	$R_{1/6}$
4 Der Lehrer ist mir sympathisch	0,87	1,52	1
21 Die Unterrichtsmethoden des Lehrers sagen mir zu	0,84	1,47	2
1 Das Thema interessiert mich	0,87	1,40	3
31 Über das Thema möchte ich im Abitur geprüft werden	0,84	1,37	4
34 Der Lehrer wäre mir als Prüfer im Abitur angenehm	0,78	1,36	5
30 Diesen Lehrer möchte ich abwählen	–0,75	–1,35	6
10 Das Thema liegt mir	0,79	1,30	7
26 Ich komme mit dem Lehrer gut aus	0,69	1,25	8,5

Item	M_1	$D_{1/6}$	$R_{1/6}$
38 Der Lehrer regt mich zur Mitarbeit an	0,74	1,25	8,5
37 Zu dem Thema möchte ich ein Referat verfassen	0,61	1,12	10
17 Der Lehrer macht sein Fach interessant	0,58	1,02	11
40 Der Lehrer erklärt gut	0,52	1,00	12
7 Meine Freunde würden in dieser Arbeitsgruppe gern mitarbeiten	0,57	0,98	13,5
32 Ich bin dem Lehrer sympathisch	0,58	0,98	13,5
19 Der Lehrer imponiert mir	0,58	0,96	15
2 Ich kenne den Lehrer aus früherem Unterricht	0,66	0,94	16
36 Der Lehrer regt mich zur zusätzlichen Beschäftigung mit dem Thema an	0,57	0,93	17
28 Der Lehrer ist mir ein Vorbild	0,46	0,91	18,5
9 Ich kenne den Lehrer privat	0,68	0,91	18,5
25 Die Schüler, die mit mir zusammen in der 11. Klasse waren, werden diese Arbeitsgruppe vor allem wählen	0,40	0,86	20
8 Für das Thema besitze ich die nötigen Vorkenntnisse	0,53	0,85	21
22 Der Lehrer ist bei den Schülern allgemein beliebt	0,51	0,84	22,5
35 Das Thema regt mich zur Diskussion an	0,48	0,84	22,5
24 Der Lehrer ist gerecht	0,40	0,70	24
5 Der Lehrer hat Einfluß im Kollegium	0,41	0,65	25
23 Mit dem Thema habe ich mich bereits privat beschäftigt	0,43	0,60	26,5
39 Das Thema ist bei den Schülern allgemein beliebt	0,19	0,60	26,5
20 Das Thema überfordert meine Fähigkeiten	−0,25	−0,50	28
13 Der Lehrer ist in seinem Fach ein Fachmann	0,31	0,49	29
6 Das Thema ist wichtig für meine Studien- und Berufspläne	0,19	0,45	30
14 Ein ähnliches Thema wurde bereits einmal behandelt	0,14	0,42	31
12 Das Thema gehört zur Allgemeinbildung	0,23	0,40	32
33 Der Lehrer verlangt hohen Arbeitsaufwand	0,20	0,39	33,5
29 Der Lehrer verlangt regelmäßige Teilnahme am Unterricht	0,23	0,39	33,5
41 Unter dem Thema kann ich mir nicht allzuviel vorstellen	−0,30	−0,34	35
15 Der Lehrer überfordert meine Fähigkeiten	−0,24	−0,31	36,5
16 Das Thema ist aktuell	0,16	0,31	36,5
27 Das Thema ist originell	0,16	0,27	38
3 Ich muß für das Thema viel arbeiten	0,16	0,15	39
11 Der Lehrer zensiert streng	−0,04	−0,10	40
18 Die Arbeitsgruppe ist für schwache Schüler besonders günstig	−0,04	0,02	41

Die unter $D_{1/6}$ aufgeführten Differenzen zwischen den Mittelwerten für die an erster und die an letzter Stelle gewählten Arbeitsgruppen sind – außer bei den letzten drei Items – nach dem Wilcoxon-Test auf dem 5%-Niveau signifikant. Bis zum Rangplatz 29 (Item 13) können alle Differenzen mit weniger als 0,1% Irrtumswahrscheinlichkeit als nicht zufällig verstanden werden. Dieses Ergebnis bestätigt, daß die Schüler unter den meisten Gesichtspunkten deutliche Wahlmöglichkeiten sehen und deutet an, daß sie von diesen auch Gebrauch machen.

Die größten Unterschiede zwischen den an erster und den an letzter Stelle gewählten Arbeitsgruppen sehen die Schüler auf der Dimension des Faktors A: Emotionale Beziehung zum Lehrer (vgl. die Items 4, 21, 34 und 30). Die Schüler beurteilen die von ihnen an erster Stelle gewählten Lehrer in emotionaler Hinsicht erheblich positiver als die abgewählten Lehrer. Wenn man bedenkt, daß sich diese Aussagen auf sechs verschiedene Lehrer beziehen, wird bestätigt, daß verschiedene Schüler die gleichen Lehrer auf dieser Dimension weitgehend unterschiedlich wahrnehmen und nach subjektiv verbindlichen Kriterien beurteilen. Die Schüler wählen jeweils den Lehrer an erster Stelle, von dem sie persönlich glauben, daß sie zu ihm eine gute emotionale Beziehung haben werden, und sie wählen den Lehrer an letzter Stelle, zu dem sie besonders wenig gute emotionale Beziehungen haben.

Die Frage, ob die Schüler einen bestimmten Lehrer bewußt an die letzte Stelle der Wahlfolge der Arbeitsgruppen setzen, also „abwählen" (Item 30), ist nach der Mittelwertdifferenz der Standardwerte dieses Items an sechster Stelle wahlentscheidend. Aufschlußreich ist hier eine nähere Betrachtung der nicht transformierten Schätzwerte und ihrer Mittelwerte:

Tabelle 5.2–4: Häufigkeit (f) der Schätzwerte bei Item 30 für die an *erster* Stelle gewählten Arbeitsgruppen

Schätzwert	0	1	2	3	4	M
f	50	18	2	1	1	0,41

Es haben 18 Schüler den Schätzwert 1 eingetragen und damit die Aussage, den Lehrer ihrer ersten Wahl abwählen zu wollen, nicht als „überhaupt nicht" zutreffend zurückgewiesen. Dies mag durch eine Antworttendenz bedingt sein, die extreme Schätzurteile vermeidet („error of central tendency"; vgl. Guilford 1954, S. 278 ff.). Es ist aber auch möglich, daß sich diese Schüler nicht völlig mit dem Lehrer ihrer ersten Wahl identifizieren können und am liebsten auch diesen Lehrer – wenn es nur möglich wäre – abwählen möchten. Das Angebot, unter sechs Lehrern auswählen zu dürfen, wird von diesen Schülern allenfalls als eine Milderung des Zwanges erlebt, daß das Lernen in der Schule überhaupt nur unter der Anleitung von Lehrern vorgesehen ist.

Tabelle 5.2–5: Häufigkeit (f) der Schätzwerte bei Item 30 für die an *letzter* Stelle gewählten Arbeitsgruppen

Schätzwert	0	1	2	3	4	M
f	9	11	8	11	32	2,65

Bei der Abwahl von Lehrern gibt es unter den Schülern beträchtliche Unterschiede. Nur ein Teil der Schüler – wenn auch mit 43 Schülern (ca. 60%) die größte Gruppe – will die auf dem Wahlzettel an letzter Stelle eingetragenen Lehrer bewußt abwählen. Bei einer kleineren Gruppe von 20 Schülern (ca. 28%) trifft diese Aussage dagegen „überhaupt nicht" oder „kaum" zu. Knapp zwei Drittel der Schüler macht also bewußt von der Möglichkeit Gebrauch, jenen Lehrer, bei dem sie möglichst keinen Unterricht haben möchten, abzuwählen, während ein Viertel der Schüler gegenüber dem an letzter Stelle gewählten Lehrer keine so abweisende Einstellung hat.

Hinsichtlich des Lehrers ist an zweiter Stelle die Bekanntheit des Lehrers (Faktor G; vgl. die Items 2 und 9) wahlrelevant. Auch hier ist eine nähere Betrachtung der Schätzwerte aufschlußreich:

Tabelle 5.2–6: Häufigkeit (f) der Schätzwerte bei Item 2 (Ich kenne den Lehrer aus früherem Unterricht) für die an erster und die an letzter Stelle gewählten Lehrer

Schätzwert	0	1	2	3	4	M
Lehrer an 1. Stelle	12	3	5	5	48	3,01
Lehrer an 6. Stelle	37	8	7	5	15	1,35

Deutlich können zwei Gruppen unterschieden werden: 53 Schüler (ca. 70%) wählen Lehrer, die sie aus früherem Unterricht gut kennen. Sie möchten bei diesen Lehrern wieder am Unterricht teilnehmen (vgl. Abschnitt 5.1.2). Nur eine kleine Gruppe von 15 Schülern (ca. 20%) wählt Lehrer, bei denen sie bisher „überhaupt nicht" oder „kaum" Unterricht gehabt haben. Nur wenige Schüler gehen also das Risiko ein, den Lehrer ihrer Wahl nur wenig aus eigener Unterrichtserfahrung zu kennen und sich u. U. bei der Einschätzung getäuscht zu haben. Allerdings können sich auch diese Schüler über die Lehrer durch andere Informationsquellen (private Kontakte, Berichte von Mitschülern etc.) ein hinreichend sicheres Urteil gebildet haben.

Die Verteilung der Schätzwerte ist bei den an letzter Stelle gewählten Lehrern entsprechend: 35 Schüler (ca. 50%) wählen jene Lehrer an letzter Stelle, die sie „überhaupt nicht" oder „kaum" aus früherem Unterricht kennen, während wiederum eine kleinere Gruppe von 20 Schülern (ca. 28%) gerade jene Lehrer an letzter Stelle wählt, bei denen sie bereits häufig Unterricht gehabt haben. Diese Schüler entscheiden sich wohl nicht allein um der Abwechslung willen so. Wahrscheinlich haben sie den Unterricht bei jenen Lehrern in schlechter Erinnerung und wollen auf alle Fälle vermeiden, auch im kommenden Schuljahr wieder am Unterricht dieser Lehrer teilnehmen zu müssen. Wahldifferenzierung bietet also Schülern, die zu einem Lehrer eine negative Beziehung haben, die Möglichkeit, nicht am Unterricht dieses Lehrers teilnehmen zu müssen.

Als nahezu völlig unbedeutend für die Wahlentscheidung erscheint das Anforderungsniveau des Lehrers (Faktor C) und die subjektive Überforderung durch das Thema und/oder den Lehrer (Faktor D). Alle Markieritems dieser Faktoren stehen in der Rangfolge der Items an unbedeutender Stelle. Die Schüler wollen also nicht jene Lehrer an letzter Stelle wählen, die ihrer Meinung nach hohe Anforderungen stellen, streng zensieren und regelmäßige Teilnahme am Unterricht erwarten. Dagegen werden jene Arbeitsgruppen an letzter Stelle gewählt, von denen die Schüler eine tendenziell stärkere Überforderung ihrer eigenen Fähigkeiten erwarten. Eine gute emotionale Beziehung zu den Lehrern scheint den Schülern wichtiger zu sein als ein niedriges Anforderungsniveau. Dieses Ergebnis wird jedoch noch ausführlich zu diskutieren sein (vgl. Abschnitt 5.2.3).

Zwischen den an erster und den an letzter Stelle gewählten *Themen* sehen die Schüler relativ geringe Unterschiede: nur bei vier auf das Thema bezogenen Items ist die Mittelwertdifferenzierung der Standardwerte so groß, daß diese Items in der Rangfolge unter den ersten 20 Items auftauchen. Gegenüber allen anderen auf das Thema bezogenen Items sind die folgenden Items von besonderer Bedeutung: Die an erster Stelle gewählten Themen interessieren die Schüler stärker als die an letzter Stelle gewählten (Item 1). Die Schüler möchten über die gewählten Themen lieber in der Reifeprüfung geprüft werden (Item 31), sie glauben, daß die Themen ihren Neigungen stärker entgegenkommen (Item 10) und wollen über diese Themen lieber ein Referat verfassen als über die an letzter Stelle gewählten Themen (Item 37). Die Items 10 und 31 kennzeichnen den Faktor B (Instrumentelle Passung des Themas), während das Item 37 auf den Faktor J (Interesse am Thema) verweist.

Dieser Gesichtspunkt steht jedoch in deutlicher Nähe zu der instrumentellen Eignung des Themas: Auch die Items 23 (Mit dem Thema habe ich mich bereits privat beschäftigt) und 8 (Für das Thema besitze ich die nötigen Vorkenntnisse), die ebenfalls mit dem Faktor B deutlich korrelieren, haben unter den auf das Thema bezogenen Items relativ hohe Rangplätze erhalten. Vorkenntnisse und Vertrautheit mit dem Thema beeinflussen die Wahlentscheidung jedoch deutlich weniger als eine noch unbestimmte, allgemeine Zuwendungsbereitschaft (vgl. Item 1 und 10) und die Hoffnung, bei dem gewählten Thema den Leistungserwartungen der Schule genügen zu können. (vgl. Item 31 und 37).

Die objektive Relevanz der Themen (Faktor E) hat nach den vorliegenden Ergebnissen kaum Einfluß auf die Wahlentscheidung der Schüler. Zwischen den an erster und den an letzter Stelle gewählten Themen sehen sie zwar statistisch signifikante, aber im Vergleich zu den anderen Items sehr geringe Unterschiede in der Frage, ob die Themen zur Allgemeinbildung gehören (Item 12) oder aktuell sind (Item 16).

Nicht unbedeutend scheint die Frage nach der Zusammensetzung der Gruppe (Faktor J) zu sein. Die Schüler erwarten von den an erster Stelle gewählten Gruppen in erheblich stärkerem Maße, daß ihre Freunde (Item 7) und auch ihre Mitschüler aus den 11. Klassen (Item 25) dieselbe Arbeitsgruppe wählen werden. Wichtiger als die voraussichtliche Beziehung zu den Schülern, die dieselbe Arbeitsgruppe wählen, ist den Schülern jedoch ihr Verhältnis zu dem Lehrer, der die Arbeitsgruppe leiten wird. Die Schüler erwarten, daß der Lehrer die entscheidende Bezugsperson des Lernens sein wird und daß dagegen die Zusammensetzung der Gruppe für den eigenen Lernprozeß vergleichsweise unwichtig ist.

Zusammenfassung: Kriterien bei der „Abwahl“ von Arbeitsgruppen

Anhand der Differenzen zwischen den Mittelwerten der – vorher zu Standardwerten transformierten – Schätzwerte der Schüler für die von ihnen an erster bzw. an letzter Stelle gewählten Arbeitsgruppen wurde die Rangfolge bestimmt, in der die Gesichtspunkte (Items) des Wahlfragebogens bei der „Abwahl“ von Arbeitsgruppen relevant sind. Ich fasse die in der Tabelle 5.2–2 referierten Ergebnisse dieser Berechnung zusammen, indem ich für jeden Faktor der Beurteilung des Wahlangebots (vgl. Abschnitt 4.2) die mittlere Differenz seiner Markieritems berechne. Danach sind die Faktoren bei der Wahlentscheidung zwischen der an erster und der an letzter Stelle zu wählenden Arbeitsgruppe (= „Abwahl“) in folgender Reihenfolge relevant.

Tabelle 5.2–7: Wahlentscheidendes Gewicht der Faktoren bei der ,,Abwahl" von Arbeitsgruppen

$\bar{D}_{1/6}$ = mittlere Differenz der Markieritems des Faktors zwischen den Mittelwerten der zu Standardwerten transformierten Schätzwerte der Schüler für die an erster bzw. an letzter Stelle gewählten Arbeitsgruppen

Faktor		$\bar{D}_{1/6}$
A	Emotionale Beziehung zum Lehrer	1,12
B	Instrumentelle Passung des Themas	1,09
G	Bekanntheit des Lehrers	0,93
H	Didaktische Kompetenz des Lehrers	0,91
F	Kontinuität der Lernsituation	0,89
J	Zusammensetzung der Gruppe	0,82
I	Interesse am Thema	0,80
E	Objektive Relevanz des Themas	0,44
D	Subjektive Überforderung	–0,41
C	Anforderungsniveau des Lehrers	0,19

Den Vergleich dieser Rangfolge mit jener, nach der diese Gesichtspunkte nach der Selbsteinschätzung der Schüler wahlentscheidend sind (Abschnitt 5.2.1), werde ich im Abschnitt 5.2.3 vornehmen. Hier seien einige für die ,,Abwahl" besonders relevante Ergebnisse zusammengefaßt:

1) Am häufigsten wählen die Schüler jene Lehrer an letzter Stelle, zu denen sie eine vergleichsweise weniger gute emotionale Beziehung haben.

2) Einige Schüler können sich auch mit dem an erster Stelle gewählten Lehrer nicht völlig identifizieren.

3) Etwa 60% der Schüler machen von der Möglichkeit, einem bestimmten Lehrer durch ,,Abwahl" auszuweichen, bewußt Gebrauch, während die anderen Schüler mehr zufällig einen bestimmten Lehrer an letzter Stelle wählen.

4) Etwa 70% der Schüler wählen einen ihnen persönlich aus früherem Unterricht bekannten Lehrer an erster Stelle. Nur wenige Schüler (ca. 20%) wählen einen ihnen kaum bekannten Lehrer. Ebenso wird von einigen Schülern (knapp 30%) ein gut bekannter Lehrer an letzter Stelle gewählt, vermutlich weil die Schüler seinen Unterricht in negativer Erinnerung haben.

5) Auf das Thema bezogene Gesichtspunkte spielen bei der Abwahl von Arbeitsgruppen eine geringe Rolle. Die Schüler beurteilen die an letzter Stelle gewählten Themen nicht in gleichem Ausmaß negativer wie die abgewählten Lehrer.

5.2.2.2 Kriterien bei der Entscheidung für die an erster Stelle gewählte Arbeitsgruppe

Sind durch die Gegenüberstellung der an erster und der an letzter Stelle gewählten Arbeitsgruppen das wirklich entscheidende Wahlverhalten und die zur Beurteilung des wahldifferenzierten Unterrichts relevante Wahlentscheidung angesprochen worden? Denken die Schüler bei einem Wahlangebot von sechs verschiedenen Arbeitsgruppen wirklich in erster Linie oder überhaupt darüber nach, in welcher Reihenfolge sie sämtliche Arbeitsgruppen wählen bzw. welche Arbeitsgruppe sie „abwählen" wollen?[59]

Muß die eigentlich wesentliche Wahlentscheidung nicht vielmehr darin gesehen werden, wie die Schüler sich zwischen den zwei oder drei Arbeitsgruppen entscheiden, die ihnen nach einer ersten Sichtung des Wahlangebots subjektiv überhaupt als wählbar erscheinen? An welchen Arbeitsgruppen sie auf keinen Fall teilnehmen möchten, ist den Schülern vielleicht ohne weitere Überlegungen sofort deutlich, schwieriger ist aber wahrscheinlich die Entscheidung, welcher der in die engere Wahl einbezogenen Arbeitsgruppen sie schließlich den Vorzug geben sollen.

Aus diesen Überlegungen ergibt sich die Frage, ob bei dieser *engeren Wahlentscheidung* zwischen der ersten und der zweiten Position des Wahlzettels andere Gesichtspunkte wahlentscheidend sind bzw. ob die Kriterien ein anderes Gewicht haben. Vermutlich wird diese Entscheidung deshalb schwieriger sein, weil die Unterschiede zwischen den an vorderer Stelle zu wählenden Arbeitsgruppen geringer und häufig sogar subjektiv nicht mehr erkennbar sind. Dennoch werden die Schüler auch hier dazu neigen, die von ihnen an erster Stelle gewählten Arbeitsgruppen gegenüber den an zweiter Stelle gewählten deutlich positiver einzuschätzen. Diese Tendenz wird um so stärker sein, je wichtiger ein Gesichtspunkt den Schülern bei der engeren Wahlentscheidung ist.

Zur Analyse der bei dieser Wahlentscheidung relevanten Kriterien kann folglich die gleiche Auswertungsmethode verwandt werden wie bei der Analyse der Abwahlkriterien (Abschnitt 5.2.2.1). Hier ist jedoch nach Unterschieden zwischen den an erster und den an *zweiter* Stelle gewählten Arbeitsgruppen zu suchen. Die Ergebnisse sind in der folgenden Tabelle wiedergegeben:

[59] Die Schüler wurden ja nur für die Zwecke dieser Untersuchung gebeten, auf ihren Wahlzetteln alle sechs Arbeitsgruppen in einer Rangfolge einzutragen. Normalerweise müssen sie nur drei Arbeitsgruppen angeben.

Tabelle 5.2–8: Rangfolge der Wahlkriterien bei der „engeren" Wahlentscheidung

M_1 = Mittelwert der zu Standardwerten transformierten Schätzwerte für die an erster Stelle gewählten Arbeitsgruppen. (Geringfügige Abweichungen gegenüber der Tabelle 5.2–3 sind darauf zurückzuführen, daß für die Analyse die Daten von N = 73 Schülern vorliegen und bei fast allen Items vollständig sind.)

$D_{1/2}$ = Differenz zwischen den Mittelwerten für die an erster Stelle (M_1) und die von den gleichen Schülern an zweiter Stelle (M_2) gewählten Arbeitsgruppen. (Nach dem absoluten Betrag dieser Differenzen sind die Items in der Tabelle angeordnet.)

M_2 = (der Mittelwert für die an zweiter Stelle gewählten Arbeitsgruppen) wird hier nicht aufgeführt. Er kann aus der Differenz zwischen M_1 und $D_{1/2}$ leicht errechnet werden. Zwischen den Datenreihen M_1 und M_2 besteht ein korrelativer Zusammenhang von rho = .79.

$R_{1/2}$ = Rangplatz des Kriteriums bei der engeren Wahlentscheidung.

Item		M_1	$D_{1/2}$	$R_{1/2}$
9	Ich kenne den Lehrer privat	0,66	0,70	1
1	Das Thema interessiert mich	0,87	0,58	2,5
21	Die Unterrichtsmethoden des Lehrers sagen mir zu	0,84	0,58	2,5
2	Ich kenne den Lehrer aus früherem Unterricht	0,64	0,57	4
4	Der Lehrer ist mir sympathisch	0,85	0,50	5
10	Das Thema liegt mir	0,79	0,48	6
38	Der Lehrer regt mich zur Mitarbeit an	0,74	0,47	7
31	Über das Thema möchte ich im Abitur geprüft werden	0,81	0,44	8
40	Der Lehrer erklärt gut	0,53	0,42	10
7	Meine Freunde würden in dieser Arbeitsgruppe gern mitarbeiten	0,56	0,42	10
32	Ich bin dem Lehrer sympathisch	0,62	0,42	10
34	Der Lehrer wäre mir als Prüfer im Abitur angenehm	0,77	0,40	12
17	Der Lehrer macht sein Fach interessant	0,57	0,39	13
19	Der Lehrer imponiert mir	0,58	0,38	14
30	Diesen Lehrer möchte ich abwählen	–0,75	–0,37	15
5	Der Lehrer hat Einfluß im Kollegium	0,42	0,36	16
37	Zu dem Thema möchte ich ein Referat verfassen	0,62	0,34	17
26	Ich komme mit dem Lehrer gut aus	0,69	0,32	18
22	Der Lehrer ist bei den Schülern allgemein beliebt	0,50	0,30	19
24	Der Lehrer ist gerecht	0,40	0,29	20
35	Das Thema regt mich zur Diskussion an	0,48	0,28	21
36	Der Lehrer regt mich zur zusätzlichen Beschäftigung mit dem Thema an	0,58	0,26	22
15	Der Lehrer überfordert meine Fähigkeiten	–0,23	–0,25	23,5
28	Der Lehrer ist mir ein Vorbild	0,47	0,25	23,5
13	Der Lehrer ist in seinem Fach ein Fachmann	0,32	0,24	25
41	Unter dem Thema kann ich mir nicht allzuviel vorstellen	–0,30	–0,23	27,5
23	Mit dem Thema habe ich mich bereits privat beschäftigt	0,42	0,23	27,5

Item	M_1	$D_{1/2}$	$R_{1/2}$
29 Der Lehrer verlangt regelmäßige Teilnahme am Unterricht	0,24	0,23	27,5
3 Ich muß für das Thema viel arbeiten	0,17	0,23	27,5
33 Der Lehrer verlangt hohen Arbeitsaufwand	0,21	0,22	30
25 Die Schüler, die mit mir zusammen in der 11. Klasse waren, werden diese Arbeitsgruppe vor allem wählen	0,38	0,21	31
8 Für das Thema besitze ich die nötigen Vorkenntnisse	0,53	0,19	32
20 Das Thema überfordert meine Fähigkeiten	−0,25	−0,17	33,5
6 Das Thema ist wichtig für meine Studien- und Berufspläne	0,21	0,17	33,5
12 Das Thema gehört zur Allgemeinbildung	0,23	0,11	35
14 Ein ähnliches Thema wurde bereits einmal behandelt	0,14	0,09	36
27 Das Thema ist originell	0,16	0,08	37
11 Der Lehrer zensiert streng	−0,04	0,07	38
39 Das Thema ist bei den Schülern allgemein beliebt	0,19	−0,06	39,5
16 Das Thema ist aktuell	0,18	0,06	39,5
18 Die Arbeitsgruppe ist für schwache Schüler besonders günstig	−0,05	−0,05	41

Es war zu erwarten, daß die Schüler die an zweiter Stelle gewählten Arbeitsgruppen nicht so deutlich von den an erster Stelle gewählten verschieden einschätzen wie die an letzter Stelle gewählten Arbeitsgruppen (vgl. Tabelle 5.2–3). Die Differenzen zwischen den entsprechenden Mittelwerten sind wesentlich geringer und nur noch bei 23 Items (nach dem Wilcoxon-Test) auf dem 5%-Niveau signifikant. Die Mittelwertdifferenzen haben sich jedoch nicht linear verringert, so daß einige Items innerhalb der Rangfolge verschoben sind: Die Schüler gewichten die Wahlkriterien bei der engeren Wahlentscheidung anders als bei der Abwahl von Arbeitsgruppen.

Bei der engeren Wahlentscheidung ist insbesondere die Bekanntheit des Lehrers (Faktor G) von stärkerer Bedeutung. Die Markieritems dieses Faktors schieben sich deutlich nach vorn: Item 9 (Ich kenne den Lehrer privat) steht jetzt an erster statt an 18. Stelle, Item 2 (Ich kenne den Lehrer aus früherem Unterricht) steht an vierter statt an 16. Stelle. Wenn die Schüler zwei Lehrer in die engere Wahl einbezogen haben, so geben sie schließlich jenem den Vorzug, dessen Beurteilung auf besserer Grundlage, nämlich intensiverem privatem Kontakt und auf mehr Erfahrung in seinem Unterricht beruht. Der private Kontakt zu einem Lehrer hat dabei noch eine deutlich größere Bedeutung (D = 0,70) als alle anderen Items, so daß dieser Aspekt als für die meisten Schüler besonders ausschlaggebend bezeichnet werden kann.

Eine entsprechende, auf das Thema gerichtete Tendenz ist nicht zu beobachten: Bei Item 14 (Ein ähnliches Thema wurde bereits einmal behandelt) sehen die Schüler praktisch keinen Unterschied zwischen den an erster und den an zweiter Stelle gewählten Themen. Der Wunsch, sich mit dem Thema bereits einmal beschäftigt zu haben (Item 23) und die größere Transparenz des Themas (Item 41) haben im Vergleich zur Bekanntheit des Lehrers einen unbedeutenden wahlentscheidenden Einfluß. Eine geringe Vertrautheit mit dem Thema kann durch größere Bekanntheit des Lehrers wahrscheinlich ausgeglichen werden.

Der voraussichtlich für ein Thema erforderliche Arbeitseinsatz (Item 3) wird bei der engeren Wahlentscheidung stärker bedacht als bei der Abwahl von Arbeitsgruppen: Item 3 hat jetzt eine relativ größere Mittelwertdifferenz, die eine positive Verschiebung um 10 Rangplätze auf den Rangplatz 27,5 bewirkt hat. Auch dieser Aspekt bleibt dennoch von unbedeutender wahlentscheidender Relevanz.

Von einer deutlich auf wahlentscheidende Relevanz hinweisenden Position wird das Item 26 (Ich komme mit dem Lehrer gut aus) verdrängt. Es steht statt an 8. jetzt an 18. Stelle. Die Schüler scheinen in die engere Wahlentscheidung nur solche Lehrer einzubeziehen, mit denen sie voraussichtlich relativ konfliktfrei zusammenarbeiten können. Dieses Verhalten ist verständlich, denn die Schüler müssen zumindest theoretisch damit rechnen, nicht in die Arbeitsgruppe ihrer ersten Wahl aufgenommen zu werden, sondern am Unterricht der an zweiter Stelle gewählten Arbeitsgruppe teilnehmen zu müssen. Wenn die emotionale Beziehung zu diesem Lehrer auch weniger gut sein mag, so muß doch zu ihm ein Verhältnis als möglich erscheinen, das die minimalen Voraussetzungen für eine erfolgreiche Zusammenarbeit bietet.

Interessant ist in diesem Zusammenhang folgende Beobachtung: Zwischen den an erster und den an letzter Stelle gewählten Arbeitsgruppen sehen die Schüler bei allen 41 Items im Durchschnitt Unterschiede, die einer mittleren Mittelwertdifferenz von $M_D = 0,79$ Standardwerten entsprechen. Wenn man voraussetzt, daß die Schüler zwischen je zwei benachbarten Arbeitsgruppen ihrer Wahlreihenfolge im Durchschnitt etwa gleich große Abstände sehen, müßten die mittleren Mittelwertdifferenzen zwischen je zwei benachbarten Arbeitsgruppen etwa ein Fünftel der mittleren Mittelwertdifferenz zwischen den an erster und den an letzter Stelle gewählten Arbeitsgruppen ($M_D = 0,79$) ausmachen, also etwa 0,16 Standardwerte betragen. Für die an erster und die an *zweiter* Stelle gewählten Arbeitsgruppen haben die Schüler jedoch Schätzwerte eingetragen, die sich im Mittel um $M_D = 0,30$ Standardwerte unterscheiden. Die Schüler sehen also zwischen den Arbeitsgruppen, denen sie bei der engeren Wahlentscheidung letztlich den Vorzug geben, und jenen, an denen sie nur an zweiter Stelle teilnehmen möchten, relativ deutliche Unterschiede. – Wie sind diese Unterschiede zu verstehen?

Meines Erachtens deutet sich hierin die Tendenz an, daß sich die Schüler, nachdem sie ihre Wahlentscheidung getroffen und die Wahlzettel abgegeben haben, mit dem Lehrer und der Arbeitsgruppe ihrer ersten Wahl identifizieren und diese jetzt gegenüber der an zweiter Stelle gewählten Arbeitsgruppe deutlich positiver beurteilen, als es vielleicht ihrer ursprünglichen Einschätzung dieser Arbeitsgruppe entspricht. Solange die Wahlentscheidung noch offen ist, beurteilen die Schüler die in die engere Wahl einbezogenen Arbeitsgruppen wahrscheinlich noch bedeutend ähnlicher, aber nachdem die Wahl entschieden ist, neigen sie dazu, diese Arbeitsgruppen so unterschiedlich zu beurteilen, daß ihre Wahlentscheidung ihnen unter den relevanten Kriterien als „richtige" Entscheidung erscheint. – Gegenüber den an zweiter Stelle gewählten Arbeitsgruppen entwickeln die Schüler eine tendenziell aversive Einstellung, die es verständlich macht, daß in früheren Schuljahren die Zuweisung zu einer Arbeitsgruppe der zweiten oder gar dritten Wahl zumeist mit großer Enttäuschung zur Kenntnis genommen worden ist (vgl. Abschnitt 5.1.3).

Zusammenfassung: Kriterien bei der Entscheidung für die an erster Stelle gewählte Arbeitsgruppe

Anhand der Differenzen zwischen den Mittelwerten der zu Standardwerten transformierten Schätzwerte der Schüler für die von ihnen an erster und zweiter Stelle gewählten Arbeitsgruppen wurde die Rangfolge bestimmt, in der die Gesichtspunkte (Items) des Wahlfragebogens bei der „engeren Wahlentscheidung" (nämlich der Entscheidung, welcher der zunächst in die engere Wahl einbezogenen Arbeitsgruppen schließlich der Vorzug zu geben ist) relevant sind. Ich fasse die in der Tabelle 5.2–8 referierten Ergebnisse dieser Berechnung zusammen, indem ich für jeden Faktor der Beurteilung des Wahlangebots die mittlere Differenz seiner Markieritems berechne. Danach sind diese Faktoren bei der Entscheidung zwischen der an erster und der an zweiter Stelle zu wählenden Arbeitsgruppe in folgender Reihenfolge relevant:

Tabelle 5.2–9: Wahlentscheidendes Gewicht der Faktoren bei der Entscheidung für die an erster Stelle gewählte Arbeitsgruppe

$\overline{D}_{1/2}$ = mittlere Differenz der Markieritems des Faktors zwischen den Mittelwerten der zu Standardwerten transformierten Schätzwerte der Schüler für die an erster bzw. an zweiter Stelle gewählten Arbeitsgruppen

Faktor		$\overline{D}_{1/2}$
G	Bekanntheit des Lehrers	0,64
A	Emotionale Beziehung zum Lehrer	0,49
B	Instrumentelle Passung des Themas	0,38
H	Didaktische Kompetenz des Lehrers	0,37
F	Kontinuität der Lernsituation	0,32
I	Interesse am Thema	0,26
J	Zusammensetzung der Gruppe	0,22
D	Subjektive Überforderung	–0,21
C	Anforderungsniveau des Lehrers	0,17
E	Objektive Relevanz des Themas	0,06

Inwieweit diese Rangfolge mit der Selbsteinschätzung der Schüler (Abschnitt 5.2.1) übereinstimmt, soll im folgenden Abschnitt untersucht werden. Für die „engere Wahlentscheidung“ können hier die folgenden Ergebnisse festgehalten werden:

1) Die Bekanntheit des Lehrers ist bei der Abwahl von etwa mittlerer Bedeutung, bei der engeren Wahlentscheidung steht sie dagegen unter den Wahlkriterien an erster Stelle. Bei der engeren Wahlentscheidung entscheiden sich die Schüler letztlich vor allem für jene Lehrer, die ihnen privat und aus früherem Unterricht besser bekannt sind.

2) In die engere Wahlentscheidung beziehen die Schüler vor allem solche Lehrer ein, von denen sie glauben, daß sie mit ihnen gut auskommen werden. In dieser Hinsicht sehen die Schüler zwischen den an erster und den an zweiter Stelle gewählten Lehrern nur geringe Unterschiede.

3) Die anderen Gesichtspunkte haben sich in der Hierarchie der wahlentscheidenden Dimensionen nicht so deutlich verschoben, daß daran eine bestimmte Tendenz zu erkennen wäre.

4) Die Schüler neigen dazu, die schließlich an erster Stelle gewählte Arbeitsgruppe gegenüber der an zweiter Stelle gewählten deutlich positiver zu bewerten und sich mit dieser zu identifizieren.

5.2.3 Vergleichende Interpretation der Wahlkriterien

Ziel des Abschnitts 5.2 ist die Analyse der Gesichtspunkte, nach denen die Schüler am Beginn des Schuljahres ihre Arbeitsgruppen wählen.

Dazu wurden bisher drei verschiedene Wege eingeschlagen, die folgende Fragen beantworten sollten:

1) Welche Gesichtspunkte halten die Schüler selbst für wahlentscheidend (Selbsteinschätzung durch die Schüler im Wahlfragebogen; Abschnitt 5.2.1)?

2) Nach welchen Gesichtspunkten wählen die Schüler bestimmte Arbeitsgruppen an letzter Stelle? Worin schätzen sie die an erster Stelle gewählten Arbeitsgruppen positiver ein als die an letzter Stelle gewählten („Abwahl" von Arbeitsgruppen; Abschnitt 5.2.2.1)?

3) Nach welchen Gesichtspunkten entscheiden sich die Schüler schließlich zwischen den in die engere Wahl einbezogenen Arbeitsgruppen? Worin sehen sie gegenüber den an zweiter Stelle gewählten Arbeitsgruppen die besonderen Vorteile der schließlich an erster Stelle gewählten („engere Wahlentscheidung"; Abschnitt 5.2.2.2)?

Während in der ersten Analyse vor allem die den Schülern subjektiv bewußten Wahlkriterien deutlich werden sollten, beanspruchen die beiden letzten Ansätze, dem tatsächlich wahlentscheidenden Gewicht der verschiedenen Gesichtspunkte näherzukommen. Es zeigt sich jedoch, daß die Ergebnisse der beiden letzten Analysen weder untereinander, noch mit der Selbsteinschätzung durch die Schüler übereinstimmen. Deshalb ist es erforderlich, die bisherigen Ergebnisse miteinander zu vergleichen. Welche Ergebnisse entsprechen sich, wo bestehen Widersprüche, und wie sind diese zu erklären?

Wie kann dieser Vergleich durchgeführt werden? – Leider können die Daten, nach denen bei den drei Auswertungen die Rangfolgen der Items bestimmt wurden (Häufigkeit der Kennzeichnung bzw. die Differenzen zwischen den Mittelwerten) nicht direkt miteinander verglichen werden. Aus diesem Grunde wurden bereits in den entsprechenden Tabellen (5.2–1; 5.2–3; 5.2–8) die Items mit einer Rangplatzziffer (R_f; $R_{1/6}$; $R_{1/2}$) versehen, an der ablesbar ist, welche wahlentscheidende Bedeutung die in den Items angesprochenen Gesichtspunkte nach dem Ergebnis der jeweiligen Auswertung haben. Eine niedrige Rangplatz*ziffer* bedeutet, daß der Gesichtspunkt die Wahlentscheidung stark beeinflußt, je größer diese Ziffer ist, desto unbedeutender ist der Gesichtspunkt bei der Wahlentscheidung.

Anhand dieser Rangplatzziffern kann zunächst bestimmt werden, wie ähnlich die Ergebnisse generell sind. Dazu sind die Rangkorrelationen (nach Spearman; vgl. Siegel 1956, S. 202) zwischen den Rangplatzziffern aller Items zu berechnen. Es ergeben sich die folgenden Korrelationskoeffizienten:

	„Selbsteinschätzung"	„Abwahl"
„Abwahl"	.32	
„engere Wahlentscheidung"	.31	.83

Deutlich ist erkennbar, daß die Rangfolge der Wahlkriterien, wie sie sich aus der Selbsteinschätzung durch die Schüler ergibt, nicht mit den Ergebnissen der Analysen übereinstimmt, bei denen die konkreten Wahlentscheidungen der Schüler zu ihrer Einschätzung der Arbeitsgruppen in Beziehung gesetzt wurden. Die Ergebnisse der beiden zuletzt durchgeführten Analysen weichen dagegen relativ wenig voneinander ab.

Diese Diskrepanzen sind bei verschiedenen Items und Komplexen von Items unterschiedlich groß. Bei einigen Items weichen die Rangplatzziffern so wenig voneinander ab, daß diese Unterschiede als zufällig verstanden werden können. Andere Dimensionen müssen dagegen eingehend diskutiert werden, weil die Ergebnisse widersprüchlich sind. Es handelt sich um die folgenden Komplexe:

1) Objektive Relevanz des Themas
2) Anforderungsniveau des Lehrers
3) Bekanntheit des Lehrers
4) Sachkompetenz des Schülers
5) Zusammensetzung der Gruppe
6) „Abwahl" von Lehrern
7) Identifikation mit dem Lehrer

1. Objektive Relevanz des Themas

Die deutlichste Diskrepanz zwischen der Selbsteinschätzung des wahlentscheidenden Gewichts durch die Schüler und der tatsächlichen Bedeutung besteht bei den Markieritems des Faktors E: Objektive Relevanz des Themas. Die Items haben bei den drei Analysen die folgenden Rangplatzziffern erhalten:

Item	R_f	$R_{1/6}$	$R_{1/2}$
16 Das Thema ist aktuell	6,5	36,5	39,5
39 Das Thema ist bei den Schülern allgemein beliebt	40,5	26,5	39,5
12 Das Thema gehört zur Allgemeinbildung	6,5	32	35

Die Aktualität des Themas und dessen allgemeinbildende Wirkung haben relativ viele Schüler (f = 24; ca. 32%) als wahlentscheidenden Gesichtspunkt gekennzeichnet. Tatsächlich bestehen aber sowohl „objektiv" nach dem Urteil aller Schüler als auch nach der subjektiven Einschätzung der einzelnen Schüler hinsichtlich der Aktualität und der allgemeinbildenden Bedeutung zwischen den Themen des Wahlangebots keine deutlichen Unterschiede (vgl. die Tabelle A des Anhangs sowie die Tabellen 4.3–1 bis 4.3–3). Auf dieser Dimension schätzen die Schüler im Durchschnitt alle Arbeitsgruppen als sehr ähnlich ein, sie sehen also in dieser Hinsicht sehr geringe Wahlmöglichkeiten. Auch ein Vergleich der an erster Stelle gewählten Arbeitsgruppen mit den an letzter bzw. an zweiter Stelle gewählten ergibt nicht, daß die Schüler die von ihnen gewählten Themen in besonderer Weise als aktuell oder allgemeinbildend einschätzen (vgl. die Tabellen 5.2–3 und 5.2–8).

Dies läßt den Schluß zu, daß die Schüler dieses Kriterium bei ihrer Wahlentscheidung nur in sehr geringem Maße bedacht haben. Daß so viele Schüler die allgemeinbildende Bedeutung der Unterrichtsthemen irrtümlich als so wichtig eingeschätzt haben, kann auf ein „falsches Bewußtsein" hinweisen: Die Schüler verstehen das Gymnasium als einen Ort, an dem „höhere Bildung" vermittelt werden soll, und sie glauben, daß sie als Schüler dieses Gymnasiums die ihnen eingeräumten Privilegien mißbrauchen würden, wenn sie bei ihrer Wahlentscheidung nicht vor allem jene Themen wählen, die diesem Verständnis von Allgemeinbildung am besten entsprechen.

Das Wahlangebot macht ihnen jedoch ein entsprechendes Verhalten weder objektiv möglich, noch haben sie die gewählten Themen tendenziell so eingeschätzt, wie sie es ihrem Bewußtsein gemäß hätten tun müssen. In ihrem Verhalten spielt die Kategorie Allgemeinbildung kaum eine Rolle, aber ihr soziales Selbstverständnis ist der Vorstellung verhaftet, daß der „Höhere Schüler" sich dadurch vor seinen gleichaltrigen Mitmenschen auszeichnet, daß er sich um eine höherwertige allgemeine Bildung bemüht, die ihn später berechtigt, eine privilegierte soziale Position einzunehmen.[60]

[60] Ein Blick auf die Mittelwerte der von allen Schülern für die Arbeitsgruppen eingetragenen Schätzwerte (Tabelle A des Anhangs) zeigt, daß die Schüler zwar keine bedeutenden Unterschiede in der allgemeinbildenden Bedeutung der verschiedenen Themen sehen, daß sie aber alle Themen für „ziemlich" allgemeinbildend halten.

	Arbeitsgruppe					
Item	1	2	3	4	5	6
12 Das Thema gehört zur Allgemeinbildung	2,57	2,99	3,17	2,92	3,19	3,00

Zwar haben die Schüler nicht – wie sie glauben – ein besonders allgemeinbildendes Thema gewählt, aber welches Thema sie auch gewählt haben, es gehört in jedem Fall zum Kanon höherer Bildung. Daß auf dem Gymnasium Voraussetzungen für soziale Privilegien erworben werden, können die Schüler also durchaus als legitim erleben.

Eine ähnliche Tendenz weisen die Rangplätze des folgenden Items auf:

Item	R_f	$R_{1/6}$	$R_{1/2}$
13 Der Lehrer ist in seinem Fach ein Fachmann	9,5	29	25

Die Schüler fühlen sich offenbar verpflichtet, sich bei der Wahl in starkem Maße an sachlichen Kriterien zu orientieren und sich darum zu bemühen, am Unterricht eines Lehrers teilnehmen zu können, der das Fach mit hoher Sachkompetenz vertritt. Dem vermeintlichen Zweck der „Höheren Schule", eine möglichst hohe Allgemeinbildung zu erwerben, glauben sie durch ein solches Wahlverhalten am besten entsprechen zu können. Die von ihnen an erster Stelle gewählten Lehrer beurteilen die Schüler jedoch in dieser Hinsicht kaum als gegenüber den anderen Lehrern profiliert. Dies läßt den Schluß zu, daß die fachliche Kompetenz des Lehrers deutlich weniger Einfluß auf die Wahlentscheidung hat, als die Schüler selbst glauben. Auch hier scheint das Bewußtsein der Schüler einer überkommenen Vorstellung von Allgemeinbildung und daraus ableitbaren Privilegien verhaftet zu sein.

2. Anforderungsniveau des Lehrers

Im Gegensatz zur objektiven Relevanz der Themen haben die Schüler das Anforderungsniveau des Lehrers (Faktor C) und die Gefahr, subjektiv überfordert zu werden (Faktor D), selbst als wenig wahlentscheidend eingeschätzt. Die entsprechenden Items wurden bei den drei Analysen der Wahlkriterien auf den folgenden Rangplätzen eingeordnet:

Item	R_f	$R_{1/6}$	$R_{1/2}$
18 Die Arbeitsgruppe ist für schwache Schüler besonders günstig	23	41	41
33 Der Lehrer verlangt hohen Arbeitsaufwand	27,5	33,5	30
11 Der Lehrer zensiert streng	30	40	38
29 Der Lehrer verlangt regelmäßige Teilnahme am Unterricht	30	33,5	27,5
3 Ich muß für das Thema viel arbeiten	21,5	39	27,5

Die Schüler scheinen die wahlentscheidende Bedeutung dieser Dimension eher überschätzt als unterbewertet zu haben. Sie haben weder bei der Abwahl von Arbeitsgruppen noch bei der engeren Wahlentscheidung jene Arbeitsgruppen bevorzugt, die sie als für schwache Schüler besonders günstig empfinden, deren Lehrer ihrer Erwartung nach geringe Anforderungen stellen und bessere Zensuren geben. Bei der engeren Wahlentscheidung glauben die Schüler im Durchschnitt sogar, sich schließlich für den Lehrer entschieden zu haben, der höheren Arbeitsaufwand verlangt (Item 33; D = +0,22) und mehr Wert auf regelmäßige Teilnahme am Unterricht legt (Item 29; D = +0,23). In gleicher Weise glauben die Schüler, für das an erster Stelle gewählte Thema mehr arbeiten zu müssen (Item 3; D = +0,23). Diese Differenzen sind zwar statistisch nicht signifikant, sie sind aber bemerkenswert, weil sie der Erwartung zuwiderlaufen, die Schüler würden versuchen, den „Weg des geringsten Widerstandes" zu gehen. Nach diesen Ergebnissen hat es durchaus den Anschein, daß zumindest die Mehrzahl der Schüler bereit ist, sich hohen Anforderungen der Lehrer und den Schwierigkeiten der Themen zu stellen.

Auch die wahlentscheidende Bedeutung des Faktors D (Subjektive Überforderung) scheinen die Schüler angemessen eingeschätzt zu haben:

Item	R_f	$R_{1/6}$	$R_{1/2}$
20 Das Thema überfordert meine Fähigkeiten	34	28	33,5
15 Der Lehrer überfordert meine Fähigkeiten	30	36,5	23,5

Die Schüler glauben zwar, bei der engeren Wahlentscheidung die Lehrer bevorzugt zu haben, von denen sie sich weniger überfordert fühlen ($D = -0{,}25$; $p < .01$), und auch die Themen gewählt zu haben, die ihre Fähigkeiten weniger überfordern ($D = -0{,}17$; $p < .05$), nach der relativen Größe dieser Mittelwertdifferenzen haben diese Gesichtspunkte aber in etwa jenes wahlentscheidende Gewicht, wie es die Schüler selbst eingeschätzt haben. Allein eine mögliche größere Überforderung durch den Lehrer (Item 15) scheint bei der engeren Wahlentscheidung etwas stärker bedacht worden zu sein, als es die Schüler vermutet haben. Insgesamt spielt dieser Faktor nach den vorliegenden Ergebnissen jedoch eine geringe Rolle.

Es scheint mir allerdings fraglich, ob diese Ergebnisse die tatsächlichen Wahlkriterien angemessen repräsentieren. Diese Zweifel verstärken sich, wenn man bedenkt, daß die meisten Schüler jene Arbeitsgruppen gewählt haben, deren Lehrer nach dem Urteil aller Schüler relativ geringe Anforderungen stellen (vgl. Abschnitt 4.3.1 und 5.1). Es scheint mir unwahrscheinlich, daß die deutliche Präferenz der Schüler für diese Arbeitsgruppen nicht auf diese Variable zurückzuführen ist. Bei keinem Faktor haben die Schüler die Arbeitsgruppen deutlicher voneinander verschieden eingeschätzt als nach dem Anforderungsniveau der Lehrer (vgl. Tabelle 4.3–1), und auch die einzelnen Schüler haben auf dieser Dimension die Arbeitsgruppen mit beträchtlicher Variationsbreite eingeschätzt (vgl. Tabelle 4.3–3).

Worauf könnte es zurückzuführen sein, daß diese objektiv gegebenen und auch subjektiv erlebten Wahlmöglichkeiten sich bei den Analysen nicht als Wahlkriterien erweisen? – Zunächst ist es möglich, daß die Schüler bei der Selbsteinschätzung der Wahlkriterien in den entsprechenden Items wegen der Formulierung ihre Wahlkriterien nicht wiedererkennen konnten, denn sie haben ja in der Mehrzahl nicht die Lehrer gewählt, die z. B. hohen Arbeitsaufwand verlangen (Item 33) und streng zensieren (Item 11), sondern gerade jene Lehrer, auf die diese Aussagen weniger zutreffen.

Ein Item ist allerdings so formuliert, daß es von vielen Schülern als Wahlkriterium aufgefaßt werden könnte: Aber auch dieses Item 18 (Die Arbeitsgruppe ist für schwache Schüler besonders günstig) haben nur sechs Schüler (ca. 8%, $R_f = 23$) als wahlentscheidend gekennzeichnet. Man kann jedoch nicht davon ausgehen, daß nur oder vor allem „schwache Schüler" die Lehrer mit niedrigerem Anforderungsniveau gewählt haben. Auch Schüler mit guten Schulleistungen können diese Arbeitsgruppen gewählt haben, gerade weil sie ihre guten Zensuren behalten möchten. Auch diese Schüler könnten den im Item 18 ausgedrückten Gesichtspunkt nicht als ihr Wahlkriterium akzeptieren, denn sie haben diese Arbeitsgruppen nicht gewählt, weil sie „schwache Schüler" sind.

Dennoch hätte m. E. bei den Vergleichen der gewählten Arbeitsgruppen mit den an letzter bzw. an zweiter Stelle gewählten eine deutlichere Differenz zwischen den Mittelwerten der Schätzwerte derart bestehen müssen, daß von der Mehrzahl der Schüler das Anforderungsniveau der an erster Stelle gewählten Lehrer als geringer eingeschätzt wird. Nach dem Urteil aller Schüler bestehen zwischen den Arbeitsgruppen auf dieser Dimension die deutlichsten Unterschiede. Um die subjektiven Einschätzungstendenzen der Schüler, die eine Arbeitsgruppe an erster Stelle gewählt haben, zu erfassen, sollten diese „objektiven" Unterschiede durch die Transformierung der Schätzwerte in Standardwerte ausgeglichen werden (vgl. Abschnitt 5.2.2). Ist es möglich, daß infolge dieser Manipulation der Daten die Wahltendenzen nicht mehr erkennbar werden?

Diese Frage kann beantwortet werden, indem näher betrachtet wird, ob sich die Rangplätze der entsprechenden Items in der Reihenfolge der Wahlkriterien durch die Transformierung verändert haben. Ich habe bereits (im Abschnitt 5.2.2 – Anmerkung 57 –) berichtet, daß sich bei der Analyse der Abwahlkriterien die Rangfolge der Items durch die Transformierung wenig verschiebt. (Die Rangkorrelation zwischen den Mittelwertdifferenzen beträgt rho = .95.) Bei den hier zur Diskussion stehenden Items sind die Rangplatzverschiebungen jedoch relativ groß. So sind bei der Berechnung auf der Grundlage der nicht-transformierten Schätzwerte die Rangplätze der Items 11 (Der Lehrer zensiert streng) und 18 (Die Arbeitsgruppe ist für schwache Schüler besonders günstig) um 5 Plätze höher, während das Item 33 (Der Lehrer verlangt hohen Arbeitsaufwand) um fünf Rangplätze niedriger auftritt. Die Tendenzen sind also widersprüchlich und zudem in ihrer Ausprägung gering. Auch ohne die Transformierung in Standardwerte würden sich die genannten Items bei Rangplatzziffern von 35, 36 und 39 als für die „Abwahl" äußerst wenig wahlrelevant erwiesen haben.

Bei der Analyse der Kriterien für die engere Wahlentscheidung ergeben sich dagegen deutlichere Verschiebungen: Die Rangkorrelation beträgt „nur" noch rho = .83. Vierzehn Items haben sich in der Reihenfolge um mehr als vier, davon fünf Items um zehn bis sechzehn Rangplätze verschoben.[61] Alle Items des Faktors C (Anforderungsniveau des Lehrers) haben bei einer Analyse ohne vorherige Transformation der Schätzwerte deutlich höhere Rangplätze, als sie in der Tabelle 5.2–8 referiert worden sind, nämlich:

Item		$R_{1/2}$
18	Die Arbeitsgruppe ist für schwache Schüler besonders günstig	24,5
33	Der Lehrer verlangt hohen Arbeitsaufwand	16,5
11	Der Lehrer zensiert streng	27
29	Der Lehrer verlangt regelmäßige Teilnahme am Unterricht	21
3	Ich muß für das Thema viel arbeiten	22

Durch die Transformierung haben sich diese Items (in der obengenannten Reihenfolge) um 16,5; 13,5; 11; 6,5 und 5,5 Rangplätze nach unten verschoben. Tendenziell erscheint also ein Wahlkriterium, das auf „objektiven" Unterschieden zwischen den angebotenen Arbeitsgruppen beruht, nach der Nivellierung dieser Unterschiede (was durch die Berechnung der Standardwerte geschieht und geschehen sollte) als weniger wahlentscheidend.

[61] Durch die Transformierung der Schätzwerte haben sich die Ergebnisse der Analysen der Abwahlkriterien und der Kriterien der engeren Wahlentscheidung deutlich angenähert: Nach der Berechnung aufgrund der originalen Schätzwerte bestand zwischen den Mittelwertdifferenzen bei den Auswertungen eine Rangkorrelation von rho = .65, nach der Transformierung von rho = .83.

Wie ist dieser Effekt zu erklären? – Möglicherweise schätzen die Schüler das gesamte Wahlangebot unter bestimmten Gesichtspunkten in tendenziell ähnlicher Weise ein und tragen infolgedessen bei allen Arbeitsgruppen relativ hohe oder niedrige Schätzwerte ein. Ein Schüler, der das Fach Gemeinschaftskunde insgesamt als schwierig betrachtet, wird auch alle Fachlehrer eher als anspruchsvoll erleben als ein Schüler, der großes Interesse am Fach hat und den Erwartungen der Lehrer besser entsprechen kann. Wenn nun die Schätzwerte eines Schülers in Standardwerte transformiert werden, so ergeben sich für verschiedene Arbeitsgruppen tendenziell nur positive oder nur negative Werte, deren Differenzen gering sind. In Wirklichkeit können die Unterschiede zwischen seinen Schätzwerten aber sehr viel größer gewesen sein.

Ob eine solche generalisierende Einschätzungstendenz besteht, kann überprüft werden, indem für die einzelnen Items für jeweils zwei Arbeitsgruppen der korrelative Zusammenhang zwischen den Schätzwerten aller Schüler bestimmt wird. Eine positive Korrelation bedeutet dann, daß die Schüler bei beiden Arbeitsgruppen – im Vergleich mit den Mittelwerten aller Schüler – entweder relativ hohe oder relativ niedrige Schätzwerte eingetragen haben. Wenn bei jedem Item jede Arbeitsgruppe mit jeder anderen verglichen werden soll, dann müssen jeweils 15 Korrelationskoeffizienten berechnet werden. Bei den Items des Faktors C wurden im Durchschnitt die folgenden Werte ($\bar{r}$) errechnet:

Item		$\bar{r}$
18	Die Arbeitsgruppe ist für schwache Schüler besonders günstig	.22
33	Der Lehrer verlangt hohen Arbeitsaufwand	.27
11	Der Lehrer zensiert streng	.20
29	Der Lehrer verlangt regelmäßige Teilnahme am Unterricht	.42
3	Für das Thema muß ich viel arbeiten	.27

Außer bei Item 29 sind die Korrelationen zwischen je zwei Arbeitsgruppen in der Mehrzahl nicht statistisch signifikant. Sie sind zudem relativ niedrig, so daß die Vermutung, die Schüler schätzten das Anforderungsniveau aller Lehrer tendenziell gleich ein, nicht bestätigt werden kann. Die aufgewiesenen Tendenzen reichen zumindest nicht aus, um die geringen Mittelwertdifferenzen zwischen den Standardwerten dieser Items bei den Analysen der tatsächlichen Wahlkriterien zu erklären.[62]

[62] Dieses Mißverhältnis kann auch nicht dadurch erklärt werden, daß vielleicht bestimmte Schüler den Wahlfragebogen nicht ausgefüllt haben. Denn auch von den 73 Schülern, deren Daten hier interpretiert werden, haben relativ viele (nämlich 28 Schüler) die Arbeitsgruppen 4 und 5, nur 23 Schüler die „mittelschweren" Arbeitsgruppen 1 und 3 und nur 22 Schüler die Arbeitsgruppen 2 und 6 gewählt, deren Lehrer die höchsten Anforderungen stellen.

Das vorliegende Ergebnis kann also nicht allein durch den Hinweis auf die Methoden der Datenauswertung erklärt werden. Es beruht wahrscheinlich vielmehr darauf, daß sich viele Schüler der tatsächlich wahlentscheidenden Bedeutung des Anforderungsniveaus der Lehrer nicht bewußt sind. Sie versuchen offenbar sogar, ihre Orientierung an diesem Kriterium dadurch vor sich selbst zu verschleiern, daß sie das „objektiv" niedrigere Anforderungsniveau des von ihnen gewählten Lehrers tendenziell höher einschätzen.

Dieses Verhalten ist verständlich, wenn man bedenkt, daß die Wahlentscheidung nach dem Anforderungsniveau – zumindest im Fach Gemeinschaftskunde – nicht den Intentionen des Buxtehuder Modells entspricht und daß es unter dem Postulat der „Chancengleichheit" nicht legitim ist, sich durch die Wahl eines Lehrers, der – wenigstens nach Meinung der Schüler – geringere Anforderungen stellt, Startvorteile im Leistungswettbewerb zu verschaffen (vgl. dazu Kapitel 8). – In dem hier untersuchten Beispiel hatten die Schüler die Möglichkeit, zwischen drei verschieden hohen Anforderungsniveaus der Lehrer zu wählen, und viele Schüler haben von dieser Möglichkeit dahingehend Gebrauch gemacht, daß sie eine Arbeitsgruppe mit niedrigerem Anforderungsniveau gewählt haben. Allerdings scheinen sie dieses Verhalten als illegitim verdrängt zu haben.

3. Bekanntheit des Lehrers

Die Markieritems des Faktors G (Bekanntheit des Lehrers) haben bei den verschiedenen Auswertungen sehr unterschiedliche Rangplätze erhalten:

Item	R_f	$R_{1/6}$	$R_{1/2}$
2 Ich kenne den Lehrer aus früherem Unterricht	4	16	4
9 Ich kenne den Lehrer privat	34	18,5	1

Warum die Bekanntheit des Lehrers aus früherem Unterricht bei der Abwahl von Arbeitsgruppen im Durchschnitt nur eine relativ geringe wahlentscheidende Bedeutung hat, ist bereits bei der Interpretation dieser Kriterien (Abschnitt 5.2.2.1) deutlich geworden: Die meisten Schüler haben die ihnen bekannteren Lehrer an erster Stelle gewählt, aber einige Schüler haben diese Lehrer gerade an letzter Stelle gewählt, vermutlich weil sie mit dem Unterricht dieser Lehrer eher negative Erinnerungen verbinden und nicht wieder an einer Arbeitsgruppe dieses Lehrers teilnehmen möchten. Relativ viele Schüler

(f = 27; p = 37%) haben diesen Gesichtspunkt richtig als wahlentscheidend gekennzeichnet. Nur zwei Schüler haben dagegen den privaten Kontakt mit dem Lehrer (Item 9) als wahlentscheidend bezeichnet. Bei der Beurteilung des Wahlangebots haben die Schüler den Grad ihrer privaten Kontakte zu den Lehrern ihrer ersten Wahl aber deutlich höher eingeschätzt als zu den Lehrern ihrer letzten Wahl.
Bei der engeren Wahlentscheidung haben sie bei diesem Gesichtspunkt die größten Unterschiede gesehen. Die nicht transformierten Schätzwerte verteilen sich bei Item 9 (Ich kenne den Lehrer privat) folgendermaßen:

Schätzwert	0	1	2	3	4	M
Lehrer an 1. Stelle	31	11	16	9	6	1,29
Lehrer an 2. Stelle	46	15	7	3	2	0,63
Lehrer an 6. Stelle	58	7	3	3	1	0,36

Auch zu den an erster Stelle gewählten Lehrern hat die Mehrzahl der Schüler (N = 42) „überhaupt nicht“ oder „kaum“ privaten Kontakt. Aber die 31 Schüler, die einen Lehrer wenigstens „etwas“, „ziemlich“ oder gar „uneingeschränkt“ privat kennen, haben diese Lehrer an erster Stelle gewählt. Nur insgesamt sieben Schüler konnten diese Aussagen für die an letzter Stelle, zwölf Schüler für die an zweiter Stelle gewählten Lehrer als zutreffend bezeichnen. Dabei ist es möglich, daß einzelne Schüler zu mehreren Lehrern privaten Zugang gefunden haben, aber nur einen an erster Stelle gewählt haben. Es ist aber deutlich erkennbar, daß der private Kontakt zu einem Lehrer die Wahlentscheidung der Schüler wesentlich beeinflußt hat.

Auch dieser Zusammenhang ist den Schülern offenbar nicht bewußt. Wenn alle 31 Schüler, die die von ihnen an erster Stelle gewählten Lehrer wenigstens „etwas“ privat kennen, das Item 9 bei der Selbsteinschätzung der Wahlkriterien als wahlentscheidend gekennzeichnet hätten, wäre dieses Item dort an dritter Stelle in der Rangfolge aller Items aufgetreten. Tatsächlich haben aber nur zwei Schüler dieses Item gekennzeichnet, so daß es nach der Selbsteinschätzung durch die Schüler als wenig wahlrelevant erschienen ist.

Ich verstehe diese Diskrepanz so: In der Oberstufe des Gymnasiums, zumindest in seiner nach dem Buxtehuder Modell organisierten Form, haben etliche Schüler privaten Kontakt zu ihren Lehrern. Die flexible Art der Gruppenbildung, das Tutorensystem und die Formen der Zusammenarbeit von Lehrern und Schülern außerhalb des Unterrichts (in paritätisch besetzten Ausschüssen und Kommissionen z. B.) begünstigen die Entwicklung solcher Kontakte. In ihrem Bewußtsein erleben die Schüler die Schule jedoch als einen Ort institutionalisierten Lernens, an dem alle Schüler unter den gleichen Bedingungen zu lernen haben. Wenn sie im Rahmen der Wahldifferenzierung versuchen, von einem Lehrer unterrichtet zu werden, zu dem sie besonders gute emotionale Beziehungen haben, so erscheint ihnen dieses Verhalten als legitim: Es steht allen Schülern in gleicher Weise offen, und der einzelne Schüler gewinnt dadurch gegenüber seinen Konkurrenten im Leistungswettbewerb keinen Vorteil, denn diese Beziehungen zum Lehrer sind sozusagen öffentlich und können von allen Schülern kontrolliert werden.

Anders steht es dagegen um die privaten Kontakte zu den Lehrern: Ein Schüler, der seinen Lehrer auch außerhalb der Schule trifft, umgeht die Regeln, nach denen Lernen in seiner institutionalisierten Form abzulaufen hat, und er könnte auf diese Weise gegenüber seinen Mitschülern Vorteile gewinnen. Dadurch würde die prinzipielle „Chancengleichheit" aller Schüler zugunsten deren, die ihre Lehrer auch privat kennen, aufgehoben. Der private Kontakt zu einem Lehrer muß den Schülern deshalb als illegitim erscheinen, und sie dürfen die tatsächlich wahlentscheidende Bedeutung dieses Gesichtspunktes (auch vor sich selbst) nicht eingestehen.

Eine ähnliche Interpretation liegt bei den folgenden Items nahe:

Item	R_f	$R_{1/6}$	$R_{1/2}$
32 Ich bin dem Lehrer sympathisch	21,5	13,5	10
31 Über das Thema möchte ich im Abitur geprüft werden	17	4	8
34 Der Lehrer wäre mir als Prüfer im Abitur angenehm	18,5	5	12

Unter dem Postulat der „Chancengleichheit" muß es den Schülern illegitim erscheinen, einen Lehrer zu wählen, der ihnen von vornherein mit besonderer Sympathie begegnet, der ihnen deshalb möglicherweise besondere Aufmerksamkeit zuwendet und bei der Leistungsbeurteilung vielleicht stärker zu einem positiven Urteil neigt. Das gleiche gilt für die Reifeprüfung: Kein Schüler darf sich besondere Vorteile dadurch verschaffen, daß er einen zu ihm in guter emotionaler Beziehung stehenden Prüfer und ein seinen Neigungen besonders entsprechendes Thema wählt. Bei ihrem tatsächlichen Wahlverhalten haben die Schüler jedoch in deutlich stärkerem Maße versucht, sich solche Startvorteile zu verschaffen. Bei einer Bewertung dieses Ergebnisses ist jedoch zu bedenken, daß diese Möglichkeit prinzipiell für alle Schüler in gleicher Weise besteht und daß auch viele Schüler davon Gebrauch gemacht haben.

4. Sachkompetenz des Schülers

Legitim erscheint es den Schülern dagegen, ihre eigene sachliche Kompetenz zum Thema optimal zur Entfaltung zu bringen:

Item	R_f	$R_{1/6}$	$R_{1/2}$
8 Für das Thema besitze ich die nötigen Vorkenntnisse	11,5	21	32
23 Mit dem Thema habe ich mich bereits privat beschäftigt	15	26,5	27,5

Die Schüler können jedoch offenbar nicht in dem Maße zwischen Themen wählen, die ihren Vorkenntnissen in unterschiedlicher Weise entsprechen, wie sie dies nach der Selbsteinschätzung zu tun glauben. Dies ist vermutlich darauf zurückzuführen, daß die Sachkompetenz der Schüler stärker zwischen den verschiedenen Fächern als zwischen verschiedenen Themen desselben Faches variiert.

5. Zusammensetzung der Gruppe

Ähnlich wie bei den persönlichen, privaten Beziehungen zu den Lehrern haben die Schüler auch die wahlentscheidende Bedeutung der Beziehung zu ihren Mitschülern, nämlich die Zusammensetzung der Arbeitsgruppe (Faktor J), unterschätzt:

Item	R_f	$R_{1/6}$	$R_{1/2}$
7 Meine Freunde würden in dieser Arbeitsgruppe gern mitarbeiten	34	13,5	10
22 Der Lehrer ist bei den Schülern allgemein beliebt	34	22,5	19
25 Die Schüler, die mit mir zusammen in der 11. Klasse waren, werden diese Arbeitsgruppe vor allem wählen	40,5	20	31
39 Das Thema ist bei den Schülern allgemein beliebt	40,5	26,5	39,5

Die Schüler haben es selbst als relativ unwichtig bezeichnet, eine Arbeitsgruppe zu wählen, in der auch die Freunde mitarbeiten möchten (Item 7). Die Schüler unterscheiden jedoch in dieser Hinsicht sowohl zwischen den an erster und den an letzter als auch zwischen den an erster und den an zweiter Stelle gewählten Arbeitsgruppen deutlich. Es mag sein, daß die Schüler ihre Wahl nicht bewußt darauf ausgerichtet haben, mit ihren Freunden in derselben Arbeitsgruppe zu sein, sie werden aber die Beurteilung der angebotenen Arbeitsgruppen und die Wahlentscheidung mit ihren Freunden diskutiert haben und davon mehr oder weniger beeinflußt worden sein. Zumindest wissen sie, welche Präferenzen bei ihren Freunden bestehen, und sie erwarten, daß sich ihre Freunde sowohl bei der Abwahl als auch bei der engeren Wahlentscheidung für die gleichen Arbeitsgruppen entscheiden, die sie selbst auch wählen.

Die Ähnlichkeit dieser Wahlentscheidung wird nicht völlig zufällig sein, denn der Informations- und Meinungsaustausch mit den Freunden hat sozialpsychologische Effekte: In der Kommunikation mit Partnern, zu denen starke emotionale Bindungen bestehen („Freunde") entstehen häufig homogenere Urteile über den Gegenstand der Kommunikation. Freunde und Schüler, die das Wahlangebot intensiv miteinander diskutiert haben, werden tendenziell die gleichen Arbeitsgruppen positiv bzw. negativ bewerten und infolgedessen zu einer ähnlichen Wahlentscheidung gelangen.

Diese Tendenz wird nicht bei allen Schülern gleich sein, manche werden sich in diesem Fach aus anderen Gründen ganz anders entscheiden als ihre Freunde. Im Mittel kann aber für alle Schüler gesagt werden: Mit befreundeten Mitschülern in derselben Arbeitsgruppe zu sein, wird von den Schülern nicht bewußt als ein Wahlziel erlebt, ihre tatsächliche Wahlentscheidung steht aber – vermutlich als Folge von Kommunikationsprozessen über das Wahlangebot – in stärkerem Zusammenhang mit den Wahlentscheidungen ihrer Freunde.

6. „Abwahl" von Lehrern

Bei der Selbsteinschätzung der Wahlkriterien hat es nur ein Schüler als wahlentscheidend bezeichnet, einen Lehrer abwählen zu wollen (Item 30). Bei den weiteren Analysen ergaben sich jedoch die folgenden Rangplätze:

Item	R_f	$R_{1/6}$	$R_{1/2}$
30 Diesen Lehrer möchte ich abwählen	38	6	15

Besonders zwischen den an erster und den an letzter Stelle gewählten Arbeitsgruppen ergab sich eine große Mittelwertdifferenz der Standardwerte. Bei der Analyse der Abwahlkriterien (Abschnitt 5.2.2.1) ist bereits deutlich geworden, daß etwa 60% der Schüler die an letzter

Stelle gewählten Lehrer bewußt abwählen wollen. Die Diskrepanz zwischen der Selbsteinschätzung und der tatsächlichen Bedeutung dieses Gesichtspunkts konnte damit erklärt werden, daß den Schülern bei der endgültigen Wahlentscheidung wahrscheinlich nicht mehr bewußt ist, daß sie bestimmte Arbeitsgruppen nicht in die engere Wahl einbezogen haben.

Aber auch zwischen den an erster und den an zweiter Stelle gewählten Lehrern sehen die Schüler noch relativ deutliche Unterschiede. in dieser Hinsicht. Wahrscheinlich drückt sich hier die Tendenz zur Identifikation mit dem Lehrer der ersten Wahl (vgl. Abschnitt 5.2.2.2) in negativer Weise aus: Der schließlich „nur" an zweiter Stelle gewählte und damit bei der engeren Wahlentscheidung „abgewählte" Lehrer wird jetzt ungünstiger beurteilt. Die Schüler möchten – obgleich sie den Lehrer zunächst in die engere Wahl einbezogen hatten – jetzt nicht mehr so gerne an seinem Unterricht teilnehmen. Sie entscheiden sich bewußt gegen diesen Lehrer und wählen ihn ab.

7. Identifikation mit dem Lehrer

Deutlich unterscheiden sich ebenfalls die Rangplätze bei den folgenden Items:

Item	R_f	$R_{1/6}$	$R_{1/2}$
19 Der Lehrer imponiert mir	38	15	14
28 Der Lehrer ist mir ein Vorbild	34	18,5	23,5

Beide Items korrelieren mit dem Faktor A (Emotionale Beziehung zum Lehrer), sie sind aber im Unterschied zu den Markieritems dieses Faktors (abgesehen von Item 30) von den Schülern selbst als fast überhaupt nicht wahlentscheidend eingeschätzt worden. Bei der Beurteilung der Arbeitsgruppen haben die Schüler jedoch stärker zwischen den gewählten und den nicht gewählten Arbeitsgruppen differenziert und häufig jene Lehrer an erster Stelle gewählt, die ihnen imponieren (Item 19) und/oder ein Vorbild sind (Item 28).

Ich glaube indes nicht, daß die Schüler die Wählbarkeit der Lehrer u. a. danach bestimmt haben, in welchem Grad sie sich im Sinne dieser beiden Items mit den Lehrern identifizieren. Vielmehr kann in der positiven Beurteilung der an erster Stelle gewählten Lehrer sowohl gegenüber den an letzter als auch gegenüber den an zweiter Stelle gewählten Lehrern ein weiterer Hinweis auf die bei der Analyse der engeren Wahlentscheidung (Abschnitt 5.2.2.2) aufgestellte Identifikationshypothese gesehen werden: Die Schüler wählen nicht bewußt die Lehrer an erster Stelle, die ihnen mehr imponieren oder ein Vorbild sind, aber nachdem sie ihre Entscheidung getroffen haben, neigen sie dazu, die Lehrer ihrer ersten Wahl unter diesen Aspekten deutlich von den anderen Lehrern abgehoben zu sehen, d. h. sie beginnen, sich mit den Lehrern zu identifizieren, bei denen sie im kommenden Schuljahr am Unterricht teilnehmen möchten.

Bei allen bisher nicht in diesem Abschnitt aufgeführten Items sind entweder die Rangplätze bei allen drei Auswertungen ziemlich ähnlich, oder es ist keine spezifische Tendenz erkennbar, die einer Interpretation bedarf. Es handelt sich um die folgenden Items:

Item		R_f	$R_{1/6}$	$R_{1/2}$
1	Das Thema interessiert mich	1	3	2,5
4	Der Lehrer ist mir sympathisch	3	1	5
5	Der Lehrer hat Einfluß im Kollegium	25	25	16
6	Das Thema ist wichtig für meine Studien- und Berufspläne	20	30	33,5
10	Das Thema liegt mir	2	7	6
14	Ein ähnliches Thema wurde bereits einmal behandelt	25	31	36
17	Der Lehrer macht sein Fach interessant	5	11	13
21	Die Unterrichtsmethoden des Lehrers sagen mir zu	15	2	2,5
24	Der Lehrer ist gerecht	15	24	20
26	Ich komme mit dem Lehrer gut aus	8	8,5	18
27	Das Thema ist originell	27,5	38	37
35	Das Thema regt mich zur Diskussion an	9,5	22,5	21
36	Der Lehrer regt mich zur zusätzlichen Beschäftigung mit dem Thema an	18,5	17	22
37	Zu diesem Thema möchte ich ein Referat verfassen	25	10	17
38	Der Lehrer regt mich zur Mitarbeit an	13	8,5	7
40	Der Lehrer erklärt gut	11,5	12	10
41	Unter diesem Thema kann ich mir nicht allzuviel vorstellen	38	35	27,5

Zusammenfassung: Vergleichende Interpretation der Wahlkriterien

Da die drei verschiedenen Ansätze zur Analyse der Wahlkriterien nicht zu übereinstimmenden Ergebnissen geführt hatten, wurden diese Ergebnisse miteinander verglichen und dabei eingehend diskutiert. Für jedes Item wurden die Rangplatzziffern zusammengestellt, die für dieses Item bei der Selbsteinschätzung der Wahlkriterien durch die Schüler

(R_f), bei der Analyse der Abwahlkriterien ($R_{1/6}$) und der Kriterien für die engere Wahlentscheidung ($R_{1/2}$) ermittelt wurden und die als Indikator des wahlentscheidenden Gewichts dieses Items verstanden werden können.

Übersichtlich können die Ergebnisse dieser drei Analysen anhand der Dimensionen der Beurteilung des Wahlangebots miteinander verglichen werden. Bereits in den Zusammenfassungen der drei Analysen habe ich dargestellt, welches Gewicht diese Faktoren bei der Wahlentscheidung haben. Aus der folgenden Tabelle geht hervor, wie weit die Ergebnisse der drei Analysen bei den einzelnen Faktoren übereinstimmen:

Tabelle 5.2–10: Rangplätze der Faktoren bei verschiedenen Analysen der Wahlkriterien

$\overline{R}_f$ = Rangplatz der Faktoren nach der Selbsteinschätzung der Schüler (vgl. Tabelle 5.2–2)
$\overline{R}_{1/6}$ = Rangplatz der Faktoren bei der Abwahl von Arbeitsgruppen (vgl. Tabelle 5.2–7)
$\overline{R}_{1/2}$ = Rangplatz der Faktoren bei der engeren Wahlentscheidung (vgl. Tabelle 5.2–9)

Faktor	$\overline{R}_f$	$\overline{R}_{1/6}$	$\overline{R}_{1/2}$
A Emotionale Beziehung zum Lehrer	3	1	2
B Instrumentelle Passung des Themas	1	2	3
C Anforderungsniveau des Lehrers	8	10	9
D Subjektive Überforderung	9	9	8
E Objektive Relevanz des Themas	4[63]	8	10
F Kontinuität der Lernsituation	6	5	5
G Bekanntheit des Lehrers	5[64]	3	1
H Didaktische Kompetenz des Lehrers	2	4	4
I Interesse am Thema	7	7	6
J Zusammensetzung der Gruppe	10	6	7

Die deutlichsten Unterschiede und Widersprüche in den Ergebnissen der drei Analysen können in folgenden Punkten zusammengefaßt werden:

[63] Der Faktor E hat nach der Selbsteinschätzung ein noch stärkeres wahlentscheidendes Gewicht als der Faktor B, wenn nur die Items 16 (Das Thema ist aktuell) und 12 (Das Thema gehört zur Allgemeinbildung) berücksichtigt werden.

[64] Die Markieritems des Faktors G wurden unterschiedlich häufig als wahlentscheidend gekennzeichnet: Die Bekanntheit des Lehrers aus früherem Unterricht (Item 2) haben relativ viele Schüler (f = 27) als wahlentscheidend gekennzeichnet, während nur zwei Schüler den privaten Kontakt zum Lehrer (Item 2) als wahlentscheidend bezeichnet haben.

1) Die Schüler überschätzen die wahlentscheidende Bedeutung der Themen. Sie glauben insbesondere, sich bei der Wahl in starkem Maße an der objektiven Relevanz der Themen (Faktor E) orientiert zu haben, können aber die an erster Stelle gewählten Themen gegenüber den nicht an erster Stelle gewählten auf dieser Dimension kaum als besonders profiliert einschätzen. Die Schüler fühlen sich aber offenbar verpflichtet, eine dem Kanon hoher „Allgemeinbildung" entsprechende Bildung zu erwerben und sich bei der Wahl entsprechend zu orientieren.

2) Obgleich die meisten Schüler jene Arbeitsgruppen gewählt haben, deren Lehrer nach dem Urteil aller Schüler geringere Anforderungen stellen, schätzen die Schüler das wahlentscheidende Gewicht dieses Faktors gering ein und beschreiben sogar im Durchschnitt das Anforderungsniveau der an erster Stelle gewählten Arbeitsgruppen als höher als das der anderen Arbeitsgruppen. Dieses Ergebnis kann nur z. T. als durch die Auswertungsmethoden bedingt verstanden werden, sondern es deutet darauf hin, daß vielen Schülern die wahlentscheidende Bedeutung dieses Gesichtspunktes nicht bewußt ist, ja daß sie (auch vor sich selbst) dieses Verhalten zu verschleiern suchen, indem sie das objektiv niedrige Anforderungsniveau der gewählten Arbeitsgruppen tendenziell höher einschätzen. Diese Neigung ist verständlich, denn unter dem Postulat prinzipieller Chancengleichheit muß es den Schülern illegitim erscheinen, sich durch die Wahl eines Lehrers, der geringe Anforderungen stellt, Startvorteile zu verschaffen.

3) In ähnlicher Weise erscheint es den Schülern nicht legitim, einen ihnen auch außerhalb der Schule und privat bekannten Lehrer (Faktor E, Item 9) zu wählen. Denn auch hierdurch könnten sie gegenüber ihren Mitschülern, die in der Mehrzahl keinen der Lehrer privat kennen, beim Leistungswettbewerb im Vorteil sein. Tatsächlich haben sich aber die Schüler, die einen Lehrer privat kennen, vor allem bei der Entscheidung zwischen dem ersten und dem zweiten Platz des Wahlzettels für diese Lehrer entschieden.

4) Auch hinsichtlich der Reifeprüfung ist eine entsprechende Einstellung feststellbar: Die Schüler bezeichnen es als wenig wahlentscheidend, eine Arbeitsgruppe zu wählen, deren Thema und Lehrer ihnen für die Reifeprüfung besonders geeignet erscheinen. Sowohl bei der Abwahl als auch bei der engeren Wahlentscheidung hat dieser Gesichtspunkt jedoch eine wesentlich stärkere Rolle gespielt. Auch hier glauben die Schüler offenbar, sich gegenüber ihren Mitschülern keine illegitimen Vorteile bei der Reifeprüfung verschaffen zu dürfen.

5) Die Schüler wählen nicht bewußt eine Arbeitsgruppe, an der voraussichtlich auch ihre Freunde und früheren Mitschüler aus der 11.

Klasse teilnehmen werden. Sie wissen aber – vermutlich aus Gesprächen über das Wahlangebot –, daß viele ihrer Freunde und früheren Mitschüler die gleiche Arbeitsgruppe wählen. Wahrscheinlich ist auch ihre eigene Einschätzung des Wahlangebots und damit zugleich ihre Wahlentscheidung durch die Kommunikation mit Freunden beeinflußt worden.

6) Die Schüler wählen nicht bewußt einen Lehrer, der ihnen in besonderer Weise „imponiert" (Item 19) oder ihnen „ein Vorbild ist" (Item 28), aber sie identifizieren sich mit dem schließlich gewählten Lehrer deutlicher als mit den anderen Lehrern.

7) Die Schüler überschätzen die wahlentscheidende Bedeutung ihrer eigenen Sachkompetenz. Sie möchten vor allem Themen wählen, mit denen sie sich bereits privat beschäftigt haben (Item 23) und zu denen sie die nötigen Vorkenntnisse besitzen (Item 8). Tatsächlich bewerten sie jedoch unter diesen Gesichtspunkten die gewählten Themen nur als wenig vorteilhafter.

Zusammenfassung: Die Wahlentscheidung der Schüler

Die für das Fach Gemeinschaftskunde zur Wahl angebotenen sechs Arbeitsgruppen werden von unterschiedlich vielen Schülern gewählt. Besonders häufig werden die Arbeitsgruppen gewählt, deren Lehrer nach dem Urteil aller Schüler die geringsten Anforderungen stellen. Dabei macht etwa die Hälfte der Schüler von der Möglichkeit Gebrauch, den Fachlehrer aus dem vorangegangenen Schuljahr wieder an erster Stelle zu wählen. 95% aller Schüler wurden in die Arbeitsgruppe ihrer ersten Wahl aufgenommen.

Nach der Selbsteinschätzung der Wahlkriterien durch die Schüler scheint das Thema der wichtigste wahlentscheidende Gesichtspunkt zu sein. Hinsichtlich des Lehrers wird die emotionale Beziehung als wichtig bezeichnet. Dem Anforderungsniveau sprechen die Schüler dagegen kaum wahlentscheidende Bedeutung zu.

Bei näheren Analysen, bei denen die von den Schülern an erster Stelle gewählten Arbeitsgruppen mit den an letzter und den an zweiter Stelle gewählten verglichen wurden, ergaben sich jedoch teilweise veränderte Rangfolgen der Wahlkriterien. Wichtigste Wahlkriterien sind danach die emotionale Beziehung zum Lehrer, die Bekanntheit des Lehrers aus früherem Unterricht und/oder aus privaten Kontakten.

Die Schüler überschätzen das wahlentscheidende Gewicht der Themen. Deren objektive Relevanz bezeichnen viele Schüler als wahlentscheidend, sie schätzen aber die von ihnen schließlich gewählten Themen nicht als in dieser Hinsicht profiliert ein.

Das Anforderungsniveau des Lehrers scheint nach den Analysen der Wahlkriterien wenig wahlentscheidend zu sein. Tatsächlich haben aber relativ viele Schüler jene Arbeitsgruppen gewählt, deren Lehrer geringere Anforderungen stellen. Dieser Widerspruch ist darauf zurückzuführen, daß die Wahl eines niedrigeren Anforderungsniveaus den Schülern unter dem Postulat der „Chancengleichheit" als illegitim erscheinen muß. Ähnliches gilt für alle Wahlkriterien, die den Schülern im Leistungswettbewerb Startvorteile gegenüber ihren Mitschülern verschaffen könnten.

Es zeigt sich, daß die Schüler dazu neigen, sich mit dem Lehrer ihrer ersten Wahl zu identifizieren und die Lehrer und Themen der anderen, insbesondere der an zweiter Stelle gewählten Arbeitsgruppe, negativer zu beurteilen.

Insgesamt kann an dieser Stelle festgehalten werden, daß die meisten Schüler aus einem als differenziert erlebten Wahlangebot (vgl. Kapitel 4) eine Arbeitsgruppe ausgewählt haben, die nach ihrer persönlichen Einschätzung auf verschiedenen Dimensionen gegenüber den anderen Arbeitsgruppen ausgezeichnet ist. Insbesondere glauben die Schüler, daß sie zu dem gewählten Lehrer bessere emotionale Beziehungen haben werden und daß das gewählte Thema die besten Voraussetzungen dafür bietet, daß sie die Leistungserwartungen der Schule erfüllen können. – Im folgenden Kapitel wird jedoch zu prüfen sein, ob diese Erwartungen der Schüler in der Realität des Unterrichts eingelöst werden.

6. Der Unterricht in den Arbeitsgruppen

Wahldifferenzierter Unterricht kann nicht allein nach der Differenziertheit des Wahlangebots (Kapitel 4) und nach dem Wahlverhalten der Schüler (Kapitel 5) beurteilt werden. Denn ein strukturiertes Wahlangebot, das den Schülern nach ihrer subjektiven Einschätzung vielfältige Wahlmöglichkeiten bietet, und ein Wahlverhalten der Schüler, das von diesen Möglichkeiten Gebrauch macht, sind lediglich Voraussetzungen für den eigentlichen Zweck dieser Organisationsform, nämlich die Qualität der Lernprozesse selbst zu verbessern, indem diese von überkommenen und unnötigen Zwängen befreit werden. Die Schüler haben – wie sich im vorigen Kapitel gezeigt hat – nach ihrer Wahlentscheidung das Gefühl, unter den gegebenen Bedingungen eine in verschiedener Hinsicht für sie persönlich optimale Arbeitsgruppe gewählt zu haben. Sie glauben, daß die von ihnen an erster Stelle gewählte Arbeitsgruppe in vieler Hinsicht „besser" ist als die anderen, und sie beginnen den Unterricht mit besonderen Erwartungen.

Aber wie realistisch sind diese Erwartungen? Entsprechen sie dem tatsächlichen Charakter der Lernprozesse in den Arbeitsgruppen, oder werden durch die „freie" Wahl und das damit verbundene Gefühl von Selbstbestimmung bei den Schülern lediglich Hoffnungen geweckt, die im Laufe des Schuljahres enttäuscht werden müssen? Erst wenn diese Frage verneint werden kann, erweist sich Wahldifferenzierung als eine Form der Unterrichtsorganisation, die zur Emanzipation von überkommenen Zwängen beitragen kann.

Diese Frage soll im vorliegenden Kapitel untersucht werden: Wie verhalten sich die Erwartungen der Schüler zur Realität und zum tatsächlichen Verlauf des Unterrichts? Die Antwort kann in drei Schritten versucht werden:

1) Zunächst ist es erforderlich, die Erwartungen der Schüler am Beginn des Unterrichts eingehend zu analysieren, denn bisher wurde lediglich deutlich, daß die Schüler die gewählten Arbeitsgruppen im Vergleich mit den nicht gewählten Gruppen tendenziell positiver einschätzen. Daran ist aber noch nicht erkennbar, wie die Schüler ihre Arbeitsgruppen konkret einschätzen, d. h. wie stark die im Wahlfragebogen angesprochenen Merkmale bei „ihrer" Arbeitsgruppe nach ihrer Voraussicht wirklich ausgeprägt sind. Diese Analysen sind Gegenstand des Abschnitts 6.1. Dort werden diese Analysen auch ausführlich begründet und erläutert.

2) Im zweiten Schritt ist zu fragen, wie der Unterricht nach dem Urteil der Schüler tatsächlich verlaufen ist und wie sie ihn zu einem späteren Zeitpunkt des Schuljahres bewerten. Hierzu wurde der Fragebogen zum Unterricht in den Arbeitsgruppen entwickelt (vgl. Abschnitt 3.2.2.2) und von den Schülern nach etwa acht Monaten Unterricht beantwortet. Diese Daten werden im Abschnitt 6.2 analysiert.

3) Schließlich können die Erwartungen der Schüler (Abschnitt 6.1) mit der Realität des Unterrichts (Abschnitt 6.2) verglichen und konfrontiert werden. Hier wird deutlich werden, welche Erwartungen der Schüler erfüllt worden sind und welche ihrer Hoffnungen sich als unrealistisch erweisen (Abschnitt 6.3).

6.1 Die Erwartungen der Schüler am Beginn des Schuljahres („Antizipation")

In diesem Abschnitt soll folgende Frage beantwortet werden: Mit welchen Erwartungen und Hoffnungen gehen die Schüler, die eine Arbeitsgruppe an erster Stelle gewählt haben (im folgenden auch als *Erstwähler* bezeichnet), in den Unterricht des neuen Schuljahres?

Nachdem deutlich geworden ist, nach welchen Gesichtspunkten die Schüler das Wahlangebot einschätzen und welches Gewicht die verschiedenen Kriterien bei der Wahlentscheidung haben, muß die Analyse wahldifferenzierten Unterrichts dort fortgesetzt werden, wo die Wahlentscheidung der Schüler konkrete Folgen hat. Die Schüler beginnen den Unterricht in Arbeitsgruppen, d. h. bei Lehrern und mit Themen, für die sie sich selbst mehr oder weniger begründet entschieden haben. Diese Wahlentscheidung beruht auf einer bestimmten Einschätzung des Wahlangebots und der Erwartung (Antizipation), daß sich die (an erster Stelle) gewählte Arbeitsgruppe in verschiedener Hinsicht gegenüber den anderen Arbeitsgruppen auszeichnet.

Bei der Analyse der Wahlkriterien (Abschnitt 5.2) ist deutlich geworden, unter welchen Gesichtspunkten die Schüler die an erster Stelle gewählten Arbeitsgruppen im Vergleich mit den anderen Gruppen besonders positiv einschätzen. Weil für diese Analysen die Schätzwerte der Schüler zu Standardwerten transformiert werden mußten (vgl. die Einleitung zu Abschnitt 5.2), ist an diesen Daten aber nicht erkennbar, in welchem Grad die verschiedenen Merkmale bei der gewählten Arbeitsgruppe nach der Einschätzung der Schüler tatsächlich ausgeprägt sind. Wenn bei einem Item die

Schätzwerte für die an erster Stelle gewählte Gruppe relativ – nämlich im Vergleich mit den Schätzwerten aller anderen Schüler – hoch ausgefallen sind und deshalb hohe Standardwerte errechnet werden, so kann die absolute Größe dieser Schätzwerte sehr unterschiedlich sein.[65]

Wenn die Erwartungen transparent werden sollen, mit denen die Schüler den Unterricht in den Arbeitsgruppen beginnen, dann müssen die Schätzwerte analysiert werden, die die Schüler im Wahlfragebogen für die von ihnen an erster Stelle gewählten Arbeitsgruppen eingetragen haben. Wie bei der Einschätzung des Wahlangebots ist es auch hier sinnvoll, zunächst mittels einer Faktorenanalyse zu versuchen, die Vielzahl der Gesichtspunkte (Items) auf eine geringere Anzahl von Dimensionen (Faktoren) zu reduzieren. Dadurch können zum einen die Ergebnisse übersichtlicher dargestellt werden, zum anderen können die Zusammenhänge erkennbar werden, die zwischen verschiedenen Merkmalen der gewählten Arbeitsgruppen bestehen.[66]

Da die einzelnen Arbeitsgruppen nicht von mehr als zwanzig Schülern der Stichprobe gewählt worden sind, kann hier nicht – wie im Abschnitt 4.2 – für jede Arbeitsgruppe eine eigene Faktorenanalyse durchgeführt werden, denn schon die Korrelationskoeffizienten würden zu starken Zufallsfehlern unterliegen. Deshalb müssen hier die Daten aller Schüler für die von ihnen an erster Stelle gewählten Arbeitsgruppen in *einer* Faktorenanalyse zusammenge-

[65] Wenn z. B. bei einer Arbeitsgruppe und bei einem Item alle Schüler im Durchschnitt den Schätzwert M = 1 bei einer Standardabweichung von s = 0,80 eingetragen haben, und wenn bei dem gleichen Item alle Erstwähler im Durchschnitt den Schätzwert M = 2 eingetragen haben, dann wird für diese Schüler der hohe mittlere Standardwert von z = +1,25 errechnet. Die Erwartungen dieser Schüler sind also relativ hoch, aber absolut betrachtet halten auch sie das betreffende Merkmal bei der von ihnen an erster Stelle gewählten Arbeitsgruppe nicht für besonders stark ausgeprägt. Ihre Erwartungen sind, absolut gesehen, gering (denn der Schätzwert 2 bedeutet, daß sie die Aussage des Items nur für „etwas" zutreffend halten), obgleich sie ihre Arbeitsgruppe relativ positiv einschätzen.

[66] Es ist m. E. nicht ohne weiteres zulässig, bei der Interpretation der Erwartungen der Schüler von jenen Dimensionen auszugehen, nach denen die Schüler das Wahlangebot beurteilen (Abschnitt 4.2). Dort beruhten die Faktorenanalysen auf den Daten aller Schüler ohne Rücksicht darauf, an welcher Stelle des Wahlzettels die Schüler die Arbeitsgruppen gewählt haben. Hier sollen jedoch nur die Daten der Schüler für die von ihnen an erster Stelle gewählten Arbeitsgruppen betrachtet werden. Wurde dort gefragt, nach welchen übergeordneten Gesichtspunkten die Arbeitsgruppen von allen Schülern beurteilt werden, so ist die Analyse hier auf die Dimensionen beschränkt, nach denen die Arbeitsgruppen nur von den Schülern bewertet werden, die diese bereits an erster Stelle gewählt haben und voraussichtlich an ihr teilnehmen werden. Hier können andere Dimensionen relevant sein, es scheint mir aber unwahrscheinlich, daß sich eine völlig neue Faktorenstruktur ergibt.

faßt werden. Es können also bei den folgenden Analysen nur die Erwartungen aller Schüler und nicht diejenigen der Schüler einzelner Arbeitsgruppen betrachtet werden.

Wie bereits bei der Analyse der Wahlkriterien (vgl. Abschnitt 5.2.2) dürfen jedoch auch hier die Schätzwerte der Erstwähler verschiedener Arbeitsgruppen nicht als gleichwertig betrachtet werden, weil bei verschiedenen Items zwischen den Arbeitsgruppen mehr oder weniger deutliche „objektive" Unterschiede bestehen. Deshalb müssen die Schätzwerte der Schüler zunächst zu Standardwerten transformiert werden, an denen erkennbar ist, in welcher Richtung und in welchem (auf die Standardabweichung aller Schüler bezogenen) Umfang die Schätzwerte der Erstwähler vom Mittelwert aller Schüler abweichen.[67]

Eine Faktorenanalyse dieser Daten (der zu Standardwerten transformierten Schätzwerte aller Schüler für die an erster Stelle gewählten Arbeitsgruppen; N = 73) nach den im Abschnitt 3.3.4 dargelegten Kriterien hatte folgendes Ergebnis: Es wurden acht Faktoren extrahiert, die gemeinsam 64% der gesamten Varianz aller Items aufklären. Bei der Rotation unterschiedlich vieler Faktoren erweisen sich die ersten sechs und der achte Faktor deutlich als stabil, d. h. sie werden bei den verschiedenen Rotationslösungen von den gleichen Items gekennzeichnet. Die Items des siebten Faktors korrelieren bei geringerer Faktorenzahl mit verschiedenen Faktoren, bei acht rotierten Faktoren wieder mit demselben Faktor. Es können deshalb alle acht Faktoren interpretiert werden.

Nach der Rotation aller acht Faktoren verteilt sich die aufgeklärte Varianz von 64% zu folgenden Anteilen auf die Faktoren:

Faktor:	1	2	3	4	5	6	7	8
%	11,66	14,89	13,10	10,99	14,73	11,92	10,93	11,78

Wie können diese Faktoren interpretiert werden?

[67] Praktisch wirkt sich diese Transformierung der Schätzwerte jedoch kaum auf die Ergebnisse der Faktorenanalyse aus. Gegenüber einer Faktorenanalyse auf der Grundlage der nicht transformierten Schätzwerte der Erstwähler ergeben sich kaum Veränderungen: Die Anzahl der extrahierten Faktoren bleibt gleich, die Faktoren werden im wesentlichen durch die gleichen Items gekennzeichnet, lediglich die Korrelationen dieser Items mit den Faktoren (die Ladungen) verändern sich geringfügig.

Faktor A/1:[68]

Item	a	M
24 Der Lehrer ist gerecht	.74*	2,90
13 Der Lehrer ist in seinem Fach ein Fachmann	.71*	3,26
30 Diesen Lehrer möchte ich abwählen	–.64*	0,40
17 Der Lehrer macht sein Fach interessant	.50	2,68
40 Der Lehrer erklärt gut	(.35)	2,73
38 Der Lehrer regt mich zur Mitarbeit an	(.35)	2,68

Ein ähnlicher Faktor trat bei der Einschätzung des Wahlangebots auf (vgl. Tabelle 4.2–10). Er betrifft die Fähigkeit des Lehrers, seinen Unterricht fachlich kompetent, interessant und die Mitarbeit der Schüler anregend zu gestalten. Dieser Komplex wurde bezeichnet als

Faktor H: Didaktische Kompetenz des Lehrers.

Die Schüler schätzen die didaktische Kompetenz der von ihnen an erster Stelle gewählten Lehrer relativ hoch ein. Insbesondere für die fachliche Kompetenz (als didaktische Kompetenz in einem engeren Sinne; Item 13; M = 3,26) haben sie sehr hohe Schätzwerte eingetragen (nur bei Item 1 ist der Mittelwert noch höher).

Man kann den Schätzwert für Item 30 als (negativen) Index für das Gefühl der Schüler auffassen, die richtige Arbeitsgruppe bzw. den richtigen Lehrer gewählt zu haben. Dann kann man festhalten, daß die Schüler um so eher das Gefühl haben, den richtigen Lehrer gewählt zu haben, je mehr sie erwarten, der Lehrer werde sein Fach kompetent vertreten, es interessant gestalten und den Schülern gegenüber „gerecht" sein.

Faktor A/2:

Item	a	M
16 Das Thema ist aktuell	–.77*	2,74
12 Das Thema gehört zur Allgemeinbildung	–.65*	3,25
29 Der Lehrer verlangt regelmäßige Teilnahme am Unterricht	–.62*	2,86

[68] Um diese Faktoren von den Faktoren der Einschätzung des Wahlangebots unterscheiden zu können, bezeichne ich sie mit dem großen lateinischen Buchstaben A (wie *A*ntizipation) und einer fortlaufenden Nummer.
a = Korrelation der Variable mit dem Faktor (Ladung).
* = Die Variable lädt eindeutig auf diesem Faktor, d. h. alle anderen Ladungen sind mindestens um eine Differenz von 0,20 kleiner als die hier zitierte Ladung.
() = Diese Variable korreliert mit einem anderen Faktor höher.
M = Mittelwert der Schätzwerte von N = 73 Schülern für die an erster Stelle gewählten Arbeitsgruppen.

Item	a	M
39 Das Thema ist bei den Schülern allgemein beliebt	−.60*	2,39
35 Das Thema regt mich zur Diskussion an	−.57	2,78
3 Ich muß für das Thema viel arbeiten	−.52	2,67
37 Zu dem Thema möchte ich ein Referat verfassen	(−.51)	2,67
36 Der Lehrer regt mich zur zusätzlichen Beschäftigung mit dem Thema an	−.42	2,41

Bei den am deutlichsten mit diesem Faktor korrelierenden Items wird das Thema nicht nach subjektiven Kriterien beurteilt: Wie aktuell und allgemeinbildend ist das Thema, und wie wird es von den Mitschülern beurteilt? Dieser Gesichtspunkt wurde bei der Einschätzung des Wahlangebots bezeichnet als

Faktor E: Objektive Relevanz des Themas.

Zusätzlich korrelieren bei der Antizipation mit diesem Faktor Aspekte des Anforderungsniveaus des Lehrers (die Items 29 und 3) und des Interesses am Thema (die Items 35 und 37). Je höher die Schüler die objektive Relevanz des Themas ihrer Arbeitsgruppe einschätzen, desto mehr glauben sie einerseits, für dieses Thema viel arbeiten und regelmäßig am Unterricht teilnehmen zu müssen, andererseits hoffen sie, daß dieses als wichtig eingeschätzte Thema sie auch zu intensiver Mitarbeit anregt, weil ihre subjektiven Interessen angesprochen werden.

Nach den Schätzwerten zu urteilen, halten die Schüler die Themen ihrer Arbeitsgruppen für „ziemlich" allgemeinbildend (M = 3,25) und aktuell (M = 2,74). Sie erwarten zwar, für die Themen viel arbeiten zu müssen (M = 2,67), wollen aber auch gern ein Referat anfertigen (M = 2,67) und glauben, von den Themen zur Diskussion angeregt zu werden (M = 2,78). Die Schüler erwarten also, sich in ihren Arbeitsgruppen intensiv mit Themen zu befassen, die eine hohe allgemeinbildende Relevanz haben.

Faktor A/3:

Item	a	M
20 Das Thema überfordert meine Fähigkeiten	−.83*	0,81
19 Der Lehrer imponiert mir	−.70*	2,04
15 Der Lehrer überfordert meine Fähigkeiten	−.69*	0,75
28 Der Lehrer ist mir ein Vorbild	−.64*	1,33

Nach den Items 20 und 15 ist dieser Faktor zu verstehen als

Faktor D: Subjektive Überforderung.

Die Schüler erwarten im allgemeinen zwar „kaum", von ihren Lehrern oder den Themen überfordert zu werden, aber je stärker sie diesen Aussagen zustimmen, desto stärker imponiert ihnen der Lehrer und desto mehr ist er ihnen ein Vorbild. Die Schüler identifizieren sich also um so mehr mit ihren Lehrern, je mehr sie sich von ihnen überfordert fühlen. Dies macht deutlich, daß eine Identifikation mit dem Lehrer sich vor allem auf den Lehrer als Leistungsvorbild richtet (vgl. auch die Interpretation des Faktors D der Einschätzung des Wahlangebots; Tabelle 4.2–6). – Es ist jedoch zu bedenken, daß sich die Schüler nicht in besonders starkem Maße mit ihren Lehrern identifizieren (M = 2,04 bzw. 1,33). Noch weniger glauben sie überfordert zu werden, obgleich auch hier einige Schüler die entsprechenden Items als „etwas" (Schätzwert 3) zutreffend bezeichnen.[69]

Faktor A/4:

Item		a	M
33	Der Lehrer verlangt hohen Arbeitsaufwand	–.76*	2,52
11	Der Lehrer zensiert streng	–.70*	2,10
18	Die Arbeitsgruppe ist für schwache Schüler besonders günstig	.57*	1,68
17	Der Lehrer macht sein Fach interessant	(–.41)	2,68
3	Ich muß für das Thema viel arbeiten	(–.37)	2,67
5	Der Lehrer hat Einfluß im Kollegium	–.35	2,42

Dieser Faktor trat ähnlich bei der Einschätzung des Wahlangebots auf (vgl. Tabelle 4.2–5) und ist zu interpretieren als

Faktor C: Anforderungsniveau des Lehrers.

Nach den Schätzwerten erwarten die Schüler im Durchschnitt von ihren Lehrern ein Anforderungsniveau mittlerer Höhe. Sie glauben, daß die Lehrer „etwas" bis „ziemlich" hohen Arbeitsaufwand verlangen (M =

[69] Die Erstwähler haben die Schätzwerte bei den Items 20 und 15 mit folgender Häufigkeit eingetragen:

Schätzwert	0	1	2	3	4	M
Item 20	29	30	13	1	0	0,81
Item 15	33	27	11	2	0	0,75

2,52) und „etwas“ streng zensieren (M = 2,10). Sie glauben nicht, daß die von ihnen gewählte Arbeitsgruppe für schwache Schüler besonders günstig ist (M = 1,68). Bei dieser Betrachtung sind wahrscheinlich zwischen den Schülern verschiedener Arbeitsgruppen bestehende Unterschiede nivelliert worden, denn nach dem Urteil aller Schüler bestehen zwischen den Arbeitsgruppen deutliche Unterschiede im Anforderungsniveau der Lehrer (vgl. Abschnitt 4.3.1). Im Durchschnitt erwarten die Schüler jedoch nicht, daß in den Arbeitsgruppen geringe Anforderungen an sie gestellt werden.

Faktor A/5:

Item		a	M
23	Mit dem Thema habe ich mich bereits privat beschäftigt	.78*	2,01
8	Für das Thema besitze ich die nötigen Vorkenntnisse	.72*	2,49
31	Über das Thema möchte ich im Abitur geprüft werden	.70*	2,74
10	Das Thema liegt mir	.65*	3,15
14	Ein ähnliches Thema wurde bereits einmal behandelt	.45	1,70
21	Die Unterrichtsmethoden des Lehrers sagen mir zu	.40	2,78

Dieser Faktor ist ebenfalls einer Dimension der Beurteilung des Wahlangebots sehr ähnlich, nämlich dem

Faktor B: Instrumentelle Passung des Themas.

Die Schüler haben sich mit den Themen nur „etwas“ bereits privat beschäftigt (M = 2,01), sie glauben aber, die nötigen Vorkenntnisse zu besitzen (M = 2,49), und daß das Thema ihren Neigungen und Fähigkeiten „ziemlich“ entspricht (M = 3,15).

Faktor A/6:

Item		a	M
9	Ich kenne den Lehrer privat	–.74*	1,29
4	Der Lehrer ist mir sympathisch	–.66*	3,16
32	Ich bin dem Lehrer sympathisch	–.66*	2,66
26	Ich komme mit dem Lehrer gut aus	–.63*	3,21
2	Ich kenne den Lehrer aus früherem Unterricht	–.56*	3,01
41	Unter dem Thema kann ich mir nicht allzuviel vorstellen	.28	0,63

Dieser Faktor kann keiner Dimension der Einschätzung des Wahlangebots eindeutig zugeordnet werden. Einerseits wird die Bekanntheit des

Lehrers (Faktor G: Item 2 und 9) angesprochen, andererseits die emotionale Beziehung zwischen dem Lehrer und dem Schüler. Es ist sowohl von Bedeutung, wie sympathisch der Lehrer dem Schüler ist, als auch, wie der Lehrer den Schüler auf dieser Dimension beurteilt. Die Schüler schätzen ein, wie die Beziehung zwischen ihnen und dem Lehrer sein wird. Diese Beziehung ist um so besser, je intensiver der private Kontakt zwischen Lehrern und Schülern ist. Die Bekanntheit des Lehrers aus früherem Unterricht scheint Voraussetzung für eine gute Beziehung zu sein. Die Schüler, die auf dieser Dimension hohe Schätzwerte eingetragen haben, gehen mit der sicheren Erwartung in die Arbeitsgruppen, zu dem Lehrer gute emotionale Beziehungen zu haben und mit ihm gut auskommen zu können. Diese Gesichtspunkte können zusammengefaßt werden, wenn ein neuer Faktor bestimmt und bezeichnet wird als

Faktor K: Emotionale Sicherheit.

Die meisten Schüler erwarten, mit ihrem Lehrer „ziemlich" gut auskommen zu können (M = 3,21). Er ist ihnen „ziemlich" sympathisch (M = 3,16) und aus früherem Unterricht bekannt (M = 3,01). Nicht ganz so sicher sind sich die Schüler, ob sie selbst auch dem Lehrer sympathisch sind (M = 2,66). Privaten Kontakt zu ihrem Lehrer haben im Durchschnitt nur wenige Schüler (M = 1,29).

Faktor A/7:

Item	a	M
6 Das Thema ist wichtig für meine Studien- und Berufspläne	−.71*	1,34
35 Das Thema regt mich zur Diskussion an	(−.55)	2,78
27 Das Thema ist originell	−.52	1,39
37 Zu dem Thema möchte ich ein Referat verfassen	−.52	2.67
1 Das Thema interessiert mich	−.51	3,49
34 Der Lehrer wäre mir als Prüfer im Abitur angenehm	−.50	2,89

Dieser Faktor kann nur mit Vorbehalt interpretiert werden, weil er sich bei der Rotation verschiedener Faktorenzahlen nicht als stabil erwiesen hat, sondern auf verschiedene Faktoren aufgeteilt war.[70] Zudem wird er nur von einem Item eindeutig markiert. Die Items 35 und 37 korrelieren auch mit dem Faktor A/2 = Faktor C: Objektive Relevanz des Themas. Bereits dort hatte sich der Zusammenhang zwischen der Ein-

[70] Die Items 6 und 1 korrelieren dabei meistens mit dem Faktor A/5 (Instrumentelle Passung des Themas), die Items 35 und 37 mit dem Faktor A/2 (Objektive Relevanz des Themas).

schätzung der objektiven Relevanz und dem subjektiven Interesse am Thema angedeutet. Dieser Aspekt wird im Faktor A/7 noch einmal besonders herausgestellt. Da der Faktor durch die mit ihm hoch korrelierenden Items inhaltlich eindeutig gekennzeichnet wird, kann er verstanden werden als

Faktor I: Interesse am Thema.

Es ist jedoch zu bedenken, daß das Interesse am Thema ebenfalls stark mit der Erwartung korreliert, ein objektiv relevantes Thema zu behandeln. Das Interesse am Thema ist also keine allein subjektive Kategorie, sondern es bezieht sich tendenziell auf ein Thema, das auch als von objektiver Bedeutung und als für die Allgemeinbildung wichtig eingeschätzt wird (vgl. hierzu auch die Interpretation der Wahlkriterien im Abschnitt 5.2.3). Außerdem zeigt sich an den mit diesem Faktor korrelierenden Items, daß sich jene Schüler in besonderem Maße für die Themen interessieren, die ein entsprechendes Studium aufnehmen und sich noch intensiver mit dem Fach beschäftigen wollen.

Wenn das Item 6 (Das Thema ist wichtig für meine Studien- und Berufspläne), das diesen Faktor am deutlichsten kennzeichnet, als Maßstab des Interesses der Schüler verstanden werden soll, dann scheinen die Schüler den Themen nur geringes Interesse entgegenzubringen (M = 1,34). Auch die Originalität der Themen schätzen sie eher gering ein (M = 1,39). Obgleich ihnen im Durchschnitt die Themen persönlich über die Schulzeit hinaus nur wenig wichtig sind, sind die Schüler doch bereit, sich im kommenden Schuljahr mit den Themen zu beschäftigen (Item 1; M = 3,49), sie erwarten, „ziemlich" zur Diskussion angeregt zu werden (M = 2,78), und sie wollen auch zu den Themen gern ein Referat verfassen (M = 2,67).

Faktor A/8:

Item		a	M
25	Die Schüler, die mit mir zusammen in der 11. Klasse waren, werden diese Arbeitsgruppe vor allem wählen	−.78*	2,29
7	Meine Freunde würden in dieser Arbeitsgruppe gern mitarbeiten	−.68*	2,50
22	Der Lehrer ist bei den Schülern allgemein beliebt	−.52	2,70
40	Der Lehrer erklärt gut	−.47	2,73
38	Der Lehrer regt mich zur Mitarbeit an	−.41	2,68

Bei der Beurteilung des Wahlangebots konnte ein sehr ähnlicher Faktor identifiziert werden. Er wurde bezeichnet als

Faktor J: Zusammensetzung der Gruppe.

Die Schüler erwarten mehr als „etwas", in den Arbeitsgruppen ihre Freunde und früheren Mitschüler wiederzufinden (M = 2,50 bzw. 2,29), und sie glauben, daß der von ihnen gewählte Lehrer auch bei allen Mitschülern „ziemlich" beliebt ist (M = 2,70). Bei der Analyse der Wahlkriterien (Abschnitt 5.2.3) hatte sich gezeigt, daß die Schüler wahrscheinlich ihre Wahlentscheidung nicht bewußt mit ihren Freunden absprechen, daß sie aber vermutlich in Gesprächen und Diskussionen über das Wahlangebot zu ähnlichen Einschätzungen der Arbeitsgruppen und damit zu ähnlichem Wahlverhalten gelangen. Die unterschiedlich hohe Erwartung verschiedener Schüler auf dieser Dimension ist deshalb wahrscheinlich auf unterschiedlich intensive Gespräche über das Wahlangebot zurückzuführen. Je mehr die Schüler mit ihren Freunden und anderen Mitschülern diskutiert haben, desto eher wissen sie von Schülern, die die gleiche Gruppe wählen werden.

Zusammenfassung: Die Erwartungen der Schüler am Beginn des Schuljahres („Antizipation")

Anhand der Schätzwerte der Schüler für die von ihnen an erster Stelle gewählten Arbeitsgruppen wurde ermittelt, mit welchen Erwartungen (Antizipationen) die Schüler in den Unterricht ihrer Arbeitsgruppen gehen. Bei einer Faktorenanalyse dieser (zuvor zu Standardwerten transformierten) Schätzwerte wurden acht Faktoren ermittelt, die bis auf den neu definierten Faktor K (Emotionale Sicherheit) den Dimensionen der Beurteilung des Wahlangebots (vgl. Abschnitt 4.2) entsprechen. Wie stark die Erwartungen der Schüler auf diesen Dimensionen ausgeprägt sind, fasse ich hier anhand der Faktorschätzwerte, nämlich der mittleren Mittelwerte ($\bar{M}$) der Schätzwerte aller Items zusammen, die mit den Faktoren in der interpretierten Richtung deutlich ($a > .50$) korrelieren. Danach haben die Schüler die folgenden Erwartungen:

Tabelle 6.1–1: Faktorschätzwerte ($\bar{M}$) für die an erster Stelle gewählten Arbeitsgruppen (= Erwartungen der Schüler)

Faktor		$\bar{M}$
A/1 = H:	Didaktische Kompetenz des Lehrers	2,95
A/2 = E:	Objektive Relevanz des Themas	2,77
A/6 = K:	Emotionale Sicherheit	2,67
A/5 = B:	Instrumentelle Passung des Themas	2,60
A/8 = J:	Zusammensetzung der Gruppe	2,50
A/7 = I:	Interesse am Thema	2,43
A/4 = C:	Anforderungsniveau des Lehrers	2,31
A/3 = D:	Subjektive Überforderung	1,23

Diese mittleren Mittelwerte liegen so nahe beieinander, daß aus den Differenzen zwischen diesen Daten kaum Schlüsse gezogen werden können. Die Schüler haben im Schnitt recht hohe Erwartungen: Sie halten ihre Lehrer für „ziemlich" didaktisch kompetent ($\overline{M}$ = 2,95). Auch ihre Beziehungen zum Lehrer schätzen sie so ein, daß sie sich emotional „ziemlich" sicher fühlen: Berechnet man den mittleren Mittelwert für den Faktor K ohne Item 9 (Ich kenne den Lehrer privat; M = 1,29), so haben die Schüler auf der Dimension emotionale Sicherheit die höchsten Erwartungen ($\overline{M}$ = 3,01). Das Anforderungsniveau ihrer Lehrer schätzen sie als „etwas" hoch ein ($\overline{M}$ = 2,31). Sie erwarten aber „kaum", vom Thema und vom Lehrer überfordert zu werden ($\overline{M}$ = 1,23). Die Themen halten viele Schüler für „ziemlich" objektiv relevant ($\overline{M}$ = 2,77), und sie glauben, daß diese ihren eigenen Neigungen und Fähigkeiten entsprechen ($\overline{M}$ = 2,60). Der Mittelwert des Faktors J (Interesse am Thema; $\overline{M}$ = 2,43) täuscht darüber hinweg, daß nur wenige Schüler die Themen auch über die Schulzeit hinaus für wichtig halten (Item 6; M = 1,34). Fast alle Schüler sind aber „uneingeschränkt" bereit, sich mit den gewählten Themen zu beschäftigen (Item 1; M = 3,49).

Die meisten Schüler haben also zu Beginn des Schuljahres das Gefühl, aus dem Wahlangebot der Schule eine Arbeitsgruppe ausgewählt zu haben, die ihnen in verschiedener Hinsicht als besonders positiv erscheint. Die Schüler beginnen den Unterricht in ihren Arbeitsgruppen mit überdurchschnittlich hohen Erwartungen. Hierin liegt m. E. eine pädagogische und didaktische Chance des wahldifferenzierten Unterrichts: Durch die Wahl einer veränderten Lernsituation (vor allem eines anderen Lehrers), aber auch durch die Entscheidung für die Kontinuität der Lernsituation (durch die Wiederwahl eines bekannten Lehrers) versetzen sich die Schüler in eine Lernsituation, von der sie erwarten, daß sie ihren Lernbedürfnissen unter den gegebenen Bedingungen in optimaler Weise entspricht. Hierin besteht ein deutlicher Unterschied zu herkömmlichen Formen der Unterrichtsorganisation, bei denen die Schüler keinen Einfluß auf diese Bedingungen des Lernens haben: Die Lehrer werden den Klassen zugeteilt, und die Lerninhalte sind für alle Schüler in gleicher Weise verbindlich.

Aber auch gegenüber anderen Formen der Differenzierung besteht der Vorteil der Wahldifferenzierung darin, daß die Schüler nicht in die Lerngruppen administrativ eingewiesen werden, sondern daß sie selbst abschätzen müssen, welches Lernangebot ihren Lernbedürfnissen (im weitesten Sinne) am besten entspricht. Es hat sich in den bisherigen Analysen gezeigt, daß diese Lernbedürfnisse sich auf mehrere Dimensionen (z. B. nicht nur das Leistungsniveau) beziehen und daß gleiche Lernangebote von verschiedenen Schülern verschieden bewertet werden. Dieser Vielfalt der Gesichtspunkte und Beurteilungsmaßstäbe kann keine administrative Organisationsform gerecht werden. Eine bessere Passung zwischen den Lernbedürfnissen der Schüler und den Lernbedingungen der Schule kann nur durch die Selbstbestimmung der Schüler hergestellt werden.

6.2 Die Beurteilung des Unterrichts gegen Ende des Schuljahres („Perzeption")

Wahldifferenzierter Unterricht kann nicht allein danach beurteilt werden, nach welchen Kriterien die Schüler ihre Arbeitsgruppen wählen (Kapitel 5) und mit welchen Erwartungen (Antizipationen) sie in den Unterricht hineingehen (Abschnitt 6.1). Auch wenn sich gezeigt hat, daß die Schüler das Wahlangebot als differenziert erleben und am Beginn des neuen Schuljahres glauben, eine Arbeitsgruppe gewählt zu haben, die ihren Bedürfnissen in vieler Hinsicht besser entspricht als der herkömmliche Klassenverband, so kann daraus noch nicht der Schluß gezogen werden, das Lernen in wahldifferenziertem Unterricht sei dem Lernen im Klassenverband in irgendeiner Weise überlegen. Denn die Erwartungen der Schüler können sich als mehr oder weniger unrealistisch erweisen und auf eine „Begeisterung" über die ungewohnten und unüblichen Wahlmöglichkeiten zurückzuführen sein, die den Schülern in der Halepaghenschule eingeräumt werden. Die Analyse des wahldifferenzierten Unterrichts darf sich deshalb nicht auf eine Analyse des Wahlverhaltens und der durch die Wahl erzeugten Hoffnungen beschränken, sondern sie muß den Unterricht in den Arbeitsgruppen selbst eingehend betrachten und danach fragen, ob sich das Lernen in diesem Unterricht durch besondere Merkmale auszeichnet.

Um diese Frage beantworten zu können, wurde der Fragebogen zum Unterricht in den Arbeitsgruppen (kurz: Unterrichtsfragebogen; vgl. Abschnitt 3.2.2.2) entwickelt und den Schülern nach etwa 8 Monaten Unterricht in den Arbeitsgruppen zur Beantwortung vorgelegt. Ziel dieses Abschnitts ist es zunächst, mit Hilfe einer Faktorenanalyse die 120 Gesichtspunkte (Items) des Unterrichtsfragebogens zu umfassenderen Dimensionen (Faktoren) zusammenzufassen und dabei Zusammenhänge und Wechselbeziehungen zwischen verschiedenen Merkmalen des Unterrichts erkennbar werden zu lassen. Anschließend kann analysiert werden, wie die Schüler ihre Arbeitsgruppen auf den ermittelten Dimensionen beurteilen: In welcher Hinsicht sind sie mit dem Unterricht zufrieden, und wo haben sie Kritik anzumelden?

Eine Faktorenanalyse dieser Daten ist nicht ohne weiteres möglich: Zum einen ist die Zahl der Variablen mit n = 120 für das EDV-Programm PAFA des Deutschen Rechenzentrums zu groß, denn die Zahl der Variablen ist auf maximal 99 begrenzt. Zum anderen sollte nach der Empfehlung von Pawlik (1968, S. 277) bei einer Faktorenanalyse nach der Hauptachsenmethode (um die es sich hier handelt) die Zahl der Meßwerte pro Variable wenigstens um eins größer sein als die Zahl der Variablen. Es liegen aber nur die Daten von N = 75 Schülern vor. Die Faktorenanalyse muß deshalb in zwei Teilgruppen mit jeweils etwa der Hälfte der Items durchgeführt werden.[71]

[71] Ich bin dabei folgendermaßen vorgegangen:
Um einen ersten Eindruck von der Faktorenstruktur dieser 120 Variablen zu gewinnen, habe ich zunächst getrennte Faktorenanalysen für jeweils ein Drittel (n = 40) der Variablen gerechnet. Diese Dreiteilung bot sich deshalb an, weil die ersten 40 Items des Unterrichtsfragebogens weitgehend mit den Items des Wahlfragebogens identisch sind. Dadurch kann überprüft werden, ob sich die Faktorenstruktur dieser Variablen in der Zwischenzeit verändert hat. Die Items 41 bis 80 und 81 bis 120 wurden getrennt faktorenanalysiert, damit auch hier die Zahl der Variablen mit n = 40 kleiner ist als die Zahl der Meßwerte (N = 75).
Die Ergebnisse dieser Teil-Faktorenanalysen möchte ich hier nur andeuten, denn sie haben nur vorläufigen Charakter: Es wurden bei allen drei Teilanalysen sieben Faktoren extrahiert, die jeweils gemeinsam zwischen 64 und 66% der gesamten Varianz aufklären. Diese Faktoren stelle ich hier in der Form dar, daß ich nur die Anzahl der mit den Faktoren eindeutig ($a > .50$ und um mindestens .20 größer als alle anderen Ladungen) korrelierenden Items, ein oder zwei der Items mit den höchsten Ladungen und – falls die Interpretation eindeutig erscheint – eine Bezeichnung des Faktors aufführe.
Die Faktorenanalyse der Items 1 bis 40 ergab nach der Rotation die folgenden Faktoren:
Faktor 1: (9 Items) Emotionale Beziehung zum Lehrer
Item 30: In diesem Fach hätte ich gern einen anderen Lehrer (mit negativer Ladung)
Item 21: Die Unterrichtsmethoden des Lehrers sagen mir zu
Faktor 2: (5 Items) Anforderungsniveau des Lehrers
Item 33: Der Lehrer verlangt hohen Arbeitsaufwand
Faktor 3: (8 Items) Instrumentelle Passung des Themas
Item 10: Das Thema liegt mir
Item 37: Zu dem Thema verfasse ich gern ein Referat
Faktor 4: (2 Items) Subjektive Überforderung
Item 20: Das Thema überfordert meine Fähigkeiten
Faktor 5: (4 Items) Emotionale Sicherheit
Item 32: Ich bin dem Lehrer sympathisch
Item 26: Ich komme mit dem Lehrer gut aus
Faktor 6: (2 Items) Zusammensetzung der Gruppe
Item 7: Meine Freunde arbeiten in dieser Arbeitsgruppe mit
Faktor 7: (1 Item) –
Item 8: Für das Thema besitze ich die nötigen Vorkenntnisse
Gegenüber den Dimensionen der Antizipation (Abschnitt 6.1) hat sich die Struktur der Faktoren nicht so verändert, daß daraus wesentliche Schlüsse gezogen werden könnten.

Bei der Faktorenanalyse der ersten Itemgruppe (n = 59) wurden acht Faktoren extrahiert, die zusammen 67,53% der Gesamtvarianz aufklären. Bei allen Rotationen von mehr als vier Faktoren ergeben sich für die

Die Faktorenanalyse der Items 41 bis 80 ergab die folgenden sieben Faktoren, deren Interpretation weniger eindeutig ist:

Faktor 1: (11 Items) Kooperativität Lehrer – Schüler
- Item 57: Der Lehrer ist Wünschen der Schüler gegenüber aufgeschlossen
- Item 72: Der Lehrer kann sich gut auf seine Schüler einstellen

Faktor 2: (5 Items) Transparenz der Unterrichtsgestaltung
- Item 50: Der Stoff ist gut gegliedert, so daß eine Stunde auf der anderen aufbaut
- Item 44: Der Lehrer läßt häufig selbständig Arbeiten anfertigen

Faktor 3: (2 Items)
- Item 56: Es wird zu viel Stoff behandelt
- Item 74: Der Lehrer ist launisch und unberechenbar

Faktor 4: (2 Items)
- Item 61: Die Schüler motzen nur versteckt und lachen heimlich über den Lehrer
- Item 58: Der Lehrer beschäftigt sich vor allem mit den interessierten Schülern

Faktor 5: (2 Items)
- Item 52: Der Lehrer hat häufig Kontakt mit meinen Eltern
- Item 43: Ich arbeite im Unterricht regelmäßig mit

Faktor 6: (1 Item)
- Item 64: Einige Schüler der Gruppe drängen sich ständig in den Vordergrund

Faktor 7: (1 Item)
- Item 70: Die Schüler sind nur auf eine gute Zensur aus

Die Faktorenanalyse der Items 81 bis 120 ergab die folgenden sieben Faktoren:

Faktor 1: (3 Items) Emotionales Wohlbefinden in der Gruppe
- Item 116: Ich fühle mich in dieser Arbeitsgruppe wohl
- Item 120: Ich glaube, ich habe die richtige Gruppe gewählt

Faktor 2: (5 Items)
- Item 103: Der Lehrer verlangt von den Schülern den vollen Einsatz ihrer Leistungsfähigkeit
- Item 83: Bei dem Lehrer muß man ständig damit rechnen, aufgerufen zu werden

Faktor 3: (5 Items) Subjektives Leistungsbewußtsein
- Item 84: Meine Leistungen sind besser als die der anderen Schüler
- Item 96: Ich trage mehr zum Unterricht bei als die meisten anderen Schüler

Faktor 4: (3 Items) Anpassungsdruck
- Item 93: Dieser Lehrer kann sich nur durchsetzen, wenn er mit harten Strafen droht
- Item 109: Ein Mitschüler, der einmal eine abweichende Meinung vertritt, wird von den anderen Schülern ausgelacht oder als Außenseiter betrachtet

Faktor 5: (1 Item) –
- Item 111: Innerhalb der Gruppe gibt es Cliquen

Faktor 6: (2 Items) Ausweichen vor Anforderungen
- Item 102: Viele Schüler arbeiten nur, wenn eine Klausur oder Klassenarbeit bevorsteht
- Item 118: Ich arbeite für diese Arbeitsgruppe nur so viel wie nötig ist, um eine schlechtere Zensur zu vermeiden

Faktoren 5 bis 8 nur je ein Item mit einer deutlichen Ladung (a > .50), während die ersten vier Faktoren konstant durch mehr als vier Items gekennzeichnet werden. Der gemeinsame Varianzanteil dieser vier Fakto-

Faktor 7: (1 Item) –
Item 117: Ich würde zum Thema meiner Arbeitsgruppe gern regelmäßig Meinungen anderer Lehrer hören

Die Ergebnisse der Teilanalysen sind unbefriedigend, vor allem weil bei den letzten beiden Analysen viele Faktoren nicht schlüssig interpretiert werden können. Da der Fragebogen selbst keine thematischen Schwerpunkte an bestimmten Stellen haben sollte, habe ich bei der Aufstellung der Reihenfolge der Items versucht, ähnliche Gesichtspunkte verstreut unterzubringen. Es ist also zu erwarten, daß sich die drei Teilanalysen mehr oder weniger integrieren lassen, konkret, daß zwischen den Faktoren verschiedener Teilanalysen Zusammenhänge bestehen.

Solche Zusammenhänge können sich an den Korrelationen zwischen den Markieritems der verschiedenen Faktoren andeuten: Wenn die Markieritems zweier Faktoren aus verschiedenen Faktorenanalysen hoch (positiv oder negativ) miteinander korrelieren, dann kann man erwarten, daß beide Faktoren in einer gemeinsamen Faktorenanalyse zusammenfallen und einen Faktor bilden. Wenn dagegen zwei Faktoren voneinander verschieden sind, dann dürfen auch ihre Markieritems nicht (oder nicht hoch) miteinander korrelieren. Ich bin deshalb folgendermaßen vorgegangen: Ich habe zunächst für jeden Faktor der drei Teilanalysen die Korrelationen der Markieritems mit den anderen Items des Fragebogens zusammengestellt, so weit sie auf dem 1%-Niveau signifikant sind. Im zweiten Schritt habe ich ermittelt, mit welchem Faktor der beiden jeweils anderen Teilanalysen diese Items am höchsten korrelieren. Dabei zeigte sich z. B., daß das Item 30 (In diesem Fach hätte ich gern einen anderen Lehrer), das den Faktor 1 der ersten Teilanalyse (Items 1 bis 40) markiert, mit 22 Items der zweiten Teilanalyse (Items 41 bis 80) statistisch signifikant ($p < .01$) korreliert. Unter diesen 22 Items sind alle elf Items wiederzufinden, die bei dieser zweiten Teilanalyse auf dem Faktor 1 eindeutig laden. Bei acht dieser Items sind die Korrelationen mit dem Faktor größer als $r = .50$, während die anderen Items weniger intensiv mit dem Faktor korrelieren. Eine ähnliche Beziehung besteht zu den Items, die mit dem Faktor 1 der dritten Teilanalyse hoch korrelieren.

Wenn man die Daten der drei Teilanalysen miteinander vergleicht, zeigt sich, daß die ersten Faktoren der drei Teilanalysen miteinander in enger Beziehung stehen. Das gleiche gilt für die jeweils zweiten Faktoren. Dagegen sind für die weiteren Faktoren (3 bis 7) solche Zusammenhänge nicht erkennbar, da dort die Markieritems der Faktoren mit Items korrelieren, die verschiedenen Faktoren der anderen Teilanalysen zugeordnet sind. Für einen zweiten Versuch, die Faktorenstruktur der 120 Items des Unterrichtsfragebogens zu ermitteln, habe ich deshalb die folgenden Items zusammengefaßt:

1. Alle Items, die bei den drei Teilanalysen ihre höchsten Ladungen auf den Faktoren 1 oder 2 haben (n = 59),
2. alle Items, die ihre höchsten Ladungen auf einem der Faktoren 3 bis 7 haben (n = 61). Um welche Items es sich dabei handelt, geht aus den später zu referierenden Ergebnissen dieser Faktorenanalyse hervor. Durch die Faktorenanalyse der ersten Gruppe wird überprüft, in welchem Zusammenhang die jeweils ersten und zweiten Faktoren der drei Teilanalysen stehen: Reproduzieren sich zwei große Faktoren, oder ist das Bild differenzierter? Für die zweite Itemgruppe lautet die Frage, ob die Faktoren der Teilanalysen zu sinnvollen Dimensionen zusammengefaßt werden können. Nicht überprüft wird jedoch, ob die bei diesen beiden Analysen ermittelten Faktoren tatsächlich voneinander unabhängig sind, wie nach den Korrelationen der Markieritems (s. o.) anzunehmen ist.

ren von 55,39% verteilt sich nach der Rotation folgendermaßen:[72]

Faktor	P/1	P/2	P/3	P/4	
%	38,20	31,52	13,36	16,92	= 100%

Die beiden ersten Faktoren haben ein deutliches Übergewicht. Wie sind diese Faktoren zu interpretieren? Der Faktor P/1 wird durch die folgenden Items gekennzeichnet:

Faktor P/1:

Item		a	M
71	Der Unterricht ist eintönig	–.77*	2,05
30	In diesem Fach hätte ich gern einen anderen Lehrer	–.74*	1,53
116	Ich fühle mich in dieser Arbeitsgruppe wohl	.74*	2,40
19	Der Lehrer imponiert mir	.74*	1,32
21	Die Unterrichtsmethoden des Lehrers sagen mir zu	.72*	1,66
57	Der Lehrer ist Wünschen der Schüler gegenüber aufgeschlossen	.70*	2,59
76	Der Lehrer klebt stur am Stoff	–.69*	1,67
120	Ich glaube, ich habe die richtige Gruppe gewählt	.68*	2,49
72	Der Lehrer kann sich gut auf seine Schüler einstellen	.67*	2,01
65	Der Unterrichtsstoff wird unter vielen verschiedenen interessanten Gesichtspunkten behandelt	.66*	1,96
63	Der Lehrer hat Humor	.63*	2,45
17	Der Lehrer macht sein Fach interessant	.62	1,63
4	Der Lehrer ist mir sympathisch	.62*	2,39
69	Der Lehrer setzt sich mit abweichenden Meinungen der Schüler auseinander	.61*	2,75
95	Meine Ansichten und Meinungen stimmen oft mit denen des Lehrers überein	.59*	1,72
24	Der Lehrer ist gerecht	.57*	2,36
99	Ich würde es begrüßen, wenn einmal ein ganz anderes Thema behandelt würde	–.55*	1,95
68	Im Unterricht herrscht eine gelöste Atmosphäre	.55	2,84
81	Wirkliches Interesse am Unterrichtsstoff haben nur wenige Schüler	–.55	2,72
28	Der Lehrer ist mir ein Vorbild	.54*	0,66
100	Der Lehrer glaubt anscheinend, es gäbe nichts Wichtigeres als sein Fach	–.51	1,30
42	Es wird oft heftig und leidenschaftlich diskutiert	(.51)	1,93

[72] Zur Unterscheidung von den Faktoren der Antizipation bezeichne ich die Faktoren der *P*erzeption mit P/r, wobei r für die Nummer des Faktors nach der Rotation steht. Die Faktoren aus der Faktorenanalyse der zweiten Itemgruppe werde ich dabei fortlaufend numerieren, ohne daß dadurch der Eindruck erweckt werden soll, alle interpretierten Faktoren der Perzeption entstammten einer Faktorenanalyse und müßten als voneinander unabhängige Dimensionen betrachtet werden.

Item	a	M
80 Der Lehrer will politisches Engagement und gesellschaftliches Verantwortungsbewußtsein entwickeln	(.49)	2,24
53 Es wird oft über aktuelle politische Probleme gesprochen, auch wenn sie nicht zum Thema gehören	.48	2,41
36 Der Lehrer regt mich zur zusätzlichen Beschäftigung mit dem Thema an	(.46)	1,24
40 Der Lehrer erklärt gut	(.46)	2,16
38 Der Lehrer regt mich zur Mitarbeit an	(.45)	1,53
66 Der Lehrer will die Fähigkeit zu selbständiger Arbeit entwickeln	(.44)	2,01
22 Der Lehrer ist bei den Schülern allgemein beliebt	.43	2,12
97 Im Unterricht wird etwas gelernt und nicht nur unverbindlich dahergeredet	(.42)	2,01

Ein wesentliches Merkmal dieses Faktors sehe ich in einem zunächst nicht näher definierten Wohlbefinden in der Gruppe (Item 116: Ich fühle mich in dieser Arbeitsgruppe wohl; Item 120: Ich glaube, ich habe die richtige Gruppe gewählt). Stärkeres Wohlbefinden äußert sich auch darin, daß die Schüler weniger den Wunsch verspüren, am Unterricht eines anderen Lehrers teilnehmen zu wollen (Item 30).

Unter welchen Bedingungen wird dieses Wohlbefinden erlebt? – Am stärksten in einem abwechslungsreichen Unterricht, der als wenig eintönig (Item 71) erlebt wird, in dem der Lehrer nicht stur am Stoff klebt (Item 76), sondern ihn unter vielen verschiedenen, interessanten Gesichtspunkten behandelt (Item 65). Dazu gehört es nach Meinung der Schüler auch, daß oft über aktuelle politische Probleme gesprochen wird, auch wenn diese nicht unbedingt zum Thema gehören (Item 53). In einem solchen Unterricht wird der Wunsch, einmal ein ganz anderes Thema zu behandeln, seltener geäußert (Item 99).

Die Schüler fühlen sich um so wohler, je besser ihnen die Unterrichtsgestaltung des Lehrers zusagt (Item 21), je mehr der Lehrer bereit ist, auf Wünsche der Schüler einzugehen (Item 57), in der Lage ist, sich auf seine Schüler einzustellen (Item 72), und je mehr er sich mit abweichenden Meinungen der Schüler auseinandersetzt (Item 69). Dann bestätigen die Schüler dem Lehrer Humor (Item 63) und Gerechtigkeit (Item 24).

Je mehr sich die Schüler in der Arbeitsgruppe wohl fühlen, desto stärker ist ihre Beziehung zum Lehrer durch eine Tendenz zur Identifikation gekennzeichnet. Der Lehrer imponiert ihnen mehr (Item 19) und ist ihnen ein stärkeres Vorbild (Item 28). Sie finden diesen Lehrer sympathischer (Item 4) und erleben öfter, daß ihre eigenen Ansichten und Meinungen mit denen des Lehrers übereinstimmen (Item 95).

Das Thema der Arbeitsgruppe trägt nur durch die Art, wie es vom Lehrer behandelt wird, zum Wohlbefinden der Schüler in der Arbeitsgruppe bei: Die Schüler fühlen sich wohl, wenn der Lehrer den Stoff nicht nach einem zu eng begrenzenden Plan behandelt (Item 76), sondern viele, verschiedene, interessante Gesichtspunkte einbezieht (Item 65).[73]

Auf diesem Faktor P/1 wird also die subjektive emotionale Befriedigung des Schülers beschrieben, die abhängig ist von einer flexiblen, kooperativen und verständnisbereiten Unterrichtsgestaltung des Lehrers und mit einer tendenziellen Identifikation mit dem Lehrer einhergeht. Dieser Zusammenhang muß mitgedacht werden, wenn der *Faktor P/1* bezeichnet wird als

Faktor M: Emotionale Befriedigung.[74]

Wie stark erleben die Schüler den Unterricht als emotional befriedigend? Den höchsten Mittelwert (vgl. die Tabelle zum Faktor P/1) weist das Item 68 auf: Nach Meinung vieler Schüler herrscht im Unterricht eine gelöste Atmosphäre (M = 2,84). Die Schüler stimmen auch den Aussagen, der Lehrer setze sich mit abweichenden Meinungen auseinander (M = 2,75) und sei Wünschen der Schüler gegenüber

[73] Eigentlich müßten diese Aussagen in der Form formuliert werden, daß die Schüler sich wohlfühlen, wenn sie den Lehrer so und so (im Unterrichtsfragebogen) *einschätzen.* Da die Lehrer sich aber wahrscheinlich kaum allen Schülern gegenüber in der gleichen Weise verhalten und z. B. nicht auf die Wünsche aller Schüler eingehen können oder wollen, haben die einzelnen Schüler m. E. objektive Gründe für ein subjektiv unterschiedliches Wohlbefinden in der Gruppe.

[74] Möglicherweise wird dieser Faktor nur deshalb fast ausschließlich durch Lehrer-Items gekennzeichnet, weil die 120 Items des Unterrichtsfragebogens in zwei getrennten Gruppen (s. o.) faktorenanalysiert wurden. Um dies zu überprüfen, habe ich alle signifikant ($p < .05$) mit dem Item 116 (Ich fühle mich in dieser Arbeitsgruppe wohl) korrelierenden Items des gesamten Fragebogens zusammengestellt: 53 Items korrelieren mindestens auf dem 5%-Niveau ($r > .23$) signifikant mit Item 116. Davon sind 39 Items in die Faktorenanalyse eingegangen, aus der der Faktor M hervorgegangen ist. Die anderen 14 Items deuten in keinem Fall einen Zusammenhang an, der nicht schon in ähnlicher Weise bei der Interpretation des Faktors M erkennbar geworden ist: Schüler, die sich in der Arbeitsgruppe wohlfühlen (Item 116), glauben, mit dem Lehrer gut auszukommen (Item 26; r = .46) und ihm sympathisch zu sein (Item 32; r = .25). Sie halten den Lehrer nicht für launisch und unberechenbar (Item 74; r = –.44) und meinen nicht, daß er auf manche Fragen der Schüler nicht eingeht (Item 98; r = –.35) oder sich nur mit den interessierten Schülern beschäftigt (Item 58; r = –.23). Man kann also festhalten, daß die emotionale Befriedigung der Schüler nahezu ausschließlich von Eigenschaften und Verhaltensweisen des Lehrers abhängig ist.

aufgeschlossen (M = 2,59), in starkem Maße zu. Sie bescheinigen ihren Lehrern auch, sich auf die Schüler einstellen zu können (M = 2,01), Humor zu haben (M 2,45) und gerecht zu sein (M = 2,36). Ähnlich hoch schätzen die Schüler ihr eigenes Wohlbefinden in der Gruppe ein (M = 2,40), und sie glauben auch, die richtige Gruppe gewählt zu haben (M = 2,49).

Relativ starke Zustimmung finden allerdings auch die Aussagen, wirkliches Interesse am Unterrichtsstoff hätten nur wenige Schüler (M = 2,72) und der Unterricht sei eintönig (M = 2,05). Die negativen Korrelationen dieser Items mit dem Faktor M weisen darauf hin, daß die Schüler sich um so mehr emotional befriedigt fühlen, je mehr Interesse der Unterrichtsstoff auch bei den Mitschülern findet. Hier deutet sich an, daß die Qualität der Lernprozesse auch durch die Zusammensetzung der Gruppe und die Kooperation mit den Mitschülern gefördert werden könnte.

Niedrige Mittelwerte weisen dagegen Items auf, die auf eine tendenzielle Identifikation mit dem Lehrer hinweisen:
Der Lehrer ist den Schülern weniger als „kaum" ein Vorbild (M = 1,32). Auch daß ihre eigenen Meinungen mit denen des Lehrers übereinstimmen, glauben die Schüler nicht sehr oft erlebt zu haben (M = 1,75). Dieses Ergebnis ändert jedoch nichts daran, daß eine höhere emotionale Befriedigung mit der Tendenz zur Identifikation einhergeht, auch wenn das Ausmaß dieser Identifikation nicht sehr hoch ist. Bei geringerer emotionaler Befriedigung identifizieren sich die Schüler noch weniger mit dem Lehrer. – Es ist auch zu bedenken, daß die Formulierung der Items 19 und 28 (Der Lehrer imponiert mir bzw. ist mir ein Vorbild) wahrscheinlich nur wenige Schüler anspricht.

Faktor P/2:

Item		a	M
33	Der Lehrer verlangt hohen Arbeitsaufwand	.81*	1,48
103	Der Lehrer verlangt von den Schülern den vollen Einsatz ihrer Leistungsfähigkeit	.80*	1,81
3	Ich muß für das Thema viel arbeiten	.78*	1,45
11	Der Lehrer zensiert streng	.76*	1,59
18	Die Arbeitsgruppe ist für schwache Schüler besonders günstig	–.76*	1,74
107	Der Stoff wird auf einem ziemlich anspruchsvollen Niveau behandelt	.73*	1,83
115	In dieser Gruppe brauche ich mich nicht sonderlich anzustrengen	–.73*	2,53
89	Dem Lehrer scheint es Spaß zu machen, den Unterricht möglichst schwierig zu gestalten	.71*	1,03

Item	a	M
62 Man muß regelmäßig mitarbeiten, wenn man den Anschluß an die anderen Schüler nicht verlieren will	.68	1,52
77 Die Klausuren und Klassenarbeiten sind ziemlich schwer	.63*	1,23
29 Der Lehrer verlangt regelmäßige Teilnahme am Unterricht	.57*	2,18
75 Der Unterricht bewegt sich oft in geistigen Höhen, statt sich mit Tatsachen und mit der Wirklichkeit zu beschäftigen	.56*	1,56
44 Der Lehrer läßt häufig selbständige Arbeiten anfertigen	.54*	1,85
83 Bei dem Lehrer muß man ständig damit rechnen, aufgerufen zu werden	.52	1,33
50 Der Stoff ist gut gegliedert, so daß eine Stunde auf der anderen aufbaut	.51	2,31
66 Der Lehrer will die Fähigkeit zu selbständiger Arbeit entwickeln	.44	2,01
45 Im Unterricht verhalten sich die Schüler diszipliniert	.42	2,09
5 Der Lehrer hat Einfluß im Kollegium	.42	1,88
73 Gute Leistungen werden vom Lehrer besonders hervorgehoben	.42*	2,35
100 Der Lehrer glaubt anscheinend, es gäbe nichts Wichtigeres als sein Fach	(.42)	1,30
68 Im Unterricht herrscht eine gelöste Atmosphäre	(.39)	2,84
106 Der Lehrer stellt die Ziele, die er mit dem Unterricht verfolgt, klar dar	(.39)	1,99
119 In dieser Gruppe sind die Schüler der P 13 mit der Arbeitsweise in Arbeitsgruppen besser vertraut als die Schüler der P 12	.32	1,81

Dieser Faktor wird deutlich durch jene Items (33, 11, 18 und 29) markiert, die bei der Antizipation (Abschnitt 6.1) hoch mit dem Faktor C (Anforderungsniveau des Lehrers) korrelieren. Kann diese Dimension hier differenzierter beschrieben werden? – Ein höheres Anforderungsniveau des Unterrichts erleben die Schüler vor allem als vom Lehrer intentional gesetzt: Die Schüler glauben, daß der Lehrer den vollen Einsatz der Leistungsfähigkeit von ihnen verlangt (Item 103), ja daß es ihm Spaß macht, den Unterricht möglichst schwierig zu gestalten (Item 89). Die hohen Leistungsanforderungen des Lehrers sind im Unterricht vor allem dann gegenwärtig, wenn die Schüler glauben, ständig damit rechnen zu müssen, vom Lehrer aufgerufen zu werden (Item 83). Hohes Anforderungsniveau erreicht der Lehrer durch ziemlich schwere Klausuren und Klassenarbeiten (Item 77), indem er häufig selbständige Arbeiten anfertigen läßt (Item 44) und durch eine gute Strukturierung des Unterrichtsstoffes (Item 50).

Dem hohen Anforderungsniveau der Lehrer scheint das Arbeitsverhalten der Schüler weitgehend zu entsprechen: Je höher die Schüler das Anforderungsniveau des Lehrers einschätzen, desto weniger können sie der Aussage zustimmen, sich in ihrer Gruppe nicht sonderlich anstrengen zu müssen (Item 115), um so stärker erleben sie dagegen den Leistungswettbewerb zwischen den Schülern: Sie glauben, regelmäßig mitarbeiten zu müssen, wenn sie den Anschluß an die anderen Schüler nicht verlieren wollen (Item 62), „schwächere" Schüler sind hier eher im Nachteil (Item 18).

Auf dieser Dimension wird also nicht nur das Anforderungsniveau des Lehrers beschrieben, sondern auch, in welchem Umfang diese Anforderungen den Unterricht tatsächlich bestimmen: Der „Stoff" wird auf einem anspruchsvollen Niveau behandelt (Item 107), und der Unterricht bewegt sich öfter in geistigen Höhen, statt sich mit Tatsachen und mit der Wirklichkeit zu beschäftigen (Item 75). Daß sich die Leistungserwartungen des Lehrers und das Leistungsverhalten der Schüler entsprechen, soll zum Ausdruck kommen, wenn dieser Faktor bezeichnet wird als

Faktor N: Leistungsniveau des Unterrichts.

Bei fast allen Items, die mit diesem Faktor hoch korrelieren, sind die Mittelwerte der Schätzwerte kleiner als M = 2,00. Die Schüler schätzen das Leistungsniveau nicht als besonders hoch ein. Sie halten die folgenden Aussagen im Durchschnitt für weniger als „etwas" (= Schätzwert 2) zutreffend: Daß der Stoff auf einem ziemlich anspruchsvollen Niveau behandelt wird (M = 1,83), daß der Lehrer von den Schülern den vollen Einsatz ihrer Leistungsfähigkeit verlangt (M = 1,81), streng zensiert (M = 1,59) und hohen Arbeitsaufwand verlangt (M = 1,48).

Auch das Leistungsverhalten ihrer Mitschüler schätzen die Schüler nicht besonders hoch ein: Sie stimmen häufig der Aussage zu, sich in der Gruppe nicht sonderlich anstrengen zu müssen (M = 2,53), und sie halten die Aussage, regelmäßig mitarbeiten zu müssen, um den Anschluß an die anderen Schüler nicht zu verlieren, für weniger zutreffend (M = 1,52).

Die Einschätzung dieses Faktors wäre falsch, wenn der Eindruck hinterbleibt, die Schüler schätzten das Leistungsniveau ihres Unterrichts als gering ein. Es ist zu beachten, daß bei fast allen mit diesem Faktor korrelierenden Items von *hohen* Anforderungen die Rede ist: Der Lehrer verlangt *hohen* Arbeitsaufwand, den *vollen Einsatz* der Leistungsfähigkeit, gestaltet den Unterricht *möglichst schwierig;* der Stoff wird auf einem *ziemlich anspruchsvollen* Niveau behandelt usw. Wenn die Schüler diesen Aussagen nur wenig zustimmen, so drücken sie damit die Meinung aus, daß sie sich keinem besonders starken Leistungsdruck ausgesetzt fühlen, nicht aber, daß das Leistungsniveau ihres Unterrichts gering ist.

Faktor P/3:

Item		a	M
47	Der Lehrer fordert die Schüler zur Kritik am Unterricht auf	.68*	2,17
67	Die Schüler machen häufig eigene Vorschläge zur Gestaltung des Unterrichts	.62*	1,85
80	Der Lehrer will politisches Engagement und gesellschaftliches Verantwortungsbewußtsein entwickeln	.58	2,24
42	Es wird oft heftig und leidenschaftlich diskutiert	.55	1,93
41	Der Unterricht wird vom Lehrer und von den Schülern gemeinsam geplant	.54	1,92
53	Es wird oft über aktuelle politische Probleme gesprochen, auch wenn sie nicht unbedingt zum Thema gehören	(.46)	2,41
114	Der Lehrer will die Schüler auf die Universität vorbereiten	.41	1,28

Dieser Faktor steht in starkem Zusammenhang mit dem Faktor P/1 (= Faktor M: Emotionale Befriedigung). Nur zwei Items laden eindeutig auf dem Faktor P/3, die anderen Items korrelieren auch stark mit dem Faktor P/1. Im Faktor P/3 wird beschrieben, wie eng Lehrer und Schüler bei der Gestaltung des Unterrichts zusammenzuarbeiten, ob die Schüler Vorschläge zur Gestaltung des Unterrichts machen (Item 67), ob der Lehrer die Schüler zur Kritik am Unterricht auffordert (Item 47) und ob daraus eine gemeinsame Planung des Unterrichts (Item 41) resultiert. Diesen Faktor bezeichne ich als

Faktor O: Kooperativität Lehrer – Schüler.

Es trifft nach Meinung der Schüler mehr als „etwas“ zu, daß die Lehrer ihre Schüler zur Kritik am Unterricht auffordern (M = 2,17) und daß sie politisches Engagement und gesellschaftliches Verantwortungsbewußtsein entwickeln wollen (M = 2,24). Weniger Zustimmung finden dagegen die Aussagen, daß *oft* heftig und leidenschaftlich diskutiert wird (M = 1,93), daß die Schüler *häufig* eigene Vorschläge zur Gestaltung des Unterrichts machen (M = 1,85), daß also der Unterricht von dem Lehrer und den Schülern gemeinsam geplant wird (M = 1,92). Die Kooperativität zwischen Lehrern und Schülern scheint, insgesamt gesehen, nicht sehr intensiv zu sein.

Faktor P/4:

Item		a	M
97	Im Unterricht wird etwas gelernt und nicht nur unverbindlich dahergeredet	.60	2,01
79	Der Lehrer ist regelmäßig gut auf den Unterricht vorbereitet	.60*	2,72
60	Ich bin meistens gut auf den Unterricht vorbereitet	.54	1,45
17	Der Lehrer macht sein Fach interessant	(.52)	1,63
50	Der Stoff ist gut gegliedert, so daß eine Stunde auf der anderen aufbaut	(.50)	2,31
36	Der Lehrer regt mich zur zusätzlichen Beschäftigung mit dem Thema an	.49	1,24
40	Der Lehrer erklärt gut	.47	2,16
46	Wenn man eine selbständige Arbeit anfertigt, wird man vom Lehrer gut beraten	.47	2,43
106	Der Lehrer stellt die Ziele, die er mit dem Unterricht verfolgt, klar dar	.46	1,99
38	Der Lehrer regt mich zur Mitarbeit an	.45	1,53
113	Für diese Arbeitsgruppe arbeite ich auf Kosten der anderen Fächer mehr, als es der Unterricht erfordert	.42	0,63
83	Bei dem Lehrer muß man ständig damit rechnen, aufgerufen zu werden	(.45)	1,33
81	Wirkliches Interesse am Unterrichtsstoff haben nur wenige Schüler	(.41)	2,72
66	Der Lehrer will die Fähigkeit zu selbständiger Arbeit entwickeln	(.39)	2,01
2	Ich kenne den Lehrer aus früherem Unterricht	.36	2,75

Auch dieser Faktor steht in relativ starkem Zusammenhang mit dem Faktor P/1, denn die meisten Items (vor allem die Items 97, 36, 40, 106 und 38) korrelieren mit beiden Faktoren mehr oder weniger deutlich. Das besondere Merkmal des Faktors P/4 besteht darin, daß die Schüler beschreiben, wie stark der Unterricht vom Lehrer ihrer Meinung nach vorhergeplant ist (Item 79), so daß sie den Eindruck haben, es werde im Unterricht nicht nur unverbindlich dahergeredet, sondern immer etwas Bestimmtes gelernt (Item 97), und der Stoff sei so gut gegliedert, daß die Stunden aufeinander aufbauen (Item 50). Weil die Lehrer die Ziele, die sie mit dem Unterricht verfolgen, klar darstellen (Item 106), können sich auch die Schüler selbst regelmäßig auf den Unterricht vorbereiten (Item 60), und sie fühlen sich angeregt, sich auch zusätzlich mit dem Thema zu beschäftigen (Item 36).

Dieser Faktor steht offenbar in einem gewissen Gegensatz zum Faktor P/3, nämlich der Kooperativität zwischen Lehrern und Schülern. Ging es dort um die gemeinsame Planung des Unterrichts, so steht hier im Vordergrund, ob der Lehrer seinen Unterricht mehr oder weniger allein geplant hat und seine Lernziele darstellt. Dieser Aspekt, daß nämlich die Planung des Unterrichts weitgehend vom Lehrer allein geleistet wird, ist im Auge zu behalten, wenn der Faktor P/4 bezeichnet wird als

Faktor P: Transparenz des Unterrichts.

Die stärkste Zustimmung finden die Aussagen, daß die Lehrer regelmäßig gut auf den Unterricht vorbereitet sind (M = 2,72), die Schüler bei der Anfertigung selbständiger Arbeiten gut beraten (M = 2,43), gut erklären (M = 2,43) und daß sie die Ziele, die sie mit dem Unterricht verfolgen, klar darstellen (M = 1,99).

Weniger trifft es dagegen zu, daß die Lehrer die Schüler zur Mitarbeit (M = 1,53) oder zur zusätzlichen Beschäftigung mit dem Thema (M = 1,24) anregen. Auch glauben die Schüler kaum, von sich sagen zu können, regelmäßig gut auf den Unterricht vorbereitet zu sein (M = 1,45). Fast „überhaupt nicht" trifft es für die meisten Schüler zu, daß sie für ihre Gemeinschaftskunde-Arbeitsgruppen auf Kosten der anderen Fächer mehr arbeiten, als es der Unterricht erfordert (M = 0,63). Dieses Ergebnis darf m. E. nicht voreilig auf mangelndes Interesse zurückgeführt werden, denn immer, wenn die Schüler sich mit dem Thema ihrer Arbeitsgruppe beschäftigen, werden sie dies in irgendeiner Form in den Unterricht einbringen können, es wird also indirekt vom Unterricht „erfordert". Andererseits kann man annehmen, daß die Schüler in allen Fächern derart intensiv arbeiten müssen, daß ihnen für eine zusätzliche Beschäftigung mit einem bestimmten Fach – über das für den Schulerfolg notwenige Maß hinaus – keine Zeit oder Energie bleiben. Schließlich kann man dieses Ergebnis aber auch so verstehen, daß durch den Unterricht jedes weitergehende Interesse an einem Gegenstand blockiert wird. Insbesondere durch den Zwang, bei der Behandlung eines Themas Schulleistungen erbringen und mit den Mitschülern um die guten Noten wetteifern zu müssen, kann ein eigenständiges Interesse an einem Thema geradezu verhindert werden (vgl. dazu Kapitel 8).

Es gelingt den Lehrern offenbar relativ gut, den vor allem von ihnen geplanten Ablauf des Unterrichts transparent zu machen, es gelingt ihnen aber weniger, die Schüler zu regelmäßiger oder gar zusätzlicher, über das notwendige Maß hinausgehender Mitarbeit anzuregen.

Die Faktorenanalyse der zweiten Itemgruppe (s. o.) brachte folgende Ergebnisse: Es wurden zwölf Faktoren extrahiert, die zusammen 66,06% der Gesamtvarianz aufklären. Bei der Rotation verschieden vieler Faktoren erwiesen sich nur die ersten sechs Faktoren als hinreichend stabil. Diese haben einen gemeinsamen Varianzanteil von 45,96%, der sich nach der Rotation ziemlich gleichmäßig verteilt:

Faktor	P/5	P/6	P/7	P/8	P/9	P/10
%	18,06	18,72	16,55	16,47	17,37	12,83 = 100%

Faktor P/5:

Item		a	M
10	Das Thema liegt mir	–.73*	2,31
37	Zu diesem Thema verfasse ich gern ein Referat	–.72*	1,95
35	Das Thema regt mich zur Diskussion an	–.68*	2,19
31	Über dieses Thema möchte ich im Abitur geprüft werden	–.65*	1,20
1	Das Thema interessiert mich	–.62*	2,64
39	Das Thema ist bei den Schülern allgemein beliebt	–.56	1,75
27	Das Thema ist originell	–.53*	2,85
23	Mit dem Thema habe ich mich bereits vor der Arbeit in dieser Arbeitsgruppe beschäftigt	(–.50)	1,47
8	Für das Thema besitze ich die nötigen Vorkenntnisse	(–.49)	1,92
12	Das Thema gehört zur Allgemeinbildung	–.46	2,96
6	Das Thema ist wichtig für meine Studien- und Berufspläne	–.45	0,87
117	Ich würde zum Thema meiner Arbeitsgruppen gern regelmäßig Meinungen anderer Lehrer hören	–.41*	1,99

Dieser Faktor wird fast ausschließlich von Items gekennzeichnet, die auch im Wahlfragebogen enthalten sind. Bei der Antizipation (vgl. Abschnitt 6.1) korrelieren diese Items vor allem mit zwei Faktoren: dem Faktor B (Instrumentelle Passung des Themas; Faktor A/5) und dem Faktor J (Interesse am Thema; Faktor A/7). Da einerseits der letzte Faktor sich sowohl bei der Beurteilung des Wahlangebots (Abschnitt 4.2) als auch bei der Antizipation (Abschnitt 6.1) nach formalen Kriterien (vor allem wegen der geringen Anzahl eindeutig korrelierender Items) als sehr unsicher erwiesen hat und weil andererseits die meisten der hier aufgeführten Items außer mit dem Faktor J auch mit dem Faktor B korrelieren, scheint es mir gerechtfertigt, diesen Faktor P/5 zu verstehen als

Faktor B: Instrumentelle Passung des Themas.

Die Schüler beschreiben, wie gut das Thema ihren Neigungen und Interessen, aber auch ihren Vorkenntnissen entspricht und wie gut sich das Thema für sie persönlich als Reifeprüfungsthema eignen würde.

Die Mittelwerte der mit diesem Faktor hoch korrelierenden Items sind relativ hoch. Am stärksten stimmen die Schüler der Aussage zu, daß das Thema zur Allgemeinbildung gehört (M = 2,96; dies ist der höchste Mittelwert für alle 120 Items des Fragebogens) und daß es aktuell ist (Item 16; M = 2,73; das Item korreliert mit dem Faktor mäßig hoch; a = –.27). Ebenso halten sie die Themen für „ziemlich" originell (M = 2,85). Die Schüler sprechen den in den Arbeitsgruppen behandelten Themen also eine hohe objektive Relevanz zu.

Hoch schätzen die Schüler aber auch ihre eigene Zuwendungsbereitschaft zu den Themen ein: Die Themen interessieren sie (M = 2,64), liegen ihnen (M = 2,31) und regen sie zur Diskussion an (M = 2,19). Etwas weniger gern möchten sie jedoch darüber ein Referat anfertigen (M = 1,95), was darauf schließen läßt, daß gegen Ende des Schuljahres die Bereitschaft zu intensiver persönlicher Auseinandersetzung mit dem Thema nachgelassen hat. Auch der Wunsch, zum Thema der Arbeitsgruppe regelmäßig Meinungen anderer Lehrer zu hören, wird nicht einhellig geäußert (M = 1,99).

Daß die Schüler über das Thema ihrer Arbeitsgruppe weniger gern in der Reifeprüfung geprüft werden möchten (M = 1,20), ist vermutlich weniger als Aussage über das Thema zu werten, sondern als Hinweis darauf, daß die Schüler kurz vor der Reifeprüfung die Themen ihrer Arbeitsgruppen nicht nur als anregenden und interessanten Gegenstand von Unterrichtsgesprächen, sondern vor allem als Prüfungsgegenstand erleben.

Mit der Reifeprüfung scheinen die Themen für die meisten Schüler jegliche subjektive Relevanz zu verlieren, denn die Bedeutung der im Unterricht behandelten Themen für die eigenen Studien- und Berufspläne wird mit M = 0,87 (weniger als „kaum" wichtig!) äußerst niedrig eingeschätzt. Hier wird wieder die instrumentelle Funktion des Themas deutlich: Über die Erfüllung der schulischen Leistungsanforderungen hinaus erleben die Schüler die behandelten Themen kaum als subjektiv relevant. Dies steht m. E. im Gegensatz zur Beurteilung der objektiven Relevanz der Themen (Item 12: Das Thema gehört zur Allgemeinbildung), die die Schüler ziemlich hoch einschätzen (M = 2,96). Die Schüler glauben also, daß sie auf dem Gymnasium eine hohe Allgemeinbildung erwerben, sie sind sich aber bewußt, daß diese für ihre Berufsbildung ziemlich irrelevant ist.

Faktor P/6:

Item	a	M
48 Die Schüler sprechen im Unterricht nur dann, wenn sie aufgerufen werden	–.70*	1,43

Item		a	M
94	Ich sitze meine Unterrichtszeit nur ab und bin froh, wenn die Stunde zu Ende ist	–.66*	2,05
51	Von den Schülern werden nur selten unterschiedliche Meinungen vertreten	–.63*	1,43
102	Viele Schüler arbeiten nur, wenn eine Klausur oder Klassenarbeit bevorsteht	–.56*	2,62
93	Dieser Lehrer kann sich nur durchsetzen, wenn er mit harten Strafen droht	–.56*	0,78
16	Das Thema ist aktuell	.54*	2.73
118	Ich arbeite für diese Arbeitsgruppe nur so viel, wie nötig ist, um eine schlechtere Zensur zu vermeiden	–.47*	2,39
98	Der Lehrer geht auf manche Fragen der Schüler nicht ein	–.46	1,16
112	Ich kann in der Gruppe zeigen, was ich kann	.40	1,88
55	Schwächere Schüler werden von den Mitschülern verächtlich behandelt	–.38	0,69
87	Wer mehr als erforderlich arbeitet, macht sich bei den anderen Schülern unbeliebt	–.38	1,72
104	Der Lehrer versucht, sich durch gute Noten und geringere Anforderungen bei den Schülern beliebt zu machen	–.33	1,17
35	Das Thema regt mich zur Diskussion an	(.33)	2,19
109	Ein Mitschüler, der einmal eine abweichende Meinung vertritt, wird von den anderen Schülern ausgelacht oder als Außenseiter betrachtet	(–.33)	0,92
13	Der Lehrer ist in seinem Fach ein Fachmann	.32	2,89
59	Dem Lehrer ist es wichtig, daß die Schüler lernen, sich eine eigene Meinung zu bilden und diese zu vertreten	(.32)	2,20

Bei einigen Items wird das Verhalten der Mitschüler im Unterricht beschrieben, nämlich, ob sie im Unterricht nur dann sprechen, wenn sie (vom Lehrer) aufgerufen werden (Item 48), nur selten unterschiedliche Meinungen vertreten (Item 51) und nur arbeiten, wenn eine Klausur oder Klassenarbeit bevorsteht (Item 102). Ihr eigenes Verhalten beschreiben die Schüler jedoch als dem ihrer Mitschüler tendenziell ähnlich, nämlich ob sie die Unterrichtszeit ohne Engagement nur pflichtbewußt absitzen (Item 94) und nur so viel arbeiten, wie nötig ist, um eine Verschlechterung ihrer Zeugniszensur zu vermeiden (Item 118). Diese Schüler haben dann nicht das Gefühl, in der Gruppe ihre Leistungsfähigkeit beweisen zu können (Item 112) oder beweisen zu wollen. Schüler, die ihr eigenes Lernverhalten und das ihrer Mitschüler in dieser Weise einschätzen, glauben, daß der Lehrer sich nur durch Androhung harter Strafen durchsetzen kann (Item 118) und auf manche Fragen der Schüler nicht eingeht (Item 98). Das behandelte Thema empfinden die Schüler als wenig aktuell (Item 16).

Auf dieser Dimension wird ein distanziertes Verhältnis zwischen Lehrer und Schüler, vor allem aber ein eher passives, sich anpassendes und wenig engagiertes Verhalten der Schüler beschrieben. Es wird eingeschätzt, ob die Schüler bestrebt sind, ihren Arbeitseinsatz so gering als irgend möglich zu halten und sich den Leistungsanforderungen der Schule weitgehend zu versagen. Diese Dimension kann bezeichnet werden als

Faktor Q: Ausweichendes Lernverhalten.

Relativ stark ist nach dem Urteil der Schüler dieses ausweichende Lernverhalten insofern, als viele Schüler nur arbeiten, wenn eine Klausur oder Klassenarbeit bevorsteht (M = 2,62) bzw. nur so viel arbeiten, daß sie eine Verschlechterung ihrer Zensur vermeiden können (M = 2,39). Etliche Schüler haben auch das Gefühl, am Unterricht eher passiv und ohne Engagement teilzunehmen und das Ende der Stunde herbeiwünschen (M = 2,05).

Weniger trifft es dagegen zu, daß die Schüler im Unterricht nur sprechen, wenn sie (vom Lehrer) aufgerufen werden (M = 1,43) und daß sie nur selten unterschiedliche Meinungen vertreten (M = 1,43). Noch weniger Zustimmung finden die Aussagen, der Lehrer ginge auf manche Fragen der Schüler nicht ein (M = 1,16) und könne sich nur durchsetzen, wenn er mit harten Strafen droht (M = 0,78). Das ausweichende Lernverhalten vieler Schüler kann also nach Meinung der Schüler kaum auf ein Verhalten der Lehrer zurückgeführt werden, die durch einen rigiden Unterrichtsstil die Spontaneität der Schüler behinderten. Vielmehr gibt es offenbar etliche Schüler, die im Fach Gemeinschaftskunde versuchen, ihren Arbeitsaufwand so niedrig als möglich zu halten, vermutlich, um ihren Lernschwerpunkt in einem anderen Fach zu setzen.

Faktor P/7:

Item		a	M
20	Das Thema überfordert meine Fähigkeiten	–.61*	0,60
15	Der Lehrer überfordert meine Fähigkeiten	–.59	0,63
58	Der Lehrer beschäftigt sich vor allem mit den interessierten Schülern	–.54*	2,24
92	Vor Klassenarbeiten und Prüfungen weiß man genau, was verlangt wird	.54*	2,66
56	Es wird zu viel Stoff behandelt	–.50*	1,12
86	Der Lehrer vertritt seine politische Meinung auch im Unterricht	.49*	2,68

Item	a	M
74 Der Lehrer ist launisch und unberechenbar	−.48*	0,96
54 Nur wenige Schüler arbeiten aktiv mit	(−.48)	2,68
109 Ein Mitschüler, der einmal eine abweichende Meinung vertritt, wird von den anderen Schülern ausgelacht oder als Außenseiter betrachtet	−.45	0,92
25 Die Schüler, die mit mir zusammen in der 11. Klasse waren, sind vor allem in dieser Arbeitsgruppe	−.42	1,03
61 Die Schüler motzen nur versteckt und lachen heimlich über den Lehrer	(−.39)	1,45
78 Man weiß bei dem Lehrer immer, wie er die Leistungen seiner Schüler beurteilt	.38	2,48
111 Innerhalb der Gruppe gibt es Cliquen	−.38	1,93
98 Der Lehrer geht auf manche Fragen der Schüler nicht ein	(−.38)	1,16

Da dieser Faktor – ähnlich wie bei der Einschätzung des Wahlangebots (vgl. Tabelle 4.2–6) und bei der Antizipation (vgl. Faktor A/3) – durch die Items 20 und 15 am deutlichsten gekennzeichnet wird, kann er bezeichnet werden als

Faktor D: Subjektive Überforderung

Hier kann jetzt deutlicher beschrieben werden, in welchem Kontext die Schüler sich tendenziell überfordert fühlen: Zum einen dann, wenn der Lehrer dazu neigt, sich vor allem den interessierten Schülern zuzuwenden (Item 58) und umfangreichen Unterrichtsstoff behandelt (Item 56), und zum anderen dann, wenn wenig transparent ist, welche Anforderungen in Klausuren und Klassenarbeiten gestellt werden (Item 92) und nach welchen Kriterien der Lehrer die Leistungen der Schüler beurteilt (Item 78). Die Schüler fühlen sich weiterhin um so eher überfordert, je weniger der Lehrer seine politische Meinung auch im Unterricht vertritt (Item 86), je mehr Wert er also auf eine unpersönliche, sachliche Abhandlung des festgelegten Unterrichtsthemas legt. Je distanzierter das Verhältnis der Schüler zum Lehrer ist, insbesondere wenn sie ihre Kritik am Lehrer nur versteckt durch „heimliches Lachen" artikulieren können (Item 61), desto stärker fühlen sich die Schüler überfordert.[75]

[75] Die Vermutung liegt nahe, daß dieser Faktor nicht unbedingt eine vom Faktor P/2 bzw. Faktor N (Leistungsniveau des Unterrichts) unabhängige Dimension ist. Tatsächlich korreliert z. B. Item 15 (Der Lehrer überfordert meine Fähigkeiten) mit 15 Items signifikant ($p < .05$), die mit dem Faktor N (Leistungsniveau des Unterrichts) am höchsten korrelieren. Nun waren aber die Items 15 und 20 und viele mit dem Faktor P/2 hoch korrelierende Items bei den Teilanalysen der Perzeption gemeinsam in eine Faktorenanalyse (jene der Items 1 bis 40) einge-

Nach den Mittelwerten der mit dem Faktor P/7 hoch korrelierenden Items fühlen sich die Schüler sowohl vom Thema (M = 0,60) als auch vom Lehrer (M = 0,63) weniger als „kaum" überfordert. Es wird auch nicht zu viel Stoff behandelt (M = 1,12). Den meisten Schülern ist vor Klassenarbeiten und Prüfungen bekannt, welche Anforderungen gestellt werden (M = 2,66) und wie der Lehrer die Leistungen beurteilt (M = 2,48). Es trifft auch fast „ziemlich" zu, daß die Lehrer ihre politische Meinung im Unterricht vertreten (M = 2,68).

Etliche Schüler fühlen sich jedoch tendenziell dadurch überfordert, daß sich die Lehrer vor allem mit den interessierten Schülern beschäftigen (M = 2,24). Dies deutet darauf hin, daß die Lehrer glauben, von den Schülern, die ihre Arbeitsgruppe bzw. ihr Thema gewählt haben, ein hohes Interesse an diesem Thema erwarten zu können. Bei der Analyse der Wahlkriterien (Abschnitt 5.2) hat sich aber bereits gezeigt, daß bei den meisten Schülern das Interesse am Thema nicht das wichtigste Wahlkriterium ist, sondern daß die emotionale Beziehung zum Lehrer in den meisten Fällen den Ausschlag gibt. Diese Diskrepanz in der Einschätzung der Wahlmotive durch die Lehrer bedingt, daß sich etliche Schüler von den Erwartungen der Lehrer überfordert fühlen.

Faktor P/8:

Item		a	M
32	Ich bin dem Lehrer sympathisch	.60*	2,12
26	Ich komme mit dem Lehrer gut aus	.59*	2,85
59	Dem Lehrer ist es wichtig, daß die Schüler lernen, sich eine eigene Meinung zu bilden und zu vertreten	.56	2,20
85	Ich kann mich gut auf die Art des Lehrers einstellen	.56	2,29
64	Einige Schüler der Gruppe drängen sich ständig in den Vordergrund	.53*	2,17
34	Dieser Lehrer wäre mir als Prüfer im Abitur angenehm	.52*	2,35
108	In diesem Fach ist mir eine gute Zensur besonders wichtig	.50	2,31
9	Ich kenne den Lehrer privat	.42	0,81
55	Schwächere Schüler werden von den Mitschülern verächtlich behandelt	(.36)	0,69
43	Ich arbeite im Unterricht regelmäßig mit	(.35)	2,13
52	Der Lehrer hat häufig Kontakt mit meinen Eltern	.34	0,41
111	Innerhalb der Gruppe gibt es Cliquen	(.34)	1,93

gangen, wobei sich die voneinander unabhängigen Dimensionen Anforderungsniveau des Lehrers (Faktor 2) und subjektive Überforderung (Faktor 4) ergeben hatten. Deshalb kann man annehmen, daß die Schüler das Leistungsniveau des Unterrichts (Faktor P/2 bzw. Faktor N) und ihre subjektive Überforderung (Faktor P/7 bzw. Faktor D) tatsächlich voneinander unabhängig einschätzen.

Auf dieser Dimension beschreiben die Schüler – ähnlich wie bei der Antizipation (vgl. Faktor A/6) –, in welcher wechselseitigen emotionalen Beziehung sie zum Lehrer stehen, wie sympathisch sie dem Lehrer sind (Item 32) und wie sie mit ihm „auskommen" (Item 26). Diese Dimension kann, wie bei der Antizipation, bezeichnet werden als

Faktor K: Emotionale Sicherheit.

Diese emotionale Sicherheit scheinen die Schüler vor allem dann zu verspüren, wenn sie von ihrem Lehrer den Eindruck haben, daß es ihm besonders wichtig ist, daß seine Schüler lernen, sich eine eigene Meinung zu bilden und diese zu vertreten (Item 59). Andererseits fühlen sie sich um so sicherer, je besser sie sich auf die Art des Lehrers einstellen können (Item 85) und je häufiger sie auch privaten Kontakt zum Lehrer haben (Item 9).

Seltsamerweise besteht ein positiver Zusammenhang zwischen den genannten Gesichtspunkten und den Aussagen, daß sich einige Schüler ständig in den Vordergrund drängen (Item 64), daß schwächere Schüler von den Mitschülern verächtlich behandelt werden (Item 55) und daß es innerhalb der Gruppe Cliquen gibt (Item 111). Dies deutet darauf hin, daß sich die emotionale Sicherheit der Schüler vor allem auf die Person des Lehrers bezieht und um so größer ist, je geringer der Zusammenhalt unter den Schülern einer Gruppe ist und je stärker die Schüler miteinander um die Gunst des Lehrers wetteifern (sich in den Vordergrund zu drängen versuchen). Hieran wird der Unterschied dieses Faktors zum Faktor M (Emotionale Befriedigung) deutlich: Der Faktor K ist stärker auf die persönliche Beziehung des Schülers zum Lehrer bezogen, während beim Faktor M auch das Wohlbefinden in der Gruppe (vor allem Item 116) eine starke Rolle spielt.[76]

Die Mittelwerte aller auf diesem Faktor deutlich ladenden Items sind relativ groß. Die Schüler glauben insbesondere, daß sie mit ihrem Lehrer „ziemlich" gut auskommen (M = 2,85). Er wäre ihnen als Reifeprüfer angenehm (M = 2,35), sie glauben, sich auf seine Art einstellen zu können (M = 2,29) und ihm sympathisch zu sein (M = 2,12). Nach dem Urteil der Schüler legen die Lehrer „etwas" Wert darauf, daß die Schülern lernen, sich eine eigene Meinung zu bilden und diese zu vertreten (M = 2,20).

Allerdings scheint in den Arbeitsgruppen in gleichem Maße eine

[76] Beide Faktoren scheinen tatsächlich voneinander unabhängig zu sein: Item 32, das den Faktor P/8 markiert, korreliert nur mit vier Items signifikant ($p < .05$), die auf dem Faktor P/1 die höchsten Ladungen aufweisen.

Rivalität um die Gunst des Lehrers zu bestehen, denn es trifft „etwas" zu, daß sich einige Schüler der Gruppe ständig in den Vordergrund drängen (M = 2,17) und daß es innerhalb der Gruppe Cliquen gibt (M = 1,93). In ähnlicher Weise kann es verstanden werden, daß vielen Schülern eine gute Zensur in diesem Fach besonders wichtig ist (M = 2,31), daß sie sich also in besonderer Weise um die Gunst des Lehrers bemühen. Was hier als emotionale Sicherheit bezeichnet worden ist, hat also eine starke instrumentelle Komponente: Die Schüler beurteilen, ob sie sich sicher sein können, daß der Lehrer ihre Leistungen positiv bewertet.

Faktor P/9:

Item		a	M
96	Ich trage mehr zum Unterricht bei als die meisten anderen Schüler	.73*	1,50
84	Meine Leistungen sind besser als die der anderen Schüler	.71*	1,57
105	Der Lehrer hat eine hohe Meinung von meinen Fähigkeiten	.64*	1,66
8	Für dieses Thema besitze ich die nötigen Vorkenntnisse	.57	1,92
23	Mit dem Thema habe ich mich bereits vor der Arbeit in dieser Arbeitsgruppe beschäftigt	.54	1,47
90	Unter den Schülern herrscht guter Gemeinschaftsgeist	–.51*	1,97
91	Was im Unterricht behandelt wird, ist für mich neu	–.50*	1,84
70	Die Schüler sind nur auf eine gute Zensur aus	.44	2,56
85	Ich kann mich gut auf die Art des Lehrers einstellen	(.40)	2,29
20	Das Thema überfordert meine Fähigkeiten	(–.40)	0,60
15	Der Lehrer überfordert meine Fähigkeiten	(–.40)	0,63
49	Dem Lehrer kommt es vor allem auf die Vermittlung von Tatsachen an	.34	2,32
43	Ich arbeite im Unterricht regelmäßig mit	(.32)	2,13
101	Es ist den Schülern bekannt, nach welchen Gesichtspunkten der Lehrer die Leistungen der Schüler beurteilt	.23	2,73

Dieser Faktor wird ziemlich deutlich gekennzeichnet: Die Schüler vergleichen ihre eigenen Beiträge zum Unterricht mit denen ihrer Mitschüler (Item 96) und prüfen, ob ihre eigenen Leistungen besser sind (Item 84) und ob der Lehrer zu einer ähnlichen Einschätzung neigt (Item 105). Die Schüler schätzen dabei ihre eigenen Leistungen um so höher ein, je mehr sie glauben, die erforderlichen Vorkenntnisse zu besitzen (Item 8), und je mehr sie sich bereits früher mit dem Thema beschäftigt haben (Item 23), je weniger ihnen der im Unterricht behandelte Stoff also neu erscheint (Item 91). Dieser Gesichtspunkt kann bezeichnet werden als

Faktor R: Subjektives Leistungsbewußtsein.

Dieses subjektive Leistungsbewußtsein ist um so stärker, je geringer die Schüler den Gemeinschaftsgeist unter den Schülern einschätzen (Item 90) und je stärker sie der Meinung sind, daß die Schüler nur auf eine gute Zensur aus sind (Item 70), je intensiver also der Leistungswettbewerb unter den Schülern ist.

Die Schüler haben bei den Items dieser Dimension relativ niedrige Schätzwerte eingetragen. Nur wenige Schüler schätzen ihre eigenen Leistungen im Vergleich mit denen der Mitschüler als besser ein (M = 1,57) und glauben, mehr zum Unterricht beizutragen (M = 1,50). Auch glauben nur wenige Schüler, daß der Lehrer eine hohe Meinung von ihren Fähigkeiten hat (M = 1,66). Stärkere Zustimmung findet dagegen die Aussage, unter den Schülern herrsche guter Gemeinschaftsgeist (M = 1,97), aber erheblich stärker trifft es nach dem Urteil der Schüler zu, daß sie nur auf eine gute Zensur aus sind (M = 2,56). Der Leistungswettbewerb um die guten Noten scheint also das Verhältnis der Schüler untereinander stärker zu bestimmen als ein Bedürfnis nach Kooperation.

Faktor P/10:[77]

Item		a	M
54	Nur wenige Schüler arbeiten aktiv mit	.62	2,68
88	Ich versäume den Unterricht nur, wenn ich tatsächlich verhindert bin	–.49*	1,85
7	Meine Freunde arbeiten in dieser Arbeitsgruppe mit	.46	1,52
110	Bei Abwesenheit des Lehrers arbeitet die Gruppe selbständig weiter	–.45*	0,68
82	Voraussichtlich kann ich in diesem Schuljahr meine Zensur für dieses Fach verbessern	–.42	1,52
39	Das Thema ist bei den Schülern allgemein beliebt	(–.42)	1,75
61	Die Schüler motzen nur versteckt und lachen heimlich über den Lehrer	.41	1,45
14	Ein ähnliches Thema wurde bereits einmal behandelt	–.41	1,18
43	Ich arbeite im Unterricht regelmäßig mit	–.39	2,13
59	Dem Lehrer ist es wichtig, daß die Schüler lernen, sich eine eigene Meinung zu bilden und diese zu vertreten	(–.38)	2,20

[77] Die Interpretation dieses Faktors ist problematisch, weil er nur von einem Item eindeutig (bei a > .50) gekennzeichnet wird. Bei der Rotation von sieben bzw. acht Faktoren (statt sechs) bleibt er jedoch ziemlich konstant und wird von den Items 88, 7, 110 und 82 mit Ladungen zwischen a = .42 und a = .54 deutlich markiert, weil die Ladungen auf den anderen Faktoren sehr gering sind (a < .15). Deshalb kann die Interpretation dieses Faktors versucht werden.

Auf dieser Dimension wird beschrieben, wie intensiv die Schüler im Unterricht aktiv mitarbeiten (Item 54) und ggfs. auch ohne den Lehrer selbständig weiterarbeiten (Item 110). Dies ist insbesondere dann der Fall, wenn das Thema bei den Schülern allgemein beliebt ist (Item 39), und äußert sich u. a. darin, daß die Schüler nicht nur versteckt und heimlich über den Lehrer lachen (Item 61). Die Intensität ihrer eigenen Mitarbeit beschreiben die Schüler anhand der Aussagen, ob sie den Unterricht nur versäumen, wenn sie tatsächlich verhindert sind (Item 88), und ob sie im Unterricht regelmäßig mitarbeiten (Item 43). Je stärker sie diesen Aussagen zustimmen, desto eher erwarten sie, ihre Zeugniszensur verbessern zu können (Item 82). Diese Dimension kann bezeichnet werden als

Faktor S: Arbeitsintensität.

Merkwürdigerweise schätzen die Schüler ihre Arbeitsintensität geringer ein, wenn ihre Freunde in der gleichen Arbeitsgruppe sind (Item 7). Die Schüler glauben offenbar, intensiver und – gemessen an der Zeugnisnote – erfolgreicher mitarbeiten zu können, wenn sie zu den Mitschülern der Arbeitsgruppe weniger enge emotionale Beziehungen haben, konkret, wenn ihre Freunde nicht in der gleichen Arbeitsgruppe sind. Wahrscheinlich wird dieser Zusammenhang dadurch hergestellt, daß sich Freunde gegenseitig vom regelmäßigen Besuch des Unterrichts und damit intensiver Mitarbeit abhalten (vgl. Item 7).

Die Mittelwerte der diesen Faktor kennzeichnenden Items sind relativ niedrig: Bei Abwesenheit des Lehrers arbeitet die Gruppe „kaum" selbständig weiter (M = 0,68). Und es trifft nicht einmal „etwas" zu, daß die Schüler den Unterricht nur versäumen, wenn sie tatsächlich verhindert sind (M = 1,85). Ihre eigene Mitarbeit im Unterricht schätzen die Schüler dagegen als regelmäßiger ein (M = 2,13), glauben aber trotzdem nur in weniger Fällen, ihre Zensur verbessern zu können (M = 1,52).

Zusammenfassung: Die Beurteilung des Unterrichts gegen Ende des Schuljahres („Perzeption")

Im Mittelpunkt dieses Abschnitts stand die Frage, wie die Schüler den Unterricht in ihren Arbeitsgruppen beurteilen, nachdem sie etwa 8 Monate lang daran teilgenommen haben. Diese Frage sollte mit Hilfe des Fragebogens zum Unterricht in den Arbeitsgruppen (Unterrichtsfragebogen) beantwortet werden. In zwei Faktorenanalysen mit jeweils etwa der Hälfte der 120 Items wurde versucht, Dimensionen (Faktoren) zu identifizieren, die mehrere Merkmale (Items) umfassen, und dabei Zusammenhänge zwischen verschiedenen Merkmalen des Unterrichts (bzw. deren Einschätzung durch die Schüler) deutlich werden zu lassen. An den Mittelwerten der Schätzwerte konnte abgelesen werden, wie stark die einzelnen Aussagen nach Meinung der Schüler auf ihre Arbeitsgruppen zutreffen. Zur Übersicht fasse ich diese Daten hier zusammen, indem ich für die ermittelten Faktoren der Perzeption die Faktorschätzwerte berechne.[78] In der folgenden Tabelle sind die Faktoren der Perzeption nach der Höhe ihrer Faktorschätzwerte aufgeführt.

Tabelle 6.2–1: Faktorschätzwerte ($\overline{M}$) der Faktoren der Perzeption

Faktor				$\overline{M}$
P/ 8	=	K	Emotionale Sicherheit	2,33
P/ 1	=	M	Emotionale Befriedigung	2,07
P/ 5	=	B	Instrumentelle Passung des Themas	2,05
P/ 4	=	P	Transparenz des Unterrichts	2,02
P/ 3	=	O	Kooperativität Lehrer – Schüler	2,02
P/ 6	=	Q	Ausweichendes Lernverhalten	1,66
P/ 2	=	N	Leistungsniveau des Unterrichts	1,63
P/ 9	=	R	Subjektives Leistungsbewußtsein	1,62
P/10	=	S	Arbeitsintensität	1,47
P/ 7	=	D	Subjektive Überforderung	1,15

Die Schüler haben im Unterrichtsfragebogen im Durchschnitt relativ niedrige Schätzwerte eingetragen. Bei allen 68 zur Berechnung der Faktorschätzwerte herangezogenen Items beträgt der Mittelwert aller Schätzwerte $\overline{M} = 1{,}86$. Er liegt damit unter dem Mittelpunkt der Schätzskala (= 2). Da die meisten Items positiv formuliert sind, bedeutet dieses Ergebnis, daß die Schüler den Unterricht in ihren Arbeitsgruppen nicht sehr günstig, sondern eher kritisch bewerten. Wenn man diese Schätzwerte mit jenen vergleicht, die die Schüler zu Beginn des Schuljahres im Wahlfragebogen eingetragen haben, dann zeigt sich, daß viele Erwartungen offenbar nicht erfüllt worden sind.[79]

[78] Dies sind die Mittelwerte der mittleren Schätzwerte aller Items, die mit den Faktoren in der interpretierten Richtung deutlich (a > .50) und mit keinem anderen Faktor stärker korrelieren. (Dies gilt nicht für den Faktor P/10. Hier wurden alle mit dem Faktor in negativer Richtung am höchsten korrelierenden Items einbezogen.)

[79] Das Verhältnis von Erwartung und Realität sowie einige mögliche Gründe für die relativ niedrigen Schätzwerte bei der Perzeption werde ich im folgenden Abschnitt eingehend erörtern.

Die Schüler haben die verschiedenen Dimensionen der Perzeption jedoch deutlich als unterschiedlich stark ausgeprägt eingeschätzt: Es zeigt sich, daß bei fünf Faktoren die Faktorschätzwerte ebenso deutlich über dem mittleren Schätzwert aller Items von $\overline{M} = 1{,}86$ liegen wie bei den anderen fünf Faktoren darunter.

Am höchsten schätzen die Schüler ihre emotionale Sicherheit (Faktor K; $\overline{M} = 2{,}33$) ein. Sie haben das Gefühl, mit ihren Lehrern gut auskommen zu können. Auch ihre emotionale Befriedigung (Faktor M; $\overline{M} = 2{,}07$) schätzen sie relativ hoch ein. Die meisten Schüler glauben, die richtige Arbeitsgruppe gewählt zu haben und fühlen sich in ihrer Arbeitsgruppe wohl. – In welchem Maße die Schüler den Unterricht in den Arbeitsgruppen als emotional befriedigend empfinden, hängt fast ausschließlich von ihren Beziehungen zu den Lehrern und von deren Verhalten, insbesondere der Gestaltung des Unterrichts und der Behandlung der Themen ab. Viele Schüler bestätigen, daß die Lehrer ihren Unterricht flexibel und kooperativ gestalten und Verständnis für die Wünsche und Bedürfnisse der Schüler haben. Bei höherer emotionaler Befriedigung neigen die Schüler dazu, sich stärker mit dem Lehrer zu identifizieren. Das Ausmaß dieser Identifikation ist jedoch gering.

Relativ positiv schätzen die Schüler auch die instrumentelle Passung des Themas (Faktor B; $\overline{M} = 2{,}05$) ein. Sie halten die Themen für originell, interessant und anregend und empfinden sie als ihren Neigungen und Fähigkeiten entsprechend. Die Schüler rechnen die Themen zwar zur „Allgemeinbildung", aber für ihre persönlichen Studien- und Berufspläne sind sie kaum wichtig.

Mit dem Faktor P (Transparenz des Unterrichts) wird die im wesentlichen vom Lehrer allein geleistete Strukturierung und Planung des Unterrichtsablaufs angesprochen. Dies ist nach der Einschätzung aller Schüler – und das heißt gleichzeitig bei allen Lehrern – relativ stark der Fall ($\overline{M} = 2{,}02$). Die Schüler glauben insbesondere, daß ihre Lehrer regelmäßig gut auf den Unterricht vorbereitet sind. Weniger gut gelingt es den Lehrern jedoch offenbar, die Schüler zur Mitarbeit oder gar zur zusätzlichen Beschäftigung mit den Themen anzuregen.[80]

Der gleiche Faktorschätzwert ($\overline{M} = 2{,}02$) wurde für den Faktor O (Kooperativität Lehrer – Schüler) errechnet. Etliche Schüler bestätigen, daß die Lehrer zur Kritik am Unterricht auffordern und daß der Unterricht vom Lehrer und von den Schülern gemeinsam geplant wird. – Zwischen den beiden zuletzt genannten Faktoren besteht allerdings ein gewisser negativer Zusammenhang: Die Schüler erleben

[80] Die entsprechenden Items sind nicht in die Berechnung des Faktorschätzwertes des Faktors P eingegangen!

den Unterricht um so weniger als transparent (d. h. vor allem vom Lehrer geplant), je enger Lehrer und Schüler kooperieren. Vermutlich kommen die relativ hohen Faktorschätzwerte für beide Faktoren dadurch zustande, daß (a) Unterschiede zwischen den Arbeitsgruppen und (b) Unterschiede in der Einschätzung durch verschiedene Schüler bei der Berechnung von Mittelwerten nivelliert worden sind.

Alle anderen Faktoren haben deutlich geringere Schätzwerte erhalten: Am wenigsten trifft es zu, daß die Schüler sich subjektiv überfordert fühlen (Faktor D, $\bar{M}$ = 1,15). Dies gilt jedoch vor allem für sachliche, kognitive Anforderungen, während sich viele Schüler motivational überfordert fühlen, wenn die Lehrer sich vor allem mit den Schülern beschäftigen, die sich für das Fach Gemeinschaftskunde bzw. das Thema der Arbeitsgruppe besonders stark interessieren.

Ihre Arbeitsintensität (Faktor S) schätzen die Schüler ebenfalls eher gering ein ($\bar{M}$ = 1,47). Nur wenige Schüler arbeiten im Unterricht aktiv mit, bei Abwesenheit des Lehrers arbeiten die Arbeitsgruppen nicht selbständig weiter.

Ein subjektives Leistungsbewußtsein (Faktor R) ist ebenfalls beim Durchschnitt der Schüler nicht sehr stark ausgeprägt ($\bar{M}$ = 1,62). Die meisten Schüler haben nicht das Gefühl, daß ihre eigenen Leistungen besser sind als die ihrer Mitschüler, sie bestätigen aber, daß die Schüler nur auf gute Zensuren aus sind. Die Zusammenarbeit der Schüler („Gemeinschaftsgeist") ist nicht sehr intensiv.

Relativ niedrig sind auch die Schätzwerte für den Faktor N (Leistungsniveau des Unterrichts; $\bar{M}$ = 1,63). Nur wenige Schüler halten es für zutreffend, daß die Lehrer hohen Arbeitsaufwand verlangen oder daß der Stoff auf einem ziemlich anspruchsvollen Niveau behandelt wird. Dieses Ergebnis bedeutet nicht, daß die Schüler das Leistungsniveau des Unterrichts als niedrig einschätzen, denn in den entsprechenden Items wird von einem *hohen*, z. T. von einem *ziemlich hohen* Leistungsniveau gesprochen. Die Schüler bringen also lediglich zum Ausdruck, daß sie sich keinem extrem hohen Leistungsdruck ausgesetzt fühlen.

Der Faktor Q (Ausweichendes Lernverhalten; $\bar{M}$ = 1,66) muß differenziert betrachtet werden: Es trifft weniger zu, daß die Schüler im Unterricht nur sprechen, wenn sie aufgerufen werden, oder daß sie nur selten unterschiedliche Meinungen vertreten (M = 1,43). Die Schüler stimmen aber den Aussagen, daß sie ihre Unterrichtszeit ohne Engagement absitzen und nur arbeiten, wenn eine Klausur oder Klassenarbeit bevorsteht, stärker zu (M = 2,05 bzw. 2,62). Von einem ausweichenden Lernverhalten kann insofern gesprochen werden, als viele Schüler für die Arbeitsgruppe nur so viel arbeiten, wie nötig ist, um eine schlechtere Zensur zu vermeiden (M = 2,39).

Wenn man diese Ergebnisse bewerten will, ist zu bedenken, daß sie auf Mittelwerten beruhen, an denen abzulesen ist, wie der „durchschnittliche" Schüler den Unterricht in den Arbeitsgruppen einschätzt. Möglicherweise bestehen zwischen den Schülern bedeutende Unterschiede, die durch die generalisierende Art dieser Analysen nivelliert worden sind (vgl. dazu Kapitel 7).

Insgesamt ist das Bild, das die Schüler vom Unterricht in ihren Arbeitsgruppen zeichnen, nicht sehr positiv. Nur wenige Schüler konnten sich entschließen, bei den positiv formulierten Items des Unterrichtsfragebogens den höchsten Schätzwert einzutragen und damit die Aussagen als „uneingeschränkt" zutreffend zu bezeichnen. Dies läßt darauf schließen, daß die Schüler mit dem Unterricht nicht so sehr zufrieden sind, daß sie sich keine (weiteren?) Verbesserungen vorstellen können. Das Wahlangebot der Schule bietet den Schülern zwar einige Möglichkeiten, die Lerngruppe zu wählen, die ihren Bedürfnissen nach ihrer subjektiven Einschätzung am besten entspricht. Aber diese Chancen scheinen sich unter den gegebenen Bedingungen des Buxtehuder Modells im Unterricht der Arbeitsgruppen nicht völlig realisiert zu haben. Es erhebt sich deshalb die Frage, ob durch die Wahl lediglich Erwartungen geweckt werden, die in der Realität des Unterrichts nicht eingelöst werden. Diese Frage soll im folgenden Abschnitt nochmals eingehend erörtert werden.

6.3 Das Verhältnis zwischen den Erwartungen der Schüler und ihrer Beurteilung des Unterrichts

Nachdem ich im Abschnitt 6.1 analysiert habe, mit welchen Erwartungen die Schüler den Unterricht in ihren Arbeitsgruppen beginnen, und nachdem im Abschnitt 6.2 erkennbar geworden ist, wie die Schüler den tatsächlichen Verlauf des Unterrichts beurteilen, liegt die Frage nahe, welche Erwartungen der Schüler im Unterricht erfüllt und welche Erwartungen enttäuscht werden. An den Ergebnissen wird erkennbar sein, in welchem Maße die Erwartungen der Schüler realistisch waren, oder ob lediglich durch die den Schülern bis dahin ungewohnten Möglichkeiten der Selbstbestimmung Hoffnungen erweckt worden sind, die im Unterricht nicht eingelöst werden oder nicht eingelöst werden können.

Diese Fragen können beantwortet werden, indem die Schätzwerte der Schüler aus dem Wahlfragebogen für die an erster Stelle gewählten

Arbeitsgruppen mit den entsprechenden Schätzwerten aus dem Unterrichtsfragebogen verglichen werden.[81]

Das Verhältnis von Erwartungen und Beurteilung des Unterrichts kann nur für die Schüler bestimmt werden, die sowohl den Wahlfragebogen als auch den Unterrichtsfragebogen bearbeitet haben. Dies ist bei N = 57 Schülern der Fall. Die Unterschiede zwischen den Schätzwerten, die diese Schüler am Beginn und gegen Ende des Schuljahres abgegeben haben, können mit dem Wilcoxon-Test (vgl. Abschnitt 3.3.6) auf statistische Signifikanz geprüft werden.

Schon im vorangegangenen Abschnitt ist bei der Analyse, wie die Schüler den Unterricht in den Arbeitsgruppen bewerten, aufgefallen, daß die Schüler im Unterrichtsfragebogen im Durchschnitt unter dem Mittelpunkt der Skala (2,0) liegende Schätzwerte eingetragen haben. Bei den Items 1–40 der beiden Fragebogen, die weitgehend identisch sind und die hier eingehend miteinander verglichen werden sollen, sind die Schätzwerte deutlich unterschiedlich hoch. Die 57 Schüler, deren Daten hier analysiert werden sollen, haben im Durchschnitt bei den Items 1 bis 40 des Wahlfragebogens Schätzwerte in Höhe von $\overline{M}$ = 2,36, bei den entsprechenden Items des Unterrichtsfragebogens Schätzwerte in Höhe von $\overline{M}$ = 1,80 eingetragen. Wie ist diese Differenz von $\overline{d}$ = 0,56 Skalenpunkten zu erklären?

Zunächst wird man annehmen können, daß die Schüler mit der Wahlmöglichkeit überhöhte Erwartungen verbunden haben und von der Realität des wahldifferenzierten Unterrichts in vielen Punkten enttäuscht sind. Es können aber zumindest zwei weitere Ursachen gedacht werden (vgl. Kerlinger 1964, S. 295):

Die Schüler können durch unsere Untersuchungen und Befragungen für die Probleme ihres Unterrichts sensibilisiert worden sein. Insbesondere durch die „Ist" und „Soll" gegenüberstellenden Befragungen des Projektschwerpunkts „Schulklima" im Oktober 1969 (vgl. Schreiner 1973) können die Schüler auf Diskrepanzen zwischen ihren Idealvorstellungen und der Realität des Unterrichts aufmerksam

[81] Auch diese Analysen möchte ich nicht für die einzelnen Arbeitsgruppen gesondert vornehmen, auch wenn es hier nicht möglich ist, die evtl. zwischen den Arbeitsgruppen bestehenden objektiven Unterschiede durch eine Transformierung der Schätzwerte auszugleichen, wie das bei früheren Analysen geschehen ist. Zwar können für die Antizipation arbeitsgruppenspezifische Standardwerte berechnet werden (vgl. Abschnitt 6.1), eine entsprechende Berechnung ist jedoch bei der Perzeption nicht möglich. Auch die für die gruppenspezifischen Analysen berechneten Standardwerte der Perzeption (vgl. Abschnitt 7.3) können hier nicht herangezogen werden, weil der Mittelwert dieser Standardwerte (solange alle Schüler in die Berechnung einbezogen werden) M = 0,0 beträgt. Dadurch würde ein Vergleich sinnlos. Erst bei den gruppenspezifischen Analysen der Enttäuschung von Erwartungen können die objektiven Unterschiede zwischen den Arbeitsgruppen berücksichtigt werden (vgl. Abschnitt 7.4).

geworden sein. Vielleicht haben einige Schüler erwartet, auch bei meinen Erhebungen nach der Beschreibung des „Ist"-Zustands ihrer Arbeitsgruppe in einer späteren Erhebung ihre „Soll"-Vorstellungen darlegen zu sollen. Einige Schüler können dazu tendiert haben, den Unterricht in ihren Arbeitsgruppen weniger positiv zu beschreiben, um ihre Idealvorstellung dagegen besser abheben zu können.

Wenn Daten aus Erhebungen zu verschiedenen Zeitpunkten miteinander verglichen werden, ist aber auch zu bedenken, ob im Untersuchungsfeld in der Zwischenzeit objektive Veränderungen eingetreten sind, die die Antworten der Befragten beeinflussen können. Dies ist m. E. der Fall: Zum Ende des Schuljahres 1968/69 trat der Initiator des Buxtehuder Modells – Oberstudiendirektor Dr. J. Güthling – in den Ruhestand. Er hatte das Besondere des Buxtehuder Modells u. a. darin gesehen, daß unter den gegebenen Bedingungen (vor allem Fächerkanon, Stundentafel und Reife-Prüfungsordnung) eine organisatorische Reform versucht wurde. Aus dieser Begrenzung ergab sich im Schuljahr 1968/69 bei vielen Lehrern und Schülern eine gewisse Resignation.

Mit dem Wechsel in der Schulleitung verbanden viele Lehrer und Schüler die Hoffnung auf neue Initiativen zur Weiterentwicklung des Buxtehuder Modells. Zunächst durch die Verzögerung und schließlich durch die Besetzung der Schulleiterstelle mit einem von den meisten Lehrern und Schülern abgelehnten Oberstudiendirektor[82] wurden diese Erwartungen nicht nur enttäuscht, sondern es wurde eine verstärkte Resignation hervorgerufen. Dadurch haben sich zwar viele Lehrer und Schüler im „Kampf um das Buxtehuder Modell" (Presseschlagzeile) solidarisiert, andererseits kann den Schülern aber gerade in diesen Auseinandersetzungen ihre Unzufriedenheit mit einem Unterricht bewußt geworden sein, der an die herkömmlichen Bedingungen gebunden ist.

Welche dieser Ursachen zu welchen Anteilen für die geringeren Schätzwerte bei der Beurteilung des Unterrichts verantwortlich sind, kann kaum bestimmt werden. Wahrscheinlich dürfen diese Unterschiede aber nicht allein als Enttäuschung der – möglicherweise überhöhten – Erwartungen der Schüler verstanden werden. Es kann nicht ausgeschlossen werden, daß unter günstigeren Umständen geringere Diskrepanzen zwischen den Erwartungen der Schüler und der Realität des wahldifferenzierten Unterrichts bestehen. Wegen dieser Unsicherheiten werde ich weniger die absoluten Differenzen zwischen

[82] Vgl. dazu: Der Spiegel, 23. Jg., 1969, Nr. 45, S. 82 f. und Stefan Aust in: Frankfurter Rundschau vom 20. 10. 1969.

den zu Beginn des Schuljahres („Antizipation“) und den nach acht Monaten Unterricht („Perzeption“) eingetragenen Schätzwerten betrachten, sondern danach fragen, unter welchen Gesichtspunkten die Schüler diese Diskrepanzen als besonders groß empfinden und unter welchen Gesichtspunkten sie von ihrem Unterricht vergleichsweise wenig enttäuscht sind.

Um die folgenden Darstellungen zu strukturieren, halte ich mich an die im Abschnitt 6.1 ermittelten Dimensionen der Antizipation. Für die mit den einzelnen Faktoren hoch korrelierenden Items teile ich die Mittelwerte der Schätzwerte von N = 57 Schülern für die Antizipation (M_A) und die Perzeption (M_P) sowie das Signifikanzniveau der Differenz zwischen diesen Mittelwerten mit.[83] Die Reihenfolge der Items richtet sich nach der Höhe der Korrelation mit dem Faktor. Falls die Formulierung der Items bei der Antizipation und der Perzeption nicht identisch ist, nenne ich beide Formulierungen (z. B. Item 30):

Faktor H: Didaktische Kompetenz des Lehrers

Item	M_A	M_P	
24 Der Lehrer ist gerecht	2,84	2,39	**
13 Der Lehrer ist in seinem Fach ein Fachmann	3,25	3,00	(*)
30 Diesen Lehrer möchte ich abwählen/ In diesem Fach hätte ich gern einen anderen Lehrer	0,39	1,54	***
17 Der Lehrer macht sein Fach interessant	2,71	1,70	***
40 Der Lehrer erklärt gut	2,67	2,12	**
38 Der Lehrer regt mich zur Mitarbeit an	2,73	1,55	***

Die Schüler schätzen die fachliche Kompetenz ihrer Lehrer immer noch als „ziemlich“ hoch ein, sie halten sie für gerecht und bestätigen ihnen, daß sie gut erklären können. Diese Differenzen sind deutlich geringer als die durchschnittliche Differenz aller Items von $\overline{d}$ = 0,56 (s. o.). Deutlichere Unterschiede bestehen bei den anderen Gesichtspunkten: Während die meisten Schüler ihren Lehrer am Beginn des Unterrichts „überhaupt nicht“ abwählen wollten, findet die Aussage, von einem anderen Fachlehrer unterrichtet werden zu wollen, jetzt stärkere Zustim-

[83] Die Sternchen bezeichnen die Wahrscheinlichkeit, mit der eine Differenz zufällig entstanden sein kann und nicht auf Unterschiede zwischen Antizipation und Perzeption zurückzuführen ist. Die Zufallswahrscheinlichkeit beträgt bei:
* weniger als 5%,
** weniger als 1%,
*** weniger als 0,1%,
(*) weniger als 10%.
(Vgl. Abschnitt 3.3.5).

mung. Auch die Erwartung, der Lehrer werde sein Fach interessant machen und die Schüler zur Mitarbeit anregen, ist relativ stark enttäuscht worden (d = 1,02 bzw. 1,18).

Worin besteht der Unterschied zwischen den weniger und den stärker enttäuschten Aspekten der didaktischen Kompetenz? – Weniger enttäuscht sind die Schüler von den Merkmalen des Lehrers, die ihre subjektive Lernsituation weniger direkt beeinflussen: Die Qualität der Lernsituation scheint – aus der Perspektive des Schülers gesehen – weniger von der allgemeinen fachlichen Kompetenz des Lehrers als von seiner Fähigkeit abhängig zu sein, den Inhalt seiner Kompetenz dem Schüler auf eine interessante, und zur Mitarbeit anregende Weise zu vermitteln. Von diesem Aspekt der didaktischen Kompetenz sind die Schüler stärker enttäuscht. Dies bestätigt sich bei den folgenden Items:

Item	M_A	M_P	
21 Die Unterrichtsmethoden des Lehrers sagen mir zu	2,79	1,66	***
36 Der Lehrer regt mich zur zusätzlichen Beschäftigung mit dem Thema an	2,32	1,23	***

Auch bei diesen Gesichtspunkten sind die Erwartungen der Schüler überdurchschnittlich stark enttäuscht worden. Es handelt sich auch hier um die Fähigkeit des Lehrers, seinen Unterricht so zu gestalten, daß die Schüler zur Mitarbeit angeregt werden. Es ist also zu unterscheiden zwischen der fachlichen Kompetenz der Lehrer (als didaktische Kompetenz im engeren Sinne), von der die Schüler kaum enttäuscht sind, und ihrer „methodischen Kompetenz“, von der die Schüler relativ stark enttäuscht sind.

Faktor E: Objektive Relevanz des Themas[84]

Item	M_A	M_P	
16 Das Thema ist aktuell	2,73	2,75	
12 Das Thema gehört zur Allgemeinbildung	3,16	3,04	
39 Das Thema ist bei den Schülern allgemein beliebt	2,34	1,79	**

Die Schüler schätzen die objektive Relevanz der Themen praktisch genauso hoch ein wie zu Beginn des Schuljahres. Auch hier handelt es sich – ähnlich wie bei der fachlichen Kompetenz des Lehrers – um Aspekte, die das subjektive Wohlbefinden der Schüler in der Gruppe weniger direkt beeinflussen.

[84] Die mit diesem Faktor ebenfalls hoch korrelierenden Items 29, 35 und 3 werden bei den Faktoren C (Anforderungsniveau des Lehrers) und J (Interesse am Thema) aufgeführt.

Faktor D: Subjektive Überforderung

Item	M_A	M_P	
20 Das Thema überfordert meine Fähigkeiten	0,80	0,64	
19 Der Lehrer imponiert mir	2,12	1,39	**
15 Der Lehrer überfordert meine Fähigkeiten	0,79	0,66	
28 Der Lehrer ist mir ein Vorbild	1,41	0,75	***

Auch hier sind die Differenzen unterschiedlich groß: Die Schüler fühlen sich vom Thema und/oder vom Lehrer etwa in dem Maße überfordert, wie sie es antizipiert haben. Eine größere Differenz besteht dagegen bei der Identifikation mit dem Lehrer. Die Lehrer imponieren den Schülern deutlich weniger, und sie erscheinen ihnen weniger als Vorbild als zu Beginn des Unterrichts. Dieses Ergebnis bedeutet, daß sich die stärkere Identifikation mit dem Lehrer, die bei der Wahlentscheidung entsteht (vgl. Abschnitt 5.2.2.2), im Verlauf des Unterrichts verringert, daß also das Verhältnis zwischen Lehrer und Schülern in dieser Hinsicht wieder distanzierter wird.

Faktor C: Anforderungsniveau des Lehrers

Item	M_A	M_P	
33 Der Lehrer verlangt hohen Arbeitsaufwand	2,56	1,60	***
11 Der Lehrer zensiert streng	2,09	1,65	**
18 Die Arbeitsgruppe ist für schwache Schüler besonders günstig	1,68	1,77	
3 Ich muß für das Thema viel arbeiten	2,68	1,49	***
29 Der Lehrer verlangt regelmäßige Teilnahme am Unterricht	2,95	2,27	***

Das Anforderungsniveau der Lehrer beschreiben die Schüler in der Perzeption deutlich niedriger als bei der Antizipation. Insbesondere ihren eigenen, vom Thema erforderten Arbeitsaufwand schätzen sie geringer ein, als sie es erwartet haben. Diese relativ große Differenz (d = 1,19) ist verständlich, wenn man bedenkt, daß vielen Schülern das gewählte Thema zunächst weitgehend unbekannt ist und am Beginn des Schuljahres umfangreiche Einarbeitung erfordert. Nach achtmonatiger Beschäftigung mit dem Thema sind die Schüler mit ihm besser vertraut und können die geforderten Leistungen leichter erbringen.

Ähnlich dürften die hohen Differenzen bei den anderen Items zu erklären sein. Die Schüler wissen vor Beginn des Unterrichts nicht genau, was sie in den Arbeitsgruppen erwartet. Die neue Lernsituation verlangt von ihnen zunächst eine intensive, mit hohem Arbeitsaufwand verbundene Einarbeitung. Im Laufe des Unterrichts strukturiert sich die Lernsituation sowohl emotional (in der Beziehung zum Lehrer und zu den Mitschülern) als auch kognitiv (in der Vertrautheit mit dem Thema). Dem Schüler sind die besonderen Leistungserwartungen des Lehrers bekannt, und nachdem er sich darauf eingestellt hat, erscheint ihm das Anforderungsniveau des Lehrers als niedriger.

Faktor B: Instrumentelle Passung des Themas

Item	M_A	M_P	
23 Mit dem Thema habe ich mich bereits privat beschäftigt / Mit dem Thema habe ich mich bereits vor der Arbeit in dieser Arbeitsgruppe beschäftigt	1,96	1,46	*
8 Für das Thema besitze ich die nötigen Vorkenntnisse	2,44	1,95	**
31 Über das Thema möchte ich im Abitur geprüft werden	2,65	1,21	***
10 Das Thema liegt mir	3,05	2,25	***
14 Ein ähnliches Thema wurde bereits einmal behandelt	1,68	1,23	*

Die Differenzen zwischen den Mittelwerten entsprechen etwa der durchschnittlichen Differenz zwischen Antizipation und Perzeption aller Schätzwerte und aller Items ($\overline{d}$ = 0,56). Die Schüler sind von der Passung der Themen etwas, aber nicht in auffälliger Weise enttäuscht. Die besonders große Differenz bei Item 31 darf m. E. nicht zu stark bewertet werden: Daß die Schüler wenige Wochen vor der Reifeprüfung über die Themen weniger gern geprüft werden möchten als zu Beginn des Schuljahres, scheint mir verständlich.

Faktor K: Emotionale Sicherheit

Item	M_A	M_P	
9 Ich kenne den Lehrer privat	1,32	0,88	**
4 Der Lehrer ist mir sympathisch	3,19	2,46	***
32 Ich bin dem Lehrer sympathisch	2,69	2,18	**
26 Ich komme mit dem Lehrer gut aus	3,25	2,89	*
2 Ich kenne den Lehrer aus früherem Unterricht	3,12	2,82	*

Hier deutet sich erneut an, daß im Verlauf des Unterrichts die emotionale Beziehung zwischen Lehrer und Schüler wieder distanzierter wird. Allerdings sind auch hier die Differenzen zwischen Antizipation und Perzeption nicht besonders groß und können wahrscheinlich zum Teil auf die eingangs dieses Abschnitts genannten Gründe für die relativ niedrigen Schätzwerte der Perzeption zurückgeführt werden.[85]

Faktor I: Interesse am Thema

Item		M_A	M_P	
6	Das Thema ist wichtig für meine Studien- und Berufspläne	1,30	0,95	
35	Das Thema regt mich zur Diskussion an	2,74	2,19	*
27	Das Thema ist originell	1,35	1,31	
37	Zu dem Thema möchte ich ein Referat verfassen / Zu dem Thema verfasse ich gern ein Referat	2,58	1,91	**
1	Das Thema interessiert mich	3,40	2,70	***
34	Der Lehrer wäre mir als Prüfer im Abitur angenehm	2,88	2,32	**

Nahezu die gleichen Schätzwerte wie zu Beginn des Unterrichts haben die Schüler auf die Fragen nach der Originalität (Item 27; d = 0,04) und nach der Aktualität der Themen (Item 16; d = −0,02) eingetragen. Dies deutet darauf hin, daß es den Lehrern – nach der Einschätzung der Schüler – offenbar immer wieder gelingt, neue Aspekte des Themas aufzuzeigen und aktuelle Bezüge herzustellen. Allerdings halten die Schüler die Themen auch jetzt kaum für besonders originell (M = 1,31), während sie die aktuellen Bezüge durchaus erkennen (M = 2,75).

Im allgemeinen sind auch hier die Schätzwerte für die Perzeption nicht wesentlich geringer als bei der Antizipation. Die Themen erscheinen den Schülern etwas weniger interessant als zu Beginn des Unterrichts, was jedoch m. E. nicht verwunderlich ist: Im allgemeinen wird das Interesse an einem noch nicht (oder kaum) behandelten Thema größer sein als an einem Thema, mit dem man sich bereits 8 Monate lang beschäftigt hat. Das Bedürfnis nach einem Themawechsel wird mit der Zeit zunehmen.[86]

[85] So scheint es mir kaum möglich, daß die Schüler gegen Ende des Schuljahres weniger privaten Kontakt zu ihren Lehrern haben als zu Beginn des Schuljahres (vgl. Item 9; d = 0,44). Vielmehr liegt es nahe, daß die Schüler ihre privaten Kontakte zu den Lehrern eher als gering bezeichnen, um bei der wahrscheinlich erwarteten Befragung über ihre Idealvorstellungen von Unterricht in den Arbeitsgruppen einen deutlichen Wunsch in dieser Richtung ausdrücken zu können. Dies ist jedoch nur eine Vermutung.

[86] Möglicherweise gibt es aber dennoch Schüler, die ihr Interesse am Thema der Arbeitsgruppe erst im Laufe des Unterrichts entdecken, weil die Lehrer (oder die Mitschüler?) ihnen die interessanten Bezüge aufgewiesen haben oder weil die Auseinandersetzung mit dem Thema ihnen starke Befriedigung bereitet hat.

Faktor J: Zusammensetzung der Gruppe

Item		M_A	M_P	
25	Die Schüler, die mit mir zusammen in der 11. Klasse waren, werden diese Arbeitsgruppe vor allem wählen / Die Schüler, die mit mir zusammen in der 11. Klasse waren, sind vor allem in dieser Arbeitsgruppe	2,31	1,04	***
7	Meine Freunde würden in dieser Arbeitsgruppe gern mitarbeiten / Meine Freunde arbeiten in dieser Arbeitsgruppe mit	2,43	1,39	***
22	Der Lehrer ist bei den Schülern allgemein beliebt	2,66	2,05	***

Daß die Schätzwerte bei den Items 25 und 7 bei der Perzeption im Durchschnitt um mehr als einen ganzen Skalenpunkt niedriger ausgefallen sind, kann damit erklärt werden, daß wahrscheinlich viele Schüler vor der Wahl mit ihren Mitschülern und Freunden über das Wahlangebot diskutiert haben und zu der Annahme gelangt sind, daß viele dieser Mitschüler und Freunde das Wahlangebot ähnlich wie sie selbst beurteilen und die gleiche Wahlentscheidung treffen werden. Diese Erwartung hat sich dann nicht erfüllt. Andererseits deutet die besonders hohe Differenz bei Item 25 darauf hin, daß vielleicht viele Schüler gar nicht mehr genau wissen, mit welchen ihrer derzeitigen Mitschüler sie früher in einer Klasse zusammen waren. Die Beziehungen zu diesen Schülern haben sich vermutlich durch die Wahldifferenzierung weitgehend gelöst. An ihre Stelle scheinen jedoch keine (oder nur wenige) neue Beziehungen getreten zu sein.

Nur wenige Schüler können der Aussage zustimmen, daß sie mit ihren Freunden in derselben Arbeitsgruppe sind. Ihre Erwartungen, daß ihre Freunde dieselbe Arbeitsgruppe wählen, sind weitgehend enttäuscht worden. Dies deutet auch darauf hin, daß die Wahl der Arbeitsgruppen offenbar nur selten zwischen Freunden und Mitschülern abgesprochen wird. Die Schüler finden sich deshalb nach der Wahl in einem sozialen Kontext wieder, in dem nur wenige soziale Beziehungen vorgegeben sind, sich aber auch nur in geringem Maße neu entwickeln. Die sozialen Beziehungen der Schüler sind vor allem auf die Lehrer der verschiedenen Arbeitsgruppen gerichtet und können deren Schüler wegen der verschiedenen Zusammensetzung der Arbeitsgruppen nur wenig einbeziehen.

Zusammenfassung: Das Verhältnis zwischen den Erwartungen der Schüler und ihrer Beurteilung des Unterrichts

Ich fasse die Ergebnisse zusammen, indem ich für die mit den Faktoren der Antizipation deutlich (a > .50) korrelierenden Items die mittleren Mittelwerte der Schätzwerte (Faktorschätzwerte) für die Antizipation ($\bar{M}_A$) und die Perzeption ($\bar{M}_P$) berechne und einander gegenüberstelle. Dabei werden die entgegen der interpretierten Richtung mit diesem Faktor korrelierenden Items (vgl. Abschnitt 6.1) nicht berücksichtigt. Den Faktor H (Didaktische Kompetenz des Lehrers) werde ich dabei – entsprechend den oben referierten Ergebnissen – aufteilen in die fachliche Kompetenz (Item 24, 13, 40) und die methodische Kompetenz (Item 17, 38, 21, 36), worunter die Fähigkeit des Lehrers zu verstehen ist, den Unterricht interessant und anregend zu gestalten. In ähnlicher Weise muß auch der Faktor D (Subjektive Überforderung) hier mit zwei getrennten Aspekten aufgeführt werden: Zum einen als Überforderung durch das Thema und/oder den Lehrer (Item 20 und 15), zum anderen als Identifikation mit dem Lehrer (Item 19 und 28).[87]
Die folgende Tabelle gibt wieder, wie stark ausgeprägt die Schüler die Dimensionen der Antizipation zu Beginn des Unterrichts ($\bar{M}_A$) und nach 8 Monaten Unterricht in den Arbeitsgruppen ($\bar{M}_P$) beschrieben haben.

Tabelle 6.3–1: Faktorschätzwerte für die Antizipation ($\bar{M}_A$) und die Perzeption ($\bar{M}_P$)

Faktor		$\bar{M}_A$	$\bar{M}_P$
H	Methodische Kompetenz des Lehrers	2,64	1,54
J	Zusammensetzung der Gruppe	2,47	1,50
C	Anforderungsniveau des Lehrers	2,57	1,75
D	Identifikation mit dem Lehrer	1,77	1,07
B	Passung des Themas	2,28	1,72
I	Interesse am Thema	2,38	1,90
K	Emotionale Sicherheit	2,71	2,25
H	Fachliche Kompetenz des Lehrers	2,92	2,50
E	Objektive Relevanz des Themas	2,74	2,53
D	Subjektive Überforderung	0,80	0,65

[87] Die Daten der Items 31 (Über das Thema möchte ich im Abitur geprüft werden) werde ich hier nicht berücksichtigen, weil die sehr geringen Schätzwerte für die Perzeption wahrscheinlich auf die zeitliche Nähe der Reifeprüfung zurückzuführen und nicht als Hinweis auf eine besonders stark enttäuschte Erwartung zu verstehen sind.

Die Schüler sind am stärksten von ihren Lehrern enttäuscht, von deren Unterrichtsmethoden sie sich weniger stark zur Mitarbeit angeregt fühlen, als sie es zu Beginn des Unterrichts erwartet haben. Die engere emotionale Beziehung zum Lehrer, die am Anfang des Schuljahres als Erwartung bestand, ist einem distanzierteren Verhältnis gewichen. Die ohnehin nur geringe Identifikation der Schüler mit dem Lehrer als Leistungsvorbild ist noch geringer geworden.

Das Anforderungsniveau der Lehrer haben die Schüler zu Beginn des Schuljahres höher eingeschätzt, als sie es nach achtmonatigem Unterricht in den Arbeitsgruppen tun. Sie sind jetzt mit den Themen des Unterrichts und den Leistungsmaßstäben der Lehrer besser vertraut.

Relativ stark sind die Schüler auch von der Zusammensetzung der Gruppe enttäuscht, weil sie zu den Mitschülern ihrer Arbeitsgruppen weniger enge soziale Beziehungen haben, als sie es erwartet haben.

Weniger stark sind die Schüler von den Themen enttäuscht, da diese annähernd in dem Maße ihren Interessen und Fähigkeiten entsprechen, wie sie es erwartet haben.

Durch die Wahldifferenzierung werden also offenbar bei den Schülern Erwartungen geweckt, die sich im Verlauf des Unterrichts nur bedingt realisieren. Vor allem die Unterrichtsgestaltung durch die Lehrer erfüllt nicht die Erwartungen der Schüler. Offenbar sind sowohl Lehrer als auch Schüler in ihrem Lehr- und Lernverhalten noch zu sehr den gewohnten Unterrichtsformen verhaftet. Außerdem sind bei der nach dem Buxtehuder Modell praktizierten Form der Unterrichtsorganisation die sozialen Beziehungen der Schüler vor allem auf die Lehrer der verschiedenen Arbeitsgruppen gerichtet, während die Bindungen zu den Mitschülern geringer werden.

7. Gruppenspezifische Analysen

Bei den bisher referierten Analysen wurden immer die Daten aller Schüler, die an den Erhebungen teilgenommen haben, zugleich betrachtet. Im Mittelpunkt standen dabei Fragen nach der allgemeinen Bedeutung des wahldifferenzierten Unterrichts für den durchschnittlichen Schüler: Wie beurteilen *die* Schüler das Wahlangebot, nach welchen Kriterien wählen *die* Schüler ihre Arbeitsgruppen, welche Erwartungen haben sie, und wie sind *die* Schüler mit dem Unterricht zufrieden? Bei einer solchen generalisierenden Fragestellung mußten alle Schüler als mehr oder weniger identische Subjekte behandelt werden, deren z. T. erheblich unterschiedliche Daten als mehr oder weniger zufällige Abweichungen von einem „wahren" Wert verstanden werden mußten. Wahrscheinlich sind jedoch bei diesen Analysen zwischen den Schülern bestehende und für die Bewertung wahldifferenzierten Unterrichts bedeutsame Unterschiede nivelliert und Aussagen, die für eine mehr oder weniger große Gruppe von Schülern gültig sein mögen, in ungerechtfertigter Weise auf alle Schüler verallgemeinert worden.

Diese generalisierenden Analysen müssen durch differenzierende Analysen ergänzt werden, um entweder nachzuweisen, daß die bisher referierten Ergebnisse tatsächlich für alle (oder zumindest fast alle) Schüler gelten, oder aber um transparent werden zu lassen, welche Unterschiede zwischen den Schülern bestehen. Hat die Wahldifferenzierung tatsächlich für alle Schüler die Bedeutung, die bei den bisherigen Analysen erkennbar geworden ist, oder gibt es Schüler bzw. Gruppen von Schülern, für die Wahldifferenzierung eine besondere Bedeutung hat, weil sie von den Möglichkeiten dieser Form von Unterrichtsorganisation in spezifischer Weise Gebrauch machen bzw. Gebrauch machen können? Konkreter gefragt: Gibt es Schüler, die ihre Wahlentscheidung nach anderen Kriterien treffen, weil ihnen bestimmte Gesichtspunkte besonders wichtig sind? Gibt es Schüler, die den Unterricht in den Arbeitsgruppen mit anderen Erwartungen beginnen als ihre Mitschüler? Gibt es Schüler, die den Unterricht in den Arbeitsgruppen anders bewerten als ihre Mitschüler? Und schließlich: Gibt es Schüler, die ihre Erwartungen vom Beginn des Unterrichts stärker oder weniger stark enttäuscht sehen als andere Schüler? Es ist also die Frage zu stellen, ob sich dieser Versuch einer Schulreform für verschiedene Schüler verschieden auswirkt.

Für die Beantwortung dieser Fragen bieten sich zwei grundlegend verschiedene Ansätze an: Man könnte einerseits versuchen, Schülergruppen zusammenzustellen, die nach bestimmten Merkmalen homogen sind, sich aber in eben diesen Merkmalen von anderen Schülergruppen deutlich unterscheiden. Diese Schülergruppen könnten dann miteinander verglichen werden: Für jeweils zwei Gruppen müßten die gleichen Berechnungen getrennt durchgeführt werden, die bei den bisherigen Analysen für alle Schüler durchgeführt worden sind, und es müßte dann gefragt werden, ob sich die ermittelten Daten in statistisch signifikanter (vgl. Abschnitt 3.3.5) und inhaltlich bedeutsamer Weise unterscheiden.

Solche Schülergruppen könnten nach verschiedenen Kriterien gebildet werden. Bei der Zusammenstellung der Erhebungsinstrumente (Abschnitt 3.2.2.3) habe ich bereits Vermutungen über die diesbezügliche Relevanz verschiedener Merkmale geäußert. So könnte gefragt werden, ob sich Schüler der beiden Klassenstufen 12 und 13, der beiden Geschlechter, Schüler mit verschiedenen Schulleistungen (Zeugnisnoten), unterschiedlich starkem Interesse am Fach Gemeinschaftskunde, verschieden hoher Intelligenz oder unterschiedlicher Leistungsmotivation voneinander unterscheiden. Der Vorteil dieses Vorgehens besteht darin, daß bestimmte Merkmale der Schüler isoliert und in ihrer spezifischen Bedeutung z. B. für das Verhalten der Schüler oder ihre Zufriedenheit mit dem Unterricht beobachtet werden können. Der Nachteil besteht aber darin, daß das spezifische Verhalten einer Schülergruppe (wenn solches überhaupt beobachtet werden kann) nur auf ein einziges Merkmal zurückgeführt werden kann, während in Wirklichkeit das konkrete Verhalten der Schüler wahrscheinlich von mehreren Merkmalen in vielfältiger Wechselwirkung beeinflußt wird.

Dieser Komplexität kann man m. E. besser gerecht werden, wenn man sozusagen den umgekehrten Weg geht, indem man zunächst versucht, Schüler zu identifizieren, die sich in untereinander ähnlicher, aber von anderen Schülern verschiedener Weise verhalten, d. h. Schüler, die die Wahlkriterien ähnlich gewichten, ähnliche Erwartungen haben usw.[88] Erst im zweiten Schritt wäre dann zu fragen, ob die identifizierten Schülergruppen durch das eine oder andere der genannten Merkmale (Klassenstufe, Geschlecht usw.) näher charakterisiert werden können. Dieser Ansatz entspricht m. E. dem Ziel dieses Kapitels besser,

[88] Wie solche Gruppen identifiziert werden können, stelle ich weiter unten dar.

denn er geht direkt auf die oben gestellten Fragen ein, nämlich ob es z. B. Schülergruppen gibt, denen bei der Wahlentscheidung bestimmte Gesichtspunkte besonders wichtig sind, die andere Schüler vernachlässigen. Es steht hier nicht die Frage im Vordergrund, ob sich Schüler mit einem bestimmten Merkmal anders verhalten als Schüler, bei denen dieses Merkmal nicht vorhanden oder weniger ausgeprägt ist, sondern es wird zunächst die Frage gestellt, ob es überhaupt Schüler gibt, für die sich Wahldifferenzierung unterschiedlich auswirkt, und erst in zweiter Linie die Frage, ob diese unterschiedlichen Auswirkungen auf bestimmte Merkmale der Schüler zurückgeführt werden können.

Wenn es möglich ist, das spezifische Verhalten einer Schülergruppe durch bestimmte Merkmale oder Merkmalskomplexe (wie z. B. Schulleistungen oder Leistungsmotivation) zu erklären, dann kann das Ziel des erstgenannten methodischen Ansatzes, nämlich die Bedeutung bestimmter Persönlichkeitsmerkmale für das Verhalten in wahldifferenziertem Unterricht zu beobachten, durch den zweiten vorgeschlagenen Ansatz zugleich erfüllt werden, während der Ansatz bei den Persönlichkeitsmerkmalen nur Ergebnisse für isolierte Merkmale erbringt, die schwer zusammengefaßt werden können.[89]

Wenn zudem die Aufgabe einer wissenschaftlichen Begleituntersuchung primär darin gesehen werden soll, den an einem Schulversuch Beteiligten Hilfen für ihre Praxis zu geben, dann ist auch unter diesem Aspekt dem zweiten Ansatz der Vorzug zu geben. Zwar könnte es für die Lehrer z. B. nützlich sein, zu wissen, ob sich die Wahldifferenzierung für Schüler der Klassenstufe 12 anders auswirkt als für die Oberprimaner, aber diese Kenntnis nützt ihnen andererseits wenig, wenn sich nicht alle Oberprimaner in wirklich untereinander gleicher und von den Unterprimanern verschiedener Weise verhalten. Ein solches Ergebnis ist aber kaum zu erwarten, denn zwischen diesen (wie auch anderen) Schülergruppen werden zwar möglicherweise statistisch signifikante Unterschiede bestehen, aber das konkrete Verhalten der Schüler wird nur zum Teil durch eines der Merkmale (wie z. B. die Klassenstufe) erklärt werden können. Außerdem ist es ja den Lehrern nur bei so eindeutigen Merkmalen wie Klassenstufe und Geschlecht möglich, die Schüler zu identifizieren, bei denen sie von bestimmten Wahlkriterien

[89] Prinzipiell könnte dieser Ansatz differenziert werden, indem Schülergruppen gebildet werden, die in mehr als einem Merkmal homogen sind (z. B. Schüler der Klassenstufe 13 mit guten Schulleistungen und durch Mißerfolgsängstlichkeit geprägter Leistungsmotivation). Schwierig wäre dieses Vorgehen, weil die Zahl der Schüler, die solchen Gruppen zugeordnet werden können, mit zunehmender Komplexität geringer (und schließlich zu gering) wird, und umständlich wäre dieses Verfahren, weil vermutlich viele Kombinationen ausprobiert werden müssen, ehe die entscheidenden Merkmalskomplexe gefunden sind.

oder Erwartungen ausgehen können. Bei Merkmalen wie Intelligenz oder Leistungsmotivation wären sie dagegen auf Vermutungen angewiesen.

Wenn dagegen aufgezeigt werden kann, daß es Gruppen von Schülern gibt, denen bestimmte Gesichtspunkte bei der Wahl besonders wichtig sind, oder Schüler, deren Erwartungen im Unterricht besonders stark enttäuscht werden, dann weiß der Lehrer zwar auch nicht, um welche Schüler es sich konkret dabei handelt, aber er weiß, auf welchen Dimensionen er vor allem solche Schüler zu suchen hat. Seine Wahrnehmung für spezifische Bedürfnisse, Erwartungen und Enttäuschungen verschiedener Schüler kann durch die Kenntnis solcher Schülergruppen sensibilisiert werden, und er kann sein Verhalten den Schülern gegenüber – in welcher Form auch immer – darauf einstellen, indem er versucht, z. B. bestimmten Erwartungen zu entsprechen oder auch sich ihnen zu widersetzen.[90]

Wie können solche Schülergruppen identifiziert werden? – Wahrscheinlich gibt es nicht einmal zwei Schüler, die z. B. die Wahlkriterien völlig gleich gewichten und im Wahlfragebogen völlig identische Daten eingetragen haben. Man wird also nach Schülern suchen müssen, die sich untereinander relativ ähnlich sind, sich aber zugleich von anderen Schülern unterscheiden. Solche Schülergruppen bezeichne ich im folgenden als *Schülertypen.* In dieser Bezeichnung soll zum Ausdruck kommen, daß es sich nicht um reale Gruppen handelt, deren Verhalten und Einstellungen völlig durch ein spezifisches Merkmal erklärt werden kann. Es geht vielmehr um die idealtypische Konstruktion von Schülergruppen, die sich in einigen Merkmalen von anderen Schülergruppen unterscheiden lassen. – Wie können solche Typen identifiziert werden?

In der Anthropologie haben Versuche, menschliche Eigenschaften zu umfassenden und zugleich für mehrere Personen zutreffenden Kategorien zusammenzufassen, eine lange Tradition. Aus der Antike ist vor allem die Lehre von den vier Temperamenten (nämlich dem sanguinischen, cholerischen, melancholischen und dem phlegmatischen) überkommen. In der moderneren Persönlichkeitspsychologie sind vor allem die Körperbautypen und die damit nicht zufällig zusam-

[90] Ich will nicht verschweigen, daß ich die Entscheidung zugunsten des zweiten Ansatzes nicht von Anfang an getroffen hatte. Ich hatte zunächst für die aufgezählten Merkmale (Klassenstufe, Geschlecht usw.) in der beschriebenen Weise Schülergruppen mit verschieden starker Ausprägung dieser Merkmale miteinander verglichen und versucht, spezifische Wahlkriterien, Erwartungen etc. dieser Gruppen zu identifizieren. Diese Analysen waren unterschiedlich ergiebig, wenn man die Anzahl der statistisch signifikanten Unterschiede betrachtet. Inhaltlich sind die Ergebnisse nicht so eindeutig, daß sie hier kurz und ohne eingehende Interpretation dargestellt werden können. Ich habe mich zugunsten des oben angedeuteten zweiten Ansatzes entschieden, als sich bei einer versuchsweisen Durchführung dieses Ansatzes zeigte, daß die Ergebnisse sowohl nach statistischen Kriterien (Anzahl der signifikanten Differenzen) als auch inhaltlich ergiebiger sind als die Vergleiche von Gruppen, die sich nach einem spezifischen Merkmal unterscheiden.

menhängenden Hauptformen der endogenen Psychosen bekannt, wie sie Kretschmer (1921) definiert hat: den leptosom-schizotymen, den athletisch-viskösen und den pyknisch-zylothymen Typ.

Mit der Entwicklung verfeinerter statistischer Verfahren (insbesondere der Faktorenanalyse) wurden diese mehr verstehend und intuitiv entwickelten Typologien durch neue Ansätze zur Identifizierung psychologischer Typen ersetzt oder zumindest ergänzt. Wegen der häufigen Anwendung mathematisch-statistischer Methoden wird für diese typologische Forschung neuerdings aus der Biologie der Begriff Taxometrie übernommen und in der Verbindung „Psychologische Taxometrie" (Baumann 1971) verwendet. Unter Taxometrie wird verstanden „die Zusammenfassung verschiedener Individuen in Gruppen (resp. höheren Einheiten) auf Grund ihrer Ähnlichkeit, wobei mathematisch-statistische Verfahren angewandt werden" (Baumann 1971, S. 10).

Ähnlich wie bereits mittels einer Faktorenanalyse verschiedene Items (Variablen) zu Gruppen (Dimensionen) zusammengefaßt wurden (vgl. z. B. Abschnitt 4.2: Dimensionen der Beurteilung des Wahlangebots), so können auch Personen (hier Schüler) zu Gruppen (Typen) zusammengefaßt werden, wenn ihre Daten ähnlich strukturiert sind. Ein *Variablen*faktor entsteht, wenn bei mehreren Variablen (Items) die Daten der Personen mit ähnlicher Tendenz variieren, d. h. bei den einzelnen Personen entweder alle relativ hoch oder alle relativ niedrig sind. Ein *Personen*faktor entsteht dagegen dann, wenn bei mehreren Personen die Daten der Variablen des Fragebogens tendenziell ähnlich variieren, d. h. bei einer Variable entweder alle relativ hoch oder relativ niedrig sind. Es handelt sich also um die gleichen Daten, nur die Perspektive ihrer Interpretation ist verändert: Während bei der üblichen Form der Faktorenanalyse die Daten der Variablen über alle Personen miteinander verglichen werden, können nach den gleichen statistischen Regeln die Daten der Personen über alle Variablen miteinander verglichen werden. So wie normalerweise Variablen gesucht werden, die von vielen Personen ähnlich eingeschätzt werden, so können auch Personen gesucht werden, die viele Variablen ähnlich einschätzen.

Stephenson (1935) hat diese Art der Faktorenanalyse zuerst angewandt und als *Q-Technik* bezeichnet. Diese Benennung soll darauf hinweisen, daß diese Faktorenanalyse von den mit „q" bezeichneten Korrelationen zwischen den Versuchspersonen ausgeht, im Unterschied zu der „normalen" Form der Faktorenanalyse, die von den Korrelationen der Variablen (r) ausgeht und deshalb als R-Analyse bezeichnet wird. Nach dem Kovariationsschema von Cattell (1946) ist die Q-Technik eine von sechs möglichen Kombinationen zwischen Personen, Variablen und Situationen. Von diesen verschiedenen Möglichkeiten der Faktorenanalyse ist jedoch nur die R-Technik häufig, die Q-Technik dagegen nur selten angewandt worden, und die wenigen Q-Analysen wurden fast ausschließlich im medizinischen Bereich durchgeführt.

Der Grund für die seltene Anwendung der Q-Technik kann u. a. darin gesehen werden, daß über die Zusammenhänge zwischen R-Technik und Q-Technik keine hinreichende Klarheit besteht. Nach Pawlik (1968, S. 280) entspricht, abgesehen von der Skalierung, die Faktorwertmatrix der R-Technik der Faktormatrix der Q-Technik. Baumann (1971, S. 177) kommt dagegen zu der Einschränkung, daß nur bei der Faktorenanalyse von Rohdaten dieses Reziprozitätsprinzip erfüllt ist, daß dagegen bei transformierten Matrizen die Beziehungen zwischen R- und Q-Technik „unklar" oder „äußerst kompliziert" sind. Wegen dieser Unsicherheit scheint es mir ratsam, zur Identifizierung von Gruppen von Versuchspersonen eigene Q-Analysen zu rechnen und die Interpretation der Typenfaktoren auf eine von der R-Analyse unabhängige Weise zu versuchen.[91]

Gegenüber einer R-Analyse sind bei der Durchführung einer Faktorenanalyse nach der Q-Technik die folgenden Besonderheiten zu bedenken:

1) Die Korrelationen (q) zwischen den Personen können mit einem üblichen EDV-Programm zur Berechnung von Produkt-Moment-Korrelationen zwischen Variablen berechnet werden. Wenn die Rohdatenmatrix in ihrer transponierten Form eingegeben wird, braucht der weitere Ablauf des Programms technisch nicht geändert zu werden: Die Personen werden dann als Variablen aufgefaßt und die Daten aller Items als Meßwerte für die Personen. Es ist lediglich dafür zu sorgen, daß beim Ausdruck der Ergebnisse die Personen wieder identifiziert werden können und daß die Variablen- und Item-Nummern nicht verwechselt werden können.

[91] Baumann (1971) stellt als eine andere Methode der Typenanalyse eine „Q'-Clusteranalyse", das sogenannte „Taxonome-Programm" nach Cattell et al. (1966) vor. Baumann hat auf einen Datensatz sowohl die Q-Technik der Faktorenanalyse als auch die Q'-Clusteranalyse angewandt und gelangt zu der Feststellung (vgl. S. 184 ff.), daß bei der Q'-Clusteranalyse eine größere Anzahl von Typen analysiert wird. Es zeigt sich aber, daß die größten Cluster in engem Zusammenhang zu einzelnen Typusfaktoren stehen: Ein Vergleich von Elementen, die einem Clustertyp zuzuordnen sind, mit solchen, die als nicht zu diesem Clustertyp gehörig ermittelt werden, ergibt, daß sich die Ladungen dieser beiden Gruppen auf den Typusfaktoren (nach dem U-Test) sehr signifikant unterscheiden. Die größere Zahl der voneinander unabhängigen Cluster ergibt sich im wesentlichen dadurch, daß die Q'-Clusteranalyse Gruppen von ähnlichen Elementen identifiziert, während die Q-Faktorenanalyse zum Teil entgegengesetzte Elemente als positive und negative Ladungen auf einem Typusfaktor vereinigt. Gerade diese Tatsache wird aber bei der von mir entwickelten Methode der Interpretation der Typusfaktoren (s. u.) berücksichtigt. Ich glaube deshalb, die Q-Technik der Faktorenanalyse der Q'-Clusteranalyse mit nicht geringerer Erfolgserwartung vorziehen zu können.

2) Die errechneten Korrelationskoeffizienten können mit Hilfe des Programms PAFA des Deutschen Rechenzentrums faktorenanalysiert werden.[92] Die Zahl der zu interpretierenden Faktoren ist – ähnlich wie bei der R-Analyse – nach den Ergebnissen der Rotation verschieden vieler (in der Regel zwei bis acht) Faktoren zu bestimmen. Dabei sind zwei Kriterien zu bedenken: Zum einen sollen die Faktoren bei verschiedenen Rotationslösungen konstant sein, d. h. mit einem Faktor sollen bei verschiedenen Rotationslösungen immer die gleichen Personen hoch korrelieren. Zum zweiten müssen die Faktoren durch hinreichend viele Personen deutlich gekennzeichnet werden. Zwei oder drei eindeutige Ladungen reichen wahrscheinlich nicht aus, um einen Personenfaktor identifizieren zu können. Denn anders als bei der R-Technik, wo der Faktor an der Formulierung der mit ihm hoch korrelierenden Items erkannt werden kann, muß das Spezifische der mit einem Personenfaktor korrelierenden Personen erst noch analysiert werden. Dabei darf die Gruppe dieser Personen nicht zu klein sein, um sich gegen zufällige Ergebnisse absichern zu können. Nach meinen Erfahrungen können in der Regel solche Typenfaktoren am besten interpretiert werden, die durch etwa sechs bis acht Personen deutlich und konstant gekennzeichnet werden.

3) Zur Interpretation der Typusfaktoren müssen die Personen, die mit dem Faktor hoch korrelieren, charakterisiert werden. Was ist „typisch" für diese Personen, worin unterscheiden sie sich von den anderen? – Es liegt nahe, für die Beschreibung der Typen jene Daten heranzuziehen, von denen die Typenanalyse ausgegangen ist. Denn ein Personenfaktor entsteht dann, wenn mehrere Personen bei den gleichen Variablen ähnliche Daten haben (s. o.). Also kann man erwarten, die Typen an ihren eigenen Daten erkennen zu können.

Es liegt weiterhin nahe, bei der Interpretation die Besonderheit der Q-Faktorenanalyse auszunutzen, daß nämlich zum Teil entgegengesetzte Elemente (Personen) mit positiven bzw. negativen Ladungen auf einem Typusfaktor vereinigt werden (vgl. Anmerkung 91). Diese mit einem Faktor auf dem positiven bzw. negativen Pol korrelierenden Personen sind zu identifizieren und anhand der Ausgangsdaten der jeweiligen Q-Analyse miteinander zu vergleichen. Es ist zu erwarten, daß zwischen diesen beiden Gruppen die deutlichsten Unterschiede bestehen. Diese Art der Auswertung bezeichne ich als *Kontrasttypenanalyse*,

[92] Dabei sind die Parameter entsprechend zu modifizieren: Als Zahl der Variablen (NVAR) ist hier die Zahl der Personen, als Zahl der Versuchspersonen (NVPN) ist die Zahl der Variablen, nämlich die Zahl der Meßwerte pro Person einzusetzen. Im übrigen kann das Programm nach den im Abschnitt 3.3.4 dargelegten Kriterien ablaufen.

die einander gegenübergestellten Schülergruppen als *Typ*- und *Kontrasttyp*-Schüler. Die Unterschiede zwischen den Schülergruppen können mit dem U-Test nach Mann-Whitney (vgl. Abschnitt 3.3.5) auf statistische Signifikanz geprüft werden.[93]

Die Schüler, die jeweils dem Typ bzw. Kontrasttyp zugeordnet werden sollen, müssen sehr sorgfältig bestimmt werden. Ein eindeutiges Kriterium kann ich jedoch nicht benennen. Vielmehr ist es in jedem Einzelfall erforderlich, die folgenden Gesichtspunkte so gegeneinander abzuwägen, daß mit großer Wahrscheinlichkeit deutliche Unterschiede zwischen Typ-Schülern und Kontrasttyp-Schülern zu erwarten sind:

1) Als Typ wird jener Pol des Faktors definiert, auf dem die höchsten Ladungen vorliegen.
2) Die Schüler sollen mit dem Faktor möglichst eindeutig korrelieren (d. h. die Ladung auf dem Faktor soll größer als a = .50 und die Ladungen auf allen anderen Faktoren sollen um mindestens .20 geringer sein.
3) Alle einem Typ zugeordneten Schüler sollen bei allen Rotationen verschiedener Faktorenzahlen gemeinsam mit einem Faktor korrelieren.
4) Jedem Typ und Kontrasttyp sollen etwa 6 bis 8 Schüler zugeordnet werden.
5) Typ-Schüler sollen keinem anderen Typ zugeordnet werden.
6) Dem Kontrasttyp werden die Schüler zugeordnet, die mit dem Faktor in möglichst starkem Maße in entgegengesetzter Richtung korrelieren.

Diese Kriterien können nicht immer erfüllt werden. Um den Gruppen hinreichend viele Schüler zuordnen zu können, müssen die einzelnen Kriterien relativiert und gegeneinander ausgespielt werden. So können

[93] Diese hier vorgeschlagene Kontrasttypenanalyse auf der Grundlage einer Q-Faktorenanalyse bietet im Vergleich mit der von Baumann (1971) vorgeschlagenen Q'-Clusteranalyse m. E. den Vorteil, daß die Interpretation der Gruppen gerade durch den bipolaren Charakter der Faktoren begünstigt wird. Dies ist vor allem dann von Bedeutung, wenn das Spezifische der den Typen zugeordneten Personen nicht von vornherein an bestimmten äußeren Merkmalen erkannt werden kann. Baumann konnte die von ihm in einer „Plasmoden-Studie“ ermittelten Clustertypen nur deshalb interpretieren, weil die zugeordneten „Personen“ von vornherein eindeutig als Lastkraftwagen, Personenkraftwagen, Omnibusse oder Motorräder zu identifizieren und damit voneinander zu unterscheiden waren. Dies ist bei den Schülern jedoch nicht der Fall. – Es hat sich auch nicht als günstig erwiesen, die mit einem Faktor in einer Richtung deutlich korrelierenden Schüler z. B. mit allen anderen Schülern oder mit den Schülern, die mit einem anderen Faktor deutlich korrelieren, zu vergleichen. Bei der Kontrasttypenanalyse wird das Spezifische eines Typusfaktors am deutlichsten erkennbar.

evtl. einzelne Schüler auch dann einem Typ zugeordnet werden, wenn sie mit dem Faktor nicht eindeutig, aber bei allen Rotationsversuchen mit mindestens a = .30 mit dem gleichen Faktor korrelieren. Wenn keine eindeutig entgegengesetzten Kontrasttypen gebildet werden können, müssen die Typ-Schüler mit den Schülern verglichen werden, die sehr niedrige Ladungen (a < .10) auf dem Typenfaktor aufweisen. Dadurch ist es möglich, daß einige Schüler bei mehreren Kontrasttypen auftreten.[94]

Problematisch ist es, daß bei drei der im folgenden zu interpretierenden Q–Analysen die Forderung nicht erfüllt werden kann, daß bei Faktorenanalysen nach der Hauptachsenmethode die Zahl der Meßwerte mindestens um eins größer sein soll als die Zahl der zu analysierenden Variablen (bei der R-Technik) bzw. Personen (bei der Q-Technik) (vgl. Pawlik 1968, S. 277). – Dieses Kriterium wird nie erfüllt werden können, wenn – wie in dieser Arbeit – für den gleichen Datensatz sowohl eine R-Analyse als auch eine Q-Analyse gerechnet werden soll. Allenfalls kann die Zahl der Variablen mit der Zahl der Personen identisch sein.[95]

Das Verhältnis ist bei drei der folgenden Q-Analysen jedoch sehr viel ungünstiger. Bei der Antizipation (Abschnitt 7.2) stehen z. B. für N = 73 Personen nur n = 41 Meßwerte pro Person aus dem Fragebogen zur Wahl der Arbeitsgruppen zur Verfügung. Eine Faktorenanalyse auf dieser Basis ist riskant, da schon die Korrelationen zwischen den Personen bei 41 Meßwerten erheblichen Zufallsabweichungen unterliegen und nicht einmal in der ersten Dezimalstelle als statistisch gesichert betrachtet werden können (vgl. Pawlik 1968, S. 276). Günstiger ist das Verhältnis bei der Q-Analyse der Perzeption (Abschnitt 7.3), wo für N = 75 Personen n = 120 Meßwerte pro Person zur Verfügung stehen. Bei den anderen Q-Analysen werden die Zulässigkeit und die Gültigkeit des Vorgehens am Erfolg abzulesen sein, nämlich daran, ob sich die analysierten Typen und Kontrasttypen sinnvoll interpretieren lassen.

[94] Nach meinen Erfahrungen hat es sich als günstig erwiesen, in Zweifelsfällen die Zahl der Personen eher gering zu halten und darauf zu achten, daß eine möglichst starke Kontrastierung entsteht. Je mehr Personen den Typen und Kontrasttypen zugeordnet werden, die keine deutlichen Korrelationen aufweisen, desto geringer werden die Mittelwertdifferenzen, ohne daß sich die Anzahl signifikanter Differenzen erhöht.

[95] Es dürfte allerdings auch wenig sinnvoll sein, die Zahl der Meßwerte durch eine willkürliche Aufblähung der Fragebögen mit doppelten, ähnlichen oder wenig relevanten Items zu erhöhen.

7.1 Schülergruppen mit spezifischen Wahlkriterien („Wahlkriterien-Typen")

Wie die allgemeine Analyse des wahldifferenzierten Unterrichts muß auch die Suche nach der gruppenspezifischen Bedeutung dieser Unterrichtsform mit der Analyse des Wahlverhaltens der Schüler beginnen. Gibt es Schüler, die die im Wahlfragebogen angesprochenen Gesichtspunkte bei der Wahlentscheidung unterschiedlich gewichten? Gibt es Schüler, denen bestimmte Kriterien besonders wichtig, andere unwichtig sind? Gibt es Schüler, die von den Wahlmöglichkeiten des Wahlangebots in anderer Weise Gebrauch machen als ihre Mitschüler?

Diese Fragen können beantwortet werden, indem ermittelt wird, ob bestimmte Schüler die von ihnen an erster Stelle gewählten Arbeitsgruppen in besonderer, von ihren Mitschülern abweichender Weise durch bestimmte Merkmale ausgezeichnet sehen. Solche Schülergruppen können mit einer Q-Faktorenanalyse der *Differenzen zwischen den Standardwerten der Schätzwerte für die an erster und die an letzter Stelle gewählten Arbeitsgruppen* ermittelt werden. Die entsprechenden Daten liegen von N = 72 Schülern vor. Für jeden Schüler gibt es n = 41 Meßwerte (von 41 Items des Wahlfragebogens).

Bei einer Faktorenanalyse der Korrelationen zwischen den Schülern wurden 12 Faktoren extrahiert, die gemeinsam 75% der Gesamtvarianz aufklären. Bei der Rotation verschiedener Faktorenzahlen zeigt sich, daß nur die ersten sechs Faktoren konstant durch mindestens fünf Schüler deutlich gekennzeichnet werden. Diese sechs Faktoren haben einen gemeinsamen Varianzanteil von 56,11%, der sich nach der Rotation folgendermaßen verteilt:

Faktor	1	2	3	4	5	6	
%	30,74	16,44	18,22	10,62	12,68	11,30	100,00

Zur Interpretation dieser Faktoren können nach den in der Einleitung zu diesem Kapitel beschriebenen Prinzipien die folgenden Gruppen von Typ-Schülern und Kontrasttyp-Schülern gebildet werden:[96]

[96] Die folgende Tabelle gibt wieder, wie hoch und in welcher Richtung die den Typen und Kontrasttypen zugeordneten Schüler mit den einzelnen Faktoren korrelieren (bei sechs rotierten Faktoren). Es sind nur die Extremwerte angegeben. Zwischen diesen Werten verteilen sich – vor allem bei den Kontrasttypen – die Personen nicht gleichmäßig. Hier überwiegen meist die Ladungen um .00.

Faktor	Typ	Kontrasttyp
1	–.50 bis –.80	–.10 bis .45
2	–.50 bis –.71	–.10 bis .40
3	.51 bis 69	.10 bis –.45
4	–.44 bis –.66	.00 bis .41
5	.46 bis .75	–.10 bis –.36
6	–.48 bis –.70	.22 bis .34

Die Kontrasttyp-Schüler korrelieren in der Regel nicht deutlich mit dem dem

Nummer des Typenfaktors	1	2	3	4	5	6
Anzahl der Typ-Schüler	20	9	8	6	6	5
Anzahl der Kontrasttyp-Schüler	17	20	16	20	11	6

Die Daten der dem Typ und die Daten der dem Kontrasttyp zugeordneten Schüler werden miteinander verglichen. Die Unterschiede in der Gewichtigung der Wahlkriterien können an den Mittelwerten der beiden Schülergruppen abgelesen, die Unterschiede mit dem U-Test (vgl. Abschnitt 3.3.5) auf statistische Signifikanz geprüft werden.[97] Wie bei der Analyse der Wahlkriterien bedeutet ein positiver Mittelwert, daß die Schüler für die an erster Stelle gewählten Arbeitsgruppen relativ höhere Schätzwerte eingetragen haben als für die an letzter Stelle gewählten. Bei den folgenden Darstellungen der Daten bedeutet:

M_T = Mittelwert der Typ-Schüler
M_K = Mittelwert der Kontrasttyp-Schüler.

Die Reihenfolge der Items ergibt sich aus der Größe der Mittelwertdifferenz. Es werden alle Items aufgeführt, deren Mittelwertdifferenz größer ist als die kleinste signifikante Mittelwertdifferenz. Hinsichtlich der Gewichtung der Wahlkriterien wurden die folgenden Schülertypen identifiziert:

Wahlkriterien-Typ 1:

Die 20 Schüler dieses Typs gewichten bei 23 Items die Wahlkriterien signifikant anders als die 17 Schüler des Kontrasttyps. Es ist deutlich erkennbar, daß ihnen Merkmale des Lehrers besonders wichtig sind, denn bei 17 Items schätzen sie ihren Lehrer sehr viel stärker positiv ein, als es die Kontrasttyp-Schüler tun. Besonders große Unterschiede bestehen bei den folgenden Items:

Typ entgegengesetzten Pol des Faktors. Sie stellen also eigentlich weniger das Gegenteil des Typs dar, sondern sie sind hinsichtlich des Typs indifferent. Dennoch erfüllen sie ihre Aufgabe, ein Gegenbild zu den Typ-Schülern abzugeben.

[97] Das Ergebnis des U-Tests wird auch hier durch Sternchen bezeichnet. Es bedeutet:

*	=	signifikant auf dem 5%-Niveau
**	=	signifikant auf dem 1%-Niveau
***	=	signifikant auf dem 0,1%-Niveau
(*)	=	Die Irrtumswahrscheinlichkeit ist kleiner als 10 Prozent.

Item	M_T	M_K	
26 Ich komme mit dem Lehrer gut aus	2,24	0,09	***
34 Der Lehrer wäre mir als Prüfer im Abitur angenehm	1,87	0,07	***
4 Der Lehrer ist mir sympathisch	2,35	0,57	***
32 Ich bin dem Lehrer sympathisch	1,76	0,05	***
21 Die Unterrichtsmethoden des Lehrers sagen mir zu	2,31	0,75	***
17 Der Lehrer macht sein Fach interessant	1,87	0,35	**
22 Der Lehrer ist bei den Schülern allgemein beliebt	1,92	0,44	**
30 Diesen Lehrer möchte ich abwählen	−2,07	−0,63	***
38 Der Lehrer regt mich zur Mitarbeit an	1,89	0,56	***
5 Der Lehrer hat Einfluß im Kollegium	1,26	−0,06	**
19 Der Lehrer imponiert mir	1,45	0,20	**
28 Der Lehrer ist mir ein Vorbild	1,36	0,24	**
24 Der Lehrer ist gerecht	1,13	0,09	**
13 Der Lehrer ist in seinem Fach ein Fachmann	1,02	0,03	*
40 Der Lehrer erklärt gut	1,42	0,52	*

Wichtigstes Wahlkriterium ist den Schülern dieses Typs ein gutes wechselseitiges emotionales Verhältnis zum Lehrer. Sie wählen die Lehrer an letzter Stelle, zu denen sie ein solches Verhältnis nicht haben. Die Unterrichtsmethoden des gewählten Lehrers sagen ihnen in besonderer Weise zu, und sie hoffen, vom Lehrer zur Mitarbeit angeregt zu werden. Auch ihre Identifikation ist bei dem gewählten Lehrer gegenüber dem abgewählten Lehrer in größerem Maße stärker als bei den Kontrasttyp-Schülern (vgl. Item 19 und 28). Die meisten der oben aufgeführten Items korrelieren bei der Einschätzung des Wahlangebots mit dem Faktor A (Emotionale Beziehung zum Lehrer) und mit dem Faktor H (Didaktische Kompetenz des Lehrers; vgl. die Items 17, 24, 13 und 40). Ebenso spielt die Bekanntheit des Lehrers (Faktor G) bei der Wahlentscheidung der Typ-1-Schüler eine deutlich stärkere Rolle:

Item	M_T	M_K	
9 Ich kenne den Lehrer privat	1,27	0,18	**
2 Ich kenne den Lehrer aus früherem Unterricht	1,47	0,39	*

Dieser Zusammenhang weist darauf hin, daß die Schüler gute emotionale Beziehungen vor allem zu Lehrern haben, die sie aus früherem Unterricht oder gar privat kennen. Schüler, denen eine gute emotionale Beziehung zum Lehrer wichtig ist, müssen also in der Regel ihre Lehrer aus früherem Unterricht wiederwählen. Daraus ergibt sich eine weitgehende Kontinuität der Lernsituation (Faktor F), die sich außer an den Daten der Items 26, 32, 22 und 2 (s. o.) auch an den folgenden Items als ein diesen Schülern besonders wichtiges Wahlkriterium erweist:

Item	M_T	M_K	
7 Meine Freunde würden in dieser Arbeitsgruppe gern mitarbeiten	2,12	0,25	***
14 Ein ähnliches Thema wurde bereits einmal behandelt	1,09	−0,21	**
25 Die Schüler, die mit mir zusammen in der 11. Klasse waren, werden diese Arbeitsgruppe vor allem wählen	1,46	0,66	*

Hinsichtlich der Themen unterscheiden sich die Typ-1-Schüler in der Gewichtung der Wahlkriterien nur wenig von den Kontrasttyp-Schülern:

Item	M_T	M_K	
16 Das Thema ist aktuell	−0,18	0,88	**
35 Das Thema regt mich zur Diskussion an	0,27	1,31	*
12 Das Thema gehört zur Allgemeinbildung	0,04	1,04	*
1 Das Thema interessiert mich	1,06	1,82	(*)

Es ist den Typ-Schülern allein wichtiger, ein ihnen bereits bekanntes Thema zu wählen (vgl. Item 14). Die objektive Relevanz der Themen (Faktor E; Item 16 und 12), aber auch ihr persönliches Interesse an den Themen (Faktor J; Item 35 und 1) ist ihnen bei der Wahlentscheidung deutlich weniger wichtig.[98]

Wahlkriterien-Typ 2:

Die 9 Schüler dieses Typs gewichten bei 14 Items die Wahlkriterien anders als die 20 Schüler des Kontrasttyps. Die größten Unterschiede

[98] Ich verzichte bei dieser und den folgenden Typenanalysen darauf, die Typenfaktoren – ähnlich wie z. B. die Dimensionen der Beurteilung des Wahlangebots (vgl. Abschnitt 4.2) – mit einem kurzen Begriff zu benennen. Dies erscheint zwar bei den Wahlkriterien-Typen noch möglich, aber bei den weiteren Typenanalysen wird das Bild der einzelnen Schülergruppen zunehmend komplexer werden, so daß es unmöglich ist, den ganzen Bedeutungsumfang eines Typs in einer Formel prägnant und treffend zugleich zusammenzufassen.
Zudem erscheint mir am Ergebnis dieser Typenanalysen weniger bedeutsam, welche verschiedenen Schülergruppen im einzelnen identifiziert werden können (zumal hier nicht geklärt werden kann, inwieweit diese Typen verallgemeinert werden dürfen), sondern wichtig ist die Tatsache, daß solche Schülergruppen identifiziert werden können, für die wahldifferenzierter Unterricht eine spezifische Bedeutung hat. Welche Konsequenzen hieraus für die Unterrichtspraxis zu ziehen sind, werde ich im Schlußteil der Arbeit eingehend diskutieren.

bestehen bei den Markieritems des Faktors G (Bekanntheit des Lehrers):

Item	M_T	M_K	
2 Ich kenne den Lehrer aus früherem Unterricht	−1,25	1,65	***
9 Ich kenne den Lehrer privat	−0,74	1,60	***

Die Schüler dieses Typs wählen – im Unterschied zu den meisten Schülern – (vgl. Abschnitt 5.2.2.1) die ihnen am besten bekannten Lehrer an *letzter* Stelle. Wie beurteilen sie die abgewählten Lehrer und worin sehen sie die besonderen, wahlentscheidenden Vorteile des an erster Stelle gewählten Lehrers? Bei den auf den Lehrer bezogenen Items bestehen zwischen den beiden Schülergruppen die folgenden Unterschiede:

Item	M_T	M_K	
11 Der Lehrer zensiert streng	0,61	−0,62	(*)
33 Der Lehrer verlangt hohen Arbeitsaufwand	0,87	−0,35	*
40 Der Lehrer erklärt gut	1,90	0,71	*
17 Der Lehrer macht sein Fach interessant	1,24	0,11	(*)
34 Der Lehrer wäre mir als Prüfer im Abitur angenehm	0,56	1,58	(*)
32 Ich bin dem Lehrer sympathisch	0,11	1,01	*
26 Ich komme mit dem Lehrer gut aus	0,54	1,31	
28 Der Lehrer ist mir ein Vorbild	0,97	0,21	*

Die Schüler wählen einen Lehrer, dessen Anforderungsniveau sie im Vergleich mit den anderen Lehrern als hoch einschätzen. Darauf weisen auch die folgenden Items hin, die wie die bereits zitierten Items 11 und 33 mit dem Faktor C (Anforderungsniveau des Lehrers) hoch korrelieren:

Item	M_T	M_K	
18 Die Arbeitsgruppe ist für schwache Schüler besonders günstig	−0,80	0,79	**
3 Ich muß für das Thema viel arbeiten	0,64	−0,23	*

Die Schüler geben der Arbeitsgruppe den Vorzug, die nach ihrer Einschätzung für „schwache Schüler" weniger gut geeignet ist. Ihre emotionale Beziehung ist zum Lehrer ihrer ersten Wahl zwar – wie bei den meisten Schülern – besser als zu dem an letzter Stelle gewählten Lehrer, dieser Gesichtspunkt hat bei ihrer Wahl aber offensichtlich weniger starken Einfluß auf die Entscheidung als bei den Kontrasttyp-Schülern. Der Lehrer soll sich dagegen durch eine hohe didaktische Kompetenz auszeichnen, nämlich gut erklären können und sein Fach interessant machen. Dies deutet an, daß die Schüler größeres Interesse an den Themen haben und sich bei der Wahlentscheidung vor allem an den Themen orientieren. Diese Vermutung wird durch die folgenden Items bestätigt:

Item		M_T	M_K	
23	Mit dem Thema habe ich mich bereits privat beschäftigt	1,71	0,07	***
35	Das Thema regt mich zur Diskussion an	1,35	−0,14	**
16	Das Thema ist aktuell	0,77	−0,61	**
10	Das Thema liegt mir	1,85	0,61	**
37	Zu dem Thema möchte ich ein Referat verfassen	1,38	0,35	(*)
31	Über das Thema möchte ich im Abitur geprüft werden	1,83	0,82	(*)
12	Das Thema gehört zur Allgemeinbildung	0,73	−0,16	(*)
6	Das Thema ist wichtig für meine Studien- und Berufspläne	0,87	0,15	*

Alle in diesen Items angesprochenen Gesichtspunkte sind den Schülern des Typs 2 bei der Wahlentscheidung wichtiger als den Kontrasttyp-Schülern. Das Thema soll den Neigungen und Interessen der Schüler möglichst gut entsprechen, gleichzeitig glauben die Schüler, sich für ein in besonderer Weise objektiv relevantes Thema entschieden zu haben.

Von ähnlich geringer Bedeutung wie die Beziehung zum Lehrer ist den Schülern die Zusammensetzung der Gruppe (Faktor J):

Item		M_T	M_K	
25	Die Schüler, die mit mir zusammen in der 11. Klasse waren, werden diese Arbeitsgruppe vor allem wählen	0,08	1,14	*
7	Meine Freunde würden in dieser Arbeitsgruppe gern mitarbeiten	−0,11	0,95	

Wichtig scheint den Schülern allein ihre persönliche Einschätzung des Themas zu sein, die sozialen Bedingungen des Lernens sind ihnen weniger wichtig.

Wahlkriterien-Typ 3:

Zwischen den 8 Schülern des Typs 3 und den 16 Schülern des Kontrasttyps bestehen bei zwölf Items signifikante Unterschiede in der Gewichtung der Wahlkriterien. Die größten Unterschiede bestehen bei den Markieritems des Faktors C (Anforderungsniveau des Lehrers):

Item	M_T	M_K	
33 Der Lehrer verlangt hohen Arbeitsaufwand	−1,13	1,12	***
3 Ich muß für das Thema viel arbeiten	−1,04	1,16	**
11 Der Lehrer zensiert streng	−1,70	0,44	**
18 Die Arbeitsgruppe ist für schwache Schüler besonders günstig	1,42	−0,60	**
29 Der Lehrer verlangt regelmäßige Teilnahme am Unterricht	−0,17	0,77	(*)
38 Der Lehrer regt mich zur Mitarbeit an	0,20	1,19	*

Diese Schüler wählen Arbeitsgruppen an erster Stelle, deren Lehrer ihrer Einschätzung nach relativ geringe Anforderungen stellen und die für schwache Schüler besonders geeignet sind. Die Schüler des Kontrasttyps wählen dagegen gerade jene Arbeitsgruppen an erster Stelle, deren Lehrer deutlich höhere Anforderungen stellen. In die gleiche Richtung weisen die Markieritems des Faktors D (Subjektive Überforderung):

Item	M_T	M_K	
15 Der Lehrer überfordert meine Fähigkeiten	−1,03	0,12	*
20 Das Thema überfordert meine Fähigkeiten	−0,64	−0,10	(*)

Die Typ-3-Schüler wählen in besonderer Weise die Arbeitsgruppen an letzter Stelle, von denen sie sich tendenziell am stärksten überfordert fühlen.

In ähnlicher Weise wird die didaktische Kompetenz der Lehrer (Faktor H) eingeschätzt:

Item	M_T	M_K	
17 Der Lehrer macht sein Fach interessant	−1,62	1,07	*
40 Der Lehrer erklärt gut	0,01	1,16	**
24 Der Lehrer ist gerecht	−0,11	0,73	(*)

Die Typ-3-Schüler, die vor allem einen Lehrer mit weniger hohem Anforderungsniveau wählen, sind auch darauf bedacht, daß der von ihnen gewählte Lehrer nicht in besonderem Maße didaktisch kompetent ist. Die Schüler erleben vermutlich beide Gesichtspunkte als eng miteinander verbunden.

Von ihrem Lehrer fühlen sich diese Schüler nicht in besonderer Weise durch eine gute emotionale Beziehung angesprochen: Allein bei zwei Items erweisen sich diese Gesichtspunkte als unterschiedlich wahlentscheidend:

Item	M_T	M_K	
21 Die Unterrichtsmethoden des Lehrers sagen mir zu	−0,15	0,96	*
28 Der Lehrer ist mir ein Vorbild	0,18	0,88	(*)

Die wahlentscheidende Bedeutung der Themen ist an den folgenden Items zu erkennen:

Item	M_T	M_K	
8 Für das Thema besitze ich die nötigen Vorkenntnisse	1,16	−0,31	*
10 Das Thema liegt mir	1,38	0,22	
14 Ein ähnliches Thema wurde bereits einmal behandelt	−0,92	0,24	(*)
31 Über das Thema möchte ich im Abitur geprüft werden	1,54	0,41	*
23 Mit dem Thema habe ich mich bereits privat beschäftigt	0,68	−0,29	**
35 Das Thema regt mich zur Diskussion an	1,24	0,47	(*)

Den Typ-3-Schülern ist es in stärkerem Maße wichtig, ein Thema zu wählen, das ihnen geeignet erscheint, die Leistungserwartungen der Schule zu erfüllen, die instrumentelle Passung des Themas (Faktor B) ist besonders wahlentscheidend. Daß diese Schüler ein weniger im Unterricht behandeltes Thema (vgl. Item 14) in dieser Hinsicht für geeignet halten, könnte als Zufall erklärt werden, aber vielleicht vermuten die Schüler, bei einem bereits früher im Unterricht behandelten Thema könnten die Lehrer umfangreichere Vorkenntnisse erwarten. Das Anforderungsniveau der Arbeitsgruppe würde dadurch steigen.

Wahlkriterien-Typ 4:

Zwischen den 6 Schülern des Typs 4 und den 20 Schülern des Kontrasttyps bestehen nur bei acht Items signifikante Unterschiede in der Gewichtung der Wahlkriterien. Es handelt sich um folgende Items:

Item	M_T	M_K	
2 Ich kenne den Lehrer aus früherem Unterricht	2,12	0,02	***
19 Der Lehrer imponiert mir	−0,18	1,22	*
18 Die Arbeitsgruppe ist für schwache Schüler besonders günstig	−0,89	0,46	**
3 Ich muß für das Thema viel arbeiten	0,99	−0,33	*
25 Die Schüler, die mit mir zusammen in der 11. Klasse waren, werden diese Arbeitsgruppe vor allem wählen	1,67	0,38	*
26 Ich komme mit dem Lehrer gut aus	0,37	1,46	*
30 Diesen Lehrer möchte ich abwählen	−0,41	−1,38	*
13 Der Lehrer ist in seinem Fach ein Fachmann	−0,04	0,91	*

Diese Items sind keiner Dimension der Einschätzung des Wahlangebots eindeutig zuzuordnen. Die Schüler dieses Typs wählen in besonders starkem Maße einen ihnen aus früherem Unterricht bekannten Lehrer wieder und erwarten, daß viele ihrer früheren Mitschüler eine gleiche Entscheidung treffen. Eine besonders enge emotionale Beziehung zum Lehrer scheint für diese Wiederwahl nicht ausschlaggebend gewesen zu sein, denn sowohl bei Item 26 (Ich komme mit dem Lehrer gut aus) als auch bei Item 32 (Ich bin dem Lehrer sympathisch; $M_T = 0{,}82$; $M_K = 1{,}46$; $p < .10$) sehen die Schüler des Typs 4 zwischen den von ihnen gewählten und den von ihnen abgewählten Lehrern nur geringe Unterschiede zugunsten des gewählten Lehrers.

So wie die Typ-4-Schüler den ihnen bekannten Lehrer wiederwählen, wollen sie auf der anderen Seite den an die letzte Stelle gesetzten Lehrer nicht bewußt abwählen (vgl. Item 30), wie dies die Schüler des Kontrasttyps offenbar in stärkerem Maße tun. Mit dem wiedergewählten Lehrer können sich die Typ-4-Schüler kaum identifizieren: Der an erster Stelle gewählte Lehrer imponiert ihnen kaum mehr als der an letzter Stelle gewählte (vgl. Item 19), und ähnliche Daten finden sich bei den folgenden Items:

Item	M_T	M_K	
28 Der Lehrer ist mir ein Vorbild	0,18	1,25	(*)
21 Die Unterrichtsmethoden des Lehrers sagen mir zu	0,50	1,28	
4 Der Lehrer ist mir sympathisch	0,77	1,54	(*)

Ihre emotionale Beziehung zu den ihnen gut bekannten und wiedergewählten Lehrern ist unterdurchschnittlich intensiv.

Thematische Gesichtspunkte werden (außer bei Item 3; s. o.) nicht in signifikant unterschiedlicher Weise gewichtet. Die stärksten Tendenzen weisen die folgenden Items auf:

Item	M_T	M_K
39 Das Thema ist bei den Schülern allgemein beliebt	1,53	0,16
12 Das Thema gehört zur Allgemeinbildung	1,00	0,16
16 Das Thema ist aktuell	0,93	0,21
14 Ein ähnliches Thema wurde bereits einmal behandelt	0,31	−0,34

Tendenziell glauben die Schüler, daß die Themen der von ihnen wiedergewählten Lehrer objektiv relevant sind (Faktor E), ein besonderes subjektives Interesse oder eine instrumentelle Passung der Themen besteht jedoch nicht.

Wahlkriterien-Typ 5:

Zwischen den 6 Schülern des Typs 5 und den 11 Schülern des Kontrasttyps bestehen bei acht Items signifikante Unterschiede in der Gewichtung der Wahlkriterien:

Item		M_T	M_K	
39	Das Thema ist bei den Schülern allgemein beliebt	–0,99	1,34	***
22	Der Lehrer ist bei den Schülern allgemein beliebt	–0,77	1,53	***
16	Das Thema ist aktuell	–1,01	1,02	*
5	Der Lehrer hat Einfluß im Kollegium	–0,38	1,62	*
9	Ich kenne den Lehrer privat	1,72	0,12	*
25	Die Schüler, die mit mir zusammen in der 11. Klasse waren, werden diese Arbeitsgruppe vor allem wählen	–0,39	0,99	*
7	Meine Freunde würden in dieser Arbeitsgruppe gern mitarbeiten	–0,10	1,26	(*)
20	Das Thema überfordert meine Fähigkeiten	–1,21	0,09	**
27	Das Thema ist originell	–0,56	0,61	*
2	Ich kenne den Lehrer aus früherem Unterricht	1,27	0,18	

Der einzige Gesichtspunkt, der den Schülern des Typs 5 bei der Wahlentscheidung besonders wichtig zu sein scheint, ist die private Bekanntheit des Lehrers (Item 9), sowie – vermutlich als Voraussetzung hierfür – die Bekanntheit des Lehrers aus früherem Unterricht (Item 2). Es ist nicht erkennbar, daß sie zu diesen Lehrern eine besonders gute emotionale Beziehung hätten oder sie unter einem anderen Gesichtspunkt besonders positiv einschätzen.

Auch die Themen schätzen diese Schüler nicht besonders günstig ein. Sie unterscheiden sich hier kaum von ihren Mitschülern. Die objektive Relevanz der gewählten Themen (Faktor E; Item 39 und 16) erscheint ihnen eher geringer als die der an letzter Stelle gewählten. Während ihnen die außerschulischen Kontakte zum Lehrer besonders wichtig sind, berücksichtigen sie bei ihrer Wahlentscheidung die sozialen Beziehungen zu den voraussichtlichen Mitschülern der Arbeitsgruppen (Faktor J; Item 25 und 7) kaum, während dies den Kontrasttyp-Schülern besonders wichtig zu sein scheint (vgl. auch die Items 39 und 22).

Wahlkriterien-Typ 6:

Die 5 Schüler des Typs 6 gewichten 16 Gesichtspunkte bei der Wahlentscheidung anders als die 6 Schüler des Kontrasttyps. Die deutlichsten Unterschiede bestehen bei den Markieritems des Faktors C (Anforderungsniveau des Lehrers):

Item	M_T	M_K	
33 Der Lehrer verlangt hohen Arbeitsaufwand	2,05	−0,91	**
29 Der Lehrer verlangt regelmäßige Teilnahme am Unterricht	1,20	−0,66	*
18 Die Arbeitsgruppe ist für schwache Schüler besonders günstig	−0,63	1,14	*
3 Ich muß für das Thema viel arbeiten	1,16	−0,18	(*)
11 Der Lehrer zensiert streng	0,31	−0,87	*

Die Schüler dieses Typs wählen die Arbeitsgruppe an erster Stelle, deren Lehrer nach ihrer Einschätzung hohe Anforderungen stellt und die deshalb für schwache Schüler weniger gut geeignet ist. Dem entspricht die Beurteilung der Themen:

Item	M_T	M_K	
8 Für das Thema besitze ich die nötigen Vorkenntnisse	−1,08	1,83	*
14 Ein ähnliches Thema wurde bereits einmal behandelt	−1,11	1,05	**
23 Mit dem Thema habe ich mich bereits privat beschäftigt	−0,78	1,05	*
41 Unter dem Thema kann ich mir nicht allzuviel vorstellen	0,19	−1,19	**
37 Zu dem Thema möchte ich ein Referat verfassen	1,99	1,16	*

Diese Schüler wählen ein Thema, das ihnen noch relativ wenig bekannt ist, zu dem sie geringere Vorkenntnisse besitzen und von dem sie keine konkreten Vorstellungen haben. Dennoch sind sie bereit, sich mit dem Thema intensiv zu beschäftigen und ein Referat anzufertigen. Die Voraussetzungen für eine instrumentelle Passung des Themas sind also gering, die Schüler sind aber bereit, sich intensiv damit zu beschäftigen. – Es bestehen weiterhin folgende signifikanten Unterschiede:

Item	M_T	M_K	
24 Der Lehrer ist gerecht	1,34	−0,28	*
39 Das Thema ist bei den Schülern allgemein beliebt	1,66	0,13	*
38 Der Lehrer regt mich zur Mitarbeit an	1,97	0,53	*
19 Der Lehrer imponiert mir	1,52	0,11	*
21 Die Unterrichtsmethoden des Lehrers sagen mir zu	1,48	0,17	*
17 Der Lehrer macht sein Fach interessant	1,30	0,11	(*)
28 Der Lehrer ist mir ein Vorbild	1,14	−0,01	*
9 Ich kenne den Lehrer privat	1,73	0,61	
40 Der Lehrer erklärt gut	1,13	0,10	**

Die Schüler wählen einen didaktisch kompetenten Lehrer (Faktor H; Items 24, 17 und 40), der sie mit „angenehmen" Unterrichtsmethoden (Item 21) zur Mitarbeit anregt (Item 38). Die Schüler können sich mit diesem Lehrer sehr viel stärker identifizieren. Da die Schüler vor allem Lehrer wählen, die nach ihrer Einschätzung hohe Anforderungen stellen, kann gefolgert werden, daß sich diese Identifikation vor allem auf das Leistungsvorbild des Lehrers richtet.

Die Zahl von sechs Schülertypen könnte die Vermutung nahelegen, daß diese Wahlkriterien-Typen im Grunde nichts anderes sind als die Erstwähler der sechs Arbeitsgruppen, die vielleicht nach ähnlich gewichteten Kriterien ähnliche Wahlentscheidungen getroffen haben. In diesem Fall würde sich eine aufwendige Q-Faktorenanalyse als überflüssig erweisen, denn es gäbe zweifellos einfachere Wege, um die Erstwähler der verschiedenen Arbeitsgruppen zu charakterisieren. Diese Vermutung kann überprüft werden, indem näher betrachtet wird, wie sich die Schüler der Wahlkriterien-Typen bei der Wahl auf die Arbeitsgruppen verteilen. Aus der folgenden Tabelle geht hervor, welche Arbeitsgruppen die Schüler der Typen an erster Stelle gewählt haben:

Tabelle 7.1–1: Verteilung der Wahlkriterien-Typ-Schüler auf die Arbeitsgruppen

	An erster Stelle gewählte Arbeitsgruppe						
	1	2	3	4	5	6	N
Typ 1	7	2	3	1	4	3	20
Typ 2	1	2	–	4	–	2	9
Typ 3	1	1	2	–	3	1	8
Typ 4	1	–	1	1	3	–	6
Typ 5	–	2	–	–	3	1	6
Typ 6	–	1	1	1	–	2	5
Summe	10	8	7	7	13	9	54

Es ist deutlich erkennbar, daß die Arbeitsgruppe 1 vor allem von Schülern des Typs 1, denen eine gute emotionale Beziehung zum Lehrer besonders wichtig ist, gewählt wird. Bei der Arbeitsgruppe 4 ist die Tendenz erkennbar, daß sie von vielen Schülern des Typs 2, bei denen das Interesse am Thema in besonderer Weise wahlentscheidend ist, gewählt wird. Im allgemeinen werden jedoch die Arbeitsgruppen von Schülern verschiedener Typen gewählt, denen verschiedene Wahlkriterien in besonderer Weise wahlentscheidend sind. Die Wahlkriterien-Typen sind also im allgemeinen nicht mit den Wählern bestimmter Arbeitsgruppen identisch. Dies bestätigt erneut, daß die Schüler das Wahlangebot nach subjektiven Maßstäben einschätzen, die gleichen Arbeitsgruppen unterschiedlich bewerten und deshalb verschiedene Wahlentscheidungen treffen.

Die Typen wurden bisher allein nach Daten des Wahlfragebogens charakterisiert. Können sie näher bestimmt werden, indem man Typ-

Schüler und Kontrasttyp-Schüler anhand weiterer Daten miteinander vergleicht, die im Verlauf der Untersuchung erhoben worden sind (vgl. Abschnitt 3.2.2.3)? Handelt es sich bei den Schülern der verschiedenen Typen um Schüler einer bestimmten Klassenstufe (12 vs. 13), eines Geschlechts, um Schüler mit bestimmten Schulleistungen (Zeugniszensuren vom Ende des Schuljahres 1968/69), mit besonders hohem oder geringem Interesse am Fach (nach der Selbsteinschätzung im Unterrichtsfragebogen), mit hoher oder niedriger Intelligenz (IQ nach dem L-P-S), oder können Richtung und Intensität der Leistungsmotivation nähere Hinweise auf die Eigenarten der Typen geben? In den Tabellen 7.1–2 und 7.1–3 sind die Ergebnisse der entsprechenden Berechnungen wiedergegeben.

Tabelle 7.1–2: Wahlkriterien-Typen und ihre Verteilung auf Klassenstufe und Geschlecht sowie Mittelwerte der Zeugniszensur und des Interesses am Fach Gemeinschaftskunde[99]

	Klassenstufe 12	13		Geschlecht m	w		Zensur 1968/69		Interesse am Fach
Typ 1	14	6	**	14	6	(*)	2,84		2,81
Kontrasttyp 1	5	12		7	10		3,29		2,93
Typ 2	6	3		6	3		3,00		3,33
Kontrasttyp 2	11	9		11	9		3,00		2,75
Typ 3	4	4		7	1	*	2,50		3,13
Kontrasttyp 3	10	6		6	10		3,27		2,83
Typ 4	3	3		1	5	**	3,67	*	2,25
Kontrasttyp 4	11	9		18	2		2,85		3,13
Typ 5	–	6		2	4		3,17	*	3,20
Kontrasttyp 5	5	6		6	5		3,20		2,86
Typ 6	2	3		1	4		3,00		3,75
Kontrasttyp 6	3	3		4	2		3,17		3,25

Welche Hinweise ergeben sich aus diesen Daten für die weitere Interpretation der Wahlkriterien-Typen?

Bei den Schülern des *Typs 1,* denen eine emotionale Beziehung zum Lehrer besonders wichtig ist, handelt es sich vor allem um Schüler der Klassenstufe 12, also um Schüler, die zum ersten Mal von den Möglichkeiten des Buxtehuder Modells voll Gebrauch machen können. Vielen dieser Schüler ist aber die Kontinuität der Lernsituation (Faktor F) besonders wichtig, denn sie wählen vor allem einen ihnen

[99] Die Häufigkeitsverteilungen bei der Klassenstufe und bei dem Geschlecht der Schüler wurden nach dem Fisher exact probability test (vgl. Siegel 1956, S. 96) auf statistische Signifikanz geprüft. Für die Differenzen zwischen den Mittelwerten wurde der U-Test (vgl. Abschnitt 3.3.5) angewandt.

Tabelle 7.1–3: Wahlkriterien-Typen und Mittelwerte von Intelligenz (IQ) und Leistungsmotivation (HE = Hoffnung auf Erfolg; FM = Furcht vor Mißerfolg; NH = Netto-Hoffnung; Gm = Gesamtmotivation; vgl. Abschnitt 3.2.2.3)

	IQ	HE	FM	NH	Gm
Typ 1	126	5,12	4,82	0,29	9,94
Kontrasttyp 1	121	5,00	3,31	1,69	8,31
Typ 2	126	6,62	3,87	2,75 (*)	10,50
Kontrasttyp 2	125	4,50	5,11	−0,61	9,61
Typ 3	127	3,50 (*)	3,00	0,50	6,50
Kontrasttyp 3	123	5,85	4,54	1,31	10,38
Typ 4	113	5,75	9,00 *	−3,25 *	14,75 *
Kontrasttyp 4	123	4,65	3,53	1,12	8,18
Typ 5	119	4,33	3,83	0,50	8,17
Kontrasttyp 5	118	5,20	4,40	0,80	9,60
Typ 6	126	7,00 *	4,75	2,25	11,75 *
Kontrasttyp 6	127	3,17	3,33	−0,17	6,50

bekannten Lehrer, zu dem sie ein gutes wechselseitiges emotionales Verhältnis haben. Vermutlich erleben diese Schüler die neuen Wahlmöglichkeiten als Risiko: Sie müssen zum ersten Mal eine thematisch definierte Arbeitsgruppe wählen, und sie versuchen, das Ungewohnte der neuen Situation dadurch zu vermindern, daß sie einen ihnen bekannten Lehrer wählen, zu dem sie Vertrauen haben. Nach den Leistungsmotivationsdaten haben diese (nicht alle!) Schüler der Klassenstufe 12 eine etwas stärker ausgeprägte Furcht vor Mißerfolg und dementsprechend eine etwas geringere „Netto-Hoffnung"[100] als die Kontrasttyp-Schüler. Das Neuartige der Wahlsituation wird offenbar tendenziell vor allem von mißerfolgsängstlichen Schülern als bedrohlich erlebt (vgl. auch Typ 4).

Für die Schüler des *Typs 2,* die dem Thema eine deutlich stärkere Bedeutung einräumen, können keine statistisch gesicherten besonderen Merkmale aufgeführt werden. Im Vergleich mit den Schülern des Kontrasttyps zeigt sich jedoch, daß sie ihr Interesse am Fach Gemeinschaftskunde etwas höher einschätzen und daß ihre Leistungsmotivation tendenziell durch eine höhere Erfolgszuversicht, geringere Furcht vor Mißerfolg und eine entsprechend deutlich höhere Netto-Hoffnung

[100] Ich benutze den Begriff der *Netto-Hoffnung* im Sinne von Heckhausen (1963). Netto-Hoffnung ist definiert als die Differenz zwischen den Leistungsmotivations-Komponenten Hoffnung auf Erfolg und Furcht vor Mißerfolg. Eine positive Netto-Hoffnung bedeutet ein Überwiegen des Erfolgsmotivs, eine negative Netto-Hoffnung weist auf eine überwiegend durch Furcht vor Mißerfolg geprägte Leistungsmotivation hin (vgl. dazu die ausführlichere Darstellung im Abschnitt 3.2.2.3 – Punkt 4).

gekennzeichnet ist. Bei den Schülern dieses Typs wirkt sich also eine etwas höhere Erfolgszuversicht dahin aus, daß sie bei der Wahl die emotionale Beziehung zum Lehrer weniger berücksichtigen als ihr Interesse an den Themen.

Die Schüler des *Typs 3* sind vor allem männlichen Geschlechts, die Schüler des Kontrasttyps dagegen vor allem weiblich. Diese (nicht alle!) Schüler wählen Arbeitsgruppen, deren Lehrer relativ geringe Anforderungen stellen und deren Themen besonders eine instrumentelle Funktion erfüllen können. Es handelt sich hierbei keineswegs um „schwache" Schüler, denn ihre Zeugnisnoten sind (wenn auch nicht statistisch signifikant) um 0,8 Punkte besser als die der Kontrasttyp-Schülerinnen. Auch ihr Interesse am Fach schätzen sie nicht geringer ein. Eine durchgehende Tendenz weisen die Leistungsmotivationsdaten auf. Diese Schüler, die hohen Anforderungen auszuweichen versuchen, haben eine geringere Leistungsmotivation, und zwar sowohl im Gesamtwert als auch in den Komponenten Hoffnung auf Erfolg und Furcht vor Mißerfolg. In dieser geringen Leistungsmotivation kann das wichtigste Motiv für die Wahl einer Arbeitsgruppe gesehen werden, deren Anforderungsniveau diese Schüler als niedrig ansehen. Wenn man berücksichtigt, daß diese Schüler relativ gute Zeugnisnoten haben, kann ihr Wahlverhalten als Versuch verstanden werden, eine Arbeitsgruppe zu wählen, in der sich ihre Zensuren wahrscheinlich nicht verschlechtern werden.

Der *Typ 4* wird vor allem von Schülerinnen, der Kontrasttyp fast ausschließlich von Schülern vertreten. Die Schülerinnen des Typs haben deutlich schlechtere Zeugnisnoten und ein eher geringeres Interesse am Fach. Auch ihr Intelligenzquotient ist eher niedrig. Am deutlichsten werden sie jedoch durch die Leistungsmotivation gekennzeichnet: Sie haben eine sehr hohe Furcht vor Mißerfolg, eine entsprechend negative Netto-Hoffnung, aber eine hohe Gesamtmotivation. Dieser Komplex von Merkmalen kann das typische Wahlverhalten dieser Schülerinnen wenigstens z. T. erklären: Besonders die hohe Mißerfolgsängstlichkeit veranlaßt sie, vor allem einen Lehrer zu wählen, der ihnen aus früherem Unterricht am besten bekannt ist. Aus Angst, eine Gruppe zu wählen, in der sie den Erwartungen der Lehrer vielleicht noch weniger gewachsen sind, wählen sie den Lehrer, bei dem sie bisher schon relativ wenig erfolgreich waren (vgl. die Zeugniszensuren), wieder an erster Stelle. Die Risiken, die mit einer Veränderung der Lernsituation vermutlich immer verbunden sind, erscheinen diesen Schülerinnen offenbar als so bedrohlich, daß sie von kaum einer der Möglichkeiten und Chancen in besonderer Weise Gebrauch machen, die die Wahldifferenzierung eröffnet. Denn weder haben sie zu dem an erster Stelle wiedergewählten Lehrer ein engeres emotionales Verhältnis, noch ist ihnen das

Thema besonders wichtig. Sie gewichten die Wahlkriterien in etwa so wie der Durchschnitt der Schüler (vgl. Abschnitt 5.2). Eine hohe, aber vor allem durch Mißerfolgsängstlichkeit geprägte Leistungsmotivation ist offenbar keine gute Voraussetzung für eine Unterrichtsform, die selbständige Entscheidungen der Schüler erfordert.

Die Schüler des *Typs 5,* die vor allem den ihnen privat bekannten Lehrer wählen, werden nur durch ein Merkmal näher charakterisisiert. Es handelt sich ausschließlich um Schüler der 13. Klassenstufe. Obgleich diese Tendenz statistisch nicht zu sichern ist, (auch dem Kontrasttyp wurden viele Oberprimaner zugeordnet), scheint mir dieses Ergebnis bedeutsam. Es weist darauf hin, daß private Beziehungen zu den Lehrern (wenn auch absolut in wenigen Fällen) durch wahldifferenzierten Unterricht gefördert werden. Einige der Schüler, die an der Arbeitsgruppe eines Lehrers teilgenommen haben, konnten offenbar leichter auch außerhalb des Unterrichts Kontakt mit dem Lehrer aufnehmen. Ihre private Beziehung wird für diese Schüler ausschlaggebendes Wahlkriterium. Eine besonders positive Einschätzung des Lehrers auf anderen Dimensionen verbinden die Schüler mit der privaten Bekanntheit des Lehrers offenbar nicht.

Die Schüler des *Typs 6* glauben, der Arbeitsgruppe den Vorzug gegeben zu haben, in der hohe Anforderungen gestellt werden. Sie sind in besonders starkem Maße zu intensiver Arbeit bereit, obgleich oder gerade weil ihnen die Themen noch kaum vertraut sind und nicht ihr besonderes Interesse finden. Es handelt sich bei den Typ-Schülern vor allem um Schülerinnen (allerdings kann diese Verteilung wegen der kleinen Zahlen auch zufällig entstanden sein), die ihr Interesse am Fach als etwas höher einschätzen. Die Daten der Leistungsmotivation weisen diese Schüler eindeutig als besonders erfolgszuversichtlich und mit hoher Gesamtmotivation ausgestattet aus. Diese motivationale Grundlage macht es ihnen möglich, sich hohen Anforderungen auszusetzen und der instrumentellen Passung der Themen wenig wahlentscheidende Bedeutung einzuräumen. Mit dieser hohen Leistungsbereitschaft verbindet sich allerdings kein besonderes Interesse an dem gewählten Thema. Eine besonders hohe – sozusagen bedingungslose –, durch Erfolgszuversicht geprägte Leistungsmotivation scheint also eine weniger günstige Voraussetzung für die Entfaltung von Sachinteressen zu sein. Diesen Schülern ist es vor allem wichtig, daß das Thema schwierig ist und daß sie daran (auch vor sich selbst) ihre Leistungsfähigkeit beweisen können.

Die in der Q-Faktorenanalyse ermittelten Faktoren dürfen zwar nach der Definition der Faktorenanalyse als statistisch voneinander unabhängig verstanden werden, das bedeutet jedoch nicht, daß alle Schüler einem der identifizierten Typen eindeutig zugeordnet werden können.

Nur 54 Schüler konnten bei der Typenanalyse der Wahlkriterien einem der Typen zugeordnet werden, weil sie mit dem Faktor hoch korrelieren. Das bedeutet jedoch nur, daß bei diesen Schülern das Wahlverhalten relativ am stärksten durch den Typenfaktor erklärt werden kann. Darüber hinaus spielen auch andere Kriterien eine Rolle, allerdings nicht in gleichem Umfang. Außerdem ist zu bedenken, daß den Schülern der sechs Typen immer einige Schüler gegenüberstehen, die die Wahlkriterien tendenziell in entgegengesetzter Weise wie die Typ-Schüler gewichten. Auch sind viele der Typ-Schüler bei einigen Typenfaktoren Kontrasttypen-Schüler, mit anderen Faktoren korrelieren sie mäßig positiv. Die Gewichtung der Wahlkriterien ist also in Wirklichkeit bei den einzelnen Schülern sehr viel komplexer als es nach der Typenanalyse erscheinen mag. Die identifizierten Wahlkriterien-Typen dürfen also *nicht* als *absolute* Typen verstanden werden, sondern mit Hilfe der Typenanalyse können lediglich Schülergruppen identifiziert werden, die durch eine relativ stärkere Gewichtung bestimmter Wahlkriterien gekennzeichnet sind.[101]

Zusammenfassung: Schülergruppen mit spezifischen Wahlkriterien

Mit Hilfe der Q-Technik der Faktorenanalyse wurde versucht, Schülergruppen zu identifizieren, die bei der Wahlentscheidung bestimmten Gesichtspunkten eine besondere Bedeutung beimessen. Das wahlentscheidende Gewicht eines Gesichtspunktes wurde an der Differenz zwischen den zu Standardwerten transformierten Schätzwerten der Schüler für die an erster und für die an letzter Stelle gewählten Arbeitsgruppen bestimmt (vgl. Abschnitt 5.2.2). Von diesen Daten wurden die Korrelationen zwischen den Schülern berechnet, die anschließend einer Faktorenanalyse unterzogen wurden. Es konnten sechs Typenfaktoren identifiziert werden. Zur Beschreibung der Typen wurden die Schüler, die mit den einzelnen Faktoren besonders deutlich korrelieren, mit jenen Schülern verglichen, die mit den Faktoren möglichst stark in entgegengesetzter Richtung korrelieren. Diese Schüler unterscheiden sich sowohl in der Gewichtung der Wahlkriterien als auch in einigen weiteren Merkmalen. Es konnten die folgenden Wahlkriterien-Typen identifiziert werden:

[101] So ist auch festzuhalten, daß diese Typen nicht für gleich große Schülergruppen repräsentativ sind. Schon an den zu Beginn dieses Abschnitts dargelegten Anteilen der einzelnen Faktoren an der gemeinsamen Varianz ist erkennbar, daß der erste Faktor die Wahlkriterien einer relativ starken Schülergruppe widerspiegelt, während die weiteren fünf Faktoren für weniger Schüler typisch sind. Diesem Verhältnis entsprechen die Anzahlen der Schüler, die den einzelnen Typen zugeordnet wurden (nämlich 20, 9, 8, 6, 6, 5) ungefähr.

Wahlkriterien-Typ 1: Schüler, denen bei der Wahlentscheidung besonders ihre emotionale Beziehung zum Lehrer wichtig ist. Es handelt sich vor allem um Schüler der Klassenstufe 12, die zum ersten Mal von den Wahlmöglichkeiten voll Gebrauch machen können. Sie versuchen, das Ungewisse der neuen Situation durch die Wahl eines Lehrers zu reduzieren, den sie aus früherem Unterricht kennen und zu dem sie Vertrauen haben.

Wahlkriterien-Typ 2: Schüler, die dem Interesse am Thema eine höhere Priorität einräumen als der Beziehung zu den Lehrern. Sie wählen vor allem Lehrer, denen sie eine hohe didaktische und fachliche Kompetenz zusprechen. Diese Schüler haben eine etwas stärkere erfolgszuversichtliche Leistungsmotivation.

Wahlkriterien-Typ 3: Schüler, die eine Arbeitsgruppe wählen, deren Lehrer nach ihrer Einschätzung eher geringe Anforderungen stellt, deren Thema aber eine instrumentelle Funktion erfüllen kann. Es handelt sich vor allem um männliche Schüler, jedoch nicht um Schüler mit schlechteren Schulleistungen. Ihre Leistungsmotivation ist tendenziell geringer. Diese Schüler sind vermutlich bestrebt, ihre relativ guten Zensuren zu halten.

Wahlkriterien-Typ 4: Schüler, vor allem weiblichen Geschlechts, die deutlich weniger gute Zeugnisnoten und ein eher geringes Interesse am Fach haben. Sie wählen den ihnen aus früherem Unterricht bekannten Lehrer wieder an erster Stelle, ohne sich mit diesem Lehrer in besonderer Weise identifizieren zu können. Dieses Verhalten wird durch eine sehr hohe Mißerfolgsängstlichkeit erklärt. Eine Veränderung der Lernsituation durch die Wahl eines anderen Lehrers erleben diese Schülerinnen vermutlich als zu starke Bedrohung ihrer emotionalen Sicherheit. Sie machen von den Wahlmöglichkeiten kaum Gebrauch.

Wahlkriterien-Typ 5: Schüler, die den Lehrer an erster Stelle wählen, mit dem sie auch außerhalb des Unterrichts privaten Kontakt haben. Daß es sich hier vor allem um Schüler der 13. Klassenstufe handelt, deutet darauf hin, daß durch den Unterricht in den gewählten Arbeitsgruppen die persönlichen, privaten Beziehungen zwischen Lehrern und Schülern gefördert werden. Eine besonders positive Einschätzung des Lehrers ergibt sich daraus jedoch nicht.

Wahlkriterien-Typ 6: Schüler, die eine Arbeitsgruppe wählen, in der nach ihrer Einschätzung hohe Anforderungen gestellt werden. Diese

Schüler haben eine hohe erfolgszuversichtliche Leistungsmotivation. Sie sind bereit, sich mit den Themen intensiv zu beschäftigen, auch wenn sie über relativ geringe Vorkenntnisse verfügen und die Themen ihnen nicht in besonderer Weise interessant erscheinen.

Das Wahlverhalten der Schüler erweist sich hier also als wesentlich differenzierter, als es bei der allgemeinen Analyse (im Abschnitt 5.2) erkennbar war. Wahldifferenzierung ist nicht nur dadurch gekennzeichnet, daß die Schüler das Wahlangebot nach subjektiven Kriterien und persönlich verbindlichen Maßstäben einschätzen. Es zeigt sich jetzt, daß sie darüber hinaus diese Kriterien unterschiedlich gewichten und bei ihrer Wahlentscheidung in verschiedener Rangfolge bedenken. Der erste Punkt macht es den Schülern möglich, z. B. den Lehrer zu wählen, zu dem sie persönlich eine gute emotionale Beziehung haben, oder das Thema zu wählen, das ihren subjektiven Interessen und Neigungen am besten entspricht. Darüber hinaus wägen sie diese verschiedenen Wahlmöglichkeiten gegeneinander ab und entscheiden sich nach einer subjektiven Prioritätenskala. Die Schüler können sich nach Kriterien entscheiden, die ihnen persönlich am wichtigsten sind, und sie können jene Arbeitsgruppe wählen, die diesen Kriterien nach ihrer subjektiven Einschätzung am besten entspricht.

7.2 Schülergruppen mit spezifischen Erwartungen am Beginn des Schuljahres („Antizipations-Typen")

Da die Schüler bei der Wahlentscheidung erstens die Entscheidungskriterien unterschiedlich gewichten und da sie zweitens die Arbeitsgruppen unter diesen Kriterien nach subjektiven Maßstäben einschätzen, liegt die Vermutung nahe, daß die Schüler auch mit unterschiedlichen Erwartungen den Unterricht in den Arbeitsgruppen beginnen. Jeder Schüler schätzt die an erster Stelle gewählte Arbeitsgruppe unter einem anderen Gesichtspunkt als besonders positiv ein, d. h. jeder Schüler hat andere Erwartungen an seine neue Lernsituation. Den Lehrern sitzen Schüler gegenüber, die „ihre" Arbeitsgruppen aus verschiedenen Gründen gewählt haben. Um den verschiedenen Erwartungen der Schüler – in welcher Form auch immer – gerecht werden zu können, müssen die Lehrer diese Erwartungen kennen. In diesem Abschnitt soll versucht werden, Gruppen von Schülern zu identifizieren, die den Unterricht mit spezifischen Erwartungen beginnen.

Solche Gruppen können durch eine Faktorenanalyse nach der Q-Technik gefunden werden. Als Daten sind dabei die Schätzwerte der

Schüler für die an erster Stelle gewählte Arbeitsgruppe heranzuziehen (vgl. Abschnitt 6.1). Allerdings ist auch hier keine Analyse für die einzelnen Arbeitsgruppen möglich, da sich bei der Anzahl der Erstwähler der einzelnen Arbeitsgruppen keine für die Interpretation hinreichend große Faktorentypen ergeben würden. Außerdem wird ja gerade vermutet, daß sich Schüler mit ähnlichen Erwartungen auf verschiedene Arbeitsgruppen verteilen. Deshalb werden alle Erstwähler (N = 73) in eine Q-Faktorenanalyse einbezogen. Wie bei allen ähnlichen Auswertungen müssen die Schätzwerte der Schüler verschiedener Arbeitsgruppen zunächst in arbeitsgruppenspezifische Standardwerte transformiert werden[102].

Bei einer Q-Analyse dieser Daten wurden 14 Faktoren extrahiert, die zusammen 76,68% der Gesamtvarianz aufklären. Bei der Rotation verschiedener Faktorzahlen (von 2 bis 8 Faktoren) zeigt sich, daß nur vier Faktoren konstant von einer hinreichend großen und identischen Zahl von Personen gekennzeichnet werden. Diese vier Typenfaktoren sollen interpretiert werden. Der von ihnen gemeinsam aufgeklärte Varianzanteil von 40,48% verteilt sich nach der Rotation folgendermaßen:

Faktor	1	2	3	4	
%	26,56	23,12	26,69	23,63	100,00

Zur Interpretation können den Faktoren die folgenden Schülerzahlen zugeordnet werden[103]:

[102] Die Q-Analyse dieser Daten muß nicht unbedingt die gleichen Typen erbringen, die bereits für die Wahlkriterien identifiziert worden sind. Zwar werden bei beiden Analysen die gleichen Personen miteinander korreliert, aber es handelt sich um andere Daten: Dort wurden die *Differenzen* zwischen den Standardwerten für die an erster und die an letzter Stelle gewählten Arbeitsgruppen betrachtet, hier werden nur die Standardwerte für die an erster Stelle gewählten Arbeitsgruppen analysiert. Zwei Schüler, die nach Standardwerten gleich große Unterschiede zwischen den von ihnen an erster und an letzter Stelle gewählten Arbeitsgruppen sehen, können die an erster Stelle gewählte Arbeitsgruppe dennoch verschieden beurteilen: Für einen Schüler können z. B. für die an erster bzw. letzter Stelle gewählte Arbeitsgruppe die Standardwerte +1,2 und +0,2, für einen anderen die Standardwerte −0,2 und −1,2 errechnet worden sein. Die Differenz beträgt bei beiden Schülern +1,0, die an erster Stelle gewählte Arbeitsgruppe beurteilen sie jedoch verschieden.

[103] Die den Typen und den Kontrast-Typen zugeordneten Schüler korrelieren mit den Faktoren in folgender Höhe:

Faktor	Typ	Kontrasttyp
1	.50 bis .68	−.02 bis −.21
2	−.45 bis −.77	.01 bis .47
3	−.42 bis −.68	.00 bis .48
4	−.45 bis −.73	.01 bis .64

Auch hier werden die Typen deutlicher repräsentiert als die Kontrasttypen, die zumeist mit dem Typenfaktor nur in geringem Maße in entgegengesetzter Richtung korrelieren.

Nummer des Typenfaktors	1	2	3	4
Anzahl der Typ-Schüler	8	8	11	6
Anzahl der Kontrasttyp-Schüler	14	19	15	18

Bei der Darstellung und Interpretation der Ergebnisse orientiere ich mich an den im Abschnitt 6.1 identifizierten Dimensionen der Antizipation. Die technische Durchführung der folgenden Vergleiche und die Form entspricht den in der Einleitung zu diesem Kapitel bzw. bei der Analyse der Wahlkriterien-Typen dargelegten Regeln.[104] Es konnten folgende Schülertypen identifiziert werden, die mit unterschiedlichen Erwartungen (Antizipationen) in die Arbeitsgruppen gehen:

Antizipations-Typ 1:

Zwischen den 8 Schülern des Typs und den 14 Schülern des Kontrasttyps bestehen bei 18 Items statistisch signifikante Unterschiede in der Antizipation. Bei den meisten Items haben die Schüler des Typs 1 im Mittel höhere Standardwerte als die Kontrast-Typ-1-Schüler. Folgende Items lassen sich zusammenfassen:

Item		M_T	M_K	
6	Das Thema ist wichtig für meine Studien- und Berufspläne	1,62	–0,34	**
37	Zu dem Thema möchte ich ein Referat verfassen	1,10	0,17	***
35	Das Thema regt mich zur Diskussion an	1,03	–0,26	**
27	Das Thema ist originell	0,49	–0,42	*
1	Das Thema interessiert mich	1,09	0,46	**

Die Typ-Schüler gehen mit deutlich stärkeren Interessen an den Themen (Faktor J) in die Arbeitsgruppen. Sie erwarten auch stärker, daß die Themen ihren Neigungen und Interessen entsprechen (Faktor B), und sie halten die Themen in stärkerem Maße für objektiv relevant (Faktor C):

Item		M_T	M_K	
23	Mit dem Thema habe ich mich bereits privat beschäftigt	1,21	–0,66	***
10	Das Thema liegt mir	1,26	0,26	**
8	Für das Thema besitze ich die nötigen Vorkenntnisse	0,94	0,10	(*)
16	Das Thema ist aktuell	0,69	–0,27	*
12	Das Thema gehört zur Allgemeinbildung	0,30	–0,48	*

[104] M_T und M_K sind hier jedoch nicht Mittelwerte von Differenzen zwischen Standardwerten, sondern Mittelwerte von Standarwerten für die an erster Stelle gewählte Arbeitsgruppe.

Die Typ-Schüler kennen den Lehrer weniger gut aus früherem Unterricht (Item 2), erwarten aber von ihm in besonderer Weise, daß er didaktisch kompetent ist (Faktor H):

Item	M_T	M_K	
2 Ich kenne den Lehrer aus früherem Unterricht	–0,66	1,12	***
36 Der Lehrer regt mich zur zusätzlichen Beschäftigung mit dem Thema an	1,36	–0,36	**
38 Der Lehrer regt mich zur Mitarbeit an	1,20	–0,16	**
40 Der Lehrer erklärt gut	0,96	0,04	
24 Der Lehrer ist gerecht	0,97	0,12	*
17 Der Lehrer macht sein Fach interessant	0,80	0,20	(*)

Die Typ-Schüler identifizieren sich stärker mit dem Lehrer (Faktor D) und erwarten, daß er hohe Anforderungen stellen wird (Faktor C):

Item	M_T	M_K	
28 Der Lehrer ist mir ein Vorbild	1,14	–0,26	**
19 Der Lehrer imponiert mir	1,32	0,21	*
5 Der Lehrer hat Einfluß im Kollegium	1,22	0,05	*
33 Der Lehrer verlangt hohen Arbeitsaufwand	0,89	–0,23	*
18 Die Arbeitsgruppe ist für schwache Schüler besonders günstig	–0,59	0,24	*
11 Der Lehrer zensiert streng	0,32	–0,45	

Die Schüler dieses Typs erwarten also in besonderem Maße, daß das Thema interessant und für sie persönlich wichtig ist und daß der Lehrer, mit dem sie sich stärker identifizieren, das Thema didaktisch geschickt und auf einem hohen Anforderungsniveau behandelt.

Antizipations-Typ 2:

Die 8 Schüler des Typs 2 unterscheiden sich von den 19 Kontrasttyp-Schülern besonders deutlich in der Antizipation der folgenden Merkmale ihrer Arbeitsgruppen:

Item	M_T	M_K	
20 Das Thema überfordert meine Fähigkeiten	–0,88	0,55	***
28 Der Lehrer ist mir ein Vorbild	–0,29	1,12	**
19 Der Lehrer imponiert mir	–0,38	0,91	**
15 Der Lehrer überfordert meine Fähigkeiten	–0,74	0,45	**
18 Die Arbeitsgruppe ist für schwache Schüler besonders günstig	–1,19	0,45	**
33 Der Lehrer verlangt hohen Arbeitsaufwand	0,84	–0,02	*
11 Der Lehrer zensiert streng	0,55	–0,25	

Diese Items korrelieren bei der Antizipation mit den Faktoren D (Subjektive Überforderung) und C (Anforderungsniveau des Lehrers). Die Typ-2-Schüler fühlen sich weniger überfordert (Item 20 und 15) und identifizieren sich mit den Lehrern weniger (Item 28 und 19). Aber sie glauben, daß der Lehrer hohe Anforderungen stellen wird. (Die Kontrasttyp-Schüler dagegen schätzen das Anforderungsniveau ihrer Arbeitsgruppen nicht als besonders hoch ein, fühlen sich aber dennoch tendenziell überfordert und identifizieren sich stärker mit dem Leistungsvorbild des Lehrers.) Die Typ-2-Schüler erwarten, den hohen Anforderungen der Lehrer gewachsen zu sein. Sie erwarten von den Lehrern außerdem die folgenden Fähigkeiten in besonderem Maße:

Item	M_T	M_K	
40 Der Lehrer erklärt gut	1,34	0,12	**
29 Der Lehrer verlangt regelmäßige Teilnahme am Unterricht	0,80	–0,26	*
13 Der Lehrer ist in seinem Fach ein Fachmann	0,66	–0,04	*
24 Der Lehrer ist gerecht	0,68	0,03	*
38 Der Lehrer regt mich zur Mitarbeit an	1,17	0,56	(*)
36 Der Lehrer regt mich zur zusätzlichen Beschäftigung mit dem Thema an	0,90	0,30	(*)

Diese Gesichtspunkte können dahingehend zusammengefaßt werden, daß die Schüler vom Lehrer ein Unterrrichtsverhalten erwarten, das ihrer eigenen Leistungsbereitschaft und Leistungsfähigkeit entspricht: Der Lehrer soll fachlich und didaktisch kompetent sein und die Schüler zur Mitarbeit anregen.

Hinsichtlich der Themen haben die Typ-2-Schüler kaum besondere Erwartungen:

Item	M_T	M_K	
39 Das Thema ist bei den Schülern allgemein beliebt	0,78	–0,28	(*)
16 Das Thema ist aktuell	0,77	0,12	(*)
3 Ich muß für das Thema viel arbeiten	0,51	–0,10	(*)
12 Das Thema gehört zur Allgemeinbildung	0,54	0,13	

Sie erwarten, daß die Themen, die ihre Lehrer auf hohem Anforderungsniveau behandeln werden, auch objektiv relevant sind (Faktor E). Ein besonderes persönliches Interesse an den Themen haben sie nicht. – Auch ihre emotionale Beziehung zu den Lehrern ist nicht besonders ausgeprägt.

Antizipations-Typ 3:

Bei einem Vergleich der 11 Schüler des Typs 3 mit den 15 Schülern des Kontrasttyps ergeben sich 16 signifikante Differenzen. Die Schüler des Typs 3 schätzen ihre Lehrer als gut bekannt ein:

Item		M_T	M_K	
9	Ich kenne den Lehrer privat	1,43	−0,36	***
2	Ich kenne den Lehrer aus früherem Unterricht	1,14	0,12	*

Diese Items bilden bei der Antizipation keinen eigenen Faktor (wie bei der Beurteilung des Wahlangebots), sondern korrelieren mit folgenden Items gemeinsam auf einem Faktor:

Item		M_T	M_K	
4	Der Lehrer ist mir sympathisch	1,20	0,44	**
26	Ich komme mit dem Lehrer sehr gut aus	0,99	0,45	
32	Ich bin dem Lehrer sympathisch	0,93	0,43	(*)
34	Der Lehrer wäre mir als Prüfer im Abitur angenehm	1,17	0,40	*

Diese Items kennzeichnen bei der Antizipation den Faktor K (Emotionale Sicherheit). Die Schüler des Typs 3 gehen mit einem stärkeren subjektiven Sicherheitsgefühl in ihre Arbeitsgruppen, weil sie ziemlich sicher wissen, daß sie ein gutes Verhältnis zu ihren Lehrern haben werden. An den folgenden Items ist deutlich erkennbar, daß diese höhere emotionale Sicherheit mit einer stärkeren Identifikation mit den Lehrern verbunden ist:

Item		M_T	M_K	
19	Der Lehrer imponiert mir	1,06	−0,24	**
28	Der Lehrer ist mir ein Vorbild	1,16	−0,03	*

Anders als bei den Schülern des Antizipations-Typs 2 richtet sich diese Identifikation jedoch weniger auf das Leistungsvorbild des Lehrers, denn die Schüler des Typs 3 schätzen das Anforderungsniveau ihrer Lehrer eher gering ein:

Item		M_T	M_K	
11	Der Lehrer zensiert streng	−0,45	0,39	*
18	Die Arbeitsgruppe ist für schwache Schüler besonders günstig	0,21	−0,63	(*)
29	Der Lehrer verlangt regelmäßige Teilnahme am Unterricht	−0,11	0,66	*
36	Der Lehrer regt mich zur zusätzlichen Beschäftigung mit dem Thema an	0,37	1,09	*

Hinsichtlich der Themen haben Typ- und Kontrasttyp-Schüler bei den folgenden Gesichtspunkten unterschiedliche Erwartungen:

Item	M_T	M_K	
23 Mit dem Thema habe ich mich bereits privat beschäftigt	–0,13	0,93	*
35 Das Thema regt mich zur Diskussion an	0,06	1,10	**
10 Das Thema liegt mir	0,20	1,19	**
12 Das Thema gehört zur Allgemeinbildung	–0,33	0,58	**
39 Das Thema ist bei den Schülern allgemein beliebt	–0,42	0,37	(*)
41 Unter dem Thema kann ich mir nicht allzuviel vorstellen	–0,68	0,06	*
1 Das Thema interessiert mich	0,44	1,17	**
16 Das Thema ist aktuell	–0,24	0,49	*
8 Für das Thema besitze ich die nötigen Vorkenntnisse	0,22	0,89	(*)
37 Zu dem Thema möchte ich ein Referat verfassen	0,29	0,95	(*)

Bei allen aufgeführten Gesichtspunkten bringen die Typ-3-Schüler eine weniger enge Beziehung zum Thema zum Ausdruck. Sie halten die Themen subjektiv und objektiv kaum für besonders relevant, sie scheinen lediglich relativ konkrete Vorstellungen von den Themen zu haben (Item 41).

Antizipations-Typ 4:

Die 6 Schüler des Typs 4 und die 18 Schüler des Kontrasttyps haben bei 16 Items statistisch signifikant unterschiedliche Erwartungen. Vergleichsweise niedrige Schätzwerte haben die Typ-Schüler bei den folgenden Items eingetragen:

Item	M_T	M_K	
33 Der Lehrer verlangt hohen Arbeitsaufwand	–0,85	0,85	**
18 Die Arbeitsgruppe ist für schwache Schüler besonders günstig	1,00	–0,35	**
11 Der Lehrer zensiert streng	–0,68	0,46	*
20 Das Thema überfordert meine Fähigkeiten	–1,23	0,43	***
28 Der Lehrer ist mir ein Vorbild	–0,40	1,21	**
15 Der Lehrer überfordert meine Fähigkeiten	–0,83	0,21	*
19 Der Lehrer imponiert mir	0,07	1,04	
3 Ich muß für das Thema viel arbeiten	–0,50	0,69	*

Die Typ-4-Schüler schätzen das Anforderungsniveau ihrer Lehrer relativ niedrig ein, und sie befürchten nicht, vom Lehrer oder vom Thema überfordert zu werden. – Auch bei den folgenden Items wird der Lehrer eher negativ eingeschätzt:

Item	M_T	M_K	
24 Der Lehrer ist gerecht	–0,84	0,46	(*)
38 Der Lehrer regt mich zur Mitarbeit an	–0,28	0,85	*
17 Der Lehrer macht sein Fach interessant	–0,45	0,63	*
13 Der Lehrer ist in seinem Fach ein Fachmann	–0,81	0,23	
40 Der Lehrer erklärt gut	–0,18	0,86	*

Diese Items korrelieren vor allem mit dem Faktor H: Die Typ-4-Schüler erwarten von ihren Lehrern eine geringe fachliche und didaktische Kompetenz. Dieses Urteil kann sich offenbar auf eine intensivere Unterrichtserfahrung bei ihren Lehrern stützen, denn sie kennen ihre Lehrer gut aus früherem Unterricht:

Item	M_T	M_K	
2 Ich kenne den Lehrer aus früherem Unterricht	1,24	0,14	**
32 Ich bin dem Lehrer sympathisch	1,13	0,37	*
26 Ich komme mit dem Lehrer gut aus	1,03	0,46	

Die Typ-4-Schüler haben also am Beginn des Unterrichts eine relativ starke emotionale Sicherheit (Faktor K). Wie beurteilen diese Schüler die gewählten Themen? Bei den folgenden Items bestehen deutliche Unterschiede:

Item	M_T	M_K	
8 Für das Thema besitze ich die nötigen Vorkenntnisse	1,40	–0,15	**
23 Mit dem Thema habe ich mich bereits privat beschäftigt	1,06	–0,06	
31 Über dieses Thema möchte ich im Abitur geprüft werden	1,41	0,51	*
1 Das Thema interessiert mich	1,20	0,79	*
16 Das Thema ist aktuell	–0,03	0,47	
37 Zu dem Thema möchte ich ein Referat verfassen	1,11	0,62	
27 Das Thema ist originell	–0,46	0,00	
12 Das Thema gehört zur Allgemeinbildung	0,21	0,50	

Die Schüler des Typs 4 glauben in besonderer Weise, daß sie für eine erfolgreiche Behandlung der Themen die erforderlichen Vorkenntnisse besitzen und sachkompetent sind. Sie haben sich mit den Themen bereits öfter privat beschäftigt (obgleich diese noch nicht häufiger in früherem Unterrricht behandelt worden sind; Item 14 weist keine deutlich unterschiedlichen Mittelwerte auf) und wollen sich auch im kommenden Schuljahr intensiv mit dem Thema auseinandersetzen. Da sie die fachliche und didaktische Kompetenz ihrer Lehrer eher gering, ihre eigenen Vorkenntnisse aber als relativ hoch einschätzen, darf man annehmen, daß diese Schüler sich den Lehrern in der Sachkompetenz wenn nicht überlegen, so doch ebenbürtig fühlen.

Auch hier soll überprüft werden, ob es sich bei den Typen um die Erstwähler bestimmter Arbeitsgruppen handelt oder ob unter den Schülern aller Arbeitsgruppen Schüler verschiedener Typen zu finden sind. Diese Frage kann an der Verteilung der Schüler auf die Arbeitsgruppen geklärt werden.

Tabelle 7.2–1: Verteilung der Antizipations-Typ-Schüler auf die Arbeitsgruppen

	An erster Stelle gewählte Arbeitsgruppe						
	1	2	3	4	5	6	N
Typ 1	1	1	2	3	1	–	8
Typ 2	2	–	–	2	3	1	8
Typ 3	2	2	2	–	4	1	11
Typ 4	–	1	2	–	–	3	6
Summe	5	4	6	5	8	5	33

Da den Typen nur wenige Schüler zugeordnet wurden, können aus diesen Daten kaum verläßliche Schlüsse gezogen werden. Es sind jedoch einige Tendenzen auffällig, die z. T. im Widerspruch zu den oben ermittelten Kennzeichen der Typen stehen. So wählen die Schüler des Typs 2, die hohe Anforderungen erwarten, vor allem die Arbeitsgruppen 4 und 5, deren Lehrer nach dem Urteil aller Schüler (vgl. Abschnitt 4.3.1) relativ geringe Anforderungen stellen. Dies kann zufällig sein, aber es ist auch möglich, daß es sich um Schüler handelt, die (auch vor sich selbst) den Eindruck hoher Leistungsfähigkeit bzw. -bereitschaft erwecken wollen, obgleich sie in Wirklichkeit versuchen, mit geringerem Aufwand zum Erfolg zu kommen. Durch die Transformierung der Schätzwerte in Standardwerte konnten gerade solche Einschätzungstendenzen offenbar werden. – Tendenziell wählen Schüler des Typs 3, die eine hohe subjektive emotionale Sicherheit antizipieren, die Arbeitsgruppe 5 häufiger. Dies entspricht der Einschätzung durch alle Schüler (vgl. Abschnitt 4.3.1). Schließlich sei darauf hingewiesen, daß die Hälfte der Schüler des Typs 4 die Arbeitsgruppe 6 wählen. In dieser Arbeitsgruppe sollen „Texte zur Staats- und Gesellschaftstheorie" bearbeitet werden. Dies erklärt m. E. die Einschätzung der Schüler, daß sie dabei dem Lehrer an Sachkompetenz überlegen sein könnten, denn viele der Schüler, die sich für dieses Unterrichtsthema entscheiden, werden sich damit (vor allem mit Texten zur marxistischen Gesellschaftstheorie) bereits vorher intensiv beschäftigt haben. Die Einschätzung, das Thema gehöre weniger zur Allgemeinbildung (Item 12), kann dahingehend verstanden werden, daß dieses Thema den Schülern zwar als objektiv wichtig erscheint, daß es aber nicht zum herkömmlichen Kanon der Allgemeinbildung gehört. –

Trotz dieser Tendenzen kann aber nicht davon gesprochen werden, daß die Antizipations-Typen mit den Erstwählern der Arbeitsgruppen identisch sind.

In gleicher Weise wie bei der Interpretation der Wahlkriterien-Typen kann hier versucht werden, die Antizipations-Typen mit Hilfe weiterer Daten näher zu beschreiben. In den folgenden Tabellen ist wiedergegeben, wie sich die Antizipations-Typen zur Klassenstufe, zum Geschlecht, zur Zeugniszensur, zum Interesse am Fach, zur Intelligenz und zur Leistungsmotivation verhalten:

Tabelle 7.2–2: Antizipations-Typen und ihre Verteilung auf Klassenstufe und Geschlecht sowie Mittelwerte der Zeugniszensur und des Interesses am Fach Gemeinschaftskunde

	Klassenstufe		Geschlecht		Zensur	Interesse
	12	13	m	w	1968/69	am Fach
Typ 1	5	3	4	4	3,37	3,60
Kontrasttyp 1	4	10	5	9	3,50	2,33*
Typ 2	4	4	3	5	3,25	2,67
Kontrasttyp 2	14	5	12	7	3,26	2,81
Typ 3	6	5	6	5	2,82	2,78
Kontrasttyp 3	9	6	8	7	3,00	3,10
Typ 4	2	4	5	1	2,33	3,33
Kontrasttyp 4	13	5	3	15*	3,72*	2,62

Tabelle 7.2–3: Antizipations-Typen und Mittelwerte von Intelligenz (IQ) und Leistungsmotivation (HE = Hoffnung auf Erfolg; FM = Furcht vor Mißerfolg; NH = Netto-Hoffnung; Gm = Gesamtmotivation)

	IQ	HE	FM	NH	Gm
Typ 1	116	6,00	5,00	1,00	11,00
Kontrasttyp 1	122	4,00	5,92	−1,92	9,92
Typ 2	123	6,86	6,29	0,57	13,14 (*)
Kontrasttyp 2	122	5,37	3,94	1,44	9,31
Typ 3	124	4,91	4,27	0,64	9,18
Kontrasttyp 3	121	6,21	3,79	2,43	10,00
Typ 4	132 (*)	4,50	1,17 *	3,33 **	5,67 (*)
Kontrasttyp 4	123	5,85	5,92	−0,51	11,77

Welche Hinweise ergeben sich aus diesen Daten für eine nähere Kennzeichnung der Antizipations-Typen?

Die Schüler des *Typs 1,* die vor allem eine Beschäftigung mit interessanten Themen erwarten, schätzen ihr allgemeines Interesse am Fach

Gemeinschaftskunde als deutlich höher ein. Sie haben eine etwas höhere, durch Erfolgszuversicht geprägte Leistungsmotivation. Diese Schüler haben vermutlich aus Interesse am Fach ihre Wahlentscheidung vor allem zugunsten eines ihnen besonders interessant erscheinenden Themas getroffen.

Bei den Schülern des *Typs 2* handelt es sich tendenziell (p = .16) vor allem um Schülerinnen. Sie erwarten ein eher hohes Anforderungsniveau und fürchten etwas stärker, überfordert zu werden. Dies kann durch eine, ebenfalls nur der Tendenz nach, durch höhere Furcht vor Mißerfolg geprägte Leistungsmotivation erklärt werden. Diese allgemeine Mißerfolgsängstlichkeit läßt diese Schüler das Anforderungsniveau ihrer Arbeitsgruppe als sehr hoch empfinden, obgleich sie vornehmlich Lehrer mit eher geringem Anforderungsniveau wählen.

Die Schüler des *Typs 3* können anhand dieser Daten nicht näher beschrieben werden, auch sinnvolle Tendenzen liegen nicht vor.

Bei den Schülern des *Typs 4* handelt es sich deutlich um männliche Schüler, deren Zeugniszensuren im Durchschnitt wesentlich besser sind als die der Kontrasttyp-Schülerinnen. Ihre Intelligenz ist tendenziell höher, ihre Leistungsmotivationsdaten weisen sie deutlich als weniger mißerfolgsängstlich, mit höherer Netto-Hoffnung, aber geringerer Gesamtmotivation ausgestattet aus. Trotz ihrer geringen Gesamtmotivation sind diese Schüler bei stärkerer Erfolgszuversicht und höherer Intelligenz in der Schule (gemessen an den Zeugnisnoten) erfolgreicher als die meisten Schüler.[105]

[105] Für die Antizipations-Typen habe ich versuchsweise ebenfalls die entsprechenden Daten des Differentiellen Interessen-Tests (DIT) und des Differentiellen Kenntnis-Tests (DKT) von Todt berechnet (vgl. Abschnitt 3.2.2.3 – Punkt 4 und Punkt 2). Bei den für das Fach Gemeinschaftskunde relevanten Subtests ergeben sich folgende Daten:

Tabelle 7.2–4: Antizipations-Typen und Mittelwerte des DIT-Subtests Politik und Wirtschaft (PW) sowie der DKT-Subtests Politik (Pol.) und Geschichte (Gesch.)

	PW	Pol.	Gesch.
Typ 1	105	117	98
Kontrasttyp 1	97	99	96
Typ 2	107 *	108	103
Kontrasttyp 2	98	108	102
Typ 3	96	103	101
Kontrasttyp 3	103	110	107
Typ 4	99	109	106
Kontrasttyp 4	98	105	95

Diese Daten bestätigen der Tendenz nach, daß die Schüler des Typs 1 ein stärkeres Interesse an Politik und Wirtschaft haben, während der signifikanten Differenz zugunsten des Typs 2 die Selbsteinschätzung der Schüler nicht entspricht. Dies kann darauf zurückgeführt werden, daß der DIT sich nicht speziell auf das Schulfach bezieht, während die Schüler nach ihrem Interesse am Fach gefragt worden waren. An den DKT-Daten für die Schüler des Typs 4 und des Kontrasttyps, die

Bei einem Besuch in Buxtehude im Mai 1972 ergab sich die Gelegenheit, die Gültigkeit der ermittelten Schülertypen durch ein Expertenurteil zu überprüfen: Ich konnte vieren der Lehrer, die im Schuljahr 1969/70 eine der Gemeinschaftskundearbeitsgruppen geleitet haben, eine Namensliste der Schüler vorlegen, die für die vier Typen der Antizipation repräsentativ sind.[106] Nach einer kurzen Erläuterung, daß es sich um Schülergruppen handele, die ihre Arbeitsgruppen ähnlich einschätzen, habe ich die Lehrer gebeten, sich an die Schüler zu erinnern und spontan zu äußern, was sie als für die Schüler der einzelnen Gruppen typisch bezeichnen würden.[107]

Die Lehrer haben die Schüler der vier Typen folgendermaßen beschrieben:

Typ 1: Die Schüler haben durchschnittliche oder weniger gute Leistungen, sind still, nicht unbedingt interessiert, akzeptieren, was der Lehrer macht, sind anpassungsbereit, arbeiten nur soviel, wie nötig ist.

Typ 2: Die Schüler sind interessiert, leistungsfähig, zum Teil zurückhaltend und still, schweigsam und schwerfällig. Sie sind häufig Mitläufer, die sich anpassen, wollen aber etwas lernen und wollen gute Zensuren bekommen. Einige Schüler haben weniger starkes Interesse.

Typ 3: Die Lehrer bezeichnen diese Schüler als „uneinheitlich". Einige sind politisch interessiert und leistungsfähig, andere arbeiten nur unter Druck und sind weniger interessiert. Einige Schüler sind angepaßt und „für den Lehrer angenehm".

Typ 4: Diese Schüler werden als kritisch distanziert, zum Teil aufsässig beschrieben. Sie passen sich nicht an, sind nicht auf gute Zensuren aus, bringen aber gute Leistungen. Sie sind hoch interessiert und politisch engagiert.

Die Bilder, die die Lehrer von den Schülern der vier Typen zeichnen, entsprechen den Ergebnissen der statistischen Analysen nur teilweise. Außer bei Typ 4, bei dem die Ergebnisse der obigen Interpretation bestätigt werden, ist die Beschreibung der Lehrer uneinheitlich, bei Typ 1

deutlich unterschiedliche Zeugnisnoten haben, deutet sich an, daß die schlechteren Zensuren der Kontrasttyp-Schüler vor allem durch mangelnde Geschichtskenntnisse bedingt sind. Dieses Ergebnis kann jedoch auch zufällig sein. – Wegen der bereits im Abschnitt 3.2.2.3 gegen den DIT und den DKT geäußerten Vorbehalte möchte ich diese Daten nicht zur weiteren Beschreibung der Typen heranziehen.

[106] Die Typen der Antizipation werden herangezogen, weil die entsprechenden Auswertungen anderer Typen noch nicht abgeschlossen waren. Die Zuordnung der Schüler zu den Typen war verschlüsselt.

[107] Je zwei Lehrer wurden gemeinsam befragt. Die Antworten haben Eick Dreher und ich stichwortartig festgehalten.

besteht sogar ein Widerspruch zu den vorliegenden Daten. – Es wäre jedoch voreilig, wenn man aufgrund dieser Befragung die Gültigkeit der Typen verneinen wollte. Es ist zu bedenken, daß 1. nur vier Lehrer befragt werden konnten, daß 2. die Lehrer nicht alle Schüler gleich gut kannten bzw. sich an sie erinnern konnten. Ihre Aussagen gelten deshalb für bestimmte Schüler und werden unzulässig verallgemeinert. 3. beziehen sich die Einschätzungen der Lehrer nicht auf die Gesichtpunkte des Wahlfragebogens, nach denen die Typen ermittelt worden sind. Und 4. handelt es sich um Schülergruppen, die mit spezifischen Erwartungen in die Arbeitsgruppen gehen: Diese Einschränkung habe ich den Lehrern nicht ausdrücklich bewußt gemacht, so daß sich ihre Einschätzungen wahrscheinlich stärker auf das Verhalten der Schüler im Unterricht beziehen.

Wenn man dagegen von der Gültigkeit der Typen ausgeht, dann kann man die Diskrepanz in der Einschätzung der Typen auch auf eine mangelnde Sensibilität der Lehrer zurückführen. Es wäre also die Frage zu stellen, ob die Lehrer für die spezifischen Bedürfnisse und Erwartungen ihrer Schüler hinreichend sensibel sind oder ob Schulleistungen, Anpassungsbereitschaft und Leistungsfähigkeit die einzigen oder zumindest die wesentlichen Dimensionen sind, auf denen Lehrer ihre Schüler als voneinander verschieden wahrnehmen. Dieser Frage kann ich hier leider nicht weiter nachgehen. Es scheint mir aber möglich, daß die Lehrer die Typen besser identifizieren könnten, wenn ihnen die Kriterien, nach denen die Typen ermittelt worden sind, offengelegt werden.

Zusammenfassung: Schülergruppen mit spezifischen Erwartungen am Beginn des Schuljahres („Antizipations-Typen")

Mit Hilfe der Q-Technik der Faktorenanalyse wurde versucht, Schülergruppen zu identifizieren, die den Unterricht in den Arbeitsgruppen mit spezifischen Erwartungen (Antizipationen) beginnen. Diese Analyse beruht auf den (zu Standardwerten transformierten) Schätzwerten der Schüler für die von ihnen an erster Stelle gewählten Arbeitsgruppen. Es konnten vier stabile und durch hinreichend viele Personen repräsentierte Typenfaktoren identifiziert werden, die sich in ihrer Einschätzung der Arbeitsgruppen sowie nach weiteren Merkmalen von anderen Schülern unterscheiden. Es wurden die folgenden Antizipations-Typen identifiziert:

Antizipations-Typ 1: Schüler, die vor allem ein interessantes und objektiv relevantes Thema erwarten, zu dem sie die erforderlichen Vorkenntnisse mitbringen. Sie interessieren sich für das Fach Gemeinschaftskunde stärker als die meisten Schüler. Vom Lehrer erwarten sie, daß er das Thema didaktisch geschickt und auf einem hohen Anforderungsniveau behandelt.

Antizipations-Typ 2: Schüler, die ein hohes Anforderungsniveau des Unterrichts erwarten, dem sie sich jedoch gewachsen fühlen. Sie haben eine höhere, durch Furcht vor Mißerfolg gekennzeichnete Leistungsmotivation. Sie hoffen, daß die Themen, mit denen sie sich intensiv beschäftigen wollen, objektiv relevant sind, ein stärkeres persönliches Interesse an den Themen haben sie jedoch nicht.

Antizipations-Typ 3: Schüler, die mit einer relativ hohen emotionalen Sicherheit in die Arbeitsgruppen gehen. Sie kennen den Lehrer aus früherem Unterricht, haben zu ihm Vertrauen und identifizieren sich stärker mir ihm. Zum Thema haben sie keine besondere Beziehung.

Antizipations-Typ 4: Schüler, vor allem männlichen Geschlechts, die das Anforderungsniveau des Lehrers als gering einschätzen und nicht erwarten, vom Thema oder vom Lehrer überfordert zu werden. Im Gegenteil: Sie gestehen dem Lehrer eher geringe fachliche und didaktische Kompetenz zu und glauben sogar, ihm an Sachkompetenz zumindest ebenbürtig, wenn nicht gar überlegen zu sein, da sie sich selbst mit dem Thema bereits beschäftigt haben. Diese Schüler haben eine tendenziell höhere Intelligenz, aber eine niedrige Gesamtleistungsmotivation, jedoch bei einem deutlich geringeren Anteil an Mißerfolgsängstlichkeit. Diese Erfolgszuversichtlichkeit (und die hohe Intelligenz) erklären die guten Schulleistungen (Zeugnisnoten) dieser Schüler.

Zwar konnten einige Tendenzen aufgezeigt werden, daß die Schüler der Typen bestimmte Arbeitsgruppen gewählt haben, aber diese Tendenzen sind nicht eindeutig. Man kann deshalb davon ausgehen, daß in allen Arbeitsgruppen mehr oder weniger Schüler aller Typen der Antizipation zusammenkommen. Den Lehrern sitzen zu Beginn des Unterrichts in ihren Arbeitsgruppen Schüler gegenüber, die verschiedene Erwartungen haben. Einige Schüler interessieren sich vor allem für das Thema, andere hoffen auf eine gute Beziehung zum Lehrer, wobei ihnen das Thema weniger wichtig ist, wieder andere Schüler wollen vor allem ihre Leistungsfähigkeit unter Beweis stellen, aber es gibt auch Schüler, die sich selbst bereits für sehr sachkompetent halten. In den Arbeitsgruppen sitzen Schüler mit guten und weniger guten Zensuren, mit starkem und weniger starkem Interesse am Fach. Und schließlich sind die Schüler unterschiedlich leistungsmotiviert: In starkem Maße durch Mißerfolgsängstlichkeit motivierte Schüler werden mit erfolgszuversichtlichen Schülern gemeinsam (?) lernen müssen.

Durch Wahldifferenzierung werden die Lerngruppen also im allgemeinen kaum homogenisiert – außer in einer Hinsicht: Alle Schüler einer Arbeitsgruppe haben sich für diese Lerngruppe entschieden und erwarten, daß sie ihren subjektiven Bedürfnissen am besten entspricht. Die Vielfalt der Erwartungen der Schüler macht den Lehrern ihre pädagogische Aufgabe wahrscheinlich nicht leichter, aber die stärkere Identifizierung der Schüler mit ihrer Lerngruppe bietet den Lehrern und den Schülern vielleicht bessere Voraussetzungen für neue Formen des Lehrens und Lernens.

7.3 Schülergruppen mit spezifischer Beurteilung des Unterrichts („Perzeptions-Typen")

So vielfältig die Erwartungen der Schüler am Beginn des Schuljahres sind, so differenziert ist wahrscheinlich auch ihre Beurteilung des Unterrichts, nachdem sie etwa 8 Monate an ihren Arbeitsgruppen teilgenommen haben. Das legt die Frage nahe, ob es Schülergruppen gibt, die den Unterricht gegen Ende des Schuljahres in spezifischer Weise beschreiben und beurteilen. Erleben bestimmte Schüler bestimmte Merkmale des Unterrichts in besonderer Weise und ergeben sich daraus Hinweise, daß der wahldifferenzierte Unterricht den Bedürfnissen verschiedener Schüler in unterschiedlicher Weise entspricht?

Diese Fragen können mit Hilfe einer Q-Faktorenanalyse beantwortet werden, wobei die Voraussetzungen günstiger sind als bei den bisher referierten Typenanalysen. Da für N = 75 Personen n = 120 Meßwerte pro Person aus dem Fragebogen zum Unterricht in den Arbeitsgruppen (Unterrichtsfragebogen) vorliegen, beruhen die Korrelationen zwischen den Personen auf einer verläßlicheren Basis. Auch hier sollen nicht für die einzelnen Arbeitsgruppen eigene Typen ermittelt werden, sondern die Daten aller Schüler (N = 75) sollen in einer Analyse verrechnet werden. Allerdings kann hier berücksichtigt werden, daß zwischen den Arbeitsgruppen mehr oder weniger große objektive Unterschiede bestehen, so daß die gleichen Schätzwerte von Schülern aus verschiedenen Arbeitsgruppen nicht unbedingt gleichwertig sind (vgl. Abschnitt 5.2.2). Entscheidend ist bei den folgenden Analysen, ob der Schätzwert eines Schülers – im Vergleich mit den Mitschülern seiner Arbeitsgruppe – relativ hoch oder niedrig ist, nämlich über oder unter dem Mittelwert aller Schüler der Arbeitsgruppe liegt. In dieser Abweichung vom Mittelwert drückt sich aus, ob der einzelne Schüler bei seiner Arbeitsgruppe ein bestimmtes Merkmal stärker oder weniger stark ausgeprägt empfindet als seine Mitschüler. Dies entspricht der zu beantwortenden Frage, nämlich ob es Schülergruppen gibt, die den Unterricht in der Arbeitsgruppe in besonderer Weise bewerten. Richtung und Intensität der Abweichung eines Schätzwertes vom Mittelwert einer Gruppe können durch die arbeitsgruppenbezogene Transformierung der Schätzwerte in Standardwerte bestimmt werden.[108]

Eine Faktorenanalyse dieser Daten hatte folgendes Ergebnis: Es wurden zwölf Faktoren extrahiert, die zusammen 53,50% der Gesamtvarianz aufklären.[109] Bei der Rotation verschiedener Faktorzahlen zeigt sich deutlich, daß nur die beiden ersten Faktoren konstant durch hinreichend viele Schüler gekennzeichnet werden. Der dritte und der vierte Faktor werden jedoch auf *beiden* Polen von einigen Personen deutlich gekennzeichnet. Da man annehmen kann, daß sie sich bei der Kontrasttypenanalyse deutlich unterscheiden, werde ich die ersten vier Faktoren interpretieren. Nach der Rotation verteilt sich der gemeinsame Varianzanteil von 30,00% folgendermaßen:

Faktor	1	2	3	4	
%	39,75	27,64	16,90	15,71	100,00

Zur Interpretation habe ich den Faktoren die folgenden Schülerzahlen zugeordnet:[110]

[108] Gegenüber der Standardisierung der Schätzwerte der Erstwähler aus dem Wahlfragebogen besteht dabei folgender Unterschied: Dort wurden die Daten der Erstwähler in Beziehung gesetzt zu den Daten aller Schüler – unabhängig davon, an welcher Stelle diese die Arbeitsgruppe gewählt hatten. Bei der Perzeption stehen nur die Daten der Teilnehmer (d. h. der Erstwähler) einer Arbeitsgruppe zur Verfügung. Die Bezugsgruppe für die Standardisierung ist hier wesentlich kleiner.

[109] Dieser durch die Faktorenanalyse aufgeklärte Varianzanteil ist gering. Das ist wahrscheinlich darauf zurückzuführen, daß verhältnismäßig wenige Schüler ihre Arbeitsgruppen strukturell ähnlich beschreiben. Zwar ist die Varianz der Daten bei den einzelnen Schülern größer als bei der Antizipation (Abschnitt 7.2), die Korrelationen zwischen den Schülern sind im Durchschnitt jedoch geringer. (Bei 25 Schülern sind z. B. von den insgesamt 300 Korrelationskoeffizienten bei der Antizipation 69 Werte größer als q = .30, bei der Perzeption dagegen nur 29 Werte.) Die Ursache ist wahrscheinlich darin zu suchen, daß im Unterrichtsfragebogen mit 120 Items zu viele verschiedene Gesichtspunkte angesprochen werden, als daß mehrere Schüler zu einer ähnlichen Einschätzung aller (oder vieler) Gesichtspunkte kommen können.

[110] Die den Typen und Kontrasttypen zugeordneten Schüler korrelieren mit den Faktoren in folgender Höhe:

Faktor	Typ	Kontrasttyp
1	.48 bis .67	–.44 bis –.65
2	.39 bis .72	–.22 bis –.60
3	–.33 bis –.57	.20 bis .49
4	.22 bis .52	–.20 bis –.48

Die Kontrasttyp-Schüler stellen hier also ein deutliches Gegenbild zu den Typ-Schülern dar und sind nicht – wie bei den Wahlkriterien- und Antizipations-Typen – auf den Faktoren indifferent.

Nummer des Typenfaktors	1	2	3	4
Anzahl der Typ-Schüler	9	8	7	6
Anzahl der Kontrasttyp-Schüler	10	9	13	13

Zur Darstellung der Ergebnisse: Zwischen den Typ-Schülern und den Kontrasttyp-Schülern bestehen bei vielen der 120 Items des Unterrichtsfragebogens signifikante Unterschiede. Um nicht alle diese Items hier aufführen zu müssen, werde ich die Ergebnisse anhand der im Abschnitt 6.2 ermittelten Dimensionen der Beurteilung des Unterrichts zusammenfassend darstellen und nur in besonderen Fällen die Daten einzelner Items aufführen. Für die genannten Faktoren werde ich mittlere Mittelwerte aller Items berechnen, die mit den Faktoren deutlich ($a > .50$) korrelieren. Diese Mittelwerte bezeichne ich mit $\overline{M}_T$ für die Typ-Schüler und mit $\overline{M}_K$ für die Kontrasttyp-Schüler.[111]

Neben den Mittelwerten der Faktoren teile ich in den folgenden Tabellen mit, wieviele Items mit dem jeweiligen Faktor deutlich ($a > .50$) korrelieren (Spalte n) und wieviele dieser Items jeweils zwischen den Typ- und den Kontrasttyp-Schülern signifikant unterscheiden (Spalte *d). Außerdem führe ich (in der Spalte *h) die Anzahl der Items auf, die zwischen den Schülergruppen signifikant unterscheiden, aber mit dem Faktor zwar am höchsten, jedoch niedriger als $a = .50$ korrelieren. Diese Items werden bei der Berechnung der Faktormittelwerte ($\overline{M}_T$ und $\overline{M}_K$) nicht berücksichtigt.

Es konnten die folgenden Schülertypen identifiziert werden, die den Unterricht in den Arbeitsgruppen in besonderer Weise beurteilen:

Perzeptions-Typ 1:

Zwischen den 9 Schülern des Typs 1 und den 10 Schülern des Kontrasttyps 1 bestehen bei 67 Items signifikante Unterschiede in der Beschreibung der Arbeitsgruppen. Bei 25 Items sind die Unterschiede auf dem 0,1%-Niveau signifikant. Für die Faktoren der Perzeption (vgl. Abschnitt 6.2) wurden die folgenden mittleren Mittelwerte der zu Stan-

[111] Hierbei können auch die Items berücksichtigt werden, die mit dem Faktor in der zur Interpretation entgegengesetzten Richtung korrelieren, wenn zuvor das Vorzeichen der Standardwerte umgekehrt wird. Bei der Transformierung der Schätzwerte wird der Mittelwert (aller Schüler einer Arbeitsgruppe) zum neuen Nullpunkt der Skala, und der Standardwert drückt aus, in welcher Richtung und mit welcher Intensität der Schätzwert eines Schülers hiervon abweicht. Man kann annehmen, daß dieser Schätzwert mit gleicher Intensität, aber umgekehrter Richtung (d. h. mit umgekehrten Vorzeichen) vom Mittelwert aller Schüler abweichen würde, wenn das Item mit entgegengesetzter Intention formuliert worden wäre (z. B. statt: Der Unterricht ist eintönig – Der Unterricht ist abwechslungsreich.)

dardwerten transformierten Schätzwerte aus dem Unterrichtsfragebogen ermittelt:[112]

	Faktor	$\bar{M}_T$	$\bar{M}_K$	n	*d	*h
O	Kooperativität Lehrer-Schüler	–0,88	0,95	5	4	1
M	Emotionale Befriedigung	–0,83	0,89	21	21	–
B	Instrumentelle Passung des Themas	–0,71	0,98	7	7	–
P	Transparenz des Unterrichts	–0,89	0,63	3	2	6
K	Emotionale Sicherheit	–0,82	0,69	7	6	–
Q	Ausweichendes Lernverhalten	0,75	–0,68	6	5	4
D	Subjektive Überforderung	0,91	–0,15	5	2	3
R	Subjektives Leistungsbewußtsein	–0,26	0,29	7	1	–
S	Arbeitsintensität	–0,18	0,30	4	1	2
N	Leistungsniveau des Unterrichts	0,40	0,32	15	1	1

Die dem Typ und dem Kontrasttyp zugeordneten Schüler weichen bei ihrer Einschätzung der Arbeitsgruppen mit etwa gleicher Intensität, allerdings in verschiedener Richtung von den Mittelwerten aller Schüler ab. Deshalb müssen beide Gruppen als eigene Schülertypen verstanden werden, deren Besonderheiten an ihrer Gegenüberstellung zu erkennen sind.

Die Typ-1-Schüler empfinden den Unterricht weniger als emotional befriedigend, Lehrer und Schüler weniger als kooperativ, sie beschreiben die Themen als weniger zu ihren Neigungen und Fähigkeiten passend, den Unterricht halten sie für weniger transparent, und sie fühlen sich weniger emotional sicher als die meisten anderen Schüler. Ihr Lernverhalten schätzen sie als stärker ausweichend ein, sie fühlen sich deutlich stärker überfordert als ihre Mitschüler.

Die Kontrasttyp-1-Schüler erleben den Unterricht stärker als emotional befriedigend, und sie schätzen das Ausmaß der Zusammenarbeit von Lehrern und Schülern höher ein. Die Themen entsprechen eher ihren Neigungen und Fähigkeiten, die Struktur des Unterrichts ist ihnen stärker transparent. Ihr eigenes Lernverhalten schätzen sie deshalb als weniger ausweichend ein.

[112] Die Reihenfolge der Faktoren ergibt sich aus der Größe der Differenz zwischen den Mittelwerten. Es bedeutet:
$\bar{M}_T$ = Faktormittelwert für die Typ-Schüler
$\bar{M}_K$ = Faktormittelwert für die Kontrasttyp-Schüler
n = Anzahl der mit dem Faktor deutlich (a > .50) korrelierenden Items
*d = Anzahl der mit dem Faktor *d*eutlich (a > .50) korrelierenden Items, die zwischen den beiden Schülergruppen signifikant unterscheiden
*h = Anzahl der mit dem Faktor am *h*öchsten (bei a < .50) korrelierenden Items, die zwischen den beiden Schülergruppen signifikant unterscheiden.

Perzeptions-Typ 2:

Die 8 Schüler des Typs 2 und die 9 Schüler des Kontrasttyps 2 unterscheiden sich bei 56 Items signifikant. Für die Faktoren der Perzeption wurden die folgenden mittleren Mittelwerte der zu Standardwerten transfomierten Schätzwerte aus dem Unterrichtsfragebogen ermittelt (Erläuterungen in der Anmerkung zum Perzeptions-Typ 1):

	Faktor	$\bar{M}_T$	$\bar{M}_K$	n	*d	*h
R	Subjektives Leistungsbewußtsein	0,83	–0,45	7	5	1
M	Emotionale Befriedigung	–0,74	0,50	21	17	1
P	Transparenz des Unterrichts	–0,67	0,54	3	2	4
N	Leistungsniveau des Unterrichts	–0,77	0,31	15	11	–
D	Subjektive Überforderung	–0,72	0,27	5	4	1
Q	Ausweichendes Lernverhalten	0,40	–0,31	6	2	–
S	Arbeitsintensität	–0,61	0,08	4	2	1
K	Emotionale Sicherheit	0,54	–0,11	7	4	–
O	Kooperativität Lehrer – Schüler	–0,36	0,25	5	1	–
B	Instrumentelle Passung des Themas	0,25	0,04	7	1	–

Die Typ-2-Schüler schätzen ihre eigenen Unterrichtsleistungen als vergleichsweise hoch ein, sie finden jedoch im Unterricht nur geringe emotionale Befriedigung. Der Ablauf des Unterrichts ist ihnen wenig transparent, das allgemeine Leistungsniveau des Unterrichts schätzen sie eher gering ein, so daß sie sich persönlich nicht überfordert fühlen können. Ihre Arbeitsintensität ist geringer als die vieler Mitschüler.

Die Kontrasttyp-2-Schüler finden bei stärkerer Transparenz des Unterrichts eine höhere emotionale Befriedigung. Von ihren eigenen Unterrichtsleistungen sind sie weniger überzeugt, das allgemeine Leistungsniveau des Unterrichts erscheint ihnen eher als hoch, und sie fühlen sich tendenziell eher überfordert als viele ihrer Mitschüler. Sie versuchen jedoch seltener, sich den Anforderungen zu entziehen.

Die Schüler, die jeweils den extremen Polen der *beiden ersten* Typenfaktoren zugeordnet wurden, unterscheiden sich z. T. auf den gleichen Dimensionen. In beiden Fällen wurden für die Typ-Schüler deutlich geringere Werte vor allem für die emotionale Befriedigung und die Transparenz des Unterrichts errechnet, während die Schüler der beiden Kontrasttypen den Unterricht stärker als transparent erleben und eine stärkere emotionale Befriedigung empfinden. Worin unterscheiden sich die beiden Typenfaktoren?

Die Typ- und Kontrasttyp-Schüler des ersten Typenfaktors erleben den Unterricht dann als unterschiedlich emotional befriedigend und transparent, wenn sie die Zusammenarbeit zwischen Lehrer und Schülern sowie die Passung des Themas als gering (Typ-1-Schüler) bzw. als höher (Kontrasttyp-1-Schüler) einschätzen. Die Typ-1-Schüler sind mit dem Unterricht weniger zufrieden, weil sie offenbar weder zum Lehrer (Kooperativität) noch zum Thema (Passung) eine engere Beziehung gefunden haben. Die Kontrasttyp-1-Schüler fühlen sich dagegen in den Arbeitsgruppen emotional befriedigter, weil sie mit dem Lehrer verhältnismäßig eng oder oft zusammenarbeiten und weil das Thema ihren Interessen, Neigungen und Fähigkeiten besser entspricht.

Die Typ- und Kontrasttyp-Schüler des zweiten Typenfaktors erleben den Unterricht dann als unterschiedlich emotional befriedigend, wenn sie das Leistungsniveau des Unterrichts als nicht ihrem eigenen (hohen) Leistungsbewußtsein angemessen empfinden (Typ-2-Schüler) bzw. wenn sie sich vom Leistungsniveau des Unterrichts in angemessener Weise gefordert fühlen (Kontrasttyp-2-Schüler). Die Typ-2-Schüler sind mit dem Unterricht weniger zufrieden, weil das allgemeine Leistungsniveau nicht ihrer eigenen Leistungsfähigkeit entspricht, die sie als relativ hoch einschätzen. Diese Schüler fühlen sich offenbar vom Unterricht nicht hinreichend gefordert. Die Kontrasttyp-2-Schüler finden dagegen eine stärkere emotionale Befriedigung, weil ihr subjektives Leistungsbewußtsein (Item 96: Ich trage mehr zum Unterricht bei als die meisten anderen Schüler) weniger hoch ist, während sie das allgemeine Leistungsniveau des Unterrichts (Item 103: Der Lehrer verlangt von den Schülern den vollen Einsatz ihrer Leistungsfähigkeit) etwas höher einschätzen als ihre Mitschüler. Das Leistungsniveau des Unterrichts scheint dem Leistungsbedürfnis dieser Schüler weitgehend zu entsprechen.

Perzeptions-Typ 3:

Zur Interpretation des dritten Typenfaktors wurden für den Typ 7 Schüler und für den Kontrasttyp 13 Schüler miteinander verglichen. Sie unterscheiden sich bei 28 Items signifikant. Für die Faktoren der Perzeption wurden die folgenden mittleren Mittelwerte der zu Standardwerten transformierten Schätzwerte aus dem Unterrichtsfragebogen ermittelt (Erläuterungen in der Anmerkung zum Perzeptions-Typ 1):

Faktor		$\bar{M}_T$	$\bar{M}_K$	n	*d	*h
B	Instrumentelle Passung des Themas	–0,82	0,57	7	5	2
R	Subjektives Leistungsbewußtsein	–0,75	0,46	7	6	–
S	Arbeitsintensität	–0,31	0,44	4	1	2
N	Leistungsniveau des Unterrichts	–0,14	0,36	15	2	1
Q	Ausweichendes Lernverhalten	0,27	0,12	6	–	1
P	Transparenz des Unterrichts	0,03	0,37	3	1	4
O	Kooperativität Lehrer-Schüler	–0,27	0,06	5	–	–

Faktor		$\bar{M}_T$	$\bar{M}_K$	n	*d	*h
K	Emotionale Sicherheit	−0,17	0,13	7	1	–
M	Emotionale Befriedigung	0,21	0,05	21	1	–
D	Subjektive Überforderung	0,04	0,12	5	–	1

Die Typ-3-Schüler empfinden insbesondere die Themen als relativ wenig zu ihren Neigungen und Interessen passend, und sie sind sich ihrer eigenen Leistungen weniger bewußt. Bei allen anderen Dimensionen unterscheiden sie sich weniger deutlich von den Kontrasttyp-Schülern. Die Arbeitsintensität der Schüler und das Leistungsniveau des Unterrichts schätzen sie tendenziell niedriger ein.

Die Kontrasttyp-3-Schüler empfinden die Themen in stärkerem Maße als passend, und sind sich ihrer Leistungen in stärkerem Maße als herausragend bewußt. Die Arbeitsintensität der Schüler und das Leistungsniveau des Unterrichts schätzen sie eher hoch ein. Insbesondere bei den folgenden Gesichtspunkten unterscheiden sie sich deutlich von den Typ-3-Schülern:

Item		M_T	M_K	
113	Für diese Arbeitsgruppe arbeite ich auf Kosten der anderen Fächer mehr als es der Unterricht erfordert	−0,91	1,09	***
10	Das Thema liegt mir	−1,01	0,88	***
8	Für das Thema besitze ich die nötigen Vorkenntnisse	−0,96	0,86	**
35	Das Thema regt mich zur Diskussion an	−1,09	0,73	***
37	Zu diesem Thema verfasse ich gern ein Referat	−0,95	0,78	**
43	Ich arbeite im Unterricht regelmäßig mit	−0,95	0,63	***
96	Ich trage mehr zum Unterricht bei als die meisten anderen Schüler	−0,91	0,55	**
82	Voraussichtlich kann ich in diesem Schuljahr meine Zensuren für dieses Fach verbessern	−0,68	0,70	**
6	Das Thema ist wichtig für meine Studien- und Berufspläne	−0,74	0,46	**

An diesen Differenzen wird deutlich, daß die Kontrasttyp-3-Schüler ein starkes Interesse an den Themen haben, sachlich sehr kompetent sind und zu hohem zusätzlichem Arbeitsaufwand bereit sind. Im Vergleich dazu sind die Typ-3-Schüler wenig an den Themen interessiert und versuchen, ihren Arbeitsaufwand so gering wie möglich zu halten. Bei den folgenden Gesichtspunkten haben die Typ-3-Schüler im Durchschnitt deutlich höhere Schätzwerte eingetragen als die Kontrasttyp-3-Schüler:

Item		M_T	M_K	
118	Ich arbeite für diese Arbeitsgruppe nur so viel, wie nötig ist, um eine schlechtere Zensur zu vermeiden	0,65	−0,66	**
91	Was im Unterricht behandelt wird, ist für mich neu	0,76	−0,46	**
54	Nur wenige Schüler arbeiten aktiv mit	0,93	−0,13	**

Typ-3- und Kontrasttyp-3-Schüler unterscheiden sich also vor allem in ihrer Bereitschaft zur Mitarbeit, die abhängig ist von der subjektiven Relevanz des Themas und des Faches. Schüler, die die Themen als wichtig einschätzen, arbeiten intensiv mit und tragen viel zum Unterricht bei (Kontrasttyp 3), während die Schüler, die das Fach und seine Themen persönlich wenig wichtig finden, versuchen, ihren Arbeitsaufwand für dieses Fach so gering als möglich zu halten (Typ 3).

Perzeptions-Typ 4:

Die 6 Schüler des Typs 4 und die 13 Schüler des Kontrasttyps 4 unterscheiden sich bei 24 Items statistisch signifikant. Für die Faktoren der Perzeption wurden die folgenden mittleren Mittelwerte der zu Standardwerten transformierten Schätzwerte aus dem Unterrichtsfragebogen ermittelt (Erläuterungen in der Anmerkung zum Perzeptions-Typ 1):

Faktor		$\bar{M}_T$	$\bar{M}_K$	n	*d	*h
B	Instrumentelle Passung des Themas	−0,53	0,17	7	2	2
N	Leistungsniveau des Unterrichts	0,26	−0,29	15	3	—
D	Subjektive Überforderung	−0,44	0,10	5	1	3
M	Emotionale Befriedigung	−0,13	0,39	21	7	—
P	Transparenz des Unterrichts	0,34	−0,13	3	1	—
Q	Ausweichendes Lernverhalten	−0,27	0,14	6	1	1
R	Subjektives Leistungsbewußtsein	0,18	−0,21	7	2	—
O	Kooperativität Lehrer-Schüler	0,46	0,14	5	—	—
S	Arbeitsintensität	0,12	0,20	4	—	—
K	Emotionale Sicherheit	−0,05	0,01	7	—	1

An diesen Daten werden die Unterschiede zwischen den beiden Schülergruppen kaum deutlich. Nur tendenziell (bei wenigen Items der Faktoren signifikant) deutet sich an, daß die Typ-4-Schüler die Themen als weniger passend empfinden und sich von einem eher hohen Leistungsniveau des Unterrichts weniger überfordert fühlen. Die Kontrasttyp-Schüler finden eine etwas stärkere emotionale Befriedigung.

Die Unterschiede zwischen den Typ-4- und den Kontrasttyp-4-Schülern müssen detaillierter analysiert und unabhängig von den Faktoren, also anhand der Items gesucht werden. Hohe positive Standardwerte wurden für die Typ-4-Schüler bei folgenden Items errechnet:

Item		M_T	M_K	
112	Ich kann in der Gruppe zeigen, was ich kann	1.05	−0,45	**
96	Ich trage mehr zum Unterricht bei als die meisten anderen Schüler	0,99	−0,46	**
44	Der Lehrer läßt häufig selbständige Arbeiten anfertigen	1,41	0,00	**
107	Der Stoff wird auf einem ziemlich anspruchsvollen Niveau behandelt	0,77	−0,58	**
84	Meine Leistungen sind besser als die der anderen Schüler	0,74	−0,41	*
97	Im Unterricht wird etwas gelernt und nicht nur unverbindlich dahergeredet	0,84	−0,13	*

Die Typ-4-Schüler schätzen sowohl den Unterricht stärker als sachlich anspruchsvoll als auch ihre eigenen Beiträge eher als sachlich kompetent ein. Sie glauben, leistungsfähiger zu sein und ihre Leistungsfähigkeiten besser entfalten zu können als die anderen Schüler in ihren Arbeitsgruppen. Vermutlich kann man die hohen Standardwerte bei den Items 44, 107 und 97 dahingehend verstehen, daß es vor allem die Schüler des Typs 4 sind, die häufig selbständige Arbeiten anfertigen, die Themen auf einem anspruchsvollen Niveau behandeln und im Unterricht intensiv mitarbeiten.

Das Verhältnis der Typ-4-Schüler zum Lehrer wird durch die folgenden Items charakterisiert:

Item		M_T	M_K	
83	Bei dem Lehrer muß man ständig damit rechnen, augerufen zu werden	1,17	−0,15	**
101	Es ist den Schülern bekannt, nach welchen Gesichtspunkten der Lehrer die Leistungen der Schüler beurteilt	0,29	−0,92	(*)
29	Der Lehrer verlangt regelmäßige Teilnahme am Unterricht	0,27	−0,78	(*)
78	Man weiß bei dem Lehrer immer, wie er die Leistungen seiner Schüler beurteilt	0,15	−0,83	*
73	Gute Leistungen werden vom Lehrer besonders hervorgehoben	0,52	−0,45	(*)
105	Der Lehrer hat eine hohe Meinung von meinen Fähigkeiten	0,41	−0,48	(*)
106	Der Lehrer stellt die Ziele, die er mit dem Unterricht verfolgt, klar dar	0,56	−0,28	(*)
100	Der Lehrer glaubt anscheinend, es gäbe nichts Wichtigeres als sein Fach	0,33	−0,51	*

Den Typ-4-Schülern ist offenbar stärker als den Kontrasttyp-4-Schülern bewußt, daß der Lehrer von ihnen ständige und hohe Leistungen erwartet, ihnen ist aber auch besser bekannt, nach welchen Gesichtspunkten der Lehrer die Leistungen bewerten wird. Wie dieses Ergebnis zu bewerten ist, wird deutlich, wenn man die Beurteilung der Themen vergleicht. Bei den folgenden Items bestehen deutliche Unterschiede:

Item	M_T	M_K	
12 Das Thema gehört zur Allgemeinbildung	−1,64	0,14	**
39 Das Thema ist bei den Schülern allgemein beliebt	−1,15	0,27	**
14 Ein ähnliches Thema wurde bereits einmal behandelt	−0,70	0,49	*
99 Ich würde es begrüßen, wenn einmal ein ganz anderes Thema behandelt würde	0,90	−0,19	*
27 Das Thema ist originell	−0,69	0,34	*
6 Das Thema ist wichtig für meine Studien- und Berufspläne	−0,72	0,30	*

Die Typ-4-Schüler halten die Themen also eher für unwichtig und uninteressant, ja sie möchten sich lieber mit einem ganz anderen Thema beschäftigen. Dennoch bietet ihnen das gerade behandelte Thema die offenbar willkommene Möglichkeit, ihre Leistungsfähigkeit zu beweisen und den Leistungserwartungen der Lehrer zu entsprechen.
Die Kontrasttyp-4-Schüler unterscheiden sich in der Einschätzung der Themen zwar deutlich von den Typ-4-Schülern, aber eine besonders enge Beziehung zum Thema haben sie auch nicht. Die Kriterien der Leistungsbeurteilung sind ihnen weniger gut bekannt, und sie glauben nicht, daß der Lehrer eine gute Meinung von ihren Fähigkeiten hat. Allerdings glauben diese Schüler, in ihrer Arbeitsgruppe ihre Fähigkeiten nicht voll entfalten zu können (vgl. Item 112).

Die Prüfung, ob die den Typen und Kontrasttypen zugeordneten Schüler bestimmten Arbeitsgruppen angehören, erübrigt sich hier, weil bei der Faktorenanalyse nach der Q-Technik von Daten ausgegangen wurde, die zuvor in arbeitsgruppenspezifische Standardwerte transformiert worden waren. Objektive Unterschiede zwischen den Arbeitsgruppen sind dadurch nivelliert worden, und es wurden Schülergruppen identifiziert, die ihre jeweilige Arbeitsgruppe mit spezifischer Tendenz beschreiben, d. h. mit ihren Schätzwerten in bestimmter Weise von den Schätzwerten aller Schüler ihrer Arbeitsgruppe abweichen.

Wie bei den vorangegangenen Typenanalysen können jedoch auch hier die Interpretationen der Typen durch die Heranziehung weiterer Merkmale ergänzt werden. In den folgenden Tabellen sind die Ergebnisse der entsprechenden Berechnungen wiedergegeben:

Tabelle 7.3–1: Perzeptions-Typen und ihre Verteilung auf Klassenstufe und Geschlecht sowie Mittelwerte der Zeugniszensur und des Interesses am Fach Gemeinschaftskunde

	Klassenstufe 12	13	Geschlecht m	w	Zensur 1968/69	Interesse am Fach
Typ 1	5	4	6	3	3,62	2,25 **
Kontrasttyp1	8	2	6	4	2,70	3,70
Typ 2	2	6 (*)	6	2	2,37 (*)	3,75 (*)
Kontrasttyp 2	6	3	4	5	3,22	3,00
Typ 3	5	2	3	4	3,50	1,86 ***
Kontrasttyp 3	8	5	9	4	3,23	3,25
Typ 4	3	3	5	1 (*)	3,00	3,00
Kontrasttyp 4	8	5	5	8	3,08	2,92

Tabelle 7.3–2: Perzeptions-Typen und Mittelwerte von Intelligenz (IQ) und Leistungsmotivation (HE = Hoffnung auf Erfolg; FM = Furcht vor Mißerfolg; NH = Netto-Hoffnung; Gm = Gesamtmotivation)

	IQ	HE	FM	NH	Gm
Typ 1	123	4,00	2,17 (*)	1,83	6,17 *
Kontrasttyp 1	123	5,89	4,33	1,56	10,22
Typ 2	129	3,75 (*)	2,50 *	1,25	6,25 *
Kontrasttyp 2	125	6,56	6,56	0,00	13,11
Typ 3	118	4,60	7,20	−2,60	11,80
Kontrasttyp 3	124	3,82	4,45	−0,64	8,27
Typ 4	121	7,67	7,67	0,00	5,33
Kontrasttyp 4	118	5,92	4,25	1,67	10,17

Welche Hinweise ergeben sich aus diesen Daten für eine weitere Interpretation der Perzeptions-Typen?

Zwischen den Schülern des Typs 1 und des Kontrasttyps 1 bestehen deutliche Unterschiede: Die Schüler des *Typs 1,* die bei geringer Kooperativität zwischen Lehrer und Schülern und geringer Passung des Themas eine geringe emotionale Befriedigung erleben, hatten zu Beginn des Schuljahres relativ schlechte Zeugniszensuren (M = 3,62), sie interessieren sich für das Fach Gemeinschaftskunde weniger und sind deutlich weniger leistungsmotiviert. Die Schüler des *Kontrasttyps 1* dagegen sind stärker leistungsmotiviert, interessieren sich mehr für das Fach Gemeinschaftskunde und haben bessere Zeugnisnoten. Sie erleben den Unterricht stärker als emotional befriedigend, ihre Zusammenarbeit mit den Lehrern ist intensiver, die Themen kommen ihren Interessen stärker entgegen.

Hier bestätigt sich (vgl. Abschnitt 6.2), daß sich die Lehrer mit den stärker am Thema interessierten Schülern intensiver befassen. Offenbar glauben sie, von allen Schülern, die ihre Arbeitsgruppe und damit ihr Thema gewählt haben, ein starkes Interesse am Thema erwarten zu können. Dieses Interesse ist jedoch unterschiedlich ausgeprägt, und die Diskrepanz zwischen den Erwartungen der Lehrer und den Neigungen der Schüler führt dazu, daß etliche Schüler den Unterricht als weniger emotional befriedigend erleben als jene Mitschüler, die den Erwartungen der Lehrer besser entsprechen.

Daß die Lehrer und die weniger interessierten Schüler weniger intensiv zusammenarbeiten, kann die Ursache für die relativ schlechten Zensuren dieser Schüler sein. Allerdings ist zu bedenken, daß diese Schüler selbst ein eher ausweichendes Lernverhalten zeigen, oft ihre Unterrichtszeit nur absitzen und froh sind, wenn die Stunde zu Ende ist (Item 94). Da die Lehrer offenbar ein stärkeres Interesse am Thema voraussetzen, als es diese Schüler mitbringen, bemühen sie sich kaum darum, auch diese weniger interessierten Schüler in den Unterricht zu integrieren und ihnen z. B. den Unterrichtsplan bzw. -ablauf transparent zu machen. Es gelingt ihnen jedenfalls nicht, die weniger interessierten Schüler aus ihrem ausweichenden Lernverhalten herauszuführen. Die Schüler werden deshalb ihre schlechten Leistungen kaum verbessern können. Ihre relativ niedrige Leistungsmotivation kann dabei als ein weiteres Hindernis verstanden werden.[113]

Auch der zweite Typenfaktor kann eingehender analysiert werden: Bei den Schülern des *Typs 2*, die ein höheres subjektives Leistungsbewußtsein haben, das allgemeine Leistungsniveau des Unterrichts jedoch niedriger einschätzen, handelt es sich vor allem um Schüler der Klassenstufe 13 und tendenziell um männliche Schüler. Sie haben etwas bessere Zensuren ($M = 2{,}37$) und etwas stärkeres Interesse am Fach ($M = 3{,}75$) als die Schüler des Kontrasttyps. Deutlich ist die geringere Leistungsmotivation dieser Schüler zu erkennen. Sowohl die Gesamtmotivation als auch die Komponente Furcht vor Mißerfolg ist statistisch signifikant geringer als bei den Schülern des Kontrasttyps. Trotz ihrer geringeren allgemeinen Leistungsmotivation haben diese Schüler bessere Zensuren erhalten, was auf ein stärkeres Interesse am Fach zurückgeführt werden kann. – Wie ist es zu erklären, daß diese Schüler den Unterricht dennoch als weniger emotional befriedigend erleben? – Die Schü-

[113] Darüber hinaus kann man vermuten, daß die schlechteren Zensuren dieser Schüler – außer auf ihre geringeres Engagement – auch darauf zurückgeführt werden können, daß die Lehrer die Leistungen der weniger an „ihren“ Themen interessierten (und zudem wenig leistungsmotivierten) Schüler tendenziell ungünstiger bewerten.

ler haben ein sehr hohes subjektives Leistungsbewußtsein, das allerdings nicht auf eine allgemeine Leistungsmotivation, sondern eher auf ein hohes, auf dieses Fach bezogenes Interesse zurückzuführen ist. Diesem subjektiven Leistungsbewußtsein entspricht das allgemeine Leistungsniveau des Unterrichts nach Einschätzung der Schüler nicht. Der Unterricht befriedigt offenbar ihre spezifischen fachlichen Interessen nicht in ausreichendem Maße.

Die Schüler des *Kontrasttyps 2* sind stärker leistungsmotiviert, vor allem durch eine starke Komponente an Mißerfolgsängstlichkeit. Sie haben ein geringeres Interesse am Fach Gemeinschaftskunde und etwa durchschnittliche (im Vergleich mit den Typ-Schülern jedoch schlechtere) Zensuren. Sie schätzen das Leistungsniveau des Unterrichts eher als hoch ein, glauben jedoch nicht, von sich selbst sagen zu können, daß ihre Unterrichtsleistungen besonders hoch sind. Diese Einschätzung wird etwas verständlich, wenn man bedenkt, daß es sich bei 6 von 9 dieser Schüler um Angehörige der Klassenstufe 12 handelt, die sich wahrscheinlich vom Leistungsniveau des ungewohnten Unterrichts in den Arbeitsgruppen eher überfordert fühlen als die Schüler der Klassenstufe 13, die bereits ein Jahr länger mit dieser Unterrichtsform vertraut sind.

Die Schüler des *Typs 3* sind durch ein sehr deutlich niedrigeres Interesse am Fach Gemeinschaftskunde (M = 1,86) gekennzeichnet. Folglich ist auch ihr Interesse an den Themen der Arbeitsgruppen gering. Sie versuchen deshalb, ihre Arbeitsintensität so gering als irgend möglich zu halten. Ihre eigenen Leistungen schätzen sie entsprechend gering ein. Von den Schülern des Typs 1, die ebenfalls weniger am Fach interessiert sind, unterscheiden sie sich darin, daß sie eine deutlich höhere, durch Mißerfolgsängstlichkeit geprägte Leistungsmotivation haben. Im Gegensatz zu den Schülern des Typs 1 finden sie keine geringere (sondern sogar eine etwas höhere) emotionale Befriedigung als ihre Mitschüler. Dieses Ergebnis kann dadurch erklärt werden, daß diese Schüler trotz geringem Interesse, aber durch Furcht vor Mißerfolg motiviert, bestrebt sind, im Unterricht „ihre Pflicht" zu tun und den Leistungserwartungen der Lehrer so weit zu entsprechen, daß ihr eigener Gütemaßstab erfüllt ist und sie sich in der Arbeitsgruppe wohlfühlen (Item 116) können.

Die Schüler des *Kontrasttyps 3* sind am Fach Gemeinschaftskunde stärker interessiert (M = 3,25), sie finden dementsprechend auch die Themen interessanter und glauben, mehr zum Unterricht beizutragen als die meisten anderen Schüler (Item 94). Ihre Zensuren entsprechen dieser Einschätzung jedoch nur wenig, was aber nicht als Widerspruch aufgefaßt werden muß, wenn man annimmt, daß sich das starke Interesse der Schüler am Fach wegen einer nicht vorhandenen hohen Leistungsmotivation nicht in notenrelevante Schulleistungen (bei Klausuren

z. B.) auswirkt. Mit anderen Worten: Die Schüler sind zwar stark am Thema interessiert und zu intensiver Arbeit bereit, aber nicht motiviert, den damit verbundenen Lernstoff so zu verarbeiten, daß sie ihn später wieder reproduzieren können. Allerdings glauben diese Schüler, ihre Zensuren verbessern zu können (Item 82).

Der vierte Typenfaktor wird durch die vorliegenden Daten nicht in statistisch signifikanter Weise näher bestimmt.[114] Der Tendenz nach handelt es sich bei den Schülern des *Typs 4* vor allem um männliche Schüler mit der (im Vergleich mit allen anderen Gruppen) höchsten Leistungsmotivation. Dies entspricht der Beschreibung des Unterrichts durch diese Schüler weitgehend: Sie halten den Unterricht eher für anspruchsvoll, sich selbst für leistungsfähig und glauben, im Unterricht diese Leistungsfähigkeit beweisen zu können. Das Thema der Arbeitsgruppe ist ihnen weniger wichtig und findet weniger ihr Interesse.

Die Schüler des *Kontrasttyps 4* sind nicht so deutlich vor allem weiblichen Geschlechts, wie die Schüler des Typs 4 männlich sind. Bei den anderen Merkmalen sind ihre Daten von durchschnittlicher Höhe, so daß keine weiteren Aussagen über diese Schülergruppe getroffen werden können.

Zusammenfassung: Schülergruppen mit spezifischer Beurteilung des Unterrichts („Perzeptions-Typen")

Mit Hilfe der Q-Technik der Faktorenanalyse wurde versucht, Schülergruppen zu identifizieren, die den Unterricht in ihren Arbeitsgruppen in spezifischer Weise beurteilen. Dabei wurden die Schätzwerte der Schüler aus dem Unterrichtsfragebogen zunächst in arbeitsgruppenbezogene Standardwerte transformiert, um evtl. zwischen den Arbeitsgruppen bestehende objektive Unterschiede auszugleichen. Bei der Q-Analyse dieser Standardwerte werden also Schülergruppen identifiziert, die bestimmte Merkmale des Unterrichts als stärker oder weniger stark ausgeprägt beschreiben, als es ihre Mitschüler tun.

Es konnten vier Typenfaktoren identifiziert werden, die alle – anders als bei den vorangegangenen Typenanalysen – auf beiden Polen deutlich von Schülern gekennzeichnet werden. Deshalb müssen hier sowohl die Typ-Schüler als auch die Kontrasttyp-Schüler als spezifische Schülergruppen verstanden und interpretiert werden. Durch einen Vergleich der Standardwerte (s. o.) und weiterer Persönlichkeitsmerkmale konnten die Besonderheiten dieser Perzeptions-Typen identifiziert werden:

[114] Für die Leistungsmotivation liegen nur die Daten von 3 Typ- bzw. 12 Kontrasttyp-Schülern vor.

Perzeptions-Typ 1: Schüler, die die Themen weniger interessant finden, sich für das Fach Gemeinschaftskunde allgemein weniger interessieren, weniger gute Zensuren haben und weniger stark leistungsmotiviert sind. Zwischen diesen Schülern und den Lehrern ist die Zusammenarbeit eher gering, der Unterricht ist den Schülern weniger transparent, und sie finden eine vergleichsweise geringe emotionale Befriedigung. Dies deutet darauf hin, daß es den Lehrern nicht gelingt, diese weniger am Fach und an den Themen interessierten Schüler in den Unterricht einzubeziehen.

Kontrasttyp 1: Schüler mit starkem Interesse am Fach und an den Themen, höherer Leistungsmotivation und besseren Schulleistungen (Zensuren). Mit diesen Schülern arbeiten die Lehrer offenbar (zum Nachteil der Schüler des Typs 1) intensiver zusammen. Die Schüler finden eine stärkere emotionale Befriedigung im Unterricht.

Perzeptions-Typ 2: Schüler (tendenziell vor allem der Klassenstufe 13) mit geringer allgemeiner Leistungsmotivation, aber sehr starkem Interesse am Fach Gemeinschaftskunde. Ihre eigenen Leistungen im Unterricht schätzen sie als hoch, das allgemeine Leistungsniveau jedoch eher niedrig ein. Ihre dennoch geringere emotionale Befriedigung kann darauf zurückgeführt werden, daß ihre besonders hohen fachlichen Interessen im Unterricht nicht befriedigt werden.

Kontrasttyp 2: Schüler (tendenziell vor allem der Klassenstufe 12) mit hoher, besonders durch Mißerfolgsängstlichkeit geprägter Leistungsmotivation, durchschnittlichem Interesse am Fach und durchschnittlichen Zensuren. Das allgemeine Leistungsniveau des Unterrichts schätzen sie eher als hoch, ihre eigenen Leistungen aber als geringer ein. Obgleich sie sich tendenziell etwas stärker überfordert fühlen als ihre Mitschüler, empfinden sie den Unterricht als stärker emotional befriedigend.

Perzeptions-Typ 3: Schüler mit einem sehr geringen Interesse am Fach Gemeinschaftskunde und ebenso geringem Interesse an den Themen. Sie versuchen, ihren Arbeitsaufwand für dieses Fach so gering als möglich zu halten, und schätzen ihre eigenen Leistungen als niedrig ein. Sie haben jedoch eine relativ hohe (wenn auch nicht von den Kontrasttyp-Schülern signifikant verschiedene), vor allem durch Mißerfolgsängstlichkeit geprägte Leistungsmotivation, die sie vermutlich veranlaßt, im Unterricht „ihre Pflicht" zu tun.

Kontrasttyp 3: Schüler mit starkem Interesse am Fach Gemeinschaftskunde und an den Themen der Arbeitsgruppen. Sie arbeiten im Unterricht intensiv mit. Da sie jedoch eine (im Vergleich mit den anderen Schülergruppen) geringe Leistungsmotivation haben, wirkt sich vermutlich das starke Interesse nicht in notenrelevanten Schulleistungen (Klausuren etc.) aus. Allerdings glauben die Schüler, ihre Zensuren bis zum Ende dieses Schuljahres verbessern zu können.

Perzeptions-Typ 4: Schüler (tendenziell vor allem männlichen Geschlechts) mit sehr hoher Leistungsmotivation, (die allerdings wegen einer geringen Probandenzahl nicht statistisch gesichert werden kann). Sie erleben den Unterricht als anspruchsvoll, halten sich selbst für sachlich kompetent und glauben, im Unterricht ihre Fähigkeiten entfalten zu können. Zu den Themen haben sie allerdings keine besonders enge Beziehung.

Kontrasttyp 4: Schüler (tendenziell vor allem weiblichen Geschlechts) mit etwa durchschnittlich hoher Leistungsmotivation, durchschnittlich starkem Interesse am Fach und durchschnittlichen Zensuren. Sie erleben den Unterricht weniger anspruchsvoll und glauben weniger, ihre Leistungsfähigkeiten entfalten zu können. Sie erleben den Unterricht als etwas stärker emotional befriedigend.

Bereits bei der gruppenspezifischen Analyse der Erwartungen, mit denen die Schüler den Unterricht in den Arbeitsgruppen beginnen (vgl. Abschnitt 7.2), hatte sich gezeigt, daß durch Wahldifferenzierung die Lerngruppen nicht (oder nicht wesentlich) homogener werden. Die Schüler haben dieselben Arbeitsgruppen aus verschiedenen Gründen gewählt und beginnen den Unterricht in den Arbeitsgruppen mit verschiedenen Erwartungen. Es zeigt sich jetzt, daß im Verlauf des Unterrichts die Arbeitsgruppen eher noch heterogener werden. Der Unterricht wird von verschiedenen Schülern sehr viel differenzierter beurteilt, die Vielfalt der Schülergruppen, die ihre Arbeitsgruppen unter bestimmten Gesichtspunkten ähnlich beurteilen, ist größer geworden.[115]

Es zeigt sich, daß die Schüler mit dem Unterricht in den Arbeitsgruppen in unterschiedlicher Weise und aus verschiedenen Gründen zufrieden bzw. weniger zufrieden sind. Vor allem unterscheiden sich die Schüler in der emotionalen Befriedigung, die sie im Unterricht empfinden. Einige Schüler fühlen sich in ihren Arbeitsgruppen wohler, andere glauben, die falsche Gruppe gewählt zu haben. Dies ist auf verschiedene Ursachen zurückzuführen. Einige Schüler finden offenbar weniger Kontakt zu ihren Lehrern, es bleibt eine größere emotionale Distanz, vor allem bei Schülern, die geringes Interesse am Fach und an den Themen haben. Auf der anderen Seite fühlen sich die Schüler mit sehr

[115] Zwar beruhen diese Ergebnisse auf dem umfangreicheren Unterrichtsfragebogen, aber es hatte sich gezeigt, daß viele hier angesprochene Gesichtspunkte zu umfassenderen Kategorien zusammengefaßt werden können (vgl. Abschnitt 6.2). Zudem wird durch die interpretierten vier Typenfaktoren der Perzeption nur ein geringer Teil (30%) der gesamten Varianz aufgeklärt, so daß das Bild eigentlich noch vielfältiger ist, als es in der Typenanalyse erkennbar wird.

starkem Interesse am Fach und an den Themen in ihren Arbeitsgruppen weniger wohl, weil sie sich vom Leistungsniveau des Unterrichts nicht hinreichend gefordert fühlen. Sie sind mit Schülern in derselben Arbeitsgruppe zusammen, die sehr viel weniger Interesse am Fach haben und versuchen, ihren Arbeitsaufwand so gering wie möglich zu halten. Daneben gibt es Schüler, die eine hohe allgemeine Leistungsmotivation haben und im Unterricht ihre Leistungsfähigkeit beweisen wollen, sich aber für die Themen eigentlich weniger interessieren.

Wahldifferenzierter Unterricht entspricht den verschiedenen Bedürfnissen verschiedener Schüler offenbar in unterschiedlichem Maße. Im folgenden Abschnitt soll noch einmal detaillierter gefragt werden, welche Erwartungen, die die Schüler mit der Wahl ihrer Arbeitsgruppen verbunden haben, im Laufe des Unterrichts erfüllt bzw. enttäuscht worden sind.

7.4 Schülergruppen mit spezifischem Verhältnis zwischen Erwartungen und der Beurteilung des Unterrichts („Diskrepanz-Typen")

Die Erwartungen der Schüler am Beginn des Schuljahres sind bereits im Abschnitt 6.3 mit ihrer Beschreibung des Unterrichts nach acht Monaten verglichen worden. Dort hat sich gezeigt, daß die Schüler im Durchschnitt ihre zu Beginn des Schuljahres gehegten Erwartungen nicht erfüllt sehen und mehr oder weniger vom Verlauf des Unterrichts enttäuscht sind. Es erhebt sich aber auch hier die Frage, ob diese Aussage für alle (oder fast alle) Schüler gültig ist. Wahrscheinlich gibt es Schüler, die bestimmte Erwartungen besonders wenig erfüllt sehen, so wie es andererseits Schüler geben kann, die mit der tatsächlichen Lernsituation in ihrer Arbeitsgruppe zufriedener sind, als sie es antizipiert haben. Z. B. könnten Schüler ihr Interesse am Fach oder an einem Thema erst bei einem Lehrer entdeckt haben, der seinen Unterricht so gestaltet, daß bestimmte Schüler davon besonders angesprochen werden. Kurz gesagt: Das eher negative Resultat der generalisierenden Analyse (Abschnitt 6.3) muß vielleicht wesentlich differenziert werden, wenn es der Komplexität der tatsächlichen Verhältnisse entsprechen soll. Es ist zu fragen, ob wahldifferenzierter Unterricht den Bedürfnissen bestimmter Schüler stärker entspricht und ob andere Schüler eher benachteiligt werden.

Wie kann diese Frage beantwortet werden? – Im Abschnitt 6.3 hatte sich gezeigt, daß zwischen den Schätzwerten der Schüler aus dem Wahlfragebogen und aus dem Unterrichtsfragebogen im Durchschnitt eine

Differenz von $\bar{d} = 0{,}56$ besteht. Diese Differenz konnte auf verschiedene Ursachen zurückgeführt werden. Sie kann zum Teil als Enttäuschung über die Realität des Unterrichts interpretiert, aber auch auf objektive Veränderungen in der Schule bzw. auf eine Sensibilisierung der Schüler für Probleme ihres Unterrichts zurückgeführt werden. Diese durchschnittliche Diskrepanz zwischen Erwartung und Realität, deren Ursache nicht eindeutig geklärt werden kann, kann bei den gruppenspezifischen Analysen unberücksichtigt bleiben. Hier geht es darum, ob bestimmte Schüler z. B. bei der Antizipation relativ, nämlich im Vergleich mit den anderen Schülern ihrer Arbeitsgruppen, hohe und bei der Perzeption relativ niedrige Schätzwerte eingetragen haben und umgekehrt. An diesen Daten ist abzulesen, ob die Schüler hinsichtlich bestimmter Erwartungen stärker enttäuscht sind als ihre Mitschüler. Zugleich können die evtl. zwischen den Arbeitsgruppen bestehenden „objektiven" Unterschiede (sowohl bei der Antizipation, bei der Perzeption als auch bei der Dikrepanz zwischen diesen Werten) durch die Standardisierung der Schätzwerte berücksichtigt werden. Es sind also die folgenden Berechnungen durchzuführen:

1. Arbeitsgruppenspezifische Transformation der Schätzwerte aus dem Wahlfragebogen und dem Unterrichtsfragebogen in Standardwerte. Dadurch werden die Schätzwerte der einzelnen Schüler in Beziehung gesetzt zu den Schätzwerten der anderen Schüler, die die gleiche Arbeitsgruppe gewählt haben bzw. an ihr teilnehmen. Ein positiver Standardwert bedeutet danach, daß der Schüler bei dem jeweiligen Merkmal einen im Vergleich mit den Mitschülern seiner Arbeitsgruppe hohen Schätzwert eingetragen hat, also den Unterricht mit relativ hohen Erwartungen begonnen bzw. das Merkmal als relativ stark ausgeprägt empfunden hat.[116]

2. Berechnung der Differenzen zwischen den Standardwerten für die Antizipation und die Perzeption („Standardwertdifferenzen"). Diese Daten bilden die Grundlage für die folgenden gruppenspezifischen Analysen. Eine positive Differenz bedeutet, daß der Schüler relativ hohe Erwartungen hatte, aber bei der Perzeption stärker enttäuscht ist als

[116] Damit die Standardwerte von Antizipation und Perzeption sinnvoll miteinander verglichen werden können, müssen die Standardwerte der Antizipation hier in entsprechender Weise berechnet werden wie die der Perzeption, nämlich nur auf die Schüler bezogen, die die Arbeitsgruppe an erster Stelle gewählt haben bzw. an ihr teilnehmen. Diese Standardwerte unterscheiden sich also von denen, die z. B. bei der Analyse der Wahlkriterien (Abschnitt 5.2.2) und auch bei der gruppenspezifischen Analyse der Erwartungen (Abschnitt 7.2) verwendet wurden, denn dort wurden die Schätzwerte der Erstwähler zu den Schätzwerten aller Schüler in Beziehung gesetzt, ohne zu berücksichtigen, an welcher Stelle diese Schüler die Arbeitsgruppen gewählt haben.

seine Mitschüler. Eine negative Differenz wird dagegen dann errechnet, wenn der Schätzwert eines Schülers bei der Antizipation relativ niedrig (der Standardwert also negativ), bei der Perzeption aber relativ hoch (der Standardwert positiv) ist. Kurz gesagt: Eine positive Differenz zwischen den Standardwerten bedeutet, daß der Schüler stärker enttäuscht ist als der Durchschnitt seiner Mitschüler, eine negative Differenz bedeutet, daß er weniger stark enttäuscht ist.[117]

Diese Berechnungen sind sicher etwas umständlich, aber um die Frage dieses Abschnitts mit Hilfe einer Typenanalyse beantworten zu können, ist es erforderlich, das Ausmaß der Diskrepanz zwischen Erwartung und Realität durch *einen* Wert darzustellen, da sonst keine Korrelationen zwischen den Schülern berechnet werden können. Außerdem können an diesen Daten bei der Interpretation der Typen die Unterschiede zwischen den Schülergruppen mit der bisher verwandten Methode (U-Test) übersichtlich auf statistische Signifikanz geprüft werden. Allerdings kann man an den Standardwertdifferenzen nicht mehr ablesen, ob die Diskrepanz auf eine sehr hohe Erwartung oder auf eine besonders negative Beurteilung des Unterrichts zurückzuführen ist.

Die erforderlichen Daten liegen von N = 57 Schülern bei n = 40 Standardwertdifferenzen pro Schüler vor. Bei einer Faktorenanalyse der Korrelationen zwischen den Schülern wurden 14 Faktoren extrahiert, die gemeinsam 74,67% der Gesamtvarianz aufklären. Ein Vergleich der Rotationen verschieden vieler Faktoren (von 2 bis 8 Faktoren) zeigt, daß nur sechs Faktoren hinreichend konstant durch ausreichend viele Personen gekennzeichnet werden. Der gemeinsame Varianzanteil dieser sechs Faktoren von 43,59% verteilt sich nach der Rotation folgendermaßen:

[117] Zur Verdeutlichung zwei fiktive Zahlenbeispiele:

	Antizipation		Perzeption
Mittelwerte aller Schüler der Arbeitsgruppe x	3,2		2,6
Standardabweichung der Schätzwerte dieser Schüler	0,8		0,6
a) Schätzwerte eines Schülers	4		2
= Standardwerte	+1,00		−1,00
Differenz der Standardwerte		+2,00	
Der Schüler hatte relativ hohe Erwartungen und ist stärker enttäuscht als die Mitschüler seiner Arbeitsgruppe.			
b) Schätzwerte eines anderen Schülers	3		3
= Standardwerte	−0,25		+0,66
Differenz der Standardwerte		−0,91	
Dieser Schüler ist (absolut betrachtet) nicht enttäuscht, im Vergleich zu seinen Mitschülern können seine Erwartungen jedoch fast als übertroffen bezeichnet werden.			

Solche Aussagen können natürlich nicht für einzelne Schüler getroffen werden, sondern es muß geprüft werden, ob mehrere Schüler ähnliche Daten aufweisen und sich dabei von anderen Schülern in statistisch signifikanter Weise unterscheiden.

Faktor	1	2	3	4	5	6	
%	20,63	16,01	18,11	15,28	16,05	13,92	100,00

Den Typen und Kontrasttypen können die folgenden Schülerzahlen zugeordnet werden:[118]

Nummer des Typenfaktors	1	2	3	4	5	6
Anzahl der Typ-Schüler	6	4	5	5	5	5
Anzahl der Kontrasttyp-Schüler	5	5	7	5	6	6

Es konnten die folgenden Typenfaktoren identifiziert werden, die ich (sicher nicht sehr glücklich) als „Diskrepanz-Typen" bezeichne:

Diskrepanz-Typ 1:

Die sechs Schüler des Typs und die fünf Schüler des Kontrasttyps unterscheiden sich bei 16 Items statistisch signifikant:

Item	M_T	M_K	
17 Der Lehrer macht sein Fach interessant	−1,60	1,04	*
30 Diesen Lehrer möchte ich abwählen/ In diesem Fach hätte ich gern einen anderen Lehrer	1,23	−1,33	**
32 Ich bin dem Lehrer sympathisch	−1,32	0,78	**
28 Der Lehrer ist mir ein Vorbild	−0,96	1,11	*
40 Der Lehrer erklärt gut	−0,64	1,34	**
19 Der Lehrer imponiert mir	−0,71	1,21	*
21 Die Unterrichtsmethoden des Lehrers sagen mir zu	−1,73	−0,11	**
4 Der Lehrer ist mir sympathisch	−0,72	0,82	*
22 Der Lehrer ist bei den Schülern allgemein beliebt	−0,89	0,64	**
26 Ich komme mit dem Lehrer gut aus	−0,76	0,76	**
34 Der Lehrer wäre mir als Prüfer im Abitur angenehm	−0,80	0,70	*
24 Der Lehrer ist gerecht	−0,39	0,89	*

[118] Diese Schüler korrelieren mit den Faktoren in folgender Höhe:

Faktor	Typ	Kontrasttyp
1	.38 bis .69	−.37 bis −.65
2	.31 bis .64	−.35 bis −.59
3	−.39 bis −.66	.36 bis .62
4	.47 bis .61	−.33 bis −.61
5	.32 bis .59	−.32 bis −.59
6	−.32 bis −.73	.32 bis .49

Diese Typenfaktoren sind also deutlich bipolar zu verstehen, d. h. Typ und Kontrasttyp müssen als spezifische Schülergruppen interpretiert werden.

Die Schüler des Typs 1 und des Kontrasttyps 1 unterscheiden sich vor allem in der Einschätzung des Lehrers. Die Typ-1-Schüler sind von der didaktischen Kompetenz ihrer Lehrer weniger stark enttäuscht als die meisten anderen Schüler, und sie haben auch nach 8 Monaten Unterricht in den Arbeitsgruppen noch recht gute, wenn nicht sogar bessere emotionale Beziehungen zu ihren Lehrern, mit denen sie sich stärker identifizieren können.

Die Kontrasttyp-1-Schüler sind insbesondere von der didaktischen Kompetenz ihrer Lehrer stärker enttäuscht als die meisten ihrer Mitschüler, sie fühlen sich weniger emotional sicher, weil zwischen ihnen und ihren Lehrern eine größere emotionale Distanz entstanden ist, als sie erwartet haben. Sehr viel geringer als antizipiert ist die Identifikation dieser Schüler mit ihren Lehrern (vgl. Item 19 und 28).

Die folgenden Items unterscheiden ebenfalls signifikant zwischen den beiden Schülergruppen:

Item	M_T	M_K	
35 Das Thema regt mich zur Diskussion an	0,25	−1,85	*
14 Ein ähnliches Thema wurde bereits einmal behandelt	−1,10	0,92	*
6 Das Thema ist wichtig für meine Studien- und Berufspläne	−1,01	0,16	*
7 Meine Freunde würden in dieser Arbeitsgruppe gern mitarbeiten/Meine Freunde arbeiten in dieser Arbeitsgruppe mit	−1,08	0,39	*

Eine eindeutige Tendenz ist hier nicht erkennbar. Die Typ-1-Schüler haben offenbar in ihren Arbeitsgruppen auch zu ihren Mitschülern engere soziale Beziehungen gefunden.

Diskrepanz-Typ 2:

Zwischen den vier Schülern des Typs und den fünf Schülern des Kontrasttyps unterscheiden 13 Items signifikant:

Item	M_T	M_K	
16 Das Thema ist aktuell	−1,17	1,13	**
35 Das Thema regt mich zur Diskussion an	−1,12	1,11	**
27 Das Thema ist originell	−1,36	0,83	**
14 Ein ähnliches Thema wurde bereits einmal behandelt	−1,37	0,29	**
20 Das Thema überfordert meine Fähigkeiten	0,54	−0,52	*

Die Schüler des Typs 2 hatten offenbar befürchtet, von einem wenig aktuellen, wenig zur Diskussion anregenden, wenig originellen und ihnen unbekannten Thema überfordert zu werden. Diese Befürchtungen haben sich nicht in dem antizipierten Ausmaß realisiert. Dies kann dadurch bedingt sein, daß die Typ-2-Schüler auch vom Lehrer weniger enttäuscht sind:

Item	M_T	M_K	
18 Die Arbeitsgruppe ist für schwache Schüler besonders günstig	1,15	−1,28	**
36 Der Lehrer regt mich zur zusätzlichen Beschäftigiung mit dem Thema an	−0,95	1,38	*
33 Der Lehrer verlangt hohen Arbeitsaufwand	−1,58	0,57	**
40 Der Lehrer erklärt gut	−1,16	0,84	*
28 Der Lehrer ist mir ein Vorbild	−1,32	0,63	**
38 Der Lehrer regt mich zur Mitarbeit an	−1,00	0,83	(*)
30 Diesen Lehrer möchte ich abwählen/In diesem Fach hätte ich gern einen anderen Lehrer	0,45	−1,30	*
29 Der Lehrer verlangt regelmäßige Teilnahme am Unterricht	−1,13	−0,05	*
9 Ich kenne den Lehrer privat	0,19	−0,72	*

Die Typ-2-Schüler fühlen sich vom Lehrer stärker zur Beschäftigung mit dem Thema und zur Mitarbeit angeregt, als sie dies erwartet haben. Sie haben geglaubt, der von ihnen gewählte Lehrer würde eher geringe Anforderungen stellen, was jedoch nicht der Fall ist. Dennoch scheinen sich diese Schüler nicht überfordert oder verunsichert zu fühlen, denn es ist den Lehrern offenbar gelungen, die Schüler zu intensiver Mitarbeit anzuregen und sich ihnen als Identifikationsobjekt zu vermitteln.

Die Kontrasttyp-2-Schüler sind von der Aktualität und der Originalität der Themen stärker enttäuscht, und sie fühlen sich von diesen stärker überfordert als erwartet. Sie würden jetzt lieber am Unterricht eines anderen Lehrers teilnehmen. Ihnen erscheint das Anforderungsniveau ihrer Lehrer – gemessen an ihren Erwartungen – als zu niedrig. Die Lehrer entsprechen den Leistungsbedürfnissen dieser Schüler offenbar nicht ausreichend.

Diskrepanz-Typ 3:

Die fünf Schüler des Typs und die sieben Schüler des Kontrasttyps unterscheiden sich bei zwölf Items statistisch signifikant:

Item	M_T	M_K	
20 Das Thema überfordert meine Fähigkeiten	−1,57	1,01	*
10 Das Thema liegt mir	1,11	−1,30	**
18 Die Arbeitsgruppe ist für schwache Schüler besonders günstig	0,73	−1,67	***
15 Der Lehrer überfordert meine Fähigkeiten	−1,84	0,54	*
8 Für das Thema besitze ich die nötigen Vorkenntnisse	0,85	−1,27	**
23 Mit dem habe ich mich bereits privat beschäftigt	0,70	−1,28	*
35 Das Thema regt mich zur Diskussion an	1,15	−0,81	**
3 Ich muß für das Thema viel arbeiten	−1,10	0,85	(*)
32 Ich bin dem Lehrer sympathisch	1,29	−0,42	*
11 Der Lehrer zensiert streng	−1,27	0,37	*
33 Der Lehrer verlangt hohen Arbeitsaufwand	−1,17	0,44	**
27 Das Thema ist originell	1,95	−0,58	**
22 Der Lehrer ist bei den Schülern allgemein beliebt	0,95	−0,39	*

Die Typ-3-Schüler fühlen sich stärker überfordert, als sie dies antizipiert haben: Sie müssen für die Themen mehr arbeiten, da diese weniger ihren Neigungen und Fähigkeiten entsprechen. Sie besitzen nicht die erforderlichen Vorkenntnisse, haben sich früher nicht in dem Maße mit dem Thema beschäftigt, wie sie zunächst angenommen haben, sie werden aber auch nicht sonderlich vom Thema angeregt, die Passung des Themas ist geringer. Auch der Lehrer verlangt höheren Arbeitsaufwand und zensiert strenger, als diese Schüler erwartet haben. Ihre Beziehung zum Lehrer erscheint als stärker distanziert.

Den Kontrasttyp-3-Schülern erscheint das Anforderungsniveau geringer, als sie erwartet haben. Die Themen entsprechen ihren Neigungen, Fertigkeiten und Vorkenntnissen besser als erwartet. Sie werden von den Themen angeregt und haben sich mit ihnen bereits öfter privat beschäftigt, als sie angenommen haben.

Diskrepanz-Typ 4:

Die vier Schüler des Typs und die fünf Schüler des Kontrasttyps unterscheiden sich bei 15 Items signifikant. In der Beurteilung des Lehrers unterscheiden sie sich bei folgenden Gesichtspunkten:

Item	M_T	M_K	
5 Der Lehrer hat Einfluß im Kollegium	−1,53	1,37	*
22 Der Lehrer ist bei den Schülern allgemein beliebt	1,56	−1,00	*
13 Der Lehrer ist in seinem Fach ein Fachmann	−0,80	1,36	**

Item	M_T	M_K	
24 Der Lehrer ist gerecht	−1,04	0,96	**
9 Ich kenne den Lehrer privat	0,66	−0,99	*
28 Der Lehrer ist mir ein Vorbild	0,54	−0,41	*
11 Der Lehrer zensiert streng	−0,14	0,75	*

Es besteht keine einheitliche Tendenz: Stärker enttäuscht sind die Typ-4-Schüler von persönlichen Merkmalen der Lehrer, sie können sich nicht so gut mit ihnen identifizieren und haben außerhalb des Unterrichts und der Schule weniger Kontakt zu ihnen, als sie erhofft haben. Andererseits sind sie von der fachlichen Kompetenz ihrer Lehrer weniger enttäuscht als ihre Mitschüler. Das Anforderungsniveau der Arbeitsgruppe erscheint ihnen höher, als sie erwartet haben:

Item	M_T	M_K	
18 Die Arbeitsgruppe ist für schwache Schüler besonders günstig	0,81	−0,42	**

Über die Themen gehen die Meinungen bei folgenden Gesichtspunkten auseinander:

Item	M_T	M_K	
10 Das Thema liegt mir	−0,96	1,37	**
31 Über das Thema möchte ich im Abitur geprüft werden	−0,91	0,83	*
12 Das Thema gehört zur Allgemeinbildung	−1,36	0,26	*
16 Das Thema ist aktuell	−1,01	0,56	
20 Das Thema überfordert meine Fähigkeiten	1,08	−0,34	(*)
27 Das Thema ist originell	1,04	−0,36	**
8 Für das Thema besitze ich die nötigen Vorkenntnisse	−0,66	0,66	*
23 Mit dem Thema habe ich mich bereits privat beschäftigt	−0,53	0,66	*

Schließlich ist folgendes Item aufzuführen:

Item	M_T	M_K	
7 Meine Freunde würden in dieser Arbeitsgruppe gern mitarbeiten/Meine Freunde arbeiten in dieser Arbeitsgruppe mit	0,84	−0,69	*

Die Typ-4-Schüler halten die Themen stärker für objektiv relevant, als sie es antizipiert haben, und sie haben stärker das Gefühl, daß die Themen ihren Neigungen, Vorkenntnissen und Fähigkeiten entsprechen. Sie fühlen sich weniger überfordert, da sie mehr Vorkenntnisse besitzen, als sie sich zunächst selbst zugestanden haben, und sich mit den Themen auch schon privat beschäftigt haben. Diese veränderte Einschätzung der Themen kann vermutlich u. a. auf die fachliche Kompetenz der Lehrer zurückgeführt werden, die diese Schüler ebenfalls bei der Perzeption vergleichsweise höher einschätzen als bei der Antizipation.

Die Kontrasttyp-4-Schüler sind von der fachlichen Kompetenz ihrer Lehrer stärker enttäuscht, sie finden die Themen weniger objektiv relevant und erleben sie als weniger zu ihren eigenen Interessen und Vorkenntnissen passend. Es scheint den Lehrern nicht gelungen zu sein, die Themen den Erwartungen dieser Schüler entsprechend zu behandeln.

Diskrepanz-Typ 5:

Eine Gegenüberstellung von fünf Schülern des Typs und sechs Schülern des Kontrasttyps ergibt elf statistisch signifikante Unterschiede. Der Lehrer wird bei folgenden Gesichtspunkten unterschiedlich beurteilt:

Item	M_T	M_K	
26 Ich komme mit dem Lehrer gut aus	–0,83	0,99	**
30 Diesen Lehrer möchte ich abwählen/In diesem Fach hätte ich gern einen anderen Lehrer	0,67	–0,96	**
36 Der Lehrer regt mich zur zusätzlichen Beschäftigung mit dem Thema an	–0,76	0,77	*
15 Der Lehrer überfordert meine Fähigkeiten	0,88	–0,63	(*)
32 Ich bin dem Lehrer sympathisch	–0,48	1.01	*
24 Der Lehrer ist gerecht	–0,60	0,53	*
21 Die Unterrichtsmethoden des Lehrers sagen mir zu	–0,57	0,33	*
2 Ich kenne den Lehrer aus früherem Unterricht	0,57	–0,14	*

Die Typ-5-Schüler haben zum Lehrer bessere emotionale Beziehungen, als sie es erwartet haben. Zu Beginn des Unterrichts haben sie ihre Lehrer eher „abwählen" wollen als ihre Mitschüler, verspüren aber jetzt weniger den Wunsch, am Unterricht eines anderen Lehrers teilzunehmen. Sie kommen mit den Lehrern besser aus und sind ihnen sympathischer, als sie erwartet haben. Die Unterrichtsmethoden der Lehrer sagen ihnen stärker zu, und sie werden stärker zur Beschäftigung mit den Themen angeregt als erwartet.

Auch die folgenden Items unterscheiden signifikant zwischen Typ und Kontrasttyp:

Item	M_T	M_K	
27 Das Thema ist originell	−1,45	1,17	**
7 Meine Freunde würden in dieser Arbeitsgruppe gern mitarbeiten/Meine Freunde arbeiten in dieser Arbeitsgruppe mit	1,11	−0,67	**
35 Das Thema regt mich zur Diskussion an	−0,86	0,63	**
10 Das Thema liegt mir	−0,58	0,91	*

Vermutlich vermittelt über die bessere emotionale Beziehung zum Lehrer, erleben die Schüler ihre Themen stärker als originell, zur Diskussion anregend und zu ihren Neigungen und Interessen passend. Im Gegensatz zum Diskrepanz-Typ 1 deutet sich hier die Tendenz an, daß die Schüler, die eine engere emotionale Beziehung zum Lehrer finden, weniger intensive soziale Beziehungen zu den Mitschülern ihrer Arbeitsgruppen haben (vgl. Item 7).

Bei den Schülern des Kontrasttyps 5 hat sich die emotionale Beziehung zum Lehrer stärker verschlechtert. Sie würden lieber am Unterricht eines anderen Fachlehrers teilnehmen, da sie mit den Lehrern weniger gut auskommen, ihnen weniger sympathisch sind und von ihren Unterrichtsmethoden weniger angesprochen werden, als es die Schüler erwartet haben. Vermutlich infolgedessen erscheinen den Schülern die Themen als weniger originell, anregend und zu ihren Neigungen passend. Sie haben dagegen engere soziale Beziehungen zu ihren Mitschülern, als sie erwartet haben.

Diskrepanz-Typ 6:

Es wurden fünf Schüler des Typs und sechs Schüler des Kontrasttyps miteinander verglichen. Sie unterscheiden sich bei 15 Items statistisch signifikant. Acht dieser Unterschiede beziehen sich auf Merkmale des Lehrers:

Item	M_T	M_K	
36 Der Lehrer regt mich zur zusätzlichen Beschäftigung mit dem Thema an	−1,57	1,48	**
33 Der Lehrer verlangt hohen Arbeitsaufwand	−0,65	1,59	**
30 Diesen Lehrer möchte ich abwählen/In diesem Fach hätte ich gern einen anderen Lehrer	1,70	−0,31	*
38 Der Lehrer regt mich zur Mitarbeit an	−1,10	0,88	**
17 Der Lehrer macht sein Fach interessant	−0,63	1,13	*
19 Der Lehrer imponiert mir	0,83	−0,67	*
4 Der Lehrer ist mir sympathisch	0,26	−0,99	*
2 Ich kenne den Lehrer aus früherem Unterricht	0,37	−0,46	*

Die Typ-6-Schüler fühlen sich von den Lehrern stärker zur Mitarbeit angeregt, und sie halten das Anforderungsniveau für etwas höher, als sie erwartet haben. Sie haben weniger den Wunsch, die Lehrer „abzuwählen" bzw. am Unterricht anderer Lehrer teilzunehmen. Offenbar entspricht dieses höhere Anforderungsniveau ihren Bedürfnissen.

Bei der Einschätzung der Themen unterscheiden sich die Schüler des Typs 6 und des Kontrasttyps 6 unter den folgenden Gesichtspunkten:

Item		M_T	M_K	
37	Zu dem Thema verfasse ich gern ein Referat	−1,13	1,18	**
20	Das Thema überfordert meine Fähigkeiten	−0,88	1,18	**
31	Über dieses Thema möchte ich im Abitur geprüft werden	−0,29	1,38	*
23	Mit dem Thema habe ich mich bereits privat beschäftigt	−0,07	1,23	**
14	Ein ähnliches Thema wurde im Unterricht bereits einmal behandelt	−0,45	0,77	*
10	Das Thema liegt mir	−0,19	0,91	*
39	Das Thema ist bei den Schülern allgemein beliebt	−0,61	0,27	*

Die Typ-6-Schüler sind hinsichtlich ihrer auf die Themen gerichteten Erwartungen weniger enttäuscht als die meisten ihrer Mitschüler. Sie fühlen sich zwar von diesen etwas stärker überfordert, beschäftigen sich aber offensichtlich gern intensiv mit ihnen (Item 37).

Die Kontrasttyp-6-Schüler sind von den Lehrern und von den Themen deutlich stärker enttäuscht. Der Lehrer stellt, gemessen an den Erwartungen dieser Schüler, zu geringe Anforderungen, regt zu wenig zur Mitarbeit an und macht sein Fach nicht interessant genug. Auch ihre auf das Thema gerichteten Erwartungen sehen diese Schüler nicht erfüllt. Sie fühlen sich weniger überfordert, als sie erwartet haben, beschäftigen sich aber auch weniger gern mit den Themen und möchten noch viel weniger gern darüber geprüft werden als ihre Mitschüler. Das Thema entspricht nicht ihren Neigungen und Fähigkeiten, es erfüllt seine instrumentelle Funktion nur ungenügend.

Können diese Diskrepanz-Typen besser verstanden werden, wenn – wie bei den bisherigen Typenanalysen – die Schüler nach weiteren Merkmalen miteinander verglichen werden? – Die folgenden Tabellen geben die Ergebnisse der entsprechenden Berechnungen wieder:[119]

[119] Eine Prüfung, ob die einzelnen Schülergruppen vor allem Schüler bestimmter Arbeitsgruppen sind, erübrigt sich hier ebenso wie bei der gruppenspezifischen Analyse der Perzeption (vgl. Abschnitt 7.3), weil die Typenanalyse auf arbeitsgruppenspezifischen Standardwerten beruht. Es wurden also Schülergruppen identifiziert, die ihre Arbeitsgruppe anders bewerten als die Mitschüler ihrer Arbeitsgruppe. Solche Schüler gibt es in allen Arbeitsgruppen. – Tatsächlich sind die wenigen Schüler ohne auffällige Häufung auf alle Arbeitsgruppen verteilt.

Tabelle 7.4–1: Diskrepanz-Typen und ihre Verteilung auf Klassenstufe und Geschlecht sowie Mittelwerte der Zeugniszensur und des Interesses am Fach Gemeinschaftskunde

	Klassenstufe 12	13	Geschlecht m	w	Zensur 1968/69	Interesse am Fach
Typ 1	3	3	4	2	2,50	3,00
Kontrasttyp 1	3	2	4	1	2,80	3,25
Typ 2	3	1	4	– **	3,25	3,00
Kontrasttyp 2	3	2	–	5	4,00	2,20
Typ 3	3	2	4	1	3,00	1,80 **
Kontrasttyp 3	2	5	3	4	2,43	3,43
Typ 4	3	2	3	2	2,80	3,20
Kontrasttyp 4	2	3	3	2	3,20	3,60
Typ 5	3	2	1	4	3,20	3,20 (*)
Kontrasttyp 5	5	1	3	3	3,67	2,33
Typ 6	4	1	1	4	3,40	3,20
Kontrasttyp 6	4	2	3	3	3,17	2,67

Tabelle 7.4–2: Diskrepanz-Typen und Mittelwerte von Intelligenz (IQ) und Leistungsmotivation (HE = Hoffnung auf Erfolg; FM = Furcht vor Mißerfolg; NH = Netto-Hoffnung; Gm = Gesamtmotivation)

	IQ	HE	FM	NH	Gm
Typ 1	117 *	6,80	4,00	2,80 (*)	10,80
Kontrasttyp 1	131	4,00	4,00	0,00	8,00
Typ 2	125	3,50	7,25	–3,75	10,75
Kontrasttyp 2	119	4,80	5,40	–0,60	10,20
Typ 3	123	5,80	2,20	3,60	8,00
Kontrasttyp 3	129	5,14	3,86	1,29	9,00
Typ 4	123	3,67	4,67	–1,00 *	8,33
Kontrasttyp 4	122	5,40	2,40	3,00	7,80
Typ 5	137 (*)	7,75 *	4,50	3,25 *	12,25 (*)
Kontrasttyp 5	117	3,33	3,83	–0,50	7,17
Typ 6	137	5,00	3,60	1,40	8,60
Kontrasttyp 6	127	4,80	3,60	1,20	8,40

In welchem Zusammenhang stehen diese Daten mit den Schülertypen, die von bestimmten Merkmalen des Unterrichts stärker oder weniger stark enttäuscht sind als ihre Mitschüler? Kann das besondere Ausmaß der Enttäuschung mit diesen Daten erklärt werden? Da es sich nur um wenige Schüler handelt, können die Differenzen oft nicht statistisch gesichert werden. Dennoch ergeben sich einige Hinweise:

Die Schüler des *Kontrasttyps 1,* die vom Lehrer stärker enttäuscht sind und zu ihm weniger enge emotionale Beziehungen haben, haben hohe Intelligenzquotienten. Sie sind von der didaktischen Kompetenz ihrer Lehrer stärker enttäuscht und können sich weniger mit ihnen identifizieren. Ihre hohe intellektuelle Leistungsfähigkeit wird von den Lehrern offenbar nicht ausgelastet. Die Schüler des *Typs 1* haben dagegen trotz geringerer Intelligenz, aber mit etwas stärkerer, durch positive Netto-Hoffnung geprägter Leistungsmotivation eher bessere emotionale Beziehungen zu ihren Lehrern, als sie erwartet haben.

Bei den Schülern des *Typs 2* handelt es sich nur um männliche Schüler: Sie fühlen sich vom höheren Anforderungsniveau stärker zur Mitarbeit angeregt und identifizieren sich stärker mit dem Lehrer, während die Schüler*innen* des *Kontrasttyps 2* sich von den Lehrern weniger zur Mitarbeit angeregt fühlen, als sie erhofft hatten. Sie können sich mit den Lehrern nicht identifizieren. Offenbar entspricht wahldifferenzierter Unterricht den Bedürfnissen einiger Schülerinnen weniger gut (vgl. dazu Abschnitt 7.5.2).

Die Schüler des *Typs 3,* die sich von Themen und Lehrern stärker überfordert fühlen, als sie erwartet haben, schätzen ihr Interesse am Fach Gemeinschaftskunde selbst als sehr niedrig ein (M = 1,80). Sie erleben die Themen weniger als instrumentell passend und haben zu den Lehrern distanziertere Beziehungen. Die Schüler des *Kontrasttyps 3* interessieren sich dagegen sehr viel stärker (M = 3,43) für das Fach Gemeinschaftskunde und erleben deshalb den Unterricht als weniger überfordernd und die Themen stärker als zu ihren Neigungen und Fähigkeiten passend.

Die Schüler des *Kontrasttyps 4* haben eine sehr hohe Netto-Hoffnung. Ihre Leistungsmotivation ist zwar insgesamt nicht sehr hoch, aber die Komponente Hoffnung auf Erfolg ist mehr als doppelt so groß wie die Komponente Furcht vor Mißerfolg. Einen sinnvollen Zusammenhang zu dem Ergebnis, daß diese Schüler von der fachlichen Kompetenz ihrer Lehrer stärker enttäuscht sind, die Themen als weniger relevant und als weniger passend erleben, sich aber mit dem Lehrer stärker identifizieren, kann ich nicht erkennen.

Die Schüler des *Typs 5* unterscheiden sich deutlich von den Schülern des Kontrasttyps: Sie haben eine (auch im Vergleich mit den anderen Schülergruppen) sehr hohe Erfolgsmotivation, eine entsprechend positive Netto-Hoffnung, aber auch eine hohe Gesamtmotivation. Ebenso sind sie durch eine hohe Intelligenz (die allerdings wegen der geringen Personenzahl nicht statistisch gesichert werden kann) und ein tendenziell stärkeres Interesse am Fach gekennzeichnet. Wie verhalten sich bei diesen Schülern Erwartung und Realität des Unterrichts? – Die Schüler finden im Unterricht bessere emotionale Beziehungen zum Lehrer und fühlen sich emotional sicherer, als sie erwartet haben. Sie finden mehr Anregungen, werden weniger überfordert und schätzen die Themen als stärker anregend, originell und passend ein. Die Schüler des *Kontrasttyps 5* sind weniger erfolgsmotiviert, weniger intelligent und interessieren sich für das Fach weniger. Sie sind von ihren emotionalen Beziehungen zu den Lehrern stärker enttäuscht als ihre Mitschüler, und sie fühlen sich eher verunsichert. Die Themen erscheinen ihnen als wenig originell, anregend und passend.

Über die Schüler des sechsten Typenfaktors können anhand dieser Merkmale keine genaueren Aussagen getroffen werden.

Zusammenfassung: Schülergruppen mit spezifischem Verhältnis zwischen Erwartungen und der Beurteilung des Unterrichts („Diskrepanz-Typen")

Mit Hilfe einer Q-Faktorenanalyse wurde versucht, Schülergruppen zu identifizieren, die bei bestimmten Merkmalen des Unterrichts die Diskrepanz zwischen den Erwartungen vom Beginn des Schuljahres und der Realität des Unterrichts im Vergleich mit der vom Durchschnitt der Schüler erlebten Diskrepanz (vgl. Abschnitt 6.3) als größer oder als weniger groß erleben. Wie stark ein Schüler vom Verlauf des Unterrichts enttäuscht ist, wurde anhand der Differenz zwischen den entsprechenden (arbeitsgruppenspezifisch zu Standardwerten transformierten) Schätzwerten aus dem Wahl- und dem Unterrichtsfragebogen bestimmt. Ein Schüler ist stärker enttäuscht als der Durchschnitt seiner Mitschüler, wenn er bei der Antizipation (im Vergleich mit allen Schülern seiner Arbeitsgruppe) eher positive, bei der Perzeption eher negative Schätzwerte eingetragen hat. Er ist dagegen weniger stark enttäuscht, wenn er zu Beginn des Schuljahres eher negative, nach acht Monaten aber eher höhere Schätzwerte eingetragen hat.[120]

Bei einer Q-Faktorenanalyse dieser Daten wurden 14 Faktoren extrahiert, es konnten aber nur sechs Typenfaktoren interpretiert werden. Bei einer Kontrasttypenanalyse konnten zwar die jeweiligen Typ-Schüler von den Kontrasttyp-Schülern deutlich unterschieden werden, aber die Besonderheiten der verschiedenen Typenfaktoren bildeten sich nicht so deutlich ab wie bei den vorangegangenen Typenanalysen. Dieselben Unterscheidungsmerkmale treten z. T. bei verschiedenen Typenfaktoren auf, so daß die Schüler verschiedener Typen oder Kontrasttypen als ähnlich erscheinen können. Es handelt sich – knapp zusam-

[120] Diese Berechnungen wurden in der Einleitung zu diesem Abschnitt detailliert beschrieben.

mengefaßt – um die folgenden, als „Diskrepanz-Typen" bezeichneten Schülergruppen, die je durch 4 bis 7 Schüler repräsentiert werden:

Diskrepanz-Typ 1: Schüler mit geringerer Intelligenz, die von der didaktischen Kompetenz ihrer Lehrer weniger stark enttäuscht sind, zu ihnen bessere emotionale Beziehungen haben und sich mit ihnen stärker identifizieren können, als sie erwartet haben.

Kontrasttyp 1: Schüler mit sehr hoher Intelligenz, die von der didaktischen Kompetenz ihrer Lehrer stärker enttäuscht sind und in ihnen nicht in dem Maße ein Leistungsvorbild sehen, wie sie es erwartet haben.

Diskrepanz-Typ 2: Männliche Schüler, die von den Lehrern stärker zur Mitarbeit angeregt werden, denen die Themen als aktueller und origineller erscheinen, und die sich mit den Lehrern als Leistungsvorbild stärker identifizieren.

Kontrasttyp 2: Schülerinnen, die von der Aktualität und Originalität der Themen enttäuscht sind und denen das Anforderungsniveau des Lehrers nicht hoch genug ist.

Diskrepanz-Typ 3: Schüler mit sehr geringem Interesse am Fach, die sich stärker überfordert fühlen, als sie es erwartet haben, und von den Themen stärker enttäuscht sind.

Kontrasttyp 3: Schüler mit starkem Interesse am Fach Gemeinschaftskunde, die sich im Vergleich mit ihren Erwartungen weniger überfordert fühlen, das Anforderungsniveau des Lehrers geringer einschätzen und mit den Themen zufrieden sind.

Diskrepanz-Typ 4: Schüler, die die fachliche Kompetenz der Lehrer und die objektive Relevanz der Themen bei der Perzeption höher einschätzen als bei der Antizipation. Sie können sich mit den Lehrern aber weniger identifizieren. Sie haben bei nicht sehr hoher Gesamtmotivation eine geringere Netto-Hoffnung.

Kontrasttyp 4: Schüler mit stärkerer Netto-Hoffnung, die von der fachlichen Kompetenz der Lehrer und der objektiven Relevanz der Themen stärker enttäuscht sind, aber dennoch im Lehrer stärker ein Vorbild sehen.

Diskrepanz-Typ 5: Schüler mit hoher, erfolgszuversichtlicher Leistungsmotivation, hoher Intelligenz und stärkerem Interesse am Fach, die im Unterricht eine bessere emotionale Beziehung zum Lehrer haben und eine stärkere emotionale Sicherheit erleben. Die Themen sagen ihnen ebenfalls stärker zu, als sie es erwartet haben.

Kontrasttyp 5: Schüler mit geringerer Leistungsmotivation und weniger Hoffnung auf Erfolg, niedrigerer Intelligenz und weniger Interesse am Fach, die von der emotionalen Beziehung zum Lehrer und ihrer emotionalen Sicherheit stärker enttäuscht sind als die Mitschüler ihrer Arbeitsgruppen. Auch die Themen gefallen ihnen weniger.

Diskrepanz-Typ 6: Schüler, die sich von einem zunächst eher unterschätzten hohen Anforderungsniveau des Lehrers stärker zur Mitarbeit angeregt fühlen, aber keine besonders enge Beziehung zum Lehrer oder zum Thema gefunden haben.

Kontrasttyp 6: Schüler, die von den Lehrern stärker enttäuscht sind als ihre Mitschüler, weil die Lehrer weniger Anforderungen stellen, ihr Fach nicht so interessant machen und weniger zur Mitarbeit anregen, als die Schüler erwartet haben. Zudem entsprechen die Themen weniger den subjektiven Interessen, Neigungen und Fähigkeiten dieser Schüler, als sie es erwartet haben.

An dem Ergebnis dieser Typenanalyse sind m. E. weniger die hier ermittelten Schülergruppen bedeutsam, denn zum einen ist es teilweise schwer, die verschiedenen Gruppen eindeutig voneinander zu unterscheiden, zum anderen kann diese Gruppierung nicht ohne weiteres verallgemeinert werden. Sie gilt in dieser Form nur für das Fach Gemeinschaftskunde und das Schuljahr 1969/70. In anderen Fächern und auch in anderen Schuljahren können sich andere Gruppierungen ergeben. Bedeutsam ist am Ergebnis dieser Typenanalyse vielmehr die Anzahl der Schülergruppen, bei denen sich die Einschätzung des Unterrichts in bestimmter Weise zu den Erwartungen verhält. Denn hieran zeigt sich, wie komplex die Verhältnisse und Entwicklungen im Laufe eines Schuljahres sind. Während bei der Antizipation nur vier Schülergruppen identifiziert werden konnten, die den Unterricht mit bestimmten Erwartungen beginnen, ergeben sich acht Monate später bereits zwölf verschiedene Schülergruppen, die von ihren Erwartungen in spezifischer Weise enttäuscht sind.[121]

Obgleich schon zu Beginn des Schuljahres die Schüler die Wahlkriterien unterschiedlich gewichten und den Unterricht mit verschiedenen Erwartungen beginnen, d. h. obgleich die Arbeitsgruppen am Beginn des Unterrichts nicht homogen sind (vgl. Abschnitt 7.1 und 7.2), wird das Bild im Laufe des Schuljahres noch vielfältiger. Es ist nicht etwa so, daß die Erwartungen aller Schüler in etwa gleichem Maße linear nicht erfüllt werden (wie es nach der generalisierenden Analyse im Abschnitt 6.3

[121] Dieses Ergebnis erscheint um so bedeutsamer, wenn man bedenkt, daß die vier Antizipations-Typen auf der Grundlage von N = 73 Schülern, die sechs Diskrepanz-Typen und die dazugehörigen Kontrasttypen dagegen auf der Grundlage von nur N = 57 Schülern ermittelt wurden. Das Bild der Diskrepanz-Typen wäre also auch dann noch deutlich vielfältiger, wenn man auch bei der Antizipation die Schüler der Kontrasttypen als eigenständige Schülergruppen mit spezifischen Erwartungen verstehen würde. Da diese Schüler jedoch nicht wie die Kontrasttypen-Schüler der beiden letzten Typenanalysen mit den Typenfaktoren deutlich in entgegengesetzter Richtung korrelieren, konnten sie als auf den Typenfaktoren indifferent betrachtet werden.

den Anschein hatte), sondern auch hier bestehen deutliche Unterschiede zwischen den Schülern, so daß eine generelle Bewertung wahldifferenzierten Unterrichts fast unmöglich wird. So wie es Schüler gibt, deren hohe Erwartungen an die von ihnen gewählten Arbeitsgruppen im Unterricht tatsächlich realisiert werden (wenn man einmal davon absieht, daß zwischen Hoffnung und ihrer Realisierung meistens eine gewisse Diskrepanz besteht), so gibt es andererseits Schüler, die von ihren Erwartungen viel stärker enttäuscht sind, aber eben auch Schüler, die den Unterricht eher mit Vorbehalten begonnen haben, jedoch den Verlauf des Unterrichts schließlich positiver bewerten als ihre Mitschüler.

Dieses Bild wird noch komplexer, wenn man bedenkt, daß die Erwartungen verschiedener Schüler bereits am Anfang verschieden strukturiert, nämlich bei verschiedenen Merkmalen unterschiedlich hoch sind. Diese Strukturen verändern sich bei den meisten Schülern insofern, als nicht alle Erwartungen in gleicher Weise enttäuscht oder erfüllt werden: Ein Schüler, der ein weniger interessantes Thema, aber einen sympathischen Lehrer erwartet, kann in dieser Erwartung bestätigt werden, von einer oder von beiden Erwartungen enttäuscht sein, aber schließlich auch das Thema interessanter und den Lehrer weniger sympathisch finden.

So wie wahldifferenzierter Unterricht es den Schülern zunächst möglich macht, die Wahlkriterien bei der Wahlentscheidung unterschiedlich zu gewichten und die Arbeitsgruppe zu wählen, die nach ihren subjektiven Maßstäben ihren Lernbedürfnissen am besten entspricht (vgl. Abschnitt 7.1), so finden verschiedene Schüler im Unterricht ihrer Arbeitsgruppen eine unterschiedlich starke Befriedigung dieser Bedürfnisse.

Im folgenden Abschnitt werde ich versuchen, die Ergebnisse der Typenanalyse so zusammenzufassen, daß erkennbar wird, für welche Schüler wahldifferenzierter Unterricht eine derart unterschiedliche Bedeutung hat.

7.5 Merkmalsspezifische Zusammenfassungen

Bei den in den Abschnitten 7.1 bis 7.4 referierten gruppenspezifischen Analysen wurden Schülergruppen identifiziert, für die Wahldifferenzierung eine besondere, von anderen Schülern verschiedene Bedeutung hat. Diese Schülergruppen konnten mit Hilfe bestimmter Merkmale (Klassenstufe, Geschlecht, Zeugniszensuren, Interesse am Fach, Intelligenz und Leistungsmotivation) näher beschrieben werden. Dabei zeigte sich, daß bestimmte Schülertypen durch mehrere Merkmale zugleich bestimmt sind, d. h. daß ihr Verhalten in wahldifferenziertem Unterricht durch mehrere Faktoren zugleich und in Wechselwirkung beeinflußt wird. Damit ist im Grunde die Hauptfrage dieses Kapitels, nämlich ob sich wahldifferenzierter Unterricht für verschiedene Schüler verschieden auswirkt, beantwortet.

Wenn man jedoch danach fragt, wie sich diese Form der Unterrichtsorganisation für Schüler auswirkt, die durch *ein* bestimmtes Merkmal (z. B. hohe Schulleistungen) gekennzeichnet sind, dann ist diese Frage aus den Ergebnissen der Typenanalysen nicht ohne weiteres zu beantworten. Um eine dieser Frage entsprechende Übersicht zu gewinnen, können jedoch die Ergebnisse der vier verschiedenen Typenanalysen anhand einzelner Merkmale zusammengefaßt werden. Diese Reduzierung der Komplexität auf ein Merkmal ist aus den in der Einleitung zu diesem Kapitel genannten Gründen nicht unproblematisch. Es werden hier jedoch keine neuen Analysen durchgeführt, sondern lediglich einzelne Ergebnisse verschiedener Analysen zusammengefaßt, bei denen die Vielfalt der Zusammenhänge bereits erkennbar geworden ist.

Bei der Darstellung der Ergebnisse kann ich mich auf die wesentlichen Aspekte beschränken und auf die detaillierte Darstellung in den Abschnitten 7.1 bis 7.4 verweisen. Ich werde jedoch ggf. einzelne Daten einfügen, die bisher nicht referiert worden sind, aber bei der Interpretation nützlich sein können. – Welche pädagogischen Konsequenzen aus diesen Ergebnissen abgeleitet werden können, werde ich im Schlußteil der Arbeit im Zusammenhang erörtern.

7.5.1 Schüler verschiedener Klassenstufen

Wirkt sich die Wahldifferenzierung für die Schüler der beiden Klassenstufen, die an denselben Arbeitsgruppen teilnehmen, unterschiedlich aus? – Diese Frage liegt nahe, weil die Schüler der 13. Klassenstufe vom Lehrer ihrer Arbeitsgruppe und über das Thema derselben am Ende des Schuljahres in der Reifeprüfung geprüft werden, während die Schüler der Klassenstufe 12 den Lehrer noch einmal wechseln können. Zum anderen unterscheiden sich die Schüler darin, daß die Schüler der Klassenstufe 12 zum ersten Mal an einer thematisch definierten Arbeitsgruppe teilnehmen, während die Oberprimaner mit dieser Arbeitsform bereits besser vertraut sind und evtl. auch den Lehrer besser kennen, wenn sie auch im vorangegangenen Schuljahr an seiner Arbeitsgruppe teilgenommen haben (vgl. Abschnitt 5.1.2).

Haben die Schüler der beiden Klassenstufen bestimmte Arbeitsgruppen bevorzugt gewählt? – Die Schüler der Klassenstufen 12 und 13 verteilen sich folgendermaßen auf die an erster Stelle gewählten Arbeitsgruppen:

Arbeitsgruppe	1	2	3	4	5	6	N
Anzahl der Schüler aus Klassenstufe 12	9	6	16	13	8	10	62
Anzahl der Schüler aus Klassenstufe 13	2	6	10	8	16	6	48

Deutlich ist erkennbar, daß die Arbeitsgruppe 5 auffallend häufig von Schülern der Klassenstufe 13 gewählt worden ist (Chi-Quadrat-Test: $Chi^2 = 5{,}18$; $p < .05$). Dieses Wahlverhalten wird verständlich, wenn man bedenkt, daß der Lehrer dieser Arbeitsgruppe nach dem Urteil aller Schüler (vgl. Abschnitt 4.3) relativ geringe Anforderungen stellt und daß die meisten Schüler zu ihm gute emotionale Beziehungen haben. Der Lehrer bietet den Oberprimanern offenbar die günstigsten Voraussetzungen für gute Noten im Reifezeugnis, die für den weiteren Ausbildungsgang wegen der Zulassungsbeschränkungen an den Hochschulen äußerst wichtig sein können. Unter diesen Voraussetzungen muß die Wahl der Arbeitsgruppen für die Oberprimaner (zumindest soweit sie von den Zulassungsbeschränkungen betroffen sind) einen starken instrumentellen Akzent erhalten, der sich in der Wahl einer Arbeitsgruppe mit geringerem Anforderungsniveau ausdrückt.

Einige Schüler der Klassenstufe 12 haben bei ihrer Wahlentscheidung dem Gesichtspunkt ihrer emotionalen Beziehung zum Lehrer besondere Bedeutung eingeräumt (vgl. Wahlkriterien-Typ 1). Sie glauben, daß sie mit den an erster Stelle gewählten Lehrern wesentlich besser auskommen und ihnen sympathischer sein werden als den anderen Lehrern. Diese Schüler, die zum ersten Mal von den Möglichkeiten des wahldifferenzierten Unterrichts voll Gebrauch machen können, nutzen diese Möglichkeit vor allem dazu, eine Lernsituation zu wählen, die durch ein besseres Verhältnis zum Lehrer gekennzeichnet ist. Sie erleben offenbar die Wahldifferenzierung vor allem als eine Möglichkeit, sich von den personellen Zwängen des Unterrichts im Klassenverband zu befreien.

Den Unterricht in den Arbeitsgruppen erleben einige Schüler der Klassenstufe 13 mit geringerer emotionaler Befriedigung und als weniger transparent (vgl. Perzeptions-Typ 2). Sie haben ein hohes subjektives Leistungsbewußtsein und sind vom allgemeinen Leistungsniveau des Unterrichts offenbar enttäuscht. Diese Schülergruppe wird jedoch stärker als durch das Merkmal Klassenstufe 13 durch ein starkes Interesse am Fach bei geringerer Leistungsmotivation gekennzeichnet. Diese

Ergebnisse können also nicht auf alle Schüler der Klassenstufe 13 verallgemeinert werden. Vergleicht man alle Schüler der Klassenstufe 12 mit denen der Klassenstufe 13, so ergeben sich nur bei vier Items (von 120) des Unterrichtsfragebogens signifikante Unterschiede. Dieses Ergebnis kann nicht als bedeutsam betrachtet werden. Der Unterricht in den Arbeitsgruppen wird also von Schülern der beiden Klassenstufen (wenn man nur dieses Merkmal heranzieht) nicht unterschiedlich bewertet. Die zu Beginn des Schuljahres noch im Wahlverhalten erkennbaren Unterschiede verlieren im Laufe des Unterrichts an Bedeutung.

7.5.2 *Schüler männlichen und weiblichen Geschlechts*

Es ist wiederholt nachgewiesen worden, daß in unserer Gesellschaft Jungen und Mädchen teilweise nach verschiedenen Erwartungen erzogen werden, daß die Sozialisation geschlechtsspezifisch ist (vgl. z. B. Lehr 1972). Dies legt die Frage nahe, ob sich diese Unterschiede auch auf das Lernen in wahldifferenziertem Unterricht auswirken, so daß Schüler und Schülerinnen sich bei der Wahl unterschiedlich verhalten und den Unterricht unterschiedlich bewerten.

Schon im Wahlverhalten zeigen sich deutliche Tendenzen: Schüler und Schülerinnen verteilen sich folgendermaßen auf die an erster Stelle gewählten Arbeitsgruppen:

Arbeitsgruppe	1	2	3	4	5	6	N
Anzahl der Schüler	11	3	15	13	10	12	64
Anzahl der Schülerinnen	–	9	11	8	14	4	46

Die Arbeitsgruppe 1 wird nur von männlichen Schülern gewählt. Dies kann vermutlich durch das Thema dieser Arbeitsgruppe erklärt werden (vgl. Abschnitt 4.1). Die Schülerinnen interessieren sich wahrscheinlich für das Thema ,,Das Problem des Militarismus" überhaupt nicht, oder sie halten dieses Thema nur für ,,Männer" für wichtig, die sich als Wehrdienstpflichtige damit auseinandersetzen müssen. Eine deutliche Tendenz besteht auch bei der Arbeitsgruppe 2, die bevorzugt von Schülerinnen gewählt wird ($Chi^2 = 5{,}43$; $p < .02$). Diese Tendenz kann ich jedoch nicht erklären.

Statistisch bedeutsame Unterschiede bestehen zwischen Schülern und Schülerinnen bei den Merkmalen Schulleistung und Leistungsmotivation: Die Schüler haben im Fach Gemeinschaftskunde deutlich bessere Zeugnisnoten als die Schülerinnen. Am Ende des Schuljahres 1968/69 haben die Schüler (N = 64) im Durchschnitt die Zeugnisnote

2,95, die Schülerinnen (N = 46) aber nur die Zeugnisnote 3,49 erhalten.[122] Die Schülerinnen sind also – zumindest im Gemeinschaftskundeunterricht – weniger erfolgreich. Dieses Resultat kann nicht auf ein etwa geringeres Interesse der Schülerinnen am Fach zurückgeführt werden, denn nach ihrer Selbsteinschätzung interessieren sich die Schülerinnen für das Fach Gemeinschaftskunde im Durchschnitt ebenso stark wie die Schüler (M = 2,84 bzw. 2,90). Auch ein etwaiges Defizit an Leistungsmotivation kann nicht für die schlechten Zensuren verantwortlich gemacht werden, denn die Schülerinnen sind stärker leistungsmotiviert als die Schüler. Vor allem ihre Erfolgsmotivation ist mit M = 5,75 größer als die der Schüler (M = 4,63; $p < .05$). Auch Mißerfolgsmotivation (M = 5,22 bzw. 4,42) und Gesamtmotivation (M = 10,97 bzw. 9,06) sind ebenfalls bei den Schülerinnen stärker (aber statistisch nicht signifikant) ausgeprägt als bei den Schülern. Vielleicht kann der geringere Schulerfolg der Schülerinnen mit Ergebnissen der Typenanalysen erklärt werden:

Bei der Wahlentscheidung ist einigen männlichen Schülern die emotionale Beziehung zum Lehrer wichtiger als den Schülerinnen (vgl. Wahlkriterien-Typ 1). Andere Schüler (Wahlkriterien-Typ 3) wählen bewußt Arbeitsgruppen, deren Lehrer nach ihrer Einschätzung geringere Anforderungen stellen, während es vor allem Schülerinnen sind, die Arbeitsgruppen mit hohem Anforderungsniveau an erster Stelle wählen (Kontrast-Typ 3). Vor allem Schülerinnen wählen den Lehrer an erster Stelle, den sie aus früherem Unterricht kennen, ohne daß sie sich von dieser Wahl irgendwelche Vorteile versprechen können (vgl. Wahlkriterien-Typ 4). Zu Beginn des Unterrichts sind es vor allem männliche Schüler, die sich selbst eine hohe Sachkompetenz zusprechen und nicht erwarten, überfordert zu werden.

Bei der Beschreibung des Unterrichts finden sich nur tendenzielle geschlechtsbezogene Unterschiede: Schüler des Perzeptions-Typs 2 mit starkem Interesse am Fach und höherem subjektiven Leistungsbewußtsein sind mit dem Leistungsniveau des Unterrichts nicht zufrieden und fühlen sich deshalb in den Arbeitsgruppen weniger wohl, während einige Schülerinnen (Kontrasttyp 4) in einem weniger anspruchsvollen Unterricht eine etwas stärkere emotionale Befriedigung erfahren. Vergleicht man jedoch Erwartungen und Realität miteinander, dann zeigt sich, daß es vor allem männliche Schüler sind (vgl. Diskrepanz-Typ 2), die von den Themen weniger enttäuscht sind, von den Lehrern stärker zur Mitarbeit angeregt werden und sich mit dem Lehrer als Leistungsvorbild eher identifizieren können, während es vor allem Schülerinnen

[122] Dieser Unterschied ist auf dem 1%-Niveau signifikant.

sind (vgl. Kontrasttyp 2), die sich stärker überfordert fühlen und von der Aktualität und Originalität der Themen besonders enttäuscht sind.

Es zeigt sich also, daß bei einigen Schülerinnen die Lernbedingungen deutlich ungünstiger sind. Schon bei der Wahl machen sie von den Möglichkeiten in geringerem Umfang Gebrauch als ihre männlichen Mitschüler, und der Unterricht selbst entspricht häufig ihren Bedürfnissen in geringerem Maße, zumal, wenn ihnen die Bedeutung der Themen nicht transparent wird.

7.5.3 Schüler mit unterschiedlichen Schulleistungen (Zeugnisnoten)

Daß sich die Wahldifferenzierung für Schüler mit unterschiedlich guten Schulleistungen bzw. unterschiedlicher Leistungsfähigkeit verschieden auswirkt, ist von Schülern und Lehrern der Halepaghenschule oft vermutet worden. Dies kann überprüft werden, indem die Ergebnisse der Typenanalysen für die Merkmale Schulleistungen (gemessen an den Zeugnisnoten), Intelligenz und Leistungsmotivation zusammengestellt werden. Hier zunächst die Ergebnisse für Schüler mit unterschiedlichen Schulleistungen.

Die Frage, ob Schüler mit guten oder weniger guten Schulnoten bestimmte Arbeitsgruppen wählen, kann folgendermaßen beantwortet werden: Wenn eine Arbeitsgruppe von Schülern mit einer starken oder weniger starken Ausprägung eines bestimmten Merkmals (wie Schulleistungen oder auch Intelligenz etc.) bevorzugt gewählt wird, dann besteht ein statistischer Zusammenhang zwischen den Meßwerten dieses Merkmals und den Wahlrangplatzziffern der Schüler für diese Arbeitsgruppe: Wenn z. B. Schüler mit relativ starker Ausprägung eines Merkmals eine Arbeitsgruppe häufiger an vorderer Stelle des Wahlzettels, Schüler mit geringer Ausprägung des Merkmals aber häufiger an letzter Stelle eingetragen haben, dann drückt sich dieser Zusammenhang in einer Korrelation zwischen den Meßwerten des Merkmals und den Wahlrangplatzziffern aus. Da es sich bei den Wahlrangplatzziffern um Daten auf Ordinalskalenniveau handelt, müssen hier Rangkorrelationskoeffizienten (rho) nach Spearman (vgl. Haseloff/Hoffmann 1968, S. 118) berechnet werden. Zwischen den Zeugnisnoten der Schüler vom Ende des Schuljahres 1968/69 für das Fach Gemeinschaftskunde und den Wahlrangplätzen der Arbeitsgruppe bestehen die folgenden korrelativen Zusammenhänge (N = 97):

Arbeitsgruppe	1	2	3	4	5	6
$\text{rho}_{\text{Zensur/Wahlrangplatz}}$	.05	.02	−.04	−.14	−.26*	.29*

Ein sehr starker Zusammenhang besteht nicht. Nur bei den Arbeitsgruppen 5 und 6 ist folgende Tendenz erkennbar: Die Arbeitsgruppe 5 wird häufiger von Schülern mit schlechteren Noten, die Arbeitsgruppe 6 dagegen häufiger von Schülern mit besseren Noten gewählt. Dieses Verhalten ist nicht verwunderlich, denn es entspricht der Einschätzung dieser Arbeitsgruppen durch alle Schüler (vgl. Abschnitt 4.3): Der Lehrer der Arbeitsgruppe 5 stellt nach Meinung der Schüler die geringsten, der Lehrer der Arbeitsgruppe 6 die höchsten Anforderungen. Die Arbeitsgruppe 5 ist für schwache Schüler besonders günstig, die Arbeitsgruppe 6 wird als weniger günstig beurteilt. In gewissem Umfang machen also einige Schüler von der Wahlmöglichkeit so Gebrauch, daß zwischen dem Anforderungsniveau ihrer Lerngruppe und ihren eigenen Lernvoraussetzungen eine bessere Paarung besteht. Es ist jedoch zu bedenken, daß die Zeugnisnoten das Wahlverhalten der Schüler diesen beiden Arbeitsgruppen gegenüber nur in geringem Umfang und bei den anderen Arbeitsgruppen überhaupt nicht erklären. Die Wahlentscheidung wird also auch bei Schülern mit weniger guten Schulleistungen von mehreren Faktoren beeinflußt (vgl. Abschnitt 5.2).

Welche Besonderheiten haben sich bei den Typenanalysen für Schüler mit unterschiedlichen Schulleistungen ergeben? – Bei der Wahl orientieren sich die Schüler des Wahlkriterien-Typs 4 vor allem daran, wie gut ihnen die Lehrer aus früherem Unterricht bekannt sind. Diese Schüler haben deutlich unter dem Durchschnitt liegende Zensuren (M = 3,67). Vermutlich aus Furcht, bei einem anderen Lehrer noch schlechtere Zensuren zu erhalten, oder weil sie es für wenig wahrscheinlich halten, bei einem anderen Lehrer ihre schlechte Zensur verbessern zu können, wählen diese Schüler den Lehrer wieder an erster Stelle, den sie bereits aus früherem Unterricht kennen. Mit dieser Entscheidung verbindet sich keine besondere Erwartung, z. B. daß sie zum Lehrer eine gute emotionale Beziehung haben werden oder daß das Thema in besonderer Weise instrumentell geeignet ist. Diese leistungsschwächeren Schüler haben offenbar resigniert. Sie versuchen nicht einmal mehr, aus den Möglichkeiten der Wahldifferenzierung das für sie Beste herauszuholen, sondern sie machen ihr schulisches Schicksal ganz von dem Lehrer abhängig, bei dem sie bisher am häufigsten oder in den letzten Schuljahren Unterricht gehabt haben.

Am Beginn des Unterrichts erwartet die Schülergruppe mit den besten Zensuren (Antizipations-Typ 4; M = 2,33), daß sie selbst hohe Sachkompetenz besitzt und sogar den Lehrern überlegen sein kann. Dies bedarf keiner weiteren Interpretation, aber es liegt die Vermutung nahe, daß die Lehrer zu diesen Schülern im Unterricht ein anderes Verhältnis haben als zu den Schülern, deren Leistungsfähigkeit sie geringer eingeschätzt haben. Dies bestätigt sich bei der Typenanalyse der Perzeption: Die Schüler des Perzeptions-Typs 1, die relativ schlechte Zeugnisnoten haben (M = 3,62), erleben den Unterricht als wenig emotional befriedigend, da sie die Zusammenarbeit zwischen Lehrer und Schüler als wenig intensiv empfinden. Die Lehrer neigen offenbar dazu, sich bevorzugt mit den leistungsfähigeren Schülern zu beschäftigen (vgl. Kontrasttyp 2). Wahrscheinlich hoffen sie, dadurch das Niveau des Unterrichts heben zu können, sie vergessen aber, daß die ohnehin schon leistungsschwächeren Schüler ihre Lernsituation als wenig befriedigend und anregend erleben müssen.

Daß Schüler mit guten Zensuren eine stärkere emotionale Befriedigung finden, gilt jedoch nicht einhellig. Denn die Schüler des Perzeptions-Typs 2 erleben den Unterricht, obgleich ihre Zeugnisnoten ebenfalls besser sind (M = 2,37), als weniger emotional befriedigend. Sie sind mit dem Leistungsniveau des Unterrichts nicht zufrieden, da dieses ihrer persönlichen Leistungsfähigkeit nicht entspricht.

Diese beiden zuletzt genannten Ergebnisse widersprechen sich nur dann, wenn man sie beide als absolut gültig betrachten wollte. Sie widersprechen sich nicht, wenn man bedenkt, daß der konkrete Verlauf des Unterrichts von mehreren Faktoren beeinflußt wird. Der Umfang der Zusammenarbeit zwischen den Lehrern und den Schülern ist nicht allein von den Schulleistungen der Schüler abhängig, sondern z. B. auch von der „emotionalen Passung" zwischen beiden. Die Lehrer werden besonders mit den guten Schülern intensiver zusammenarbeiten, die ihnen sympathischer sind und weniger gern mit Schülern, die ihnen mit einem sehr hohen subjektiven Leistungsbewußtsein gegenübertreten und glauben, dem Lehrer sachlich überlegen zu sein.

7.5.4 Schüler mit unterschiedlich starkem Interesse am Fach Gemeinschaftskunde

Wahldifferenzierung innerhalb eines Faches soll den Schülern u. a. die Möglichkeit geben, sich mit den Unterrichtsinhalten zu beschäftigen, die sie besonders interessieren. Allerdings setzt dies voraus, daß sich die Schüler für die angebotenen Themen bzw. für das jeweilige Fach überhaupt interessieren, denn ohne dieses allgemeine Interesse können auch einzelne Themen, solange sie den Rahmen des Faches nicht übergreifen, nicht das Interesse der Schüler finden. Die meisten Schüler interessieren sich nach ihren eigenen Angaben für das Fach Gemeinschaftskunde. Auf die im Unterrichtsfragebogen gestellte Frage, in welchem Maße sie das Fach Gemeinschaftskunde allgemein interessiert gaben die Schüler (N = 75) die folgenden Antworten:

Das Fach Gemeinschaftskunde interessiert mich ...

(0) überhaupt nicht	1 Schüler
(1) kaum	5 Schüler
(2) etwas	19 Schüler
(3) ziemlich	27 Schüler
(4) sehr stark	23 Schüler

Zwei Drittel der Schüler interessieren sich für das Fach Gemeinschaftskunde „ziemlich" oder „sehr stark", aber ein Drittel der Schüler interessiert sich „kaum" oder nur „etwas" für dieses Fach. Hat dieser Unterschied bei der Wahldifferenzierung Bedeutung?

Bei der Wahl der Arbeitsgruppen verteilen sich die Schüler mit geringerem Interesse („überhaupt nicht", „kaum", „etwas") und die Schüler mit stärkerem Interesse („ziemlich" und „sehr stark") folgendermaßen auf die Arbeitsgruppen:

Arbeitsgruppe	1	2	3	4	5	6	N
Anzahl der Schüler mit geringem Interesse	2	2	2	5	10	4	25
Anzahl der Schüler mit stärkerem Interesse	8	9	11	4	8	14	50

Vergleicht man die Anteile der beiden Schülergruppen an der Gesamtzahl (N = 75) mit ihren Anteilen an den einzelnen Arbeitsgruppen, dann zeigt sich, daß die Arbeitsgruppe 5 besonders häufig von Schülern mit geringerem Interesse am Fach gewählt worden ist ($Chi^2 = 3{,}99$; $p < .05$). Vermutlich wollen sich diese Schüler, da sie sich für das Fach ohnehin weniger interessieren, nicht auch noch hohen Leistungserwartungen der Lehrer aussetzen. Da sie sich mit den Themen des Faches nicht gern beschäftigen, wollen sie vermeiden, vom Lehrer zu intensiver Beschäftigung aufgefordert zu werden. Sie wählen deshalb bevorzugt die Arbeitsgruppe, deren Lehrer relativ geringe Anforderungen stellt (vgl. Abschnitt 4.3).

Deutlich ist bei der Typenanalyse der Erwartungen erkennbar, daß Schüler mit stärkerem Interesse am Fach Gemeinschaftskunde (M = 3,60) den Unterricht auch mit erheblich stärkerem Interesse an den Themen der Arbeitsgruppen beginnen (vgl. Antizipations-Typ 1). Sie halten die Themen stärker für objektiv relevant und glauben, daß diese ihren eigenen Neigungen und Voraussetzungen besser entsprechen und daß die Themen die instrumentelle Funktion besser erfüllen werden. Sie glauben auch stärker, daß die Lehrer didaktisch kompetent sind, und sie können sich mit ihnen etwas stärker identifizieren als die meisten Schüler.

Im Unterricht selbst finden Schüler mit stärkerem Interesse am Fach eine größere emotionale Befriedigung (vgl. Kontrasttyp 1 der Perzeption; M = 3,70). Die Lehrer arbeiten mit diesen Schülern intensiver zusammen. Eine andere Gruppe von stark am Fach interessierten Schülern (Kontrasttyp 3 der Perzeption; M = 3,25) erlebt im Unterricht vor allem eine stärkere Passung des Themas und entwickelt ein höheres subjektives Leistungsbewußtsein. Diese Schüler arbeiten intensiv mit und glauben, ihre Zensur verbessern zu können.

Vergleicht man die Erwartungen der Schüler mit ihrer Beurteilung des Unterrichts nach 8 Monaten, dann zeigt sich, daß Schüler mit starkem Interesse am Fach (Kontrasttyp zum Dikrepanz-Typ 3) sich weniger überfordert fühlen und das Anforderungsniveau als weniger hoch einschätzen, als sie es erwartet haben. Die Themen entsprechen ihren subjektiven Interessen und Vorkenntnissen besser, als sie zu Beginn des Unterrichts geglaubt haben. Doch auch dies gilt nicht für alle Schüler mit starkem Interesse am Fach: Der Typenfaktor 4 dieser Typenanalyse wird auf beiden Polen von Schülern mit starkem Interesse am Fach gekennzeichnet (M = 3,20 bzw. 3,60). Die beiden Schülergruppen unterscheiden sich jedoch deutlich darin, wie stark sie von den Themen und von der fachlichen Kompetenz der Lehrer enttäuscht sind. Die Schüler des Kontrasttyps 4 sehen ihre – offenbar hohen – Erwartungen an die fachliche Kompetenz der Lehrer, an die objektive Relevanz der Themen und an deren Passung stärker nicht erfüllt als der Durchschnitt aller Schüler.

Nicht alle Schüler, die ein stärkeres Interesse am Fach haben, sind also mit dem Unterricht mehr zufrieden als ihre Mitschüler. Ziemlich eindeutig ist es dagegen, daß Schüler mit geringerem Interesse am Fach im Unterricht benachteiligt sind. Einige dieser Schüler finden eine geringe emotionale Befriedigung, da die Lehrer mit ihnen weniger intensiv zusammenarbeiten (vgl. Perzeptions-Typ 1), andere finden zu den Themen keinen rechten Zugang, ihr subjektives Leistungsbewußtsein ist gering, und sie versuchen, ihren Arbeitsaufwand so gering als möglich zu halten. Der Unterricht im Fach Gemeinschaftskunde weckt und befriedigt bei ihnen kaum Lernbedürfnisse. Entsprechend fühlen sich Schüler mit geringem Interesse am Fach stärker überfordert als erwartet, weil das Anforderungsniveau des Lehrers höher und das Thema weniger instrumentell geeignet ist.

7.5.5 Schüler mit unterschiedlich hoher Testintelligenz

Die allgemeine intellektuelle Leistungsfähigkeit der Schüler – hier vor allem verstanden als Leistungsfähigkeit gegenüber neuen Aufgaben (vgl. Abschnitt 3.2.2.3 – Punkt 3) – spielt in wahldifferenziertem Unterricht keine wichtige Rolle. Die wenigen relevanten Ergebnisse der Typenanalysen sind schnell zusammengefaßt.

Die Wahl wird von der Intelligenz der Schüler nicht beeinflußt. Zwischen den Intelligenzquotienten der Schüler (IQ; nach dem L-P-S von Horn) und den Wahlrangplatzziffern der Arbeitsgruppen bestehen die folgenden Rangkorrelationen (N = 73):

Arbeitsgruppe	1	2	3	4	5	6
$rho_{IQ/Wahlrang}$	.03	.04	.00	.12	.13	–.18

Diese Werte sind statistisch nicht bedeutsam, sie weisen bei den Arbeitsgruppen 5 und 6 jedoch in die gleiche Richtung wie bei den Zeugniszensuren (vgl. Abschnitt 7.5.3).

Bei der Gewichtung der Wahlkriterien sind es vor allem Schüler mit vergleichsweise geringer Intelligenz (Wahlkriterien-Typ 4; M = 113), die den ihnen aus früherem Unterricht am besten bekannten Lehrer wieder an erster Stelle wählen, ohne daß sie sich davon einen besonderen Vorteil versprechen. Dieser Zusammenhang kann so verstanden werden, daß diese Schüler sich weniger schnell auf neue Situationen (und damit ungewohnte Aufgaben) einstellen können, so daß sie auf die Kontinuität der Lernsituation besonders achten.

Ohne weiteres verständlich ist es auch, daß die Schüler, die zu Beginn des Unterrichts glauben, ihren Lehrern an Sachkompetenz zumindest ebenbürtig zu sein (vgl. Antizipations-Typ 4), sehr hohe Intelligenzquotienten haben (M = 132). Allerdings sind auch die Schüler des dazugehörigen Kontrasttyps überdurchschnittlich intelligent (M = 123), ohne daß sie jedoch ihre eigene Kompetenz ähnlich hoch einschätzen wie die Schüler des Typs 4.

Bei der Beschreibung des Unterrichts unterscheiden sich sehr hoch und weniger hoch intelligente Schüler nicht auffällig. Allerdings sind einige sehr hoch intelligente Schüler (M = 131) von der didaktischen Kompetenz ihrer Lehrer stärker enttäuscht als der Durchschnitt aller Schüler (vgl. den Kontrasttyp zum Diskrepanz-Typ 1). Sie haben zum Lehrer eine größere emotionale Distanz und identifizieren sich weniger mit ihnen. Andere Schüler mit ebenfalls sehr hoher Intelligenz (Diskrepanz-Typ 5; M = 137) finden dagegen eine stärkere emotionale Beziehung zum Lehrer, als sie erwartet haben. Den Unterschied zwischen diesen beiden hoch intelligenten Schülergruppen kann wahrscheinlich durch ihre unterschiedlich ausgeprägte Leistungsmotivation erklärt werden: Die stärker enttäuschten Schüler des Kontrasttyps 1 sind weniger erfolgszuversichtlich, die zufriedeneren Schüler des Diskrepanz-Typs 5 haben eine höhere Erfolgsmotivation, d. h. sie sind nicht nur hoch leistungsfähig, sondern auch leistungsbereit. – Es kann also nicht generell behauptet werden, daß Schüler mit hoher intellektueller Leistungsfähigkeit in wahldifferenziertem Unterricht weniger zu ihrem Recht kommen.

7.5.6 Schüler mit unterschiedlich hoher und verschieden gerichteter Leistungsmotivation

Bei den Typenanalysen konnten bei mehreren Schülergruppen die spezifischen Wahlkriterien, Antizipationen, Perzeptionen und das spezifische Verhältnis von Erwartungen und der Beurteilung des Unterrichts auf eine besondere Ausprägung der Leistungsmotivation (gemessen nach dem TAT-Verfahren von Heckhausen 1963; vgl. Abschnitt 3.2.2.3) zurückgeführt werden. Die Bedeutung dieser Leistungsmotivation für das Lernen in wahldifferenziertem Unterricht soll hier noch einmal im Zusammenhang betrachtet werden.

Schon die Wahlentscheidung hängt bei einigen Arbeitsgruppen mit der Leistungsmotivation der Schüler zusammen. Zwischen den Ergebnissen des Leistungsmotivations-Tests und den Wahlrangplatzziffern der Arbeitsgruppen bestehen die folgenden korrelativen Zusammenhänge (N = 81):

Arbeitsgruppe	1	2	3	4	5	6
Hoffnung auf Erfolg	.10	.06	.04	–.15	–.01	.07
Furcht vor Mißerfolg	.09	.02	–.08	–.21*	–.39***	.45***
„Netto-Hoffnung“	.03	.07	.07	.08	.31**	–.36***
Gesamtmotivation	.16	.01	–.02	–.21*	–.23*	.30**

Bei drei Arbeitsgruppen ist die Wahlentscheidung der Schüler nicht von der Leistungsmotivation abhängig. Bei den Arbeitsgruppen 5 und 6 besteht jedoch ein statistisch signifikanter und auch inhaltlich bedeutsamer Zusammenhang: Die Arbeitsgruppe 5 wird häufiger von Schülern mit hoher Gesamtmotivation an vorderer Stelle gewählt, die Arbeitsgruppe 6 dagegen häufiger von Schülern mit geringer Gesamtmotivation. Dieses Ergebnis muß überraschen, denn es bedeutet, daß Schüler mit hoher Leistungsmotivation eher eine Arbeitsgruppe wählen, deren Lehrer geringe Anforderungen stellt, während die Arbeitsgruppe, deren Lehrer die höchsten Anforderungen stellt, von Schülern mit geringerer Leistungsmotivation gewählt wird.

Dieser Zusammenhang wird bei genauerer Betrachtung jedoch schnell verständlich. Denn es zeigt sich, daß die hohe Gesamtmotivation der Schüler, die ein geringeres Anforderungsniveau wählen, vor allem als hohe Mißerfolgsängstlichkeit zu verstehen ist, während das Ausmaß der Erfolgsmotivation für die Wahl dieser beiden Arbeitsgruppen bedeutungslos ist. Dementsprechend gilt, daß Schüler mit negativer Netto-Hoffnung (also stärkerer Mißerfolgsängstlichkeit bei geringerer Erfolgszuversichtlichkeit) vor allem die Arbeitsgruppe 5 und damit ein geringeres Anforderungsniveau wählen und daß sich vor allem solche Schüler dem hohen Anforderungsniveau der Arbeitsgruppe 6 aussetzen, die mehr erfolgszuversichtlich als mißerfolgsängstlich sind.

Bei der Analyse der Wahlkriterien sind Leistungsmotivationsdaten bei zwei Schülergruppen relevant: Bei den Schülern des Wahlkriterien-Typs 4 handelt es sich vor allem um Schüler mit hoher Mißerfolgsängstlichkeit (M = 9,00), stark negativer Netto-Hoffnung (M = −3,25) und hoher Gesamtmotivation (M = 14,75). Diese Schüler (es handelt sich vor allem um Schülerinnen mit unterdurchschnittlichen Zensuren) wählen ihre Arbeitsgruppen fast ausschließlich nach dem Kriterium der Bekanntheit des Lehrers aus früherem Unterricht. Sie wählen den Lehrer bevorzugt, den sie bereits gut kennen, ohne daß sie zu diesem Lehrer eine besondere Beziehung hätten oder hoffen, in der Arbeitsgruppe erfolgreich sein zu können. Das Wahlverhalten dieser Schüler kann also nicht einmal als Versuch verstanden werden, Mißerfolg bewußt zu vermeiden. Vielmehr scheinen diese Schüler derart verunsichert zu sein, daß sie mit einer möglichen Veränderung der Lernsituation in jedem Falle Mißerfolgserwartungen verbinden.

Anders verhält es sich dagegen bei den Schülern des Wahlkriterien-Typs 6: Diese Schüler sind ebenfalls stark leistungsmotiviert, aber ihre hohe Gesamtmotivation (M = 11,75) ist vor allem auf eine starke Erfolgszuversicht (HE; M = 7,00) und eine geringere Furcht vor Mißerfolg zurückzuführen. Diese Schüler wählen tatsächlich – wie es theoretisch zu erwarten ist – eine Arbeitsgruppe, deren Anforderungsniveau ihnen deutlich höher erscheint und deren Lehrer sie für didaktisch kompetent halten, so daß sie sich mit ihm als Leistungsvorbild identifizieren können. Zu den Themen, die sie wählen, haben diese Schüler allerdings keine besondere Beziehung, die instrumentelle Passung der Themen ist eher gering, ihr Interesse an den Themen ist nicht besonders groß. Es geht diesen stark erfolgsmotivierten Schülern offenbar vor allem darum, ein starkes, aber abstraktes Leistungsbedürfnis zu befriedigen, d. h. sie wollen etwas leisten, ohne danach zu fragen, ob der Inhalt dieser Leistung subjektiv oder objektiv bedeutsam ist.

Zu Beginn des Unterrichts gibt es in den Arbeitsgruppen Schüler, die ihre eigene sachliche Kompetenz so hoch einschätzen, daß sie sich den Lehrern wenigstens ebenbürtig fühlen (Antizipations-Typ 4). Bei diesen Schülern wurden in den TAT-Geschichten nur wenige leistungsthematisch relevante Hinweise gefunden. Ihre Gesamtmotivation erscheint deshalb als sehr gering (M = 5,67), aber das Verhältnis von Erfolgs- und Mißerfolgsmotivation ist aufschlußreich. Denn diese Schüler begegnen ihren Lehrern mit relativ hoher Erfolgszuversicht (M = 4,50), aber äußerst geringer Mißerfolgsängstlichkeit (M = 1,17). Ihre entsprechend stark positive Netto-Hoffnung (M = 3,33) macht es verständlich, daß diese Schüler mit hohen Erfolgserwartungen in die Arbeitsgruppen gehen und in keiner Weise befürchten, überfordert zu werden.

Die Schüler des Antizipations-Typs 2 sind sehr stark leistungsmotiviert (Gesamtmotivation: M = 13,14), wobei der Anteil von Erfolgs- und Mißerfolgsmotivation fast gleich ist (M = 6,86 bzw. 6,29). Diese Schüler erwarten, daß sie in einem anspruchsvollen Unterricht nicht überfordert werden, sondern daß sie bei einem didaktisch kompetenten Lehrer ihre Leistungsfähigkeit beweisen können. Ähnlich wie die Schüler des Wahlkriterien-Typs 6 haben sie zu den Themen ihrer Arbeitsgruppen jedoch keine besondere persönliche Beziehung. Ihr subjektives Interesse an den Themen, mit denen sie sich intensiv beschäftigen wollen, ist nicht besonders stark, und zu den Lehrern haben sie keine besonders engen emotionalen Beziehungen. Auch diesen Schülern scheint es vor allem um die Befriedigung eines abstrakten Leistungsbedürfnisses zu gehen.

Auch für den Verlauf des Unterrichts ist die Leistungsmotivation des Schüler bedeutsam. Bei der Interpretation der beiden ersten Perzeptions-Typen zeigt sich, daß die Schüler beider Typen durch eine geringe Gesamtmotivation (M = 6,17 bzw. 6,25) mit einem besonders geringen Anteil an Mißerfolgsmotivation (M = 2,17 bzw. 2,50) gekennzeichnet sind. Beide Schülergruppen beschreiben den Unterricht in den Arbeitsgruppen als weniger emotional befriedigend, allerdings aus verschiedenen Gründen. Die Schüler des Typs 1 interessieren sich für das Fach Gemeinschaftskunde weniger (M = 2,25) und haben relativ schlechte Zeugnisnoten (M = 3,62). Der Grund für ihre geringere emotionale Befriedigung besteht darin, daß es den Lehrern nicht gelungen ist, diese Schüler zur Mitarbeit in den Arbeitsgruppen anzuregen und ihnen interessante Aspekte des Themas zu vermitteln. Diese wenig leistungsmotivierten Schüler zeigen ein ausweichendes Lernverhalten, und die Kooperativität zwischen den Lehrern und diesen Schülern ist gering. Schüler mit geringer Leistungsmotivation (sowie geringem Interesse am Fach und schlechten Schulleistungen) stehen also in wahldifferenzierten Lerngruppen stärker am Rande des Geschehens.

Auch die Schüler des Perzeptions-Typs 2 sind wenig leistungsmotiviert, und sie beschreiben den Unterricht ebenfalls als wenig emotional befriedigend. Im Gegensatz zu den Schülern des Perzeptions-Typs 1 sind sie jedoch stark am Fach interessiert (M = 3,75) und haben gute Zeugnisnoten (M = 2,37). Sie sind mit dem Unterricht weniger zufrieden, weil das Leistungsniveau des Unterrichts ihrem starken Interesse am Fach nicht entspricht. Diese Schüler sind also trotz geringer Leistungsmotivation zu guten Schulleistungen gekommen. Ihre tatsächliche Leistungsfähigkeit ist deutlich größer, als es nach ihrer Leistungsmotivation zu erwarten ist. Hieran wird deutlich, daß die Leistungsmotivation (wie sie durch den TAT nach Heckhausen 1963 definiert ist) keine unerläßliche Voraussetzung für Schulerfolg ist. Auch Schüler mit geringem „Bestreben, die eigene Tüchtigkeit in allen jenen Tätigkeiten zu steigern oder möglichst hoch zu halten, in denen man einen Gütemaßstab für verbindlich hält“ (Heckhausen 1969, S. 194), sind offenbar dann stark *lern*motiviert, wenn der Sachbereich selbst und damit der Gegenstand des Lernens ihr Interesse findet.

Auch diese Schüler haben sicherlich einen „Gütemaßstab“, aber dieser ist weniger als ein abstraktes Leistungsmaß zu verstehen, das sich entweder an den eigenen früheren Leistungen orientiert, um diese zu steigern, oder an den Leistungen der Mitschüler, um diese zu übertreffen. Der Gütemaßstab der besonders stark am Fach interessierten Schüler ist dagegen konkret bzw. lernzielorientiert: Es geht ihnen weniger darum, im Unterricht eine Steigerung ihrer persönlichen Tüchtigkeit (an welchem Gegenstand auch immer) zu erleben, sondern sie wollen sich mit einem bestimmten Sachbereich adäquat auseinandersetzen und dessen sachlichen Anforderungen genügen. Tatsächlich sind sich diese Schüler ihrer eigenen Leistungsfähigkeit durchaus bewußt, sie wissen z. B., daß sie mehr zum Unterricht beitragen als die meisten anderen Schüler. Aber ihr starkes Engagement und ihr Lernerfolg beruhen nicht auf dem abstrakten Bedürfnis, die eigene Leistung zu steigern oder besser zu sein als ihre Mitschüler, sondern auf dem Bedürfnis, sich intensiv mit einem bestimmten Sachbereich zu beschäftigen.

Zwar sind diese Schüler – gemessen an ihren Zeugnisnoten – in der Schule erfolgreich, aber dennoch finden sie im Unterricht ihrer Arbeitsgruppen eine relativ geringe emotionale Befriedigung. Dies ist um so mehr verwunderlich, als ja in den Arbeitsgruppen gerade die Themen im Mittelpunkt stehen sollen, um den spezifischen Interessen der Schüler besser entsprechen zu können. Worauf ist es zurückzuführen, daß die

Schüler dieses Perzeptions-Typs 2 trotz starkem Interesse am Fach den Unterricht als wenig befriedigend erleben?

Die Antwort ergibt sich, wenn man andere Schülergruppen mit ebenfalls starkem Interesse am Fach vergleicht: Die Schüler des Kontrasttyps 1 der Perzeption interessieren sich ebenfalls sehr stark für das Fach Gemeinschaftskunde (M = 3,70), ihre Leistungsmotivation ist etwa durchschnittlich, jedoch höher als bei den Schülern des Perzeptions-Typs 2 (M = 10,22 gegenüber 6,25). Die Schüler des Kontrasttyps 2 sind durchschnittlich stark am Fach interessiert (M = 3,00), aber ihre Leistungsmotivation liegt deutlich über dem Durchschnitt (M = 13,11). Die Schüler beider Gruppen empfinden den Unterricht als stärker emotional befriedigend: die Schüler des Kontrasttyps 1, weil ihre Zusammenarbeit mit dem Lehrer intensiver ist, die Schüler des Kontrasttyps 2, weil sie sich von einem hohen Leistungsniveau des Unterrichts stärker in ihrem Leistungsbedürfnis angesprochen fühlen.

Schüler mit starkem Interesse am Fach finden also nur dann im Unterricht eine emotionale Befriedigung, wenn sie neben dem Interesse auch eine intensive Leistungsmotivation mitbringen. Daraus kann man schließen, daß der Unterricht in den Arbeitsgruppen nicht allein das lernzielbezogene Interesse der Schüler anspricht, sondern daß der Unterricht zugleich stark leistungsthematisch geprägt ist. Die Schüler lernen nicht vornehmlich, weil sie durch ein sachspezifisches Lernbedürfnis motiviert sind, sondern auch weil ihr allgemeines, abstraktes Leistungsbedürfnis, nämlich das Bedürfnis, ihre eigene Tüchtigkeit zu beweisen und zu steigern, angeregt worden ist. Diese Schüler empfinden das Leistungsniveau des Unterrichts als höher und fühlen sich in ihrem Leistungsbedürfnis angesprochen. Sie sind deshalb mit dem Unterricht zufrieden.

Die Schüler dagegen, die zwar sehr stark am Fach interessiert sind und auch intensiv mitarbeiten, bei denen aber kein abstraktes Leistungsbedürfnis (Leistung nur zum Beweis der eigenen Tüchtigkeit) angeregt werden kann, fühlen sich von diesen sachfremden Elementen des Unterrichts und der Lernmotivation nicht angesprochen. Wenn sie das Leistungsniveau als niedrig einschätzen, dann bedeutet dies, daß die „Leistungen" des Unterrichts ihrer Meinung nach dem Gegenstand nicht gerecht werden, während Dinge, an denen Schüler ihre Tüchtigkeit beweisen können, zu sehr im Vordergrund stehen. Damit kann gemeint sein, daß z. B. zu häufig Klausuren geschrieben werden, in denen reiner Wissensstoff zu reproduzieren ist, oder daß Referate gehalten werden, bei denen die Schüler vor allem ihre Belesenheit zur Schau stellen und ihre individuelle Tüchtigkeit beweisen.

So wie die Schüler des Perzeptions-Typs 2 trotz geringer Leistungsmotivation, aber mit sehr starkem Interesse am Fach, gute Schulleistungen aufweisen, so zeigt sich bei den Schülern des Perzeptions-Typs 3 umgekehrt, daß Schüler mit hoher Leistungsmotivation (M = 11,80) dann nicht erfolgreich sind, wenn sie sich für das Fach wenig interessieren (M = 1,86). Diese Schüler haben relativ schlechte Zeugniszensuren (M = 3,50) und sind dadurch gekennzeichnet, daß sie versuchen, den Arbeitsaufwand für ihre Gemeinschaftskundearbeitsgruppe so gering wie möglich zu halten. Selbst wenn also Schüler ein stärkeres allgemeines Bedürfnis haben, ihre Tüchtigkeit zu beweisen oder gar zu steigern, dann trägt dieses Bedürfnis nicht zur Lernmotivation bei, wenn der Sachbereich, an dem dies geschehen müßte, vom Schüler nicht als relevant erlebt wird. Anders ausgedrückt: Ein geringes Interesse am konkreten Lerngegenstand kann durch eine starke abstrakte Leistungsmotivation nicht ausgeglichen werden.

Schließlich sind auch die Daten des vierten Perzeptions-Typs aufschlußreich. Es handelt sich um Schüler mit einer sehr starken Leistungsmotivation (M = 15,33), die von den beiden Komponenten Hoffnung auf Erfolg und Furcht vor Mißerfolg zu gleichen Teilen (M = 7,67) geprägt wird. Diese Schüler erleben den Unterricht stärker als anspruchsvoll, halten sich für sachlich kompetent und glauben, ihre Leistungsfähigkeit entfalten zu können. Der Gegenstand, an dem diese Schüler ihre Leistungsfähigkeit beweisen, ist ihnen jedoch relativ unwichtig, ja sie würden es stärker als ihre Mitschüler begrüßen, wenn einmal ein ganz anderes Thema behandelt würde. Diese Schüler finden im Unterricht vor allem eine Befriedigung ihres allgemeinen Leistungsbedürfnisses. Sie können in der Gruppe zeigen, was sie können, und sie werden vom Lehrer darin bestätigt. Ein besonders ausgeprägtes Interesse an den konkreten Gegenständen ihrer Tüchtigkeit haben sie nicht. Daran ist erkennbar, daß sich hohe Leistungsmotivation (wenigstens bei dieser Gruppe von Schülern) auf beliebige, jederzeit austauschbare Gegenstände richten kann. Es geht allein darum, die eigene Tüchtigkeit zu steigern oder möglichst hoch zu halten. Dabei muß der Gütemaßstab für diese Tüchtigkeit nicht unbedingt im Gegenstand der Tätigkeit selbst liegen, sondern er kann durch einen sachfremden Maßstab ersetzt werden, wenn die Tätigkeit mit diesem Maßstab in einem instrumentellen Zusammenhang steht. Dies ist hier der Fall: Die intensive Beschäftigung mit dem Thema der Arbeitsgruppe eröffnet die Aussicht auf eine bessere (oder gleich gute) Zensur, die als Maßstab der eigenen Tüchtigkeit dienen kann. Dieser Gütemaßstab kann aber durch die Beschäftigung mit beliebigen, auch häufig wechselnden Gegenständen erfüllt werden.

Auch die Frage, warum bestimmte Schülergruppen in spezifischer Weise ihre Erwartungen nicht erfüllt sehen (Diskrepanz-Typen vgl. Abschnitt 7.4), konnte mit Hilfe der Leistungsmotivationsdaten dieser

Schüler – wenigstens teilweise – beantwortet werden. Es ergeben sich die folgenden Zusammenhänge:

Die Schüler des Diskrepanz-Typs 2 sind überwiegend mißerfolgsängstlich (M = 7,25), ihre Netto-Hoffnung ist entsprechend gering (M = –3,75). Diese Schüler werden aber von einem nicht erwartet hohen Anforderungsniveau des Lehrers zur Mitarbeit angeregt, und sie identifizieren sich stärker mit dem Lehrer, den sie als Leistungsvorbild erleben. Den Schülern des Kontrasttyps 2, die ebenfalls stark mißerfolgsängstlich sind, erscheint dagegen das Anforderungsniveau ihrer Arbeitsgruppe gemessen an ihren Erwartungen als zu gering. Sie werden vom Lehrer nicht hinreichend zur Mitarbeit angeregt, und sie fühlen sich deshalb vom Thema stärker überfordert, als sie angenommen haben. Ihr Interesse am Fach ist zudem relativ gering (M = 2,20), so daß sie ohne die ständigen Leistungsanforderungen ihrer Lehrer nicht zu intensiver Leistung motiviert sind, sie werden vom Thema überfordert. Bei den Schülern des Typs 2 wird dagegen die hohe Mißerfolgsmotivation von den Lehrern offenbar besser angeregt, so daß die Schüler stärker zur Beschäftigung mit den Themen motiviert sind.

Die Schüler des Diskrepanz-Typs 5 sind stark leistungsmotiviert (M = 12,25), und zwar vor allem erfolgsmotiviert (M = 7,75). Diese Schüler finden im Unterricht eine stärkere emotionale Sicherheit und haben zu den Lehrern bessere emotionale Beziehungen. Ebenso finden sie besseren Zugang zu den Themen, die ihnen als origineller, anregender und passender erscheinen, als sie erwartet haben. Bei diesen Schülern erweist sich die erfolgszuversichtliche Leistungsmotivation als günstigste Voraussetzung für einen relativ befriedigenden Verlauf des Unterrichts.

Zusammenfassung: Gruppenspezifische Analysen

Mit Hilfe der Q-Technik der Faktorenanalyse wurde versucht, Schülergruppen zu identifizieren, für die Wahldifferenzierung eine spezifische Bedeutung hat. Es hat sich gezeigt, daß Schülergruppen identifiziert werden können, die sich in verschiedener Hinsicht voneinander unterscheiden. Schon bei der Wahlentscheidung wird erkennbar, daß die Schüler den Wahlkriterien unterschiedliches Gewicht einräumen. Da sie zudem die angebotenen Arbeitsgruppen nach subjektiven Maßstäben weitgehend verschieden beurteilen, verteilen sich die Schüler, die nach ähnlichen Kriterien gewählt haben, ziemlich gleichmäßig auf alle Arbeitsgruppen. Infolgedessen finden sich am Beginn des Schuljahres in den Arbeitsgruppen Schüler zusammen, die dieselbe Arbeitsgruppe aus verschiedenen Gründen gewählt haben und unterschiedliche Erwartungen haben. Gemeinsam ist allen Schülern bei Beginn des Unterrichts dagegen die Hoffnung, die Arbeitsgruppe gewählt zu haben, die – unter den gegebenen Umständen – den eigenen Lernbedürfnissen am besten entspricht.

Im Verlauf des Unterrichts stellt sich jedoch bei den meisten Schülern heraus, daß ihre Erwartungen mehr oder weniger nicht erfüllt werden. Die Schüler empfinden den Unterricht als unterschiedlich befriedigend, sowohl die Lehrer als auch die Themen entsprechen nicht voll den Erwartungen und Hoffnungen der Schüler. Auch hierin unterscheiden sich die Schüler voneinander. Das Verhältnis zwischen den Erwartungen der Schüler und ihrer Beurteilung des Unterrichts ist unterschiedlich strukturiert. In denselben Arbeitsgruppen sind verschiedene Schüler von verschiedenen Merkmalen des Unterrichts in unterschiedlichem Ausmaß enttäuscht oder auch nicht enttäuscht.

Es zeigt sich also, daß wahldifferenzierter Unterricht den Bedürfnissen verschiedener Schüler in unterschiedlicher Weise entspricht. Anhand verschiedener Merkmale der Schüler (Klassenstufe, Geschlecht, Schulleistungen, Interesse am Fach, Intelligenz und Leistungsmotivation) wurde versucht, einige Ursachen für diese spezifischen Effekte der Wahldifferenzierung aufzuklären. Im folgenden Teil III der Arbeit wird zu diskutieren sein, welche pädagogischen Schlußfolgerungen aus diesen Ergebnissen gezogen werden können bzw. gezogen werden müssen.

Teil III
Diskussion der Ergebnisse

8. Die emanzipatorische Potenz wahldifferenzierten Unterrichts

Nachdem ich im zweiten Teil dieser Arbeit (in den Kapiteln 4 bis 7) versucht habe, die Komplexität des Lernens in wahldifferenziertem Unterricht möglichst detailliert und in der Vielfalt der Zusammenhänge transparent werden zu lassen, ist es nun erforderlich, diese Ergebnisse zu bewerten. Das Ziel dieser Bewertung besteht darin, erkennbar werden zu lassen, in welcher Hinsicht und in welchem Umfang die Wahldifferenzierung des Unterrichts zu einer emanzipatorischen Reform des Bildungswesens beiträgt oder beitragen könnte.

Diese Bewertung wird zwar von den Ergebnissen der vorliegenden Untersuchung des Buxtehuder Modells ausgehen, aber sie wird sich nicht auf diese Ergebnisse beschränken dürfen. Denn es ist zu unterscheiden zwischen dem, was durch die – auch im eigenen Anspruch (vgl. Kapitel 2) – begrenzte Reform nach dem Buxtehuder Modell an Veränderungen bereits erreicht worden ist, und dem, was durch eine weitergehende Durchführung der Wahldifferenzierung und entsprechende Veränderungen von Rahmenbedingungen des Unterrichts erreicht werden könnte. Worin solche weitergehenden Maßnahmen bestehen müßten, ist aber gerade an den Ergebnissen der detaillierten Analyse des Buxtehuder Modells erkennbar, denn dabei hat sich gezeigt, in welcher Hinsicht und aus welchen Gründen dieser Versuch wahldifferenzierten Unterrichts nicht immer zu voll befriedigenden Resultaten geführt hat.

Damit bin ich bereits auf das generelle Ergebnis der Untersuchung eingegangen. Bevor ich jedoch einzelne Aspekte erörtere, werde ich den Ablauf und die wichtigsten Ergebnisse der Analyse im Überblick darstellen (Abschnitt 8.1). Im Anschluß daran sollen diese Ergebnisse systematisch diskutiert werden (Abschnitt 8.2). Dabei soll erkennbar werden, in welcher Hinsicht in der Wahldifferenzierung des Unterrichts ein Beitrag zur emanzipatorischen Reform des Bildungswesens gesehen werden kann und unter welchen Bedingungen sich die mögliche emanzipatorische Wirkung dieser Form der Unterrichtsorganisation besser entfalten könnte. Im letzten Abschnitt (8.3) werde ich die Ergebnisse dieser systematischen Diskussion in einer generellen Einschätzung des Buxtehuder Modells bzw. wahldifferenzierten Unterrichts bildungspolitisch bewerten.

8.1 Übersicht über den Ablauf und die wichtigsten Ergebnisse der Analyse

Ziel der vorliegenden wissenschaftlichen Begleituntersuchung des Buxtehuder Modells[123] ist es, am Beispiel dieses Schulversuchs zu klären, in welcher Weise durch die Organisation des Unterrichts nach der Wahlentscheidung der Schüler das Lernen in der Schule eine veränderte Qualität erhalten kann. Um diese Frage beantworten zu können, sollte die durch die eingeleiteten Maßnahmen veränderte Lernsituation möglichst detailliert analysiert werden, damit die Komplexität des Geschehens transparent wird. Um die dazu erforderlichen Daten erheben zu können, wurden umfangreiche Vorstudien durchgeführt, bei denen Schüler und Lehrer der Buxtehuder Halepaghenschule nach ihrer Beurteilung des Buxtehuder Modells gefragt wurden. Die am Schulversuch unmittelbar Beteiligten warfen dabei eine Fülle von Detailproblemen auf, aufgrund derer die Fragestellungen der Begleituntersuchung konkretisiert und die Instrumente zur Erhebung der erforderlichen Daten entwickelt bzw. ausgewählt wurden (vgl. Abschnitt 3.2).

Der Gang der Analyse folgte dem Ablauf eines Schuljahres. Dabei bildeten die Vorbereitung und der Beginn des neuen Schuljahres einen ersten Schwerpunkt der Untersuchung, der die folgenden Fragen beantworten sollte: Auf welchen Dimensionen beurteilen die Schüler das Wahlangebot der Schule (Kapitel 4), und nach welchen Kriterien treffen sie ihre Wahlentscheidung (Kapitel 5)? Der zweite Schwerpunkt der Untersuchung galt der Frage, ob das Lernen in den von den Schülern gewählten Arbeitsgruppen durch besondere Merkmale ausgezeichnet ist (Kapitel 6). Nach diesem ersten generalisierenden Durchgang wurde versucht, Schülergruppen zu identifizieren, für die die Wahldifferenzierung des Unterrichts eine spezifische Bedeutung hat (Kapitel 7).

Wahldifferenzierung des Unterrichts kann nur dann sinnvoll sein, wenn die einzelnen Schüler die von der Schule zur Wahl angebotenen Lerngruppen als voneinander verschieden erleben und unterschiedlich bewerten, denn nur dann ist ihnen eine begründete Wahlentscheidung möglich. Auf welchen Dimensionen beurteilen die Schüler das Wahlangebot und auf welchen Dimensionen erleben sie dieses als differenziert? – Aus den mit dem „Fragebogen zur Wahl der Arbeitsgruppen"

[123] Das „Buxtehuder Modell" ist im wesentlichen durch die Aufhebung der Jahrgangsklassen 12 und 13 gekennzeichnet. Statt im Klassenverband findet der Unterricht in thematisch definierten Arbeitsgruppen statt, die von den Lehrern angeboten und von den Schülern der beiden Klassenstufen frei gewählt werden können. Dabei sind die gültige Stundentafel, die Richtlinien und die Reifeprüfung verbindlich (vgl. Kapitel 2). – Die vorliegende Untersuchung bezieht sich lediglich auf den Unterricht im Fach Gemeinschaftskunde und das Schuljahr 1969/70.

(kurz: „Wahlfragebogen"; vgl. Abschnitt 3.2.2.1) von den Schülern erhobenen Schätzurteilen über alle sechs angebotenen Arbeitsgruppen wurden mit Hilfe von Faktorenanalysen (vgl. Abschnitt 3.3.4) insgesamt zehn verschiedene Dimensionen identifiziert, die für die Schüler bei der Beurteilung des Wahlangebots relevant sind. Es handelt sich um die folgenden Faktoren:

Faktor A: Emotionale Beziehung zum Lehrer
Wie die Schüler das Unterrichtsverhalten und die didaktische Kompetenz der Lehrer beurteilen, hängt weitgehend damit zusammen, wie sie die Persönlichkeit des Lehrers in emotional-affektiver Hinsicht bewerten. Dabei spielt das Anforderungsniveau des Lehrers (vgl. Faktor C) kaum eine Rolle. Im Hinblick auf die Reifeprüfung ist es den Schülern wichtiger, von einem Lehrer geprüft zu werden, zu dem sie eine gute emotionale Beziehung haben, als von einem Lehrer, der nach ihrem persönlichen Urteil geringe Anforderungen stellt. Die Schüler neigen dazu, sich mit den Lehrern, zu denen sie gute emotionale Beziehungen haben, zu identifizieren.

Faktor B: Instrumentelle Passung des Themas
Die Schüler schätzen die Themen danach ein, in welchem Maß diese voraussichtlich zur Erfüllung der schulischen Leistungserwartungen anregen. Dies ist um so mehr der Fall, je mehr Vorkenntnisse die Schüler zu einem Thema besitzen und je mehr dieses ihren subjektiven Neigungen und Interessen entgegenkommt.

Faktor C: Anforderungsniveau des Lehrers
Auf dieser Dimension schätzen die Schüler ein, welche Anforderungen die Lehrer – im Vergleich mit ihren Kollegen – stellen.

Faktor D: Subjektive Überforderung
Diese Dimension bezieht sich auf das Thema und auf den Lehrer. Beide Gesichtspunkte hängen eng miteinander zusammen. Die Schwierigkeit eines Themas hängt weitgehend davon ab, auf welchem Anspruchsniveau der Lehrer dieses Thema behandelt.

Faktor E: Objektive Relevanz des Themas
Die Schüler beurteilen auf dieser Dimension, wie bedeutsam die einzelnen Themen sind, ohne daß diese Einschätzung ihrer persönlichen Zuwendungsbereitschaft entsprechen muß.

Faktor F: Kontinuität der Lernsituation
Auf dieser Dimension schätzen die Schüler ein, wie weit sich ihre

Lernsituation durch die Wahl einer bestimmten Arbeitsgruppe verändern würde: Wie gut ist ihre emotionale Beziehung zum Lehrer, wie vertraut ist ihnen das Thema, und wie gut kennen sie die Mitschüler, die diese Arbeitsgruppe voraussichtlich wählen werden?

Faktor G: Bekanntheit des Lehrers
Wie gut kennen die Schüler die Lehrer aus früherem Unterricht und/oder aus privaten Kontakten außerhalb der Schule?

Faktor H: Didaktische Kompetenz des Lehrers
Wie gut gelingt es dem Lehrer, sein Fach interessant zu machen und seinen Unterrichtsstoff anregend zu vermitteln? Dieser Aspekt steht in engem Zusammenhang mit der emotionalen Beziehung zum Lehrer (vgl. Faktor A).

Faktor I: Interesse am Thema
Wie stark ist die persönliche Neigung der Schüler, sich mit den Themen zu beschäftigen, unabhängig davon, ob diese ihre instrumentelle Funktion erfüllen (vgl. Faktor B)?

Faktor J: Zusammensetzung der Gruppe
Welchen Zuspruch werden die einzelnen Arbeitsgruppen bei den Mitschülern, insbesondere bei Freunden und früheren „Klassenkameraden" finden?

Nach dem durchschnittlichen Urteil *aller* Schüler (vgl. Abschnitt 4.3.1) bestehen die deutlichsten Unterschiede zwischen den Arbeitsgruppen im Anforderungsniveau der Lehrer, ihrer didaktischen Kompetenz und in der antizipierten subjektiven Überforderung der Schüler. Hinsichtlich der Themen sehen die Schüler im Durchschnitt nur geringe Unterschiede.

Betrachtet man jedoch, welche Unterschiede die *einzelnen* Schüler zwischen den zur Wahl stehenden Arbeitsgruppen erkennen können (vgl. Abschnitt 4.3.2), dann zeigt sich, daß die meisten Schüler auf allen oben aufgeführten Dimensionen der Beurteilung des Wahlangebots dieses als ein differenziertes Angebot erleben. Die deutlichsten Unterschiede bestehen in der Bekanntheit des Lehrers aus früherem Unterricht. Die Einschätzung der emotionalen Beziehung zum Lehrer unterliegt weitgehend subjektiven Kriterien, die gleichen Lehrer werden von verschiedenen Schülern unterschiedlich beurteilt. Ebenso wird auch die instrumentelle Passung der einzelnen Themen von verschiedenen Schülern unterschiedlich beurteilt.

Bei der Wahl der Arbeitsgruppen (vgl. Abschnitt 5.1) werden jene Arbeitsgruppen bevorzugt gewählt, deren Lehrer nach dem Urteil der meisten Schüler relativ geringe Anforderungen stellen. – Etwa die Hälfte der Schüler, deren Lehrer aus dem vorangegangenen Schuljahr auch für das kommende Schuljahr eine Arbeitsgruppe anbietet, wählt diesen Lehrer wieder an erster Stelle. – Fast alle Schüler (95%) werden in die von ihnen an erster Stelle gewählte Arbeitsgruppe aufgenommen.

Bei der Analyse der Wahlkriterien (Abschnitt 5.2) zeigt sich, daß die Schüler die wahlentscheidende Bedeutung verschiedener Gesichtspunkte selbst nicht richtig einschätzen (dazu im einzelnen weiter unten). An letzter Stelle des Wahlzettels wählen die Schüler vor allem Arbeitsgruppen, zu deren Lehrer sie weniger gute emotionale Beziehungen haben. Etwa 60% der Schüler machen von der Möglichkeit, bestimmte Lehrer „abzuwählen", bewußt Gebrauch. Bei der Entscheidung, welche Arbeitsgruppe an erster Stelle gewählt werden soll, gibt bei vielen Schülern die private Bekanntheit des Lehrers den Ausschlag. Daneben haben die emotionale Beziehung zum Lehrer und die instrumentelle Passung des Themas die stärkste wahlentscheidende Bedeutung. Die Schüler neigen dazu, sich mit Thema und Lehrer der an erster Stelle gewählten Arbeitsgruppe zu identifizieren. Sie glauben, aus dem Wahlangebot der Schule jene Arbeitsgruppe ausgewählt zu haben, die nach ihren subjektiven Kriterien ihren persönlichen Lernbedürfnissen am besten entspricht.

Mit entsprechend positiven Erwartungen („Antizipation") beginnen die Schüler den Unterricht in ihren Arbeitsgruppen (vgl. Abschnitt 6.1). Sie erwarten insbesondere, daß die Lehrer didaktisch kompetent sind, und sie empfinden eine relativ starke „emotionale Sicherheit" (*Faktor K*): Sie glauben, daß sie mit dem Lehrer gut auskommen werden und daß zwischen ihnen und dem Lehrer eine wechselseitige positive emotionale Beziehung besteht. Das Anforderungsniveau der Lehrer schätzen sie als mäßig hoch ein. Die Themen erscheinen den Schülern als objektiv bedeutsam, und sie sind bereit, sich mit ihnen intensiv zu beschäftigen.

Es ist jedoch zu prüfen, ob sich diese positiven Erwartungen der Schüler im tatsächlichen Verlauf des Unterrichts erfüllen. Um diese Frage beantworten zu können, wurde den Schülern gegen Ende des Schuljahres der „Fragebogen zum Unterricht in den Arbeitsgruppen" (kurz: „Unterrichtsfragebogen"; vgl. Abschnitt 3.2.2.2) vorgelegt. Aus den Daten dieser Befragung wurden mit Hilfe der Faktorenanalyse die Dimensionen identifiziert, auf denen die Schüler den Unterricht in ihren Arbeitsgruppen beurteilen („Perzeption"). Es handelt sich um folgende Faktoren:

Faktor M: Emotionale Befriedigung
Die Schüler schätzen auf dieser Dimension ein, in welchem Maße sie sich in ihrer Arbeitsgruppe wohl fühlen und ob sie glauben, die richtige Gruppe gewählt zu haben. Dieses Empfinden stellt sich besonders bei einer flexiblen, kooperativen und verständnisbereiten Unterrichtsgestaltung des Lehrers ein.

Faktor N: Leistungsniveau des Unterrichts
Inwieweit bestimmt das Anforderungsniveau des Lehrers den Verlauf des Unterrichts?

Faktor O: Kooperativität Lehrer – Schüler
Es wird beschrieben, wie eng Lehrer und Schüler bei der Vorbereitung und Gestaltung des Unterrichts zusammenarbeiten, ob die Schüler Vorschläge zur Gestaltung des Unterrichts machen und ob der Lehrer hierauf eingeht.

Faktor P: Transparenz des Unterrichts
Im Gegensatz zum Faktor O wird hier eingeschätzt, wie stark der Unterricht vom Lehrer persönlich vorhergeplant wird und wie stark diese Struktur den Verlauf des Unterrichts bestimmt.

Faktor B: Instrumentelle Passung des Themas (s. o.)

Faktor Q: Ausweichendes Lernverhalten
Versuchen die Schüler, ihr Engagement für den Unterricht so gering wie möglich zu halten und sich den Leistungsanforderungen der Schule zu entziehen?

Faktor D: Subjektive Überforderung (s. o.)

Faktor K: Emotionale Sicherheit (s. o.)

Faktor R: Subjektives Leistungsbewußtsein
Auf dieser Dimension schätzen die Schüler ihre eigenen Beiträge zum Unterricht im Vergleich mit denen ihrer Mitschüler ein. Sie sind sich dabei ihrer persönlichen Leistungsfähigkeit um so mehr bewußt, je weniger ihrer Meinung nach unter den Schülern „Gemeinschaftsgeist" herrscht.

Faktor S: Arbeitsintensität
Hier wird beschrieben, wie intensiv die Schüler im Unterricht mitarbeiten und am Thema engagiert sind.

Insgesamt gesehen beurteilen die Schüler den Unterricht in ihren Arbeitsgruppen etwa acht Monate nach Beginn des Schuljahres nicht sehr positiv. Relativ starke Zustimmung finden dabei die Dimensionen der emotionalen Sicherheit und der emotionalen Befriedigung. Auch die Themen erscheinen den Schülern als einigermaßen instrumentell passend. Sehr geringe Schätzurteile geben die Schüler dagegen auf den Dimensionen ausweichendes Lernverhalten, Leistungsniveau des Unterrichts, subjektives Leistungsbewußtsein, Arbeitsintensität und subjektive Überforderung ab.

Vergleicht man diese Beurteilung des Unterrichts mit den Erwartungen der Schüler vom Beginn des Schuljahres (vgl. Abschnitt 6.3), dann sind die Schüler am stärksten von ihren Lehrern enttäuscht, weil deren Unterrichtsmethoden sie nicht in dem erwarteten Maße zur Mitarbeit anregen. Auch die emotionale Beziehung zu den Lehrern ist distanzierter als erwartet. Das Anforderungsniveau der Lehrer und die Schwierigkeiten der Themen sind geringer als erwartet. Die Themen selbst sind jedoch kaum weniger interessant als zu Beginn des Schuljahres. Relativ stark sind die Schüler von den sozialen Beziehungen zu den Mitschülern ihrer Gruppe enttäuscht.

Diese auf alle Schüler bezogenen Analysen mit ihren generalisierenden Ergebnissen werden durch gruppenspezifische Analysen (Kapitel 7) ergänzt, bei denen mit Hilfe der Q-Technik der Faktorenanalyse Schülergruppen identifiziert wurden, für die die Wahldifferenzierung des Unterrichts eine spezifische Bedeutung hat.

Hier zeigte sich bei der gruppenspezifischen Analyse der Wahlkriterien (Abschnitt 7.1), daß verschiedene Schüler bei ihrer Wahlentscheidung diese Wahlkriterien unterschiedlich gewichten und verschiedene Merkmale der antizipierten Lernsituation für besonders wichtig halten. So gibt es neben der großen Gruppe von Schülern, denen die emotionale Beziehung zum Lehrer besonders wichtig ist, Schüler, die dem Interesse am Thema eine stärkere Bedeutung einräumen. Weiterhin konnten folgende Schülergruppen identifiziert werden: Schüler, die vor allem eine Arbeitsgruppe mit – nach ihrer Einschätzung – geringeren Anforderungen und instrumentell geeigneten Themen wählen, Schüler, die den aus früherem Unterricht bekannten Lehrer wieder an erster Stelle wählen, ohne daß sie sich davon bestimmte Vorteile erhoffen, Schüler, die den ihnen aus privaten Kontakten bekannten Lehrer wählen, und schließlich Schüler, die eine Arbeitsgruppe mit hohen Anforderungen wählen.

Dementsprechend sitzen auch zu Beginn des Schuljahres in den Arbeitsgruppen Schüler mit unterschiedlichen Erwartungen zusammen (vgl. Abschnitt 7.2): Schüler, die vor allem ein interessantes, objektiv relevantes Thema erwarten und sich mit diesem intensiv auseinandersetzen wollen, sind mit Schülern zusammen in denselben Gruppen, die vor allem auf ein gutes emotionales Verhältnis zum Lehrer hoffen, sich aber für die Themen weniger interessieren. Ebenso haben sich Schüler, die das Anforderungsniveau der Lehrer als hoch, und Schüler, die das Anforderungsniveau der Lehrer eher als gering einschätzen, in denselben Arbeitsgruppen zusammengefunden. Die Zusammensetzung der Arbeitsgruppen ist also recht heterogen, allerdings sind sich die Schüler in der Erwartung einig, *die* Arbeitsgruppe gewählt zu haben, die nach *ihrer* subjektiven Einschätzung *ihren* spezifischen Lernbedürfnissen unter den gegebenen Umständen am besten entspricht.

Nach achtmonatigem Unterricht beurteilen die Schüler ihre Arbeitsgruppen noch stärker unterschiedlich als zu Beginn des Schuljahres (vgl. Abschnitt 7.3): Vor allem empfinden die Schüler den Unterricht unterschiedlich emotional befriedigend. So können z. B. zwei Schülergruppen voneinander unterschieden werden, die verschieden stark am Fach und an den Themen interessiert sind, deshalb unterschiedlich intensiv mitarbeiten und engere bzw. weniger enge Beziehungen zu den Themen und zu den Lehrern gefunden haben. Andere Schüler unterscheiden sich in der Einschätzung ihrer eigenen Leistungsfähigkeit und des Leistungsniveaus des Unterrichts, wobei sie zwischen beidem eine unterschiedlich große Entsprechung sehen und dementsprechend den Unterricht als unterschiedlich emotional befriedigend erleben. Daneben gibt es Schüler, die wenig am Fach und an den Themen interessiert sind und deshalb versuchen, ihren Arbeitsaufwand so gering wie möglich zu halten. Ihnen stehen Schüler gegenüber, die sich selbst für sachlich kompetent halten und den Unterricht als ziemlich anspruchsvoll erleben, ohne daß sie zu den Themen eine besonders enge Beziehung haben. Schließlich gibt es Schüler, die das Gefühl haben, im Unterricht ihre Leistungsfähigkeit nicht voll entfalten zu können.

Das Bild wird noch komplizierter, wenn man die Erwartungen der Schüler vom Beginn des Schuljahres mit ihrer späteren Beurteilung des Unterrichts vergleicht (vgl. Abschnitt 7.4): Denn es zeigt sich hier, daß die Diskrepanz zwischen den Erwartungen und der Realität des Unterrichts nicht bei allen Schülern und nicht bei allen Dimensionen der Erwartungen (vgl. Abschnitt 6.1) gleich groß ist. So gibt es Schüler, die im Hinblick auf bestimmte hohe Erwartungen stärker enttäuscht sind als ihre Mitschüler, aber es gibt andere Schüler, die bei den gleichen Aspekten zu Beginn des Schuljahres eher negative Erwartungen hatten, aber im Verlauf des Unterrichts positive Erfahrungen gemacht haben. Dies gilt prinzipiell für alle Merkmale der Unterrichtssituation und für alle Arbeitsgruppen in gleicher Weise.

Zum Abschluß der gruppenspezifischen Analysen wurde versucht, die unterschiedliche Bedeutung, die Wahldifferenzierung für verschiedene Schüler hat, mit bestimmten Merkmalen dieser Schüler (Klassenstufe, Geschlecht, Schulleistungen, Interesse am Fach, Intelligenz und Leistungsmotivation) in Verbindung zu bringen und zu erklären (vgl. Abschnitt 7.5).

Im ganzen kann als Ergebnis der vorliegenden Analysen festgehalten werden:

1. Wahldifferenzierung des Unterrichts bietet den Schülern die Chance, eine Lerngruppe zu wählen, die nach ihrer subjektiven Einschätzung ihren persönlichen Lernbedürfnissen besser entspricht als der Unterricht im herkömmlichen Klassenverband.
2. Diese Erwartungen der Schüler werden jedoch im Verlauf des wahldifferenzierten Unterrichts – wie er im Buxtehuder Modell praktiziert wird – nur zum Teil erfüllt.
3. Wahldifferenzierung des Unterrichts hat für verschiedene Schüler unterschiedliche Bedeutung.

Dieses generelle Urteil soll im folgenden Abschnitt anhand der Detailergebnisse eingehend diskutiert werden, damit erkennbar wird, unter welchen Bedingungen die mit der Wahldifferenzierung verbundenen Chancen realisiert werden könnten.

8.2 Systematische Diskussion der Ergebnisse

Es war das Ziel der vorliegenden wissenschaftlichen Begleituntersuchung, die Komplexität des Geschehens in der wahldifferenzierten Lernsituation möglichst detailliert erkennbar werden zu lassen. Deshalb mußten zu einer Fülle von Gesichtspunkten und Problemen Daten erhoben und bei der Analyse in vielfältiger Weise in Beziehung zueinander gesetzt werden. Dabei konnte es nicht ausbleiben, daß sich die Ergebnisse der Analyse nahezu ebenso vielfältig und widersprüchlich darstellen wie der Gegenstand der Untersuchung selbst.[124]

[124] Ähnlich erging es z. B. McKeachie (1961/1967) bei seiner Untersuchung über Interaktionseffekte zwischen „Motivation, Lehrmethoden und Lernen in Hochschulen". Da er versuchte, mehrere Variablen in einen Zusammenhang zu bringen, waren seine Ergebnisse z. T. so komplex, daß er zugeben mußte, „Schwierigkeiten ... bei der Interpreation einiger Interaktionen höherer Ordnung" gehabt zu haben. Er fand einige Zusammenhänge „einfach verwirrend" (a. a. O., S. 183 f.).

Aber auch wenn es notwendig ist, bei der Beurteilung des Schulversuchs „Buxtehuder Modell“ die Gesamtheit der Bedingungen und der Effekte zu bedenken, so ist es doch notwendig, die vielfältigen Ergebnisse der Untersuchung systematisch zu ordnen und zu diskutieren. Auch und gerade wenn – wie es Roth in seiner „Skizze einer Theorie des Erziehungsfeldes“ fordert – „die Totalität und Struktur der Faktoren im Erziehungsfeld der Ausgangspunkt für alle Unterrichts- und Erziehungsfragen“ (Roth 1967, S. 194) sein soll, ist es erforderlich, die „gegenseitige Abhängigkeit und Aufschließbarkeit der Faktoren“ (a. a. O., S. 195) zu erforschen. Dabei ist jeder einzelne Faktor mit jedem anderen in Beziehung zu setzen.

Diese Aufschlüsselung der Faktoren ist auch aus pragmatischen Gründen erforderlich. Denn aus Ergebnissen, die in ihrer Komplexität verhaftet bleiben, lassen sich kaum konkrete Folgerungen für die Praxis des untersuchten Erziehungsfeldes ableiten. Vielmehr muß erkennbar werden, an welchen (durchaus verschiedenen) Punkten eine an weiteren Veränderungen interessierte Innovationstrategie ansetzen könnte.

Durch welche Faktoren wird nun das Lernen in wahldifferenziertem Unterricht bestimmt? – Bereits im Verlauf der Analysen habe ich versucht, die Fülle der in den beiden der Untersuchung zugrunde liegenden Fragebogen angesprochenen Gesichtspunkte auf umfassendere Dimensionen zurückzuführen. Diese Faktoren könnten den folgenden Bezugspunkten des Lernens in wahldifferenziertem Unterricht zugeordnet werden:[125]

1. dem Thema:
   - Instrumentelle Passung des Themas
   - Objektive Relevanz des Themas
   - Interesse am Thema
2. dem Lehrer:
   - Emotionale Beziehung zum Lehrer
   - Anforderungsniveau des Lehrers
   - Bekanntheit des Lehrers
   - Didaktische Kompetenz des Lehrers
   - Kooperativität Lehrer – Schüler
   - Transparenz des Unterrichts

[125] Ähnliche Versuche, die Struktur der pädagogischen Situation zu identifizieren, finden sich z. B. bei Schulz 1965, Roth 1966, S. 92 f. und Roth 1967, S. 194. Gage 1963/1970 hat „Unterrichtsprozeß-Paradigmen“ zusammengestellt, in denen die Bedeutung verschiedener Faktoren für den Unterrichtserfolg der Schüler erkennbar werden soll.

3. dem Schüler:
   - Emotionale Beziehung zum Lehrer
   - Subjektive Überforderung
   - Interesse am Thema
   - Emotionale Sicherheit
   - Emotionale Befriedigung
   - Kooperativität Lehrer – Schüler
   - Ausweichendes Lernverhalten
   - Subjektives Leistungsbewußtsein
4. der Gruppe:
   - Zusammensetzung der Gruppe
   - Leistungsniveau des Unterrichts
   - Arbeitsintensität

Diese Zuordnung ist jedoch nicht eindeutig. Einige Faktoren müssen von vornherein mehreren Bezugspunkten zugeordnet werden (z. B. der Faktor emotionale Beziehung zum Lehrer), bei anderen Faktoren besteht ein deutlicher Zusammenhang mit mehreren Bezugspunkten. (So muß die instrumentelle Passung des Themas im Zusammenhang mit Merkmalen des Schülers und auch des Lehrers gesehen werden.) Eine Diskussion der Detailergebnisse anhand dieser Bezugspunkte würde also entweder zu einseitigen Ergebnissen oder zu wiederholter Darlegung wechselseitiger Zusammenhänge führen. Dies liegt m. E. daran, daß in der oben vorgeschlagenen Weise nur die Bezugspunkte der Lernsituation, aber nicht die Beziehungen zwischen diesen Punkten betrachtet werden. Da ein wesentliches Ziel der Wahldifferenzierung darin besteht, Schüler, Themen und Lehrer in ein verändertes Verhältnis zueinander zu bringen, scheint es mir sinnvoller, diese Beziehungen in den Mittelpunkt zu stellen und sie unter verschiedenen Aspekten zu diskutieren. Diese Überlegung liegt der Gliederung des Abschnitts 8.2 zugrunde. Die zwischen den Themen, den Lehrern und den Schülern bestehenden Beziehungen werde ich unter folgenden Aspekten abhandeln:

1) didaktische Aspekte
2) emotionale Aspekte
3) motivationale Aspekte
4) organisatorische Aspekte
5) soziale Aspekte
6) gesellschaftliche Aspekte

Welche Detailprobleme unter diesen Gesichtpunkten abzuhandeln sind, wird in den einzelnen Abschnitten dargelegt. Auch bei dieser Gliederung werden sich Überschneidungen nicht vermeiden lassen. Zudem werden sich aus den Erörterungen z. T. ähnliche Folgerungen ergeben.

8.2.1 Didaktische Aspekte wahldifferenzierten Unterrichts

Der Begriff „Didaktik“ soll hier zunächst in einem engeren Sinne verstanden werden: Es soll nicht alle im Unterricht auftretenden Erscheinungen und Probleme umfassen (wie z. B. bei Schulz 1965), sondern er soll sich hier auf die Bedeutung der Lerninhalte, der behandelten Themen beziehen, wobei die Frage nach der Verbindlichkeit dieser Themen (Legitimation) und die Art ihrer Behandlung im Unterricht (didaktisch-methodischer Aspekt) im Vordergrund stehen sollen. Nur unter dieser Einschränkung ist es überhaupt sinnvoll, einen eigenen Abschnitt „didaktischen“ Aspekten zu widmen, denn im weiteren Sinne verstanden wäre unter dem Begriff der Didaktik die Gesamtheit der im wahldifferenzierten Unterricht auftretenden Probleme zu behandeln.[126]

Nach den Intentionen des Buxtehuder Modells soll das im Rahmen der damals gültigen Richtlinien definierte Thema das wichtigste Merkmal der verschiedenen Arbeitsgruppen und wichtigstes Kriterium bei der Wahlentscheidung der Schüler sein (vgl. Kapitel 2). Welche Bedeutung hat der Unterrichtsgegenstand in wahldifferenziertem Unterricht tatsächlich?

Wenn man die für das Fach Gemeinschaftskunde angebotenen Themen (vgl. Abschnitt 4.1) betrachtet, gewinnt man den Eindruck, daß die Schule den Schülern ein vielfältiges und differenziertes Wahlangebot gemacht hat. Im Durchschnitt sehen alle Schüler zwischen den Themen zwar nur geringe „objektive“ Unterschiede, aber die einzelnen Schüler schätzen die Themen als unterschiedlich interessant und instrumentell passend ein (vgl. Abschnitt 4.3). Die gleichen Themen werden also von verschiedenen Schülern unterschiedlich bewertet, und die meisten Schüler sehen die Möglichkeit, ein Thema zu wählen, das ihren persönlichen Interessen und Lernvoraussetzungen besser entspricht als die anderen Themen.

Auch bei der Wahlentscheidung spielt das Thema eine wichtige, wenn auch nicht – wie die Schüler selbst meinen – die wichtigste Rolle. Dabei ist den Schülern die instrumentelle Passung des Themas wichtiger als dessen objektive Relevanz und ihr persönliches Interesse an den Themen. Die meisten Schüler haben zu Beginn des Unterrichts die Erwartung, daß das von ihnen gewählte Thema für sie besser geeignet ist, die Leistungserwartungen der Schule zu erfüllen, und daß es ihren Interessen besser entspricht, als dies bei den anderen der Fall wäre.

[126] Eine vergleichende Darstellung bildungstheoretischer und lerntheoretischer Modelle der Didaktik gibt Blankertz 1969. Er geht davon aus, „daß der heute mögliche und notwendige Problemhorizont der Didaktik sich erst in der Verschränkung und Überlagerung verschiedener Ansätze eröffnet“ (a. a. O., S. 17).

Deshalb kann an dieser Stelle festgehalten werden, daß durch eine an verschiedenen Themen orientierte Wahldifferenzierung des Unterrichts jene Zwänge des herkömmlichen Klassenunterrichts abgebaut werden, die sich aus der allgemeinen Verbindlichkeit der Unterrichtsinhalte ergeben: Schüler und Lehrer müssen sich dort mit einer Vielfalt von Themen beschäftigen, damit das breite Spektrum des in den Richtlinien angesprochenen Kanons abgedeckt und die Vielfalt der Interessen verschiedener Schüler angesprochen wird. Dabei können sich Lehrer und Schüler mit einzelnen Themen, denen ihr besonderes Interesse gilt, nicht sehr ausführlich und intensiv beschäftigen, denn nur ein Teil der Schüler einer Klasse wird die dazu erforderliche Bereitschaft aufbringen. Damit auch die weniger an einem spezifischen Thema interessierten Schüler zu ihrem Recht kommen, können die einzelnen Themen im herkömmlichen Klassenverband immer nur auf einer eher allgemeinen Ebene behandelt werden, ohne sie in ihrer vielfältigen Problematik erörtern zu können.

Demgegenüber haben sich in einer auf der freien Wahl des Themas beruhenden Arbeitsgruppe Schüler zusammengefunden, die sich intensiv und ausführlich mit *einem* Thema beschäftigen wollen. Dies erscheint mir in didaktischer Hinsicht vor allem deshalb bedeutsam, weil es unter diesen Bedingungen eher als im herkömmlichen Klassenverband möglich sein wird, bei der Behandlung der Themen über die Vermittlung von Kenntnissen hinaus zu komplexeren und abstrakteren kognitiven Lernprozessen (vgl. Bloom 1956) vorzudringen.

Gegenüber dieser optimistischen Einschätzung ist jedoch zu bedenken, daß die Schüler – wie sich bei der Analyse der Wahlkriterien gezeigt hat – die angebotenen Themen vor allem auf ihre instrumentelle Eignung hin beurteilen und daß bei der Wahlentscheidung unter den auf das Thema bezogenen Kriterien dieser Gesichtspunkt den stärksten Ausschlag gibt. Die auf das Thema gerichteten Erwartungen der Schüler bestehen also – neben dem Interesse am Thema – vor allem darin, daß die Schüler hoffen, das gewählte Thema werde ihnen die besten Voraussetzungen für die Erfüllung der schulischen Leistungserwartungen bieten. Unter diesen Bedingungen muß es fraglich erscheinen, daß die oben angedeuteten didaktischen Chancen wahldifferenzierten Unterrichts realisiert werden können. Denn wenn die Mehrzahl der Schüler ein Thema gewählt hat, weil ihnen dieses instrumentell besser geeignet zu sein scheint, dann wird auch das „Interesse" dieser Schüler im wesentlichen darauf beschränkt sein, nur die für den Schulerfolg unbedingt erforderlichen Kenntnisse und Fertigkeiten zu erwerben. Wenn dennoch das Thema auf einem komplexeren kognitiven Niveau behandelt wird, so wäre das allein dem didaktischen Geschick des Lehrers zuzuschreiben, dem es gelungen ist, das vorwiegend instrumentelle Interesse der Schüler durch ein stärker am Thema orientiertes Interesse zu überhöhen.

Diese Bedenken gelten jedoch nicht für alle Schüler in gleicher Weise, denn bei der gruppenspezifischen Analyse der Wahlkriterien (Abschnitt 7.1) konnte eine Gruppe von Schülern identifiziert werden, die ihre Arbeitsgruppen vor allem aus Interesse an deren Themen gewählt haben (Wahlkriterien-Typ 2). Ebenso gibt es Schüler, die den Unterricht mit stärkerem Interesse an den Themen beginnen (Antizipations-Typ 1), und Schüler, die mit stärkerem thematischen Interesse als der Durchschnitt ihrer Mitschüler an den Arbeitsgruppen teilnehmen (Kontrasttyp 2 der Perzeption). Da die Lehrer mit diesen Schülern intensiver als mit den anderen Schülern zusammenarbeiten, kann man feststellen, daß bei der Wahldifferenzierung des Unterrichts die angedeuteten didaktischen Chancen vor allem bei Schülern mit stärkerem Interesse an den Themen bzw. an den jeweiligen Fach realisert werden können (vgl. dazu auch Abschnitt 8.2.3).

Aber selbst wenn nur einige Schüler die Möglichkeit haben, sich mit ihrem Thema aus einem spezifischen Interesse heraus zu befassen, so ist zu bedenken, daß diese Schüler diese Chance erst in wahldifferenziertem Unterricht haben. Denn in der herkömmlichen Organisation des Unterrichts können Schüler und Lehrer, die ein gemeinsames Interesse an einem spezifischen Thema haben, nur zufällig zueinanderfinden, und sie können sich im Klassenunterricht kaum intensiv mit „ihrem" Thema beschäftigen. Erst der wahldifferenzierte Unterricht bietet ihnen die Möglichkeit, sich diesem Zwang zur thematischen Vielfalt und damit Unverbindlichkeit zu entziehen.[127]

Dennoch bleibt es unbefriedigend, daß nach den Ergebnissen der vorliegenden Analysen auch in wahldifferenziertem Unterricht nur ein Teil der Schüler mit einem stärkeren auf das Thema bezogenen Interesse am Unterricht teilnimmt. Es sind dies vor allem Schüler, denen die Themen auch über die Schulzeit hinaus (für Studium und Beruf) wichtig erscheinen und die sich für das Fach Gemeinschaftskunde im allgemeinen stärker interessieren als ihre Mitschüler.

Damit sind zwei didaktische Probleme verschiedener Art angesprochen: Zum einen die Frage nach der Verbindlichkeit eines „allgemeinbildenden" Fächerkanons, zum anderen das didaktisch-methodische Problem, wie der Lehrer auf die unterschiedlichen Erwartungen seiner Schüler reagiert.

[127] Andererseits ist es natürlich möglich, daß ein Lehrer im herkömmlichen Klassenunterricht diese thematische Vielfalt dadurch vermeidet, daß er „seinen" Schülern „sein" Thema aufzwingt. Auch diesen Zwängen können sich Schüler in wahldifferenziertem Unterricht entziehen.

Zunächst erhebt sich die Frage, ob von allen Schülern verlangt werden kann, daß sie sich mit allen Unterrichtsfächern in gleichem Umfang und mit gleicher Intensität beschäftigen. Sicher wird man nicht darauf verzichten können, daß alle Schüler in einem obligatorischen Bereich und in einer Reihe von Fächern oder Fachbereichen jene Grundkenntnisse erwerben, die auch nach einer grundlegenden curricularen Überprüfung der Lerninhalte notwendig erscheinen. Aber man bleibt bei der Einführung des wahldifferenzierten Lernens auf halbem Wege stehen, wenn man den Schülern lediglich erlaubt, innerhalb der einzelnen Fächer zwischen inhaltlich verschiedenen, jedoch nach Umfang und Anspruchshöhe gleichartigen Lernangeboten zu wählen, ihnen aber nicht die Möglichkeit gibt, auch unter den Fächern Schwerpunkte zu wählen. Diese Beschränkung wäre dann gerechtfertigt, wenn man einen umfassenden Kanon der Allgemeinbildung verbindlich definieren könnte. Die Planungs-Kommission für die Kollegstufe Nordrhein-Westfalen hat jedoch m. E. zu Recht festgestellt: „Ein eindeutiger Kanon von Inhalten, der die Gebildetheit der Person ausdrückt, ist heute unmöglich geworden." (Kollegstufe NW, S. 21)

Im Grunde wird die Fragwürdigkeit des Allgemeinbildungskonzepts bereits im Buxtehuder Modell selbst deutlich. Denn es ist schwer einzusehen, worin das Allgemeinbildende eines Unterrichts besteht, der sich so verschiedenen Themen widmet wie die sechs Arbeitsgruppen des Faches Gemeinschaftskunde (vgl. Abschnitt 4.1). Wenn es zulässig ist, daß sich Schüler in zwei Schuljahren mit zwei mehr oder weniger verschiedenen Themen intensiv, mit zehn anderen Themen aber überhaupt nicht beschäftigen, dann kann von den Inhalten her nicht mehr von Allgemeinbildung gesprochen werden. Gegen diesen Gedankengang könnte allerdings vorgebracht werden, daß bei der intensiveren Beschäftigung mit wenigen Themen exemplarisch wissenschaftspropädeutische Kenntnisse und Fertigkeiten (vgl. Kollegstufe NW, S. 25 ff.) erworben werden können. Aber auch dieses Ziel wird angesichts der großen Zahl von Schulfächern und insbesondere bei der Fülle verschiedener Wissenschaften, für die solche Kenntnisse erworben werden müßten, nicht in allen, sondern nur in wenigen Fächern erreichbar sein.

Trotz dieser Fragwürdigkeit des überkommenen Fächerkanons wurde aber im Rahmen des Buxtehuder Modells an der überkommenen Stundentafel und damit an dem für alle Schüler in gleichem Umfang verbindlichen Gemeinschaftskundeunterricht festgehalten. Dies mußte notwendigerweise dazu führen, daß die Schüler, deren besonderes Interesse nicht diesem Fach gilt, eine Arbeitsgruppe wählen, in der sie mit geringerem Aufwand zum Erfolg zu kommen hoffen. Sie wählen ein Thema, das ihnen „liegt" (Item 10), zu dem sie bereits viele Vorkenntnisse besitzen und das sich besonders als Prüfungsthema eignet. Sie sehen sich aber im Unterricht einem Lehrer und Mitschülern gegenüber, die mit dem Fach und dem speziellen Thema sehr viel stärkere Interessen verbinden als sie selbst. Infolgedessen erleben sie den Unterricht als weniger emotional befriedigend (vgl. Perzeptions-Typ 1).

Hieraus ergibt sich das oben angedeutete didaktisch-methodische Problem: In den Arbeitsgruppen sitzen Schüler zusammen, die am Fach und an den Themen unterschiedlich stark interessiert sind. Der Lehrer steht nun vor der schwierigen Aufgabe, den Unterricht so zu gestalten, daß er beiden Gruppen von Schülern gerecht wird. Aber indem er sich mit einer Gruppe intensiv beschäftigt, benachteiligt und enttäuscht er notwendigerweise die andere: Bemüht er sich um die weniger interessierten Schüler und versucht er, bei deren spezifischen, vielleicht in anderen Fächern liegenden Interessen anzusetzen, oder ihnen die evtl. fehlenden Voraussetzungen für die Mitarbeit im Unterricht zu vermitteln, dann sind die an einer intensiven und weitergehenden Behandlung des Themas interessierten Schüler enttäuscht und umgekehrt. Hierauf ist es vermutlich auch zurückzuführen, daß viele Schüler ihre Lehrer zwar für fachlich kompetent halten, daß sie aber von ihrer didaktisch-methodischen Kompetenz enttäuscht sind (vgl. Abschnitt 6.3).

Dieses Problem scheint mir nicht lösbar zu sein, solange die Teilnahme am Unterricht eines Faches für alle Schüler mit gleicher Intensität verbindlich ist. Erst wenn die Schüler zwischen Fächern und Fachbereichen ihren Arbeitsschwerpunkt wählen können, wird es Lehrern und Schülern möglich sein, sich mit den gewählten Themen so zu beschäftigen, wie es den eigenen Interessen entspricht.

Deshalb müssen innerhalb der Fächer und Fachbereiche Kurse mit unterschiedlicher Dauer, unterschiedlichem Umfang und unterschiedlicher Arbeitsintensität eingerichtet werden. In diesem Sinne weisen der Strukturplan des Deutschen Bildungsrates (vgl. Deutscher Bildungsrat 1970, S. 170 f.) und die 1972 von der Konferenz der Kultusminister getroffene „Vereinbarung" zur Neugestaltung der gymnasialen Oberstufe einen Weg, wie das Buxtehuder Modell – auch im Sinne seiner eigenen Intentionen – weiterentwickelt werden kann: Während die Schüler nach der herkömmlichen Stundentafel in allen „Hauptfächern" an umfangreichem und anspruchsvollem, in den „Nebenfächern" aber an weniger intensivem Unterricht teilnehmen müssen, können sie in der neugestalteten Oberstufe ihren Leistungsschwerpunkt in zwei Fächern setzen und nehmen in anderen Fächern „nur" an Grundkursen mit geringerer Wochenstundenzahl teil.

Diese organisatorischen Veränderungen können in ihren Intentionen allerdings nur dann realisert werden, wenn die didaktischen und curricularen Voraussetzungen dafür definiert und bereitgestellt worden sind. So muß z. B. verhindert werden, daß in den intensiveren Kursen (den sog. „Leistungsfächern") lediglich umfangreicherer Wissensstoff vermittelt wird und daß die Grundkurse sich auf einen oberflächlichen Überblick beschränken, bei dem den Schülern das Spezifische der verschiedenen Fächer nicht transparent wird. – Ich kann hier auf diese Probleme nicht weiter eingehen, da ihre Diskussion den Rahmen der vorliegenden Begleituntersuchung überschreiten würde. Ausführlich wird die Frage nach dem Verhältnis von Spezialisierung und allgemeiner Bildung z. B. bei Roth 1968, bei von Hentig 1969, S. 19–21, in den Empfehlungen der Planungskommission für die Kollegstufe Nordrhein-Westfalen (vgl. S. 25–31) und bei Knepper 1971 (insbesondere S. 93–113) diskutiert.[128]

8.2.2 Emotionale Aspekte wahldifferenzierten Unterrichts

Bereits bei den Vorstudien zur vorliegenden Untersuchung (vgl. Abschnitt 3.2.1) deutete sich an, daß beim Buxtehuder Modell neben den Themen der Arbeitsgruppen auch deren Lehrer eine bedeutende Rolle spielen. Diese Vermutung hat sich im Verlauf der Untersuchung bestätigt. Dabei erwies sich die Frage nach den emotionalen Beziehungen zwischen den Lehrern und den Schülern als besonders wichtig.[129]

Schon bei der Beurteilung des Wahlangebots spielt die emotionale Beziehung zum Lehrer eine wichtige Rolle. Die Schüler beurteilen die Lehrer auf dieser Dimension deutlich unterschiedlich, und zwar bestehen

[128] Es kann als ein Mangel dieser Untersuchung betrachtet werden, daß sie sich mit den Lerninhalten des wahldifferenzierten Unterrichts nicht explizit auseinandersetzt, sondern diese nur nach formalen Kriterien (wie z. B. denen der Vielfalt und Differenziertheit) und nach dem Urteil der Schüler (wie z. B. deren Einschätzung der objektiven Relevanz) bewertet. Die wesentlichste durch das Buxtehuder Modell initiierte Veränderung besteht jedoch in der organisatorischen Neugliederung des Unterrichts. Durch diese äußeren Veränderungen der Lernsituation sollen erst Voraussetzungen für eine inhaltliche Reform geschaffen werden. In dieser Untersuchung war also zu prüfen, ob durch Wahldifferenzierung solche Voraussetzungen geschaffen werden können.

[129] Der Begriff „emotional" wird in der Psychologie in vielfältiger Weise benutzt. Eine Übersicht über verschiedene theoretische Ansätze findet sich bei Feldmann-Duda/Feldmann 1972. Eine Klassifikation emotional-affektiver Lernziele stammt von Krathwol/Bloom/Masia 1964. – In diesem Abschnitt geht es weniger um die expliziten Lernziele des Unterrichts als um die „emotionale Qualität" der Lernsituation in wahldifferenziertem Unterricht, wobei mir bewußt ist, daß durch eine bestimmte Strukturierung der Lernsituation bereits bestimmte emotionale Lernprozesse in Gang gesetzt werden.

solche Unterschiede sowohl in der durchschnittlichen Einschätzung durch alle Schüler, vor allem aber in der subjektiven Beurteilung durch die einzelnen Schüler. Die meisten Schüler sehen eine Wahlmöglichkeit zwischen Lehrern, die ihnen persönlich in emotionaler Hinsicht in sehr unterschiedlicher Weise zusagen. Dabei unterliegt die Bewertung der Lehrer weitgehend subjektiven Kriterien: Die gleichen Lehrer werden von verschiedenen Schülern unterschiedlich beurteilt. Diese Aussage gilt jedoch nicht nur einseitig, denn auch die Lehrer schätzen ihre Schüler – jedenfalls nach dem Selbstbild dieser Schüler – als unterschiedlich sympathisch ein, und auch hier gilt entsprechend, daß die gleichen Schüler von verschiedenen Lehrern unterschiedlich eingeschätzt werden. Verschiedene Lehrer und verschiedene Schüler haben also zueinander wechselseitige emotionale Beziehungen unterschiedlicher Qualität.

Bei ihrer Wahlentscheidung machen die Schüler von dieser Wahlmöglichkeit in intensiver Weise Gebrauch. Besonders bei der „Abwahl" von Arbeitsgruppen (vgl. Abschnitt 5.2.2) ist es ihnen an erster Stelle wichtig, auf keinen Fall am Unterricht jener Lehrer teilnehmen zu müssen, zu denen sie kein gutes emotionales Verhältnis haben. Aber auch noch zwischen den an erster und den an zweiter Stelle gewählten Lehrern sehen sie auf dieser Dimension deutliche Unterschiede zugunsten des Lehrers, an dessen Arbeitsgruppe sie teilnehmen werden.

Auch hierin besteht eine emanzipatorische Chance wahldifferenzierten Unterrichts. Denn eine solche „emotionale Passung" kann im herkömmlichen Klassenunterricht allenfalls bei einem Teil der Schüler bestehen, während bei den anderen Schülern das emotionale Verhältnis weniger gut sein muß. Wahrscheinlich wird den meisten Schülern im herkömmlichen Unterricht dieses Defizit an emotionaler Beziehung zum Lehrer gar nicht bewußt. Sie werden darin ein scheinbar unvermeidliches Element von Unterricht überhaupt sehen und versuchen, ihre emotional-zwischenmenschlichen Bedürfnisse außerhalb des Unterrichts zu befriedigen, während sie dem Lehrer in formeller Weise begegnen.[130] In dieser resignierenden Haltung werden sie vermutlich dadurch bestärkt, daß der jeweilige Klassenlehrer von wenigstens einigen Mitschülern durchaus positiv beurteilt wird und daß zwischen diesen Schülern und dem Lehrer ein besseres Verhältnis besteht. Ihre eigene weniger gute emotionale Beziehung zum Lehrer werden diese Schüler irrtümlich auf persönliche Defizite zurückführen, ohne zu ahnen, daß in einer veränderten Organi-

[130] Eine Erklärung, warum im herkömmlichen Schulwesen „die erotische Dimension, ... die als Potential sozialer Phantasie und damit der möglichen Befreiung ... dienen könnte, ... auf den privaten Raum abgedrängt und dort unpolitisch gebunden (wird)", hat Combe 1971, S. 103 versucht.

sation des Unterrichts auch sie bessere emotionale Beziehungen – nämlich zu den von ihnen gewählten Lehrern haben könnten.

Diese bessere emotionale Passung zwischen Lehrer und Schülern kann unter zwei Aspekten als Beitrag zur emanzipatorischen Reform des Bildungswesens verstanden werden: Zum einen werden auf diese Weise in der Lernsituation Elemente abgebaut, die die Effektivität der Lernanstrengungen des Schülers verhindern. Wenn ein Schüler zu seinem Lehrer geringe oder gar feindselige emotionale Beziehungen hat, wird er die aversive Einstellung, die er dem Lehrer gegenüber hegt, auch auf die Lerninhalte übertragen und wenig motiviert sein, sich mit diesen auseinanderzusetzen und sich die entsprechenden Kenntnisse und Fertigkeiten anzueignen.[131] Dies gilt auch, wenn die Inhalte des Unterrichts unter emanzipatorischen Kriterien legitimiert sind, denn auch dann ist es erforderlich, die Lernsituation so zu gestalten, daß die Schüler sich in effektiver Weise mit diesen Inhalten befassen können. Solange der Lehrer in den Lernprozessen eine wichtige Rolle spielt, stellen die emotionalen Beziehungen zwischen ihm und den Schülern einen wichtigen Faktor dar. Können die Schüler selbst bestimmen, bei welchem Lehrer sie am Unterricht teilnehmen wollen, dann werden vermeintlich notwendige Zwänge der herkömmlichen Lernsituation abgebaut, die durch diese Zwänge behinderte Lernbereitschaft der Schüler kann sich wieder freier entfalten und sich den emanzipatorischen Lerninhalten zuwenden.

Aber auch ohne diesen Einfluß auf die Effektivität des Lernens ist in der Verbesserung der emotionalen Beziehungen zwischen Lehrer und Schülern ein positiver Effekt wahldifferenzierten Lernens zu sehen. Denn in der herkömmlichen Schule (wie auch weitgehend in der pädagogischen Theorie) wird den emotionalen Bedürfnissen der Schüler kaum Aufmerksamkeit geschenkt (vgl. Feldmann-Duda/Feldmann 1972). Schule wird vor allem und nahezu ausschließlich als eine gesellschaftliche Institution zur Vermittlung von Kenntnissen und Fertigkeiten verstanden, in der ältere und „wissende“ Lehrer jüngeren und noch „unwissenden“ Schülern gegenüberstehen, deren Aufgabe darin besteht, sich die von der Gesellschaft geforderten und vom Lehrer repräsentierten Kenntnisse und Fertigkeiten anzueignen. Dabei hat die Auseinandersetzung mit den Lerninhalten starke Züge ritualisierter Verhaltensweisen (vgl. Fürstenau 1964), bei denen sich emotionale, zwischenmenschliche Bedürfnisse nicht entfalten können. Nach Fürstenau (1964) ist dies vor allem durch institutionelle Merkmale der Schule bedingt. Diese kön-

[131] Die Bedeutung aversiver Faktoren in der Lernsituation für den Lernerfolg hat Mager 1968/1970 kurz und leicht verständlich zusammengefaßt. Die Bedeutung des Lehrer-Schüler-Verhältnisses für den Lernerfolg ist bei Hall 1970 demonstriert. Vgl. dazu auch Khan 1969.

nen auch durch Wahldifferenzierung allein nicht aufgehoben werden, aber es hat sich in der vorliegenden Untersuchung gezeigt, daß (a) *verschiedene* Lehrer den emotionalen Bedürfnissen ihrer Schüler in unterschiedlicher Weise entsprechen und daß (b) die *gleichen* Lehrer den Bedürfnissen verschiedener Schüler in verschiedener Weise entsprechen.[132] Während also im Klassenunterricht die Schüler in ihrer Bedürfnisbefriedigung von den ihnen zugeordneten Klassen- oder Fachlehrern abhängig sind, können sie bei der Wahldifferenzierung des Unterrichts jenem Lehrer, der ihren persönlichen emotionalen Bedürfnissen am wenigsten entspricht oder an dessen Unterricht sie sogar mit negativen emotionalen Gefühlen teilnehmen würden, ausweichen und an seiner Stelle jenen Lehrer wählen, von dessen Unterricht sie eine stärkere emotionale Befriedigung erwarten. Wahldifferenzierung trägt also zum Abbau irrationaler Zwänge des herkömmlichen Klassenunterrichts bei.[133]

Es erhebt sich jedoch die Frage, ob die stärkere emotionale Passung zwischen Lehrer und Schülern eindeutig positiv zu bewerten ist. Denn die bessere emotionale Beziehung zum Lehrer ist mit einer stärkeren Identifikation mit dem Lehrer verbunden.[134] Bei den meisten Schülern richtet sich diese Identifikation – besonders in der Erwartung zu Beginn des Schuljahres – auf den Lehrer als Leistungsvorbild (vgl. Abschnitt 6.1; Faktor D: Subjektive Überforderung).

[132] Als ein Versuch, die emotionalen Beziehungen zwischen Lehrer und Schüler zu verbessern, kann auch das „Teachability"-Konzept verstanden werden, das Thelen 1967 vorgeschlagen hat. Ich werde darauf im Abschnitt 8.3 ausführlich eingehen.

[133] Bevor diese aus der Untersuchung des Buxtehuder Modells abgeleitete Aussage auf andere Bereiche des Bildungswesens verallgemeinert werden kann, wäre zu prüfen, inwieweit die bessere emotionale Beziehung zwischen Lehrer und Schülern in der Oberstufe des Gymnasiums nur deshalb zustandekommen kann, weil hier Lehrer und Schüler weitgehend derselben sozio-kulturellen Schicht angehören. Schon bei der Integration von beruflicher und allgemeiner Bildung (vgl. Kollegstufe NW) werden die Voraussetzungen für gute emotionale Beziehungen zwischen Schülern und Lehrern verschiedener sozialer Herkunft wahrscheinlich weniger günstig sein. Allerdings könnten sich die Schüler bei Wahldifferenzierung des Unterrichts jenen Lehrern entziehen, die die kulturellen Normen der Mittelschicht unreflektiert als selbstverständlich vertreten, und an ihrer Stelle Lehrer wählen, die sich der unterschiedlichen Sozialisationsbedingungen ihrer Schüler bewußt sind und diese ggfs. im Unterricht thematisieren.

[134] Die Schüler selbst schätzen das Ausmaß ihrer Identifikation mit den Lehrern als gering ein: Im Durchschnitt imponieren ihnen die Lehrer kaum, und noch weniger sehen sie in ihnen ein Vorbild (vgl. die Items 19 und 28 in der Tabelle A des Anhangs). Das tatsächliche Ausmaß der Identifikation mit den Lehrern dürfte jedoch stärker sein, als es in den Schätzwerten der Schüler zum Ausdruck kommt, d. h. stärker, als es den Schülern bewußt ist. Diese sehen vermutlich in der Identifikation mit den Lehrern ein Verhalten, das ihrem Selbstbild eines mündigen Schülers widerspricht.

Imitation und Identifikation sind wesentliche Faktoren des Lernens. Im Anschluß an Miller/Dollard 1941 haben vor allem Bandura/Walters 1963 herausgearbeitet, daß Individuen dazu tendieren, „Handlungen, Einstellungen oder emotionale Reaktionen zu reproduzieren, die von symbolisierten oder realen Modellen gezeigt werden" (a. a. O., S. 89 – Übersetzung nach Skowronek 1969, S. 62). Diese Art des Lernens wird als besonders wirksam angesehen, sie tritt vor allem in „Fragen des Geschmacks, der Wertschätzung oder der Entwicklung von Werten, in denen der Schüler keinen logisch zwingenden Grund finden kann, irgend etwas für gut oder schlecht, richtig oder falsch zu halten, (in Aktion)" (Gage 1963/1970, Sp. 354). Das Ausmaß der Imitation ist dabei um so größer, je stärker die Lernenden von den imitierten Verhalten positive Effekte (z. B. in Form von Zensuren) erwarten und je stärker das Verhaltensmodell (der Lehrer) als positiv erlebt wird (vgl. dazu auch Mager 1968/1970, S. 79 ff.).

Um den Identifikationsprozeß zu unterstützen, ist es also u. a. erforderlich, die „affektive Beziehung zwischen Lehrer und Schüler ..., so wie sie vom Schüler gesehen wird" (Gage 1963/1970, Sp. 355) positiv zu beeinflussen. Dies geschieht offensichtlich durch die Wahldifferenzierung des Unterrichts. Ist aber die damit verstärkte Identifikationsneigung der Schüler mit einer am Abbau irrationaler Zwänge interessierten Reform vereinbar? Oder führt die Wahldifferenzierung dazu, daß die Schüler verstärkten, aber nicht mehr bewußten (irrationalen) Anpassungszwängen unterworfen werden? – Diese Fragen können m. E. nicht eindeutig beantwortet werden. Zunächst ist zu prüfen, ob denn in der herkömmlichen Organisation des Unterrichts in dieser Hinsicht eine sinnvolle Alternative gesehen werden kann. Dabei ist zu bedenken, daß in der Lernsituation des Klassenunterrichts die meisten Schüler zum Lehrer ein eher distanziertes emotionales Verhältnis haben, bei dem die normativen Aspekte des behandelten Unterrichtsstoffes (Werte, Einstellungen etc.) oft unreflektiert bleiben. In dieser Situation neigt der Schüler entweder dazu, sich mit dem Lehrer zu identifizieren und dessen Normen zu übernehmen, weil der Lehrer als mächtige, mit entsprechenden Sanktionsmöglichkeiten ausgestattete Autorität erlebt wird, oder der Schüler entzieht sich den normativen Einflüssen des Lehrers gänzlich, indem er mit der Person des Lehrers dessen normatives Angebot grundsätzlich ablehnt. In beiden Fällen braucht sich der Schüler mit den normativen Problemen nicht rational auseinanderzusetzen, er übernimmt die Wertentscheidungen des Lehrers ungeprüft, oder er lehnt sie ebenso ungeprüft ab.

Demgegenüber bietet die Wahldifferenzierung des Unterrichts die Chance, daß die Entwicklung von Einstellungen und Haltungen stärker rational verläuft. Dafür können drei Punkte angeführt werden: Zunächst ist der Schüler gezwungen, sich bei der Wahl der Arbeitsgruppen zwischen verschiedenen normativen Angeboten in Gestalt verschiedener Lehrerpersönlichkeiten zu entscheiden. Während ihm im Klassenunterricht das Identifikationsobjekt zugeordnet wird, muß er sich jetzt überlegen, mit welchem Lehrer er sich identifizieren will bzw. kann. Dabei stellt sich ihm z. B. die Frage, wie ein Lehrer ein den Schüler interessierendes Thema behandeln wird, von welchen Leitideen die Auswahl einzelner Unterrichtsgegenstände und die Interpretation bestimmter Probleme geleitet sein wird. Der Zusammenhang zwischen besserer emotionaler Beziehung und Identifikation kann also als wechselseitig bedingt verstanden werden: So wie die Schüler sich mit einem ihnen sympathischen Lehrer stärker identifizieren, finden sie umgekehrt einen Lehrer auch deshalb sympathischer, weil dessen Einstellungen ihren eigenen Wertentscheidungen entsprechen.

Zum anderen kann man erwarten, daß bei einem von wechselseitiger Zuneigung geprägten Lehrer-Schüler-Verhältnis die Voraussetzungen für eine rationale Erörterung normativer Probleme eher gegeben sind als bei einem distanzierteren Verhältnis. Denn auf der Grundlage von gegenseitiger persönlicher Anerkennung und Verständnisbereitschaft wird die Bereitschaft zu Diskussion, Auseinandersetzung, ja Konflikt größer sein, als wenn die Beteiligten einander in persönlicher Hinsicht gleichgültig sind und den Umgang miteinander auf das unbedingt notwendige Maß und die institutionell vorgegebenen Formen beschränken.

Schließlich ist es wahrscheinlich, daß bei der intensiven Behandlung eines Themas dessen normative Aspekte eher bewußt und diskutiert werden, als wenn eine größere Vielfalt von Themen auf einem kognitiv weniger anspruchsvollen Niveau „durchgenommen“ wird (vgl. dazu Abschnitt 8.2.1).

Bei all diesen Überlegungen darf jedoch nicht aus dem Auge verloren werden, daß das Lehrer-Schüler-Verhältnis auch im Buxtehuder Modell starken institutionellen Zwängen unterliegt, die durch die Wahldifferenzierung allein nicht aufgehoben werden können: Zum einen befinden sich die Lehrer eben den Schülern gegenüber in einer überlegenen Position, da sie über einen Kenntnisvorsprung verfügen, zum anderen unterliegen die Lehrer selbst den Zwängen der gültigen Erlasse und Richtlinien und dem Zwang, die Leistungen der Schüler am Ende des Schuljahres zu zensieren, Klausuren und Klassenarbeiten schreiben zu lassen und am Ende bei der Reifeprüfung auch ihre eigene didaktische Kompetenz in sichtbaren Leistungen der Schüler unter Beweis stellen zu müssen. Unter diesen Bedingungen mögen die oben angedeuteten Chancen für eine rationale Diskussion und die daraus folgende reflektierte Identifikation mit dem Lehrer nur schwerlich realisierbar sein. – Diese

Befürchtung muß auch nach den Ergebnissen dieser Untersuchung als berechtigt erscheinen, denn am Beginn des Schuljahres richtet sich die Identifikation vieler Schüler vor allem auf jene Lehrer, die den Schülern als hohes, die eigenen Fähigkeiten überforderndes Leistungsvorbild erscheinen.[135] Bei einigen Schülern scheint sich die Identifikation stärker auf emotionale Merkmale des Lehrers zu richten (vgl. Antizipations-Typ 3).

Ob die durch Wahldifferenzierung verbesserte emotionale Beziehung zwischen Lehrer und Schüler zu einer Verstärkung des Anpassungsdrucks führt oder ob diese eine bessere Basis für rationale Auseinandersetzung bietet, hängt also davon ab, in welcher Form die Lehrer von dieser neuen „emotionalen Qualität" der Lernprozesse Gebrauch machen bzw. Gebrauch machen können. Über die mögliche Steigerung der Effektivität hinaus, muß den Lehrern bewußt bleiben, daß das Identifikationslernen „immer nur Durchgangsphase sein darf zu einer aus eigenem Interesse und dem Lerngegenstand selbst stammenden Motivierung" (Thiersch 1969, S. 484).

8.2.3 Motivationale Aspekte wahldifferenzierten Unterrichts

Ein wesentliches Ziel des Buxtehuder Modells (vgl. Kapitel 2) besteht darin, durch organisatorische Veränderungen des Unterrichts die Lernmotivation der Schüler zu erhöhen und zugunsten einer stärkeren Motivierung durch die angebotenen bzw. im Unterricht behandelten Themen zu verändern. Obgleich das Buxtehuder Modell an seinen eigenen Intentionen gemessen werden sollte (vgl. Kapitel 1), ist bei den Analysen der Daten – außer von der Leistungsmotivation im Sinne Heckhausens – bisher kaum explizit von „Motivation" die Rede gewesen. Diese Zurückhaltung in der Verwendung des Begriffs „Motivation" ist wahrscheinlich darauf zurückzuführen, daß dieser in Psychologie und Erziehungswissenschaft nicht allgemeinverbindlich definiert ist und auf verschiedene Merkmale menschlichen (und tierischen) Verhaltens angewandt wird.[136]

[135] Nach Heckhausen (1969, S. 195) ist das „Bedürfnis nach Identifikation mit dem Erwachsenenvorbild" vor allem auf diese Eigenschaftsbereiche des Vorbildes gerichtet, nämlich auf „die Leistungstüchtigkeiten des Vorbildes sowie seine Machtvollkommenheiten" (a. a. O.). Wasna (1972, S. 35) weist darauf hin, daß der in diesem Sinne vorbildliche Lehrer „bestenfalls Anpassung an die gewünschte Verhaltensnorm bewirken, aber weder Eigeninitiative noch autonomes Leistungsstreben fördern" kann.

[136] So geht z. B. Graumann in seinem Band „Motivation" (in der Reihe „Einführung in die Psychologie") nicht von einer Definition des Begriffs Motivation aus,

Einigkeit scheint jedoch so weit zu bestehen, daß die Motivation eines Individuums nicht als ein eindeutig bestimmbarer, eindimensionaler Antrieb seines Handelns verstanden werden kann, der auf Dauer sowie in allen Situationen mit sich identisch bleibt und bei allen Menschen – wenn auch in verschiedener Ausprägung – identifiziert werden könnte. Die Komplexität des Motivationsbegriffs scheint vielmehr der Komplexität der Sache, die damit bezeichnet werden soll, zu entsprechen. Motivation ist zu verstehen als ein vielfältiges Wechselgefüge verschiedener Triebe, Antriebe, Bedürfnisse usw., die mit verschiedener Stärke das Empfinden, Denken, Handeln des Menschen beeinflussen. Dabei kann man davon ausgehen, daß der größte Teil des Verhaltens überdeterminiert ist, d. h. daß an seiner „motivationalen Basis" mehrere Motive zugleich beteiligt sind, so daß es problematisch ist, von der Identifizierung eines Motivs das Handeln voraussagen zu wollen. Weiterhin besteht Einigkeit darüber, daß die meisten Motive im Laufe des Lebens „gelernt" werden und daß ihr Auftreten und vor allem ihre Ausprägung von der Art der spezifischen Lernprozesse und -bedingungen abhängig sind. Schließlich kann Motivation nicht als ein autonomer Zustand des Individuums betrachtet werden, durch den das Verhalten allein erklärt werden könnte. Vielmehr ist die aktuelle Motivationslage das Ergebnis bzw. der aktuelle Stand einer ständigen Interaktion zwischen den verschiedenen Motiven der Person und den (vergangenen, gegenwärtigen und zukünftigen) Bedingungen ihrer Umwelt. Wasna (1971, S. 12) beschreibt Motivation deshalb als „ein komplexes Variablengefüge, das durch Wechselwirkungen im Person-Umwelt-Bezug gesteuert und verändert wird. Ob Motivierungen zustandekommen, hängt von den Bedingungen im Feld ab".[137]

sondern er versucht, von „Motivationsfragen der alltäglichen Praxis" und „Motivation im vorwissenschaftlichen Sprachgebrauch" ausgehend am „Paradigma einer motivational ausgeprägten Situation" deutlich zu machen, „mit welcher Struktur und mit welchem Verlauf des Motivationsgeschehens wir überhaupt zu rechnen haben" (Graumann 1969, S. 10). Kelly 1958/1965 wirft sogar die Frage auf, ob der Motivationsbegriff nicht ein „irreführendes Konstrukt" ist. Er sieht „kein Bedürfnis für einen ganzen Vorratsschrank mit Motiven, um die Tatsache zu erklären, daß der Mensch eher aktiv als untätig sei", und „die Tatsache, daß der Mensch in der Antizipation lebt, macht dies (die Richtungen seines Verhaltens – J. Schl.) von selbst verständlich" (a. a. O., S. 508).

[137] Die Komplexität der Motivationsstruktur und des Person-Umwelt-Bezugs haben – angeregt vor allem durch den feldtheoretischen Ansatz Lewins (1935) – u. a. die folgenden Autoren systematisch dargestellt: Tolman 1952/1965, Heckhausen 1963b, Traxel 1962. Vgl. dazu auch Nagel 1972, S. 116 ff. Toman (1967) hat versucht, die „Motivation als Systemgeschehen" statistischen Verrechnungen zugänglich zu machen. Einen knappen Überblick über verschiedene Ansätze zu Motivationstheorien geben z. B. Wasna 1972, S. 15–22 und Gertmann/Keil-Specht 1972. Vgl. auch Thomae 1965. Die Bedeutung „nichtkognitiver" Variablen für den Unterrichtserfolg (und Methoden ihrer Messung) ist bei Stern 1963/1970 dargestellt. Das „Wirkungsgefüge der Variablen der Lernmotivierung in einer gegebenen Lernsituation" hat Heckhausen 1969 beschrieben. Die Bedeu-

Auch wenn in der vorliegenden Untersuchung bisher nicht explizit von Motivation gesprochen wurde, so sind doch immer wieder einzelne Zusammenhänge des komplexen motivationalen Bedingungsgefüges betrachtet worden. In diesem Abschnitt sollen einzelne Ergebnisse im Zusammenhang betrachtet werden, damit erkennbar wird, ob in der wahldifferenzierten Lernsituation die Lernmotivation der Schüler in besonderer Weise angeregt wird. Ich verwende hier die Begriffe Motiv, Motivation und Motivierung in folgender Bedeutung: Als „Motiv" bezeichne ich die zeitlich überdauernden, persönlichkeitsspezifischen Antriebe und Bedürfnisse eines Individuums, die latent immer vorhanden, aber nicht in jeder Situation für das konkrete Verhalten und die Motivation des Individuums relevant sind. Mit „Motivation" meine ich die jeweils aktuelle, durch bestimmte situative Bedingungen angeregte (aktualisierte) Bereitschaft eines Individuums, die eigenen Verhaltensmöglichkeiten mit einer bestimmten Intensität in einer bestimmten Richtung und auf ein bestimmtes Ziel zu koordinieren. Mit „Motivierung" soll der Versuch bezeichnet werden, die situativen Bedingungen (hier vor allem des Lernens) so zu gestalten, daß bestimmte latent vorhandene Motive angeregt (aktualisiert) werden.[138] Zugleich kann mit Motivierung der Versuch bezeichnet werden, durch Lernprozesse und -erfahrungen die überdauernden Motive der Schüler zu beeinflussen. Denn „Motivation ist ebenso eine Bedingung wie eine Folge des Lernens" (Skowronek 1969, S. 95).

Nun erhebt sich allerdings die Frage, ob man bei der Analyse einer Lernsituation motivierende und nicht motivierende Faktoren überhaupt voneinander unterscheiden kann. Wahrscheinlich kann man bei allen Merkmalen in mehr oder weniger direkter Weise eine motivierende Bedeutung erkennen, so daß die Frage vielmehr lauten muß, welche Motive durch welche Lernbedingungen angeregt werden und in welchem Verhältnis die Struktur der Lernsituation zur Struktur der Motivation der Lernenden steht.[139] Einige solcher Beziehungen sind bereits als didakti-

tung der Motivation für den Unterricht wird auch von Schiefele 1963, Rosenfeld 1964, Odenbach 1968, Jörg 1969, Kunert 1970 und Stach 1970 behandelt.

[138] Im Unterschied zu Heckhausen (1969, S. 194), der den Begriff „Motivation" auf überdauernde Persönlichkeitsvariablen und den Begriff „Motivierung" auf den momentanen Zustand bezieht, möchte ich im Begriff „Motivierung" mehr das Prozeßhafte betonen, nämlich den Versuch, Motivation „herzustellen", indem die erforderlichen situativen Anregungsbedingungen identifiziert und in der Lernsituation bereitgestellt werden. Der momentane Zustand wäre demgemäß als „Motiviertheit" zu bezeichnen.

[139] Nach dieser Vorstellung sind didaktische, kognitive, affektive, strukturelle o. ä. Bedingungen des Lernens nicht als bloße „intervenierende" Variablen zu verstehen, die die Beziehung zwischen Motivation und Verhalten „stören", sondern diese Variablen gehören selbst mit zu dem komplexen Person-Umwelt-Bezug der Motivation.

sche und emotionale Aspekte angesprochen worden. Dabei wurde deutlich, daß durch die Wahl von Thema und Lehrer die Lernbedingungen positiv verändert werden können, so daß eine stärkere Lernmotivation der Schüler erwartet werden kann. In diesem Abschnitt sollen in einem engeren Sinne motivationale Aspekte behandelt werden, nämlich die Frage, ob und in welcher Weise die Schüler in wahldifferenziertem Unterricht stärker an den Themen interessiert sind, und die Frage, ob durch die spezifischen Bedingungen der Lernsituation die Leistungsmotivation der Schüler (im Sinne Heckhausens) aktualisiert wird.

Das Interesse der Schüler an den Themen spielt bei der Beurteilung des Wahlangebots und bei der Wahlentscheidung der Schüler eine vergleichsweise geringe Rolle. Sowohl nach dem durchschnittlichen Urteil aller Schüler als auch in der Sicht der einzelnen Schüler bestehen zwischen den verschiedenen zur Wahl angebotenen Themen nur relativ geringe Unterschiede. Bei der Wahlentscheidung ist dieser Gesichtspunkt erst an siebter Stelle bedeutsam. Demgegenüber schätzen die Schüler die Themen stärker unterschiedlich hinsichtlich der instrumentellen Passung ein, und sie treffen ihre Wahlentscheidung wesentlich nach diesem Gesichspunkt. Aber selbst der Faktor Interesse am Thema ist nicht völlig unabhängig von instrumentellen Überlegungen (vgl. Abschnitt 4.2)

Die Schüler beurteilen die Themen eines Faches nicht allein nach fachimmanenten Maßstäben, sondern auch im Vergleich mit anderen Fächern, d. h. ihre Interessen werden nicht nur von verschiedenen Themen eines Faches unterschiedlich angesprochen, sondern oft in stärkerem Maße von den Themen verschiedener Fächer. Infolgedessen beurteilen viele Schüler ihr Interesse an den in einem Fach angebotenen Themen als ziemlich ähnlich. Die Interessen der Schüler sind also primär in bezug auf verschiedene Fächer differenziert und weniger in bezug auf einzelne Aspekte dieser Fächer. Wenn die Schüler ihre Wahl zwischen den angebotenen Themen eines Faches treffen, ergeben sich folglich Wahlmöglichkeiten zum einen dadurch, daß die Themen in unterschiedlicher Weise in Beziehung zu anderen Fächern stehen und daß sehr unterschiedliche Aspekte betont werden (vgl. Abschnitt 4.1) und zum anderen dadurch, daß die Themen den Schülern in verschiedener Weise zur Erfüllung der schulischen Leistungserwartungen geeignet erscheinen. Je stärker die Schüler an einem Fach interessiert sind, desto eher werden sie wahrscheinlich innerhalb dieses Faches von verschiedenen Themen unterschiedlich angesprochen.

Wahldifferenzierung könnte also eine noch stärkere Motivierung durch die Inhalte des Unterrichts erreichen, wenn die Schüler nicht nur innerhalb eines Faches, sondern auch zwischen den Fächern die Schwerpunkte ihrer Aktivität so setzen könnten, daß die Unterrichtsinhalte ihren Interessen stärker entsprechen. Bei der im Buxtehuder Modell praktizierten Form der Wahldifferenzierung ergibt sich jedoch nur eine geringe Steigerung der auf die Themen bezogenen Lernmotivation. Stärkeres Interesse an den Themen haben hier vor allem die Schüler, die sich für das Fach Gemeinschaftskunde ohnehin schon stärker interessieren (vgl. Antizipations-Typ 1). Bei den meisten Schülern ist allerdings die instrumentelle Bedeutung der Themen stärker als das Interesse.

Diese Unterschiede werden im Verlauf des Unterrichts kaum ausgeglichen, eher ist das Gegenteil der Fall: Die Lehrer glauben offenbar, von den Schülern, die ihre Arbeitsgruppe und damit das von ihnen angebotene Thema gewählt haben, stärkeres Interesse und erhöhte Lernmotivation erwarten zu können. Dieser Erwartung entspricht jedoch nur ein Teil der Schüler. Einige dieser Schüler beschreiben den Unterricht als stärker emotional befriedigend, weil sie mehr Zusammenarbeit mit dem Lehrer finden (Kontrasttyp des Perzeptionstyps 1), andere Schüler arbeiten im Unterricht deutlich intensiver mit (Kontrasttyp des Perzeptionstyps 3).

Schüler mit geringerem Interesse am Fach dagegen achten z. T. schon bei der Wahl der Arbeitgruppen darauf, daß der Lehrer möglichst geringe Anforderungen stellt (vgl. Abschnitt 7.5.4). Am Unterricht nehmen viele von ihnen mit geringerer emotionaler Befriedigung und mit geringerer Arbeitsintensität teil, und sie fühlen sich stärker überfordert, als sie dies zu Beginn des Schuljahres erwartet hatten. Für Schüler mit geringem Interesse am Fach, die dennoch gezwungen sind, an einem Unterricht teilzunehmen, der hohes Interesse voraussetzt, wirkt sich die Wahldifferenzierung also eher negativ aus, denn sie sehen sich Erwartungen gegenüber, denen sie sich motivational nicht gewachsen fühlen (vgl. Abschnitt 6.2; Faktor D).

Um hier Abhilfe zu schaffen, ist ein differenzierteres Wahlangebot bzw. eine Erweiterung der Wahlmöglichkeiten erforderlich. Die Schüler müssen zwischen den Fächern selbst Schwerpunkte setzen können.
Es ist also zunächst zu überprüfen, ob die Beschäftigung mit verschiedenen Fächern überhaupt verbindlich von allen Schülern gefordert werden kann (vgl. Abschnitt 8.2.1). Wenn dies für ein Fach bejaht wird, so müssen innerhalb des Faches Kurse verschiedener Intensität angeboten werden, die den unterschiedlich starken Interessen der Schüler entsprechen. Wenn bestimmte Inhalte nach ihrer curricularen Überprüfung für verbindlich gehalten werden, dann sind Kursangebote erforderlich, in denen die auf diese Inhalte bezogene Motivation der Schüler erst entwickelt, aber noch nicht vorausgesetzt wird.[140]

[140] Ansätze zu einer „Methodik der Interessenweckung“ hat Bönsch 1968 entwickelt. Überlegungen zur Frage: „Wie kann man Interesse wecken?“ haben Bornemann/Schwinger 1969 angestellt.

Damit ist ein weiteres motivationales Problem angesprochen, nämlich die Frage, ob durch wahldifferenzierten Unterricht die sachbezogene, sog. „intrinsische" Motivation der Schüler verstärkt werden kann. Unter „intrinsischer Motivation" wird nach Hunt 1965 verstanden, daß eine bestimmte Tätigkeit als befriedigend erlebt wird, auch wenn für das Ergebnis dieser Tätigkeit keine besondere „Belohnung" erwartet wird. Mit intrinsisch motiviertem Lernen ist gemeint, daß die Lernenden sich mit bestimmten Lerninhalten intensiv beschäftigen, weil sie diese Beschäftigung selbst als befriedigend erleben. Intrinsische Motivation wird deshalb auch als „sachbezogen" bezeichnet (vgl. Heckhausen 1969). Demgegenüber gilt eine Motivation als „extrinsisch", wenn sie ihren Antrieb allein aus „sachfremden" Beweggründen des Individuums ableitet.[141]

Um Mißverständnisse zu vermeiden, ist es nützlich, den Begriff der intrinsischen Motivation sehr eng zu fassen und ihm andere, zwar auch mit dem Lernprozeß verbundene, jedoch nicht aus der Beschäftigung mit den Lerninhalten selbst resultierende Motivation nicht unterzuordnen. Auch ist zu bedenken, daß die aktuelle Lernmotivation wahrscheinlich in keiner Lernsituation allein aus intrinsischer Motivation, sondern aus einem Wechselgefüge von intrinsischer Motivation und einer Reihe extrinsischer Motivationen besteht. Das emanzipatorische Interesse besteht in diesem Zusammenhang zunächst darin, den Anteil der intrinsischen Motivation zu erhöhen und überflüssige extrinsische Motivationen abzubauen.

Allein intrinsisch motiviertes Lernen ist m. E. weder denkbar noch erscheint es mir wünschenswert, denn aus dem Lernprozeß müßten dann andere wichtige Elemente (z. B. sozialer und emotionaler Art) ausgeschaltet werden. Auch ist nicht einzusehen, daß das Lernen keine funktionale Dimension (nämlich das Lernen für einen bestimmten, vom Lernenden selbst bestimmten Zweck) haben sollte. Schließlich ist auch intrinsisch motiviertes Lernen nicht schon deshalb emanzipatorisch, weil es „sachbezogen" ist. Denn jede „Sache" (vorausgesetzt sie ist vom Lernenden nicht bereits völlig negativ besetzt) kann in den Lernprozeß so eingebracht werden, daß intrinsische Motivation ausgelöst wird.[142]

[141] Die Unterscheidung „sachbezogen"/„sachfremd" ist m. E. irreführend, denn auch extrinsische Motivation kann auf die „Sache" bezogen sein, z. B. wenn von der Beschäftigung mit dieser Sache ein positiver Effekt erwartet wird. So ist z. B. auch die Leistungsmotivation (nach Heckhausen) zwar auf die Tätigkeit an „Sachen" bezogen, aber an welchen Sachen das Individuum seine Tüchtigkeit beweisen kann, ist relativ beliebig. Leistungsmotivation kann deshalb – wie sich empirisch belegen läßt – nicht als intrinsisch bezeichnet werden.

[142] Mit welchen Mitteln dies erzielt werden kann, ist bei Skowronek 1968, S. 119–134, Skowronek 1969, S. 99–106 und Fend 1971, S. 117 und S. 193–198 dargestellt. Vgl. auch Roth 1969b, S. 531 ff. und die Entgegnung von Nyssen 1970. Einige Bedingungen für intrinsische Motivation in der Hochschule sind bei Portele 1970 dargestellt.

Insofern ist „intrinsische Motivation" ein rein formales Ziel, dessen emanzipatorische Bedeutung erst an den mit ihrer Hilfe vermittelten Lerninhalten ausgemacht werden kann. Ebenso ist extrinsische Motivation nicht per se die „Motivation des entfremdeten Lernens" (Moser 1972a, S. 211), denn emotionale, soziale oder politische Motivation des Lernens z. B. sind zwar extrinsische Motivationen, aber möglicherweise durchaus wünschenswert.

In wahldifferenziertem Unterricht müssen die Schüler selbst einschätzen, von welchen Themen sie eine intrinsische Motivierung erwarten können. In institutionalisierten Lernprozessen, wie z. B. in der Schule, haben die Lerngegenstände jedoch keine gleichbleibende intrinsisch motivierende Potenz, sondern diese wird erzeugt oder zumindest modifiziert durch das didaktische Verhalten des Lehrers, und sie ist abhängig vom aktuellen Lernzustand des Lernenden. Erst wenn der Lerngegenstand durch den Lehrer (oder auch durch die Lernenden selbst) aufbereitet ist, kann er zur „sachbezogenen" Auseinandersetzung anregen. Für die Schüler ist deshalb in diesem Zusammenhang die Frage wichtig, wie der Lehrer das Thema behandeln wird. Dies ist die Frage nach der didaktischen Kompetenz des Lehrers (Faktor H).

Hinsichtlich der didaktischen Kompetenz sehen die Schüler zwischen den zur Wahl stehenden Lehrern beträchtliche Unterschiede, und zwar sowohl nach der „objektiven" Einschätzung durch alle Schüler als auch nach der subjektiven Beurteilung der einzelnen Schüler. Auch bei ihrer Wahlentscheidung geben die Schüler deutlich (an vierter Stelle) jenen Lehrern den Vorzug, die nach ihrer Einschätzung gut erklären und ihr Fach interessant machen. Zu Beginn des Schuljahres haben die meisten Schüler auf dieser Dimension recht hohe Erwartungen, und sie haben um so mehr das Gefühl, den richtigen Lehrer gewählt zu haben, je höher sie dessen didaktische Kompetenz einschätzen. Im Verlauf des Unterrichts sind die Schüler jedoch zunehmend vom Unterrichtsverhalten der Lehrer enttäuscht; während sie die fachliche Qualifikation (als didaktische Kompetenz im engeren Sinne) fast gleich hoch wie zu Beginn des Schuljahres einschätzen, besteht in der Einschätzung der didaktisch-methodischen Kompetenz die größte Differenz zwischen den Erwartungen der Schüler und ihrer Beurteilung des Unterrichts (vgl. Abschnitt 6.3). Wenn man bedenkt, daß die Schüler die Themen selbst noch annähernd so interessant finden wie zu Beginn des Schuljahres, dann kann man schließen, daß es den Lehrern nicht gelungen ist, die Themen so zu behandeln, daß die Schüler über eine längere Zeit intrinsisch motiviert lernen.

Dieses Ergebnis bestätigt Erfahrungen, die bereits vor dieser Untersuchung von Schülern und Lehrern der Halepaghenschule formuliert wurden (vgl. Viets 1968, S. 22): Zwar werde durch die Wahl der Themen bei vielen Schülern ein größeres Interesse bewirkt, aber dieses Interesse gehe im Laufe des Schuljahres wieder verloren, und bisweilen würde geradezu Aversion gegen das Thema entwickelt. – Tatsächlich verhält es sich so, daß die Schüler die Themen an sich zwar nach wie vor als interessant beurteilen, daß aber von der Behandlung der Themen im Unterricht kaum eine motivierende Wirkung ausgeht. Nach den vorliegenden Ergebnissen ist dies vor allem auf das Unterrichtsverhalten der Lehrer zurückzuführen (vgl. Abschnitt 6.3; Faktor D). Es gelingt ihnen nach achtmonatigem Unterricht nur noch in deutlich geringerem Maße, ihr Fach interessant zu machen und die Schüler zur Mitarbeit oder gar zur zusätzlichen Beschäftigung mit den Themen anzuregen.[143] Durch Wahldifferenzierung allein gelingt es offenbar nicht, die Lernmotivation der Schüler dauerhaft zugunsten intrinsischer Motivation zu verändern.

Wenn von den Themen und ihrer Bedandlung durch die Lehrer nur geringe intrinsisch motivierende Impulse ausgehen, sind dann wenigstens die Schüler selbst motiviert, sich von sich aus mit den Themen intensiv zu beschäftigen? Dies ist die Frage nach der Leistungsmotivation der Schüler.[144] – Welche Rolle spielt in wahldifferenziertem Unterricht das Bestreben, die eigene Tüchtigkeit in allen jenen Tätigkeiten zu steigern oder möglichst hoch zu halten, in denen man einen Gütemaßstab für verbindlich hält und deren Ausführung deshalb gelingen oder mißlingen kann“ (Heckhausen 1969, S. 195)?

Diese Leistungsmotivation der Schüler diente bei der Analyse der Daten dazu, gruppenspezifische Unterschiede zwischen den Schülern zu erklären. Die entsprechenden Ergebnisse wurden im Abschnitt 7.5.6 zusammengefaßt. Dabei zeigten sich insbesondere die folgenden Zusammenhänge:

1. Viele Schüler mit starker Mißerfolgsängstlichkeit wählen jene Arbeitsgruppe, deren Lehrer die geringsten Anforderungen stellt, während der Lehrer mit den höchsten Anforderungen bevorzugt von wenig mißerfolgsängstlichen Schülern gewählt wird. Mißerfolgsängstliche Schüler können so in wahldifferenziertem Unterricht – wenn sie wollen – einen Lehrer wählen, der ihnen nicht als ein bedrohliches, unerreichbares Leistungsvorbild erscheint, sondern ihnen eine stärkere emotionale Sicherheit gibt. In dieser Hinsicht können die Lernbedingungen für diese Schüler günstiger sein. Auch bei den anderen Arbeitsgruppen, die in bezug auf die Leistungsmotivation der Schüler heterogen zusammen-

[143] Auf einige didaktisch erklärbare mögliche Ursachen habe ich bereits im Abschnitt 8.2.1 hingewiesen. Weitere Erklärungen werden in den folgenden Abschnitten versucht.

[144] Zur Definition und Operationalisierung der Leistungsmotivation nach Heckhausen 1963 vergleiche Abschnitt 3.2.2.3.

gesetzt sind, kann man vermuten, daß die mißerfolgsängstlichen wie die meisten Schüler die von ihnen gewählte Lernsituation als emotional angenehmer erleben als die ihnen zugewiesene Lernsituation im Klassenverband.

2. Für die Erklärung der Ergebnisse aus den gruppenspezifischen Analysen (vgl. Kapitel 7) war in der Regel der für die Gesamtmotivation (als der Summe von Hoffnung auf Erfolg und Furcht vor Mißerfolg) ermittelte Wert wenig aufschlußreich, z. T. sogar widersinnig.[145] Sinnvolle Zusammenhänge ergaben sich dagegen, wenn die beiden Komponenten der Leistungsmotivation, nämlich die Erfolgszuversicht und die Mißerfolgsängstlichkeit getrennt oder in ihrem Verhältnis zueinander (der sog. „Netto-Hoffnung" – vgl. Anm 100) betrachtet wurden. Dabei wurde oft eine hohe Gesamtmotivation erst verständlich.

Für mißerfolgsängstliche und erfolgszuversichtliche Schüler hat Wahldifferenzierung unterschiedliche Bedeutung: Allgemein gilt, daß erfolgszuversichtliche Schüler von den Möglichkeiten wahldifferenzierten Unterrichts besser Gebrauch machen können als mißerfolgsänstliche. Erfolgszuversichtliche Schüler gehen eher mit positiven Erwartungen in den Unterricht, und sie erleben den Unterricht stärker als emotional befriedigend. Mißerfolgsängstliche Schüler dagegen wählen z. B. den aus dem vergangenen Schuljahre bekannten Lehrer häufiger wieder an erster Stelle, ohne daß sie sich davon besondere Vorteile versprechen. Ein Wechsel der Lernsituation erscheint ihnen offenbar als zu bedrohlich.

3. Es zeigt sich deutlich, daß bei hoch leistungsmotivierten Schülern das stark ausgeprägte Leistungsbedürfnis weitgehend abstrakt ist: Diesen Schülern geht es vor allem darum, in einem anspruchsvollen Unterricht ihre eigene Tüchtigkeit vor sich selbst, vor dem Lehrer und vor den Mitschülern zu beweisen, ohne daß sie zu dem Inhalt ihrer Tätigkeit eine besondere positive Beziehung haben. Dies legt den Schluß nahe, daß es sich bei der Leistungsmotivation (im Sinne von Heckhausen) nicht um eine intrinsische Motivation handeln kann, denn diese müßte ihren Antrieb gerade aus der Beschäftigung mit einer bestimmten Sache erfahren und den Gütemaßstab der Tätigkeit aus den Problemen dieser Sache beziehen. Demgegenüber scheint es den hoch Leistungsmotivierten allein darum zu gehen, ihre persönliche Tüchtigkeit zu steigern, wobei sie den Gütemaßstab ihrer Tüchtigkeit entweder aus dem Vergleich mit ihrer eigenen eingebrachten Tüchtigkeit oder aus dem Ver-

[145] So sollen z. B. Schüler mit hoher Gesamtmotivation eine wenig anspruchsvolle, und der Schüler mit niedriger Gesamtmotivation eine sehr anspruchsvolle Arbeitsgruppe gewählt haben (vgl. Abschnitt 7.5.6).

gleich mit den anderen Schülern oder dem Leistungsvorbild des Lehrers beziehen.[146]

4. Der Unterricht in den Arbeitsgruppen scheint stärker leistungsthematisch als intrinsisch motivierend zu sein. Dies zeigt sich daran, daß Schüler mit starkem Interesse am Fach, aber geringer Leistungsmotivation den Unterricht als weniger emotional befriedigend erleben. Diese Schüler vermissen offenbar, daß das Thema als solches im Zentrum des Unterrichts steht, während von den Themen abgehobene Leistungskriterien (z. B. bei Klausuren, in denen die Schüler lediglich Wissensstoff reproduzieren müssen) im Vordergrund stehen. Es zeigt sich aber gerade hier, daß Schüler auch ohne hohe Leistungsmotivation (im Sinne von Heckhausen) stark lernmotiviert und erfolgreich sein können, nämlich dann, wenn der Gegenstand des Lernens ihr Interesse findet. Umgekehrt sind auch Schüler mit hoher Leistungsmotivation wenig erfolgreich, wenn der Sachbereich des Lernens nicht ihr Interesse findet.

Aus diesen Ergebnissen ist der Schluß zu ziehen, daß es nicht das Ziel von Reformbemühungen sein darf, die allgemeine, abstrakte Leistungsmotivation der Schüler zu erhöhen, sondern daß der Unterricht stärker als bisher (und auch stärker als in den Arbeitsgruppen des Buxtehuder Modells) auf die Interessen der Schüler und auf die aus den Lerngegenständen selbst zu entwickelnde Motivation der Schüler ausgerichtet sein muß. Leistungsmotivation an sich hat keine emanzipatorische Potenz, allerdings sind Schüler mit stärkerer Erfolgszuversicht bzw. geringerer Mißerfolgsängstlichkeit wahrscheinlich eher in der Lage, in

[146] Fend (1971, S. 198–201) hat auf die Gefahren eines solchen abstrakten Leistungsbedürfnisses hingewiesen: „Je internalisierter und generalisierter die Tendenz eines Individuums zur leistungsthematischen Strukturierung von Situationen ist, desto größer wird die instrumentelle Verfügbarkeit über diesen Menschen. Konkret gesagt: Wer stark leistungsmotiviert ist, wird mit derselben Genauigkeit, Ausdauer und Begeisterung Kriegszüge organisieren, wie er das Gelingen von Hilfslieferungen für ein notleidendes Land zu perfektionieren sucht." (a. a. O., S. 201). Es ist gerade McClelland, der einerseits die ökonomische Bedeutung der Leistungsmotivation aufgewiesen hat (vgl. McClelland 1966), aber ebenso auf die Gefahren hinweist, die mit der einseitigen Bewertung dieser Art von Tüchtigkeitsstreben verbunden sind (vgl. McClelland 1967, besonders S. 87).
Von daher erscheinen mir Versuche fragwürdig, die Leistungsmotivation von Schülern (vgl. Kolb 1965, Alsschuler 1968) oder Erwachsenen (vgl. McClelland 1965) undifferenziert zu trainieren und zu steigern, ohne daß geklärt wird, auf welche Ziele sich diese Leistungsbereitschaft richten soll. Statt dessen wäre es notwendig, die subjektive Bereitschaft und die objektiven Möglichkeiten dafür zu schaffen bzw. zu verstärken, daß das Lernen und das Handeln sich stärker an reflektierten Intentionen orientiert. – Ansätze für ein entsprechendes Motivationskonzept hat Keiler 1970 zu entwickeln versucht, wobei er (wie Holzkamp im Vorwort, S. VIII bemerkt) „zum Teil noch zu sehr ‚Letztbegründungs'-Bemühungen verhaftet (ist) und ... dabei gelegentlich die Analyse der konkreten historisch-gesellschaftlichen Bedingtheiten ... (vernachlässigt)".

veränderten Lernsituationen zu arbeiten und an der Veränderung von Lernsituationen mitzuwirken. Daß es also den von Roth (1971, S. 311) behaupteten „emanzipatorischen Anteil in der Leistungsmotivation, der nicht auf Unterordnung und nicht auf Überordnung ..., sondern auf Unabhängigkeit und Autonomie (zielt)", wirklich gibt, muß so lange bezweifelt werden, wie diese Leistungsmotivation auf beliebige Inhalte bezogen sein kann und nicht mit einer kritischen Reflexion der Ziele und Folgen des Handelns verbunden ist.

8.2.4 Organisatorische Aspekte wahldifferenzierten Unterrichts

Bei der Analyse der Daten traten einige problematische Punkte wahldifferenzierten Unterrichts auf, die als organisatorisch bzw. durch die Struktur des Unterrichts bedingt verstanden werden können. Diese sollen hier diskutiert werden.

1. Es hat sich deutlich gezeigt, daß die Schüler die zur Wahl stehenden Lehrer vor allem nach ihrer emotionalen Beziehung und nach der Bekanntheit (aus früherem Unterricht und privat) als verschieden beurteilen. Beide Gesichtspunkte spielen auch bei der Wahlentscheidung eine entscheidende Rolle, und zwar vor allem bei der Entscheidung zwischen dem ersten und dem zweiten Platz des Wahlzettels (vgl. Abschnitt 5.2.3 – Punkt 3). Wenn die Schüler zwischen den Lehrern hinsichtlich der Bekanntheit ähnlich große Unterschiede sehen wie bei der emotionalen Beziehung, so kann darin nur formal eine Wahlmöglichkeit gesehen werden. Für die meisten Schüler ist es keine wirkliche Alternative, ob sie einen mehr oder weniger bekannten Lehrer wählen wollen. Tatsächlich zur Wahl stehen bei den meisten Schülern offenbar nur die Lehrer, die ihnen aus früherem Unterricht und/oder aus privaten Kontakten bekannt sind.[147]

Dieses Verhalten wird verständlich, wenn man bedenkt, daß die Schüler, die den von ihnen gewählten Lehrer aus früherem Unterricht kennen bzw. den Fachlehrer des vorangegangenen Schuljahres wieder an erster Stelle gewählt haben, den Unterricht mit größerer emotionaler Sicherheit

[147] Nur wenige Schüler haben die ihnen gut („zu gut") bekannten Lehrer an letzter Stelle gewählt, weil sie an deren Unterricht nicht wieder teilnehmen möchten. Nur selten wird ein dem Schüler völlig unbekannter Lehrer an erster Stelle gewählt. – Dies gilt vermutlich nicht, wenn ein Lehrer neu an der Schule und allen Schülern gleich unbekannt ist. Hier dürfte die Neugier ein wichtiger Faktor sein. Wenn ein Schüler einen solchen Lehrer wählt, kann er davon ausgehen, daß diesem alle Schüler der Arbeitsgruppe unbekannt sind und daß noch keine spezifischen Lehrer-Schüler-Beziehungen bestehen wie bei einem Fachlehrer, bei dem bereits ein Teil der Schüler Unterricht gehabt hat.

beginnen als die anderen Schüler (vgl. Abschnitt 6.1 – Faktor K). In einem Wechsel des Lehrers sehen die Schüler also – zumindest am Anfang des Schuljahres – eine Bedrohung ihrer emotionalen Sicherheit: Sie wissen nicht genau, wie sie mit dem neuen Lehrer auskommen werden und wie sympathisch sie dem Lehrer sind. Bei den gruppenspezifischen Analysen konnte eine Gruppe von Schülern identifiziert werden, die den ihnen aus früherem Unterricht bekannten Lehrer wieder an erster Stelle wählen, obgleich sie damit keine besonderen Erwartungen verbinden.

Welche Folgerungen sind daraus zu ziehen? Sollte der Unterricht so organisiert werden, daß die Schüler über eine möglichst lange Zeit von demselben, einmal gewählten Lehrer unterrichtet werden? – Dagegen spricht, daß nur etwa die Hälfte der Schüler von der Wiederwahlmöglichkeit Gebrauch gemacht hat (vgl. Tabelle 5.1–3). Die anderen Schüler haben also hinreichende Gründe gesehen, das Risiko der emotionalen Verunsicherung in Kauf zu nehmen und einen anderen Lehrer zu wählen. Es ist auch zu bedenken, daß der Faktor der emotionalen Beziehung zum Lehrer zwar eine wichtige (und bei vielen Schülern die wichtigste) Rolle spielt, daß die Schüler aber auch andere Gesichtspunkte bei der Wahlentscheidung bedenken und sich nach diesen entscheiden. In diesen Merkmalen ändert sich die Lernsituation aber wiederholt. Den Schülern muß deshalb die Möglichkeit belassen werden, den Lehrer bei solchen Anlässen zu wechseln. Zudem kann man nicht voraussagen, ob die emotionale Beziehung zwischen Lehrer und Schüler über längere Zeit gleich bleibt. So können z. B. Konflikte auftreten, die das gemeinsame Arbeiten erschweren. Auch in diesen Fällen sollte ein Wechsel des Lehrers möglich sein, ohne daß den Beteiligten dies als außerordentliches Ereignis bewußt werden müßte.

So wenig die Wahl des Lehrers für längere Zeit verbindlich sein sollte, so wenig sollte auch von den Schülern verlangt werden, regelmäßig (im Buxtehuder Modell nach einem Schuljahr) den Lehrer zu wechseln. Denn – wie bereits erwähnt – mit dem Wechsel des Lehrers ist für viele Schüler eine emotionale Verunsicherung verbunden, insbesondere wenn sie den Lehrer weniger gut aus früherem Unterricht kennen. Wie lang eine Unterrichtseinheit bei demselben Lehrer sein sollte, läßt sich nicht allgemein verbindlich feststellen. Wahrscheinlich würde es auch hier den unterschiedlichen Bedürfnissen verschiedener Schüler am besten entsprechen, wenn die zur Wahl stehenden Kurse auch in ihrer Dauer differenziert würden. Dadurch könnte auch vermieden werden, daß bestimmte Themen unangemessen lange oder zu kurz behandelt werden müssen.

In diesem Zusammenhang ist auf die Notwendigkeit einer institutionalisierten Bildungsberatung der Schüler hinzuweisen (vgl. Deutscher Bildungsrat 1970, S. 91–97). Dies hat sich besonders bei den Schülern des Wahlkriterien-Typs 4 deutlich gezeigt, denn diese Schüler wählen den ihnen aus früherem Unterricht bekannten Lehrer wieder, ohne damit von den Chancen des Wahlangebots Gebrauch zu machen. Die meisten Schüler haben jedoch angegeben, daß sie sich z. B. von den zur Wahl angebotenen Themen recht gute Vorstellungen machen können (vgl. Item 41 in den Tabellen A und B des Anhangs).[148] So weit wie möglich sollte dennoch den Schülern die Möglichkeit gegeben werden, ihre Arbeitsgruppe bald nach Beginn des Schuljahres wieder zu wechseln, wenn sie das Gefühl haben, die falsche Gruppe gewählt zu haben.

Die hier angesprochenen Probleme können allerdings nur bei einer bestimmten Art der Unterrichtsorganisation auftreten, nämlich dann, wenn Unterricht nach Art des herkömmlichen Klassenunterrichts stattfindet. Auch in der im Buxtehuder Modell praktizierten Form der Wahldifferenzierung ist institutionalisiertes Lernen allein im Unterricht bei einem Fachlehrer, dem etwa 20 Schüler gegenübersitzen, vorgesehen. Dabei sind die Schüler ein Jahr lang auf diesen Lehrer angewiesen, und der Fortgang des Lernens ist weitgehend von seiner Anwesenheit abhängig. In welchem Maße die Schüler diesen Unterricht als emotional befriedigend erleben, ist vor allem dadurch bestimmt, wie der Lehrer diesen Unterricht gestaltet. Die Schüler sind also nach wie vor weitgehend von dem einen Lehrer abhängig, der Unterschied zum früheren Unterricht besteht in dieser Hinsicht lediglich darin, daß die Schüler diesen Lehrer selbst gewählt haben.

Diese Zwänge könnten wahrscheinlich abgebaut werden, wenn Unterricht stärker oder häufiger eine kooperative Veranstaltung mehrerer Lehrer wäre („Team-Teaching"; vgl. dazu Wellendorf 1969b, Warwick 1971, Meyer 1971, Dechert 1972). Die Schüler wären dabei weniger an den einen Lehrer gebunden, sondern sie würden von mehreren Lehrern abwechselnd und in wechselnden Gruppengrößen unterrichtet werden. Dabei könnten sie mehrere Lehrer im Unterricht kennenlernen und zu ihnen emotionale Beziehungen aufbauen.

Allerdings dürfte es schwierig sein, eine solche kooperative Lerneinheit über ein ganzes Schuljahr hinweg zu planen und durchzuführen. Deshalb ist es als zweite organisatorische Änderung erforderlich, den Unterricht in kürzeren, aber stundenmäßig umfangreicheren Einheiten

[148] Zum Problem der „Autonomisierung des Lernens", nämlich der „Zunahme des kritischen Wahlverhaltens gegenüber gegebenen Lerninhalten" und der Aufgabe der Schule, den Schülern ein Bewußtsein von ihren „Entscheidungsvorgängen" zu vermitteln, vgl. Rauschenberger 1972, insbesondere S. 771 f. Allerdings beziehen sich diese Ausführungen auf zehnjährige Schüler.

(sog. „Epochen") zu planen. Die verschiedenen Fächer würden dann nicht während des ganzen Schuljahres parallel auf dem Stundenplan stehen, sondern – evtl. in bestimmten Kombinationen – aufeinander folgen. Lehrer und Schüler könnten dann ihre Arbeitskraft auf wenige Fächer konzentrieren und brauchten diese nicht wie bisher auf eine größere Anzahl sehr verschiedenartiger Fächer zu verteilen.

In solchen Epochen würde die herkömmliche, weitgehend von der Vorbereitung und der Person des Lehrers abhängige Form des Unterrichts kaum noch möglich sein. Statt dessen würden verschiedene Arbeitsformen einander abwechseln, und es wäre erforderlich, die Schüler stärker an der Planung und an der Durchführung des Unterrichts zu beteiligen. Auch die Rolle des Lehrers würde sich ändern, „indem der Lehrende in neuer Weise sich unter die Lernenden begibt" und versucht, „sich entbehrlich zu machen" (Roth 1969b, S. 72).

Diese Prinzipien des Unterrichts lassen sich unter dem Begriff „Projektverfahren" zusammenfassen.[149] Das Projektverfahren ist nach Stubenrauch (1971, S. 170) durch folgende Elemente gekennzeichnet:

„– sein Gegenstand ist ein komplexes Phänomen,
– ständige Kooperation der beteiligten Lehrer (team-teaching),
– Selbständigkeit der Schüler in der Auswahl ihres besonderen Beitrags zum Erkenntnisprozeß,
– Kooperation der verschiedenen, am Phänomen arbeitenden Gruppen untereinander,
– flexible Zusammensetzung der differenziert arbeitenden Gruppen (Kleingruppe, 3 bis 5 Schüler – Kerngruppe 25 Schüler – Großgruppe, 2 bis 3 Kerngruppen),
– Kommunikation der ‚arbeitenden Einheiten' über den Forschungsverlauf, sein Ergebnis, seinen Erkenntniszweck,
– kollektives Handeln (aktuell oder projektiv-antizipatorisch) als Konsequenz des Lerngewinns."

Neben solchen fachüberprüfenden Projekten sind Lehrgänge anzubieten, in denen die Schüler die allgemein verbindlichen (vgl. Abschnitt 8.2.1) oder frei gewählte Lernziele erreichen können, soweit dies nicht innerhalb der Projekte möglich ist. Solche Lehrgänge müssen so geplant und didaktisch vorbereitet sein, daß alle Schüler, die bestimmte definierte Eingangsvoraussetzungen einbringen, das Lernziel solcher Lehrgänge er-

[149] Eine kurze Übersicht über die „Vieldeutigkeit" dieses Begriffs gibt Stubenrauch 1971, S. 166–173. Vgl. dazu auch Zimmer 1972, Schreiner 1973, S. 410 ff. Der Niedersächsische Kultusminister hat 1972 „Handreichungen" für Lernziele, Kurse und Projekte im Sekundarbereich II herausgegeben.

reichen. Die Schüler müssen ggf. Gelegenheit haben, die ihnen fehlenden Eingangsvoraussetzungen für bestimmte Lehrgänge (oder auch Projekte) zu erwerben.

8.2.5 Soziale Aspekte wahldifferenzierten Unterrichts

Eine der wichtigsten Veränderungen des Buxtehuder Modells ist die Auflösung der herkömmlichen Klassenverbände. Während die Schüler früher in allen Pflichtfächern gemeinsam mit allen Schülern ihrer „Klasse" unterrichtet wurden, nehmen sie jetzt in allen Fächern an Arbeitsgruppen teil, die sich jeweils aus anderen Schülern zusammensetzen. In welcher Weise verändern sich unter diesen Bedingungen die sozialen Beziehungen der Schüler untereinander?

Die Schüler selbst schätzen es nicht als ein wichtiges Wahlziel ein, mit ihren (früheren) Mitschülern aus der 11. Klasse oder ihren Freunden in derselben Arbeitsgruppe zu sein. Sie erwarten jedoch, daß viele ihrer früheren Mitschüler und viele ihrer Freunde die gleiche Arbeitsgruppe bevorzugt wählen werden, die sie selbst auch wählen (vgl. Abschnitt 5.2.3 – Punkt 5). Vermutlich haben die Schüler das Wahlangebot der Schule miteinander diskutiert und dabei den Eindruck gewonnen, daß viele Mitschüler die Arbeitsgruppen ähnlich beurteilen wie sie selbst. Wenn verschiedene Schüler (insbesondere wenn zwischen ihnen eine freundschaftliche Bindung besteht) das Wahlangebot ähnlich beurteilen und daraufhin zu der gleichen Wahlentscheidung gelangen, so erleben sie diese Übereinstimmung im Wahlverhalten vermutlich weniger als eine bewußte Verabredung mit dem Ziel, an derselben Arbeitsgruppe teilzunehmen, sondern sie führen dies auf eine (zufällige) Übereinstimmung in der Einschätzung des Wahlangebots zurück. Das möglicherweise vorhandene Bedürfnis, zu den Mitschülern der künftigen Arbeitsgruppe gute soziale (bzw. emotionale) Beziehungen zu haben, ist den Schülern dann als Wahlmotiv nicht mehr bewußt.

Tatsächlich scheint die Zusammensetzung der Gruppe den Schülern nicht völlig gleichgültig zu sein. Bei der Wahl erwarten viele, daß sie in der von ihnen gewählten Arbeitsgruppe ihre Freunde und früheren Mitschüler wiederfinden werden. Nach acht Monaten Unterricht in ihren Arbeitsgruppen sind die Schüler jedoch von der Zusammensetzung der Gruppen stark enttäuscht (vgl. Abschnitt 6.3). Sie finden dort „kaum" ihre Mitschüler aus der 11. Klasse wieder, und auch ihre Freunde nehmen nur selten an derselben Arbeitsgruppe teil. Auch scheinen sich zwischen den Schülern der einzelnen Arbeitsgruppen kaum neue Beziehungen entwickelt zu haben. Die sozialen Beziehungen der Schüler sind offenbar vor allem auf die Person des Lehrers gerichtet, während die sozialen Beziehungen der Schüler untereinander mehr oder weniger distanziert sind.

Hierin zeigt sich m. E. ein deutlicher Nachteil des wahldifferenzierten Unterrichts, wie er im Buxtehuder Modell praktiziert wird: Durch die Auflösung des Klassenverbandes werden auch die sozialen Beziehungen zwischen den Schülern aufgelöst bzw. auf den außerunterrichtlichen Bereich verwiesen. Durch den dauernden Wechsel zwischen den verschieden zusammengesetzten Arbeitsgruppen verschiedener Fächer haben die Schüler keine Gelegenheit, auf gemeinsames Lernen bezogene soziale Beziehungen zueinander zu entwickeln. Mit den gleichen Schülern sind sie in der Regel nur zwei bis zu fünf Stunden in der Woche zusammen, und diese Zeit reicht offenbar nicht aus, um soziale Beziehungen zu entwickeln. Hinzu kommt noch, daß die Zusammensetzung der Gruppen sich spätestens am Ende des Schuljahres wieder ändern wird, wenn die Arbeitsgruppen neu gewählt werden. Die Schüler wissen, daß die zu den Mitschülern ihrer Arbeitsgruppen entwickelten Beziehungen ohnehin nur für eine begrenzte Zeit bestehen werden.

Die Auflösung des Klassenverbandes hat also zunächst zur Folge, daß die Schüler im Unterricht stärker voneinander isoliert werden und den Lehrern als eine Ansammlung von Individuen gegenübertreten. Dadurch wird zumindest erschwert, daß sich die Schüler der Lerngruppen untereinander solidarisieren, um ihre Interessen gemeinsam zu vertreten. Da der Unterricht in einer bestimmten Gruppe immer nur einen kleinen Teil des gesamten Unterrichts ausmacht, erscheint es den Schülern zum einen nicht so sehr erforderlich, zum anderen ist es aber auch tatsächlich schwieriger, die gemeinsamen, auf den Unterricht bezogenen Interessen zu artikulieren und zu vertreten. Für die Lehrer hat dies zur Folge, daß sie einerseits ihre Vorstellungen von Inhalt und Gestaltung des Unterrichts stärker durchsetzen können (vgl. Abschnitt 6.2, Faktor P: Transparenz des Unterrichts), daß sie aber andererseits – wahrscheinlich entgegen ihrer pädagogischen Intention – gezwungen sind, selbst die Initiative zur Gestaltung des Unterrichts zu ergreifen, weil eine gemeinsame Planung oder gar Durchführung des Unterrichts durch die Schüler kaum in Gang kommt (vgl. Abschnitt 6.2, Faktor O: Kooperativität Lehrer – Schüler).

Die Folgerung aus diesen Ergebnissen kann nun keineswegs dahingehen, daß der herkömmliche Klassenverband wiederhergestellt bzw. erhalten werden sollte. Dort konnte zwar zwischen den Schülern ein intensiveres Gruppenleben entstehen (vgl. dazu Schreiner 1973, S. 212 ff.), die Schüler hatten aber selbst kaum Einfluß auf die Zusammensetzung der Gruppe, und sie konnten auch dort nicht in jedem Falle mit den Schülern zusammen lernen, mit denen sie gern zusammen lernen wollten. Auch in dieser Hinsicht ist also der Unterricht im Klassenverband durch Zwänge gekennzeichnet, die aufgehoben werden könnten, wenn die Schüler die Zusammensetzung der Gruppen selbst bestimmen.

Von dieser Möglichkeit haben die Schüler im Buxtehuder Modell offensichtlich kaum Gebrauch gemacht. Dies muß aber nicht bei Wahldifferenzierung des Unterrichts notwendig eintreten, vielmehr scheint es mir möglich, bessere Voraussetzungen für die sozialen Beziehungen der Schüler zu schaffen. Dazu ist es z. B. erforderlich, daß die Schüler nicht während des ganzen Schuljahres parallel an mehreren verschieden zusammengesetzten Arbeitsgruppen teilnehmen, sondern daß der Unterricht konzentrierter, d. h. mit mehr Wochenstunden und in Epochen (vgl. Abschnitt 8.2.4) stattfindet. Eine weitere Möglichkeit, die sozialen Beziehungen zwischen den Schülern zu verbessern, besteht im Projektverfahren, denn hier sind die Schüler von den zu findenden und zu lösenden Problemen her zu intensiverer Kommunikation und Kooperation gezwungen, als wenn der Unterricht auf den vom Lehrer (oder einem Schüler im Referat) vorgetragenen Stoff zentriert ist.

Weiterhin sollte es zulässig sein und gefördert werden, daß sich Schüler zu kleineren, über längere Zeit bestehenden Lern- und Arbeitsgruppen (Teams) zusammenfinden und gemeinsam am Unterricht eines Lehrers oder mehrerer Lehrer in verschiedenen Fächern (auf dessen bzw. deren Wahl sie sich geeinigt haben) teilnehmen. Solche Teams könnten sich aus verschiedenen Gründen zusammenfinden. Eine gewisse organisatorische Klammer (falls diese zu Anfang notwendig ist) könnte die Person des Tutors (vgl. Abschnitt 2.2) bilden, es sollte aber vermieden werden, daß diese Lerngruppen von vornherein den Charakter von „Miniaturklassen“ erhalten, die wieder nur unter der Anleitung und Aufsicht eines Lehrers arbeiten können. Die Tutoren sollten sich ggf. auf eine Beraterfunktion beschränken und der Gruppe selbst die Lösung ihrer Probleme überlassen.[150]

Von solchen Gruppen könnte die Initiative zu Arbeitsgruppen oder Projekten ausgehen, die sich mit bestimmten Themen intensiv beschäftigen. Zweifellos sind die Voraussetzungen für die Arbeit solcher

[150] Daß die Bildung solcher Teams nicht unproblematisch ist, liegt auf der Hand. So besteht z. B. die Gefahr, daß sich aus diesen Gruppen „Cliquen“ entwickeln, die sich sehr homogen zusammensetzen und sich voneinander isolieren. Ebenso können sich innerhalb der Gruppen neue Abhängigkeitsverhältnisse ausbilden. Auch darf man nicht der Illusion verfallen, durch die Bildung solcher Teams könne die Tatsache aufgehoben werden, daß alle Schüler in einem individualisierenden Leistungswettbewerb miteinander stehen, in dem die Gruppenleistung ziemlich bedeutungslos ist (vgl. den folgenden Abschnitt).

Gruppen derzeit kaum sehr günstig. Abgesehen davon, daß Schüler (und Lehrer) zu sehr auf den noch weitgehend vorherrschenden Frontalunterricht eingestellt sind (vgl. Nickel/Dumke 1970), fehlen an den herkömmlichen Schulen z. B. die räumlichen Möglichkeiten für die Arbeit solcher Gruppen, und nicht zuletzt aus rechtlichen Gründen (von der Aufsichtspflicht bis zur Reifeprüfungsordnung) stehen dem noch zu überwindende Hindernisse entgegen (vgl. dazu Stock 1971).

Schließlich würde es für die sozialen Beziehungen der Schüler untereinander auch förderlich sein, wenn das Lernen in den Arbeitsgruppen weniger von der Person des Lehrers abhängig sein könnte. Diese Abhängigkeit hat sich in der vorliegenden Untersuchung deutlich daran gezeigt, daß die Arbeitsgruppen bei Abwesenheit des Lehrers kaum selbständig am Thema weiterarbeiten. Daß dieses Verhalten nur zum Teil auf mangelndes Interesse der Schüler zurückgeführt werden kann, sondern wesentlich durch die gesellschaftliche Bedeutung des Lernens in der Schule und die entsprechende Rolle der Lehrer bedingt ist, wird im folgenden Abschnitt deutlich werden.

Unter den gegebenen Bedingungen sollten die Arbeitsgruppen sich selbst häufiger zum Gegenstand ihrer Reflexion machen und versuchen, das Gruppengeschehen in seinen Bedingungen und in seiner Dynamik transparent werden zu lassen (vgl. dazu Filbry 1970). Dazu würde es auch gehören, daß Schüler und Lehrer die unterschiedlichen Erwartungen, mit denen die Schüler (vgl. Abschnitt 7.2) und der Lehrer den Unterricht in der Gruppe beginnen, diskutieren und beobachten, wie sich der Unterricht auf den verschiedenen Dimensionen, unter denen er von den Schülern beurteilt wird (vgl. Abschnitt 6.2 und 7.3), entwickelt und verändert. Diese Entwicklungen sollten nicht zufällig oder unbewußt ablaufen, sondern von den Beteiligten kritisch aufgearbeitet und gesteuert werden. Dazu ist es erforderlich, daß Lehrer und Schüler für gruppendynamische Prozesse sensibilisiert werden (vgl. Schreiner 1973, S. 424–430), ohne daß die strukturell bedingten Interessenunterschiede zwischen Lehrer und Schülern (oder auch unter den Schülern) damit „psychologisiert" und ihrer politischen Bedeutung entkleidet werden.

8.2.6 Gesellschaftliche Aspekte wahldifferenzierten Unterrichts

In diesem Abschnitt soll der Tatsache Rechnung getragen werden, „daß Normen und Verhaltensweisen der Erzieher, wie die Struktur der Bildungsinstitution nicht isoliert von den strukturprägenden Institutionen der Gesamtgesellschaft gesehen werden dürfen" (Roeder 1969, S. 61).

Es ist also zu fragen, inwieweit das Lernen in den Arbeitsgruppen des Buxtehuder Modells bzw. in wahldifferenziertem Unterricht überhaupt durch Bedingungen vorgeprägt oder beeinflußt wird, die aus einem größeren Zusammenhang herrühren, auf den die Schule keinen direkten Einfluß hat. Andererseits ist zu prüfen, ob durch die veränderte Organisation des Unterrichts das Verhältnis von Schule und Gesellschaft in ein „produktives Gleichgewicht oder Ungleichgewicht" (Roth 1969b, S. 535) gekommen ist, und ob dadurch „die Beziehung zwischen Gesellschaft und Schule als Faktor der Zukunftsgestaltung der Gesellschaft neu entdeckt und die Schule mit dieser Aufgabe konstruktiv betraut" (a. a. O.) worden ist. Diese letzte Frage soll vor allem Gegenstand der bildungspolitischen Diskussion der Ergebnisse in Abschnitt 8.3 sein. Hier soll zunächst die Frage im Vordergrund stehen, ob die z. T. unbefriedigenden Ergebnisse des Buxtehuder Modells (vgl. vor allem Abschnitt 6.3) auf bestimmte gesellschaftliche Bedingungen zurückgeführt werden können. Diese Frage liegt vor allem deshalb nahe, weil sich das Buxtehuder Modell ausdrücklich als ein systemimmanenter Versuch versteht, unter den gegebenen Bedingungen durch schulinterne Veränderungen eine Verbesserung des Lernens zu erreichen. Zudem ist es erforderlich, die im wesentlichen aus Analysen des Bewußtseins der Schüler gewonnenen Untersuchungsergebnisse in ihrem Zusammenhang mit den objektiven Bedingungen des Lernens zu sehen und aufzuzeigen, wie sich diese Bedingungen in den Einstellungen, Bewertungsmaßstäben und Verhaltensweisen der Schüler niederschlagen.

Deutliche Anhaltspunkte für den Einfluß gesellschaftlicher Bedingungen kann man bereits darin sehen, nach welchen Gesichtspunkten die Schüler das Wahlangebot beurteilen bzw. zwischen welchen Gesichtspunkten dabei Zusammenhänge bestehen (vgl. Abschnitt 4.2). So zeigt sich deutlich, daß die Schüler die angebotenen Themen nicht allein nach ihrem persönlichen Interesse beurteilen, sondern daß sie zugleich die instrumentelle Eignung der Themen bedenken und bei der Wahlentscheidung diesem Gesichtspunkt starke Bedeutung einräumen. Auch die Lehrer werden von den Schülern in einem instrumentellen Zusammenhang eingeschätzt. Eine gute emotionale Beziehung zum Lehrer erscheint den Schülern zugleich als günstige Voraussetzung für die Reifeprüfung bei diesem Lehrer. Dabei besteht zwar zwischen der emotionalen Beurteilung der Lehrer und deren Anforderungsniveau kaum ein Zusammenhang, aber eben dieses Anforderungsniveau spielt bei der Wahlentscheidung der Schüler eine wichtige Rolle, denn die Lehrer mit vergleichsweise geringen Anforderungen werden häufiger an erster Stelle gewählt als die anderen Lehrer. Hieraus ist zu schließen, daß von den Zensuren und vor allem der Reifeprüfung ein ständiger Leistungszwang ausgeht, der die Lernsituation – wenigstens aus der Sicht der Schüler – stark bestimmt.

Damit entspricht auch – oder gerade? – diese Form der Unterrichtsorganisation den Anforderungen, die in der Leistungsgesellschaft an die Schule gestellt werden. Im Unterschied zu ständisch gegliederten Gesellschaften, in denen sich die verschiedenen Schichten nach der Vorstellung eines statischen Begabungsbegriffs weitgehend aus sich selbst heraus reproduzierten, soll in der Leistungsgesellschaft der soziale Status der einzelnen Gesellschaftsmitglieder von deren persönlicher Leistungstüchtigkeit abhängig sein.[151] Diese „Einführung" des Leistungsprinzips ist aus zwei Gründen notwendig gewesen: Zum einen erwies sich die Statuszuteilung nach sozialer Herkunft mehr und mehr als fragwürdig, denn von der sozialen Herkunft allein konnten keine verläßlichen Voraussagen für die spätere Leistungsfähigkeit des einzelnen abgeleitet werden. Die Angehörigen der verschiedenen Schichten konnten sowohl negativ (ein Angehöriger der oberen Schichten „versagt") als auch positiv (ein Angehöriger der unteren Schichten leistet „Außerordentliches") vom vermeintlichen Standard ihrer Herkunftsschicht abweichen. Deshalb mußte – vor allem um mit dem Personalfaktor besser und verläßlicher planen zu können – die Berufs- und damit die Statuszuweisung von der erwiesenen und nicht von der erwarteten Leistungsfähigkeit abhängig gemacht werden.

Zugleich erfüllt das Leistungsprinzip eine legitimierende Funktion. Die soziale Ungleichheit und die damit verbundenen geringeren sozialen Lebenschancen für weite Teile der Bevölkerung konnten mit den tradierten Normen der Standesgesellschaft, da diese in Widerspruch zu demokratischen Leitideen gerieten, nicht mehr gerechtfertigt werden. Das Leistungsprinzip bot in dieser Situation einen Ausweg. Wenn der soziale Status von der persönlichen Tüchtigkeit des einzelnen abhängig ist, dann wird damit zwar nicht mehr die von der sozialen Herkunft

[151] Dazu führt z. B. Heckhausen (1968, S. 640) aus: „Das öffentliche Ansehen der verschiedenen Berufspositionen ist von der Höhe der dafür erforderlich gehaltenen Leistungstüchtigkeit abhängig. An die Stelle von bloß (! – J. Schl.) auf sozialer Herkunft und Familienzugehörigkeit beruhenden Privilegien ist zunehmend der persönliche Leistungsnachweis getreten. Er regelt die Höhe des beruflichen Aufstiegs. Die weiterführenden Schulssysteme sehen in der Auslese ihre gesellschaftliche Funktion. Sie sortieren nach den erreichten Schulleistungen die Aufstiegshöhe der individuellen Lebenswege grob vor." – Ähnlich formuliert es Ingenkamp (1969, S. 407): „Die Demokratie braucht eine vorwiegend dynamische Begabungsvorstellung, um wesentliche Merkmale ihrer Staatsform und Gesellschaftspolitik rechtfertigen zu können. Sie kann die individuelle Mobilität nicht durch ererbte soziale Privilegien kanalisieren, sondern muß das Recht auf Bildung und Aufstieg an die individuelle Leistung und Leistungsfähigkeit binden." An diesen Sätzen wird erkennbar, daß eine „dynamische Begabungsvorstellung" auch eine wesentliche Rechtfertigungsfunktion für bestehende gesellschaftliche Strukturen haben kann.

abhängige Ungleichheit gerechtfertigt, aber die soziale Ungleichheit selbst und die nach wie vor ungleiche Verteilung von Lebenschancen wird neu legitimiert. Stabilisierend wirkt das Leistungsprinzip dadurch, daß der einzelne für seinen sozialen Status nicht mehr Bedingungen der Gesellschaft verantwortlich machen kann, sondern den Grund in seiner individuellen Tüchtigkeit zu suchen hat.

Bei der Realisierung des Leistungsprinzips kommt der Schule eine wichtige Aufgabe zu. Sie hat die leistungsfähigen und leistungswilligen Schüler von den weniger leistungsfähigen und leistungsbereiten zu trennen und den „Abnehmern" ein verläßliches Gutachten über die in der Schule entfaltete Leistungsfähigkeit der Absolventen zu geben. Dabei entspricht die Schule der differenzierten Nachfrage nach unterschiedlich qualifizierten Arbeitskräften durch ein ebenso differenziertes „Angebot" unterschiedlich gebildeter Schüler. Der „Schulerfolg" des einzelnen Schülers hat also weitgehenden Einfluß auf seine Berufs- und Lebenschancen (vgl. Schelsky 1957). Diese sind um so günstiger, je höher seine eigenen Leistungen und je niedriger die seiner Mitschüler sind. Das soziale Leistungsprinzip wirkt sich infolgedessen in der Schule in einem Leistungswettkampf um die guten Zensuren aus. Das Bedürfnis, besser zu sein als die anderen, ist also nicht nur spielerisches Wetteifern,[152] und es beruht auch nicht nur auf dem Wunsch, die von bestimmten Sachbereichen ausgehenden Probleme adäquat zu lösen (vgl. Abschnitt 8.2.3), sondern der Leistungswettbewerb im Unterricht ist der Kampf um die nur in begrenzter Zahl zu vergebenden sozialen Privilegien.

Die Schule entspricht dem Leistungsprinzip – oft entgegen ihrer erklärten Absicht – u. a. dadurch, daß der Unterricht weniger auf optimale Förderung aller Schüler als auf die „Zentrifugierung" guter und schlechter Schüler angelegt ist. Dazu dient es, daß im Unterricht zwar hin und wieder Gruppenarbeit geübt wird, daß aber nur individuell erbrachte bzw. nachweisbare Leistungen beurteilt werden (vgl. Heipcke 1973). Dabei wird der Lernerfolg des Schülers oft weniger an den Lernzielen des Unterrichts gemessen, sondern mehr im Vergleich mit den Leistungen der anderen Schüler beurteilt. Die Lernprozesse werden dann abgebrochen, wenn eine breite Streuung von guten und schlechten Schülern erreicht ist, die in etwa einer statistischen Normalverteilung

[152] Zwar ist die Beobachtung von Odenbach (1968, S. 488) richtig, daß „bei allen Spielen, Arbeiten, Verrichtungen ... das Interesse sofort gefangen (wird), wenn ein Leistungswettstreit den Ablauf des Geschehens dynamisiert". Gerade seine Einschränkung, daß dies „zumindest bei den Jungen" der Fall sei, wirft aber doch die Frage auf, ob dieser Leistungsvergleich wirklich auf ein „unmittelbares Interesse" (a. a. O.) stößt, denn traditionellerweise spielt bei den Jungen der Kampf um die sozialen Lebenschancen eine stärkere Rolle als bei den Mächen.

entspricht, oder die Leistungskontrolle wird so angelegt, daß die Testwerte eine solche Streuung aufweisen.[153] Wenn Schüler dabei schlechte Noten erhalten und im Leistungswettbewerb zu scheitern drohen, so müssen sie bzw. ihre Eltern (sofern sie auf einen erfolgreichen Schulbesuch Wert legen) selbst für den Ausgleich dieser Defizite sorgen, die Schule gewährt ihnen keine Hilfe.

Bei diesem Leistungswettbewerb geht es inhaltlich um zwei Bereiche: Zum einen geht es darum, daß den Schülern unterschiedliche Qualifikationen vermittelt werden, die sich (nach Roth 1968, S. 72) auf den Dimensionen ihrer Inhalte (volkstümlich, angewandt, wissenschaftlich), ihrer Denkebenen (anschaulich, anschaulich-verbal, abstrakt-begrifflich), ihrer Ziele (Nachvollzug, Reproduktion, Produktion) und der Medien (Realienbuch, Ganzschriften, wissenschaftliche Bücher) unterscheiden. Da man zum einen von vermeintlich vorgegebenen und in der Schule kaum änderbaren unterschiedlichen Lernvoraussetzungen ausgeht, und weil andererseits solche Unterschiede auch der derzeitigen gesellschaftlichen Nachfrage entsprechen, werden im Verlauf der Schulzeit diese unterschiedlichen Qualifikationen tatsächlich entwickelt. Sie bedeuten für das Individuum eine objektiv unterschiedliche Lebensertüchtigung.

So wie die Lerninhalte auf der einen Seite dazu dienen, die tatsächlich unterschiedliche Leistungs*fähigkeit* der Schüler zu entwickeln, so können sie andererseits auch lediglich dazu dienen, daß die Schüler an ihnen ihre unterschiedliche Leistungs*willigkeit* beweisen.[154] Dabei ist es unwichtig, ob diese Lerninhalte objektiv (für die spätere Lebenssituation der Schüler oder für die Gesellschaft) bedeutsam sind oder vom Schüler subjektiv als bedeutungsvoll erlebt werden. Entscheidend ist bei diesen Lerninhalten allein, in welchem Grad der Schüler bereit ist, sich die vorgegebenen Lernziele zu eigen zu machen und sie in sein Verhaltensrepertoire auch dann aufzunehmen, wenn diese Lernziele nicht seine Zustimmung gefunden haben und nicht auf seine persönlichen Interessen stoßen. Letztlich hat der Schüler an diesen Lerninhalten zu beweisen, daß und in welchem Grad er bereit ist, sich ihm vorgegebenen Aufgaben und Anforderungen zu unterwerfen. Offe 1970 sieht in dieser Funktion des Leistungsprinzips „eine Disziplinierungstechnik, welche die Loyalität mit herrschenden Interessen und Lebensformen prämiiert, kulturelle Spaltungen perpetuiert und den Schein einer objektiven oder ‚technischen' Be-

[153] Dies gilt auch und gerade für Schulleistungstests und die sog. Informellen Lehrertests, wie sie z. B. Gaude/Teschner 1970 vorgeschlagen haben. Vergleiche dazu Schreiner 1970. Grundsätzlich nimmt zu diesem Problem Bloom 1968/1970 Stellung.

[154] Es ist eines der schwierigen Probleme der Curriculumentwicklung, die für die spätere Lebenssituation der Schüler notwendigen Lerninhalte (und Qualifikationen) von jenen zu trennen, die lediglich der zuletzt genannten Funktion dienen.

gründbarkeit organisatorischer Hierarchien hervorbringt und stabilisiert" (a. a. O., S. 166).

Welche Bedeutung haben diese gesellschaftlichen Bedingungen für das Verständnis des Lernens im Buxtehuder Modell bzw. in wahldifferenziertem Unterricht? Dazu können die folgenden Punkte aufgeführt werden:

1. Ich habe bereits darauf hingewiesen, daß Thema und Lehrer von den Schülern in einem deutlichen instrumentellen Zusammenhang gesehen werden. Dies deutet darauf hin, daß der Wettkampf um die besseren Lebenschancen auch für Schüler der gymnasialen Oberstufe noch nicht entschieden ist. Zwar haben sie wichtige Etappen (wie den Übergang auf weiterführende Schulen und den Eintritt in die Oberstufe) hinter sich gebracht, aber die Reifeprüfung steht ihnen noch bevor, und für viele Schüler genügt es nicht, diese nur zu bestehen, sondern die dort erzielten Noten haben angesichts der Zulassungsbeschränkungen in einer Reihe von Hochschulfächern eine eminente Bedeutung.[155]

Unter diesen Bedingungen kann von den Schülern nicht erwartet werden, daß sie im Unterricht an einer sachorientierten Behandlung der Themen interessiert sind. Sie werden vielmehr versuchen, das allgemeine Leistungsniveau des Unterrichts möglichst niedrig zu halten, damit sich ihre eigenen Leistungen um so besser davon abheben können. Diese Tendenz ist empirisch daran zu belegen, wie die Schüler den Unterricht in den Arbeitsgruppen beurteilen (vgl. Abschnitt 6.2). So schätzen die Schüler das Leistungsniveau des Unterrichts als relativ niedrig ein (vgl. Tabelle 6.2–1). Sie haben (im Durchschnitt) z. B. nicht das Gefühl, im Unterricht regelmäßig mitarbeiten zu müssen, um den Anschluß an die anderen Schüler nicht zu verlieren, es herrscht sogar eine gelöste Atmosphäre. Die Schüler selbst sind nicht einmal regelmäßig gut auf den Unterricht vorbereitet, die meisten Schüler arbeiten nur, wenn Klausuren oder Klassenarbeiten bevorstehen und nur so viel, wie nötig ist, um eine schlechtere Zensur zu vermeiden. Dieses Verhalten ist verständlich, denn entscheidend ist es für den Schulerfolg nicht, ob das Thema des Unterrichts angemessen behandelt wurde, sondern wie der Schüler bei den verschiedenen, in den Unterricht eingeschobenen Leistungsverglei-

[155] So berichtet auch die damals in der Halepaghenschule tätige Lehrerin H. Wilde (in Deutscher Bildungsrat 1971, S. 166), „daß angesichts des ‚numerus clausus' in den letzten Jahren die Notengebung des Lehrers als Wahlmotiv immer stärkeres Gewicht gewonnen hat". In die gleiche Richtung weist auch ein Bericht des „Spiegel" über eine Analyse des Wahlverhaltens von Gymnasiasten an einer Heilbronner Oberschule. Diese wählten Fächer ab, in denen sie gut waren und behielten die Fächer bei, für die sie wenig Talent und Neigung aufbrachten, um die Noten für das Abiturzeugnis (insbesondere aus Angst vor dem numerus clausus) aufzupolieren. (Der Spiegel Nr. 38, vom 15 Sept. 1969, S. 90; nach Nunner-Winkler 1971, S. 124, Fußnote 13). Vgl. auch Staufenberg 1973.

chen abschneidet. Je höher das Niveau des Unterrichts (auch durch die Beiträge und die Mitarbeit des Schülers) gewesen ist, desto anspruchsvoller dürfte auch das Niveau dieses Leistungsvergleichs sein und desto schwieriger ist es für den einzelnen Schüler, dabei noch besser zu sein als seine Mitschüler. Tatsächlich erscheinen den Schülern Klausuren und Klassenarbeiten nicht als besonders schwierig.

Daß die Schüler dabei dennoch in einem ständigen unterschwelligen Wettbewerb stehen, ist daran erkennbar, daß sie auf der einen Seite das allgemeine Leistungsniveau des Unterrichts eher als gering ansehen und z. B. der Aussage zustimmen, daß nur wenige Schüler aktiv mitarbeiten, daß sie aber selbst bemüht sind, dennoch ihre eigenen Chancen zu wahren, indem sie selbst im Unterricht regelmäßig (und offenbar nach ihrer eigenen Einschätzung mehr als ihre Mitschüler) mitarbeiten. Dies zeigt sich auch daran, daß die Schüler sich in ihrer eigenen Arbeitsintensität durch gute emotionale Beziehungen zu ihren Mitschülern (Freunden) in der gleichen Arbeitsgruppe eher behindert fühlen und daß ihr subjektives Leistungsbewußtsein in einer Arbeitsgruppe, in der guter „Gemeinschaftsgeist" herrscht, eher gering ist.

Das Leistungsprinzip wirkt sich also im Unterricht nicht dadurch aus, daß die Schüler ständig auf einem sehr hohen Niveau und angesichts umfangreicher Arbeitsanforderungen in einem scharfen Wettkampf miteinander liegen, sondern die Schüler müssen ständig einen Ausgleich finden zwischen dem Versuch, das allgemeine Leistungsniveau möglichst niedrig zu halten, aber dennoch mit ihrer persönlichen Leistung über dem allgemeinen Niveau zu liegen. Das führt dazu, daß die Schüler möglichst isoliert voneinander lernen und sich weniger auf das Lernen im Unterricht als auf den Leistungsvergleich in den Klausuren vorbereiten.

2. In einer dem Leistungsprinzip unterworfenen Schule gerät der Lehrer in ein „Spannungsfeld antagonistischer Funktionen" (Nave-Herz 1973). Er soll auf der einen Seite in möglichst optimaler Weise Kenntnisse, Fertigkeiten, kulturelle Werte und Verhaltensmuster vermitteln und dabei die Leistungsfähigkeit möglichst aller Schüler entwickeln und ggf. – unter dem Postulat der Chancengleichheit – Defizite einzelner Schüler ausgleichen. Diese „kompensatorisch-edukative Funktion" (a. a. O., S. 388) steht im Widerspruch zu der „Begutachter- und Selektions-Funktion" (a. a. O., S. 387), die der Lehrer erfüllen muß, weil die Schule in der „Leistungsgesellschaft" eine entscheidende Bedeutung bei der Zuteilung von Berufs- und Lebenschancen hat bzw. haben soll. Nach Nave-Herz hat der Lehrer also zugleich zu „richten" und „in bewußter Parteinahme die individuellen Interessen des einzelnen Schülers zu verteidigen" (a. a. O., S. 389).

Dies ist vor allem in einem an den Themen orientierten wahldifferenzierten Unterricht bedeutsam: Der Lehrer soll hier einerseits bei den Schülern das Interesse an den Themen ansprechen bzw. dieses entwickeln, aber auf der anderen Seite muß er an denselben Themen die unterschiedliche Leistungsfähigkeit und -bereitschaft der Schüler erkennbar machen. So sehr er den Unterricht an den Erfordernissen der Sache orientieren möchte, so sehr drängt sich der Leistungsvergleich zwischen den Schülern in den Vordergrund. Dies um so mehr, da die Begutachterfunktion sowohl von Schülern und Eltern als bedeutsamer erlebt wird (vgl. Wellendorf 1969, S. 26 f.) und da auch die Lehrer unter dem Druck der Schulverwaltung und der gültigen Rechtslage dieser Funktion den Vorzug geben müssen (vgl. dazu Nave-Herz 1973, S. 391 und S. 393).Weiterhin gerät der Lehrer in den Widerspruch zwischen der pädagogischen Forderung, den Unterricht als Gruppenarbeit der Schüler zu organisieren und sich selbst dabei sogar „entbehrlich zu machen" (Roth 1969b, S. 533), und der Notwendigkeit, im Unterricht oder spätestens bei den Leistungskontrollen unterschiedliche individuelle Leistungen der Schüler erkennbar zu machen.[156]

Bei den vorliegenden Untersuchungen zeigte sich diese Widersprüchlichkeit darin, daß zwei voneinander unabhängige Dimensionen identifiziert werden konnten, auf denen die Schüler den Unterrichtsstil ihrer Lehrer beurteilen. So beurteilen sie auf der Dimension Kooperativität Lehrer – Schüler (Faktor O im Abschnitt 6.2), wie eng der Lehrer bei der Planung des Unterrichts mit den Schülern zusammenarbeitet und wie sich die Schüler selbst an dieser Planung konstruktiv beteiligen. Dagegen schätzen sie auf der Dimension Transparenz des Unterrichts (Faktor P) ein, wie gut der Lehrer den Unterricht vorausplant, den Stoff strukturiert anbietet und seine Ziele transparent machen kann. Die Schüler sehen diese Dimension offenbar nicht als gegensätzlich, sondern in einem Spannungsverhältnis zueinander, was darauf schließen läßt, daß die Lehrer zwar versuchen, mit den Schülern stärker zu kooperieren, daß sie es aber ebenso für notwendig halten, den Unterricht straff zu organisieren, damit „etwas gelernt und nicht nur unverbindlich dahergeredet" (Item 97 des Unterrichtsfragebogens) wird.[157]

[156] Combe (1971, S. 99) hat die Schwierigkeit des Lehrers in dieser Situation treffend so gekennzeichnet: „Er soll sich objektiviert, ruhig-distanziert ... und selbstkontrolliert verhalten, um gerecht zu sein, auf der anderen Seite mit Wärme, Verständnis, mit extravertierter, ermutigender sozialer Initiative und Kooperationsbereitschaft reagieren ...". Ähnlich bei Wellendorf 1969, S. 65. – Recht unkritisch hat dagegen Meyer 1970 verschiedene unterrichtliche Funktionen des Lehrers zusammengestellt: die „stimulierende", „initiierende", „informierende", „regulierende" und „wertende" Funktion. Die selektierende Funktion kommt nicht vor.

[157] Vermutlich wird dieser Gegensatz nicht von allen Lehrern in gleicher Weise ausbalanciert. Wahrscheinlich unterscheiden sie sich darin, welches Gewicht sie der edukativen Funktion zu Lasten oder zugunsten der Begutachter-Funktion ein-

In diesem Zusammenhang wird es auch verständlich, warum die Schüler gegen Ende des Schuljahres die didaktische Kompetenz ihrer Lehrer so differenziert beurteilen (vgl. Abschnitt 6.3): Sie halten ihre Lehrer nach wie vor für fachlich kompetent, sie sind aber vom Unterrichtsverhalten der Lehrer enttäuscht. Dieses Defizit kann nach den vorangegangenen Ausführungen nicht den einzelnen Lehrern als ihnen persönlich fehlende Kompetenz angelastet werden, sondern es ist auf die gesellschaftlich bedingten Widersprüche ihrer Berufsrolle zurückzuführen. Die Schüler erleben diese Diskrepanz im Buxtehuder Modell besonders stark, weil sie mit der Einführung der Wahldifferenzierung allgemein und mit der Wahl einer an einem Thema orientierten Arbeitsgruppe die Erwartung verbinden konnten, im Unterricht würden jetzt die Probleme des Themas im Mittelpunkt stehen. Tatsächlich spielt aber der Leistungswettbewerb sowohl im Verhalten der Schüler (s. o.) als auch im Unterrichtsstil der Lehrer eine starke Rolle.

3. Ein wesentliches Kennzeichen der Leistungsgesellschaft besteht darin, daß die sozialen Privilegien in besonders deutlicher Weise unterschiedlich verteilt sind und daß die verschiedenen Berufspositionen in der Öffentlichkeit unterschiedlich bewertet werden.[158] Dieser Hierarchie entspricht ein Schulsystem, in dem die Schüler nach und nach für die verschiedenen Positionen ausgelesen und für deren Ausfüllung qualifiziert werden. Diese unterschiedlichen Qualifikationen definieren sich zum einen nach Umfang und Inhalt der erworbenen Kenntnisse und Fertigkeit, insbesondere aber nach dem Niveau, auf dem diese Kenntnisse erworben, und der Art, wie sie vermittelt werden. Je weiter sich die Schuler in ihrer Schullaufbahn voneinander entfernen, d. h., je geringer die Übergangsmöglichkeiten von einer Schulart auf die andere sind, desto mehr unterscheiden sich Lernprozesse und Lernergebnisse nach ihrem Anteil an praktisch-konkreten bzw. theoretisch-abstrakten Inhalten. Dies führt schließlich zu der Trennung von beruflicher und allgemeiner Bildung, und es entspricht dem in einer Leistungsgesellschaft grundlegenden Gegensatz von körperlicher (ausführender) und geistiger (planender, anweisender) Arbeit (vgl. Sohn-Rethel 1972). Die Stellung in der sozialen Hierarchie und die Möglichkeiten zur gesellschaftlichen Einflußnahme korrelieren dabei mit dem Grad der allgemeinen Bildung und dem Anteil der geistigen Arbeit in der Berufstätigkeit.

räumen. Da im wahldifferenzierten Unterricht eine bessere emotionale Beziehung zwischen Lehrer und Schülern besteht, ist es den Lehrern wohl eher als im Klassenunterricht möglich, die edukative Funktion stärker zu betonen.

[158] Dies ergibt sich z. B. zwingend aus den in der Anmerkung Nr. 151 zitierten Ausführungen von Heckhausen. Danach geht es in der Leistungsgesellschaft nicht darum, die ungleiche Verteilung der Privilegien abzubauen, sondern dieses durch den individuellen Leistungsnachweis neu zu legitimieren.

Das Gymnasium ist traditionellerweise ein Ort der Vermittlung von allgemeiner Bildung und der Vorbereitung auf „führende" berufliche Tätigkeiten. Sein Bildungsbegriff beruht wesentlich auf neuhumanistischen, bürgerlichen Traditionen.[159]

Die Schüler in der Oberstufe des Buxtehuder Gymnasiums scheinen sich – nach den vorliegenden Ergebnissen – der besonderen gesellschaftlichen Bedeutung der auf dem Gymnasium erworbenen Bildung durchaus bewußt zu sein, und sie fühlen sich offenbar verpflichtet, dieser Bedeutung dadurch zu entsprechen, daß sie bei ihrer Wahlentscheidung die allgemeinbildende Bedeutung der verschiedenen Themen bedenken und ein Thema wählen wollen, das eine allgemeinbildende Bedeutung hat (vgl. Abschnitt 5.2.1). Bei den entsprechenden Items des Wahlfragebogens besteht jedoch die stärkste Diskrepanz zwischen der Selbsteinschätzung ihrer wahlentscheidenden Bedeutung durch die Schüler und der tatsächlich wahlentscheidenden Bedeutung dieser Gesichtpunkte (vgl. Abschnitt 5.2.3). Die Schüler können nämlich hinsichtlich der objektiven Relevanz sowohl „objektiv" als auch subjektiv kaum Unterschiede zwischen den Themen erkennen, und die von ihnen an erster Stelle gewählten Themen heben sich diesbezüglich kaum von den anderen ab. Die Schüler halten im Durchschnitt alle angebotenen Themen für ziemlich allgemeinbildend, und zwar sowohl zu Beginn (vgl. Anmerkung 60) als auch gegen Ende des Schuljahres. Zudem besteht die Tendenz, daß die Schüler die Themen, mit denen sie sich beschäftigen möchten, auch als objektiv relevant einschätzen. Eine subjektive Wahlentscheidung scheinen die Schüler also nur dann als zulässig zu empfinden, wenn sich das subjektive Interesse auf objektiv Bedeutsames richtet. Ein weiterer Widerspruch scheint mir darin zu bestehen, daß die Schüler die Themen zwar als allgemeinbildend bezeichnen, aber nicht erkennen können, daß diese Themen für ihre eigene spätere Lebenssituation in Studium und Beruf bedeutsam sein könnten (vgl. Abschnitt 6.2 – Faktor B).

[159] Der Hochschulreifebegriff dieser neuhumanistischen Bildungstheorie „richtet sich gegen jede pragmatisch begründete Verfrühung und Totalisierung der bürgerlichen Berufsrolle und hebt statt dessen diejenigen ‚Kräfte' des menschlichen Gesamtvermögens hervor, die auf eine ‚höhere' und ‚freiere' Existenzform hinweisen. Das Leitbild des brauchbaren Staatsdieners wird durch das des ästhetisch ‚Gebildeten' ersetzt, und die schulische Propädeutik zielt jetzt nicht mehr auf bürgerliche Tüchtigkeit, sondern auf individuelle Selbstvervollkommnung ab, durch die sich menschliche Freiheit (und damit auch bürgerliche Tüchtigkeit) verwirklicht." (Herrlitz 1968, S. 20, Klammer im Original)
Heydorn hat versucht, das subversive Element dieser neuhumanistischen Bildungsauffassung herauszuarbeiten. Diese ziele darauf ab, „dem Menschen ein wie auch immer bedrohtes Versteck (vor dem Zugriff der Herrschenden – J. Schl.) zu retten" (Heydorn 1970, S. 11) und wolle schließlich die „Aufhebung jeder Unterdrückung des Menschen, damit notwendigerweise Aufhebung der Klassengesellschaft" (Heydorn 1972, S. 121) erreichen.

Die im Unterricht behandelten Themen erscheinen den Schülern also lediglich für den Zeitraum des gymnasialen Unterrichts bedeutsam. Die Themen dienen hier offenbar wesentlich dazu, daß die Schüler durch die Beschäftigung mit ihnen die Berechtigungen erwerben, die ihnen nach dem Abitur den Zugang zu bestimmten Berufen und den damit verbundenen sozialen Privilegien garantieren. Damit ist m. E. ein weiterer Grund aufgewiesen, warum die Themen im Unterricht nicht die Bedeutung haben können, die ihnen zugedacht war: Die Themen haben offenbar für viele Schüler auch die Funktion, daß sie an diesen Themen (neben möglicherweise objektiv qualifizierenden Fertigkeiten) das subjektive Bewußtsein erwerben, zur Übernahme von sozialen Privilegien berechtigt zu sein, weil sie die von der Gesellschaft als Voraussetzung dafür bestimmte allgemeine Bildung erworben haben. Die Frage, ob diese Bildung funktional erforderlich ist, spielt in dieser Hinsicht keine Rolle.[160]

In diesem Zusammenhang stellt sich die bereits als didaktisches Problem angesprochene Frage neu, ob von allen Schülern die intensive Beschäftigung mit den gleichen Fächern gefordert werden kann und welche Bedeutung dabei die verschiedenen Themen haben, unter denen die Schüler diese Pflicht erfüllen können. Welche Inhalte des Unterrichts und welche an ihnen vermittelten Fertigkeiten sind notwendige Elemente der „Lebensertüchtigung", und welche Inhalte dienen lediglich dazu, die Leistungsfähigkeit der Schüler auf die Probe zu stellen und zu differenzieren. Neben dem Nachweis der Leistungsfähigkeit geht es auch um die Prüfung der Leistungsbereitschaft (s. o.). Der Schüler hat im Sinne der Loyalisierungsfunktion des Leistungsprinzips (nach Offe) zu zeigen, daß er bereit ist, sich den Leistungsanforderungen der Gesellschaft zu unterwerfen. Dazu können – im Rahmen der gültigen Richtlinien – prinzipiell beliebige Inhalte herangezogen werden.

In diesem Sinne bekommt die Wahldifferenzierung eine besondere gesellschaftliche Bedeutung. Denn in dem Augenblick, in dem die Verbindlichkeit des herkömmlichen Kanons gymnasialer Bildung in Frage gestellt wird (vgl. Wellendorf 1969, S. 33), kann auch die Schule ihren Schülern die alten Inhalte nicht mehr unbefragt und als verbindlich zumuten. Die Schüler können sich diesen Ansprüchen begründet entziehen und die Leistung verweigern. Werden den Schülern jedoch verschiedene

[160] Vgl. dazu Gorz 1973, der am Beispiel der Techniker nachweisen konnte, daß bestimmte Elemente ihrer Ausbildung vor allem dazu dienen, die Hierarchie im Arbeitsprozeß zu stützen.
An diesen Ergebnissen deutet sich an, daß der neuhumanistische Bildungsbegriff (vgl. Anmerkung Nr. 159) auch im heutigen Gymnasium seine Bedeutung wenigstens im Bewußtsein der Schüler nicht verloren hat und daß die Schüler ihre gymnasiale Bildung und die darauf folgende privilegierte soziale Position wenn nicht als „Standesprivileg" (vgl. Herrlitz 1973), so doch als berechtigtes Privileg einer Leistungselite empfinden.

Themen angeboten, aus denen sie sich das aussuchen dürfen, das ihnen am besten zusagt und das ihnen als das bedeutendste erscheint, dann erhalten die Themen durch die Wahlentscheidung des Schülers eine neue Verbindlichkeit, und sie können wieder dazu dienen, die Leistungsbereitschaft der Schüler zu überprüfen. Von daher drängt sich die Frage auf, ob das, was zunächst nur als mangelndes Interesse einiger Schüler an den Themen verstanden werden mußte, auch ein „Mangel" an Loyalität ist, daß es diesen Schülern also an der Bereitschaft fehlt, sich den Anforderungen der Gesellschaft zu unterwerfen.

Mit diesen Ausführungen wollte ich eine Gefahr andeuten, auf die auch schon H. Becker (1969, S. 152 f.) aufmerksam gemacht hat: Er betont die Notwendigkeit, „Bildung nach einem festen Kanon" aufzulösen und durch ein „vielfältiges Stoffangebot ... mit breiter Wahldifferenzierung" zu ersetzen, er sieht aber auch die Gefahr, „daß man natürlich auch dieses System ... als eine Scheinfassade aufbauen und in Wirklichkeit als ein technokratisches Ausleseelement benutzen kann". Ob diese Gefahr gebannt wird, hängt davon ab, in welchem Maße die Schüler an der Bestimmung des Lehrplans und der Auswahl der Unterrichtsinhalte beteiligt werden und mitbestimmen können. Die oben angedeutete Gefahr scheint in Buxtehude insofern nicht aktuell zu sein, als die Schüler die objektive Relevanz *aller* Themen ziemlich hoch einschätzen und nicht dazu neigen, das von ihnen selbst gewählte Thema als besonders relevant einzuschätzen. Tatsächlich haben die Schüler ja bei der Zusammenstellung des Themenverzeichnisses paritätisch mitarbeiten können (vgl. Abschnitt 2.2).

4. Wenn die Leistungsgesellschaft den sozialen Status ihrer Mitglieder nach deren erwiesener Leistungsfähigkeit und nicht nach ihrer sozialen Herkunft bestimmen will, dann muß sie allen die gleiche Chance geben, ihre Leistungsfähigkeit unter Beweis zu stellen.[161] Dieses Prinzip der „Chancengleichheit" scheinen sich die Schüler weitgehend zu eigen gemacht zu haben. Dies zeigt sich zum einen daran, wie sich die Schüler dem deutlich unterschiedlichen Anforderungsniveau der Lehrer (vgl.

[161] Mit den gesellschaftlichen Bedingungen der Chancengleichheit setzt sich Nunner-Winkler 1971 und 1972 intensiv auseinander. Materialien „Über die Ungleichheit der Bildungschancen in der Bundesrepublik Deutschland" hat Weber 1973 zusammengestellt. Vgl. auch Gerstein 1972. – Unter dem m. E. irreführenden (aber wohl umsatzfördernden – die Erstauflage beträgt 15000 Exemplare!) Titel „Chancengleichheit" ist die Untersuchung von Jencks (1972/1973) über „Inequality – A Reassessment of the Effect of Family and Schooling in America" auf Deutsch erschienen. Jencks glaubt beweisen zu können, daß alle Bemühungen, allen Schülern eine gleichwertige Schulbildung zu vermitteln, nichts an der sozialen Ungleichheit ändern. Die Schlußfolgerungen, die Jencks aus den von ihm aufgearbeiteten Einzelergebnissen zieht, sind allerdings oft (zumindest in der deutschen Ausgabe) nicht nachvollziehbar oder scheinen (wie auch H. Becker in seinem Vorwort auf S. 11 anmerkt) „falsche Schlußfolgerungen" zu sein.

Abschnitt 4.3.1) gegenüber verhalten. Viele Schüler haben jene Arbeitsgruppen gewählt, deren Lehrer vergleichsweise geringe Anforderungen stellen (vgl. Abschnitt 5.1.1).

Bei der Analyse der Wahlkriterien zeigt sich jedoch, daß den Schülern dieses Verhalten nicht bewußt ist. Sie schätzen weder die wahlentscheidende Bedeutung der entsprechenden Items auch nur einigermaßen angemessen ein, noch zeigt sich beim Vergleich der an erster Stelle gewählten Arbeitsgruppen mit den an letzter bzw. an zweiter Stelle gewählten ein entsprechendes Ergebnis. Im Gegenteil, die Schüler halten im Durchschnitt die von ihnen an erster Stelle gewählten Arbeitsgruppen für schwieriger als die anderen. Daß die Schüler ihre offensichtliche Bevorzugung „leichterer" Arbeitsgruppen aus ihrem Bewußtsein verdrängt haben und bei der Beantwortung der Fragebogen weitgehend verschleiern wollen, kann darauf zurückgeführt werden, daß ihnen dieses Verhalten nach dem Prinzip der Chancengleichheit als unzulässig erscheinen muß. Wahldifferenzierung ist keine Niveaudifferenzierung[162], die Schüler dürfen sich im Leistungswettbewerb keine Startvorteile verschaffen, indem sie einen Lehrer wählen, der z. B. schwächeren Schülern eher entgegenkommt (auch bei der Notengebung) als die anderen Lehrer.

Das gleiche gilt offenbar auch für Schüler, die zum Lehrer ihrer Wahl auch außerhalb der Schule Kontakt haben (den Lehrer „privat" kennen). Um die Chancengleichheit aller Schüler zu gewährleisten, darf das Lernen, soweit es auf einer Interaktion zwischen Lehrer und Schüler beruht, nur auf den institutionellen Bereich der Schule beschränkt sein, jedenfalls solange nicht alle Schüler in gleicher Weise Zugang zum Privatbereich ihrer Lehrer haben. Denn wenn Schüler mit ihrem Lehrer auch außerhalb der Schule Kontakte haben, so besteht zumindest die Möglichkeit, daß sie daraus Vorteile im Leistungswettbewerb gewinnen.

Auf jeden Fall können diese Schüler besser voraussehen, welche emotionale Beziehung zwischen ihnen und dem Lehrer besteht, und sie beginnen den Unterricht mit größerer emotionaler Sicherheit (vgl. Abschnitt 6.1 – Faktor K). Zudem werden die Lehrer ihnen – wahrscheinlich unbewußt – größere Aufmerksamkeit und damit Förderung zuteil werden lassen. In der persönlichen Bekanntheit des Lehrers sehen die Schüler also offenbar auch eine für ihren persönlichen Schulerfolg instrumentelle Wirkung. Dies erklärt, warum den Schülern auch dieses – bei vielen ausschlaggebende – Wahlkriterium (vgl. vor allem Abschnitt 5.2.2.2 und den Wahlkriterien-Typ 5) nicht bewußt ist. Da die Schüler dadurch „Startvorteile" gewinnen, ist dieses Wahlverhalten in der

[162] Bei Niveaudifferenzierung wird der Unterschied im Leistungsniveau durch entsprechende Manipulation der Noten ausgeglichen. So z. B. im sog. FEGA-System der Berliner Gesamtschulen. Vgl. Teschner 1971, S. 62–64.

Leistungsgesellschaft unzulässig. Daß die Schüler demgegenüber die Wahl z. B. nach emotionalen Gesichtspunkten nicht für illegitim halten, erklärt sich daraus, daß diese Möglichkeit allen Schülern prinzipiell in gleicher Weise offensteht, jedenfalls nicht so sehr auf wenige Schüler beschränkt ist wie die privaten Kontakte. – Allerdings wird auch die wahlentscheidende Bedeutung der emotionalen Beziehung zum Lehrer von den Schülern selbst nicht als so wichtig eingeschätzt, wie dies tatsächlich der Fall ist (vgl. Tabelle 5.2–10).

8.3 Die bildungspolitische Relevanz der Ergebnisse

Nachdem ich im vorangegangenen Abschnitt 8.2 versucht habe, die Ergebnisse der Untersuchung des Buxtehuder Modells unter verschiedenen Aspekten zusammenzufassen und zu erklären, sollen jetzt die bildungspolitischen Folgerungen, die aus diesen Ergebnissen und ihrer Interpretation zu ziehen sind, diskutiert werden. Die Folgerungen selbst sind im Verlauf der vorangegangenen Diskussion bereits weitgehend formuliert worden, so daß ich mich hier darauf beschränken kann, den bildungspolitischen Stellenwert des Buxtehuder Modells und darüber hinausgehend wahldifferenzierten Unterrichts allgemein zu erörtern.

Die Ergebnisse der Untersuchung lassen ein eindeutiges Urteil über das Buxtehuder Modell und wahldifferenzierten Unterricht nicht zu. Es hat sich vielmehr gezeigt, daß diese Form der Unterrichtsorganisation zwar die Chance bietet, bestimmte Zwänge des Unterrichts im herkömmlichen Klassenverband aufzuheben, daß aber im Buxtehuder Modell unter den gegebenen Bedingungen diese Chancen nur zum Teil realisiert werden konnten.[163]

Die Chancen wahldifferenzierten Unterrichts bestehen darin, daß die Schüler aus einem Wahlangebot, das sie unter verschiedenen Dimensionen als sehr differenziert und vielfältig erleben, eine Lerngruppe auswählen können, die ihren persönlichen Lernbedürfnissen am besten entspricht. Diese Entsprechung („Passung“) kommt aus zwei Gründen zustande: Zum einen weil ein und dasselbe Wahlangebot von verschie-

[163] Dabei ist zu bedenken, daß die vorliegenden Ergebnisse lediglich auf einer Untersuchung des Unterrichts im Fach Gemeinschaftskunde im Schuljahr 1969/70 beruhen. Viele Aussagen bedürften einer Überprüfung in anderen Fächern, anderen Schulen, anderen Schulformen und mehreren Altersstufen. Dennoch scheint es mir berechtigt, schon jetzt aus den Ergebnissen erste Schlußfolgerungen zu ziehen, denn viele Ergebnisse sind so deutlich ablesbar, daß sie bestimmte Schlußfolgerungen nahelegen und daß wesentlich andere Ergebnisse kaum zu erwarten sind.

denen Schülern ganz unterschiedlich beurteilt wird. Verschiedene Schüler haben z. B. (um die wichtigsten Dimensionen zu nennen) zu demselben Lehrer unterschiedlich gute emotionale Beziehungen, und sie finden dasselbe Thema unterschiedlich ansprechend. Zudem konnte festgestellt werden, daß zwischen den Lehrern der hier untersuchten sechs Arbeitsgruppen „objektive" (d. h. von allen Schülern weitgehend übereinstimmend beschriebene) Unterschiede im Anforderungsniveau bestehen. Die Schüler können also zwischen Lernangeboten wählen, die sich „objektiv" im Anforderungsniveau der Lehrer und subjektiv nach ihrer eigenen Einschätzung auf einer Reihe weiterer Dimensionen voneinander unterscheiden.

Zum zweiten kommt eine bessere Passung zwischen den Lernbedürfnissen der Schüler und der Lernsituation dadurch zustande, daß die Schüler bei ihrer Wahlentscheidung die verschiedenen Wahlkriterien nach ihren persönlichen Prioritäten gewichten und sich an jenen Gesichtspunkten orientieren, die ihnen für ihre künftige Lernsituation besonders wichtig erscheinen.

Diese Möglichkeit besteht bei der herkömmlichen Form der Unterrichtsorganisation nicht. Denn wenn Lehrer und Schüler einander nach willkürlichen, allein verwaltungstechnischen Kriterien zugeordnet werden, dann kann eine derartige Passung allenfalls bei einem Teil der Schüler entstehen. Viele Schüler werden zum Lehrer weniger gute emotionale Beziehungen haben, als sie sie zu einem gewählten Lehrer haben könnten. Die im Unterricht behandelten Themen können zwar den spezifischen Interessen einiger Schüler entsprechen, aber eine intensive, diesen Interessen entsprechende Behandlung der Themen ist hier kaum möglich, ohne die anderen Schüler zu enttäuschen.

Zudem sehen die Schüler offenbar auch dann, wenn die verschiedenen Lerngruppen nicht als Leistungsgruppen definiert sind, zwischen den Lehrern deutliche Unterschiede im Anforderungsniveau. Die Schüler können also auch – wenn ihnen dies wichtig erscheint – zwischen verschiedenen Leistungsniveaus wählen und eine bessere Passung zwischen ihrer eigenen Leistungsfähigkeit oder -bereitschaft und den Leistungsanforderungen des Lehrers herstellen.[164]

Zwar können die Schüler auch in wahldifferenziertem Unterricht

[164] Deshalb kann es jedoch nicht als ein spezifisches Merkmal von Wahldifferenzierung angesehen werden, daß Schüler den „Weg des geringeren Widerstandes" gehen können. Denn die Unterschiede in dem von den Schülern eingeschätzten Anforderungsniveau der Lehrer sind an die Person der Lehrer gebunden, bestehen also beim Unterricht im herkömmlichen Klassenverband ebenso. Nur werden dort die Schüler den Lehrern willkürlich, jedenfalls ohne Rücksicht auf eventuell bestehende Leistungsunterschiede, zugeordnet. „Chancengleichheit" besteht also auch dort nur dem Prinzip nach.

keine Lerngruppe wählen, die ihnen in *jeder* Hinsicht optimal erscheint, sie müssen vielmehr zwischen den verschiedenen möglichen Wahlkriterien abwägen und jene Lerngruppe herausfinden, die ihren persönlichen Bedürfnissen unter den gegebenen Bedingungen am besten entspricht.[165] Dennoch: Viele vermeintlich notwendige Zwänge des herkömmlichen Klassenunterrichts werden durch Wahldifferenzierung abgebaut.

Das Zusammenspiel von subjektiver Einschätzung des gleichen Lernangebots und subjektiver Gewichtung verschiedener Wahlkriterien führt dazu, daß in den Arbeitsgruppen Schüler mit sehr unterschiedlichen Erwartungen zusammensitzen. Die Schüler stimmen jedoch darin überein, daß sie den Unterricht mit positiven Erwartungen beginnen. Hierin liegt die Chance, daß der Unterricht mit mehr Engagement beginnt und eine neue Qualität des Lernens erreicht. Es hat sich jedoch gezeigt, daß viele Erwartungen der Schüler im Verlauf des Schuljahres nicht in dem erhofften Umfang erfüllt werden. Die systematische Diskussion der Ergebnisse (Abschnitt 8.2) hat verschiedene Ursachen für dieses relative Versagen erkennbar gemacht.

Daraus kann jedoch nicht der Schluß gezogen werden, daß Wahldifferenzierung ungeeignet ist, eine emanzipatorische Reform des Bildungswesens voranzutreiben. Durch Wahldifferenzierung des Unterrichts allein können zwar die vor allem aus dem formalen Leistungsprinzip resultierenden Zwänge des Lernens nicht abgebaut werden, aber unter veränderten Bedingungen kann Wahldifferenzierung eine geeignete Organisationsform emanzipierten Lernens sein. Welche Bedeutung kann dagegen die Wahldifferenzierung des Unterrichts bei gegenwärtigen Reformversuchen haben, und wie ist diese Organisationsform im Vergleich mit anderen Ansätzen der Differenzierung zu bewerten?

Ein wesentlicher Effekt der Wahldifferenzierung des Unterrichts besteht darin, daß zwischen den Schülern und vielen Merkmalen ihrer Lernsituation eine bessere Passung entsteht. In der pädagogischen und der bildungspolitischen Diskussion der letzten Jahre hat dieses Problem eine wichtige Rolle gespielt. Es wurde gefragt, wie die Lernbedingungen so gestaltet werden können, daß sie dem jeweiligen aktuellen Lernzustand der Schüler besser entsprechen. So hat z. B. Heckhausen (1969, S. 209) betont: „Momentaner Fähigkeitsstand und Aufgabenanforderung müssen fortlaufend aufeinander passen, zwischen beiden muß ‚Passung' sein." Hinsichtlich der Lernmotivation führt er aus, „daß es keinen Unterrichtsstil gibt, der die Lernmotivierung *aller* Schüler förderte. Man müßte

[165] Ein Abwägen zwischen der Befriedigung verschiedener Bedürfnisse wird allerdings immer erforderlich bleiben. Selbst eine völlige Individualisierung des Lernens würde hier nicht helfen, denn dann müßten die Lernenden auf die Befriedigung ihrer sozialen Bedürfnisse verzichten.

dazu Lehrer wie Schüler nach ihren vorherrschenden Motivationen auslesen und nach optimalen Wechselwirkungen gruppieren." (a. a. O., S. 199 – Hervorhebung im Original). Mit ähnlicher Zielsetzung fordern Wasna/Dieterich (1970, S. 91): „Die Entwicklung optimaler Lehrstrategien ist nur möglich, wenn eine möglichst exakte Kenntnis aller individuellen Lernvoraussetzungen gegeben ist und auch in der Unterrichtsplanung berücksichtigt wird."

Bei konkreten Reformversuchen, die auf eine bessere Passung zwischen den Lernvoraussetzungen der Schüler und den Lernbedingungen abzielen, wird allerdings meist nur eine Variable berücksichtigt, nämlich das Leistungsniveau der Schüler. Diesem Gruppierungskriterium liegt die Annahme zugrunde, daß Schüler in leistungshomogenen Lerngruppen besser lernen können als in heterogenen Gruppen. Dabei werden die Schüler meist nach willkürlichen Kriterien, die sich aus der vorab festgelegten Anzahl der Niveaustufen (zwei bis vier) sowie dem Durchschnittswert und der Streuung der Schülerleistungen ergeben, in verschiedene Lerngruppen eingeteilt, ohne daß für diese Lerngruppen spezifische didaktische Strategien vorhanden wären, die einen Ausgleich der zu Beginn festgestellten Niveauunterschiede möglich machten. Ein positiver Effekt dieser Differenzierungsform konnte nicht nachgewiesen werden, während negative Folgen insbesondere für die Lernmotivation der Schüler in den „unteren" Kursen und die Verhinderung der „sozialen Integration" deutlich sind. Auch kann nicht verhindert werden, daß sich die Zuordnung bestimmter Schüler zu bestimmten Leistungsniveaus mit der Zeit verfestigt, weil die Schüler in den verschiedenen Kursen unterschiedliche Fertigkeiten entwickeln.[166]

Auch bei Formen der „flexiblen" oder „didaktischen" Differenzierung (vgl. Edelhoff 1971) ist die Leistung der Schüler alleiniges Kriterium für die Gruppierung, wobei allerdings die Lerninhalte der jeweiligen Unterrichtseinheit Gegenstand der „Lerndiagnose" sind, so daß eher als bei der Fachleistungsdifferenzierung spezifische Defizite bestimmter Schüler gezielt ausgeglichen werden können. Problematisch ist aber auch hier, daß die Schüler zum Teil eine zusätzliche Förderung („Additum") erhalten, während anderen Schülern nur ein „Fundamentum" vermittelt wird, das zwar formal zum Weiterlernen ausreichen soll, tatsächlich aber doch wohl eine weniger günstige Ausgangsposition für erfolgreiches Weiterlernen darstellt. Eine besonders negative Folge die-

[166] Das Prinzip der Fachleistungsdifferenzierung wird insbesondere in den Berliner Gesamtschulen praktiziert und von Teschner 1971 theoretisch begründet, empirisch untersucht und postitiv bewertet (vgl. dazu Schlömerkemper 1971). Einen Überblick über die widersprüchlichen Ergebnisse der Untersuchungen zur Leistungsdifferenzierung gibt Haller 1970. Vgl. auch Hurrelmann 1971 und Roeder/Treumann 1973.

ser Differenzierungsform scheint mir darin zu bestehen, daß die sozialen Beziehungen der Schüler untereinander erschwert werden, weil die Zusammensetzung der Gruppen sich laufend ändert.

Roeder/Treumann 1973 versuchen, „an die Stelle allgemeiner Leistungsforderungen und abstrakt niveaubezogener Urteilskriterien die Frage nach den konkreten individuellen Lernvoraussetzungen zu setzen" S. II des Manuskripts), um von „zu einfachen organisatorischen Konsequenzen" wegzuführen. Es erweist sich jedoch als äußerst schwierig, solche Dimensionen zu identifizieren und daraus Folgerungen für die Unterrichtsorganisation abzuleiten.

Wenig Beachtung hat m. W. in der Bundesrepublik ein Gruppierungskriterium gefunden, das nicht an den Leistungen der Schüler, sondern an deren „Persönlichkeitsmerkmalen" orientiert ist. Dieses Modell wurde von Thelen 1967 unter dem Titel „Classroom grouping for teachability" entwickelt und empirisch überprüft (vgl. auch Thelen 1966/1972 und Flechsig 1969, S. 455 f.). Thelen geht von der Überlegung aus, daß jeder Lehrer eine andere Art des Unterrichtens pflegt, daß seine spezifische Lehrmethode aber wahrscheinlich nur für einen bestimmten Typ von Schülern optimal ist und daß der Lehrer seine didaktischen Fähigkeiten um so besser entfalten kann, je mehr die Schüler seiner Klasse seinen Vorstellungen und seiner didaktischen Eigenart entsprechen.

Um die entsprechenden Schüler zu identifizieren, wurden 15 Lehrer gebeten, aus ihren Klassen jene Schüler zu benennen, die nach ihrer eigenen Einschätzung in ihrem Unterricht „erfolgreich" bzw. „nicht erfolgreich" waren. Diese Schüler wurden mit Hilfe einer umfangreichen Testbatterie, die zuvor an einer größeren Schülergruppe erprobt worden war und vor allem Einstellungen zur Schule, zu Lehrern, Mitschüler usw. erfassen sollte, getestet. Die Daten der bei einem bestimmten Lehrer erfolgreichen bzw. nicht erfolgreichen Schüler wurden miteinander verglichen. Aus den signifikant unterschiedlichen Testergebnissen ermittelte Thelen für jeden Lehrer einen Testwerte-Schlüssel, anhand dessen aus den für die folgende Unterrichtseinheit „verfügbaren" Schülern (insgesamt 1640 Schüler der Klassen 8 bis 11) jene ausgewählt wurden, die den bei diesem Lehrer „erfolgreichen" Schülern am meisten ähnlich waren. Die Lehrer unterrichteten nun parallel zwei Klassen, deren Schüler (a) dem Typ des bei ihnen erfolgreichen Schülers nach Maßgabe der Tests so weit wie möglich entsprachen, und (b) aus den restlichen Schülern in der üblichen administrativen Weise zusammengesetzt waren.

Es zeigte sich, daß die Lehrer glaubten, in den Experimentierklassen tatsächlich besser unterrichten und ihre Vorstellungen besser realisieren zu können. Die Schüler erhielten bessere Noten, hatten aber bei Leistungstests im Durchschnitt keine besseren Ergebnisse als die Schüler der Kontrollklassen. Die Schüler hatten stärker das Gefühl, daß der Unterricht sinnvoll sei, sie hatten bessere Beziehungen zueinander, waren mehr an der Unterrichtsarbeit orientiert, emotional weniger gehemmt, selbständiger und mehr bereit, mit dem Lehrer zu kooperieren. Die Lehrer mochten ihre „Typ-Schüler" lieber, die Schüler dagegen schätzten ihre Lehrer nur wenig mehr, als es die Schüler der Kontrollklassen taten.

Versuche, bestimmte Typen von Schülern zu identifizieren, die dann bestimmten Lehrern zugeordnet werden könnten, waren nach Thelen (1967, S. 189) erfolglos. Er deutet dies m. E. richtig, wenn er das Problem darin sieht, daß es nicht auf die spezifischen („objektiven") Merkmale der Schüler ankommt, sondern darauf, wie der Lehrer die verschiedenen Persönlichkeitsmerkmale seiner Schüler wahrnimmt und in ihrer Bedeutung für den Lernerfolg in seinem Unterricht bewertet. Thelen schließt daraus, daß es sehr schwierig sein würde, solche Typen zu identifizieren und dann für jeden Typ die erforderlichen curricularen Konsequenzen zu ziehen.[167]

Bemerkenswert erscheint mir an diesem Gruppierungsmodell, daß ein emotionaler Gesichtspunkt, nämlich das Verhältnis des Lehrers zu seinen Schülern, im Vordergrund steht. Erstaunlich ist es allerdings, mit welcher Selbstverständlichkeit sich Thelen allein um die emotionalen Bedürfnisse des Lehrers kümmert und die größere Zufriedenheit der Schüler mit dem Unterricht als erfreuliches Nebenergebnis feststellt. Es geht ihm vor allem darum, daß die Lehrer ihre Klassen besser unterrichten, ihre Ziele und Vorstellungen besser realisieren können und dabei

[167] Für die Praxis der Unterrichtsorganisation kann Thelen deshalb keine allgemeingültigen Vorschläge machen, welcher Lehrer-Typ welchen Schüler-Typ unterrichten sollte. Vielmehr ist in jedem Fall neu zu ermitteln, wie der „lehrbare" Schüler jedes einzelnen Lehrers beschaffen sein muß. Thelen (1967, S. 196 ff.) schlägt vor, in drei Schritten vorzugehen. Zunächst soll der Lehrer, für den eine neue Klasse zusammenzustellen ist, aus seiner bisherigen Klasse die Schüler benennen, die seiner Meinung nach von seinem Unterricht großen bzw. geringen Nutzen gehabt haben. Im zweiten Schritt sollen alle Lehrer, die diese Schüler ebenfalls unterrichten, in einer „diagnostic conference group" (S. 197) sich mit den Namen der Schüler beschäftigen und Kennzeichen („recognizable characteristics") definieren, denen die Schüler entsprechen sollten, die dem betreffenden Lehrer zugeordnet werden sollen. Der dritte und letzte Schritt besteht darin, daß die Lehrer, die gegenwärtig die Schüler unterrichten, deren Neuzuteilung bevorsteht, ihre Schüler anhand der Kennzeichen einschätzen und damit praktisch die Einteilung vornehmen. Thelen hofft, daß dieses Verfahren wirksam sein wird. Ein Alternativvorschlag sieht vor, daß die „neuen" Lehrer zu Beginn des Schuljahres in den verschiedenen Klassen wechselweise unterrichten und jedesmal die Schüler auf dem Sitzplan kennzeichnen, von denen sie glauben, sie gern in ihrer Klasse haben zu wollen. Am besten findet Thelen seinen dritten Vorschlag, daß nämlich der (oder die) abgebende(n) Lehrer die Schüler auf die zukünftigen Lehrer aufteilt, wozu er allerdings wissen müßte, wie diese Lehrer zu unterrichten pflegen. Diese Kenntnis sei aber nicht weit verbreitet.

auf weniger Widerstand stoßen. Es geht allein um die Verbesserung des Lehr-Lernverhältnisses aus der Sicht des Lehrers. Es wird nicht gefragt, ob auch die Schüler erwarten, bei dem Lehrer, dem sie zugewiesen werden, besser lernen zu können. Die Schüler sind bei diesem Differenzierungsmodell ebenso ungefragte Objekte wie z. B. bei „objektiver" Leistungsdifferenzierung. Ihrer eigenen Entscheidung wird keine Bedeutung zugestanden, die Schüler können über die Organisation des Unterrichts nicht selbst bestimmen. Gegenüber der scheinbaren Rationalität des „objektiven" Gruppierungskriteriums ist ihre Subjektivität machtlos. Die Organisation des Unterrichts nach dem Teachability-Kriterium verbessert also das Verhältnis zwischen Lehrer und Schüler vor allem zugunsten des Lehrers, der Schüler bleibt davon abhängig, daß ein Lehrer ihn in seiner Unterrichtsgruppe haben möchte bzw. daß er den Idealvorstellungen eines Lehrers vom „lehrbaren" Schüler entspricht.[168]

Demgegenüber geht die Wahldifferenzierung des Unterrichts von der Entscheidung und den Bedürfnissen der Schüler aus. Aus einem Wahlangebot, bei dessen Zusammenstellung sie bereits mitgewirkt haben, wählen sie jene Lerngruppe aus, die ihren subjektiven Lernbedürfnissen nach ihrem eigenen Urteil voraussichtlich am besten entspricht. Auch hier entsteht eine bessere emotionale Beziehung zwischen Lehrer und Schüler, aber vor allem und zunächst zugunsten der Schüler, die allerdings darauf achten, daß die emotionale Beziehung wechselseitig positiv ist, d. h. daß sie selbst auch dem gewählten Lehrer sympathisch sind.

Daß die Entscheidung über die Zusammensetzung der Gruppen in die Hand der Schüler gelegt wird, scheint mit deshalb notwendig und gerechtfertigt, weil zum einen dadurch die Lernsituation der Schüler von etlichen Zwängen befreit wird, unter denen das Lernen in den alten Klassen weniger befriedigend sein mußte, und zum anderen, weil dadurch mehr Selbstbestimmung der Schüler erreicht werden kann. Damit entspricht Wahldifferenzierung wichtigen Aufgaben der gegenwärtigen Bildungsreform. Neben der Frage, was gelernt werden soll, ist es ebenso notwendig, die Frage, wie gelernt werden soll, zu überprüfen. Beide Fragen hängen dann eng miteinander zusammen, wenn die Entscheidung

[168] Thelen äußert sich nicht darüber, welche Auswirkungen sein Konzept für die Schüler hat, die den Idealvorstellungen keines Lehrers entsprechen. In seinem Experiment wurden diese Schüler den Kontrollklassen zugewiesen. Was aber geschieht mit ihnen, wenn das Konzept auf alle Schüler ausgeweitet wird? Wie gestaltet sich das Lehrer-Schüler-Verhältnis, wenn den Lehrern auch Schüler zugewiesen werden, die ihren Idealvorstellungen gar nicht bzw. nur in geringem Grad entsprechen? Nach den Untersuchungen von Rosenthal/Jacobson 1971 könnte man hoffen, daß sich die positiven Erwartungen, mit denen die Lehrer ihren Unterricht wahrscheinlich beginnen, auch zugunsten dieser Schüler auswirken.

über die Inhalte des Lernens mehr und mehr den Schülern selbst überlassen und in ihre eigene Verantwortung gestellt wird.

Die dazu erforderliche Entscheidungsfähigkeit muß in Lernprozessen entwickelt bzw. gefördert werden, wobei das Lernziel nach von Hentig (1969, S. 28) folgendermaßen formuliert werden kann: „Der Schüler muß lernen, aus dem Angebot der ihn betreffenden Möglichkeiten eine selbständige Auswahl vorzunehmen; dazu gehört die Fähigkeit, sich Ziele zu setzen. Die Schule muß folglich – im Gegensatz zu ihrem bisherigen Verfahren – das Setzen und Kritisieren von Zielen üben, d. h. die Kinder und jungen Menschen an der Auswahl und Bestimmung der Aufgaben und Lehrverfahren beteiligen." Noch deutlicher formuliert Blankertz (1969, S. 41) als unverzichtbare „pädagogische Norm": „Die Inhalte dürfen mit ihren Ansprüchen den Educandus nicht determinieren, sondern als bildende Lehre müssen sie so verwandt werden, daß sie zugleich kritische Vernunft entbinden, die sich, potentiell jedenfalls, auch gegen die Inhalte selbst muß richten können. Mit anderen Worten: Was die Jugend aus den ihr von der Erwachsenengeneration angewiesenen und als Vorwegnahme der Zukunft gedachten Inhalten der Bildung macht, bleibt dieser Jugend überlassen." Daraus folgt, „daß Lernen so weit (und so früh) wie möglich bewußt geschehen, d. h., daß dem Lernenden sein Lernen als solches und im Hinblick auf den Sinn des zu Lernenden transparent und damit verfügbar gemacht werden sollte" (Lempert 1969, S. 354; Klammer im Original).[169] Die Einrichtung von Lerngruppen nach der Wahlentscheidung der Schüler bietet eine organisatorische Voraussetzung dafür, daß das Lernen den Lernenden selbst „verfügbar" wird.

Wichtig erscheint mir an der oben referierten Untersuchung von Thelen der Nachweis, daß es kaum möglich ist, Merkmale zu identifizieren, nach denen bestimmte Schüler und bestimmte Lehrer einander zugeordnet werden sollten. Als entscheidend erweist es sich vielmehr,

[169] Aus diesen Zielsetzungen ergibt sich auch eine Revision des Leistungsbegriffs. So fordert Neuhaus (1970, S. 44) eine „Erziehung zur kritischen Leistungsbereitschaft, d. h. zu einer Haltung, die nicht nur sich selbst etwas abverlangt, sondern weiß, warum und zu welchem Zweck eine Leistung angestrebt wird." – Brezinka (1972, S. 525 f.) kann sich dagegen „Erziehungsziele sinnvoll nur als Ziele für Erzieher" vorstellen, die in der Regel „nicht identisch sind mit den Zielen der Educanden". Ja, es sei „häufig auch zweckmäßig, daß ein Educand die Erziehungsziele seiner Erzieher gar nicht kennt. Selbst Erziehungsziele, die er kennt, braucht er nicht zu bejahen, sondern kann sie ablehnen, ... aber deswegen bleiben sie trotzdem die Ziele der Erziehung, die seine Erzieher im Hinblick auf ihn verfolgen oder verfolgen sollen. Selbstverständlich wird man als Erzieher versuchen, den Educanden so zu motivieren, daß er die psychischen Dispositionen, die die Erziehungsziele meinen, bejaht und durch Lernvorgänge zu erwerben trachtet." – Gegenüber einem solchen Versuch, die Lernenden zu entmündigen, bleibt nur die Hoffnung, daß diese bereits genug kritisches Bewußtsein entwickelt haben, um derartigen Manipulationen widerstehen zu können.

wie der Lehrer diese Merkmale wahrnimmt und bewertet (s. o.). Das Problem erscheint deshalb als kaum lösbar, weil eine Fülle von Merkmalen beachtet werden müßte, die bei jedem Schüler in anderer Weise miteinander in Beziehung stehen können. So wie bei Thelen die für einen bestimmten Lehrer geeigneten Schüler nur mit Hilfe des Lehrers selbst und dessen subjektiver Einschätzung gefunden werden konnten, so kann auch die den Lernbedürfnissen der Schüler am besten entsprechende Lernsituation nur durch den Schüler selbst und durch seine autonome Wahlentscheidung gefunden werden.

In der vorliegenden Untersuchung hat sich deutlich gezeigt, daß eine bessere Passung zwischen den verschiedenen Lernbedürfnissen und -voraussetzungen der Schüler und der Lernsituation nicht allein von einem Merkmal (wie z. B. dem Leistungsniveau) abhängig ist, sondern daß dabei mehrere Dimensionen bedeutsam sind, die zudem in einem komplexen Wechselverhältnis miteinander stehen. Es hat sich weiter gezeigt, daß verschiedene Schüler diese Dimensionen unterschiedlich gewichten und daß sie die gleiche Lernsituation unterschiedlich, nämlich nach subjektiven Kriterien, beurteilen. Bei den gruppenspezifischen Analysen (Kapitel 7) ist deutlich geworden, daß Schüler mit ähnlichen Persönlichkeitsmerkmalen (z. B. motivationaler Art) von verschiedenen Lernangeboten eine Befriedigung ihrer Bedürfnisse erwarten.

Schließlich ist deutlich geworden, daß das Verhältnis zwischen den Bedürfnissen der Schüler und den Bedingungen ihrer Lernsituation laufenden Veränderungen unterworfen ist, da weder die Bedürfnisse der Schüler noch die Bedingungen der Lernsituation statisch sind. Welche Lernsituation den jeweils aktuellen und subjektiven Lernbedürfnissen des Schülers am besten entspricht, kann also niemand besser beurteilen als dieser Schüler selbst. Deshalb erscheinen jene Ansätze fragwürdig, die mit Hilfe von Motivations-, Leistungs-, Interessentests und dergleichen feststellen wollen, welches Lernangebot einem bestimmten Schüler angemessen ist und wie seinen Bedürfnissen und Erfordernissen am besten entsprochen werden kann. Solche Ansätze müssen sich, um zu praktisch brauchbaren Aussagen zu kommen, auf wenige (meist nur eine) Variablen beschränken, ohne andere Aspekte, die für das Lernen ebenso relevant sein können, berücksichtigen zu können. Es scheint mir nach den vorliegenden Ergebnissen kaum möglich, die Komplexität und die Dynamik der Beziehungen zwischen Schüler und Lernsituation so exakt zu erfassen, daß daraus verbindliche Schlüsse gezogen werden können.[170]

[170] Dabei wäre auch die Frage zu stellen, was mit diesen Beziehungen geschieht, wenn sie Gegenstand einer objektivierten Einschätzung werden. Sind z. B. die emotionalen Beziehungen zu einem Lehrer noch die gleichen, wenn sie gemessen worden sind? Ist ein Lehrer noch sympathisch, wenn man dies offenlegen muß?

Der wichtigste Einwand gegen derartige Ansätze „objektiver" Differenzierungskriterien liegt m. E. darin, daß solche Systeme den Schülern die Chance (und die Pflicht) zur Selbstbestimmung nehmen würden. Bei solchen Gruppierungskriterien könnten die Schüler ähnlich wenig über die Organisation des Unterrichts mitbestimmen wie beim herkömmlichen Klassenverband. So weit auch die Inhalte des Unterrichts in derartige Strategien einbezogen würden, hätten die Schüler in dieser Hinsicht wahrscheinlich sogar weniger Mitwirkungsmöglichkeiten als zuvor.

Wenn dagegen auf die Selbstbestimmung der Schüler so viel Wert gelegt wird, so muß es deshalb nicht ausgeschlossen sein, daß die Schüler bei ihrer Wahlentscheidung – ggf. auch unter Zuhilfenahme standardisierter Testverfahren – beraten werden, daß bestimmte Merkmale von Lerngruppen, wie z. B. deren kognitive Eingangsvoraussetzungen, genau beschrieben werden oder daß die Schüler über ihren eigenen Kenntnisstand hinsichtlich der wählbaren Themen informiert werden bzw. sich selbst anhand von Eingangsprüfungen orientieren können. Entscheidend muß es dabei jedoch bleiben, daß dadurch die Selbstbestimmung der Schüler nicht eingeschränkt, sondern unterstützt und erweitert wird. Es muß den Schülern überlassen bleiben, wie sie diese Informationen im Zusammenhang mit anderen Kriterien verwerten. Auch wenn die Schüler dann vielleicht eine Lerngruppe wählen, die nach den verfügbaren „objektiven" Kriterien ihren Lernvoraussetzungen weniger gut entspricht, so besteht dennoch ein wesentlicher Vorteil darin, daß diese Arbeitsgruppe den subjektiven Bedürfnissen der Schüler besser entspricht. Mit anderen Worten: Die Schüler haben jene Gruppe gewählt, in der sie lernen wollen.

Wahldifferenzierung des Unterrichts zeichnet sich also vor allem darin aus, daß (a) die Komplexität der Beziehungen zwischen dem Lernenden und der Lernsituation besser berücksichtigt werden kann und daß (b) den Lernenden mehr Möglichkeiten zur Selbstbestimmung eröffnet werden. Allerdings hat sich gezeigt, daß die Chancen dieser Organisationsform unter den gegebenen gesellschaftlichen Bedingungen nur teilweise realisiert werden können. Emanzipation kann durch diese organisatorische Maßnahme allein nicht hergestellt werden, aber in der Wahldifferenzierung kann *ein* Mittel gesehen werden, mit dem die notwendige Reform zu einem emanzipatorischen Ziel auf den Weg gebracht werden kann: Bereits jetzt werden einige Zwänge der herkömmlichen Lernsituation unwiderruflich abgebaut, und die auf der eigenen Entscheidung der Schüler beruhende Organisation des Unterrichts macht den Schülern bewußt, daß überkommene Bedingungen des Lernens (und des Lebens) veränderbar sind und daß dadurch mehr Freiheit hergestellt werden kann.

Reformversuche im Bildungswesen können die gesellschaftlichen Voraussetzungen für ihren Erfolg nicht selbst und nicht allein herstellen, aber sie können ihren Beitrag zum gesellschaftlichen Fortschritt leisten. Sie tun dies zum einen dadurch, daß sie jene Elemente ihrer langfristigen Ziele verwirklichen, die unter den gegebenen Bedingungen realisierbar sind, und zum anderen dadurch, daß sie immer wieder Alternativen zum Bestehenden aufweisen. Sie können dabei aber jeweils kaum mehr erreichen, als die „Lernprozesse ..., die eine Gesellschaft zu erzeugen fähig ist, um sich zu Lebensmöglichkeiten zu befreien, die sie als realisierbare gesellschaftspolitische Ziele erst antizipieren lernen muß, um sie über Lernprozesse zu verwirklichen" (Roth 1968b, S. 801). – Lernen in wahldifferenziertem Unterricht kann dazu beitragen, daß Schüler und Lehrer solche Lebensmöglichkeiten antizipieren, über die Bedingungen ihrer Herstellung nachdenken und an ihrer Verwirklichung arbeiten.

Literaturverzeichnis

Adorno, Theodor W./*Albert,* Hans/*Dahrendorf,* Ralf/*Habermas,* Jürgen/*Pilot,* Harald/ *Popper,* Karl R. 1969: Der Positivismusstreit in der deutschen Soziologie. Neuwied: Luchterhand

Albert, Hans 1968: Traktat über kritische Vernunft. = Die Einheit der Gesellschaftswissenschaften, Band 9. Tübingen: Mohr

Alsschuler, Alfred S. 1968: Teaching Achievement Motivation. In: Technology and Innovation in Education. (Praeger Special Studies in U.S. Economic and Social Development, prepared by the Aerospace Education Foundation). New York, S. 29–34

Atkinson, John W. 1958: Thematic Apperceptive Measurement of Motives Within the Context of a Theory of Motivation. In: *Atkinson,* John W. (Hg.): Motives in Fantasy, Action, and Society. Princeton, N. J.: Van Nostrand, S. 596–616

Bandura, Albert/*Walters,* Richard H. 1963: Social Learning and Personality Development. New York

Baumann, Urs 1971: Psychologische Taxometrie. Eine Methodenstudie über Ähnlichkeitskoeffizienten, Q'-Clusteranalyse und Q-Faktorenanalyse. Bern: Huber

Becker, Hellmut 1969: Erziehung zur Mündigkeit, Gespräch mit Th. W. Adorno am 13. August 1969. In: *Adorno,* Theodor W. : Erziehung zur Mündigkeit. Hrsg. von Gerd *Kadelbach.* Frankfurt: Suhrkamp 1970

Blankertz, Herwig 1969: Theorien und Modelle der Didaktik = Grundfragen der Erziehungswissenschaft, Bd. 6. München: Juventa

Bloom, Benjamin S. (Hg.) 1956: Taxonomy of Educational Objectives. The Classification of Educational Goals. Handbook I: Cognitive Domain. New York: David McKay. Deutsch: Taxonomie von Lernzielen im kognitiven Bereich. Weinheim: Beltz 1972

Bloom, Benjamin S. 1968/1970: Learning for Mastery, U. C. L. A. – C. S. E. I. P., Evaluation Comment, 1, No. 2 (1968). Deutsch: Lernen, Kognitive Organisation und Intelligenz. In: *Haseloff,* Otto W. (Hg.) 1970: Lernen und Erziehung. Berlin: Colloquium-Verlag. Unter dem Titel „Alle Schüler schaffen es" in: betrifft: erziehung, 3, 1970, S. 15–27

Böhnke, Werner 1970: Das Buxtehuder Modell. In: Bildung und Politik. 6, 1970, 1, S. 5–9

Bönsch, Manfred 1968: Interesse, Neigung, Lernbereitschaft. Aufsätze zu einer Methodik der Interessenweckung. In: Schule aktuell. 19, 1968, 3, S. 111–116

Bornemann, Ernst/*Schwinger,* Eberhard: Wie kann man Interesse wecken? In: Schule und Psychologie, 16, 1969, 11, S. 321–382

Brezinka, Wolfgang 1971: Von der Pädagogik zur Erziehungswissenschaft. Eine Einführung in die Metatheorie der Erziehung. Weinheim: Beltz

Brezinka, Wolfgang 1972: Was sind Erziehungsziele? In: Zeitschrift für Pädagogik. 18, 1972, 4, S. 497–550

Buxtehuder Modell in der *Auss*-Kritik. In: wir machen mit. 17, 1969, 2, S. 1–3

Buxtehuder Modell in Gefahr? In: wir machen mit. 17, 1969, 4, S. 10–11

Cattell, Raymond B. 1946: Description and Measurement of Personality. New York: World Book Comp.

Cattell, Raymond B./*Coulter*, M. A./*Tsujioka*, B. 1966: The Taxonometric Recognition of Types and Fundamental Emergents. In: *Cattell*, R. B. (Ed): Handbook of Multivariate Experimental Psychology. Chicago: Rand McNally, Kap. 9

Combe, Arno 1971: Kritik der Lehrerrolle. München: List

Dechert, Hans-Wilhelm 1972: Team Teaching in der Schule. = Erziehung in Wissenschaft und Praxis, Bd. 17. München: Piper

Deutscher Bildungsrat 1969: Empfehlungen der Bildungskommission. Einrichtung von Schulversuchen mit Gesamtschulen. 30/31. Januar 1969. Bonn: Bundesdruckerei/Stuttgart: Klett

Deutscher Bildungsrat 1970: Empfehlungen der Bildungskommission. Strukturplan für das Bildungswesen. 13. Februar 1970. Bonn: Bundesdruckerei/Stuttgart: Klett

Deutscher Bildungsrat 1971: Materialien zur Bildungsplanung. Heft 1: Reform der Sekundarstufe II. Teil A: Versuche in der gymnasialen Oberstufe. Ohne Ort: Westermann

Deutsches Rechenzentrum 1969: Programm-Information PI-33. Statistische Programme des DRZ. Teil B: Einzelbeschreibungen. Darmstadt: DRZ

Edelhoff, Christoph 1971: Bewegliche Differenzierung – Beispiel Englischunterricht. In: betrifft: erziehung. 4, 1971, 12, S. 33–39

Eigler, Gunther 1971: Veränderung des Erziehungswesens durch Planung und Kontrolle. In: *Eigler*, Gunther u. a. 1971: Wissenschaftliche Begleituntersuchungen an Modellschulen. Villingen: Neckar-Verlag (= Bildung in neuer Sicht. Schriftenreihe des Kultusministerium Baden-Württemberg, Reihe A, Nr. 23) S. 2–15

Feldmann-Duda, Sibylle/*Feldmann*, Klaus 1972: Emotionale Erziehung in der Schule. In: Westermanns Pädagogische Beiträge. 24, 1972, 1, S. 19–27

Fend, Helmut 1971: Konformität und Selbstbestimmung. Mündigkeit und Leistungsmotivation in sozialisationstheoretischer Sicht. Weinheim: Beltz

Filbry, Gerd 1970: Gruppendynamische Probleme kooperativer Unterrichtsplanung und -arbeit. In: Neue Sammlung. 10, 1970, 4, S. 415–423

Flechsig, Karl-Heinz 1969: Unterrichts- und Schulorganisation. In: *Roth* 1969a, S. 452–460

Fürntratt, E. 1969: Zur Bestimmung der Anzahl interpretierbarer gemeinsamer Faktoren in Faktorenanalysen psychologischer Daten. In: Diagnostica. 15, 1969, S. 62–75

Fürstenau, Peter 1964: Zur Psychoanalyse der Schule als Institution. In: Das Argument. 1964, 6. Und in: Zur Theorie der Schule = Pädagogisches Zentrum. Veröffentlichungen, Reihe B: Diskussionsbeiträge. Bd. 10, Weinheim: Beltz 1969, S. 9–25

Gage, N. L. (Hg.) 1963: Handbook of Research on Teaching. Chicago: McNally. Deutsch: *Ingenkamp/Parey* 1970

Gage, N. L. 1963/1970: Paradigms for Research on Teaching. In: *Gage* 1963. Deutsche Bearbeitung: *Feger*, Hubert/*Trotsenburg*, Edmund von: Paradigmen für die Unterrichtsforschung. In: *Ingenkamp/Parey* 1970, Teil I, Spalte 269–366. Auszugsweise auch in: *Weinert* 1967, S. 70–101

Gaude, Peter/*Teschner*, Wolfgang-P. 1970: Objektivierte Leistungsmessung in der Schule. Frankfurt: Diesterweg

Gerstein, Hannelore 1972: Erfolg und Versagen im Gymnasium. Ein Bericht über die soziale und leistungsmäßige Abhängigkeit des vorzeitigen Abgangs. Weinheim: Beltz

Gertmann, D./*Keil-Specht,* H. 1972: Motivationspsychologische Überlegungen zum Unterrichtsprozeß an der Hochschule. In: *Herz,* Otto/*Reif,* Karlheinz/*Sader,* Manfred (Hg.): Lernen in der Hochschule. = Blickpunkt Hochschuldidaktik, Heft 22. Hamburg: Arbeitskreis für Hochschuldidaktik, 2 HH 13, Rothenbaumchaussee 32, S. 4–30

Gorz, André 1973: Schulung zur Ungleichheit: Das Beispiel Techniker. In: betrifft: erziehung. 6, 1973, 3, S. 35–41

Graumann, C. F. 1969: Motivation. = Einführung in die Psychologie, Bd. 1. Frankfurt: Akademische Verlagsanstalt/Bern: Huber

Güthling, Johannes 1966: Man wird zur Freiheit nicht reifen, wenn man nicht zuvor in Freiheit gesetzt ist. In: Halepaghenschule Buxtehude. Dezember 1966, S. 9–14

Güthling, Johannes 1967: (ohne Überschrift). In: wir machen mit. 15, 1967, 1, S. 2

Güthling, Johannes 1968a: Neue Oberstufenreform. In: wir machen mit. 16, 1968, 1, S. 3 f.

Güthling, Johannes 1968b: Das Buxtehuder Modell in der Tagespresse. In: wir machen mit. 16, 1968, 3, S. 3 f. Auch in: Halepaghenschule Buxtehude. Dezember 1968, S. 4–8

Güthling, Johannes 1968c: Das Buxtehuder Modell. Umdruck September 1968

Güthling, Johannes 1968d: Unsere Meinung zum vorstehenden Beitrag des Oberprimaners Karl Heinz Leonhard. In: Halepaghenschule Buxtehude. Dezember 1968, S. 18

Güthling, Johannes 1969a: Versuch in Buxtehude. In: Die Deutsche Schule. 61, 1969, 1, S. 53–56

Güthling, Johannes 1969b: Die Nenndorfer Empfehlungen und ihre bisherigen Verwirklichungen im Buxtehuder Modell. In: *Niederschrift* über den Lehrerfortbildungskursus 30/69, S. 6–12

Guilford, J. P. 1954: Psychometric Methods. New York: McGraw-Hill, 2. Auflage (1. Auflage 1936)

Guilford, J. P. 1965: Fundamental Statistics in Psychology and Education. New York: McGraw-Hill, 4. Auflage (1. Auflage 1942)

Habermas, Jürgen 1964: Gegen einen positivistisch halbierten Rationalismus. In: *Adorno* u. a. 1969, S. 235–266

Habermas, Jürgen 1965: Erkenntnis und Interesse. In: derselbe: Technik und Wissenschaft als „Ideologie". Frankfurt: edition suhrkamp, Band 287, 1968. Auch in: Merkur, 1965, Heft 213, S. 1139–1153

Hall, Douglas T. 1970: The Effect of Teacher-Student Congruence upon Student Learning in College Classes. In: Journal of Educational Psychology. 61, 1970, 3, S. 205–213

Haller, Hans Dieter 1970: Differenzierung als Problem und Aufgabe der Unterrichtsorganisation. In: Die Deutsche Schule. 62, 1970, 2, S. 71–89

Handreichungen für Lernziele, Kurse und Projekte im Sekundarbereich II. Herausgegeben vom Niedersächsischen Kultusminister. Hannover 1972

Haseloff, Otto W./*Hoffmann,* H.-J. 1968: Kleines Lehrbuch der Statistik. Berlin: de Gruyter, 3. Auflage (1. Auflage 1960)

Heckhausen, Heinz 1963: Hoffnung und Furcht in der Leistungsmotivation. Meisenheim am Glan: Hain

Heckhausen, Heinz 1963b: Eine Rahmentheorie der Motivation in zehn Thesen.

In: Zeitschrift für experimentelle und angewandte Psychologie. 10, 1963, 4, S. 604–626

Heckhausen, Heinz 1965: Leistungsmotivation. In: *Thomae,* H. (Hg.): Handbuch der Psychologie, 2. Band, Allgemeine Psychologie, II. Motivation, Göttingen: Hogrefe, S. 602–702

Heckhausen, Heinz 1968: Motivation in der Leistungsgesellschaft. In: Die Deutsche Schule. 60, 1968, 10, S. 637–648. Auch in: *Haseloff,* Otto W. (Hg.) 1970: Struktur und Dynamik des menschlichen Verhaltens. Stuttgart: Kohlhammer, S. 83–97. Auch in: *Lichtenstein-Rother,* Ilse (Hg.) 1971: Schulleistung und Leistungsschule. Bad Heilbrunn: Klinkhardt, S. 21–35

Heckhausen, Heinz 1969: Förderung der Lernmotivierung und der intellektuellen Tüchtigkeit. In: *Roth* 1969a, S. 193–228

Heipcke, Klaus 1970: Wissenschaftstheoretische Grundlagen der Unterrichtsforschung. In: *Ingenkamp/Parey* 1970, Teil I, Sp. 137–267

Heipcke, Klaus 1973: Die sozialen Funktionen der Leistung und der Leistungskontrolle in der Schule. In: Westermanns Pädagogische Beiträge. 25, 1973, 5, S. 285–287

Hentig, Hartmut von 1969: Allgemeine Lernziele der Gesamtschule.,= Deutscher Bildungsrat. Gutachten und Studien der Bildungskommission, Bd. 12. Stuttgart: Klett, S. 13–43

Herrlitz, Hans-Georg (Hg.) 1968: Hochschulreife in Deutschland. Göttingen: Vandenhoeck und Ruprecht (= Paedagogica, Band 1)

Herrlitz, Hans-Georg 1973: Studium als Standesprivileg. Frankfurt: Fischer Athenäum Taschenbücher Nr. 3005

Heydorn, Heinz-Joachim 1970: Über den Widerspruch von Bildung und Herrschaft. Frankfurt: eva

Heydorn, Heinz-Joachim 1972: Zu einer Neufassung des Bildungsbegriffs. Frankfurt: edition suhrkamp, Band 535

Hinrichs, Diedrich 1967: Primaner gestalten ihren Ausbildungsgang verantwortlich mit. In: wir machen mit. 15, 1967, 1, S. 1–11

Hinrichs, Diedrich 1968a: Rudi Dutschke und das ‚Buxtehuder Modell'. In: wir machen mit. 16, 1968, 2, S. 10

Hinrichs, Diedrich 1968b: Buxtehuder Modell: Vorlesungen und Großgruppenunterricht. In: wir machen mit. 16, 1968, 4, S. 4.

Hinrichs, Diedrich 1969: SMV im Umbruch. = Auswahl, Reihe B, Bd. 20. Hannover: Schroedel

Hoffmann, Dietrich/*Tütken,* Hans (Hg.) 1972: Realistische Erziehungswissenschaft. Heinrich Roth zum 65. Geburtstag. Hannover: Schroedel

Horn, Wolfgang 1962: Leistungsprüfsystem (L-P-S). Göttingen: Hogrefe

Hunt, J. McV. 1965: Intrinsic Motivation and its Role in Psychological Development. In: *Levine,* D. (Hg.): Nebraska Symposium on Motivation. Lincoln: University of Nebraska Press, S. 189–282

Hurrelmann, Klaus 1971: Unterrichtsorganisation und schulischer Sozialisationsprozeß – Eine empirische Untersuchung der Rolle der ‚Leistungsdifferenzierung' im schulischen Sozialisationsprozeß. Weinheim: Beltz

Ingenkamp, Karlheinz 1969: Möglichkeiten und Grenzen des Lehrerurteils und des Schultests. In: *Roth* 1969a, S. 407–432

Ingenkamp, Karlheinz/*Parey,* Evelore (Hg.) 1970: Handbuch der Unterrichtsforschung. = Deutsche Bearbeitung von *Gage* 1963. Weinheim: Beltz

Jencks, Christopher 1972/1973: Inequality – A Reassessment of the Effect of Family and Schooling in America. New York, London: Basic Books 1972. Deutsch:

Chancengleichheit. Mit einem Vorwort von Hellmut *Becker* sowie einer erläuternden Einführung von Lothar *Krappmann*, Reinbek bei Hamburg: Rowohlt 1973

Jörg, Hans 1969: Die Bedeutung der Motivation für ein fruchtbares Lehren und Lernen. In: Schule aktuell. 20, 1969, 7 + 8, S. 264–271 u. 312–318

Kachholz, Klaus-Dieter 1969: Gedanken zum Buxtehuder Modell von einem Schüler. In: *Niederschrift* über den Lehrerfortbildungskursus 20/69, S. 13 f.

Keiler, Peter 1970: Wollen und Wert. Versuch der systematischen Grundlegung einer psychologischen Motivationslehre. Mit einem Vorwort von Klaus *Holzkamp*. Berlin: de Gruyter

Kelly, G. A. 1958/1965: Der Motivationsbegriff als irreführendes Konstrukt. In: *Thomae* 1965, S. 498–509

Kerlinger, Fred N. 1964: Foundations of Behavioral Research. New York: Holt, Rinehart & Winston

Khan, S. B. 1969: Affectives Correlates of Academic Achievement. In: Journal of Educational Psychology. 60, 1969, 3, S. 216–221

Klafki, Wolfgang 1971: Erziehungswissenschaft als kritisch-konstruktive Theorie: Hermeneutik – Empirie – Ideologiekritik. In: Zeitschrift für Pädagogik. 17, 1971, 3, S. 351–385

Knepper, Herbert 1971: Kritische Bildung. Zur Theorie einer integrierten Kollegstufe. München: Juventa

Kolb, David A. 1965: Achievement Motivation Training for Underachieving High-School Boys. In: Journal of Personality and Social Psychology. 2, 1965, 6, S. 783–792

Kollegstufe NW. = Strukturförderung im Bildungswesen des Landes Nordrhein-Westfalen, Heft 17, Februar 1972. Ratingen: Henn

Krathwohl, David R./*Bloom*, Benjamin S./*Masia*, Bertram B. 1964: Taxonomy of Educational Objectives. The Classification of Educational Goals. Handbook II: Affective Domain. New York: David McKay

Kresse, Christian 1965: Arbeitsgruppen statt Klassenverbände. Ein Vorschlag des Nenndorfer Arbeitskreises zur Neuordnung des Oberstufenunterrichts. In: wir machen mit. 13, 1965, 4, S. 57

Kretschmer, Ernst 1921: Körperbau und Charakter. Berlin: Springer 1967 (25. Auflage)

Kunert, Kristian 1970: Provokation im Unterricht. Mit 270 Beispielen provokativer Motivationshilfen aus allen Bereichen des Unterrichts in Grund- und Hauptschule. Donauwörth: Auer

Lehr, Ursula 1972: Das Problem der Sozialisation geschlechtsspezifischer Verhaltensweisen. In: *Graumann*, C. F. (Hg.): Handbuch der Psychologie, 7. Band (Sozialpsychologie), 2. Halbband. Göttingen: Hogrefe 1972, S. 886–954

Lempert, Wolfgang 1969: Bildungsforschung und Emanzipation. In: Neue Sammlung. 9, 1969, 4, S. 347–363

Leonhard, Karl Heinz 1968: Ein Primaner zum „Buxtehuder Modell". In: Halepaghenschule Buxtehude, Dezember 1968. S. 13–18

Lewin, Kurt 1935: A Dynamic Theory of Personality. Selected Papers, New York: McGraw-Hill

Lutz, Margarete/*Ronellenfitsch*, Wolfgang 1971: Gruppendynamisches Training in der Lehrerbildung. Ulm: Süddeutsche Verlagsanstalt

Mager, Robert F. 1968/1970: Developing Attitude Toward Learning. Palo Alto, California 1968. Deutsch: Motivation und Lernerfolg. Weinheim: Beltz 1970.

Auch in: betrifft: erziehung. 3, 1970, Heft 2, S. 13–18, Heft 3, S. 25–30, Heft 4, S. 25–30, Heft 5, S. 27–34

McClelland, David C./*Atkinson,* John W./*Clark,* R. A./*Lowell,* E. L. 1953: The Achievement Motive. New York: Appleton

McClelland, David, C. 1965: Toward a Theory of Motive Acquisition. In: American Psychologist. 20, 1965, 5, S. 321–333

McClelland, David C. 1966: Die Leistungsgesellschaft. Psychologische Analyse der Voraussetzungen wirtschaftlicher Entwicklung. Stuttgart: Kohlhammer

McClelland, David C. 1967: Motivation und Kultur. Bern u. Stuttgart: Huber

McKeachie, W. J. 1961/1967: Motivation, Teaching Methods and College Learning In: *Jones,* M. R. (Hg.): Nebraska Symposium on Motivation. Lincoln, Nebr. 1961, S. 111–142. Deutsch: Motivation, Lehrmethoden und Lernen in Hochschulen. In: *Weinert* 1967, S. 159–187

Meyer, Ernst 1970: Lehrer und Lehrergruppen in ihrer unterrichtlichen Funktion. Unterricht als vieldimensionaler Faktorenkomplex. In: Unterricht heute. 21, 1970, 6, S. 249–259

Meyer, Ernst (Hg.) 1971: Team Teaching. Versuch und Kontrolle. Heidelberg: Quelle & Meyer

Miller, Neal E./*Dollard,* John 1941: Social Learning and Imitation. New Haven: Yale University Press

Moser, Heinz 1972a: Leistungsprinzip: Ökonomische Kategorie und soziale Norm. In: Die Deutsche Schule. 64, 1972, 4, S. 202–212

Moser, Heinz 1972b: Programmatik einer kritischen Erziehungswissenschaft. In: Zeitschrift für Pädagogik. 18, 1972, 5, S. 639–657

Nagel, Klaus/*Preuss-Lausitz,* Ulf 1971: Thesen zur wissenschaftlichen Begleitung von Versuchen und Modellen im Bildungssystem. In: Zeitschrift für Pädagogik. 17, 1971, 4, S. 453–462

Nagel, Klaus 1972: Motivation. In: *Hundertmarck,* Gisela/*Ulshoefer,* Helgard (Hg.): Kleinkindererziehung. = Lehrbücher für Sozialpädagogen, Bd. 2, München: Kösel, S. 113–138

Nave-Herz, Rosemarie 1973: Der Lehrer im Spannungsfeld antagonistischer Interessen. In: Die Deutsche Schule. 65, 1973, 6, S. 387–393

Neuhaus, Elisabeth 1970: Zum pädagogischen Leistungsbegriff. In: Die Deutsche Schule. 62, 1970, 1, S. 41–45

Nickel, Horst/*Dumke,* Dieter 1970: Unterrichtsformen und Unterrichtsstile auf der Oberstufe des Gymnasium in retrospektiver Sicht von Studienanfängern. In: Die Deutsche Schule. 62, 1970, 7/8, S. 457–468

Niederschrift über den Lehrerfortbildungskursus 20/69: „Zeitgemäße Gestaltung der gymnasialen Oberstufe". Vom 17.–22. 2. 1969 im Lehrerfortbildungsheim Braunlage. (Umdruck)

Nunner-Winkler, Gertrud 1971: Chancengleichheit und individuelle Förderung. Eine Analyse der Ziele und Konsequenzen moderner Bildungspolitik. Stuttgart: Enke

Nunner-Winkler, Gertrud 1972: Chancengleichheit im allgemeinbildenden Schulwesen. In: *Széll,* György (Hg.): Privilegierung und Nichtprivilegierung im Bildungssystem. München: Nymphenburger

Nyssen, Friedhelm 1970: Lernmöglichkeiten im Neokapitalismus. Ein kritischer Beitrag zu Heinrich Roths ‚Schule als optimale Organisation von Lernprozessen'. In: Die Deutsche Schule. 62, 1970, 3, S. 162–174

Odenbach, Karl 1968: Die Motivation im Unterricht. In: Westermanns Pädagogische Beiträge. 20, 1968, 9, S. 482–497

Offe, Claus 1970: Leistungsprinzip und industrielle Arbeit. Mechanismen der Statusverteilung in Arbeitsorganisationen der industriellen „Leistungsgesellschaft". Frankfurt: eva

Pawlik, Kurt 1968: Dimensionen des Verhaltens. Eine Einführung in Methodik und Ergebnisse faktorenanalytischer psychologischer Forschung. Bern: Huber

Picht, Georg 1964: Die deutsche Bildungskatastrophe. Olten und Freiburg: Walter

Popper, Karl R. 1969: Logik der Forschung. Tübingen: Mohr (3. vermehrte Auflage – zuerst erschienen 1935 in Wien)

Portele, Gerhard (Hg.) 1970: Intrinsische Motivation in der Hochschule. = Blickpunkt Hochschuldidaktik, Heft 12. Hamburg: Arbeitskreis für Hochschuldidaktik, 2 HH 13, Rothenbaumchaussee 32

Rauschenberger, Hans 1972: Funktion und Aufgabe der Orientierungsstufe. In: Die Deutsche Schule. 64, 1972, 11, S. 676–689 und 12, S. 770–787

Roeder, Peter-Martin 1969: Bildung und Bildungsbegriff: Sozialwissenschaftliche Ansätze der Kritik. In: *Goldschmidt*, Dietrich/*Händle*, Christa/*Lepsius*, M. Rainer/*Roeder*, Peter-Martin/*Wellendorf*, Franz: Erziehungswissenschaft als Gesellschaftswissenschaft. Probleme und Ansätze. Heidelberg: Quelle und Meyer

Roeder, Peter-Martin/*Treumann*, Klaus 1973: Dimensionen der Schulleistung. Modelle der Differenzierung in Abhängigkeit von Leistungsdimensionen einzelner Fächer. = Gutachten für die Bildungskommission des Deutschen Bildungsrates, Manuskript

Rohkamm, Reinhard 1966: Aus der Sicht des Schülers. In: Halepaghenschule Buxtehude, Dezember 1966, S. 29–31

Rosenfeld, Gerhard 1964: Theorie und Praxis der Lernmotivation. Berlin: VEB Deutscher Verlag

Rosenthal, Robert/*Jacobson*, Lenore 1968/1971: Pygmalion in the Classroom. New York: Holt, Rinehart & Winston 1968. Deutsch: Pygmalion im Unterricht. Lehrererwartungen und Intelligenzentwicklung der Schüler. Weinheim: Beltz 1971

Roth, Heinrich 1962: Die realistische Wendung in der pädagogischen Forschung. = Antrittsvorlesung vom 21. Juli 1962 in Göttingen. Zuerst in: *Thiersch/Tütken* 1967, S. 113–126

Roth, Heinrich 1966: Pädagogische Anthropologie. Band I: Bildsamkeit und Bestimmung. Hannover: Schroedel

Roth, Heinrich 1967: Skizze einer Theorie des Erziehungsfeldes. In: *Horn*, H. (Hg.): Psychologie und Pädagogik. Weinheim: Beltz 1967, S. 29–36. Auch in: Die Deutsche Schule. 55, 1963, 3, S. 109–119. Auch *Thiersch/Tütken* 1967, S. 193–199

Roth, Heinrich 1968: Stimmen die deutschen Lehrpläne noch? In: Die Deutsche Schule. 60, 1968, 2, S. 69–76. Auch in: *Roth*, Heinrich 1969c, S. 5–14

Roth, Heinrich 1968b: Lernprozeß und Freiheit. In: Die Deutsche Schule. 60, 1968, 12, S. 793–801. Auch in: *Roth* 1969c, S. 27–37

Roth, Heinrich (Hg.) 1969a: Begabung und Lernen. = Deutscher Bildungsrat. Gutachten und Studien der Bildungskommission, Bd 4. Stuttgart: Klett

Roth, Heinrich 1969b: Schule als optimale Organisation von Lernprozessen. In: Die Deutsche Schule. 61, 1969, 9, S. 519–536. Auch in: *Roth* 1969c, S. 56–76

Roth, Heinrich 1969c: Revolution der Schule? Die Lernprozesse ändern. = Auswahl, Reihe A, Bd. 9. Hannover: Schroedel

Roth, Heinrich 1970: Erziehungswissenschaft – Schulreform – Bildungspolitik.

In: *Scheuerl,* Hans (Hg.): Erziehungswissenschaft, Bildungspolitik, Schulreform. Bericht über den Kongreß der Deutschen Gesellschaft für Erziehungswissenschaft vom 12.–15. April 1970 in Berlin. = 9. Beiheft der Zeitschrift für Pädagogik, S. 17–31. Auch in: Die Deutsche Schule. 63, 1971, 5, S. 278–291

Roth, Heinrich 1971: Pädagogische Anthropologie. Band II: Entwicklung und Erziehung. Hannover: Schroedel

Schelsky, Helmut 1957: Schule und Erziehung in der industriellen Gesellschaft. Würzburg: Werkbund

Schiefele, Hans 1963: Motivation im Unterricht. München: Ehrenwirth

Schlaeger, Hilke 1967: Schulbesuch freiwillig. Die Halepaghenschule in Buxtehude. In: Die Zeit vom 27. 10. 1967

Schlömerkemper, Jörg 1971: Gesamtschule im Wettbewerb. Zu: Wolfgang-P. Teschner – Was leisten Leistungskurse? In: Die Deutsche Schule. 63, 1971, 10, S. 628–642

Schlömerkemper, Jörg/*Schreiner,* Günter 1971: Marginalien zu einer praxisbegleitenden Untersuchung des „Buxtehuder Modells". In: Gesamtschulinformationen. 4, 1971, 2, S. 48–54

Schmoldt, Benno 1968: Anmerkungen zum Buxtehuder Modell. In: Berliner Lehrerzeitung. 22, 1968, 11, S. 8–10

Schreiner, Günter 1970: Leistungsmessung im Dienste des Berechtigungswesens. In: Westermanns Pädagogische Beiträge. 22, 1970, 9, S. 479–481

Schreiner, Günter 1971: Das Buxtehuder Modell – Zur Evaluation eines Schulversuchs. In: Die Deutsche Schule. 63, 1971, 9, S. 554–576

Schreiner, Günter 1973: Schulklima – Methodologische Überlegungen und empirische Untersuchungen zur Schule als sozialem Erfahrungsraum. Göttinger Dissertation. Unter dem Titel „Schule als sozialer Erfahrungsraum" im Buchhandel. Frankfurt: Fischer Athenäum Taschenbücher Nr. 3007, 1973

Schulz, Wolfgang 1965: Unterricht – Analyse und Planung. In: *Heimann,* Paul/*Otto,* Gunter/*Schulz,* Wolfgang: Unterricht – Analyse und Planung. = Auswahl, Reihe B, Bd. 1/2. Hannover: Schroedel, S. 13–47

Siegel, Sidney 1956: Nonparametric Statistics for the Behavioral Sciences. New York: McGraw-Hill

Skowronek, Helmut 1968: Psychologische Grundlagen einer Didaktik der Denkerziehung. Kognitive Prozesse und kognitive Strukturen. Hannover: Schroedel

Skowronek, Helmut 1969: Lernen und Lernfähigkeit. = Grundlagen der Erziehungswissenschaft, Bd. 9. München: Juventa

Sohn-Rethel, Alfred 1972: Geistige und körperliche Arbeit. Zur Theorie der gesellschaftlichen Synthesis. Frankfurt: edition suhrkamp 555

Stach, Reinhard 1970: Dramatoide Elemente der Motivation. In: Lehren und Lernen. 7, 1970, S. 241–249

Staufenberg, Heidi 1973: Das Leistungsproblem aus der Sicht der Schüler. In: Westermanns Pädagogische Beiträge. 25, 1973, 5, S. 280–281

Steinke, Ulrich 1966: Vorwort der Schriftleitung. In: Halepaghenschule Buxtehude, Dezember 1966, S. 6–8

Stephenson, W. 1935: Correlating persons instead of tests. In: Character and Personality. 4, 1935, S. 17–24

Stern, Georg G. 1963/1970: Measuring Noncognitive Variables in Research on Teaching. In: *Gage* 1963. Deutsche Bearbeitung: *Parey,* Evelore/*Ingenkamp,* Karlheinz: Die Erfassung nichtkognitiver Variablen in der Unterrichtsforschung. In: *Ingenkamp/Parey* 1970, Teil I, Sp. 1073–1214

Stock, Martin 1971: Pädagogische Freiheit und politischer Auftrag der Schule. Rechtsfragen emanzipatorischer Schulverfassung. Heidelberg: Quelle & Meyer

Stubenrauch, Herbert 1971: Die Gesamtschule im Widerspruch des Systems. Zur Erziehungstheorie der integrierten Gesamtschule. München: Juventa

Teschner, Wolfgang P. 1971: Was leisten Leistungskurse? Stuttgart: Klett

Thelen, Herbert A. 1966/1972: Unterrichtsdifferenzierung. In: *Yates* 1966/1972, S. 153–161

Thelen, Herbert A. 1967: Classroom Grouping for Teachability. New York: Wiley

Thiersch, Hans/*Tütken*, Hans (Hg.) 1967: Heinrich Roth – Erziehungswissenschaft, Erziehungsfeld und Lehrerbildung. Gesammelte Abhandlungen 1957–1967. Hannover: Schroedel

Thiersch, Hans 1969: Lehrerverhalten und kognitive Lernleistung. In: *Roth* 1969a, S. 482–490

Thomae, Hans (Hg.) 1965: Die Motivation menschlichen Handelns. Köln: Kiepenheuer und Witsch

Todt, E. 1965: Untersuchungen über die Beziehungen zwischen Intelligenz-, Interessen- und Schulleistungsvariablen. Dissertation Gießen

Todt, E. 1967: Differentieller Interessen-Test (DIT). Bern und Stuttgart: Huber

Tolman, E. C. 1952/1965: A Cognition Motivation Model. In: Psychological Review. 59, 1952, S. 389–400. Deutsch: Ein kognitives Motivationsmodell. In: *Thomae* 1965, S. 448–461

Toman, Walter 1967: Motivation als Systemgeschehen. In: *Merz*, F. (Hg.): Bericht über den 25. Kongreß der D. G. P., Münster 1966. Göttingen: Hogrefe, S. 505–509

Traxel, Werner 1962: Grundzüge eines Systems der Motivierungen. In: Archiv für die gesamte Psychologie. 114, 1962, 2, S. 143–172

Überla, Karl 1968: Faktorenanalyse. Eine systematische Einführung für Psychologen, Mediziner, Wirtschafts- und Sozialwissenschaftler. Berlin, Heidelberg, New York: Springer

Vereinbarung zur Neugestaltung der gymnasialen Oberstufe in der Sekundarstufe II vom 7. Juli 1972. Hrsg. vom Sekretariat der Ständigen Konferenz der Kultusminister der Länder in der Bundesrepublik Deutschland. Neuwied: Luchterhand

Viets, Ernst-Wilhelm 1968: Die Auswirkungen des Buxtehuder Modells auf Lehrer und Schüler, ermittelt anhand von Befragungen des Lehrerkollegiums und der Primaner, Maschinenschrift

Warwick, David 1971: Team Teaching. London: University of London Press 1971. Deutsch: Team Teaching. Grundlegung und Modelle. Heidelberg: Quelle & Meyer 1973

Wasna, Maria/*Dieterich*, Helmut 1970: Differentialpsychologische Untersuchungen an der Friedensschule. In: *Regenbrecht*, Aloysius/*Dikow*, Joachim (Hg.): Die Friedensschule. Entwürfe, Materialien, Berichte zu einem Gesamtschulversuch. München: Kösel, S. 90–100

Wasna, Maria 1971: Probleme und Ergebnisse pädagogisch relevanter Motivationsforschung. In: ibw-journal. 9, 1971, 4, S. 9–13

Wasna, Maria 1972: Motivation, Intelligenz und Lernerfolg. München: Kösel

Weber, Norbert 1973: Privilegien durch Bildung. Über die Ungleichheit der Bildungschancen in der Bundesrepublik. Frankfurt: edition suhrkamp, Bd. 601

Wegel, Herbert 1967: SMV im Unterricht und in der Schulorganisation. In: wir machen mit. 15, 1967, 2, S. 1–3

Weinert, Franz (Hg.) 1967: Pädagogische Psychologie. Köln, Berlin: Kiepenheuer und Witsch

Wellendorf, Franz 1969: Zur Situation des höheren Schülers in Familie und Schule. In: *Liebel,* Manfred/*Wellendorf,* Franz: Schülerselbstbefreiung. Voraussetzungen und Chancen der Schülerrevulotion. Frankfurt: edition suhrkamp, Bd. 336, S. 11–91

Wellendorf, Franz 1969b: Formen der Kooperation von Lehrern in der Schule. In: Zur Theorie der Schule. = Pädagogisches Zentrum. Veröffentlichungen, Reihe B: Diskussionsbeiträge, Bd. 10, Weinheim: Beltz 1969, S. 91–113

Wilde, Hanna 1967a: Die „formierte" Prima. Erfahrungen mit dem Buxtehuder Modell. In: *Bessenrodt,* O. (Hg.): Modernes Gymnasium. Niedersächsischer Philologentag 1967 = Schriftenreihe des Philologenverbandes Niedersachsen zur Pädagogik und Bildungspolitik, Neue Folge, Band 1, S. 83–93

Wilde, Hanna 1967b: Die „formierte" Prima. Erfahrungen mit dem Buxtehuder Modell. In: wir machen mit. 15, 1967, 4, S. 1–5

Wilde, Hanna 1968: Das Buxtehuder Modell. Ein Erfahrungsbericht. In: Die Höhere Schule. 21, 1968, 11, 275–281

Wilde, Hanna 1970/71: Das Buxtehuder Modell – Erfahrungsbericht – Stand 10. 7. 1970. Umdruck. Auch in: *Deutscher Bildungsrat,* 1971, S. 163–169

Wolf, Jürgen 1970: Glanz und Elend des Buxtehuder Modells. In: wir machen mit. 18, 1970, 2, S. 3 f.

Wolf, Jürgen 1970: Das Buxtehuder Modell. Erfahrungsbericht. In: Lebendiges Gymnasium. 1970, 2, S. 37

Yates, Alfred (Hg.) 1966/1972: Grouping in Education. – A Report Sponsored by the Unesco Institute for Education (Hamburg). New York: Wiley/Stockholm: Almquist & Wiksell 1966. Deutsch: Lerngruppen und Differenzierung. Weinheim: Beltz 1972

Zimmer, Jürgen 1972: Wie und was zu lernen ist: das Curriculum. In: Initiativgruppe Solingen: Schule ohne Klassenschranken. Reinbek bei Hamburg: Rowohlt, S. 9–20. Zuerst in: Kursbuch 24 (Juni 1971), S. 155–168

Anhang

Tabelle A: Mittelwerte der von den Schülern für die einzelnen Arbeitsgruppen im Wahlfragebogen eingetragenen Schätzwerte (zu Abschnitt 4.3.1)

a) Markieritems der Dimensionen der Beurteilung des Wahlangebots

Faktor A: Emotionale Beziehung zum Lehrer

	Arbeitsgruppe					
Item	1	2	3	4	5	6
21 Die Unterrichtsmethoden des Lehrers sagen mir zu	1,35	1,68	2,21	1,18	1,90	2,52
4 Der Lehrer ist mir sympathisch	1,48	1,78	2,37	1,68	2,64	2,47
34 Der Lehrer wäre mir als Prüfer im Abitur angenehm	1,26	1,35	2,16	1,99	2,51	1,96
Faktorschätzwerte ($\overline{M}$)	1,36	1,60	2,25	1,62	2,35	2,32

Faktor B: Instrumentelle Passung des Themas

	Arbeitsgruppe					
Item	1	2	3	4	5	6
10 Das Thema liegt mir	1,74	2,32	2,36	2,37	2,36	1,90
23 Mit dem Thema habe ich mich bereits privat beschäftigt	1,21	1,70	1,45	1,73	1,45	1,37
31 Über das Thema möchte ich im Abitur geprüft werden	1,10	1,64	1,85	1,74	1,86	1,33
Faktorschätzwerte ($\overline{M}$)	1,35	1,89	1,89	1,93	1,89	1,53

Faktor C: Anforderungsniveau des Lehrers

	Arbeitsgruppe					
Item	1	2	3	4	5	6
33 Der Lehrer verlangt hohen Arbeitsaufwand	2,01	3,12	2,18	1,64	1,63	3,67
11 Der Lehrer zensiert streng	2,18	3,07	1,66	1,66	1,39	3,37
29 Der Lehrer verlangt regelmäßige Teilnahme am Unterricht	2,34	3,21	2,58	2,22	2,03	3,53
Faktorschätzwerte ($\overline{M}$)	2,18	3,13	2,14	1,84	1,68	3,52

Faktor D: Subjektive Überforderung

Item	Arbeitsgruppe 1	2	3	4	5	6
20 Das Thema überfordert meine Fähigkeiten	1,07	1,12	0,88	0,66	0,82	2,04
15 Der Lehrer überfordert meine Fähigkeiten	0,74	1,33	0,75	0,58	0,59	2,26
Faktorschätzwerte ($\overline{M}$)	0,91	1,23	0,81	0,62	0,71	2,15

Faktor E: Objektive Relevanz des Themas

Item	Arbeitsgruppe 1	2	3	4	5	6
16 Das Thema ist aktuell	2,77	2,92	2,26	2,56	2,23	3,07
39 Das Thema ist bei den Schülern allgemein beliebt	1,83	2,21	2,31	1,99	2,28	2,47
12 Das Thema gehört zur Allgemeinbildung	2,57	2,99	3,17	2,92	3,19	3,00
Faktorschätzwerte ($\overline{M}$)	2,39	2,71	2,58	2,49	2,57	2,85

Faktor F: Kontinuität der Lernsituation

Item	Arbeitsgruppe 1	2	3	4	5	6
32 Ich bin dem Lehrer sympathisch	1,41	1,70	2,18	2,18	2,20	2,21
2 Ich kenne den Lehrer aus früherem Unterricht	1,29	1,55	1,82	2,49	2,19	1,88
26 Ich komme mit dem Lehrer gut aus	1,86	2,14	2,54	2,42	2,79	2,62
14 Ein ähnliches Thema wurde bereits einmal behandelt	0,63	2,07	1,51	1,85	1,51	1,36
25 Die Schüler, die mit mir zusammen in der 11. Klasse waren, werden diese Arbeitsgruppe vor allem wählen	1,40	1,35	2,29	1,51	2,29	1,86
Faktorschätzwerte ($\overline{M}$)	1,32	1,76	2,07	2,09	2,20	1,99

Faktor G: Bekanntheit des Lehrers

Item	Arbeitsgruppe 1	2	3	4	5	6
2 Ich kenne den Lehrer aus früherem Unterricht	1,29	1,55	1,82	2,49	2,19	1,88
9 Ich kenne den Lehrer privat	0,45	0,48	0,96	0,55	0,47	0,89
Faktorschätzwerte ($\overline{M}$)	0,88	1,02	1,39	1,52	1,33	1,39

Faktor H: Didaktische Kompetenz des Lehrers

Item	Arbeitsgruppe 1	2	3	4	5	6
40 Der Lehrer erklärt gut	1,40	2,37	2,42	1,52	1,99	3,24
17 Der Lehrer macht sein Fach interessant	1,56	2,04	2,58	0,99	2,07	3,16
24 Der Lehrer ist gerecht	2,19	2,57	2,10	2,34	2,52	3,22
Faktorschätzwerte ($\overline{M}$)	1,72	2,33	2,37	1,62	2,19	3,21

Faktor I: Interesse am Thema

Item	Arbeitsgruppe 1	2	3	4	5	6
37 Zu dem Thema möchte ich ein Referat verfassen	1,71	2,11	1,74	2,00	1,70	1,82
35 Das Thema regt mich zur Diskussion an	2,30	2,25	2,08	2,19	2,05	2,44
6 Das Thema ist wichtig für meine Studien- und Berufspläne	0,78	0,99	1,14	1,23	1,14	1,36
Faktorschätzwerte ($\overline{M}$)	1,60	1,78	1,65	1,81	1,63	1,87

Faktor J: Zusammensetzung der Gruppe

Item	Arbeitsgruppe 1	2	3	4	5	6
7 Meine Freunde würden in dieser Arbeitsgruppe gern mitarbeiten	1,44	1,61	2,18	1,62	2,14	1,86
22 Der Lehrer ist bei den Schülern allgemein beliebt	1,85	1,01	2,90	1,63	2,66	2,73
25 Die Schüler, die mit mir zusammen in der 11. Klasse waren, werden diese Arbeitsgruppe vor allem wählen	1,40	1,35	2,29	1,51	2,29	1,86
39 Das Thema ist bei den Schülern allgemein beliebt	1,83	2,21	2,31	1,99	2,28	2,47
Faktorschätzwerte ($\overline{M}$)	1,63	1,55	2,42	1,69	2,34	2,23

b) Items, die keinen Faktor markieren

Item	Arbeitsgruppe 1	2	3	4	5	6
1 Das Thema interessiert mich	2,29	2,64	2,59	2,47	2,66	2,07
3 Ich muß für das Thema viel arbeiten	2,23	3,04	2,40	1,77	2,11	3,75
5 Der Lehrer hat Einfluß im Kollegium	0,79	1,54	2,21	1,36	2,26	3,81
8 Für das Thema besitze ich die nötigen Vorkenntnisse	1,73	2,16	1,92	2,21	1,92	1,53
13 Der Lehrer ist in seinem Fach ein Fachmann	2,04	2,62	3,29	2,52	3,21	3,74
18 Die Arbeitsgruppe ist für schwache Schüler besonders günstig	1,60	0,90	1,89	2,64	2,59	0,38
19 Der Lehrer imponiert mir	0,82	1,30	1,29	0,71	1,30	2,62
27 Das Thema ist originell	1,36	1,24	0,99	1,08	1,00	1,64
28 Der Lehrer ist mir ein Vorbild	0,48	0,77	0,82	0,49	0,86	1,81
30 Diesen Lehrer möchte ich abwählen	2,10	1,88	1,08	1,78	1,06	1,47
36 Der Lehrer regt mich zur zusätzlichen Beschäftigung mit dem Thema an	1,29	1,93	1,68	1,49	1,59	2,51
38 Der Lehrer regt mich zur Mitarbeit an	1,31	2,01	2,15	1,24	1,72	2,71
41 Unter dem Thema kann ich mir nicht allzuviel vorstellen	1,15	0,85	0,86	0,93	0,86	1,30

Tabelle B: Mittelwerte der Variationsbreiten ($\overline{D}$) bei den Items, die keinen Faktor markieren (zu Abschnitt 4.3.2)

Item	$\overline{D}$
1 Das Thema interessiert mich	2,56
3 Ich muß für das Thema viel arbeiten	2,34
5 Der Lehrer hat Einfluß im Kollegium	3,13
8 Für das Thema besitze ich die nötigen Vorkenntnisse	2,18
13 Der Lehrer ist in seinem Fach ein Fachmann	2,14
18 Die Arbeitsgruppe ist für schwache Schüler besonders günstig	2,78
19 Der Lehrer imponiert mir	2,57
27 Das Thema ist originell	1,21
28 Der Lehrer ist mir ein Vorbild	1,77
30 Diesen Lehrer möchte ich abwählen	2,86
36 Der Lehrer regt mich zur zusätzlichen Beschäftigung mit dem Thema an	2,01
38 Der Lehrer regt mich zur Mitarbeit an	2,36
41 Unter dem Thema kann ich mir nicht allzuviel vorstellen	1,56

Sachregister

(Hier sind nur Verweise aufgenommen, die nicht dem Inhaltsverzeichnis zu entnehmen sind.)